에듀윌과 함께 시작하면,
당신도 합격할 수 있습니다!

대학 졸업을 앞두고 취업을 위해 바쁜 시간을 쪼개서
한국사능력검정시험을 준비하는 취준생

어렸을 때부터 꿈꾸었던 교사나 공무원이 되기 위해
한국사능력검정시험을 준비하는 수험생

부끄럽지 않은 대한민국 국민이 되기 위해 어린아이와 함께
한국사능력검정시험을 준비하는 학부모

누구나 합격할 수 있습니다.
해내겠다는 '열정' 하나면 충분합니다.

마지막 페이지를 덮으면,

**에듀윌과 함께
한국사능력검정시험 합격이 시작됩니다.**

한국사능력검정시험 교육 1위

에듀윌 한국사 합격스토리

심화 1급 합격 진○○

에듀윌 2주끝장 한 권으로 100점! 1급 합격

2주끝장은 시험에 나올 핵심만을 엄선하여서 저 같은 초심자도 쉽게 공부할 수 있었고, 기출자료와 사진들의 유기적인 배치로 어떻게 시험에 출제될지 예상할 수 있었습니다. 또한 기출선지와 대표 기출문제, 핵심 요약본인 엔드노트까지 있어서 정말 책 한 권만 제대로 공부하면 자연스럽게 반복 학습이 되었습니다. 교재의 완벽한 구성 덕분에 한국사 초심자였던 제가 100점으로 손쉽게 1급에 합격하였습니다.

심화 1급 합격 서○

1주일 전에는 에듀윌 기출문제집, 시험 직전에는 2주끝장 엔드노트

에듀윌 2주끝장과 기출문제집, 그리고 에듀윌 무료강의를 듣고 97점으로 1급을 땄습니다! 특히 시험 전 일주일 동안은 에듀윌 기출문제집을 하루에 2회씩 풀었는데 오답 정리할 때 해설집이 자세히 적혀 있어서 도움이 많이 되었어요. 시험 전날 밤부터는 2주끝장의 부록인 엔드노트로 그동안 공부했던 개념들을 머릿속에 차곡차곡 쌓았는데 핵심내용들을 한 번에 정리할 수 있어서 정말 물건이구나 생각했습니다.

심화 1급 합격 최○○

에듀윌 무료강의를 만나면 역사가 재미있다고 느끼실 거예요

사실 저는 5수 만에 1급을 받았습니다. 워낙 한국사에 노베이스였고 중고등학교 때도 한국사 수업은 지루했었지요. 하지만 에듀윌 무료강의를 통해 한국사 강의가 재미있다는 사실을 알았고, 처음으로 역사에 흥미가 생겼습니다. 덕분에 1급으로 합격하였습니다.

심화 1급 합격 정○○

에듀윌 교재와 무료강의는 지루하지 않아 좋았어요

군복무를 마치고 복학 전에 한능검 1급에 도전하였습니다. 에듀윌 교재는 알아보기 쉽게 정리되어 있고 지루하지 않은 무료강의도 들을 수 있어서 수업 내용이 머리에 쏙쏙 들어와 쉽게 공부하였습니다. 한국사에 대한 기본 지식 없이 에듀윌 교재와 무료강의를 통해 재미있게 공부하고 난이도가 가장 높았던 시험임에도 첫 도전에 당당히 1급에 합격하였습니다. 에듀윌 교재 최고입니다!

다음 합격의 주인공은 당신입니다!

에듀윌 한국사능력검정시험
시대별 기출문제집 심화
+무료특강

시험 정보

한국사능력검정시험이란?

응시 정보

- 주관 및 시행 기관: 국사편찬위원회
- 성적 인정 유효 기간: 국가에서 지정한 별도의 유효 기간은 없으나 국가 기관·기업체마다 인정하는 기관이 상이하므로 각 기관 및 기업 채용 가이드라인 확인이 필요함

구분	심화(1~3급)	기본(4~6급)
시행 횟수	연 4회	연 2회
시험 시간	80분(10:20~11:40)	70분(10:20~11:30)
	입실 시간: 8시 30분부터 9시 59분까지(10시 이후 입실 불가)	
응시료	27,000원	22,000원

※ 이 정보는 주최 측의 사정상 변경될 수 있습니다. 시험 접수 전 한국사능력검정시험 홈페이지를 확인하시기 바랍니다.

응시 대상

- 한국사에 관심 있는 대한민국 국민(외국인도 가능)
- 한국사 학습자
- 상급 학교 진학 희망자
- 공공기관이나 기업체 취업 및 해외 유학 희망자 등

평가 등급

구분	인증등급			문항 수
심화	1급(80점 이상)	2급(70~79점)	3급(60~69점)	50문항(5지 택1형)
기본	4급(80점 이상)	5급(70~79점)	6급(60~69점)	50문항(4지 택1형)

준비물

- 수험표, 신분증, 컴퓨터용 수성사인펜, 수정테이프 등

※ 수험표는 한국사능력검정시험 홈페이지에서 출력 가능합니다.

접수 기간

구분	원서접수
A회	매월 1월경
B회	매월 3~4월경
C회	매월 7월경
D회	매월 9월경

※ 이 일정은 주최 측의 사정상 변경될 수 있습니다. 시험 접수 전 한국사능력검정시험 홈페이지를 확인하시기 바랍니다.

시험 일정

구분	시험일시	합격자발표
A회	매년 2월경	시험 일시 2주 후
B회	매년 4~5월경	
C회	매년 8월경	
D회	매년 10월경	

※ 이 일정은 주최 측의 사정상 변경될 수 있습니다. 시험 접수 전 한국사능력검정시험 홈페이지를 확인하시기 바랍니다.
※ 이 일정은 심화 급수 기준이며, 기본 급수는 연 2회 시행됩니다.

해야 할 일

시험준비
- 시대흐름 핵심강의로 개념 정리하기
- 각 시대별·주제별 기출문제와 기출 모의고사로 실전 점검하기

시험 D-DAY
- 시험장 준비물 챙기기(수험표, 신분증, 컴퓨터용 수성사인펜, 수정테이프)
- 시험 당일 08:30부터 09:59까지 지정된 시험실 입실하기

합격자 발표일
- 한국사능력검정시험 홈페이지에서 합격 여부 확인하기
- 성적 통지서와 인증서 출력하기(한국사능력검정시험 홈페이지, 정부24)

구성과 특징

1 최신 3개년 기출 분석 자료

최근엔 어떤 시대가, 그 중 어떤 주제가 얼마만큼의 비중으로 출제되고 있는지 확인할 수 있어요. 출제 비중이 높은 시대, 주제를 확인하고 좀 더 집중적으로 학습하여 보세요.

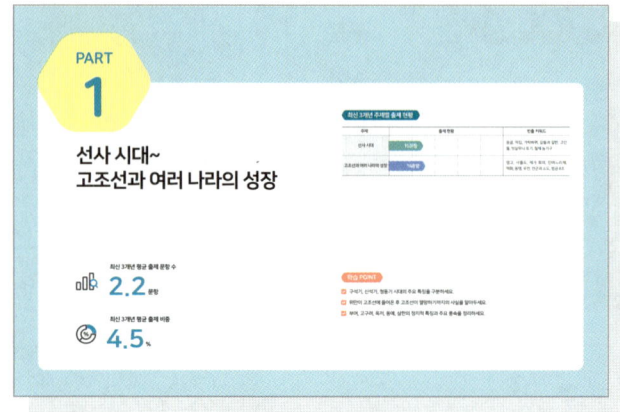

2 N가지 젤 중요한 개념

시험에 제일 많이 나오는 주제의 개념만 쏙쏙 골라 정리하였어요. 그 중에서도 최빈출 키워드는 빈칸을 뚫어 놓았으니, 빈칸을 채워 나가면서 핵심 개념을 한 번 더 정리해 보세요.

3 젤 중요한 개념 확인문제

본격적인 문제를 풀기 전, 기출 선택지로 구성된 확인문제로 개념을 점검하고 기출 시험에 대비하여 보세요.

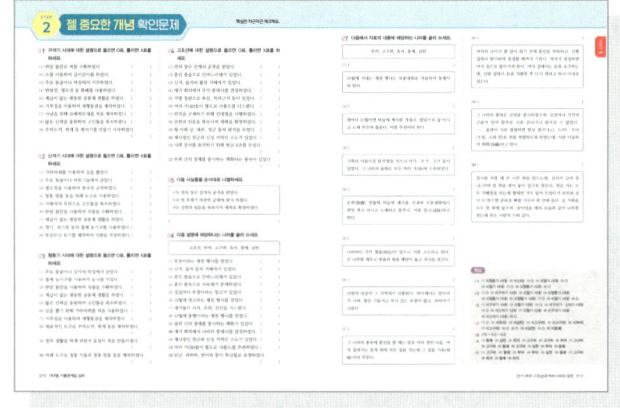

4 주제별 핵심 기출문제

각 시대의 주제별로 꼭 풀어봐야 할 기출문제를 수록하였어요. 특히, 출제 비중이 높은 주제의 경우 더 많은 문제를 수록하였으니, 문제를 풀면서 문제 유형과 기출 선택지를 파악하여 실전에 대비해 보세요.

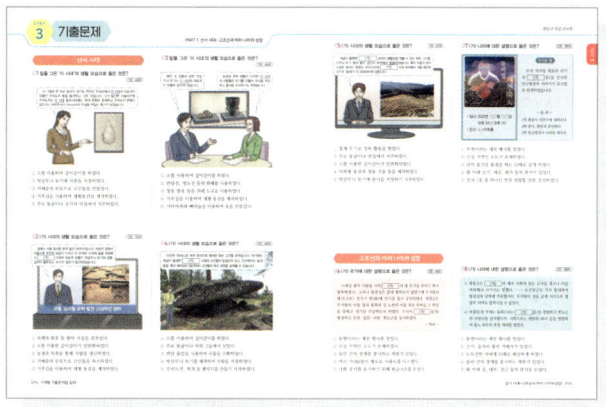

5 빈출 개념을 완성하는 핵심 키워드

기출문제에서 선택지로 자주 나오는 내용으로 구성하였어요. ●●이 들어간 단어가 특히 중요한 핵심 키워드예요. 빈칸을 채우며 개념을 한 번 더 정리하고, 틀린 부분은 반드시 확인하고 넘어가세요.

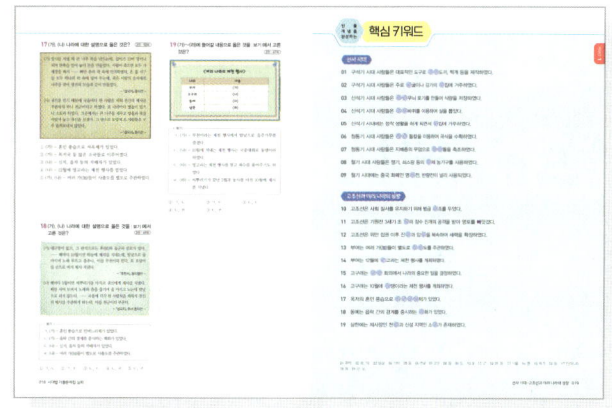

6 오답 체크리스트 & 정답과 해설

- 기출문제를 풀고 틀린 문제를 체크하여 본인의 취약 시대와 주제를 파악해 보세요.

- 각 문제의 정답을 찾을 수 있는 키워드인 <키워드 문제분석>을 수록하였어요. 또한 정답 선택지에 대한 해설뿐만 아니라 오답 선택지에 대한 해설도 수록하였으니, 오답에 대한 학습도 꼭 하고 넘어가세요.

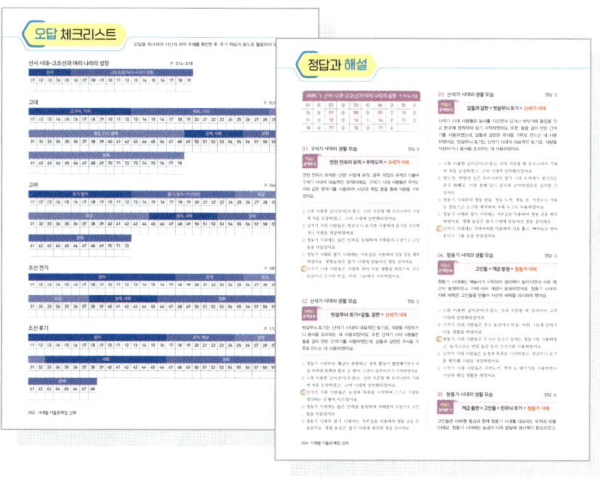

차례

PART 1 선사 시대 ~ 고조선과 여러 나라의 성장

- N가지 젤 중요한 개념 ········ 10
- 젤 중요한 개념 확인문제 ········ 12
- 기출문제 ········ 14
- 빈출 개념을 완성하는 핵심키워드 ········ 19

PART 2 고대

- N가지 젤 중요한 개념 ········ 22
- 젤 중요한 개념 확인문제 ········ 24
- 기출문제 ········ 28
- 빈출 개념을 완성하는 핵심키워드 ········ 51

PART 3 고려

- N가지 젤 중요한 개념 ········ 54
- 젤 중요한 개념 확인문제 ········ 56
- 기출문제 ········ 60
- 빈출 개념을 완성하는 핵심키워드 ········ 79

PART 4 조선 전기

- N가지 젤 중요한 개념 ········ 82
- 젤 중요한 개념 확인문제 ········ 84
- 기출문제 ········ 88
- 빈출 개념을 완성하는 핵심키워드 ········ 103

PART 5 조선 후기

- N가지 젤 중요한 개념 ········ 106
- 젤 중요한 개념 확인문제 ········ 108
- 기출문제 ········ 112
- 빈출 개념을 완성하는 핵심키워드 ········ 129

PART 6 개항기

N가지 젤 중요한 개념 ··· 132
젤 중요한 개념 확인문제 ··· 134
기출문제 ·· 138
빈출 개념을 완성하는 핵심키워드 ··· 161

PART 7 일제 강점기

N가지 젤 중요한 개념 ··· 164
젤 중요한 개념 확인문제 ··· 166
기출문제 ·· 170
빈출 개념을 완성하는 핵심키워드 ··· 187

PART 8 현대

N가지 젤 중요한 개념 ··· 190
젤 중요한 개념 확인문제 ··· 192
기출문제 ·· 196
빈출 개념을 완성하는 핵심키워드 ··· 211

통합주제

기출문제 ·· 214

- 기출 모의고사
- 오답 체크리스트
- 정답과 해설

PART 1

선사 시대~
고조선과 여러 나라의 성장

최신 3개년 평균 출제 문항 수
2.2 문항

최신 3개년 평균 출제 비중
4.5 %

최신 3개년 주제별 출제 현황

주제	출제 현황	빈출 키워드
선사 시대	15문항	동굴, 막집, 가락바퀴, 갈돌과 갈판, 고인돌, 빗살무늬 토기, 철제 농기구
고조선과 여러 나라의 성장	16문항	영고, 사출도, 제가 회의, 민며느리제, 책화, 동맹, 무천, 천군과 소도, 범금 8조

학습 POINT

☑ 구석기, 신석기, 청동기 시대의 주요 특징을 구분하세요.

☑ 위만이 고조선에 들어온 후 고조선이 멸망하기까지의 사실을 알아두세요.

☑ 부여, 고구려, 옥저, 동예, 삼한의 정치적 특징과 주요 풍속을 정리하세요.

STEP 1 N가지 젤 중요한 개념

빈칸을 채우며 중요한 개념을 학습해요.

핵심강의

01 구석기 시대

시기	약 70만 년전부터 시작
도구	❶ _____ 석기 사용(주먹도끼, 슴베찌르개 등)
생활 모습	• 사냥·채집 등을 통해 식량을 구함 • 동물의 가죽으로 옷을 만들어 입음 • 주로 동굴이나 강가의 막집에 거주(이동 생활)
대표 유적지	• 공주 석장리 유적, 단양 금굴 유적 • 단양 수양개 유적, 연천 전곡리 유적

02 신석기 시대

시기	기원전 8000년경(1만 년 전) 시작
도구	• ❷ _____ 석기 사용(갈돌과 갈판, 돌괭이 등) • 빗살무늬 토기(식량 저장과 음식 조리에 사용) • 가락바퀴·뼈바늘(옷과 그물 제작에 사용)
생활 모습	• 농경(밭농사)과 목축 시작 • 주로 강가나 바닷가에 ❸ _____ 집을 짓고 생활 (정착 생활) • 평등 사회(계급 X)
대표 유적지	• 서울 암사동 유적(움집터, 빗살무늬 토기) • 양양 오산리 유적, 부산 동삼동 유적(패총) 등

03 청동기 시대

시기	기원전 2000년경 ~ 기원전 1500년경부터 시작
유물	• 청동기: 주로 지배층의 무기와 의식용(제사용) 도구, 장신구 등 제작 → 비파형 동검, 거친무늬 거울, 청동 거울, 청동 방울 등 • ❹ _____ 돌칼 등 간석기 사용 • 민무늬 토기, 미송리식 토기
경제	밭농사 중심, 한반도 일부 지역에 벼농사 시작
무덤	❺ _____ 돌, 돌널무덤
사회	계급 사회: 농업 생산량 증가 → 잉여 생산물 발생 → 사유 재산·빈부 격차 발생 → 계급 분화 → 지배자의 출현(군장 등장, 제정일치)
대표 유적지	부여 송국리 유적, 여주 흔암리 유적(불에 탄 쌀), 고창 고인돌 유적

04 철기 시대

시기	• 기원전 5세기경부터 시작 • 기원전 1세기경 한반도 전역에 철기 보급
유물	• 철기 사용 − 쟁기·쇠스랑 등 철제 농기구 사용 → 농업 생산량 증가 → 인구 증가 − 철제 무기 사용 → 전쟁 증가 → 활발한 정복 전쟁 • 청동기의 의식용 도구화: 거푸집 이용, 세형동검과 잔무늬 거울 등 청동기 제작 • 민무늬 토기 사용 • 한반도에 있는 무덤에서 ❻ _____ 도전·반량전·오수전 등 중국 화폐 출토(중국과의 교류 짐작) • 붓 출토(한자 사용 짐작)
무덤	널무덤, 독무덤
경제	벼농사의 발전
사회	만주와 한반도에 여러 나라 성장

05 고조선의 성립과 사회 모습

건국	• 기원전 2333년 • 청동기 문화와 농경 문화를 바탕으로 성립된 우리 역사상 최초의 국가
발전	• 비파형 동검, 탁자식 고인돌 등의 출토 지역을 통해 고조선의 문화 범위 짐작 • 기원전 4~3세기경 중국의 ❼ _____ 과 맞설 정도로 성장 → 기원전 3세기 초 연의 장수 진개의 침입으로 영토 일부 상실 • 기원전 3세기경 부왕, 준왕과 같은 강력한 왕의 등장 → 왕위 세습, 왕 아래에 상·대부·장군 등의 관직 마련
사회 모습	❽ _____ 8조(8조법)로 사회 질서 유지

06 고조선의 변화와 멸망

위만의 집권	중국의 위만이 연에서 무리를 이끌고 고조선으로 이동 → 세력을 키운 위만이 준왕을 몰아내고 왕이 됨
발전	• 본격적인 철기 문화의 수용 • 진번과 임둔을 복속하는 등 세력 확장 • 중국의 한과 한반도 남쪽의 진 사이에서 중계 무역으로 이익 독점(한과 대립)
멸망	우거왕 때 ❾ _____ 무제의 침략 → 왕검성이 함락되어 멸망(기원전 108) → 한이 고조선 일부 지역에 4개의 군현 설치

▲ 주먹도끼 (구석기 시대)

▲ 빗살무늬 토기 (신석기 시대)

▲ 비파형 동검 (청동기 시대)

07 부여

위치	만주 쑹화강 유역의 평야 지대에서 성장
정치	5부족 연맹체 – 중앙: 왕이 다스림 – ❿ _____ 도: 마가, 우가, 저가, 구가 등 여러 가(加)들이 별도로 다스림
경제	농경과 목축 발달
사회	엄격한 법(1책 12법)
풍속	• 순장: 왕이 죽으면 신하 등 사람들을 껴묻거리와 함께 묻음 • 형사취수제: 형이 죽은 뒤 동생이 형수를 아내로 삼음 • 우제점법: 소를 죽여 발굽 모양을 보고 길흉을 점침 • 제천 행사: ⓫ _____ (12월)

08 고구려

위치	압록강 지류인 동가강 유역의 졸본 지역에 건국
정치	• 5부족 연맹체 • 왕 아래 상가, 대로, 고추가 등의 관직 마련 • 대가들이 각각 사자, 조의, 선인 등의 관리를 거느림 • ⓬ _____ 회의: 국가 중대사 결정
경제	• 활발한 정복 활동, 약탈 경제 발달 • 집집마다 부경이라는 창고 설치(식량 보관)
풍속	• 서옥제: 결혼 후 남자가 여자 집 뒤에 서옥이라는 집을 짓고 살다가 자식이 장성하면 아내와 자식들을 데리고 자신의 집으로 돌아감 • 형사취수제 • 제천 행사: ⓭ _____ (10월)

09 옥저와 동예

	옥저	동예
위치	함경도 해안	강원도 북부 동해안
정치	• 왕이 없고 ⓮ _____ 군 · ⓯ _____ 로라고 불리는 군장이 통치 • 고구려의 압박, 연맹 왕국으로 발전 ×	
경제	해산물 풍부 → 고구려에 공납	특산물: 단궁, 과하마, 반어피
풍속	• ⓰ _____ 제: 여자아이를 데려다 키운 후 성인이 되면 여자 집에 예물을 주고 결혼함 • 가족 공동 무덤(묘)	• 책화 • 족외혼: 같은 씨족끼리 결혼 × • 제천 행사: ⓱ _____ (10월)

10 삼한

위치	한반도 남부 지역
정치	• 삼한(마한, 진한, 변한) 성립 → 마한의 소국인 목지국의 지배자가 삼한 전체 주도 • ⓲ _____ 지 · ⓳ _____ 차 등으로 불리는 군장이 다스림 • 제정 분리: 제사장인 ⓴ _____ 군과 신성 지역인 소도가 있음 → 소도에는 군장의 힘이 미치지 못함
경제	• 농업: 철제 농기구 사용, 벼농사 발달 • 철: 변한은 풍부한 철 생산 → 덩이쇠 등 철을 화폐로 사용, 낙랑 · 왜 등에 철 수출
제천 행사	5월 수릿날, 10월 계절제

▲ 고조선 이후 여러 나라의 성장

> **정답**
>
> ❶ 뗀 ❷ 간 ❸ 움 ❹ 반달 ❺ 고인 ❻ 명 ❼ 연 ❽ 범금 ❾ 한 ❿ 사출
> ⓫ 영고 ⓬ 제가 ⓭ 동맹 ⓮ 읍 ⓯ 삼 ⓰ 민며느리 ⓱ 무천 ⓲ 신
> ⓳ 읍 ⓴ 천

STEP 2 젤 중요한 개념 확인문제

핵심만 차근차근 체크해요.

01 구석기 시대에 대한 설명으로 옳으면 O표, 틀리면 X표를 하세요.

(1) 반달 돌칼로 벼를 수확하였다. ( )
(2) 소를 이용하여 깊이갈이를 하였다. ( )
(3) 주로 동굴이나 막집에서 거주하였다. ( )
(4) 반량전, 명도전 등 화폐를 사용하였다. ( )
(5) 계급이 없는 평등한 공동체 생활을 하였다. ( )
(6) 거푸집을 이용하여 세형동검을 제작하였다. ( )
(7) 사냥을 위해 슴베찌르개를 처음 제작하였다. ( )
(8) 많은 인력을 동원하여 고인돌을 축조하였다. ( )
(9) 주먹도끼, 찍개 등 뗀석기를 만들기 시작하였다.
( )

02 신석기 시대에 대한 설명으로 옳으면 O표, 틀리면 X표를 하세요.

(1) 가락바퀴를 이용하여 실을 뽑았다. ( )
(2) 주로 동굴이나 바위그늘에서 살았다. ( )
(3) 명도전을 이용하여 중국과 교역하였다. ( )
(4) 청동 방울 등을 의례 도구로 이용하였다. ( )
(5) 지배자의 무덤으로 고인돌을 축조하였다. ( )
(6) 반달 돌칼을 사용하여 곡물을 수확하였다. ( )
(7) 계급이 없는 평등한 공동체 생활을 하였다. ( )
(8) 쟁기, 쇠스랑 등의 철제 농기구를 사용하였다. ( )
(9) 빗살무늬 토기를 제작하여 식량을 저장하였다. ( )

03 청동기 시대에 대한 설명으로 옳으면 O표, 틀리면 X표를 하세요.

(1) 주로 동굴이나 강가의 막집에서 살았다. ( )
(2) 철제 농기구를 이용하여 농사를 지었다. ( )
(3) 반달 돌칼을 사용하여 곡물을 수확하였다. ( )
(4) 계급이 없는 평등한 공동체 생활을 하였다. ( )
(5) 많은 인력을 동원하여 고인돌을 축조하였다. ( )
(6) 실을 뽑기 위해 가락바퀴를 처음 사용하였다. ( )
(7) 거푸집을 이용하여 세형동검을 제작하였다. ( )
(8) 대표적인 도구로 주먹도끼, 찍개 등을 제작하였다. ( )
(9) 정착 생활을 하게 되면서 움집이 처음 만들어졌다.
( )
(10) 의례 도구로 청동 거울과 청동 방울 등을 제작하였다.
( )

04 고조선에 대한 설명으로 옳으면 O표, 틀리면 X표를 하세요.

(1) 연의 장수 진개의 공격을 받았다. ( )
(2) 혼인 풍습으로 민며느리제가 있었다. ( )
(3) 신지, 읍차라 불린 지배자가 있었다. ( )
(4) 제가 회의에서 국가 중대사를 결정하였다. ( )
(5) 지방 장관으로 욕살, 처려근지 등이 있었다. ( )
(6) 여러 가(加)들이 별도로 사출도를 다스렸다. ( )
(7) 빈민을 구제하기 위해 진대법을 시행하였다. ( )
(8) 진번과 임둔을 복속시켜 세력을 확장하였다. ( )
(9) 왕 아래 상, 대부, 장군 등의 관직을 두었다. ( )
(10) 제사장인 천군과 신성 지역인 소도가 있었다. ( )
(11) 사회 질서를 유지하기 위해 범금 8조를 두었다.
( )
(12) 부족 간의 경계를 중시하는 책화라는 풍속이 있었다.
( )

05 다음 사실들을 순서대로 나열하세요.

(가) 연의 장수 진개의 공격을 받았다.
(나) 한 무제가 파견한 군대에 맞서 싸웠다.
(다) 진번과 임둔을 복속시켜 세력을 확장하였다.

( )

06 다음 설명에 해당하나는 나라를 골라 쓰세요.

고조선, 부여, 고구려, 옥저, 동예, 삼한

(1) 무천이라는 제천 행사를 열었다. ( )
(2) 신지, 읍차 등의 지배자가 있었다. ( )
(3) 혼인 풍습으로 민며느리제가 있었다. ( )
(4) 혼인 풍속으로 서옥제가 존재하였다. ( )
(5) 집집마다 부경이라는 창고가 있었다. ( )
(6) 12월에 영고라는 제천 행사를 열었다. ( )
(7) 대가들이 사자, 조의, 선인을 거느렸다. ( )
(8) 10월에 동맹이라는 제천 행사를 열었다. ( )
(9) 읍락 간의 경계를 중시하는 책화가 있었다. ( )
(10) 제가 회의에서 나라의 중대사를 결정하였다. ( )
(11) 제사장인 천군과 신성 지역인 소도가 있었다. ( )
(12) 여러 가(加)들이 별도로 사출도를 주관하였다. ( )
(13) 단궁, 과하마, 반어피 등이 특산물로 유명하였다.
( )

07 다음에서 자료의 내용에 해당하는 나라를 골라 쓰세요.

부여, 고구려, 옥저, 동예, 삼한

(1) (　　　　　　　　　　　　　　　　　)

10월에 지내는 제천 행사는 국중대회로 이름하여 동맹이라 한다.

(2) (　　　　　　　　　　　　　　　　　)

해마다 10월이면 하늘에 제사를 지내고, 밤낮으로 술 마시고 노래 부르며 춤춘다. 이를 무천이라 한다.

(3) (　　　　　　　　　　　　　　　　　)

가축의 이름으로 관직명을 지으니 마가·우가·구가 등이 있었다. 그 나라의 읍락은 모두 여러 가(加)에 소속되었다.

(4) (　　　　　　　　　　　　　　　　　)

은력(殷曆) 정월에 하늘에 제사를 지내며 국중대회에서 연일 먹고 마시고 노래하고 춤추니, 이를 영고(迎鼓)라고 한다.

(5) (　　　　　　　　　　　　　　　　　)

나라마다 각각 별읍(別邑)이 있으니 이를 소도라고 한다. 큰 나무를 세우고 방울과 북을 매달아 놓고 귀신을 섬긴다.

(6) (　　　　　　　　　　　　　　　　　)

낙랑의 단궁이 그 지역에서 산출된다. 바다에서는 반어피가 나며, 땅은 기름지고 무늬 있는 표범이 많고, 과하마가 나온다.

(7) (　　　　　　　　　　　　　　　　　)

그 나라의 풍속에 혼인을 할 때는 말로 미리 정한 다음, 여자 집에서는 본채 뒤에 작은 집을 짓는데 그 집을 서옥(婿屋)이라 부른다.

(8) (　　　　　　　　　　　　　　　　　)

여자의 나이가 열 살이 되기 전에 혼인을 약속하고, 신랑 집에서 맞이하여 장성할 때까지 기른다. 여자가 장성하면 여자 집으로 돌아가게 한다. 여자 집에서는 돈을 요구하는데, 신랑 집에서 돈을 지불한 후 다시 데리고 와서 아내로 삼는다.

(9) (　　　　　　　　　　　　　　　　　)

그 나라의 풍속은 산천을 중시하였으며, 산천마다 각각의 구분이 있어 함부로 서로 건너거나 들어갈 수 없었다. …… 읍락이 서로 침범하면 항상 생구(生口: 노비)·우마(牛馬: 소와 말)로 죄를 처벌하도록 하였는데, 이를 이름하여 책화(責禍)라고 한다.

(10) (　　　　　　　　　　　　　　　　　)

장사를 치를 때 큰 나무 곽을 만드는데, 길이가 십여 장(丈)이며 한 쪽을 열어 놓아 입구로 만든다. 죽은 자는 모두 가매장을 하는데 형체만 겨우 덮어 두었다가 피부와 살이 다 썩으면 곧바로 뼈를 거두어 곽 안에 둔다. 온 가족을 모두 한 곽에 넣으며, 살아있을 때의 모습과 같이 나무를 깎는데 죽은 사람의 수와 같다.

정답

01 (1) X(청동기 시대) (2) X(신라) (3) ○ (4) X(철기 시대) (5) ○ (6) X(철기 시대) (7) ○ (8) X(청동기 시대) (9) ○

02 (1) ○ (2) X(구석기 시대) (3) X(철기 시대) (4) X(청동기 시대) (5) X(청동기 시대) (6) X(청동기 시대) (7) ○ (8) X(철기 시대) (9) ○

03 (1) X(구석기 시대) (2) X(철기 시대) (3) ○ (4) X(구석기·신석기 시대) (5) ○ (6) X(신석기 시대) (7) X(철기 시대) (8) X(구석기 시대) (9) X(신석기 시대) (10) ○

04 (1) ○ (2) X(옥저) (3) X(삼한) (4) X(고구려) (5) X(고구려) (6) X(부여) (7) X(고구려) (8) ○ (9) ○ (10) X(삼한) (11) ○ (12) X(동예)

05 (가) - (다) - (나)

06 (1) 동예 (2) 삼한 (3) 옥저 (4) 고구려 (5) 고구려 (6) 부여 (7) 고구려 (8) 고구려 (9) 동예 (10) 고구려 (11) 삼한 (12) 부여 (13) 동예

07 (1) 고구려 (2) 동예 (3) 부여 (4) 부여 (5) 삼한 (6) 동예 (7) 고구려 (8) 옥저 (9) 동예 (10) 옥저

선사 시대~고조선과 여러 나라의 성장

선사 시대

01 밑줄 그은 '이 시대'의 생활 모습으로 옳은 것은?

[1점 | 63회]

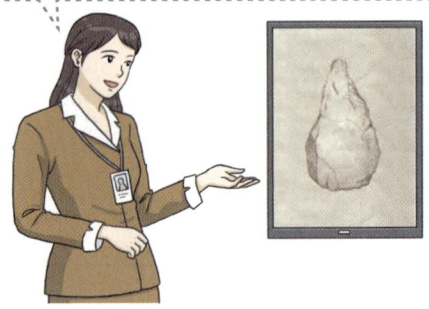

이 그림은 한 미군 병사가 경기도 연천군 전곡리에서 이 시대의 대표적인 유물인 주먹도끼 등을 발견하고 그린 것입니다. 그가 발견한 아슐리안형 주먹도끼는 이 시대 동아시아에는 찍개 문화만 존재하고 주먹도끼 문화는 없었다는 모비우스(H. Movius)의 학설을 뒤집는 증거가 되었습니다.

① 소를 이용하여 깊이갈이를 하였다.
② 빗살무늬 토기에 식량을 저장하였다.
③ 지배층의 무덤으로 고인돌을 만들었다.
④ 거푸집을 사용하여 세형동검을 제작하였다.
⑤ 주로 동굴이나 강가의 막집에서 거주하였다.

02 (가) 시대의 생활 모습으로 옳은 것은?

[1점 | 74회]

올해는 서울 암사동 유적 발견 100주년입니다. 1925년 을축년 대홍수로 우연히 모습이 드러난 이 유적은 수차례 발굴 과정에서 (가) 시대의 대표적 유물인 빗살무늬 토기와 갈돌, 갈판이 출토되고, 유구인 집터가 발견되었습니다.

서울 암사동 유적 발견 100주년 맞아

① 목책과 환호 등 방어 시설을 갖추었다.
② 소를 이용한 깊이갈이가 일반화되었다.
③ 농경과 목축을 통해 식량을 생산하였다.
④ 지배층의 무덤으로 고인돌을 축조하였다.
⑤ 거푸집을 이용하여 세형 동검을 제작하였다.

03 밑줄 그은 '이 시대'의 생활 모습으로 옳은 것은?

[1점 | 64회]

화면 속 갈돌과 갈판, 빗살무늬 토기는 이 시대의 대표적인 유물로 알려져 있습니다.

농경과 정착 생활이 시작된 이 시대의 사람들은 토기를 만들어 곡식을 저장하고 음식을 조리하기도 하였습니다.

① 소를 이용하여 깊이갈이를 하였다.
② 반량전, 명도전 등의 화폐를 사용하였다.
③ 청동 방울 등을 의례 도구로 이용하였다.
④ 거푸집을 이용하여 세형 동검을 제작하였다.
⑤ 가락바퀴와 뼈바늘을 이용하여 옷을 만들었다.

04 (가) 시대의 생활 모습으로 옳은 것은?

[1점 | 60회]

이곳은 유네스코 세계 유산으로 등재된 화순 고인돌 유적입니다. 여기에는 계급이 발생한 (가) 시대의 고인돌이 밀집되어 있고, 인근에서는 덮개돌을 캐낸 채석장이 발견되어 고인돌의 축조 과정을 살펴볼 수 있습니다.

① 소를 이용하여 깊이갈이를 하였다.
② 주로 동굴이나 바위 그늘에서 살았다.
③ 반달 돌칼을 사용하여 곡물을 수확하였다.
④ 빗살무늬 토기를 제작하여 식량을 저장하였다.
⑤ 주먹도끼, 찍개 등 뗀석기를 만들기 시작하였다.

05 (가) 시대의 생활 모습으로 옳은 것은?   1점 | 67회

계급이 출현한 (가) 시대의 생활상을 엿볼 수 있는 환호, 고인돌, 민무늬 토기 등이 울주 검단리 유적에서 발굴되었습니다. 특히 마을의 방어 시설로 보이는 환호는 우리나라의 (가) 시대 유적에서 처음 확인된 것으로, 둘레가 약 300미터에 달합니다.

① 철제 무기로 정복 활동을 벌였다.
② 주로 동굴이나 막집에서 거주하였다.
③ 소를 이용한 깊이갈이가 일반화되었다.
④ 비파형 동검과 청동 거울 등을 제작하였다.
⑤ 빗살무늬 토기에 음식을 저장하기 시작하였다.

07 (가) 나라에 대한 설명으로 옳은 것은?   2점 | 59회

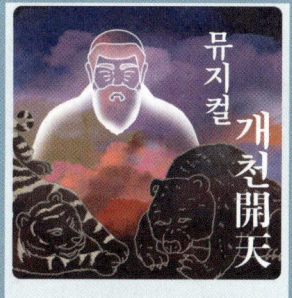

모시는 글
우리 역사상 최초의 국가인 (가) 을/를 건국한 단군왕검의 이야기가 뮤지컬로 탄생하였습니다.

- 순 서 -
1막 환웅이 신단수에 내려오다
2막 웅녀, 환웅과 혼인하다
3막 단군왕검이 나라를 세우다

• 일시: 2022년 ○○월 ○○일
 오후 3시 / 오후 7시
• 장소: △△아트홀

① 무천이라는 제천 행사를 열었다.
② 신성 지역인 소도가 존재하였다.
③ 남의 물건을 훔쳤을 때는 12배로 갚게 하였다.
④ 왕 아래 상가, 대로, 패자 등의 관직이 있었다.
⑤ 전국 7웅 중 하나인 연과 대립할 만큼 강성하였다.

고조선과 여러 나라의 성장

06 (가) 국가에 대한 설명으로 옳은 것은?   2점 | 65회

니계상 참이 사람을 시켜 (가) 의 왕 우거를 죽이고 와서 항복하였다. 그러나 왕검성은 끝내 함락되지 않았기에 우거왕의 대신(大臣) 성기가 한(漢)에 반기를 들고 공격하였다. 좌장군은 우거왕의 아들 장과 항복한 상 노인의 아들 최로 하여금 그 백성을 달래고 성기를 주살하도록 하였다. 드디어 (가) 을/를 평정하고 진번·임둔·낙랑·현도군을 설치하였다.
— "한서" —

① 동맹이라는 제천 행사를 열었다.
② 신성 지역인 소도가 존재하였다.
③ 읍락 간의 경계를 중시하는 책화가 있었다.
④ 여러 가(加)들이 별도로 사출도를 다스렸다.
⑤ 사회 질서를 유지하기 위해 범금 8조를 두었다.

08 (가) 나라에 대한 설명으로 옳은 것은?   2점 | 58회

○ 좌장군은 (가) 의 패수 서쪽에 있는 군사를 쳤으나 이를 격파해서 나가지는 못했다. …… 누선장군도 가서 합세하여 왕검성의 남쪽에 주둔했지만, 우거왕이 성을 굳게 지키므로 몇 달이 되어도 함락시킬 수 없었다.

○ 마침내 한 무제는 동쪽으로는 (가) 을/를 정벌하고 현도군과 낙랑군을 설치했으며, 서쪽으로는 대완과 36국 등을 병합하여 흉노 좌우의 후원 세력을 꺾었다.

① 동맹이라는 제천 행사를 열었다.
② 신지, 읍차라 불린 지배자가 있었다.
③ 도둑질한 자에게 12배로 배상하게 하였다.
④ 읍락 간의 경계를 중시하는 책화가 있었다.
⑤ 왕 아래 상, 대부, 장군 등의 관직을 두었다.

STEP 3 기출문제

09 (가)에 들어갈 내용으로 옳은 것은? [2점 | 62회]

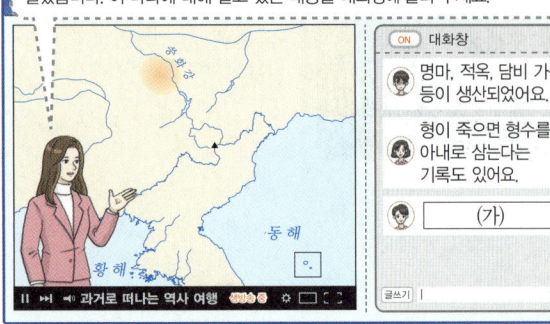

① 정사암에 모여 재상을 선출하였어요.
② 여러 가(加)가 별도로 사출도를 다스렸어요.
③ 읍락 간의 경계를 중시하는 책화가 있었어요.
④ 사회 질서를 유지하기 위해 범금 8조를 두었어요.
⑤ 제사장인 천군과 신성 지역인 소도가 존재하였어요.

11 (가), (나) 나라에 대한 설명으로 옳은 것은? [2점 | 57회]

(가) 그 나라에는 왕이 있고, 벼슬로는 상가·대로·패자·고추가·주부·우태·승·사자·조의·선인이 있으며, 신분의 높고 낮음에 따라 각각 등급을 두었다. …… 10월에 지내는 제천 행사는 국중대회로 이름하여 동맹이라 한다.
— 『삼국지』 동이전 —

(나) 그 나라의 풍속은 산천을 중요시하여 산과 내마다 각기 구분이 있어 함부로 들어가지 않는다. …… 해마다 10월이면 하늘에 제사를 지내는데, 주야로 술을 마시고 노래를 부르며 춤추니 이를 무천이라 한다. 또 호랑이를 신으로 여겨 제사를 지낸다.
— 『삼국지』 동이전 —

① (가) – 낙랑과 왜에 철을 수출하였다.
② (가) – 서옥제라는 혼인 풍습이 있었다.
③ (나) – 연의 장수 진개의 공격을 받았다.
④ (나) – 가(加)들이 별도로 사출도를 다스렸다.
⑤ (가), (나) – 골품에 따라 관등 승진에 제한이 있었다.

10 밑줄 그은 '이 나라'에 대한 설명으로 옳은 것은? [2점 | 60회]

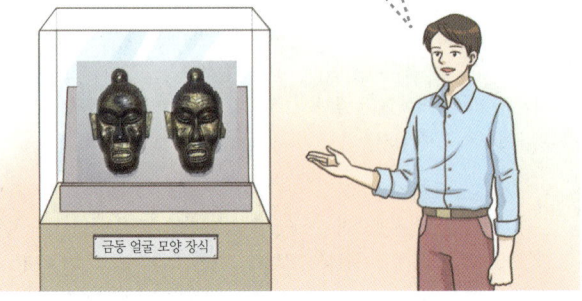

① 신성 구역인 소도를 두었다.
② 읍락 간의 경계를 중시하는 책화가 있었다.
③ 여러 가(加)들이 각각 사출도를 주관하였다.
④ 정사암 회의에서 국가의 중대사를 결정하였다.
⑤ 사회 질서를 유지하기 위해 범금 8조를 만들었다.

12 다음 자료에 해당하는 나라에 대한 설명으로 옳은 것은? [2점 | 66회]

호의 수는 5천인데 대군왕은 없으며 읍락에는 각각 대를 잇는 우두머리가 있다. …… 여러 읍락의 거수(渠帥)들은 스스로를 삼로라 일컬었다. …… 장사를 지낼 때에는 큰 나무 곽을 만든다. 길이가 10여 장이나 되며 한쪽을 열어 놓아 문을 만든다. 사람이 죽으면 임시로 매장한다. 겨우 시체가 덮일 만큼 묻었다가 가죽과 살이 다 썩은 다음에 뼈만 추려 곽 속에 넣는다. 온 집 식구를 하나의 곽 속에 넣어 두는데, 죽은 사람의 숫자만큼 나무를 깎아 생전의 모습과 같이 만들었다.
— "삼국지" 동이전 —

① 신성 지역인 소도가 존재하였다.
② 혼인 풍습으로 민며느리제가 있었다.
③ 범금 8조를 통해 사회 질서를 유지하였다.
④ 여러 가(加)들이 각각 사출도를 주관하였다.
⑤ 정사암에 모여 국가의 중대사를 논의하였다.

13 (가) 나라에 대한 설명으로 옳은 것은? [1점 | 61회]

① 신성 지역인 소도가 존재하였다.
② 연의 장수 진개의 공격을 받았다.
③ 혼인 풍습으로 민며느리제가 있었다.
④ 여러 가(加)들이 별도로 사출도를 주관하였다.
⑤ 특산물로 단궁, 과하마, 반어피가 유명하였다.

14 (가), (나) 나라에 대한 설명으로 옳은 것은? [2점 | 55회]

> (가) 여자의 나이가 열 살이 되기 전에 혼인을 약속하고, 신랑 집에서 맞이하여 장성할 때까지 기른다. 여자가 장성하면 여자 집으로 돌아가게 한다. 여자 집에서는 돈을 요구하는데, 신랑 집에서 돈을 지불한 후 다시 데리고 와서 아내로 삼는다.
>
> (나) 읍마다 우두머리가 있어 세력이 강대하면 신지라 하고, …… 그 다음은 읍차라 하였다. 나라에는 철이 생산되는데 예(濊), 왜(倭) 등이 와서 사간다. 무역에서 철을 화폐로 사용한다.

① (가) - 신성 지역인 소도가 존재하였다.
② (가) - 삼로라 불린 우두머리가 읍락을 다스렸다.
③ (나) - 여러 가(加)들이 별도로 사출도를 주관하였다.
④ (나) - 단궁, 과하마, 반어피 등의 특산물이 유명하였다.
⑤ (가), (나) - 한 무제가 파견한 군대의 공격으로 멸망하였다.

15 다음 자료에 해당하는 나라에 대한 설명으로 옳은 것은? [2점 | 54회]

> 대군장이 없고 관직으로는 후·읍군·삼로가 있다. …… 해마다 10월이면 하늘에 제사를 지내는데, 밤낮으로 술 마시고 노래 부르며 춤추니 이를 무천이라 한다. …… 낙랑의 단궁이 그 지방에서 산출되고 무늬 있는 표범이 많다. 과하마가 있으며 바다에서는 반어가 난다.
> - 『후한서』 -

① 신성 지역인 소도가 존재하였다.
② 혼인 풍습으로 민며느리제가 있었다.
③ 읍락 간의 경계를 중시하는 책화가 있었다.
④ 제가 회의에서 나라의 중대사를 결정하였다.
⑤ 여러 가(加)들이 별도로 사출도를 주관하였다.

16 밑줄 그은 '이 나라'에 대한 탐구 활동으로 가장 적절한 것은? [2점 | 63회]

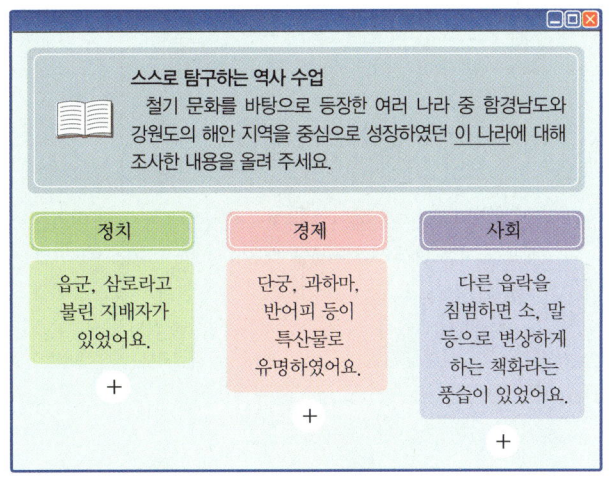

① 신성 지역인 소도의 역할을 알아본다.
② 포상 8국의 난 진압 과정을 찾아본다.
③ 삼국유사에 실린 김알지 신화를 분석한다.
④ 무천이라는 제천 행사를 개최한 이유를 파악한다.
⑤ 마가, 우가, 저가, 구가 등이 다스렸던 지역을 조사한다.

17 (가), (나) 나라에 대한 설명으로 옳은 것은? ⟨2점 | 52회⟩

> (가) 장사를 지낼 때 큰 나무 곽을 만드는데, 길이가 10여 장이나 되며 한쪽을 열어 놓아 문을 만들었다. 사람이 죽으면 모두 가매장을 해서 …… 뼈만 추려 곽 속에 안치하였다. 온 집 식구를 모두 하나의 곽 속에 넣어 두는데, 죽은 사람의 숫자대로 나무를 깎아 생전의 모습과 같이 만들었다.
> — 『삼국지』 동이전 —
>
> (나) 귀신을 믿기 때문에 국읍마다 한 사람을 세워 천신의 제사를 주관하게 하니 천군이라고 하였다. 또 나라마다 별읍이 있으니 소도라 하였다. 그곳에서는 큰 나무를 세우고 방울과 북을 매달아 놓고 귀신을 섬겼다. 그 안으로 도망쳐 온 사람들은 모두 돌려보내지 않았다.
> — 『삼국지』 동이전 —

① (가) – 혼인 풍습으로 서옥제가 있었다.
② (가) – 목지국 등 많은 소국들로 이루어졌다.
③ (나) – 신지, 읍차 등의 지배자가 있었다.
④ (나) – 12월에 영고라는 제천 행사를 열었다.
⑤ (가), (나) – 여러 가(加)들이 사출도를 별도로 주관하였다.

18 (가), (나) 나라에 대한 설명으로 옳은 것을 |보기|에서 고른 것은? ⟨3점 | 69회⟩

> (가) 대군장이 없고, 그 관직으로는 후(侯)와 읍군과 삼로가 있다. …… 해마다 10월이면 하늘에 제사를 지내는데, 밤낮으로 술 마시며 노래 부르고 춤추니, 이를 무천이라 한다. 또 호랑이를 신으로 여겨 제사 지낸다.
> — 『후한서』 동이열전 —
>
> (나) 해마다 5월이면 씨뿌리기를 마치고 귀신에게 제사를 지낸다. 떼를 지어 모여서 노래와 춤을 즐기며 술 마시고 노는데 밤낮으로 쉬지 않는다. …… 국읍에 각각 한 사람씩을 세워서 천신의 제사를 주관하게 하는데, 이를 천군이라 부른다.
> — 『삼국지』 위서 동이전 —

| 보기 |
ㄱ. (가) – 혼인 풍습으로 민며느리제가 있었다.
ㄴ. (가) – 읍락 간의 경계를 중시하는 책화가 있었다.
ㄷ. (나) – 신지, 읍차 등의 지배자가 있었다.
ㄹ. (나) – 여러 가(加)들이 별도로 사출도를 주관하였다.

① ㄱ, ㄴ ② ㄱ, ㄷ ③ ㄴ, ㄷ ④ ㄴ, ㄹ ⑤ ㄷ, ㄹ

19 (가)~(라)에 들어갈 내용으로 옳은 것을 |보기|에서 고른 것은? ⟨2점 | 67회⟩

⟨여러 나라의 제천 행사⟩

나라	내용
부여	(가)
고구려	(나)
동예	(다)
삼한	(라)

| 보기 |
ㄱ. (가) – 무천이라는 제천 행사에서 밤낮으로 음주가무를 즐겼다.
ㄴ. (나) – 10월에 지내는 제천 행사는 국중대회로 동맹이라 하였다.
ㄷ. (다) – 영고라는 제천 행사를 열고 죄수를 풀어주기도 하였다.
ㄹ. (라) – 씨뿌리기가 끝난 5월과 농사를 마친 10월에 제사를 지냈다.

① ㄱ, ㄴ ② ㄱ, ㄷ ③ ㄴ, ㄷ
④ ㄴ, ㄹ ⑤ ㄷ, ㄹ

빈출 개념을 완성하는 핵심 키워드

선사 시대

01 구석기 시대 사람들은 대표적인 도구로 ●●도끼, 찍개 등을 제작하였다.

02 구석기 시대 사람들은 주로 ●굴이나 강가의 ●집에 거주하였다.

03 신석기 시대 사람들은 ●●무늬 토기를 만들어 식량을 저장하였다.

04 신석기 시대 사람들은 ●●바퀴를 이용하여 실을 뽑았다.

05 신석기 시대에는 정착 생활을 하게 되면서 ●집에 거주하였다.

06 청동기 시대 사람들은 ●● 돌칼을 이용하여 곡식을 수확하였다.

07 청동기 시대 사람들은 지배층의 무덤으로 ●●돌을 축조하였다.

08 철기 시대 사람들은 쟁기, 쇠스랑 등의 ●제 농기구를 사용하였다.

09 철기 시대에는 중국 화폐인 명●전, 반량전이 널리 사용되었다.

고조선과 여러 나라의 성장

10 고조선은 사회 질서를 유지하기 위해 범금 ●조를 두었다.

11 고조선은 기원전 3세기 초 ●의 장수 진개의 공격을 받아 영토를 빼앗겼다.

12 고조선은 위만 집권 이후 진●과 임●을 복속하여 세력을 확장하였다.

13 부여는 여러 가(加)들이 별도로 ●●도를 주관하였다.

14 부여는 12월에 ●고라는 제천 행사를 개최하였다.

15 고구려는 ●● 회의에서 나라의 중요한 일을 결정하였다.

16 고구려는 10월에 ●맹이라는 제천 행사를 개최하였다.

17 옥저의 혼인 풍습으로 ●●●●제가 있었다.

18 동예는 읍락 간의 경계를 중시하는 ●화가 있었다.

19 삼한에는 제사장인 천●과 신성 지역인 소●가 존재하였다.

---

01 주먹 02 동, 막 03 빗살 04 가락 05 움 06 반달 07 고인 08 철 09 도 10 8 11 연 12 번, 둔 13 사출 14 영 15 제가 16 동 17 민며느리 18 책 19 군, 도

PART 2

고대

최신 3개년 평균 출제 문항 수
7.6 문항

최신 3개년 평균 출제 비중
14.9 %

최신 3개년 주제별 출제 현황

주제	출제 현황	빈출 키워드
고구려, 가야	16문항	장수왕의 한성 함락, 안승, 보덕국 왕, 을지문덕, 살수 대첩, 낙랑·왜에 철 수출, 광개토 태왕의 신라 지원
백제, 신라	23문항	22담로, 동시전, 동진으로부터 불교 수용, 우산국 정복, 거칠부의 국사 편찬
통일 신라, 발해	38문항	9서당 10정, 김흠돌의 난, 광평성, 주자감, 관료전 지급, 녹읍 폐지
경제, 사회	10문항	청해진, 진대법, 동시전, 관료전 지급, 녹읍 폐지, 솔빈부의 말
문화	22문항	독서삼품과, 황룡사 9층 목탑, 거칠부의 국사 편찬, 동진으로부터 불교 수용, 백제 금동 대향로, 벽돌무덤, 북한산 순수비

학습 POINT

- ☑ 고구려, 백제, 신라 주요 왕의 업적과 정책을 정리하세요.
- ☑ 신라와 고려의 통일 과정에서 있었던 주요 사건을 시간 순으로 정리하세요.
- ☑ 고구려, 백제, 신라, 발해의 건축물, 불상, 탑 등을 사진을 보며 구분하세요.

STEP 1 N가지 젤 중요한 개념
빈칸을 채우며 중요한 개념을 학습해요.

핵심강의

01 고구려

성립과 발전	• 건국: 동명성왕(주몽)이 졸본을 도읍으로 건국 → 유리왕 때 국내성으로 천도 • 발전: 태조왕(옥저 정복), 고국천왕(을파소의 건의로 진대법 실시), 미천왕(서안평 점령, 낙랑군·대방군 축출), 고국원왕(백제 근초고왕의 평양성 공격으로 전사), ❶　　　　　왕(불교 수용, 태학 설치, 율령 반포)
전성기 (5세기)	• 광개토 태왕: 연호 '❷　　　　' 사용, 신라에 침입한 왜 격퇴, 요동과 만주 일대 장악 • ❸　　　　왕: 남진 정책(평양 천도 → 백제의 한성 함락 → 백제가 웅진으로 천도함)
고구려와 수·당 전쟁	수의 침입 → 살수 대첩(을지문덕, 612) → 고구려의 천리장성 축조 → ❹　　　　　문의 정변(642) → 당의 침입 → 안시성 전투
멸망	나·당 동맹 체결(648) → 나·당 연합군의 평양성 함락 → 고구려 멸망(668) → 부흥 운동(고연무, 검모잠, 안승) 실패

02 가야

성립	낙동강 변한 지역에서 가야 연맹으로 발전
발전	• ❺　　　　가야(김해): 전기 가야 연맹 주도, 낙랑·왜에 덩이쇠 등 철 수출, 고구려 광개토 태왕의 공격으로 쇠퇴 • ❻　　　　가야(고령): 후기 가야 연맹 주도
멸망	• 신라 법흥왕 때 금관가야 멸망(532) • 신라 진흥왕 때 대가야 멸망(562)

03 백제

건국 및 전성기 (4세기)	• 건국: 온조가 위례성에서 건국 • 전성기: 근초고왕(고구려의 평양성을 공격하여 고국원왕을 전사시킴, 중국 남조의 동진 및 일본 규슈 지방과 교류), 침류왕(불교 수용)
중흥 노력	• 한성 시기: 비유왕(나·제 동맹) → 개로왕(고구려 장수왕의 침략으로 한성 함락) → 웅진 천도 • 웅진 시기: ❼　　　왕(무령왕릉, 22담로에 왕족 파견) • 사비 시기: 성왕(❽　　　천도, 국호를 '남부여'로 변경, 신라 진흥왕의 공격으로 관산성 전투에서 전사, 무왕(금마저에 미륵사 건립), 의자왕(윤충을 보내 신라의 대야성 함락)
멸망	나·당 동맹 체결(648) → 나·당 연합군의 사비성 함락 → 백제 멸망(660) → 부흥 운동(복신·도침, 흑치상지) 전개 → 백강 전투 패배 → 부흥 운동 실패

04 신라

성립과 발전	• 건국: 박혁거세가 경주 지역에서 건국 • 발전: 내물 마립간(고구려 광개토 태왕의 도움으로 왜 격퇴), 눌지 마립간(나·제 동맹 체결)
전성기	• ❾　　　왕: 국호를 '신라', 왕호를 '왕'으로 변경, 우산국(울릉도) 정복(이사부), 수도에 동시전 설치 • 법흥왕: 연호 '건 ❿　　　' 사용, 율령 반포, 병부와 상대등 설치, 불교 공인(이차돈의 순교), 금관가야 병합 • ⓫　　　왕: 화랑도를 국가적인 조직으로 개편, 역사서 《국사》 편찬(거칠부), 한강 유역 점령(백제 성왕과 연합하여 한강 상류 점령 → 백제를 공격하여 한강 하류 점령), 대가야 정복, 영토 확장 기념비 건립 (진흥왕 순수비 등)
삼국 통일	나·당 동맹을 체결하여 백제와 고구려를 멸망시킴 → 나·당 전쟁(매소성·기벌포 전투)에서 당군 격퇴 → 삼국 통일 완성(676, 문무왕)

05 통일 신라와 발해

통일 신라	• 왕권 강화: 태종 무열왕[나·당 동맹 체결(648), 백제를 멸망시킴] → 문무왕[고구려를 멸망시킴, 삼국 통일(676)] → ⓬　　　왕(김흠돌의 난 진압, 9주 5소경 설치, 9서당 10정 정비, 관료전 지급, 녹읍 폐지, 국학 설치) • 통치 체제 정비 - 중앙(집사부 아래 13부 → 행정 분담) - 지방(9주 5소경 설치, 상수리 제도), 군사(9서당 10정) • 신라 말의 사회 동요 - 8세기 후반 혜공왕이 피살된 이후 진골 귀족들의 왕위 쟁탈전 심화 - 지방 세력의 반란: 김 ⓭　　　의 난, 장보고의 난 - 농민 봉기의 발생: 진성 여왕 시기에 절정 → 원종과 애노의 난, 적고적의 난 - 새로운 세력의 성장(호족, 6두품) - 새로운 사상의 등장(선종, 풍수지리설)
발해	• 건국: 대조영이 동모산 지역에서 건국(698) → 고구려 계승 의식 • 발전: 무왕(연호 '인안' 사용, 장문휴를 보내 당의 등주 선제공격), 문왕(연호 '⓮　　　' 사용, 당과 친선 관계, 상경 용천부로 천도), 선왕(연호 '⓯　　　' 사용, '해동성국'으로 불림, 5경 15부 62주 정비) • 당의 3성 6부제 수용(정당성 중심의 운영, 대내상이 국정 총괄), 주자감(유학 교육)

06 후삼국

후백제	• ⑯ 　　　 이 완산주(전주)를 도읍으로 건국(900) • 후당·오월에 사신 파견 • 신라의 금성을 습격해 경애왕을 죽게 함
후고구려	• 궁예가 송악(개성)을 도읍으로 건국(901) • 국호를 '마진'으로 변경, 철원 천도 이후 국호를 '태봉'으로 변경, ⑰ 　　　 성 설치 • 신하들이 왕건을 왕으로 추대 후 고려 건국(918)

07 경제와 사회

경제	• 삼국: 우경 장려, 신라 지증왕 때 동시전(감독 기관) 설치, 당항성을 통해 중국과 교역(신라) • 통일 신라: ⑱ 　　　 문서(신라 촌락 문서, 촌주가 3년마다 작성, 조세 징수와 노동력 징발에 활용), 관료전 지급·녹읍 폐지(신문왕), 울산항·당항성·영암 등이 국제 무역항으로 번성, 장보고의 해상 무역 장악(완도에 청해진 설치) • 발해: ⑲ 　　　 부의 말이 주요 수출품, 영주도·거란도 등의 교통로를 통해 교류
사회	• 삼국: 고구려(제가 회의, 고국천왕의 진대법 실시), 백제(정사암 회의, 22 ⑳ 　　　 에 왕족 파견), 신라(화백 회의, 골품제, 화랑도) • 통일 신라 – 9주 5소경 설치, 9서당 10정 정비 – 신라 말 6두품의 성장(최 ㉑ 　　　 : 신라 말 진성여왕에게 시무책 10여 조 건의)

08 문화 1

유학의 발달	• 고구려(수도에 태학, 지방에 경당 설립), 백제(부여 사택지적비), 신라(원 ㉒ 　　　 의 세속 5계 → 화랑도의 규범) • 통일 신라 – 국학 설치, 독서삼품과(원성왕) – 유학자들의 활동: 설총(〈화왕계〉), 강수(〈청방인문표〉), 최치원(《계원필경》, 《토황소격문》) • 발해: 주자감(유학 경전 교육)
역사서 편찬	고구려(이문진의 《신집》 5권), 백제(고흥의 《서기》), 신라(거칠부의 《국사》)
삼국의 불교 수용	• 고구려: 소수림왕 때 수용·공인 • 백제: 침류왕 때 수용·공인 • 신라: 법흥왕 때 이차돈의 순교를 계기로 공인
통일 신라의 불교 발전	• 원 ㉓ 　　　 : 무애가, 일심·화쟁 사상, 《대승기신론소》·《금강삼매경론》 저술 • 의 ㉔ 　　　 : 관음 신앙, 《화엄일승법계도》 저술 • 혜초: 《왕오천축국전》 저술 • 선종(참선·실천 수행, 승탑과 탑비)

09 문화 2

불상	• ㉕ 　　　 : 금동 연가 7년명 여래 입상 • 백제: 서산 용현리 마애 여래 삼존 입상 • 통일 신라: 석굴암 본존불상 • 발해: 이불병좌상
불탑	• ㉖ 　　　 – 익산 미륵사지 석탑(금제 사리봉영기 발견) – 부여 정림사지 5층 석탑('평제탑'이라고도 불렸음) • 신라: 경주 분황사 모전 석탑(돌을 벽돌 모양으로 다듬어 쌓음) • 통일 신라 – 경주 감은사지 3층 석탑(신문왕) – 경주 불국사 3층 석탑(석가탑, 무구정광대다라니경이 발견됨), 경주 불국사 다보탑 • ㉗ 　　　 : 영광탑(벽돌로 쌓은 전탑)
고분	• 고구려: 돌무지무덤(장군총, 벽화 X) → 굴식 돌방무덤(무용총, 각저총: 벽화 O) • 백제: 돌무지무덤(석촌동 고분군) → 굴식 돌방무덤(능산리 고분군)+벽돌무덤(무령왕릉: 중국 남조의 영향, 묘지석 출토) • 신라: 돌무지덧널무덤(천마총, 호우총) • 통일 신라: 굴식 돌방무덤(김유신 묘 ← 둘레돌, 12지 신상) • 발해: 정혜 공주 묘(굴식 돌방무덤), 정효 공주 묘(벽돌무덤)
비석	• 고구려: 광개토 태왕릉비, 충주 고구려비 • 백제: 사택지적비 • 신라: 진흥왕의 영토 확장 기념비 → 북한산 순수비, 창녕 척경비, 황초령 순수비, 마운령 순수비
과학 기술	• 백제: 칠지도, 백제 금동 대향로 • 신라: 첨성대 • 통일 신라 – 상원사 동종, 성덕 대왕 신종 – 무구 ㉘ 　　　 대다라니경(석가탑에서 발견됨, 현존 세계에서 가장 오래된 목판 인쇄본)

> **정답**
>
> ❶ 소수림 ❷ 영락 ❸ 장수 ❹ 연개소 ❺ 금관 ❻ 대 ❼ 무령 ❽ 사비 ❾ 지증 ❿ 원 ⑪ 진흥 ⑫ 신문 ⑬ 헌창 ⑭ 대 ⑮ 건 ⑯ 견훤 ⑰ 광평 ⑱ 민정 ⑲ 솔빈 ⑳ 담로 ㉑ 치원 ㉒ 광 ㉓ 효 ㉔ 상 ㉕ 고구려 ㉖ 백제 ㉗ 발해 ㉘ 정광

STEP 2 젤 중요한 개념 확인문제

핵심만 차근차근 체크해요.

01 다음 정책을 실시한 고구려 왕을 골라 쓰세요.

> 태조왕, 고국천왕, 미천왕, 소수림왕

(1) 태학을 설립하여 인재를 양성하였다. ( )
(2) 낙랑군을 축출하여 영토를 확장하였다. ( )
(3) 전진의 순도를 통해 불교를 수용하였다. ( )
(4) 옥저를 정복하고 동해안으로 진출하였다. ( )
(5) 을파소를 등용하고 진대법을 시행하였다. ( )

02 고구려 광개토 태왕에 대한 설명으로 옳으면 O표, 틀리면 X표를 하세요.

(1) 영락이라는 연호를 사용하였다. ( )
(2) 신라에 침입한 왜를 격퇴하였다. ( )
(3) 백제의 평양성 공격으로 전사하였다. ( )
(4) 서안평을 공격하여 영토를 확장하였다. ( )
(5) 후연을 공격하여 요동 땅을 차지하였다. ( )

03 고구려 장수왕에 대한 설명으로 옳으면 O표, 틀리면 X표를 하세요.

(1) 도읍을 국내성에서 평양으로 옮겼다. ( )
(2) 백제를 공격하여 한성을 함락시켰다. ( )
(3) 낙랑군을 몰아내고 영토를 확장하였다. ( )
(4) 연개소문의 정변에 의해 왕위에 올랐다. ( )

04 다음 사실들을 순서대로 나열하세요.

(1) ( )

> (가) 대방군을 축출하고 영토를 확장하였다.
> (나) 후연을 공격하여 요동 땅을 차지하였다.
> (다) 관구검이 이끄는 위의 군대가 고구려를 침략하였다.
> (라) 백제의 공격으로 고구려 왕이 평양성에서 전사하였다.

(2) ( )

> (가) 안시성에서 당의 군대를 물리쳤다.
> (나) 을지문덕이 살수에서 수의 대군을 격파하였다.
> (다) 연개소문이 정변을 일으켜 권력을 장악하였다.
> (라) 나·당 연합군의 공격으로 평양성이 함락되었다.
> (마) 안승이 신라에 의해 보덕국 왕으로 책봉되었다.

05 가야에 대한 설명으로 옳으면 O표, 틀리면 X표를 하세요.

(1) 진흥왕 때 대가야가 신라에 병합되었다. ( )
(2) 철이 많이 생산되어 왜 등에 수출하였다. ( )
(3) 금관가야는 후기 가야 연맹을 주도하였다. ( )

06 다음 설명에 해당하는 백제 왕을 골라 쓰세요.

> 고이왕, 근초고왕, 침류왕, 무령왕

(1) 마한을 정복하였다. ( )
(2) 22담로에 왕족을 파견하였다. ( )
(3) 중국 남조의 양과 교류하였다. ( )
(4) 평양성 전투에서 고국원왕을 전사시켰다. ( )
(5) 내신 좌평 등 6좌평의 관제를 정비하였다. ( )
(6) 동진에서 온 마라난타를 통해 불교를 수용하였다. ( )

07 백제 성왕에 대한 설명으로 옳으면 O표, 틀리면 X표를 하세요.

(1) 익산에 미륵사를 창건하였다. (　　)
(2) 윤충을 보내 대야성을 함락하였다. (　　)
(3) 사비로 천도하고 국호를 남부여로 고쳤다. (　　)
(4) 북위에 사신을 보내 고구려 공격을 요청하였다. (　　)
(5) 진흥왕과 연합하여 한강 하류 지역을 차지하였다. (　　)

08 다음 백제의 발전 과정에서 있었던 사실들을 순서대로 나열하세요.

> (가) 문주왕이 웅진으로 천도하였다.
> (나) 동성왕이 나·제 동맹을 강화하였다.
> (다) 성왕이 관산성 전투에서 전사하였다.
> (라) 개로왕이 고구려를 견제하고자 북위에 사신을 보냈다.

(　　　　　　　　　　　　　　　)

09 다음 설명에 해당하는 신라 왕을 골라 쓰세요.

> 내물 마립간, 지증왕, 법흥왕

(1) 고구려의 도움으로 왜를 물리쳤다. (　　)
(2) 이사부를 보내 우산국을 복속하였다. (　　)
(3) 금관가야를 복속하여 영토를 넓혔다. (　　)
(4) 이차돈의 순교를 계기로 불교를 공인하였다. (　　)
(5) 시장을 관리하는 관청인 동시전을 설치하였다. (　　)
(6) 국호를 신라로 확정하고 왕이라는 칭호를 사용하였다. (　　)

10 신라 진흥왕에 대한 설명으로 옳으면 O표, 틀리면 X표를 하세요.

(1) 한강 상류 지역을 차지하였다. (　　)
(2) 거칠부에게 국사를 편찬하게 하였다. (　　)
(3) 대가야를 정복하여 영토를 확장하였다. (　　)
(4) 마운령, 황초령 등에 순수비를 세웠다. (　　)
(5) 국가적인 조직으로 화랑도를 개편하였다. (　　)
(6) 자장의 건의로 황룡사 9층 목탑을 건립하였다. (　　)

11 신라의 삼국 통일 과정에서 있었던 사실들을 순서대로 나열하세요.

> (가) 안승이 보덕국의 왕으로 임명되었다.
> (나) 부여풍이 백강에서 왜군과 함께 당군에 맞서 싸웠다.
> (다) 신라 김춘추가 당으로 건너가 군사 동맹을 성사시켰다.
> (라) 사찬 시득이 신라군을 이끌고 기벌포에서 당군을 격파하였다.

(　　　　　　　　　　　　　　　)

12 신라 신문왕에 대한 설명으로 옳으면 O표, 틀리면 X표를 하세요.

(1) 백성에게 정전을 지급하였다. (　　)
(2) 사정부를 두어 관리를 감찰하였다. (　　)
(3) 김흠돌 등 진골 세력을 숙청하였다. (　　)
(4) 관료전을 지급하고 녹읍을 폐지하였다. (　　)
(5) 국학을 설립하여 유학 교육을 실시하였다. (　　)
(6) 독서삼품과를 마련하여 인재를 등용하였다. (　　)
(7) 지방 행정 제도를 9주 5소경으로 정비하였다. (　　)

13 통일 신라에 대한 설명으로 옳으면 O표, 틀리면 X표를 하세요.

(1) 12목에 지방관을 파견하였다. (　　)
(2) 7재라는 전문 강좌가 개설되었다. (　　)
(3) 최고 행정 관서로 집사부를 두었다. (　　)
(4) 지방관 감찰하고자 외사정을 파견하였다. (　　)
(5) 군사 조직을 9서당 10정으로 정비하였다. (　　)
(6) 청해진을 중심으로 해상 무역을 전개하였다. (　　)
(7) 전시과 제도를 마련하여 관리에게 토지를 지급하였다. (　　)
(8) 지방 세력 견제를 목적으로 한 상수리 제도를 실시하였다. (　　)

STEP 2 젤 중요한 개념 확인문제

14 신라 말의 상황으로 옳으면 O표, 틀리면 X표를 하세요.
(1) 김흠돌이 반란을 도모하였다. ( )
(2) 장보고가 왕위 쟁탈전에 가담하였다. ( )
(3) 신라가 매소성 전투에서 승리하였다. ( )
(4) 원종과 애노가 사벌주에서 봉기하였다. ( )
(5) 김헌창이 웅천주에서 반란을 일으켰다. ( )
(6) 김춘추가 진골 출신 최초로 왕위에 올랐다. ( )
(7) 지방에서 호족들이 반독립적인 세력으로 성장하였다. ( )
(8) 김보당이 폐위된 왕의 복위를 주장하며 군사를 일으켰다. ( )

15 다음 활동을 한 인물을 골라 쓰세요.

> 견훤, 궁예

(1) 후당, 오월에 사신을 파견하였다. ( )
(2) 완산주를 도읍으로 하여 후백제를 세웠다. ( )
(3) 금산사에 유폐된 후 왕건에게 귀부하였다. ( )
(4) 국호를 마진으로 바꾸고 철원으로 천도하였다. ( )
(5) 신라의 금성을 습격하여 경애왕을 죽게 하였다. ( )
(6) 광평성을 비롯한 각종 정치 기구를 마련하였다. ( )
(7) 송악을 도읍으로 정하고 후고구려를 건국하였다. ( )

16 발해에 대한 설명으로 옳으면 O표, 틀리면 X표를 하세요.
(1) 중정대를 두어 관리를 감찰하였다. ( )
(2) 정당성의 대내상이 국정을 총괄하였다. ( )
(3) 주자감을 설치하여 인재를 양성하였다. ( )
(4) 군사 조직을 9서당 10정으로 정비하였다. ( )
(5) 무왕이 장문휴를 보내 당의 등주를 선제공격하였다. ( )
(6) 문왕은 수도를 상경 용천부로 옮겨 체제를 정비하였다. ( )
(7) 선왕은 5경 15부 62주의 지방 행정 조직을 확립하였다. ( )

17 다음 설명에 해당하는 나라를 골라 쓰세요.

> 고구려, 백제, 신라

(1) 22담로에 왕족을 파견하였다. ( )
(2) 정사암에 모여 재상을 선출하였다. ( )
(3) 골품제라는 엄격한 신분제를 마련하였다. ( )
(4) 화랑도를 국가적인 조직으로 정비하였다. ( )
(5) 제가 회의에서 국가 중대사를 결정하였다. ( )
(6) 지방 장관으로 욕살, 처려근지 등이 있었다. ( )
(7) 화백 회의에서 국가의 중대사를 논의하였다. ( )
(8) 백성들에게 곡식을 빌려주는 진대법을 실시하였다. ( )
(9) 왕족인 부여씨와 8성의 귀족이 지배층을 이루었다. ( )

18 신라의 경제 상황에 대한 설명으로 옳으면 O표, 틀리면 X표를 하세요.
(1) 솔빈부의 말이 특산물로 수출되었다. ( )
(2) 물가 조절을 위해 상평창을 설치하였다. ( )
(3) 울산항, 당항성이 무역항으로 번성하였다. ( )
(4) 시장을 관리하는 관청인 동시전이 있었다. ( )
(5) 서적점, 다점 등의 관영 상점이 운영되었다. ( )
(6) 청해진을 중심으로 해상 무역이 전개되었다. ( )
(7) 신라방을 형성하여 중국과 활발히 교역하였다. ( )
(8) 거란도, 영주도 등을 통해 주변 국가와 교류하였다. ( )

19 다음 설명에 해당하는 승려를 골라 쓰세요.

> 원광, 원효, 의상, 혜초, 자장

(1) 영주에 부석사를 창건하였다. ( )
(2) 황룡사 9층 목탑의 건립을 건의하였다. ( )
(3) 대승기신론소, 십문화쟁론을 저술하였다. ( )
(4) 무애가를 지어 불교 대중화에 노력하였다. ( )
(5) 구법 순례기인 왕오천축국전을 저술하였다. ( )
(6) 화랑도의 규범으로 세속 5계를 제시하였다. ( )
(7) 화엄일승법계도를 지어 화엄 사상을 정리하였다. ( )
(8) 현세의 고난에서 구제받고자 하는 관음 신앙을 강조하였다. ( )

20 다음 설명에 해당하는 인물을 골라 쓰세요.

> 설총, 강수, 김대문, 최치원

(1) 화랑세기를 저술하였다. ( )
(2) 진성 여왕에게 시무책 10여 조를 올렸다. ( )
(3) 외교 문서 작성에 능하여 청방인문표를 지었다.( )
(4) 국왕에게 조언하는 내용인 화왕계를 집필하였다.
　　　　　　　　　　　　　　　　　　　　( )
(5) 한자의 음과 훈을 차용한 이두를 체계적으로 정리하였다.
　　　　　　　　　　　　　　　　　　　　( )

21 다음 문화유산을 남긴 나라를 골라 쓰세요.

> 고구려, 백제, 신라, 발해

22 다음 고분의 무덤 양식을 골라 쓰세요.

> 돌무지무덤, 굴식 돌방무덤, 벽돌무덤, 돌무지덧널무덤

(1) ▲ 장군총 (2) ▲ 무령왕릉
   (　　　)   (　　　)
(3) ▲ 무용총 (4) ▲ 황남대총
   (　　　)   (　　　)

정답

01 (1) 소수림왕 (2) 미천왕 (3) 소수림왕 (4) 태조왕 (5) 고국천왕
02 (1) ○ (2) ○ (3) X(고국원왕) (4) X(미천왕) (5) ○
03 (1) ○ (2) ○ (3) X(미천왕) (4) X(보장왕)
04 (1) (다) - (가) - (라) - (나) (2) (나) - (다) - (가) - (라) - (마)
05 (1) ○ (2) ○ (3) X(대가야)
06 (1) 근초고왕 (2) 무령왕 (3) 무령왕 (4) 근초고왕 (5) 고이왕 (6) 침류왕
07 (1) X(무왕) (2) X(의자왕) (3) ○ (4) X(개로왕) (5) ○
08 (라) - (가) - (나) - (다)
09 (1) 내물 마립간 (2) 지증왕 (3) 법흥왕 (4) 법흥왕 (5) 지증왕 (6) 지증왕
10 (1) ○ (2) ○ (3) ○ (4) ○ (5) ○ (6) X(선덕 여왕)
11 (다) - (나) - (가) - (라)
12 (1) X(성덕왕) (2) X(무열왕) (3) ○ (4) ○ (5) ○ (6) X(원성왕) (7) ○
13 (1) X(고려 성종) (2) X(고려 예종) (3) ○ (4) ○ (5) ○ (6) ○ (7) X(고려 경종) (8) ○
14 (1) X(신문왕 때) (2) ○ (3) X(삼국 통일 과정) (4) ○ (5) ○ (6) X(삼국 통일 과정) (7) ○ (8) X(고려 시대)
15 (1) 견훤 (2) 견훤 (3) 견훤 (4) 궁예 (5) 견훤 (6) 궁예 (7) 궁예
16 (1) ○ (2) ○ (3) ○ (4) X(통일 신라) (5) ○ (6) ○ (7) ○
17 (1) 백제 (2) 백제 (3) 신라 (4) 신라 (5) 고구려 (6) 고구려 (7) 신라 (8) 고구려 (9) 백제
18 (1) X(발해) (2) X(고려, 조선) (3) ○ (4) ○ (5) X(고려 시대) (6) ○ (7) ○ (8) X(발해)
19 (1) 의상 (2) 자장 (3) 원효 (4) 원효 (5) 혜초 (6) 원광 (7) 의상 (8) 의상
20 (1) 김대문 (2) 최치원 (3) 강수 (4) 설총 (5) 설총
21 (1) 백제 (2) 고구려 (3) 신라 (4) 발해 (5) 백제 (6) 신라 (7) 신라 (8) 신라 (9) 발해 ⑽ 고구려 ⑾ 백제 ⑿ 신라
22 (1) 돌무지무덤 (2) 벽돌무덤 (3) 굴식 돌방무덤 (4) 돌무지덧널무덤

STEP 3 기출문제

PART 2. 고대

고구려, 가야

01 밑줄 그은 '왕'에 대한 설명으로 옳은 것은? [2점 | 62회]

〈다큐멘터리 기획안〉
위기에 빠진 고구려를 구하라!

◆ 기획 의도
　평양성 전투에서 전사한 고국원왕의 뒤를 이어 즉위한 왕의 위기 극복 노력을 살펴본다.

◆ 구성
　1부 전진으로부터 불교를 수용하다.
　2부 태학을 설립하여 인재를 양성하다.

① 평양으로 수도를 옮겼다.
② 병부와 상대등을 설치하였다.
③ 22담로에 왕족을 파견하였다.
④ 고흥에게 서기를 편찬하게 하였다.
⑤ 율령을 반포하여 통치 체제를 정비하였다.

02 밑줄 그은 '왕'에 대한 설명으로 옳은 것은? [2점 | 66회]

○ 기해년에 백제가 맹세를 어기고 왜와 화통하였다. 왕이 순행하여 평양으로 내려갔는데, 신라에서 사신을 보내어 아뢰기를, "왜인이 국경에 가득 차 성지(城池)를 파괴하고 있습니다. …… 귀부하여 명을 받고자 합니다."라고 하였다.

○ 경자년에 왕이 보병과 기병 5만 명을 보내서 신라를 구원하게 하였다. 군대가 남거성을 거쳐 신라성에 이르니 왜적이 많았다. 군대가 도착하자 왜적이 퇴각하였다.

① 대가야를 병합하였다.
② 평양으로 도읍을 옮겼다.
③ 22담로에 왕족을 파견하였다.
④ 영락이라는 연호를 사용하였다.
⑤ 낙랑군을 몰아내고 영토를 확장하였다.

03 다음 검색창에 들어갈 왕에 대한 설명으로 옳은 것은? [2점 | 61회]

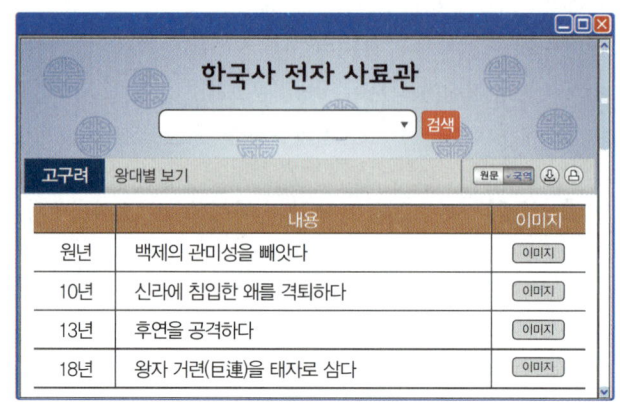

① 영락이라는 연호를 사용하였다.
② 태학을 설립하여 인재를 양성하였다.
③ 낙랑군을 축출하여 영토를 확장하였다.
④ 을파소를 등용하고 진대법을 시행하였다.
⑤ 당의 침입에 대비하여 천리장성을 축조하였다.

04 다음 상황이 나타난 배경으로 옳은 것은? [3점 | 61회]

연흥 2년에 여경[개로왕]이 처음으로 사신을 보내 표를 올렸다. "신의 나라는 고구려와 함께 부여에서 나왔으므로 우호가 돈독하였는데, 고구려의 선조인 쇠[고국원왕]가 우호를 가벼이 깨트리고 직접 군사를 지휘하여 우리의 국경을 짓밟았습니다. 신의 선조인 수[근구수왕]는 군대를 정비하고 공격하여 쇠의 머리를 베어 높이 매다니, 이후 감히 남쪽을 엿보지 못하였습니다. 그런데 고구려가 점점 강성해져 침략하고 위협하니 원한이 쌓였고 전쟁의 참화가 30여 년 이어졌습니다. …… 속히 장수를 보내 구원하여 주십시오."
　　　　　　　　　　　　　　　　　　　　　　　－「위서」－

① 을지문덕이 살수에서 승리하였다.
② 동성왕이 나제 동맹을 강화하였다.
③ 성왕이 관산성 전투에서 전사하였다.
④ 계백의 결사대가 황산벌에서 패배하였다.
⑤ 장수왕이 평양으로 천도하고 남진을 추진하였다.

05 다음 검색창에 들어갈 왕에 대한 설명으로 옳은 것은?

[2점 | 60회]

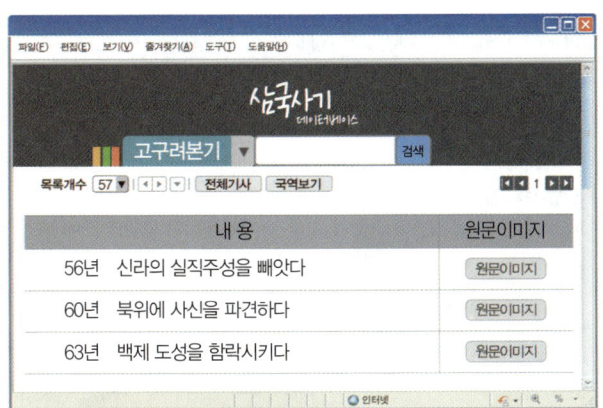

① 도읍을 국내성에서 평양으로 옮겼다.
② 낙랑군을 몰아내고 영토를 확장하였다.
③ 을파소의 건의로 진대법을 실시하였다.
④ 영락이라는 독자적 연호를 사용하였다.
⑤ 전진의 순도를 통해 불교를 수용하였다.

06 밑줄 그은 '전투'가 벌어진 시기를 연표에서 옳게 고른 것은?

[2점 | 58회]

① (가) ② (나) ③ (다) ④ (라) ⑤ (마)

07 (가) 인물에 대한 설명으로 옳은 것은?

[2점 | 59회]

① 천리장성 축조를 감독하였다.
② 살수에서 수의 군대를 막아 냈다.
③ 등주를 선제공격하여 당군을 격파하였다.
④ 황산벌에서 계백이 이끄는 군대를 물리쳤다.
⑤ 안승을 왕으로 추대하고 부흥 운동을 전개하였다.

08 (가), (나) 사이의 시기에 있었던 사실로 옳은 것은?

[2점 | 69회]

> (가) 을지문덕이 우중문에게 시를 보내 이르기를, "신묘한 계책은 천문을 다 헤아렸고 기묘한 계획은 지리를 모두 통달하였도다. 싸움에 이겨 이미 공로가 드높으니 만족할 줄 알고 그치기를 바라노라."라고 하였다.
>
> (나) 안시성 사람들이 황제의 깃발과 일산을 멀리서 바라보고, 곧장 성에 올라가 북을 치고 소리를 질렀다. 황제가 화를 내자, 이세적은 성을 함락하는 날에 남자를 모두 구덩이에 묻어 죽이자고 청하였다. 안시성 사람들이 이를 듣고 더욱 굳게 지키니, 오래도록 공격하여도 함락되지 않았다.

① 관구검이 환도성을 공격하여 함락하였다.
② 계백이 이끄는 군대가 황산벌에서 항전하였다.
③ 연개소문이 정변을 일으켜 권력을 장악하였다.
④ 광개토 대왕이 신라에 침입한 왜를 격퇴하였다.
⑤ 미천왕이 낙랑군을 축출하여 영토를 확장하였다.

STEP 3 기출문제

09 (가) 나라에 대한 설명으로 옳은 것은? 2점 | 62회

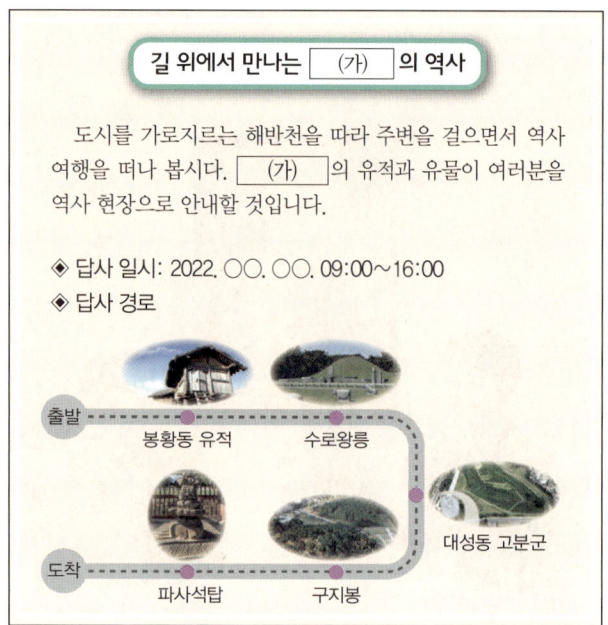

① 덩이쇠를 화폐처럼 사용하였다.
② 한 무제의 공격으로 멸망하였다.
③ 혼인 풍속으로 민며느리제가 있었다.
④ 골품에 따라 관등 승진에 제한이 있었다.
⑤ 빈민을 구제하기 위해 진대법을 시행하였다.

10 (가) 나라에 대한 설명으로 옳은 것은? 2점 | 68회

① 집사부를 비롯한 14부를 두었다.
② 집집마다 부경이라는 창고가 있었다.
③ 대가들이 사자, 조의, 선인을 거느렸다.
④ 철이 많이 생산되어 낙랑, 왜 등에 수출하였다.
⑤ 왕족인 부여씨와 8성의 귀족이 지배층을 이루었다.

11 (가) 나라에 대한 설명으로 옳은 것은? 2점 | 60회

① 법흥왕 때 신라에 복속되었다.
② 유학 교육 기관으로 주자감을 두었다.
③ 지방에 22담로를 두어 왕족을 파견하였다.
④ 화백 회의에서 국가의 중대사를 논의하였다.
⑤ 단궁, 과하마, 반어피 등의 특산물이 있었다.

12 (가) 나라에 대한 탐구 활동으로 가장 적절한 것은? 3점 | 58회

> 진흥왕이 이찬 이사부에게 명령하여 (가) 을/를 공격하게 하였다. 이때 사다함은 나이가 15~16세였는데 종군하기를 청하였다. …… (가) 사람들이 뜻하지 않은 병사들의 습격에 놀라 막아 내지 못하였고, 대군이 승세를 타서 마침내 멸망시켰다.

① 안동도호부가 설치된 경위를 찾아본다.
② 22담로에 왕족이 파견된 목적을 알아본다.
③ 중앙 관제가 3성 6부로 정비된 계기를 파악한다.
④ 최고 지배자의 호칭인 이사금의 의미를 검색한다.
⑤ 고령 지역이 연맹의 중심지로 성장하는 과정을 조사한다.

백제, 신라

13 다음 자료에 해당하는 국가에 대한 설명으로 옳은 것은?
[2점 | 61회]

> ○ 벼슬은 16품계가 있다. 좌평은 5명으로 1품, 달솔은 30명으로 2품, 은솔은 3품, 덕솔은 4품, 한솔은 5품, 나솔은 6품이다. 6품 이상은 관(冠)을 은으로 만든 꽃으로 장식하였다.
> ○ 그 나라의 지방에는 5방이 있다. 중방은 고사성, 동방은 득안성, 남방은 구지하성, 서방은 도선성, 북방은 웅진성이라 한다.
> — 『주서』 —

① 골품에 따라 관등 승진에 제한을 두었다.
② 제가 회의에서 국가 중대사를 결정하였다.
③ 지방 장관으로 욕살, 처려근지 등이 있었다.
④ 위화부, 영객부 등의 중앙 관서를 설치하였다.
⑤ 왕족인 부여씨와 8성 귀족이 지배층을 이루었다.

14 다음 상황이 전개된 배경으로 옳은 것은? [2점 | 58회]

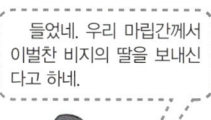

자네 들었는가? 백제의 동성왕이 사신을 보내 혼인을 청하셨다더군.

들었네. 우리 마립간께서 이벌찬 비지의 딸을 보내신다고 하네.

① 법흥왕이 금관가야를 병합하였다.
② 장수왕이 한성을 공격하여 함락시켰다.
③ 김유신이 비담과 염종의 반란을 진압하였다.
④ 영양왕이 온달을 보내 아단성을 공격하였다.
⑤ 김춘추가 당으로 건너가 군사 동맹을 성사시켰다.

15 다음 자료에 해당하는 왕에 대한 설명으로 옳은 것은?
[1점 | 67회]

백제 제26대 왕 명농, 지혜와 식견이 뛰어나고 결단력이 있었다.

웅진에서 사비로 도읍을 옮기고 백제의 중흥을 꾀했다.

구천(관산성 부근)에서 신라의 복병에게 목숨을 잃었다.

① 국호를 남부여로 개칭하였다.
② 금마저에 미륵사를 창건하였다.
③ 고흥에게 서기를 편찬하게 하였다.
④ 윤충을 보내 대야성을 함락하였다.
⑤ 동진에서 온 마라난타를 통해 불교를 수용하였다.

16 밑줄 그은 '왕'의 활동으로 옳은 것은? [2점 | 58회]

> 왕 31년 7월에 신라가 동북쪽 변경을 빼앗아 신주(新州)를 설치하였다. …… [이듬해] 7월에 왕이 신라를 습격하려고 몸소 보병과 기병 50명을 거느리고 밤에 구천(狗川)에 이르렀다. 신라의 복병이 일어나 더불어 싸웠으나 [적의] 병사들에게 살해되었다.
> — 『삼국사기』 —

① 익산에 미륵사를 창건하였다.
② 평양성 전투에서 고국원왕을 전사시켰다.
③ 사비로 천도하고 국호를 남부여로 고쳤다.
④ 북위에 사신을 보내 고구려 공격을 요청하였다.
⑤ 동진에서 온 마라난타를 통해 불교를 수용하였다.

STEP 3 기출문제

17 (가) 왕의 재위 시기 삼국의 상황으로 옳은 것은? [3점 | 66회]

이 사진은 익산 미륵사지 서탑 출토 사리장엄구의 발견 당시 모습입니다. 삼국유사에는 (가) 이/가 왕후인 신라 선화 공주의 발원으로 미륵사를 창건했다고 되어 있지만, 금제 사리봉영기에는 왕후가 백제 귀족 사택적덕의 딸로 기록되어 있습니다. 이로 인해 미륵사 창건 배경과 (가) 의 아들인 의자왕의 친모가 누구인지에 대한 논란이 벌어지기도 하였습니다.

① 고구려 – 을지문덕이 살수에서 수의 대군을 격파하였다.
② 백제 – 고흥이 서기를 편찬하였다.
③ 백제 – 계백이 황산벌에서 군대를 이끌고 결사 항전하였다.
④ 신라 – 이사부가 우산국을 정복하였다.
⑤ 신라 – 사찬 시득이 기벌포에서 당군에 승리하였다.

18 (가), (나) 사이의 시기에 있었던 사실로 옳은 것은? [3점 | 62회]

(가) 왕은 당과 신라 군사들이 이미 백강과 탄현을 지났다는 소식을 듣고 장군 계백을 시켜 결사대 5천 명을 거느리고 황산으로 가서 신라 군사와 싸우게 하였다. 네 번 싸워서 모두 이겼으나 군사가 적고 힘이 모자라서 마침내 패하고 계백이 사망하였다.

(나) 검모잠이 국가를 부흥하려고 하여 당을 배반하고 왕의 외손 안승을 세워 왕으로 삼았다. 당 고종이 대장군 고간을 보내 동주도 행군총관으로 삼고 병력을 내어 그들을 토벌하게 하니 안승이 검모잠을 죽이고 신라로 달아났다.

① 당이 안동도호부를 요동으로 옮겼다.
② 성왕이 관산성 전투에서 전사하였다.
③ 신라군이 기벌포에서 당군을 격파하였다.
④ 김춘추가 당과의 군사 동맹을 성사시켰다.
⑤ 복신과 도침이 부여풍을 왕으로 추대하였다.

19 (가), (나) 사이의 시기에 있었던 사실로 옳은 것은? [3점 | 58회]

(가) 백제의 남은 적군이 사비성으로 진입하여 항복해 살아남은 사람들을 붙잡아 가려고 하였으므로, 유수(留守) 유인원이 당과 신라 사람들을 보내 이를 쳐서 쫓아냈다. …… 당 황제가 좌위중랑장 왕문도를 웅진도독으로 삼았다.

(나) 손인사, 유인원과 신라왕 김법민은 육군을 거느려 나아가고, 유인궤와 별수(別帥) 두상과 부여융은 수군과 군량을 실은 배를 거느리고 백강으로 가서 육군과 합세하여 주류성으로 갔다. 백강 어귀에서 왜국 군사를 만나 …… 그들의 배 4백척을 불살랐다.

① 사찬 시득이 기벌포에서 당군을 격파하였다.
② 의자왕이 윤충을 보내 대야성을 함락시켰다.
③ 복신과 도침이 부여풍을 왕으로 추대하였다.
④ 계백이 이끄는 군대가 황산벌에서 항전하였다.
⑤ 안승이 신라에 의해 보덕국왕으로 책봉되었다.

20 밑줄 그은 '왕'의 업적으로 옳은 것은? [2점 | 51회]

여러 신하들이 아뢰기를 "…… 신(新)은 '덕업이 날로 새로워진다'는 뜻이고, 라(羅)는 '사방(四方)을 망라한다'는 뜻이므로 이를 나라 이름으로 삼는 것이 마땅하다고 여겨집니다. 또 살펴보건대 옛날부터 국가를 가진 이는 모두 제(帝)나 왕(王)을 칭하였는데, 우리 시조께서 나라를 세운 지 지금 22대에 이르기까지 방언으로만 부르고 높이는 호칭을 정하지 못하였으니, 이제 여러 신하들이 한마음으로 삼가 신라국왕(新羅國王)이라는 칭호를 올립니다."라고 하였다. 왕이 이를 따랐다.

- 「삼국사기」 -

① 병부를 설치하고 율령을 반포하였다.
② 이사부를 보내 우산국을 복속시켰다.
③ 대가야를 병합하여 영토를 확장하였다.
④ 국학을 설립하여 유학 교육을 진흥시켰다.
⑤ 자장의 건의로 황룡사 구층 목탑을 건립하였다.

21 밑줄 그은 '이 왕'에 대한 설명으로 옳은 것은? [2점 | 54회]

이것은 국보 제242호인 울진 봉평리 신라비로 병부를 설치하고 율령을 반포한 이 왕 때 건립되었습니다. 이 비석에는 신라 6부의 성격과 관등 체계, 지방 통치 조직과 촌락 구조 등 당시 사회상을 알려 주는 내용이 담겨 있습니다.

① 이사부를 보내 우산국을 복속하였다.
② 관료전을 지급하고 녹읍을 폐지하였다.
③ 이차돈의 순교를 계기로 불교를 공인하였다.
④ 인재 등용을 위해 독서삼품과를 시행하였다.
⑤ 거칠부에게 명하여 국사를 편찬하게 하였다.

23 (가) 인물에 대한 설명으로 옳은 것은? [3점 | 64회]

대한민국 방방곡곡 – 충북 진천
한국사 채널 조회 수 230,213

이 전경은 (가) 의 탄생지로 알려진 곳의 모습입니다. 금관가야 마지막 왕의 후손인 그는 진평왕부터 문무왕까지 다섯 임금을 섬기며 신라의 삼국 통일에 크게 기여하였습니다. 그는 사후에 '흥무대왕'에 봉해지며 신라의 왕이 아니면서도 대왕의 칭호를 갖게 된 인물로 기억되고 있습니다.

① 안승을 왕으로 추대하였다.
② 당의 등주를 선제 공격하였다.
③ 비담과 염종의 난을 진압하였다.
④ 기벌포 전투를 승리로 이끌었다.
⑤ 일리천에서 신검의 군대를 물리쳤다.

22 밑줄 그은 '왕'의 업적으로 옳은 것은? [2점 | 63회]

○ 담당 관청에 명하여 월성의 동쪽에 새 궁궐을 짓게 하였는데, 그곳에서 황룡이 나타났다. 왕이 이것을 기이하게 여기고는 [계획을] 바꾸어 사찰을 짓고, '황룡'이라는 이름을 내려 주었다.

○ [거칠부가] 왕의 명령을 받들어 여러 문사(文士)를 모아 국사를 편찬하였다.

– 『삼국사기』 –

① 이사부를 보내 우산국을 복속시켰다.
② 예성강 이북에 패강진을 설치하였다.
③ 관료전을 지급하고 녹읍을 폐지하였다.
④ 국가적인 조직으로 화랑도를 개편하였다.
⑤ 이차돈의 순교를 계기로 불교를 공인하였다.

24 (가) 시기에 있었던 사실로 옳은 것은? [3점 | 64회]

며칠 전 우리 고구려군이 안시성 전투에서 당군을 격퇴했다는 소식을 들었는가? → 요동성, 백암성이 함락되는 위기를 맞았지만 안시성에서 끝내 물리쳤다네. → (가) → 고구려 집권층 내부에 분열이 생겨 연남건이 자신의 형 연남생을 몰아냈다고 하네. → 결국 연남생은 고구려의 여러 성을 당에 바치며 투항했다더군.

① 소수림왕이 율령을 반포하였다.
② 진흥왕이 대가야를 병합하였다.
③ 을지문덕이 살수에서 대승을 거두었다.
④ 김춘추가 당과의 군사 동맹을 성사시켰다.
⑤ 근초고왕이 평양성을 공격하여 고국원왕을 전사시켰다.

STEP 3 기출문제

25 (가)에 들어갈 내용으로 가장 적절한 것은? [3점 | 67회]

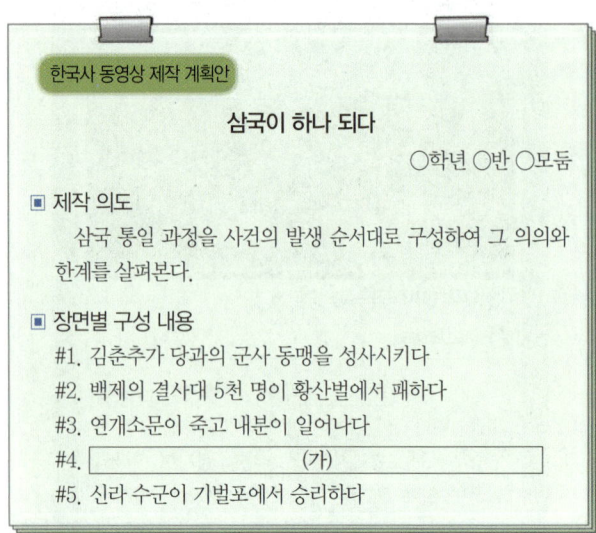

① 흑치상지가 당의 유인궤에게 항복하다
② 문무왕이 안승을 보덕국왕으로 책봉하다
③ 을지문덕이 살수에서 수의 군대를 물리치다
④ 부여풍이 백강에서 왜군과 함께 당군에 맞서 싸우다
⑤ 개로왕이 북위에 사신을 보내 고구려 공격을 요청하다

27 다음 상황이 나타난 시기를 연표에서 옳게 고른 것은? [2점 | 63회]

[당의] 고종이 소정방을 신구도대총관(神丘道大摠管)으로 삼아 군사를 이끌고 바다를 건너 신라와 함께 백제를 정벌하도록 하였다. 계백은 장군이 되어 죽음을 각오한 군사 5천 명을 뽑아 이들을 막고자 하였다. …… 황산의 벌판에 이르러 세 개의 군영을 설치하였다. 신라군을 만나 전투를 시작하려고 하자, [계백은] 여러 사람 앞에서 맹세하며 "지난날 구천(句踐)은 5천 명으로 오(吳)의 70만 무리를 격파하였다. 오늘 마땅히 힘써 싸워 승리함으로써 나라의 은혜에 보답하자."라고 하였다. 드디어 격렬히 싸우니, 일당천(一當千)이 아닌 자가 없었다.
– 『삼국사기』 –

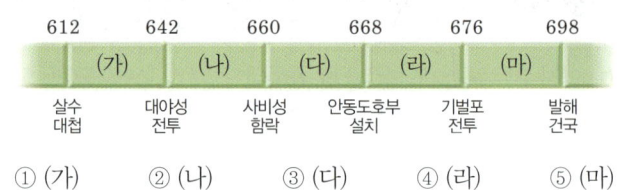

① (가) ② (나) ③ (다) ④ (라) ⑤ (마)

26 (가), (나) 사이의 시기에 있었던 사실로 옳은 것은? [2점 | 65회]

(가) 당의 손인사, 유인원과 신라왕 김법민은 육군을 거느려 나아가고, 유인궤 등은 수군과 군량을 실은 배를 거느리고 백강으로 가서 육군과 합세하여 주류성으로 갔다. 백강 어귀에서 왜의 군사를 만나 …… 그들의 배 4백 척을 불살랐다.

(나) 이근행이 군사 20만 명을 이끌고 매소성에 머물렀다. 신라군이 공격하여 달아나게 하고 말 3만여 필을 얻었는데, 노획한 병장기의 수도 그 정도 되었다.

① 장문휴가 당의 등주를 공격하였다.
② 원광이 왕명으로 걸사표를 작성하였다.
③ 을지문덕이 살수에서 대승을 거두었다.
④ 김춘추가 당과의 군사 동맹을 성사시켰다.
⑤ 검모잠이 안승을 왕으로 세워 부흥 운동을 벌였다.

28 (가), (나) 사이의 시기에 있었던 사실로 옳은 것은? [2점 | 59회]

(가) 대야성에서 패하였을 때 도독인 품석의 아내도 죽었는데, 바로 춘추의 딸이었다. [김춘추가] 말하기를, "신이 고구려에 사신으로 가서 군사를 청하여 백제에 원수를 갚고자 합니다."라고 하자 왕이 허락하였다.

(나) 복신은 일찍이 군사를 거느렸는데, 이때 승려 도침과 함께 주류성에 근거하여 반란을 일으키고, 왜국에 있던 왕자 부여풍을 맞이하여 왕으로 세웠다.

① 당이 안동도호부를 설치하였다.
② 나당 연합군이 사비성을 함락하였다.
③ 신라가 매소성 전투에서 승리하였다.
④ 고구려가 신라에 침입한 왜를 격퇴하였다.
⑤ 백제와 왜의 연합군이 백강 전투에서 패배하였다.

통일 신라, 발해

29 (가) 왕의 업적으로 옳은 것은? `3점 | 59회`

① 국가적인 조직으로 화랑도를 개편하였다.
② 지방관을 감찰하고자 외사정을 파견하였다.
③ 이차돈의 순교를 계기로 불교를 공인하였다.
④ 인재 등용을 위해 독서삼품과를 실시하였다.
⑤ 자장의 건의로 황룡사 구층 목탑을 건립하였다.

30 (가) 왕의 업적으로 옳은 것은? `2점 | 67회`

대왕암이 내려다 보이는 이곳은 경주 이견대입니다. 선왕을 기리며 감은사를 완공한 (가) 은/는 이곳에서 용을 만나는 신묘한 일을 겪었고, 이를 통해 검은 옥대와 만파식적의 재료가 된 대나무를 얻었다고 합니다.

① 향가 모음집인 삼대목을 편찬하였다.
② 관료전을 지급하고 녹읍을 폐지하였다.
③ 인사를 담당하는 위화부를 창설하였다.
④ 건원이라는 독자적인 연호를 사용하였다.
⑤ 시장을 감독하기 위해 동시전을 설치하였다.

31 (가)에 들어갈 내용으로 옳은 것은? `2점 | 62회`

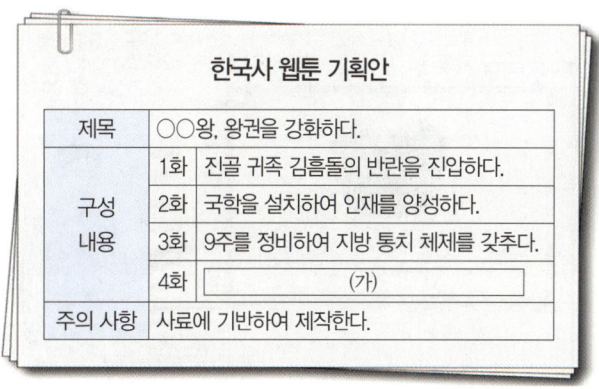

① 관료전을 지급하고 녹읍을 폐지하다.
② 마립간이라는 칭호를 처음 사용하다.
③ 이사부를 보내 우산국을 복속시키다.
④ 화랑도를 국가적 조직으로 개편하다.
⑤ 이차돈의 순교를 계기로 불교를 공인하다.

STEP 3 기출문제

32 다음 상황 이후에 전개된 사실로 옳은 것은? 2점 | 67회

> 이찬 김지정이 반역하여 무리를 모아 궁궐을 에워싸고 침범하였다. 여름 4월에 상대등 김양상이 이찬 경신과 함께 군사를 일으켜 김지정 등을 죽였으나, 왕과 왕비는 반란군에게 살해되었다. 양상 등이 왕의 시호를 혜공왕이라 하였다.
> — 「삼국사기」 —

① 김흠돌이 반란을 도모하였다.
② 이사부가 우산국을 복속하였다.
③ 김대성이 불국사 조성을 주도하였다.
④ 장보고가 왕위 쟁탈전에 가담하였다.
⑤ 거칠부가 왕명에 의해 국사를 편찬하였다.

34 다음 상황 이후에 전개된 사실로 옳은 것은? 2점 | 64회

> 청해진의 궁복은 왕이 딸을 [왕비로] 받아들이지 않은 것에 원한을 품고 반란을 일으켰다. 조정에서는 장차 그를 토벌하자니 예측하지 못할 환난이 생길까 두렵고, 그대로 두자니 그 죄를 용서할 수 없어서, 우려하면서도 어떻게 해야 할지를 몰랐다. 무주 사람 염장이란 자는 용맹하고 씩씩하기로 당시에 소문이 났는데, 와서 아뢰기를 "조정에서 다행히 신의 말을 들어주신다면 신은 한 명의 병졸도 번거롭게 하지 않고 맨주먹으로 궁복의 목을 베어 바치겠습니다."라고 하였다. 왕이 그의 말을 따랐다.
> — 「삼국사기」 —

① 혜공왕이 귀족 세력에게 피살되었다.
② 최치원이 시무책 10여 조를 건의하였다.
③ 왕의 장인인 김흠돌이 반란을 도모하였다.
④ 자장의 건의로 황룡사 구층 목탑이 건립되었다.
⑤ 원광이 화랑도의 규범으로 세속 5계를 제시하였다.

33 밑줄 그은 '시기'에 볼 수 있는 모습으로 적절한 것은? 2점 | 65회

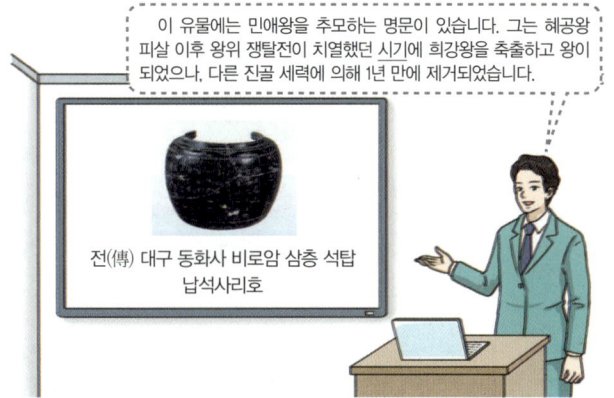

이 유물에는 민애왕을 추모하는 명문이 있습니다. 그는 혜공왕 피살 이후 왕위 쟁탈전이 치열했던 시기에 희강왕을 축출하고 왕이 되었으나, 다른 진골 세력에 의해 1년 만에 제거되었습니다.

전(傳) 대구 동화사 비로암 삼층 석탑 납석사리호

① 의창에서 곡식을 빌리는 백성
② 만권당에서 대담을 나누는 학자
③ 혜민국에서 약을 받아 가는 환자
④ 화엄일승법계도를 저술하는 승려
⑤ 청해진을 거점으로 해적을 소탕하는 병사

35 다음 가상 대화 이후에 있었던 사실로 옳은 것은? 2점 | 61회

며칠 전에 웅천주 도독 김헌창이 난을 일으켜 나라 이름을 장안이라 하고 연호를 경운이라 정했다더군.

그의 아버지가 왕이 되지 못한 것에 불만을 품은 모양이야.

① 거칠부가 국사를 편찬하였다.
② 이사부가 우산국을 정복하였다.
③ 관료전이 지급되고 녹읍이 폐지되었다.
④ 원종과 애노가 사벌주에서 봉기하였다.
⑤ 이차돈의 순교를 계기로 불교가 공인되었다.

36 밑줄 그은 '이 인물'에 대한 설명으로 옳은 것은? [2점 | 62회]

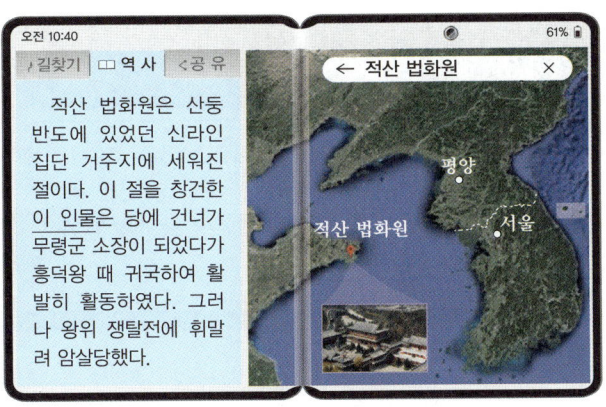

① 구법 순례기인 왕오천축국전을 지었다.
② 진성 여왕에게 시무책 10여 조를 올렸다.
③ 청해진을 중심으로 해상 무역을 전개하였다.
④ 9산 선문 중의 하나인 가지산문을 개창하였다.
⑤ 한자의 음과 훈을 차용한 이두를 체계적으로 정리하였다.

38 (가) 인물에 대한 설명으로 옳은 것은? [2점 | 63회]

① 공산 전투에서 전사하였다.
② 금마저에 미륵사를 창건하였다.
③ 후당과 오월에 사신을 파견하였다.
④ 김흠돌 등 진골 세력을 숙청하였다.
⑤ 국호를 마진으로 바꾸고 철원으로 천도하였다.

37 (가)에 들어갈 내용으로 가장 적절한 것은? [2점 | 63회]

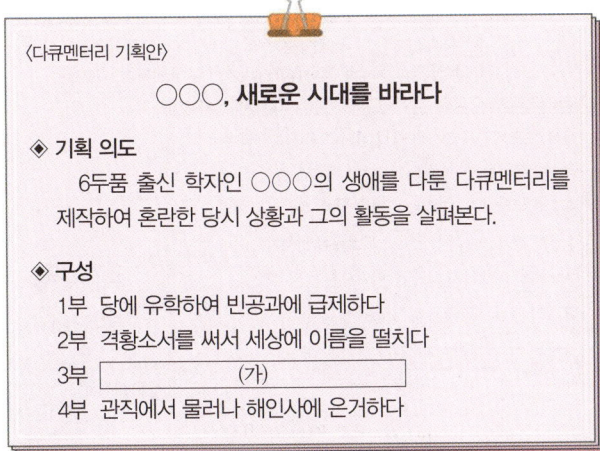

① 화왕계를 지어 국왕에게 조언하다
② 외교 문서인 청방인문표를 작성하다
③ 진성 여왕에게 시무책 10여 조를 올리다
④ 청해진을 중심으로 해상 무역을 전개하다
⑤ 인도와 중앙아시아를 순례하고 왕오천축국전을 남기다

39 다음 검색창에 들어갈 인물에 대한 설명으로 옳은 것은? [2점 | 64회]

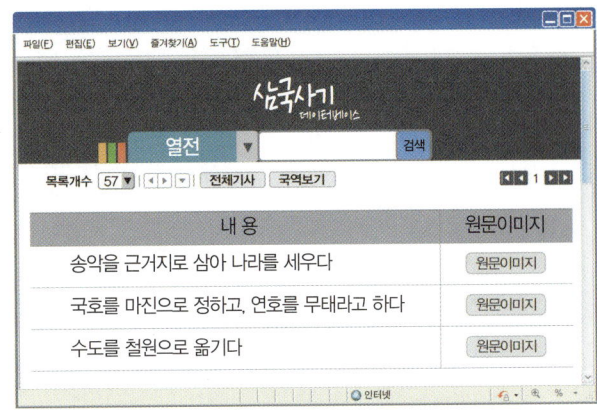

① 후당, 오월에 사신을 파견하였다.
② 이사부를 보내 우산국을 복속하였다.
③ 폐정 개혁을 목표로 정치도감을 설치하였다.
④ 광평성을 비롯한 각종 정치 기구를 마련하였다.
⑤ 정계와 계백료서를 지어 관리가 지켜야 할 규범을 제시하였다.

40 다음 상황 이후에 있었던 사실로 옳은 것은? 3점 | 67회

> 파진찬 신덕, 영순 등이 신검에게 견훤을 금산사에 유폐하고 사람을 보내 금강을 죽이도록 권하였다. 신검이 대왕을 자칭하고 국내에 대사면령을 내렸다. 교서에서 이르기를, "…… 왕위를 어리석은 아이에게 줄 뻔하였다. 다행스러운 것은 상제께서 진정한 마음을 내리시니 군자들이 허물을 고쳤고 받아들인 나에게 명하여 이 한 나라를 다스리게 하셨다는 점이다. ……"라고 하였다.

① 궁예가 광평성을 설치하였다.
② 장문휴가 당의 등주를 공격하였다.
③ 신숭겸이 공산 전투에서 전사하였다.
④ 왕건이 일리천 전투에서 승리하였다.
⑤ 김헌창이 웅천주에서 반란을 일으켰다.

41 다음 시나리오에 등장하는 왕의 업적으로 옳은 것은? 2점 | 61회

> #36. 궁궐 안
> 왕이 분노에 찬 표정으로 대문예에게 말하고 있다.
> 왕: 흑수 말갈이 몰래 당에 조공하였으니, 이는 당과 공모하여 앞뒤로 우리를 치려는 것이다. 군대를 이끌고 가서 흑수 말갈을 정벌하라.
> 대문예: 당에 조공하였다 하여 그들을 바로 공격한다면 이는 당에 맞서는 것입니다. 하루아침에 당과 원수를 지면 멸망을 자초할 수 있습니다.

① 장문휴를 보내 등주를 공격하였다.
② 9서당 10정의 군사 조직을 갖추었다.
③ 사비로 천도하고 국호를 남부여로 고쳤다.
④ 지방관을 감찰하고자 외사정을 파견하였다.
⑤ 고구려 유민을 모아 동모산에서 나라를 세웠다.

42 (가) 왕에 대한 설명으로 옳은 것은? 3점 | 63회

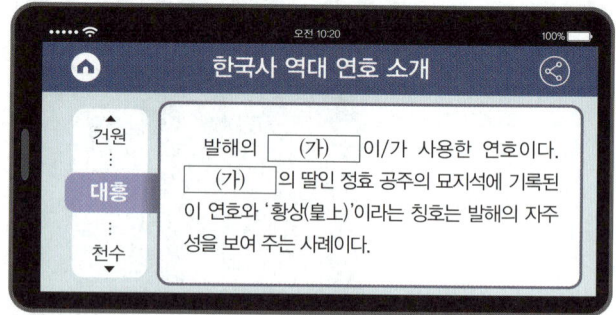

> 발해의 (가) 이/가 사용한 연호이다. (가) 의 딸인 정효 공주의 묘지석에 기록된 이 연호와 '황상(皇上)'이라는 칭호는 발해의 자주성을 보여 주는 사례이다.

① 북연의 왕을 신하로 봉하였다.
② 지린성 동모산에서 나라를 세웠다.
③ 신라에 군대를 파견하여 왜를 격퇴하였다.
④ 수도를 상경 용천부로 옮겨 체제를 정비하였다.
⑤ 5경 15부 62주의 지방 행정 조직을 확립하였다.

43 (가) 국가에 대한 설명으로 옳은 것은? 2점 | 67회

> 이 글은 양태사가 지은 '밤에 다듬이 소리를 듣고'라는 한시로, 정효 공주 묘지(墓誌) 등과 함께 (가) 의 한문학 수준을 보여주는 대표적인 사례입니다. 이 시에는 문왕 때 일본에 사신으로 파견된 그가 다듬이 소리를 듣고 고국을 그리워하는 마음이 잘 표현되어 있습니다.

> 서리 기운 가득한 하늘에 달빛 비치니 은하수도 밝은데
> 나그네 돌아갈 일 생각하니 감회가 새롭네
> 홀로 앉아 지새는 긴긴 밤 근심에 젖어 마음 아픈데
> 홀연히 들리누나 이웃집 아낙네 다듬이질 소리
> 바람결에 그 소리 끊기는 듯 이어지는 듯
> 밤 깊어 별빛 기우는데 잠시도 쉬지 않네
> 나라 떠나온 뒤로 아무 소리 듣지 못하더니
> 이제 타향에서 고향 소리 듣는구나
> …

① 교육 기관으로 주자감을 설립하였다.
② 골품제라는 엄격한 신분제를 마련하였다.
③ 정사암에 모여 국가 중대사를 논의하였다.
④ 관리 선발을 위해 독서삼품과를 시행하였다.
⑤ 청연각과 보문각을 설치하여 학문 연구를 장려하였다.

44 밑줄 그은 '이 나라'에 대한 설명으로 옳은 것은?

[1점 | 65회]

> ○ 조영이 죽으니, 이 나라에서는 고왕이라 하였다. 아들 무예가 왕위에 올라 영토를 크게 개척하니, 동북의 모든 오랑캐들이 겁을 먹고 그를 섬겼다.
>
> ○ 처음에 이 나라의 왕이 자주 학생들을 경사의 태학에 보내어 고금의 제도를 배우고 익혀 가더니, 드디어 해동성국이 되었다. 그 땅에는 5경 15부 62주가 있다.
>
> — "신당서" —

① 정사암 회의를 개최하였다.
② 9서당 10정의 군사 조직을 갖추었다.
③ 욕살, 처려근지 등의 지방관을 두었다.
④ 인안, 대흥 등 독자적인 연호를 사용하였다.
⑤ 광평성을 비롯한 각종 정치 기구를 마련하였다.

---

46 (가) 국가에 대한 설명으로 옳은 것을 |보기|에서 고른 것은?

[2점 | 53회]

<한국사 온라인 강좌>

우리 연구소에서는 (가) 의 역사적 의미를 조명하기 위해 온라인 강좌를 마련하였습니다. 관심 있는 분들의 많은 참여 바랍니다.

■ 강좌 주제 ■
제1강 일본에 보낸 외교 문서에 나타난 역사의식
제2강 정혜 공주 무덤의 구조로 알 수 있는 고분 양식
제3강 장문휴의 등주 공격을 통해 본 대외 인식
제4강 인안, 대흥 연호 사용에 반영된 천하관

■ 일시: 2021년 6월 매주 목요일 19:00~21:00
■ 방식: 화상 회의 플랫폼 활용
■ 주관: △△연구소

|보기|
ㄱ. 철전인 건원중보를 발행하였다.
ㄴ. 솔빈부의 말이 특산물로 거래되었다.
ㄷ. 지방관을 감찰하고자 외사정을 파견하였다.
ㄹ. 거란도, 영주도 등을 통해 주변국과 교류하였다.

① ㄱ, ㄴ   ② ㄱ, ㄷ   ③ ㄴ, ㄷ
④ ㄴ, ㄹ   ⑤ ㄷ, ㄹ

---

45 (가) 국가에 대한 설명으로 옳은 것은?

[2점 | 59회]

> 이곳은 해동성국이라 불렸던 (가) 의 온돌 유적으로 함경남도 신포시 오매리에서 발견되었습니다. 이 유적에서는 열기가 지나가는 통로인 고래의 숫자를 늘려서 난방의 효율을 높였다는 사실을 확인할 수 있습니다. 이는 (가) 이/가 고구려의 온돌 양식을 계승하여 발전시켰다는 사실을 잘 보여 줍니다.

① 9서당과 10정을 설치하였다.
② 광평성 등의 정치 기구를 마련하였다.
③ 교육 기관으로 주자감을 설립하였다.
④ 욕살, 처려근지 등의 지방관을 두었다.
⑤ 지방에 22담로를 두어 왕족을 파견하였다.

---

47 (가) 국가에 대한 설명으로 옳은 것은?

[1점 | 70회]

> 『신라고기(新羅古記)』에 이르기를 "고(구)려의 옛 장수 조영의 성은 대씨(大氏)니 남은 군사를 모아 태백산 남쪽에서 나라를 세우고 나라 이름을 (가) (이)라고 하였다." …… 『지장도(指掌圖)』에 보면 " (가) 은/는 만리장성 동북쪽 모서리 밖에 있다."라고 하였다.

① 군사 조직으로 9서당 10정을 편성하였다.
② 정사암에 모여 국가 중대사를 논의하였다.
③ 광평성을 비롯한 각종 정치 기구를 갖추었다.
④ 5경 15부 62주의 지방 행정 제도를 마련하였다.
⑤ 상수리 제도를 시행하여 지방 세력을 견제하였다.

STEP 3 기출문제

48 (가) 국가에 대한 설명으로 옳은 것은? [1점 | 54회]

① 광군을 창설하여 외침에 대비하였다.
② 9서당 10정의 군사 조직을 운영하였다.
③ 광덕, 준풍 등의 독자적인 연호를 사용하였다.
④ 5경 15부 62주의 지방 행정 제도를 갖추었다.
⑤ 지방관을 감찰하기 위해 외사정을 파견하였다.

50 다음 자료에 나타난 시기의 경제 상황으로 옳은 것은? [2점 | 59회]

> 장보고가 귀국 후 왕을 알현하여, "온 중국이 우리나라 사람을 노비로 삼고 있습니다. 바라옵건대 청해에 진을 설치하여 해적이 사람을 중국으로 잡아가는 것을 막으십시오."라고 아뢰었다. 왕이 장보고에게 군사 1만 명을 주어서 지키게 하였다.

① 은병이 화폐로 제작되었다.
② 낙랑과 왜에 철을 수출하였다.
③ 집집마다 부경이라는 창고가 있었다.
④ 덕대가 광산을 전문적으로 경영하였다.
⑤ 울산을 통해 아라비아 상인들이 왕래하였다.

경제, 사회

49 (가) 국가의 경제 상황으로 옳은 것은? [1점 | 63회]

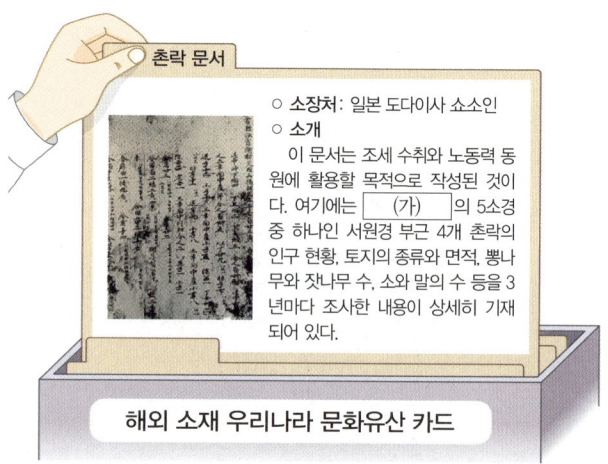

① 낙랑군과 왜에 철을 수출하였다.
② 집집마다 부경이라는 창고가 있었다.
③ 활구라고 불리는 은병이 유통되었다.
④ 특산품으로 솔빈부의 말이 유명하였다.
⑤ 울산항, 당항성이 무역항으로 번성하였다.

51 (가) 국가의 경제 상황으로 옳은 것은? [2점 | 64회]

이 지도는 (가) 의 전성기 영역을 나타낸 것입니다. 이 국가에서는 각지에서 말이 사육되었는데, 그중에서도 솔빈부의 말은 당에 수출될 정도로 유명하였습니다. 특히 고구려 유민 출신으로 산둥반도 지역을 장악하였던 이정기 세력에게 많은 말을 수출하였습니다.

① 벽란도를 통해 아라비아 상인과 무역하였다.
② 구황 작물로 감자, 고구마를 널리 재배하였다.
③ 해동통보를 발행하여 화폐 유통을 추진하였다.
④ 시장을 관리하는 관청인 동시전을 설치하였다.
⑤ 거란도, 영주도 등을 통해 주변국과 교역하였다.

52 (가)에 들어갈 내용으로 가장 적절한 것은? [2점 | 64회]

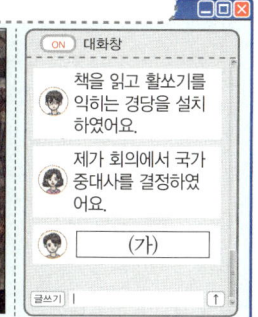

① 연의 장수 진개의 공격을 받았어요.
② 골품에 따른 신분 차별이 엄격하였어요.
③ 빈민을 구제하기 위해 진대법을 실시하였어요.
④ 사회 질서를 유지하기 위한 범금 8조가 있었어요.
⑤ 왕족인 부여씨와 8성의 귀족이 지배층을 이루었어요.

54 밑줄 그은 '이 시기'에 있었던 사실로 옳은 것은? [3점 | 58회]

① 원광이 세속 5계를 제시하였다.
② 김대문이 화랑세기를 저술하였다.
③ 김대성이 불국사 조성을 주도하였다.
④ 최치원이 진성 여왕에게 시무책을 올렸다.
⑤ 자장의 건의로 황룡사 구층 목탑이 건립되었다.

53 (가), (나) 국가의 사회 모습에 대한 설명으로 옳은 것은? [2점 | 63회]

(가) 왕의 성은 부여씨이고, [왕을] '어라하'라고 하며 백성들은 '건길지'라고 부른다. 모두 중국 말로 왕이라는 뜻이다. …… 도성에는 1만 가(家)가 거주하며 5부로 나뉘는데 상부·전부·중부·하부·후부라고 하며, 각각 5백 명의 군사를 거느린다. [지방의] 5방에는 각기 방령 1인을 두는데 달솔로 임명하고, 군에는 군장(郡將) 3인이 있으니 덕솔로 임명한다.
— 『주서』 —

(나) 60개의 주현이 있으며, 큰 성에는 녹살 1인을 두는데 도독과 비슷하다. 나머지 성에는 처려근지를 두는데 도사라고도 하며, 자사와 비슷하다. …… [수도는] 5부로 나뉘어 있다.
— 『신당서』 —

① (가) – 사회 질서를 유지하기 위해 범금 8조를 두었다.
② (가) – 거란도, 일본도 등을 통해 주변 국가와 교류하였다.
③ (나) – 태학과 경당을 두어 인재를 양성하였다.
④ (나) – 정사암 회의에서 국가 중대사를 논의하였다.
⑤ (가), (나) – 골품에 따라 관등 승진에 제한이 있었다.

55 (가) 시기에 있었던 사실로 옳은 것은? [2점 | 51회]

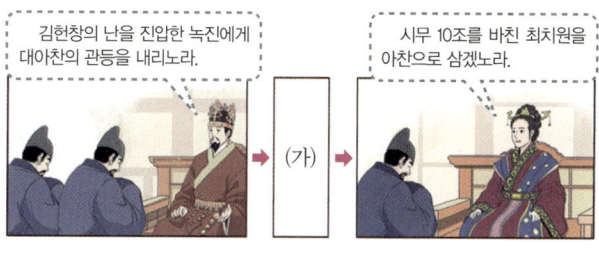

① 이차돈의 순교로 불교가 공인되었다.
② 원종과 애노가 사벌주에서 봉기하였다.
③ 관료전을 지급하고 녹읍을 폐지하였다.
④ 거칠부가 왕명을 받들어 국사를 편찬하였다.
⑤ 최고 지배자의 칭호가 마립간으로 바뀌었다.

STEP 3 기출문제

문화

56 (가)에 해당하는 문화유산으로 옳은 것은?   `1점 | 65회`

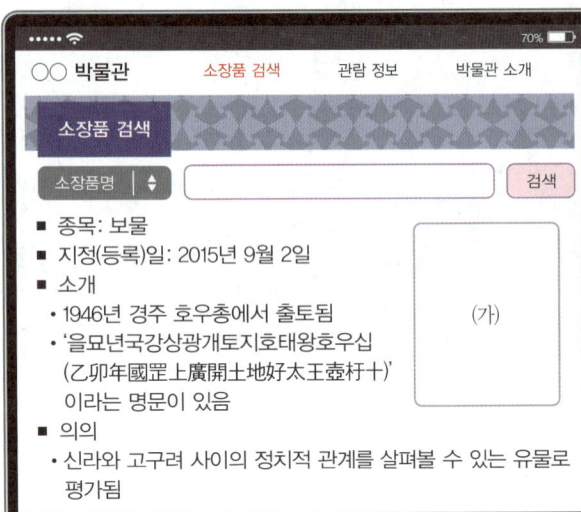

- 종목: 보물
- 지정(등록)일: 2015년 9월 2일
- 소개
  · 1946년 경주 호우총에서 출토됨
  · '을묘년국강상광개토지호태왕호우십
    (乙卯年國罡上廣開土地好太王壺杅十)'
    이라는 명문이 있음
- 의의
  · 신라와 고구려 사이의 정치적 관계를 살펴볼 수 있는 유물로 평가됨

57 다음 설명에 해당하는 문화유산으로 옳은 것은?   `2점 | 69회`

58 (가) 나라에 대한 설명으로 옳은 것은? [2점|68회]

(가) 의 대표적 생활 유적지인 봉황대가 회현리 패총과 합쳐져 김해 봉황동 유적으로 확대 지정되었습니다. 이 유적은 김수로왕에 의해 건국되었다고 전해진 (가) 의 초기 모습을 추정해 볼 수 있는 귀중한 문화유산입니다.

김해 봉황동 유적, 사적으로 확대 지정

① 집사부를 비롯한 14부를 두었다.
② 집집마다 부경이라는 창고가 있었다.
③ 대가들이 사자, 조의, 선인을 거느렸다.
④ 철이 많이 생산되어 낙랑, 왜 등에 수출하였다.
⑤ 왕족인 부여씨와 8성의 귀족이 지배층을 이루었다.

59 강연자의 질문에 대한 청중의 답변으로 가장 적절한 것은? [2점|70회]

화면에 보이는 고구려의 사신도와 백제 산수무늬 벽돌은 신선 사상을 기반으로 불로장생을 추구하는 이 종교의 내용이 잘 표현된 문화유산입니다. 이 종교와 관련된 역사적 사실은 무엇이 있을까요?

강서대묘 사신도 중 현무도   산수무늬 벽돌

① 간경도감에서 경전이 간행되었습니다.
② 연개소문이 당에 도사 파견을 요청하였습니다.
③ 과거 시험의 교재로 사서집주가 채택되었습니다.
④ 범일이 9산 선문 중 하나인 사굴산문을 개창하였습니다.
⑤ 주요 경전의 이름이 새겨진 임신서기석이 만들어졌습니다.

60 (가)에 해당하는 문화유산으로 옳은 것은? [1점|64회]

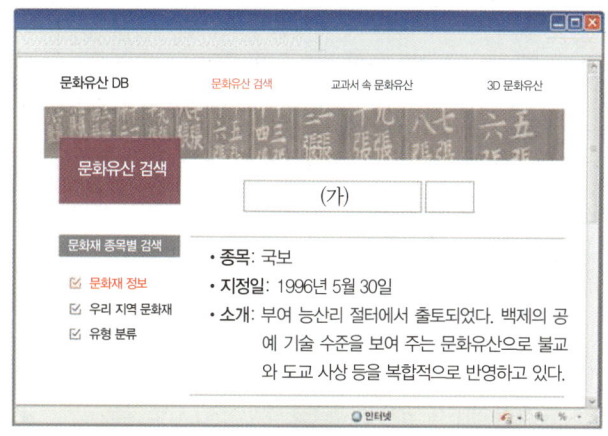

문화유산 DB | 문화유산 검색 | 교과서 속 문화유산 | 3D 문화유산

문화유산 검색 (가)

문화재 종목별 검색
☑ 문화재 정보
☑ 우리 지역 문화재
☑ 유형 분류

• 종목: 국보
• 지정일: 1996년 5월 30일
• 소개: 부여 능산리 절터에서 출토되었다. 백제의 공예 기술 수준을 보여 주는 문화유산으로 불교와 도교 사상 등을 복합적으로 반영하고 있다.

61 (가)에 해당하는 문화유산으로 옳은 것은? [2점|53회]

국보로 지정된 이 마애불은 둥근 얼굴 윤곽에 자비로운 인상을 지녀 '백제의 미소'라고 불립니다. 6세기 말에서 7세기 초, 중국을 오가던 사람들의 안녕을 기원하고자 교통로에 만들어진 것으로 보입니다.

한국의 마애불
(가)

①  ②  ③

④  ⑤

STEP 3 기출문제

62 밑줄 그은 '이 탑'으로 옳은 것은? [3점 | 62회]

유물 이야기 — 금제 사리봉영기가 남긴 고대사의 수수께끼

2009년 이 탑의 해체 수리 중에 사리장엄구와 금제 사리봉영기가 발견되었다. 사리봉영기에는 "우리 백제 왕후께서는 좌평 사택적덕의 따님으로 …… 가람을 세우시고 기해년 정월 29일에 사리를 받들어 맞이하셨다."라는 명문이 있어 큰 주목을 받았다. 이 탑을 세운 주체가 삼국유사에 나오는 선화 공주가 아니라 백제 귀족의 딸로 밝혀져 서동 왕자와 선화 공주 설화의 진위 여부에 대한 논란이 일어나기도 하였다.

①
②
③
④
⑤

63 (가)~(마) 문화유산에 대한 설명으로 적절하지 않은 것은? [2점 | 68회]

답사 계획서
◆ 주제: 백제 왕들의 흔적을 찾아서
◆ 기간: 2023년 ○○월 ○○일~○○일
◆ 답사 지역 및 일정 안내
(가) 공산성
(나) 무령왕릉
(다) 부소산성
(라) 능산리 고분군
(마) 왕궁리 유적

① (가) – 웅진성이라 불리기도 하였다.
② (나) – 중국 남조의 영향을 받았다.
③ (다) – 성왕이 전사한 곳이다.
④ (라) – 사신도 벽화가 남아 있는 무덤이 발견되었다.
⑤ (마) – 수부(首府)라는 글자가 새겨진 기와가 출토되었다.

64 (가)에 해당하는 문화유산으로 옳은 것은? [3점 | 67회]

> 국보로 지정된 (가) 은 현존하는 신라 탑 중에 가장 오래된 것으로 평가받습니다. 이 탑은 돌을 벽돌 모양으로 다듬어 쌓았다는 특징이 있으며, 선덕 여왕 3년에 건립된 것으로 추정됩니다.

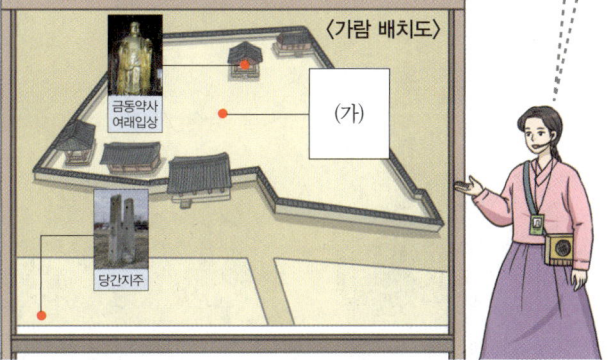

①
②
③
④
⑤

65 (가) 국가의 문화유산으로 옳은 것은? [1점 | 66회]

> 천마총 발굴 50주년 특별전이 개최됩니다. 천마총은 (가) 의 대표적인 돌무지덧널무덤 중 하나로 발굴 당시 많은 유물이 출토되어 주목을 받았습니다. 그중에서도 가장 유명한 천마도의 실물이 9년 만에 세상에 공개됩니다.

①
②
③
④
⑤

STEP 3 기출문제

66 밑줄 그은 '이 탑'으로 옳은 것은? [2점 | 63회]

유물로 보는 한국사

[해설] 경주 불국사에 있는 이 탑의 해체 보수 과정에서 발견된 금동제 사리 외함이다. 2층 탑신부에 봉안되어 있던 이 유물 안에는 은제 사리 내·외합과 무구정광대다라니경 등이 함께 놓여 있었다. 이를 통해 당시의 뛰어난 공예 기술 및 사리 장엄 방식과 특징을 알 수 있다.

①  ②

④  ⑤

67 (가) 국가의 문화유산으로 옳은 것은? [1점 | 59회]

메타버스 '서라벌' 오픈!
(가) 의 수도 경주의 문화유산을 아바타로 생생하게 체험해 보세요.
이벤트1 첨성대에서 별자리 찾아보기
이벤트2 포석정에서 인증샷 찍기

①  ②  ③

④  ⑤

68 (가)에 해당하는 국가유산으로 옳은 것은? 2점 | 71회

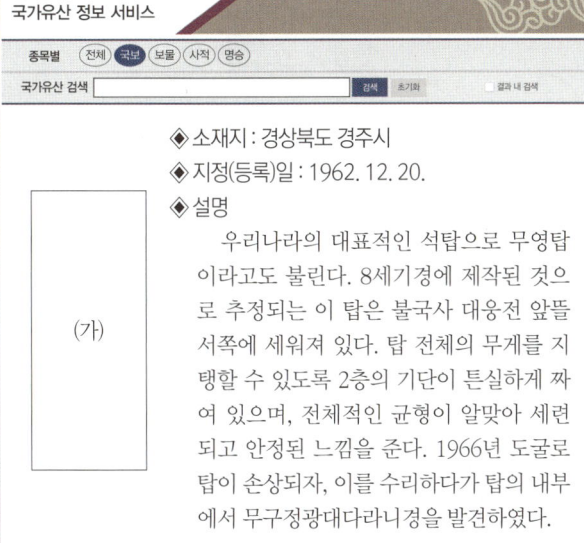

◆ 소재지 : 경상북도 경주시
◆ 지정(등록)일 : 1962. 12. 20.
◆ 설명
  우리나라의 대표적인 석탑으로 무영탑이라고도 불린다. 8세기경에 제작된 것으로 추정되는 이 탑은 불국사 대웅전 앞뜰 서쪽에 세워져 있다. 탑 전체의 무게를 지탱할 수 있도록 2층의 기단이 튼실하게 짜여 있으며, 전체적인 균형이 알맞아 세련되고 안정된 느낌을 준다. 1966년 도굴로 탑이 손상되자, 이를 수리하다가 탑의 내부에서 무구정광대다라니경을 발견하였다.

①  ②  ③

④  ⑤

69 (가)에 들어갈 내용으로 가장 적절한 것은? 1점 | 66회

① 백제 문화의 국제성
② 신라와 서역의 교류
③ 가야 문화의 일본 전파
④ 고려에서 유행한 몽골풍
⑤ 발해와 고구려의 문화적 연관성

70 (가) 국가에 대한 설명으로 옳은 것은? 1점 | 60회

① 중정대를 두어 관리를 감찰하였다.
② 군사 조직으로 9서당 10정을 편성하였다.
③ 내신 좌평 등 6좌평의 관제를 정비하였다.
④ 상수리 제도를 시행하여 지방 세력을 견제하였다.
⑤ 왕족인 부여씨와 8성의 귀족이 지배층을 이루었다.

STEP 3 기출문제

71 (가) 국가에 대한 설명으로 옳은 것은?   1점 | 62회

① 후당과 오월에 사신을 파견하였다.
② 주자감을 설치하여 인재를 양성하였다.
③ 9서당과 10정의 군사 조직을 운영하였다.
④ 화백 회의에서 국가의 중대사를 논의하였다.
⑤ 내신좌평, 위사좌평 등 6좌평의 관제를 마련하였다.

72 (가) 국가의 문화유산으로 옳은 것은?   2점 | 68회

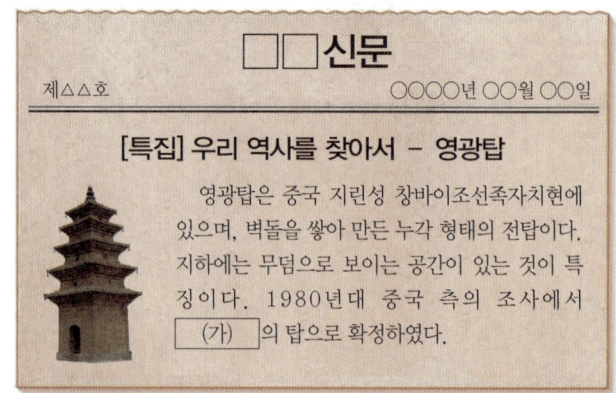

①  ②  ③

④  ⑤

73 (가) 인물에 대한 설명으로 옳은 것은? [3점 | 71회]

> 왕이 고구려가 자주 국경을 침략하는 것을 걱정하여 수에 군사를 요청해 고구려를 치고자 하였다. 이에 (가) 에게 명하여 걸사표를 짓도록 하였다. (가) 이/가 말하기를, "자기가 살고자 남을 멸하는 것은 출가한 승려로서 적합한 행동은 아니지만, 제가 대왕의 땅에서 살고 대왕의 물과 풀을 먹고 있으니 어찌 감히 명을 따르지 않겠습니까."라고 하면서 글을 써서 올렸다.

① 구법 순례기인 왕오천축국전을 남겼다.
② 황룡사 구층 목탑의 건립을 건의하였다.
③ 무애가를 지어 불교 대중화에 기여하였다.
④ 사군이충 등을 포함한 세속 5계를 제시하였다.
⑤ 풍수지리 사상이 반영된 송악명당기를 저술하였다.

74 (가) 승려에 대한 설명으로 옳은 것은? [2점 | 70회]

일체유심조
모든 것은 마음먹기에 달려 있다!

우리 역사상 불교 발전에 가장 크게 이바지한 승려를 가리는 이번 투표에서 여러분들의 현명한 선택을 기다립니다.

■ 주요 활동
• 『금강삼매경론』, 『대승기신론소』 등 저술
• 일심 사상과 화쟁 사상 주장

기호 ○번 (가)

① 구법 순례기인 왕오천축국전을 남겼다.
② 황룡사 구층 목탑의 건립을 건의하였다.
③ 무애가를 지어 불교 대중화에 기여하였다.
④ 화랑도의 규범으로 세속 5계를 제시하였다.
⑤ 화엄일승법계도를 지어 화엄 사상을 정리하였다.

75 (가) 인물의 활동으로 옳은 것은? [1점 | 61회]

이곳은 (가) 의 생애와 활동을 주제로 한 전시실입니다. 그는 금강삼매경론, 대승기신론소 등을 저술하여 불교 교리 연구에 힘썼으며, 무애가를 짓고 정토 신앙을 전파하여 불교 대중화에 앞장섰습니다.

① 일심 사상과 화쟁 사상을 주장하였다.
② 구법 순례기인 왕오천축국전을 남겼다.
③ 황룡사 구층 목탑의 건립을 건의하였다.
④ 왕명으로 수에 군사를 청하는 걸사표를 지었다.
⑤ 승려들의 전기를 정리한 해동고승전을 편찬하였다.

76 밑줄 그은 '이 승려'에 대한 설명으로 옳은 것은? [2점 | 67회]

POST CARD

○○에게

나는 지금 영주 부석사에 와 있어. 이곳은 당에 가서 화엄학을 공부한 이 승려가 세운 절이야. 선묘각과 부석을 통해 그가 선묘 낭자의 도움을 받아 사찰을 건립했다는 설화를 떠올릴 수 있었어. 그리고 무량수전 배흘림기둥에 기대어 멀리 풍경을 보니, 너와 함께 다시 와보고 싶다는 생각이 들었어. 그럼 이만 줄일게. 안녕.

△△가

① 황룡사 구층 목탑의 건립을 건의하였다.
② 무애가를 지어 불교 대중화에 노력하였다.
③ 유식의 교의를 담은 해심밀경소를 저술하였다.
④ 승려들의 전기를 정리한 해동고승전을 편찬하였다.
⑤ 현세의 고난에서 구제받고자 하는 관음 신앙을 강조하였다.

77 밑줄 그은 '이 승려'의 활동으로 옳은 것은? 2점 | 60회

① 무애가를 지어 불교 대중화에 기여하였다.
② 화랑도의 규범으로 세속 5계를 제시하였다.
③ 구법 순례기인 왕오천축국전을 저술하였다.
④ 승려들의 전기를 담은 해동고승전을 집필하였다.
⑤ 화엄일승법계도를 지어 화엄 사상을 정리하였다.

78 밑줄 그은 '이 인물'에 대한 설명으로 옳은 것은? 3점 | 65회

① 향가 모음집인 삼대목을 편찬하였다.
② 진성 여왕에게 시무책 10여 조를 올렸다.
③ 화랑도의 규범으로 세속 5계를 제시하였다.
④ 외교 문서 작성에 능하여 청방인문표를 지었다.
⑤ 국왕에게 조언하는 내용인 화왕계를 집필하였다.

빈출 개념을 완성하는 핵심 키워드

01 고구려 장수왕은 국내성에서 ●●으로 천도하고 남진 정책을 본격화하였다.

02 금관가야는 ●이 풍부하여 덩이쇠를 화폐처럼 사용하였다.

03 백제 근초고왕이 고구려의 ●●성을 공격하여 고국원왕을 전사시켰다.

04 백제 ●●왕이 지방의 22담로에 왕족을 파견하였다.

05 백제 성왕은 ●●로 천도하고 국호를 남●●로 고쳤다.

06 신라는 ●●왕 때 이차돈의 순교를 계기로 불교를 공인하였다.

07 신라 신문왕은 김●●의 난을 진압하고 진골 귀족 세력을 숙청하였다.

08 신라 ●●왕은 관리들에게 ●●전을 지급하고, 녹읍을 폐지하였다.

09 신라 말에 왕권이 약화되면서 지방에서 ●족들이 반독립적인 세력으로 성장하였다.

10 견훤이 완산주를 도읍으로 후●●를 건국하고, 후당과 오월에 사신을 파견하였다.

11 후고구려를 세운 궁예는 광●성을 비롯한 각종 정치 기구를 마련하였다.

12 대●●이 고구려 유민을 이끌고 동모산에서 발해를 건국하였다.

13 발해 무왕은 ●안, 문왕은 ●흥, 선왕은 ●흥이라는 독자적인 연호를 사용하였다.

14 신라 지증왕 때 시장을 감독하는 관청인 ●●전이 설치되었다.

15 장●●는 완도에 청해진을 설치하여 해상 무역을 전개하였다.

16 발해의 특산품으로 ●●부의 말이 유명하였다.

17 신라의 ●●제는 개인의 정치 활동뿐만 아니라 일상생활까지 규제한 폐쇄적인 신분제였다.

18 신라 말에 최●●은 당에서 돌아와 진성 여왕에게 시무책 10여 조를 건의하였다.

19 ●●는 무애가를 지어 불교 대중화에 기여하였고, 《대승기신론소》를 저술하였다.

20 ●●은 《화엄일승법계도》를 지어 화엄 사상을 정리하였다.

21 ●●는 인도와 중앙아시아를 순례한 후 《●●●●국전》을 남겼다.

22 공주의 ●●●릉은 중국 남조의 영향을 받은 벽돌무덤이다.

23 조선 후기에 김정희는 《금석과안록》에서 북한산비가 신라 ●●왕 순수비임을 처음으로 고증하였다.

01 평양 02 철 03 평양 04 무령 05 사비, 부여 06 법흥 07 흠돌 08 신문, 관료 09 호 10 백제 11 평 12 조영 13 인, 대, 건 14 동시 15 보고
16 솔빈 17 골품 18 치원 19 원효 20 의상 21 혜초, 왕오천축 22 무령왕 23 진흥

PART 3

고려

최신 3개년 평균 출제 문항 수
7.1 문항

최신 3개년 평균 출제 비중
14.2 %

최신 3개년 주제별 출제 현황

주제	출제 현황	빈출 키워드
초기 정치	19문항	노비안검법, 과거제, 광군, 정계, 계백료서, 12목
중기 정치~무신정변	21문항	봉사 10조, 묘청의 서경 천도 운동, 정중부, 만적의 난, 삼별초
외교	32문항	전민변정도감(신돈), 기철, 정동행성, 별무반(윤관), 강화도 천도, 서희의 외교 담판
경제, 사회	18문항	경시서, 은병(활구), 벽란도, 해동통보, 건원중보, 전시과(전지·시지)
문화	28문항	9재 학당(문헌공도), 만권당(이제현), 7재, 양현고, 해동 천태종, 수선사 결사, 삼국사기, 삼국유사

학습 POINT

- ☑ 태조, 광종, 성종 등 고려 초기 왕의 업적과 정책을 비교하여 정리하세요.
- ☑ 거란, 여진, 몽골과 고려의 관계에서 있었던 주요 사건을 시간 순으로 정리하세요.
- ☑ 이자겸의 난, 묘청의 서경 천도 운동, 무신 정변까지의 사건을 시간 순으로 정리하세요.
- ☑ 고려의 문화유산과 고대, 조선 전·후기의 문화유산을 사진으로 구분하여 익히세요.

STEP 1 N가지 젤 중요한 개념

빈칸을 채우며 중요한 개념을 학습해요.

핵심강의

01 고려의 성립과 발전

성립	신하들이 궁예를 축출한 후 왕건을 왕으로 추대 → 왕건이 고려 건국 후 송악(개성)으로 천도 → 공산 전투(후백제 승리) → 고창 전투(고려 승리) → 견훤 귀순 → 신라 항복 → 일리천 전투 → 후삼국 통일(936)
태조	• 흑창 설치(빈민 구제), 역분전 지급 • 사심관 제도, 기인 제도, 서경(평양) 중시 • ❶ _____ 10조 제시, 《정계》·《계백료서》 저술
광종	• ❷ _____ 안검법 실시(호족 세력 약화, 국가 재정 확충), 공복 제정, 제위보 설치(빈민 구제) • 칭제 건원('광덕'·'준풍' 등의 독자적 연호 사용) • ❸ _____ 제 실시(쌍기의 건의)
경종	전시과 제도 마련 → 시정 전시과 실시(전·현직 관리에게 전지와 시지 지급)
성종	• 최승로의 시무 28조 채택(유교 정치 이념 확립) • 2성 6부 마련, '흑창 → 의창'으로 발전 • 전국에 ❹ _____ 목 설치(지방관 파견)

02 통치 체제의 정비

중앙	• 중서문하성(국정 총괄), 상서성(정책 집행), 중추원(추밀+승선), 어사대(관리 감찰), ❺ _____ 사(화폐와 곡식의 출납에 대한 회계 담당) • 대간: 중서문하성의 낭사+어사대의 관원 → 언론 기능 (서경·간쟁·봉박의 권한 행사) • 도병마사: 국방·군사 문제 처리, 원 간섭기에 도평 ❻ _____ (도당)로 바뀜 • 식목도감: 대내적인 법의 제정·격식 관장
지방	5도(향·부곡·소 존재), 양계(병마사 파견)

03 문벌 사회의 동요

이자겸의 난 (1126)	이자겸이 척준경과 함께 난을 일으켜 정권 장악(금의 사대 요구 수용) → 인종에 의해 이자겸이 제거되고 척준경이 축출됨
묘청의 서경 천도 운동 (1135)	서경 세력(주장: 서경 천도, 금 정벌, 칭제 건원)과 개경 세력의 대립 → 묘청 등 서경 세력이 ❼ _____ 경 천도가 실패하자 난을 일으킴 → 김부식이 이끄는 관군에 의해 진압됨
무신 정변 (1170)	• 정중부, 이의방 등이 정변을 일으킴 • 정치 기구: ❽ _____ 도감(최충헌 설치, 국정 총괄), 정방(최우 설치, 인사권 장악) • 군사 기구: 도방(경대승 설치), 삼 ❾ _____ (무신 정권의 군사적 기반, 대몽 항쟁 전개) • 무신 집권기 사회 동요: 김보당의 난, 조위총의 난(서경), 망이·망소이의 난(공주 명학소), 김사미(운문)·효심(초전)의 난, 만적의 난(개경)

04 고려의 대외 관계

거란의 침입과 격퇴 (10~11C)	• 1차 침입(❿ _____ 희의 외교 담판, 고려의 강동 6주 확보) → 2차 침입(강조의 정변을 구실로 침입, 개경 함락, 현종의 나주 피란, 양규의 활약) → 3차 침입(강감찬의 ⓫ _____ 대첩) • 영향: 초조대장경 제작, 개경에 나성 축조, 국경 지역에 천리장성 축조
여진과의 관계 (12C)	• 여진 정벌: 여진의 성장 → 윤관의 건의로 ⓬ _____ 반 편성(신기군, 신보군, 항마군) → 윤관이 별무반을 이끌고 여진 정벌, 동북 9성 축조 (1107) • 금 건국: 여진이 금 건국 후 거란(요)을 멸망시킴 → 고려에 군신 관계 요구 → 이자겸이 금의 사대 요구 수용 → 개경파와 서경파의 대립 → 묘청의 난 발생
몽골과의 전쟁 (13C)	• 전개: 저고여 피살 사건을 구실로 살리타가 고려 침입 → 이후 여러 차례 침입 • 대응: 1차 침입 이후 고려 정부(최우)의 ⓭ _____ 도 천도, 박서의 귀주성 전투, 김윤후의 처인성 전투(살리타 사살), 김윤후의 충주성 전투 → 몽골과 강화 체결 → 무신 정권 붕괴 → 개경 환도(1270) → 삼별초의 저항 → 삼별초가 제주에서 고려와 몽골 연합군에 의해 진압됨 • 영향: 문화재 소실(초조대장경, 황룡사 9층 목탑), 팔만대장경 제작

05 고려 후기의 변화

원 간섭기	• 영토 축소(쌍성총관부 등 설치) • ⓮ _____ 행성 설치(일본 원정 시도, 이문소를 통해 내정 간섭), 고려 왕이 원의 공주와 혼인(부마국), 왕실 호칭과 관제 격하(첨의부), 응방 설치(매 수탈), 고려에서 몽골풍 유행(변발, 호복)
공민왕의 개혁 노력	• 기철 등 친원 세력 숙청, 격하된 왕실 호칭·관제 복구, 몽골풍 금지, 정동행성 ⓯ _____ 소 폐지, 쌍성총관부 공격(철령 이북의 땅 수복) • 전민변정도감 설치(신돈 등용), 정방 폐지

06 고려의 멸망

14C	• 홍건적의 침입으로 공민왕이 복주(안동)까지 피란 • 왜구의 침입 → 최영의 홍산 대첩, 최무선의 진포 대첩, 이성계의 황산 대첩, 박위가 쓰시마섬 토벌
고려의 멸망	명의 철령위 설치 통보(철령 이북 땅 요구) → 우왕과 최영의 요동 정벌 단행, 이성계의 반대(4불가론) → 이성계의 ⓰ _____ 도 회군(1388) → 과전법 실시 → 고려 멸망, 조선 건국(1392)

07 고려의 경제와 사회

경제	• 토지 제도 – 전시과: 관직에 따라 전지와 시지 지급 – 변화: 시정 전시과(전·현직, 관직+인품) → 개정 전시과(전·현직, 관직) → 경정 전시과(현직) → ⑰_____법 (이성계와 신진 사대부의 주도) • 경제 활동 – 소를 이용한 깊이갈이(우경) 일반화 – 《농상집요》(이암), 목화 재배 시작(문익점) – 건원중보 발행(성종) – 삼한통보·해동통보·은병(활구) 등 발행(숙종 때 ⑱_____도감 설치) – 경시서(상행위 감독)·상평창(물가 조절) 설치 – 벽란도가 국제 무역항으로 성행, 관영 상점 운영(서적점, 다점)
사회	• 향도(농민 조직): 매향 활동을 하는 불교 신앙 조직에서 기원(초기: 매향 활동, 불상·석탑 제작, 사찰 건립에 주도적 역할 → 후기: 혼례와 상장례, 마을 제사 등 마을 공동체 생활 주도) • 사회 제도: 흑창(→ 의창), 동·서 대비원(질병 치료), 제위보(빈민 구제), 혜민국(질병 치료), 구제도감·구급도감(재해 발생 시 임기 기구)

08 문화 1

유학의 발달	• 과거제 실시(광종), 최승로의 시무 28조(성종), 최충의 9재 학당 설립(사학 발전), 김부식의 《삼국사기》 편찬 • 원 간섭기에 안향에 의해 성리학 전래, 이제현이 원의 만권당에서 원의 학자와 교류
교육 기관	• 관학: 국자감(중앙), 향교(지방) • 사학: 최충의 9재 학당(문헌공도) 등 사학 12도 융성 • 관학 진흥책(예종): ⑲_____재 설치(전문 강좌), 양현고 설치(장학 재단), 청연각·보문각 설치
역사서 편찬	• 《삼국⑳_____》(김부식): 기전체, 유교적 합리주의 사관 • 〈동명왕편〉(이규보), 《해동고승전》(각훈) • 《삼국㉑_____》(일연): 불교사를 중심으로 고대의 민간 설화와 단군의 건국 이야기 수록 • 《제왕운기》(이승휴): 단군의 건국 이야기 수록
불교의 발달	• 의㉒_____: 해동 천태종 개창, 《신편제종교장총록》 편찬, 교관겸수(교종 중심의 선종 통합) • 지㉓_____: 수선사 결사(순천 송광사), 돈오점수·정혜쌍수(선종 중심의 교종 통합) • 혜심: 유·불 일치설 주장 • 요세: 법화 신앙 중심, 백련사 결사 주도

09 문화 2

건축	• 주심포 양식, 배흘림 기둥 • 안㉔_____ 봉정사 극락전, 영주 부석사 무량수전, 예산 수덕사 대웅전
석탑, 승탑	• 전기: 평창 월정사 8각 9층 석탑(다각다층탑), 충주 정토사지 홍법국사탑(승탑) • 후기: ㉕_____성 경천사지 10층 석탑(원의 영향을 받아 대리석으로 제작 → 조선 시대 서울 원각사지 10층 석탑 제작에 영향)
불상	• 철불: 하남 하사창동 철조 석가여래 좌상 • 대형 석불: ㉖_____산 관촉사 석조 미륵보살 입상(은진 미륵), 안동 이천동 마애 여래 입상, 파주 용미리 마애 이불 입상 • 영주 부석사 소조 여래 좌상(신라 양식 계승)
청자	• 순청자: 10~11C까지 주로 제작 • ㉗_____감 청자: 그릇 표면에 무늬를 새기고 흙을 채워 넣은 후 구워 냄 → 고려만의 독창적 자기 기술 적용
공예	• 은입사 기술 발달(청동 은입사 포류수금문 정병) • 청동 향로·정병, 나전 칠기
인쇄술	• 목판 인쇄술: 초조대장경(몽골 침입 때 소실), 팔만대장경(합천 해인사 장경판전에 보관) • 활판 인쇄술: 《㉘_____심체요절》(청주 흥덕사에서 간행, 현존하는 세계에서 가장 오래된 금속 활자 인자 인쇄본, 프랑스 국립 도서관 소장, 유네스코 세계 기록 유산으로 등재)
천문학·의학	• 천문학: 사천대(서운관)에서 천문 관측 • 의학: 《향약구급방》(현존하는 우리나라에서 가장 오래된 의학서)
무기의 발달	최㉙_____의 건의로 우왕 때 화약과 화포 제조를 위한 화통도감 설치 → 진포 대첩(화포를 사용하여 왜구 격퇴, 1380)

정답

❶ 훈요 ❷ 노비 ❸ 과거 ❹ 12 ❺ 삼 ❻ 의사사 ❼ 서 ❽ 교정 ❾ 별초 ❿ 서 ⑪ 귀주 ⑫ 별무 ⑬ 강화 ⑭ 정동 ⑮ 이문 ⑯ 위화 ⑰ 과전 ⑱ 주전 ⑲ 7 ⑳ 사기 ㉑ 유사 ㉒ 천 ㉓ 눌 ㉔ 동 ㉕ 개 ㉖ 논 ㉗ 상 ㉘ 직지 ㉙ 무선

STEP 2 젤 중요한 개념 확인문제

핵심만 차근차근 체크해요.

01 고려의 후삼국 통일 과정을 순서대로 나열하세요.

> (가) 신라 경순왕이 고려에 항복하였다.
> (나) 신숭겸이 공산 전투에서 전사하였다.
> (다) 왕건이 고창 전투에서 후백제군을 격퇴하였다.
> (라) 왕건이 일리천 전투에서 신검의 군대를 물리쳤다.

( )

02 고려 태조의 업적으로 옳으면 O표, 틀리면 X표를 하세요.
(1) 개국 공신에게 역분전을 지급하였다. ( )
(2) 광군을 조직하여 침입에 대비하였다. ( )
(3) 빈민 구제 기관인 흑창을 설치하였다. ( )
(4) 서경을 북진 정책의 전진 기지로 삼았다. ( )
(5) 정계와 계백료서를 지어 관리가 지켜야 할 규범을 제시하였다. ( )

03 고려 광종의 업적으로 옳으면 O표, 틀리면 X표를 하세요.
(1) 노비안검법을 시행하여 재정을 확충하였다. ( )
(2) 광덕, 준풍 등의 독자적 연호를 사용하였다. ( )
(3) 쌍기의 건의를 받아들여 과거제를 시행하였다. ( )
(4) 개경에 귀법사를 세우고 균여를 주지로 삼았다. ( )
(5) 전시과 제도를 마련하여 관리에게 토지를 지급하였다. ( )
(6) 국자감에 서적포를 설치하여 출판을 담당하게 하였다. ( )

04 고려 성종에 대한 설명으로 옳으면 O표, 틀리면 X표를 하세요.
(1) 12목을 설치하고 지방관을 파견하였다. ( )
(2) 국자감에 7재라는 전문 강좌를 운영하였다. ( )
(3) 관학 진흥을 목적으로 양현고를 운영하였다. ( )
(4) 국자감을 설립하여 유학 교육 진흥에 힘썼다. ( )
(5) 지방 세력 통제를 위해 향리제를 정비하였다. ( )
(6) 주전도감을 설치하여 해동통보를 발행하였다. ( )
(7) 최승로의 시무 28조를 받아들여 통치 체제를 정비하였다. ( )

05 다음 설명에 해당하는 정치 기구를 골라 쓰세요.

> 중서문하성, 어사대, 삼사, 도병마사

(1) 국정을 총괄하는 최고 중앙 기구였다. ( )
(2) 원 간섭기에 도평의사사로 개편되었다. ( )
(3) 화폐·곡식의 출납과 회계를 담당하였다. ( )
(4) 소속 관원이 낭사와 함께 대간으로 불렸다. ( )
(5) 소속 관원이 낭사와 함께 서경권을 행사하였다. ( )

06 고려에 대한 설명으로 옳으면 O표, 틀리면 X표를 하세요.
(1) 2군 6위로 중앙군을 편성하였다. ( )
(2) 지방관으로 안찰사를 파견하였다. ( )
(3) 국경 지역인 양계에 병마사를 파견하였다. ( )
(4) 특수 행정 구역으로 향, 부곡, 소가 있었다. ( )
(5) 지방 행정 제도를 9주 5소경으로 정비하였다. ( )
(6) 지방 행정 구역을 8도에서 23부로 개편하였다. ( )

07 다음 사실들을 순서대로 나열하세요.

(1) (   )

> (가) 12목에 지방관을 파견하였다.
> (나) 쌍기의 건의로 과거제를 실시하였다.
> (다) 경순왕 김부가 경주의 사심관으로 임명되었다.
> (라) 전시과 제도를 마련하여 관리에게 토지를 지급하였다.

(2) (   )

> (가) 김부식이 묘청의 난을 진압하였다.
> (나) 묘청 등이 서경 천도를 주장하였다.
> (다) 정중부 등이 정변을 일으켜 권력을 차지하였다.
> (라) 만적을 비롯한 노비들이 신분 해방을 도모하였다.
> (마) 이자겸과 척준경이 반란을 일으켜 궁궐을 불태웠다.

08 고려 무신 집권기에 있었던 사실로 옳으면 O표, 틀리면 X표를 하세요.

(1) 최충헌이 왕에게 봉사 10조를 올렸다. (   )
(2) 김헌창이 웅천주에서 반란을 일으켰다. (   )
(3) 인사 행정을 담당하던 정방이 폐지되었다. (   )
(4) 공주 명학소에서 망이·망소이가 봉기하였다. (   )
(5) 만적을 비롯한 노비들이 신분 해방을 도모하였다. (   )
(6) 김사미와 효심이 가혹한 수탈에 저항하여 봉기하였다. (   )
(7) 조위총이 군사를 일으켜 정중부 등의 제거를 도모하였다. (   )

09 다음 설명에 해당하는 기구를 골라 쓰세요.

> 교정도감, 정방, 도방, 삼별초

(1) 무신 집권기 최고 권력 기구였다. (   )
(2) 경대승에 의해 설치된 사병 집단이었다. (   )
(3) 최우가 인사 행정 담당 기구로 설치하였다. (   )
(4) 최씨 무신 정권의 군사적 기반 역할을 하였다. (   )

10 다음 사실들을 순서대로 나열하세요.

> (가) 강감찬이 귀주에서 대승을 거두었다.
> (나) 강조가 정변을 일으켜 왕을 폐위하였다.
> (다) 여진을 정벌하여 동북 9성을 축조하였다.
> (라) 광군을 창설하여 거란의 침입에 대비하였다.
> (마) 서희가 외교 담판을 벌여 강동 6주를 획득하였다.

(   )

11 몽골의 침입에 대한 고려의 대응으로 옳으면 O표, 틀리면 X표를 하세요.

(1) 황룡사 9층 목탑을 건립하였다. (   )
(2) 다인철소의 주민들이 충주에서 항전하였다. (   )
(3) 김윤후가 처인성에서 살리타를 사살하였다. (   )
(4) 대장도감을 설치하여 팔만대장경을 간행하였다. (   )
(5) 국난 극복을 기원하며 초조대장경이 조판되었다. (   )
(6) 윤관이 별무반을 이끌고 동북 9성을 축조하였다. (   )
(7) 최우가 강화도로 수도를 옮겨 장기 항전에 대비하였다. (   )

12 원 간섭기에 있었던 사실로 옳으면 O표, 틀리면 X표를 하세요.

(1) 도병마사가 도평의사사로 개편되었다. (   )
(2) 개경을 방어하기 위해 나성을 축조하였다. (   )
(3) 일본 원정을 위해 정동행성이 설치되었다. (   )
(4) 중서문하성과 상서성이 첨의부로 개편되었다. (   )
(5) 지배층을 중심으로 변발과 호복이 유행하였다. (   )
(6) 김부식 등이 왕명으로 삼국사기를 편찬하였다. (   )
(7) 만권당이 설립되어 원과 고려의 학자가 교유하였다. (   )

STEP 2 젤 중요한 개념 확인문제

13 공민왕에 대한 설명으로 옳으면 O표, 틀리면 X표를 하세요.
(1) 정동행성 이문소를 철폐하였다. (　　)
(2) 기철을 비롯한 친원 세력을 숙청하였다. (　　)
(3) 인사 행정을 담당하던 정방을 폐지하였다. (　　)
(4) 신돈을 중심으로 전민변정 사업을 추진하였다.(　　)
(5) 유인우, 이자춘 등이 쌍성총관부를 수복하였다.
(　　)

14 고려 시대의 경제 상황에 대한 설명으로 옳으면 O표, 틀리면 X표를 하세요.
(1) 삼한통보와 해동통보를 발행하였다. (　　)
(2) 활구라고 불리는 은병이 유통되었다. (　　)
(3) 소를 이용한 깊이갈이가 일반화되었다. (　　)
(4) 벽란도가 국제 무역항으로 번성하였다. (　　)
(5) 송상이 전국 각지에 송방을 설치하였다. (　　)
(6) 서적점, 다점 등의 관영 상점이 운영되었다. (　　)
(7) 주전도감을 설치하여 해동통보를 발행하였다. (　　)
(8) 경시서의 관리들이 수도의 시전을 감독하였다.(　　)
(9) 단궁, 과하마, 반어피 등이 특산물로 유명하였다.
(　　)

15 고려 시대의 사회 모습에 대한 설명으로 옳으면 O표, 틀리면 X표를 하세요.
(1) 물가 조절을 위해 상평창을 설치하였다. (　　)
(2) 빈민을 구제하기 위해 진대법을 실시하였다. (　　)
(3) 서얼 출신의 학자들이 검서관으로 기용되었다.(　　)
(4) 병자에게 의약품을 제공하는 혜민국이 있었다.(　　)
(5) 특수 행정 구역인 소의 주민들이 차별을 받았다.
(　　)
(6) 흑창을 두어 가난한 백성에게 곡식을 빌려주었다.
(　　)
(7) 기금을 모아 그 이자로 빈민을 구휼하는 제위보를 운영하였다. (　　)

16 다음 설명에 해당하는 인물을 골라 쓰세요.

최충, 안향, 이제현

(1) 9재 학당을 설립하였다. (　　)
(2) 역옹패설과 사략을 저술하였다. (　　)
(3) 고려에 성리학을 처음으로 소개하였다. (　　)
(4) 만권당에서 원의 유학자들과 교류하였다. (　　)

17 다음 설명에 해당하는 서적을 골라 쓰세요.

삼국사기, 동명왕편, 해동고승전, 삼국유사, 제왕운기

(1) 단군의 고조선 건국 이야기를 수록하였다.
(　　)
(2) 왕명에 의해 고승들의 전기가 기록되었다. (　　)
(3) 고구려 시조의 일대기가 서사시로 표현되었다.(　　)
(4) 중국과 우리나라 역대 왕의 계보가 수록되었다.(　　)
(5) 김부식 등이 왕명으로 편찬한 기전체 사서이다.(　　)
(6) 현존하는 우리나라에서 가장 오래된 역사서이다.
(　　)
(7) 불교사를 중심으로 고대의 민간 설화 등이 수록되었다. (　　)

18 다음 설명에 해당하는 승려를 골라 쓰세요.

균여, 의천, 지눌, 혜심, 요세

(1) 교관겸수를 주장하였다. (　　)
(2) 신편제종교장총록을 편찬하였다. (　　)
(3) 법화 신앙에 중점을 둔 백련 결사를 주도하였다.
(　　)
(4) 불교 개혁을 주장하며 수선사 결사를 조직하였다.
(　　)
(5) 해동 천태종을 개창하여 불교 교단 통합에 힘썼다.
(　　)
(6) 선문염송집을 편찬하고 유불 일치설을 주장하였다.
(　　)
(7) 권수정혜결사문을 작성하여 정혜쌍수를 강조하였다.
(　　)
(8) 보현십원가를 지어 불교 교리를 대중에게 전파하였다.
(　　)
(9) 불교 경전에 대한 주석서를 모아 교장을 편찬하였다.
(　　)

19 고려의 문화유산으로 옳으면 O표, 틀리면 X표를 하세요.

(1) (   ) (2) (   ) (3) (   )
(4) (   ) (5) (   ) (6) (   )
(7) (   ) (8) (   ) (9) (   )
(10) (   ) (11) (   ) (12) (   )

20 고려의 문화유산으로 옳으면 O표, 틀리면 X표를 하세요.

(1)  (2)  (3)

▲ 안동 봉정사 ▲ 보은 법주사 ▲ 예산 수덕사
극락전   팔상전   대웅전
(   )   (   )   (   )

정답

01 (나) – (다) – (가) – (라)
02 (1) O (2) X(정종) (3) O (4) O (5) O
03 (1) O (2) O (3) O (4) O (5) X(경종) (6) X(숙종)
04 (1) O (2) X(예종) (3) X(예종) (4) O (5) O (6) X(숙종) (7) O
05 (1) 중서문하성 (2) 도병마사 (3) 삼사 (4) 어사대 (5) 어사대
06 (1) O (2) O (3) O (4) O (5) X(통일 신라) (6) X(제2차 갑오개혁)
07 (1) (다) – (나) – (라) – (가) (2) (마) – (나) – (가) – (다) – (라)
08 (1) O (2) X(신라 말) (3) X(고려 말) (4) O (5) O (6) O (7) O
09 (1) 교정도감 (2) 도방 (3) 정방 (4) 삼별초
10 (라) – (마) – (나) – (가) – (다)
11 (1) X(신라) (2) O (3) O (4) O (5) X(거란의 침입에 대한 고려의 대응)
     (6) X(고려의 여진 정벌) (7) O
12 (1) O (2) X(고려 전기) (3) O (4) O (5) O (6) X(고려 전기) (7) O
13 (1) O (2) O (3) O (4) O (5) O
14 (1) O (2) O (3) O (4) O (5) X(조선 후기) (6) O (7) O (8) O (9) X(동예)
15 (1) O (2) X(고구려) (3) X(조선 후기) (4) O (5) O (6) O (7) O
16 (1) 최충 (2) 이제현 (3) 안향 (4) 이제현
17 (1) 삼국유사, 제왕운기 (2) 해동고승전 (3) 동명왕편 (4) 제왕운기
     (5) 삼국사기 (6) 삼국사기 (7) 삼국유사
18 (1) 의천 (2) 의천 (3) 요세 (4) 지눌 (5) 의천 (6) 혜심 (7) 지눌 (8) 균여
     (9) 의천
19 (1) O (2) O (3) X(백제, 서산 용현리 마애 여래 삼존상) (4) O (5) O
     (6) X(통일 신라) (7) O (8) X(조선 전기, 서울 원각사지 10층 석탑)
     (9) O (10) X(조선 후기, 청화 백자) (11) O (12) O
20 (1) O (2) X(조선 후기) (3) O

STEP 3 기출문제

PART 3. 고려

초기 정치

01 (가)에 들어갈 내용으로 적절한 것은? 2점 | 70회

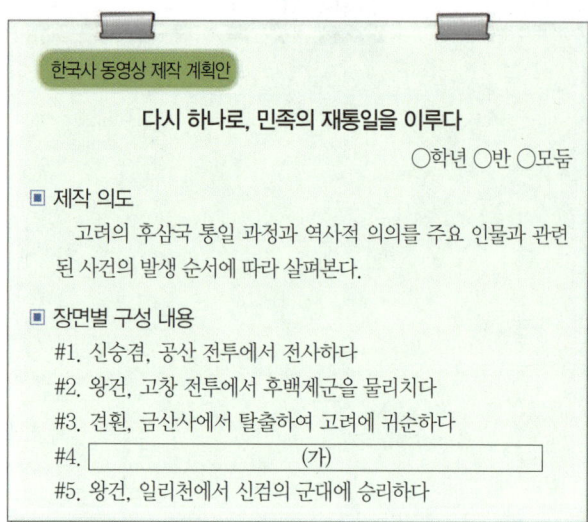

■ 한국사 동영상 제작 계획안

다시 하나로, 민족의 재통일을 이루다
○학년 ○반 ○모둠

■ 제작 의도
　고려의 후삼국 통일 과정과 역사적 의의를 주요 인물과 관련된 사건의 발생 순서에 따라 살펴본다.

■ 장면별 구성 내용
#1. 신숭겸, 공산 전투에서 전사하다
#2. 왕건, 고창 전투에서 후백제군을 물리치다
#3. 견훤, 금산사에서 탈출하여 고려에 귀순하다
#4. (가)
#5. 왕건, 일리천에서 신검의 군대에 승리하다

① 안승, 보덕국 왕으로 책봉되다
② 궁예, 국호를 태봉으로 바꾸다
③ 경순왕 김부, 경주의 사심관이 되다
④ 윤충, 대야성을 공격하여 함락시키다
⑤ 흑치상지, 임존성에서 부흥군을 이끌다

02 (가) 왕에 대한 설명으로 옳은 것은? 1점 | 69회

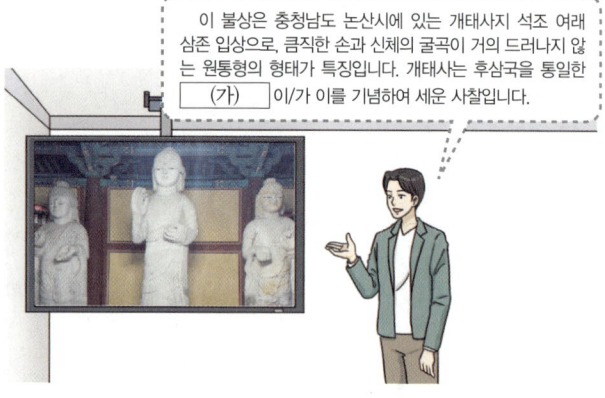

이 불상은 충청남도 논산시에 있는 개태사지 석조 여래 삼존 입상으로, 큼직한 손과 신체의 굴곡이 거의 드러나지 않는 원통형의 형태가 특징입니다. 개태사는 후삼국을 통일한 (가) 이/가 이를 기념하여 세운 사찰입니다.

① 관학 진흥을 위해 양현고를 설치하였다.
② 쌍기의 건의를 받아들여 과거제를 시행하였다.
③ 전국에 12목을 설치하고 지방관을 파견하였다.
④ 전시과 제도를 처음 마련하여 관리에게 토지를 지급하였다.
⑤ 후대 왕들이 지켜야 할 정책 방향을 담은 훈요 10조를 남겼다.

03 (가) 왕의 재위 시기에 있었던 사실로 옳은 것은? 2점 | 65회

탐구 활동 보고서
○학년 ○반 이름: △△△

1. 주제: (가) , 안정과 통합을 꾀하다
2. 방법: "고려사" 사료 검색 및 분석
3. 사료 내용과 분석

사료 내용	분석
명주의 순식이 투항하자 왕씨 성을 내리다.	지방 호족 포섭
"정계"와 "계백료서"를 지어 반포하다.	관리의 규범 제시
흑창을 두어 가난한 백성에게 곡식을 빌려주다.	민생 안정

① 개국 공신에게 역분전을 지급하였다.
② 외침에 대비하여 광군을 조직하였다.
③ 광덕, 준풍 등의 독자적 연호를 사용하였다.
④ 관학 진흥을 목적으로 양현고를 운영하였다.
⑤ 주전도감을 설치하여 해동통보를 발행하였다.

04 (가) 왕이 추진한 정책으로 옳은 것은? 1점 | 67회

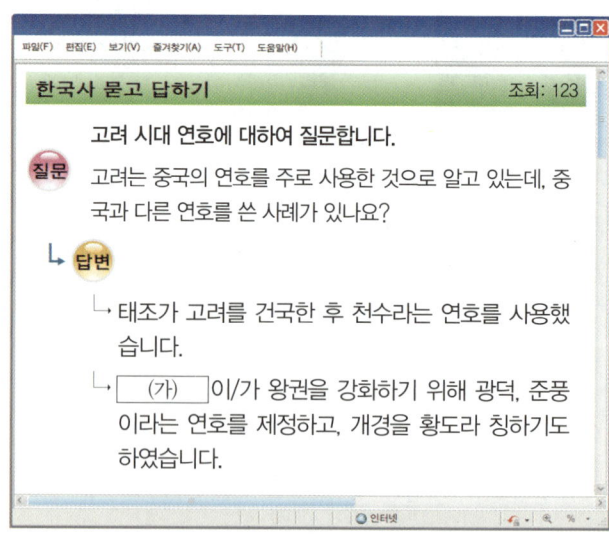

한국사 묻고 답하기　조회: 123

질문: 고려 시대 연호에 대하여 질문합니다. 고려는 중국의 연호를 주로 사용한 것으로 알고 있는데, 중국과 다른 연호를 쓴 사례가 있나요?

답변:
- 태조가 고려를 건국한 후 천수라는 연호를 사용했습니다.
- (가) 이/가 왕권을 강화하기 위해 광덕, 준풍이라는 연호를 제정하고, 개경을 황도라 칭하기도 하였습니다.

① 과거제를 도입하였다.
② 흑창을 처음 설치하였다.
③ 전시과 제도를 시행하였다.
④ 삼국사기 편찬을 명령하였다.
⑤ 12목에 지방관을 파견하였다.

05 다음 검색창에 들어갈 왕의 재위 기간에 있었던 사실로 옳은 것은? [2점 | 53회]

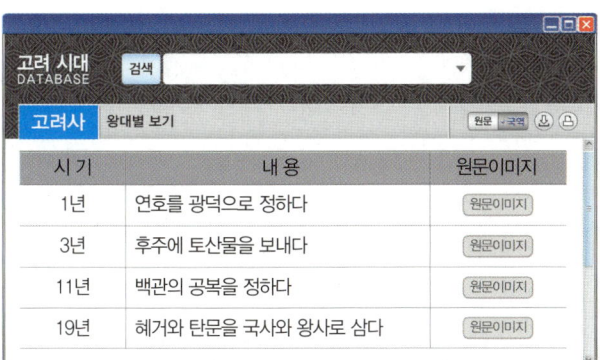

① 전국에 12목을 설치하고 관리를 파견하였다.
② 주전도감을 설치하여 해동통보를 발행하였다.
③ 왕권을 강화하기 위해 노비안검법을 실시하였다.
④ 거란 침입에 대비하여 개경에 나성을 축조하였다.
⑤ 국자감에 서적포를 두어 출판을 담당하게 하였다.

06 다음 상황이 나타난 시기를 연표에서 옳게 고른 것은? [3점 | 65회]

처음으로 12목을 설치하고 조서를 내려 말하기를, "부지런히 정사를 돌보면서 매번 신하들의 충고를 구하고 있다. 낮은 곳의 이야기를 듣고 멀리 보고자 어질고 현명한 이들의 힘을 빌리려고 한다. 이에 수령들의 공로에 의지해 백성들의 바람에 부합하고자 한다. '우서(虞書)'의 12목 제도를 본받아 시행하니, 주나라가 8백 년간 지속하였듯이 우리의 국운도 길이 이어질 것이다."라고 하였다.

(가)	(나)	(다)	(라)	(마)
918 고려 건국	945 왕규의 난	1009 강조의 정변	1196 최충헌 집권	1270 개경 환도	1351 공민왕 즉위

① (가) ② (나) ③ (다) ④ (라) ⑤ (마)

07 다음 시나리오에 등장하는 왕의 재위 기간에 있었던 사실로 옳은 것은? [2점 | 58회]

#11. 궁궐 안
과거 급제자 명단을 보며 말한다.

왕: 몇 해 전 교육을 장려하기 위해 지방에 각각 경학박사 1명과 의학박사 1명을 보냈는데, 결과가 어떠하오?
신하: 송승연, 전보인 등 박사들이 정성스레 가르쳐 성과가 있는 듯 하옵니다.
왕: 12목을 설치하고, 지방민에게도 학문을 권장하는 과인의 뜻에 부합하였소. 고생한 송승연에게 국자박사를 제수하고, 전보인에게 공복과 쌀을 하사하시오.
신하: 분부를 따르겠나이다.

① 쌍기의 건의로 과거제를 실시하였다.
② 관학 진흥을 위해 양현고를 설치하였다.
③ 국자감을 성균관으로 개칭하고 유학 교육을 강화하였다.
④ 최승로의 시무 28조를 받아들여 통치 체제를 정비하였다.
⑤ 정계와 계백료서를 지어 관리가 지켜야 할 규범을 제시하였다.

08 (가)~(다)를 일어난 순서대로 옳게 나열한 것은? [3점 | 55회]

(가) 왕규가 광주원군을 옹립하려고 도모하였다. 왕이 깊이 잠든 틈을 타서 그의 무리로 하여금 침실에 잠입시켜 왕을 해하려 하였다.

(나) 왕이 교서를 내려 말하기를, "경전에 통하고 전적(典籍)을 널리 읽은 자들을 선발하여 경학박사와 의학박사로 삼아, 12목에 각각 1명씩 파견하여 돈독하게 가르치고 깨우치게 하라."라고 하였다.

(다) 왕이 한림학사 쌍기를 지공거로 임명하고, 시(詩)·부(賦)·송(頌)과 시무책을 시험하여 진사를 뽑았다. 위봉루에 친히 나가 급제자를 발표하여, 갑과에 최섬 등 2명, 명경에 3명, 복업에 2명을 합격시켰다.

① (가) – (나) – (다)   ② (가) – (다) – (나)
③ (나) – (가) – (다)   ④ (나) – (다) – (가)
⑤ (다) – (나) – (가)

STEP 3 기출문제

09 ㉠~㉣ 기구에 대한 설명으로 옳은 것을 보기 에서 고른 것은? [2점 | 67회]

> 🔍 역사 돋보기 **왕실과의 혼인을 통한 이자겸의 출세**
>
> 음서로 관직에 진출한 이자겸은 1108년 둘째 딸이 예종의 비가 되면서 빠른 속도로 출세하였다.
> 1109년 ㉠추밀원(중추원) 부사, 1111년 ㉡어사대의 대부가 된다. 1113년에는 ㉢상서성의 좌복야에 임명되었고, 1118년 재신으로 판이부사를 맡았으며, 1122년 ㉣중서문하성 중서령에 오른다.

┤ 보기 ├
ㄱ. ㉠ - 군사 기밀과 왕명 출납을 담당하였다.
ㄴ. ㉡ - 소속 관원이 낭사와 함께 서경권을 행사하였다.
ㄷ. ㉢ - 화폐·곡식의 출납과 회계를 담당하였다.
ㄹ. ㉣ - 원 간섭기에 도평의사사로 개편되었다.

① ㄱ, ㄴ ② ㄱ, ㄷ ③ ㄴ, ㄷ
④ ㄴ, ㄹ ⑤ ㄷ, ㄹ

10 ㉠~㉤ 기구에 대한 설명으로 옳은 것은? [2점 | 60회]

인물의 생애로 보는 고려의 정치 기구

윤관

- 출생년　미상
- 1095년　㉠상서성 좌사낭중
- 1101년　㉡추밀원(중추원) 지주사
- 1102년　㉢어사대 어사대부
- 1103년　㉣한림원 학사승지
- 1108년　㉤중서문하성 문하시중
- 1111년　별세

① ㉠ - 학술 기관으로 경연을 관장하였다.
② ㉡ - 실록을 보관하고 관리하는 업무를 맡았다.
③ ㉢ - 관리의 비리를 감찰하고 풍기를 단속하였다.
④ ㉣ - 수도의 치안과 행정을 주관하였다.
⑤ ㉤ - 화폐와 곡식의 출납에 대한 회계를 담당하였다.

11 (가) 기구에 대한 설명으로 옳은 것은? [2점 | 66회]

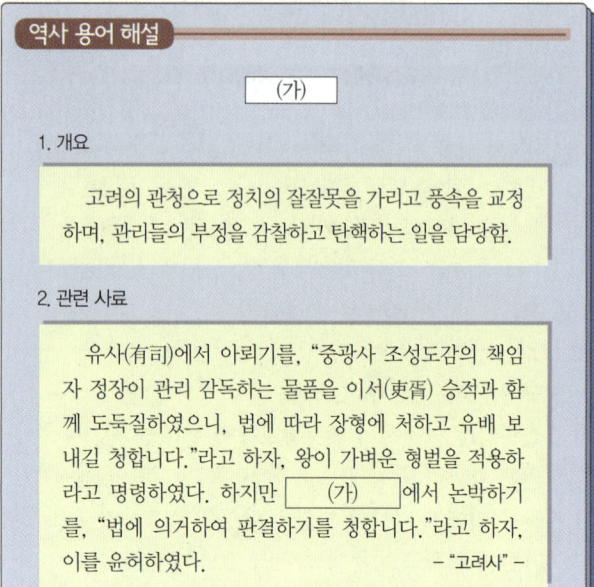

① 무신 집권기 최고 권력 기구였다.
② 원 간섭기에 첨의부로 격하되었다.
③ 고려 말에 도평의사사로 개편되었다.
④ 관직 임명에 대한 서경권을 행사하였다.
⑤ 서얼 출신의 학자들이 검서관으로 기용되었다.

12 (가) 기구에 대한 설명으로 옳은 것은? [2점 | 59회]

① 역사서 편찬과 보관을 주관하였다.
② 주로 국방과 군사 문제를 논의하였다.
③ 화폐, 곡식의 출납과 회계를 담당하였다.
④ 좌사정, 우사정의 이원적인 체제로 운영되었다.
⑤ 최우에 의해 설치되어 인사 행정을 처리하였다.

중기 정치~무신정변

13 밑줄 그은 '반란'이 일어난 시기를 연표에서 옳게 고른 것은?
[1점 | 64회]

이것은 경원 이씨 가문의 이자연 묘지명으로, 딸 셋을 모두 문종의 왕비로 보냈다는 내용이 기록되어 있습니다. 훗날 이자연의 손자 또한 딸들을 왕비로 보내 최고 권력을 누렸는데, 이에 위협을 느낀 인종이 그를 제거하려 하자 척준경과 함께 <u>반란</u>을 일으켰습니다.

1104	1135	1170	1196	1270	1351
(가)	(나)	(다)	(라)	(마)	
별무반 조직	묘청의 난	무신 정변	최충헌의 집권	개경 환도	공민왕 즉위

① (가) ② (나) ③ (다) ④ (라) ⑤ (마)

14 밑줄 그은 '이 사건'이 일어난 시기를 연표에서 옳게 고른 것은?
[2점 | 61회]

문학으로 만나는 한국사

비 개인 긴 언덕에는 풀빛이 푸른데
남포에서 님 보내며 슬픈 노래 부르네
대동강 물은 그 언제 다할 것인가
이별의 눈물 해마다 푸른 물결에 더하는 것을

이 시의 제목은 '송인(送人)'으로, 고려 시대의 문인 정지상이 서경을 배경으로 지은 작품이다. 서경 출신인 그는 묘청 등과 함께 수도를 서경으로 옮길 것을 주장하였다. 이로 인해 개경 세력과 정치적으로 대립하던 중 <u>이 사건</u>이 일어나자 김부식에 의해 죽임을 당하였다.

918	1019	1126	1270	1351	1392
(가)	(나)	(다)	(라)	(마)	
고려 건국	귀주 대첩	이자겸의 난	개경 환도	공민왕 즉위	고려 멸망

① (가) ② (나) ③ (다) ④ (라) ⑤ (마)

15 (가), (나) 사이의 시기에 있었던 사실로 옳은 것은?
[2점 | 59회]

(가) 이자겸과 척준경이 왕을 위협하여 남궁(南宮)으로 거처를 옮기게 하고 안보린, 최탁 등 17인을 죽였다. 이 외에도 죽인 군사가 헤아릴 수 없을 정도였다.

(나) 이의방과 이고가 정중부를 따라가 몰래 말하기를, "오늘날 문신들은 득의양양하여 술을 취하도록 마시고 음식을 배불리 먹는데, 무신들은 모두 굶주리고 고달프니 이것을 어찌 참을 수 있습니까."라고 하였다.

① 김부식이 묘청의 반란을 진압하였다.
② 강조가 정변을 일으켜 김치양을 제거하였다.
③ 망이·망소이가 공주 명학소에서 봉기하였다.
④ 서희가 외교 담판을 벌여 강동 6주를 확보하였다.
⑤ 최충헌이 봉사 10조를 올려 시정 개혁을 건의하였다.

16 다음 자료에 나타난 상황 이후의 사실로 옳은 것은?
[2점 | 66회]

경대승이 정중부를 죽이자, 조정 신하들이 대궐에 나아가 축하하였다. 경대승이 말하기를, "임금을 죽인 사람이 아직 살아 있는데, 무슨 축하인가?"라고 하였다. 이의민은 이 말을 듣고 매우 두려워하여 날랜 사람들을 모아서 대비하였다. 또한, 경대승의 도방(都房)에서 자기들이 싫어하는 사람을 죽일 것을 모의한다는 말을 들었다. 이의민이 더욱 두려워하여 마을에 큰 문을 세워 밤마다 경계하였다.

① 묘청 등이 서경 천도를 주장하였다.
② 최충헌이 왕에게 봉사 10조를 올렸다.
③ 강조가 정변을 일으켜 왕을 폐위하였다.
④ 이자겸과 척준경이 반란을 일으켜 궁궐을 불태웠다.
⑤ 김보당이 폐위된 왕의 복위를 주장하며 군사를 일으켰다.

STEP 3 기출문제

17 (가) 인물의 활동으로 옳은 것은? [2점 | 67회]

이것은 이의민을 제거하고 정권을 장악한 (가) 의 묘지명 탁본입니다. 여기에는 그가 명종의 퇴위와 신종의 즉위에 관여한 사실 등이 기록되어 있습니다.

① 인사 행정을 담당하던 정방을 폐지하였다.
② 교정도감을 두어 국가의 중요한 사무를 처리하였다.
③ 삼별초를 이끌고 진도로 이동하여 대몽 항쟁을 펼쳤다.
④ 화약과 화포 제작을 위한 화통도감 설치를 건의하였다.
⑤ 후세의 정책 방향을 제시하기 위해 훈요 10조를 남겼다.

18 다음 검색창에 들어갈 인물에 대한 설명으로 옳은 것은? [2점 | 50회]

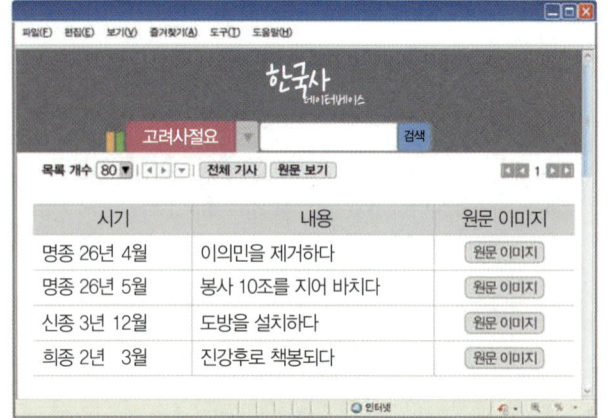

① 서경에서 난을 일으키고 국호를 대위로 하였다.
② 화약과 화포 제작을 위한 화통도감 설치를 건의하였다.
③ 삼별초를 이끌고 진도로 이동하여 대몽 항쟁을 펼쳤다.
④ 교정별감이 되어 인사, 재정 등 국정 전반을 장악하였다.
⑤ 전민변정도감의 책임자로 임명되어 권문세족을 견제하였다.

19 (가) 인물의 활동으로 옳은 것은? [2점 | 64회]

① 인사 행정 담당 기구로 정방을 설치하였다.
② 봉사 10조를 올려 시정 개혁을 건의하였다.
③ 삼별초를 이끌고 진도 용장성에서 항전하였다.
④ 군사를 일으켜 정중부 등의 제거를 도모하였다.
⑤ 전민변정도감의 책임자로 임명되어 권문세족을 견제하였다.

20 다음 상황 이후에 전개된 사실로 옳은 것은? [2점 | 60회]

> 백관이 최우의 집에 나아가 정년도목(政年都目)을 올리니, 최우가 청사에 앉아 받았다. 6품 이하는 당하(堂下)에서 두 번 절하고 땅에 엎드려 감히 고개를 들지 못하였다. 이때부터 최우는 정방을 자기 집에 두고 백관의 인사 행정을 처리하였다.
> – 『고려사절요』 –

① 삼별초가 용장성에서 항전하였다.
② 정중부 등이 김보당의 반란을 진압하였다.
③ 빈민 구제를 위한 흑창을 처음 설치하였다.
④ 공주 명학소에서 망이·망소이가 봉기하였다.
⑤ 최충헌이 교정별감이 되어 국정을 총괄하였다.

21 다음 사건의 배경으로 가장 적절한 것은? [2점 | 62회]

> 조위총이 동·북 양계(兩界)의 여러 성에 격문을 돌려 군사를 불러 모아 말하기를, "소문에 따르면 개경의 중방(重房)에서 '북계의 여러 성은 거칠고 사나운 무리를 많이 거느리고 있으니 토벌해야 한다.'고 논의하고 이미 많은 병력을 동원했다고 하니 어찌 가만히 앉아서 스스로 죽을 수 있겠는가? 각자 군사와 말을 규합하여 빨리 서경으로 달려와야 한다."라고 하였다.

① 노비 만적이 반란을 모의하였다.
② 정중부, 이의방 등이 정변을 일으켰다.
③ 신돈이 전민변정도감의 판사가 되었다.
④ 망이, 망소이 등이 명학소에서 봉기하였다.
⑤ 최충헌이 교정도감을 설치하여 국정을 총괄하였다.

22 (가), (나) 사이의 시기에 있었던 사실로 옳은 것은? [2점 | 61회]

> (가) 최충헌 형제가 왕을 협박하여 창락궁에 유폐하고 태자 왕숙은 강화도로 유배 보냈다.
> (나) 유경이 최의를 죽인 뒤, 왕에게 아뢰어 정방을 편전 옆에 두어 인사권을 장악하고, 국가의 주요 사무를 모두 결정하였다.

① 강조가 정변을 일으켜 김치양을 제거하였다.
② 배중손이 이끄는 삼별초가 진도에서 항전하였다.
③ 만적이 개경에서 노비를 모아 반란을 모의하였다.
④ 조위총이 군사를 일으켜 정중부 등의 제거를 도모하였다.
⑤ 김보당이 의종 복위를 주장하며 동계에서 군사를 일으켰다.

23 다음 사건 이후에 일어난 사실로 옳은 것은? [1점 | 51회]

> 만적 등 6명이 북산에서 땔나무를 하다가, 공사(公私)의 노복들을 불러 모아 모의하며 말하기를, "국가에서 경인년과 계사년 이래로 높은 관직도 천예(賤隷)에서 많이 나왔으니, 장상(將相)에 어찌 씨가 있겠는가? 때가 되면 (누구나) 차지할 수 있는 것이다. 우리들이라고 어찌 뼈 빠지게 일만 하면서 채찍 아래에서 고통만 당하겠는가?"라고 하였다. 여러 노(奴)들이 모두 그렇다고 하였다. …… 가노(家奴) 순정이 한충유에게 변란을 고하자 한충유가 최충헌에게 알렸다. 마침내 만적 등 100여 명을 체포하여 강에 던졌다.

① 묘청이 서경 천도를 주장하였다.
② 쌍기가 과거제의 시행을 건의하였다.
③ 왕실의 외척인 이자겸이 난을 일으켰다.
④ 정중부가 반란을 일으켜 권력을 차지하였다.
⑤ 최우가 정방을 설치하여 인사권을 장악하였다.

24 (가)~(다)를 일어난 순서대로 옳게 나열한 것은? [3점 | 65회]

> (가) 왕이 보현원 문에 들어서자 …… 이고 등이 왕을 모시던 문관 및 대소 신료, 환관들을 모두 살해하였다. …… 정중부 등이 왕을 모시고 환궁하였다.
> (나) 이자겸과 척준경이 왕을 위협하여 남궁(南宮)으로 거처를 옮기게 하고 안보린, 최탁 등 17인을 죽였다. 이 외에도 죽인 군사가 헤아릴 수 없을 정도였다.
> (다) 묘청이 서경을 근거지로 삼고 반란을 일으켰다. …… 국호를 대위, 연호를 천개, 그 군대를 천견충의군이라 불렀다.

① (가) - (나) - (다)   ② (가) - (다) - (나)
③ (나) - (가) - (다)   ④ (나) - (다) - (가)
⑤ (다) - (가) - (나)

외교

25 (가) 왕의 재위 기간에 있었던 사실로 옳은 것은?
3점 | 67회

〈역사 연극 시나리오 구상〉

제목: (가) 의 험난한 피란길

○학년 ○반 ○모둠

장면1: 강조의 정변을 구실로 침입한 거란군이 서경까지 이르자 강감찬이 왕에게 남쪽으로 피란할 것을 권유한다.

장면2: 왕이 개경을 떠나 전라도 삼례에 이르는 동안 호위군이 도망가는 등의 어려움을 겪는다.

장면3: 나주에 도착한 왕은 강화가 성립되어 거란군이 물러간다는 소식을 듣고 안도한다.

① 만부교 사건이 일어났다.
② 초조대장경 조판이 시작되었다.
③ 사신 저고여가 귀국 길에 피살되었다.
④ 공주 명학소에서 망이·망소이가 봉기하였다.
⑤ 신돈을 중심으로 전민변정 사업이 추진되었다.

26 (가)~(다) 학생이 발표한 내용을 일어난 순서대로 옳게 나열한 것은?
2점 | 66회

① (가) - (나) - (다)
② (가) - (다) - (나)
③ (나) - (가) - (다)
④ (나) - (다) - (가)
⑤ (다) - (나) - (가)

27 (가), (나) 사이의 시기에 있었던 사실로 옳은 것은?
3점 | 64회

(가) 거란에서 사신을 파견하여 낙타 50필을 보냈다. 왕은 거란이 일찍이 발해와 지속적으로 화목하다가 갑자기 의심하여 맹약을 어기고 멸망시켰으니, 이는 매우 무도하여 친선 관계를 맺어 이웃으로 삼을 수 없다고 생각하였다. 드디어 교빙을 끊고 사신 30인을 섬으로 유배 보냈으며, 낙타는 만부교 아래에 매어두니 모두 굶어 죽었다.

(나) 양규가 흥화진으로부터 군사 7백여 명을 이끌고 통주까지 와서 군사 1천여 명을 수습하였다. 밤중에 곽주로 들어가서 지키고 있던 적들을 급습하여 모조리 죽인 후 성 안에 있던 남녀 7천여 명을 통주로 옮겼다.

① 외침에 대비하여 광군이 조직되었다.
② 강감찬이 귀주에서 대승을 거두었다.
③ 화통도감이 설치되어 화포를 제작하였다.
④ 김윤후가 처인성에서 살리타를 사살하였다.
⑤ 철령위 설치에 반발하여 요동 정벌이 추진되었다.

28 (가) 시기에 있었던 사실로 옳은 것은?
3점 | 60회

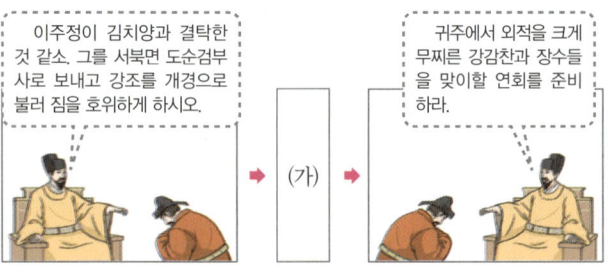

① 화통도감이 설치되어 화포가 제작되었다.
② 신돈이 전민변정도감의 설치를 건의하였다.
③ 거란이 침입하여 왕이 나주까지 피난하였다.
④ 노비안검법의 실시로 국가 재정이 확충되었다.
⑤ 신기군, 신보군, 항마군 등으로 구성된 별무반이 조직되었다.

29 (가)에 대한 고려의 대응으로 옳은 것은? [2점 | 59회]

> 현종 2년에 (가) 의 군주가 크게 군사를 일으켜 정벌하러 오자 왕이 남쪽으로 피란하였는데, (가) 군대는 여전히 송악성에 주둔하고 물러가지 않았습니다. 이에 현종이 여러 신하와 함께 더할 수 없는 큰 바람을 담아 대장경판을 새겨서 완성할 것을 맹세한 뒤에야 적의 군대가 스스로 물러갔습니다.
> — 『동국이상국집』 —

① 처인성에서 살리타를 사살하였다.
② 박위를 파견하여 근거지를 토벌하였다.
③ 개경을 방어하기 위해 나성을 축조하였다.
④ 삼수병으로 구성된 훈련도감을 설치하였다.
⑤ 강화도로 도읍을 옮겨 장기 항전을 준비하였다.

30 다음 대화에 등장하는 왕이 추진한 정책으로 옳은 것은? [3점 | 59회]

① 천수라는 독자적 연호를 사용하였다.
② 관학을 진흥하고자 양현고를 설치하였다.
③ 주전도감을 설치하여 해동통보를 발행하였다.
④ 호족 세력을 견제하기 위해 노비안검법을 실시하였다.
⑤ 국자감을 성균관으로 개칭하고 유학 교육을 장려하였다.

31 (가)의 침입에 대한 고려의 대응으로 옳은 것을 |보기|에서 고른 것은? [2점 | 66회]

> 강화중성은 (가) 의 침략에 맞서 고려가 강화도로 천도한 이후 건립한 내성, 중성, 외성 중 하나입니다. 강화중성은 당시 수도를 둘러싼 토성(土城)으로, 이번 발굴 조사에서 방어를 위해 성벽의 바깥에 돌출시킨 대규모 치성(雉城)으로 확인되었습니다.

|보기|
ㄱ. 양규가 무로대에서 적군을 물리쳤다.
ㄴ. 김윤후가 충주성 전투에서 활약하였다.
ㄷ. 송문주가 죽주성에서 적군을 격퇴하였다.
ㄹ. 윤관이 별무반을 이끌고 동북 9성을 쌓았다.

① ㄱ, ㄴ   ② ㄱ, ㄷ   ③ ㄴ, ㄷ
④ ㄴ, ㄹ   ⑤ ㄷ, ㄹ

32 (가)의 침입에 대한 고려의 대응으로 옳은 것은? [2점 | 58회]

> 병마사 박서는 김중온에게 성의 동서쪽을, 김경손에게는 성의 남쪽을 지키게 하였다. (가) 의 대군이 남문에 이르자 김경손은 12명의 용맹한 군사와 여러 성의 별초를 거느리고 성 밖으로 나가려고 하였다. …… 우별초가 모두 땅에 엎드리고 응하지 않자 김경손은 그들을 성으로 돌려 보내고 12명의 군사와 함께 나아가 싸웠다.
> — 『삼국사기』 —

① 김종서를 보내 6진을 개척하였다.
② 서희를 보내 소손녕과 외교 담판을 벌였다.
③ 별무반을 조직하고 동북 9성을 축조하였다.
④ 강화도로 도읍을 옮겨 장기 항전을 준비하였다.
⑤ 화통도감을 설치하여 화약과 화포를 제작하였다.

STEP 3 기출문제

33 (가), (나) 사이의 시기에 있었던 사실로 옳은 것은? [2점 | 67회]

> (가) 윤관이 포로 346구와 말 96필, 소 300여 마리를 바쳤다. 의주와 통태진·평융진에 성을 쌓고, 함주·영주·웅주·길주·복주, 공험진과 함께 북계 9성이라 하였다.
>
> (나) 그해 12월 16일에 처인부곡의 작은 성에서 적과 싸우던 중 화살로 적의 괴수인 살리타를 쏘아 죽였습니다. 사로잡은 자들이 많았으며 나머지 무리는 무너져 흩어졌습니다.

① 외침에 대비하여 광군을 조직하였다.
② 서희의 활약으로 강동 6주를 획득하였다.
③ 이제현이 만권당에서 유학자들과 교류하였다.
④ 묘청 등이 칭제 건원과 금 정벌을 주장하였다.
⑤ 압록강에서 도련포까지 천리장성을 축조하였다.

34 (가) 군사 조직에 대한 설명으로 옳은 것은? [1점 | 62회]

> 처음에 최우가 나라 안에 도적이 많음을 근심하여 용사들을 모아 매일 밤 순행하면서 포악한 짓들을 금하였는데, 이로 인하여 이름을 야별초(夜別抄)라고 하였다. 도적들이 여러 도에서도 일어났으므로 별초를 나누어 보내 이들을 잡게 하였다. 그 군사가 매우 많아 마침내 나누어 좌우로 삼았다. 또 우리나라 사람으로서 몽골로부터 도망쳐 돌아온 자들을 한 부대로 삼아 신의군(神義軍)이라고 불렀는데, 이들이 (가) 이/가 되었다.

① 광군사의 통제를 받았다.
② 정미 7조약에 의해 해산되었다.
③ 4군 6진을 개척해 영토를 확장하였다.
④ 개경 환도 결정에 반발하여 항쟁하였다.
⑤ 유사시에 향토 방위를 담당하는 예비군이었다.

35 다음 자료에 나타난 상황 이후에 전개된 사실로 옳은 것은? [2점 | 57회]

> 지원(至元) 7년, 원종이 강화에서 송경(松京)으로 환도할 적에 장군 홍문계 등이 나라를 그르친 권신 임유무를 죽이고 왕이 정권을 되찾을 수 있도록 하였다. 권신의 가병, 신의군 등의 부대가 승화후(承化侯)를 옹립하고 반역을 도모하면서, 미처 강화를 떠나지 못한 신료와 군사들을 강제로 이끌고 남쪽으로 항해하여 가니 배의 행렬이 길게 이어졌다.

① 김윤후가 처인성에서 몽골군을 격퇴하였다.
② 묘청이 칭제 건원과 금국 정벌을 주장하였다.
③ 김방경의 군대가 탐라에서 삼별초를 진압하였다.
④ 최충헌이 봉사 10조를 올려 시정 개혁을 건의하였다.
⑤ 경대승이 정중부 등을 제거하고 권력을 장악하였다.

36 다음 자료를 활용한 탐구 활동으로 가장 적절한 것은? [2점 | 67회]

> 시중 김방경과 대장군 인공수를 [상국(上國)에] 파견하여 표문을 올렸다. "우리나라는 근래 역적을 소탕하는 대군에 군량을 공급하는 일로 이미 해마다 백성에게서 양식을 거두어들였습니다. 게다가 일본 정벌에 필요한 전함을 건조하는 데 장정들이 모두 징발되었고 노약자들만 겨우 밭 갈고 씨 뿌리는 일을 하고 있습니다."

① 삼전도비가 건립된 계기를 찾아본다.
② 정동행성이 설치되는 배경을 살펴본다.
③ 사심관 제도가 시행된 원인을 조사한다.
④ 조위총의 난이 전개되는 과정을 알아본다.
⑤ 권수정혜결사문이 작성된 목적을 파악한다.

37 밑줄 그은 '이 시기'에 볼 수 있는 모습으로 옳은 것은?
〔1점 | 61회〕

이것은 수령 옹주 묘지명입니다. 왕족인 왕온의 부인이었던 그녀는 남편을 일찍 잃고 3남 1녀를 홀로 키웠으나, 딸이 공녀로 원에 끌려가자 그 슬픔으로 병을 얻어 세상을 떠났습니다. 수령 옹주가 살았던 이 시기에는 많은 여성이 공녀로 끌려갔습니다.

① 농사직설을 편찬하는 학자
② 초조대장경을 조판하는 장인
③ 정동행성에서 회의하는 관리
④ 삼강행실도를 읽고 있는 양반
⑤ 백운동 서원에서 공부하는 유생

38 (가), (나) 사이의 시기에 있었던 사실로 옳은 것은?
〔2점 | 60회〕

(가) 용진현 출신 조휘와 정주 출신 탁청이 화주 이북 지방을 몽골에 넘겨주었다. 몽골은 화주에 쌍성총관부를 설치하고 조휘를 총관으로, 탁청을 천호(千戶)로 임명하였다.

(나) 동북면 병마사 유인우가 쌍성을 함락시키자 총관 조소생, 천호 탁도경이 도망치니 화주, 등주, 정주 등이 수복되었다.

① 최윤덕이 4군을 개척하였다.
② 일본 원정을 위해 정동행성이 설치되었다.
③ 몽골 사신 저고여가 귀국길에 피살되었다.
④ 철령위 설치 문제로 요동 정벌이 추진되었다.
⑤ 서희가 외교 담판으로 강동 6주를 획득하였다.

39 다음 대화 이후에 전개된 사실로 옳은 것은?
〔2점 | 64회〕

원의 공주와 혼인한 태자께서 돌아와 왕이 되신 건 알고 있는가? 이전에 변발과 호복 차림으로 돌아오신 걸 보고 눈물을 흘렸다네.

나도 그랬다네. 그나저나 며칠 앞으로 다가온 일본 원정이 더 큰 걱정이군.

① 빈민 구제를 위한 흑창이 처음 설치되었다.
② 망이·망소이가 공주 명학소에서 봉기하였다.
③ 김부식 등이 왕명으로 삼국사기를 편찬하였다.
④ 김보당이 의종 복위를 주장하며 난을 일으켰다.
⑤ 유인우, 이자춘 등이 쌍성총관부를 수복하였다.

40 다음 자료에 나타난 시기의 사회 모습으로 옳은 것은?
〔2점 | 59회〕

인후는 …… 처음 이름은 훌랄대였다. 제국 공주의 겁령구였는데, 겁령구는 중국 말로 사적으로 소속된 사람이다. 제국 공주를 따라와서 중랑장에 임명되었다. 왕이 그를 장군으로 임명하고 싶어 이름을 바꾸라고 명령하자, 훌랄대가 대장군 인공수에게 말하기를 "내가 당신과 친한 사이이니 그대의 성을 빌리면 어떻겠소?"라고 하고, 드디어 성명을 바꾸어 인후라고 하였다. [인후는] 장순룡 및 차신과 더 좋은 저택을 짓기 위해 경쟁했는데, 사치스러움과 분수에 넘치는 것이 극에 달하였다.

① 최충이 9재 학당을 설립하였다.
② 빈민 구제를 위해 흑창이 설치되었다.
③ 대각국사 의천이 천태종을 개창하였다.
④ 만적이 개경에서 신분 해방을 도모하였다.
⑤ 지배층을 중심으로 변발과 호복이 유행하였다.

STEP 3 기출문제

41 밑줄 그은 '왕'의 재위 시기에 있었던 사실로 옳은 것은? [1점 | 59회]

- 얼마 전에 왕께서 기철과 그 일당들을 반역죄로 숙청하셨다고 하네.
- 나도 들었네. 정동행성 이문소도 철폐하셨다고 하더군.

① 경기에 한하여 과전법이 실시되었다.
② 정지가 관음포에서 승리를 거두었다.
③ 국정 총괄 기구로 교정도감이 설치되었다.
④ 신돈을 중심으로 전민변정 사업이 추진되었다.
⑤ 만권당이 설립되어 원과 고려의 학자가 교유하였다.

42 다음 상황이 나타난 시기를 연표에서 옳게 고른 것은? [2점 | 67회]

> 명 황제가 말하기를, "철령을 따라 이어진 북쪽과 동쪽과 서쪽은 원래 개원로(開元路)*가 관할하던 군민(軍民)이 속하던 곳이니, 한인·여진인·달달인·고려인을 그대로 요동에 소속시켜라."라고 하였다. …… 왕은 최영과 함께 요동을 공격하기로 계책을 결정하였으나, 감히 드러내어 말하지 못하고 사냥 간다는 핑계를 대고 서쪽으로 해주에 행차하였다.
>
> *개원로(開元路): 원이 설치한 행정 구역

(가)	(나)	(다)	(라)	(마)
1351 공민왕 즉위	1359 홍건적 침입	1380 황산 대첩	1391 과전법 실시	1394 한양 천도	1400 태종 즉위

① (가) ② (나) ③ (다) ④ (라) ⑤ (마)

43 다음 대화 이후에 전개된 사실로 옳은 것은? [2점 | 65회]

- 이번에 왕이 최영에게 명하여 요동을 정벌한다고 하네.
- 명 황제가 철령 이북을 일방적으로 명의 영토로 귀속시키려 한 것이 원인이라더군.

① 윤관이 별무반을 이끌고 동북 9성을 축조하였다.
② 서희가 외교 담판을 벌여 강동 6주를 획득하였다.
③ 이성계가 위화도에서 회군하여 정권을 장악하였다.
④ 배중손이 이끄는 삼별초가 용장산성에서 항전하였다.
⑤ 최우가 강화도로 도읍을 옮겨 장기 항전을 준비하였다.

44 (가)~(다)를 일어난 순서대로 옳게 나열한 것은? [2점 | 60회]

> (가) 백관을 소집하여 금을 섬기는 문제에 대한 가부를 의논하게 하니 모두 불가하다고 하였다. 이자겸, 척준경만이 "사신을 보내 먼저 예를 갖추어 찾아가는 것이 옳습니다."라고 하니 왕이 이 말을 따랐다.
>
> (나) 나세·심덕부·최무선 등이 왜구를 진포에서 공격해 승리를 거두고 포로 334명을 구출하였으며, 김사혁은 패잔병을 임천까지 추격해 46명을 죽였다.
>
> (다) 몽골군이 쳐들어와 충주성을 70여 일간 포위하니 비축한 군량이 거의 바닥났다. 김윤후가 괴로워하는 군사들을 북돋우며, "만약 힘을 다해 싸운다면 귀천을 가리지 않고 모두 관작을 제수할 것이니 불신하지 말라."라고 하였다.

① (가) - (나) - (다)   ② (가) - (다) - (나)
③ (나) - (가) - (다)   ④ (나) - (다) - (가)
⑤ (다) - (가) - (나)

경제, 사회

45 (가) 국가의 경제 상황으로 옳은 것은? [2점 | 62회]

이것은 양산 통도사 국장생 석표입니다. 통도사의 경계를 표시하기 위해 세운 석표 중 하나로 '상서호부(尙書戶部)의 승인으로 세웠다'는 내용이 새겨져 있습니다. 국사·왕사 제도를 두어 불교를 장려했던 (가) 시대에 국가와 사찰의 관계를 파악할 수 있는 문화유산입니다.

① 삼한통보, 해동통보 등이 발행되었다.
② 특산품으로 솔빈부의 말이 유명하였다.
③ 만상이 대청 무역으로 부를 축적하였다.
④ 시장을 감독하는 관청인 동시전이 설치되었다.
⑤ 광산을 전문적으로 경영하는 덕대가 등장하였다.

46 (가) 국가의 경제 상황으로 옳은 것은? [1점 | 61회]

이 작품은 이규보가 예성강 하구의 정경을 묘사한 시입니다. 이곳에 있던 벽란도는 (가) 의 국제 무역항으로 송과 아라비아 상인들이 왕래할 정도로 번성했습니다.

조수가 들고나니
오고 가는 배의 꼬리가 이어졌구나
아침에 이 누각 밑을 떠나면
한낮이 되지 않아
돛대는 남만(南蠻)에 이르도다
사람들은 배를 보고
물 위의 역마라고 하지만
바람처럼 달리는 준마도
이보다 빠르지는 못하리

① 송상이 전국 각지에 송방을 두었다.
② 활구라고 불리는 은병을 주조하였다.
③ 동시전을 설치하여 시장을 감독하였다.
④ 담배, 면화, 생강 등 상품 작물을 널리 재배하였다.
⑤ 일본과 교역을 위해 부산포, 염포, 제포를 개항하였다.

47 밑줄 그은 '시기'의 경제 상황으로 옳은 것은? [1점 | 60회]

이달의 책

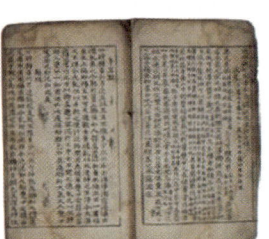

원의 간섭을 받던 시기에 이암이 우리나라에 소개했다고 전해지는 농서입니다. 원에서 편찬된 이 책은 경간(耕墾)·파종 등 10문(門)으로 구성되어 있으며, 화북 지방의 농법을 수록하고 있습니다. 특히 누에, 면화, 저마의 생산을 장려하고 있어 주목할 만합니다.

① 모내기법이 전국적으로 확산되었다.
② 초량 왜관을 통해 일본과 무역하였다.
③ 감자, 고구마 등의 작물이 재배되었다.
④ 광산을 전문적으로 경영하는 덕대가 활동하였다.
⑤ 경시서의 관리들이 시전의 상행위를 감독하였다.

48 다음 대화가 이루어진 시기의 경제 상황으로 옳은 것은? [1점 | 58회]

몇 해 전 주전도감을 설치하고 화폐를 유통시켜 나라의 부강과 백성의 편익을 꾀하였으나, 널리 활용되지 못하고 있사옵니다.

주현에 명령하여 주식점(酒食店)을 열고 백성들에게 화폐를 활용해 음식을 사 먹을 수 있게 하여 그 이로움을 알게 하라.

① 활구라고 불리는 은병이 유통되었다.
② 특산품으로 솔빈부의 말이 유명하였다.
③ 송상이 전국 각지에 송방을 설치하였다.
④ 청해진을 설치하여 해상 무역을 전개하였다.
⑤ 시장을 감독하는 관청인 동시전이 설치되었다.

STEP 3 기출문제

49 다음 상황이 나타난 시기의 사회 시책으로 옳은 것은? [2점 | 58회]

> ○ 왕이 명하였다. "도성 안의 백성들이 역질에 걸렸으니 구제도감을 설치하여 치료하고, 시신과 유골은 거두어 비바람에 드러나지 않게 매장하라."
> ○ 중서성에서 아뢰었다. "지난해 관내 서도의 주현에 흉년이 들어 백성이 굶주리고 있습니다. 사창과 공해(公廨)의 곡식을 내어 경작을 원조하고, 가난하여 스스로 살아갈 수 없는 자는 의창을 열어 진휼하십시오."

① 유랑민을 구휼하는 활인서를 두었다.
② 백성들에게 곡식을 빌려주는 진대법을 실시하였다.
③ 국산 약재와 치료법을 소개한 향약집성방을 편찬하였다.
④ 기근에 대비하기 위해 구황촬요를 간행하여 보급하였다.
⑤ 기금을 모아 그 이자로 빈민을 구제하는 제위보를 운영하였다.

50 (가)~(라)를 일어난 순서대로 옳게 나열한 것은? [3점 | 59회]

> (가) 처음으로 직관(職官)과 산관(散官) 각 품의 전시과를 제정하였다. …… 과등(科等)에 미치지 못한 자는 모두 전지 15결을 지급하였다.
> (나) 역분전을 제정하였는데, 통일할 때의 조신(朝臣)이나 군사들은 관계(官階)를 따지지 않고 그 사람의 성품과 행동의 선악과 공로의 크고 작음을 보고 차등 있게 지급하였다.
> (다) 쌍기가 의견을 올리니 처음으로 과거를 시행하였다. 시(詩)·부(賦)·송(頌) 및 시무책으로 시험하여 진사를 뽑았으며, 겸하여 명경업·의업·복업 등도 뽑았다.
> (라) 왕이 말하기를, "비록 내 몸은 궁궐에 있지만 마음은 언제나 백성에게 치우쳐 있다. …… 이에 지방 수령들의 공(功)에 의지해 백성들의 소망에 부합하고자 12목 제도를 시행한다."라고 하였다.

① (가) - (나) - (다) - (라)
② (가) - (나) - (라) - (다)
③ (나) - (가) - (라) - (다)
④ (나) - (다) - (가) - (라)
⑤ (다) - (라) - (나) - (가)

51 (가) 교육 기관에 대한 설명으로 옳은 것은? [2점 | 67회]

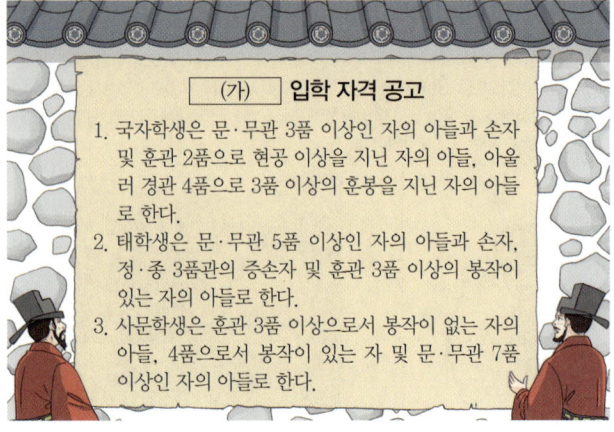

입학 자격 공고
1. 국자학생은 문·무관 3품 이상인 자의 아들과 손자 및 훈관 2품으로 현공 이상을 지닌 자의 아들, 아울러 경관 4품으로 3품 이상의 훈봉을 지닌 자의 아들로 한다.
2. 태학생은 문·무관 5품 이상인 자의 아들과 손자, 정·종 3품관의 증손자 및 훈관 3품 이상의 봉작이 있는 자의 아들로 한다.
3. 사문학생은 훈관 3품 이상으로서 봉작이 없는 자의 아들, 4품으로서 봉작이 있는 자 및 문·무관 7품 이상인 자의 아들로 한다.

① 문헌공도로 불리기도 하였다.
② 중앙에서 교수나 훈도가 파견되었다.
③ 전국의 부·목·군·현에 하나씩 설치되었다.
④ 장학 기금 마련을 위해 양현고가 설립되었다.
⑤ 사가독서제를 시행하여 학문에 전념하게 하였다.

52 (가)에 들어갈 내용으로 옳은 것은? [1점 | 63회]

① 독서삼품과를 통해 인재를 등용하였어요.
② 사액 서원에 서적과 노비를 지급하였어요.
③ 중등 교육 기관으로 4부 학당을 설립하였어요.
④ 양현고를 설치하여 장학 기금을 마련하였어요.
⑤ 초계문신제를 시행하여 문신을 재교육하였어요.

문화

53 밑줄 그은 '불상'에 해당하는 문화유산으로 옳은 것은?
[2점 | 67회]

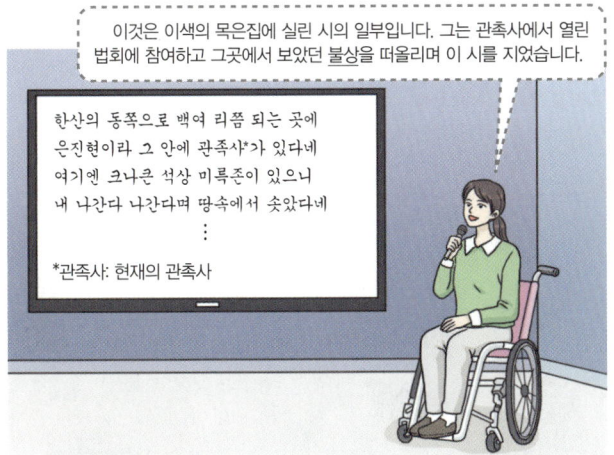

이것은 이색의 목은집에 실린 시의 일부입니다. 그는 관촉사에서 열린 법회에 참여하고 그곳에서 보았던 불상을 떠올리며 이 시를 지었습니다.

한산의 동쪽으로 백여 리쯤 되는 곳에
은진현이라 그 안에 관촉사*가 있다네
여기엔 크나큰 석상 미륵존이 있으니
내 나갔다 나갔다며 땅속에서 솟았다네
⋮

*관촉사: 현재의 관촉사

①    ②    ③

④    ⑤

54 (가)에 해당하는 문화유산으로 옳은 것은?
[3점 | 66회]

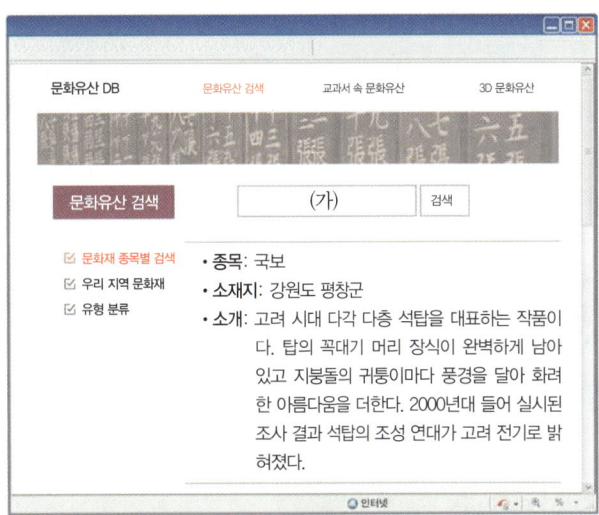

- 종목: 국보
- 소재지: 강원도 평창군
- 소개: 고려 시대 다각 다층 석탑을 대표하는 작품이다. 탑의 꼭대기 머리 장식이 완벽하게 남아 있고 지붕돌의 귀퉁이마다 풍경을 달아 화려한 아름다움을 더한다. 2000년대 들어 실시된 조사 결과 석탑의 조성 연대가 고려 전기로 밝혀졌다.

STEP 3 기출문제

55 (가)에 들어갈 문화유산으로 옳은 것은? [1점 | 63회]

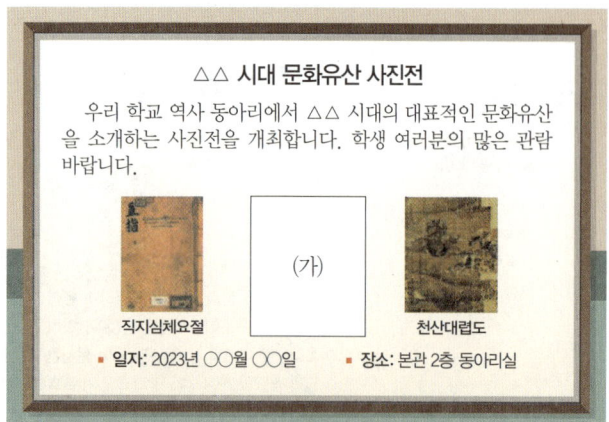

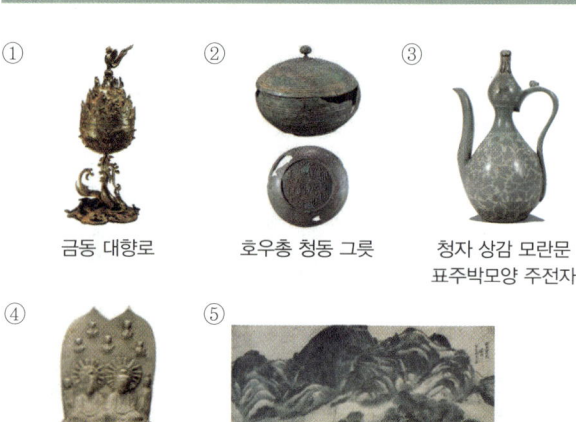

① 금동 대향로
② 호우총 청동 그릇
③ 청자 상감 모란문 표주박모양 주전자
④ 이불병좌상
⑤ 인왕제색도

56 (가) 국가의 문화유산으로 옳은 것을 |보기|에서 고른 것은? [2점 | 62회]

① ㄱ, ㄴ ② ㄱ, ㄷ ③ ㄴ, ㄷ ④ ㄴ, ㄹ ⑤ ㄷ, ㄹ

57 (가)에 해당하는 문화유산으로 옳은 것은? [2점 | 63회]

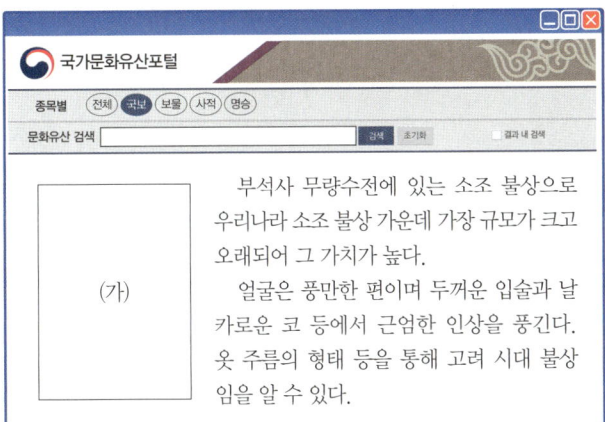

부석사 무량수전에 있는 소조 불상으로 우리나라 소조 불상 가운데 가장 규모가 크고 오래되어 그 가치가 높다.
얼굴은 풍만한 편이며 두꺼운 입술과 날카로운 코 등에서 근엄한 인상을 풍긴다. 옷 주름의 형태 등을 통해 고려 시대 불상임을 알 수 있다.

①  ②  ③
④  ⑤

58 다음 사진전에 전시될 사진으로 적절하지 않은 것은? [2점 | 50회]

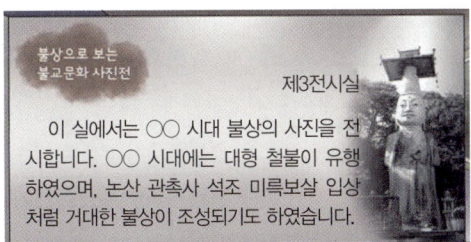

불상으로 보는 불교문화 사진전 — 제3전시실
이 실에서는 ○○ 시대 불상의 사진을 전시합니다. ○○ 시대에는 대형 철불이 유행하였으며, 논산 관촉사 석조 미륵보살 입상처럼 거대한 불상이 조성되기도 하였습니다.

①  ②  ③
④  ⑤

59 다음 기획전에 전시될 문화유산으로 적절한 것은? [1점 | 58회]

흙으로 빚은 푸른 보물

이번 기획전에서는 고려 시대 귀족 문화를 보여 주는 비색의 순청자와 음각한 부분에 백토나 흑토를 채워 화려하게 장식한 상감 청자가 전시됩니다. 관심 있는 분들의 많은 관람 바랍니다.
■ 기간: 2022년 ○○월 ○○일~○○월 ○○일
■ 장소: △△ 박물관

①  ② 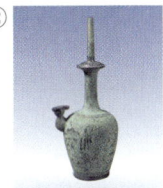 ③
④  ⑤

60 (가) 문화유산에 대한 설명으로 옳은 것은? [2점 | 68회]

 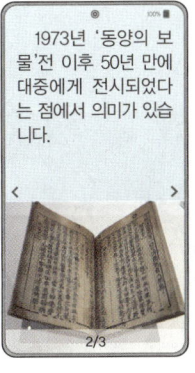 

2023년 프랑스 국립 도서관에서 열린 '인쇄하다! 구텐베르크의 유럽' 전에서 (가) 이/가 공개되었습니다.

1973년 '동양의 보물'전 이후 50년 만에 대중에게 전시되었다는 점에서 의미가 있습니다.

승려 백운이 편찬한 불서로 제자들이 1377년 청주 흥덕사에서 인쇄하였습니다. 현재 하권만 프랑스에 남아 있습니다.

① 신미양요 때 미군이 탈취하였다.
② 현존하는 최고(最古)의 금속 활자본이다.
③ 거란의 침입을 물리치기 위해 제작하였다.
④ 장영실, 이천 등이 제작한 활자로 인쇄하였다.
⑤ 불국사 삼층 석탑을 보수하는 과정에서 발견되었다.

61 밑줄 그은 '국가'의 문화유산으로 옳지 않은 것은? [2점 | 69회]

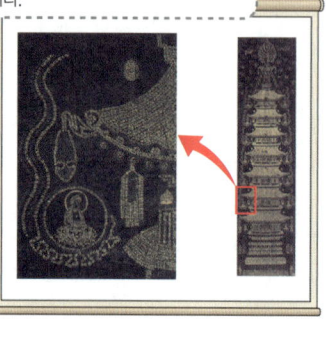

이것은 왕실의 종친인 신안공 왕전이 몽골의 침략을 받던 시기에 국가의 태평을 기원하며 발원한 법화경서탑도(法華經書塔圖)입니다. 감색 종이에 금가루 등으로 법화경 수만 자를 한 자씩 써서 칠층보탑을 형상화한 것이 특징입니다.

①  ②  ③
④  ⑤

62 밑줄 그은 '역사서'에 대한 설명으로 옳은 것은? [1점 | 59회]

이곳은 경상북도 군위군에 위치한 인각사로 승려 일연이 마지막 여생을 보낸 곳입니다. 그는 불교사를 중심으로 민간 설화 등을 수록한 역사서를 저술하였습니다.

① 편년체 형식으로 기술되었다.
② 고조선의 건국 이야기가 서술되었다.
③ 남북국이라는 용어가 처음 사용되었다.
④ 왕명에 의해 고승들의 전기가 기록되었다.
⑤ 고구려 시조의 일대기가 서사시로 표현되었다.

63 (가) 역사서에 대한 설명으로 옳은 것은? [2점 | 50회]

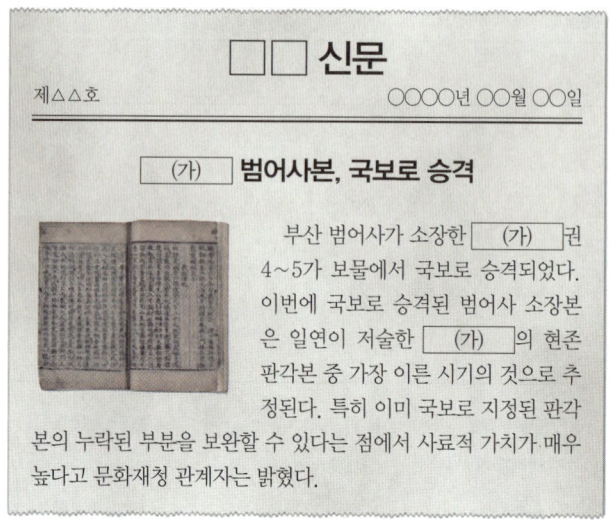

□□신문

(가) 범어사본, 국보로 승격

부산 범어사가 소장한 (가) 권 4~5가 보물에서 국보로 승격되었다. 이번에 국보로 승격된 범어사 소장본은 일연이 저술한 (가) 의 현존 판각본 중 가장 이른 시기의 것으로 추정된다. 특히 이미 국보로 지정된 판각본의 누락된 부분을 보완할 수 있다는 점에서 사료적 가치가 매우 높다고 문화재청 관계자는 밝혔다.

① 단군의 건국 이야기를 수록하였다.
② 사초, 시정기 등을 바탕으로 편찬되었다.
③ 왕명에 의해 고승들의 전기를 기록하였다.
④ 본기, 열전 등 기전체 형식으로 서술되었다.
⑤ 서사시 형태로 고구려 계승 의식이 반영되었다.

64 다음 검색창에 들어갈 역사 자료에 대한 설명으로 옳은 것은? [2점 | 58회]

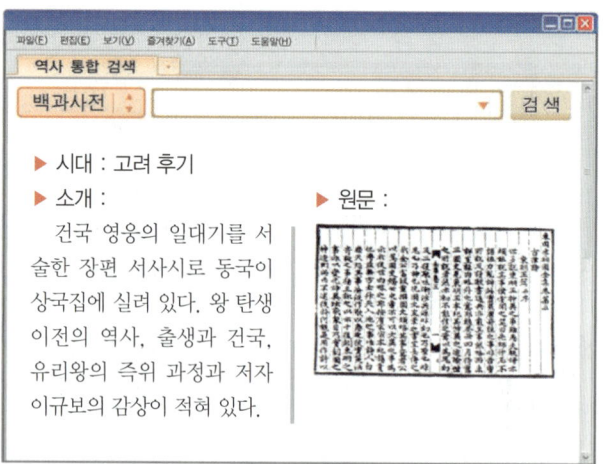

▶ 시대 : 고려 후기
▶ 소개 : 건국 영웅의 일대기를 서술한 장편 서사시로 동국이상국집에 실려 있다. 왕 탄생 이전의 역사, 출생과 건국, 유리왕의 즉위 과정과 저자 이규보의 감상이 적혀 있다.

① 고구려 계승 의식이 반영되었다.
② 남북국이라는 용어가 처음 사용되었다.
③ 사초, 시정기 등을 바탕으로 편찬하였다.
④ 단군의 고조선 건국 이야기를 수록하였다.
⑤ 현존하는 우리나라 최고(最古)의 역사서이다.

65 (가)~(마)에 들어갈 내용으로 옳은 것은? [2점 | 55회]

한국사 과제 안내문

다음에 제시된 역사서 중 하나를 선택하여 보고서를 제출하시오.

역사서	소개
사략	(가)
삼국사기	(나)
삼국유사	(다)
제왕운기	(라)
해동고승전	(마)

◆ 조사 방법: 문헌 조사, 인터넷 검색 등
◆ 제출 기간: 2021년 ○○월 ○○일~○○월 ○○일
◆ 분량: A4 용지 1장 이상

① (가) - 불교사를 중심으로 고대의 민간 설화를 수록
② (나) - 사초, 시정기 등을 바탕으로 실록청에서 편찬
③ (다) - 유교 사관에 입각하여 기전체 형식으로 구성
④ (라) - 단군부터 충렬왕까지의 역사를 서사시로 서술
⑤ (마) - 강목체로 고려 왕조의 역사를 정리

66 밑줄 그은 '그'에 대한 설명으로 옳은 것은? [3점 | 62회]

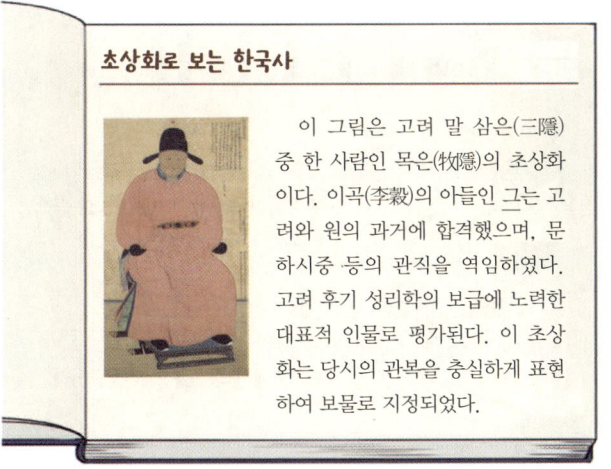

초상화로 보는 한국사

이 그림은 고려 말 삼은(三隱) 중 한 사람인 목은(牧隱)의 초상화이다. 이곡(李穀)의 아들인 그는 고려와 원의 과거에 합격했으며, 문하시중 등의 관직을 역임하였다. 고려 후기 성리학의 보급에 노력한 대표적 인물로 평가된다. 이 초상화는 당시의 관복을 충실하게 표현하여 보물로 지정되었다.

① 역옹패설과 사략을 저술하였다.
② 왕명에 의해 삼국사기를 편찬하였다.
③ 문헌공도를 설립하여 유학 교육에 힘썼다.
④ 불교 개혁을 주장하며 수선사 결사를 제창하였다.
⑤ 성균관의 대사성이 되어 정몽주 등을 학관으로 천거하였다.

67 (가)에 들어갈 내용으로 옳은 것은? [1점 | 60회]

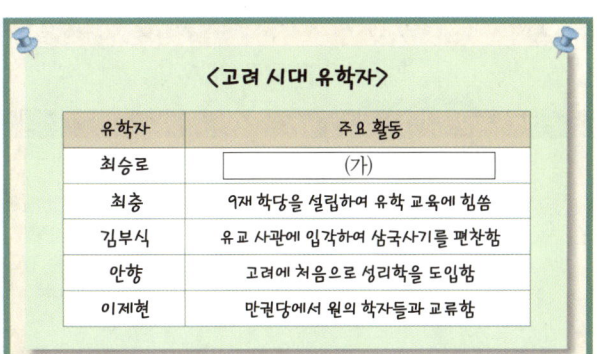

〈고려 시대 유학자〉

유학자	주요 활동
최승로	(가)
최충	9재 학당을 설립하여 유학 교육에 힘씀
김부식	유교 사관에 입각하여 삼국사기를 편찬함
안향	고려에 처음으로 성리학을 도입함
이제현	만권당에서 원의 학자들과 교류함

① 불씨잡변을 지어 불교를 비판함
② 인재 등용을 위해 현량과 실시를 제안함
③ 시무 28조를 올려 국가 운영 방안을 제시함
④ 지부복궐척화의소를 올려 왜양일체론을 주장함
⑤ 해주 향약을 시행하여 향촌 교화를 위해 노력함

68 다음 가상 인터뷰의 주인공에 대한 설명으로 옳은 것은? [3점 | 71회]

최근에 역옹패설을 저술하셨는데 독자들이 관심 가질 만한 내용을 소개해 주세요.

고위 관리 유청신이 원의 사신과 몽골말로 직접 대화하자 홍자번이 역관을 심하게 꾸짖었고, 이에 유청신이 부끄러워 한 일화가 실려 있습니다.

① 불씨잡변을 지어 불교를 비판하였다.
② 정혜결사를 통해 불교 개혁에 앞장섰다.
③ 청방인문표를 지어 인질의 석방을 요구하였다.
④ 고구려 계승 의식을 강조한 동명왕편을 지었다.
⑤ 만권당에서 조맹부, 요수 등의 문인들과 교유하였다.

69 (가) 인물에 대한 설명으로 옳은 것은? `2점 | 63회`

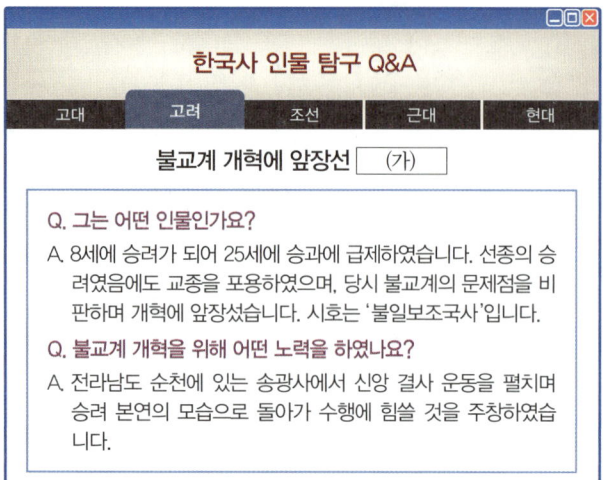

① 참선을 강조하고 돈오점수를 주장하였다.
② 불교 교단 통합을 위해 해동 천태종을 개창하였다.
③ 선문염송집을 편찬하고 유불 일치설을 제창하였다.
④ 승려들의 전기를 정리하여 해동고승전을 편찬하였다.
⑤ 보현십원가를 지어 불교 교리를 대중에게 전파하였다.

70 (가)에 들어갈 내용으로 옳은 것은? `2점 | 65회`

① 국청사의 주지가 되어 해동 천태종을 개창하였다.
② 불교 개혁을 주장하며 수선사 결사를 조직하였다.
③ 선문염송집을 편찬하고 유불 일치설을 주장하였다.
④ 불교 관련 자료를 중심으로 삼국유사를 집필하였다.
⑤ 인도와 중앙아시아를 순례하고 왕오천축국전을 남겼다.

71 (가) 인물에 대한 설명으로 옳은 것은? `3점 | 66회`

이것은 전라남도 강진군 월남사지에 있는 (가) 의 비입니다. 비문에는 지눌의 제자인 그가 수선사의 제2대 사주가 된 일, 당시 집권자인 최우가 그에게 두 아들을 출가(出家)시킨 일 등이 기록되어 있습니다.

① 화엄일승법계도를 지어 화엄 사상을 정리하였다.
② 해동 천태종을 개창하여 불교 교단 통합에 힘썼다.
③ 선문염송집을 편찬하고 유불 일치설을 주장하였다.
④ 권수정혜결사문을 작성하여 정혜쌍수를 강조하였다.
⑤ 보현십원가를 지어 불교 교리를 대중에게 전파하였다.

72 (가)에 들어갈 내용으로 가장 적절한 것은? `2점 | 61회`

★ 역사 인물 다큐멘터리 기획안 ★

화약 무기 연구의 선구자, ○○○

1. 기획 의도
   중국의 군사 기밀이었던 화약 제조 기술을 습득해 우리나라 최초로 화약의 자체 생산에 성공한 ○○○. 그의 활동을 통해 국방 과학 기술의 중요성을 되새겨 본다.
2. 장면
   #1. 중국인 이원에게 염초 제조법을 배우다
   #2. (가)
   #3. 나세, 심덕부 등과 함께 진포에서 왜구를 크게 격퇴하다
   ⋮

① 신기전과 화차를 개발하다
② 화통도감의 설치를 건의하다
③ 불랑기포를 활용하여 평양성을 탈환하다
④ 조총 부대를 이끌고 나선 정벌에 참여하다
⑤ 발화 장치를 활용한 비격진천뢰를 발명하다

핵심 키워드

01 ●조는 《정계》와 《계백료서》를 지어 관리의 규범을 제시하였다.

02 광종은 ●●안검법을 실시하여 억울하게 노비가 된 자들을 해방하였다.

03 광종은 쌍기의 건의를 받아들여 시험을 통해 관리를 뽑는 ●●제를 실시하였다.

04 성종은 최●●의 시무 28조를 받아들여 통치 체제를 정비하였다.

05 성종은 전국에 ●목을 설치하고 지방관을 파견하였다.

06 ●●, 정지상 등이 풍수지리설을 기반으로 서경 천도를 주장하였다.

07 최충헌은 교정도감을 설치하고 ●●별감이 되어 국정 전반을 장악하였다.

08 ●●초는 좌별초, 우별초, 신의군으로 구성된 군대로, 최씨 무신 정권의 군사적 기반이었다.

09 무신 집권기에 개경에서 사노비 ●●이 노비들과 함께 신분 해방을 도모하였다.

10 거란의 1차 침입 때 서●가 외교 담판을 벌여 ●● ●주를 획득하였다.

11 숙종 때 윤관의 건의로 신기군, 신보군, 항마군으로 구성된 ●●반이 편성되었다.

12 몽골의 침입 당시 김●●가 처인성에서 몽골 장수 살리타를 사살하였다.

13 공민왕은 고려의 내정을 간섭하던 ●●●● 이문소를 폐지하였다.

14 ●●도 회군으로 정권을 장악한 이성계 등은 ●●법을 공포하여 토지 제도를 개혁하였다.

15 고려 시대에는 관리에게 직역의 대가로 전지와 시지를 지급하는 ●●과를 실시하였다.

16 숙종 때 주전도감을 설치하여 해동통보, ●병(활구) 등의 화폐를 발행하였다.

17 고려 시대에는 예성강 하구의 ●●도가 국제 무역항으로 번성하였다.

18 김부식은 왕명으로 유교 사관에 입각하여 기전체 형식으로 《삼국●●》를 저술하였다.

19 의천은 국청사를 중심으로 해동 ●●종을 개창하고, 수행 방법으로 ●●겸수를 주장하였다.

20 지눌은 ●●사 결사를 제창하고, 수행 방법으로 ●●점수와 정혜쌍수를 내세웠다.

21 고려 후기에 개성 경천사지 10층 석탑은 ●의 영향을 받아 대리석으로 만들어졌다.

22 고려의 ●●대장경은 거란을, ●●대장경은 몽골을 격퇴하려는 염원을 담아 만들어졌다.

23 현존하는 세계에서 가장 오래된 금속 활자 인쇄본인 《●●심체요절》은 청주 흥덕사에서 간행되었다.

01 태 02 노비 03 과거 04 승로 05 12 06 묘청 07 교정 08 삼별 09 만적 10 희, 강동 6 11 별무 12 윤후 13 정동행성 14 위화, 과전 15 전시
16 은 17 벽란 18 사기 19 천태, 교관 20 수선, 돈오 21 원 22 초조, 팔만 23 직지

PART 4

조선 전기

최신 3개년 평균 출제 문항 수
5.4 문항

최신 3개년 평균 출제 비중
10.8 %

최신 3개년 주제별 출제 현황

주제	출제 현황	빈출 키워드
정치	37문항	무오사화, 갑자사화, 기묘사화, 을사사화, 왕자의 난, 계유정난(단종 복위 운동), 6조 직계제
조직	9문항	국왕 직속 사법 기구(의금부), 사간원, 사헌부, 홍문관, 대간, 3사, 수도의 행정과 치안 담당, 왕명 출납(승정원)
외교	16문항	훈련도감, 4군 6진 개척, 계해약조, 광해군의 중립 외교, 이괄의 난
경제, 사회	1문항	직전법, 과전법, 전분6등법, 연분9등법, 수신전·휼양전 폐지, 유향소(좌수·별감)
문화	11문항	경국대전, 교수·훈도 파견(향교), 성합십도, 성학집요, 농사직설, 칠정산, 계미자, 서울 원각사지 10층 석탑, 몽유도원도

학습 POINT

- ☑ 태종, 세종, 세조, 성종 등 조선 초 주요 왕의 업적과 정책을 정리하세요.
- ☑ 사화가 일어난 순서를 배경과 함께 정리하세요.
- ☑ 조선의 정치 조직을 고려의 정치 조직과 비교하세요.
- ☑ 왜란과 호란의 전개 과정을 시간 순으로 정리하세요.
- ☑ 조선의 토지 제도 변화 과정을 특징과 함께 정리하세요.
- ☑ 조선 전·후기의 회화를 사진으로 익히면서 구분하세요.

STEP 1 N가지 젤 중요한 개념
빈칸을 채우며 중요한 개념을 학습해요.

핵심강의

01 조선의 국가 기틀 마련

조선의 건국 과정	고려 말 명의 철령위 설치 통보(철령 이북 땅 요구) → 우왕과 최영의 요동 정벌 단행, 이성계의 반대 → 이성계의 위화도 회군(1388) → 과전법 실시 → 온건파 신진 사대부(정몽주) 제거 → 조선 건국(1392)
태조	• 국호 '조선', 한양 천도, 경복궁 건설(정도전) • 정 ❶ 의 활약(《조선경국전》·《불씨잡변》 저술)
태종	• 6조 직계제 실시, 사병 혁파, 문하부 낭사를 분리하여 ❷ 원으로 독립, 호패법 실시 • 주자소 설치(계미자 주조), 혼일강리역대국도지도 제작
세종	• 의정부 서사제 실시, 집현전 설치, 경연 활성화 • 공법 제도 실시(전분6등법·연분9등법) • ❸ 군 ❹ 진 개척(최윤덕·김종서), 쓰시마섬(대마도) 정벌(이종무), 3포 개항(부산포·제포·염포), 계해약조 체결(일본에 제한된 무역 허용) • 훈민정음 창제·반포, 과학 기구 제작(앙부일구·자격루 등), 《칠정산》·《농사직설》 등 편찬
세조	계유정난으로 정권 장악(❺ 종 복위 운동 진압) → 6조 직계제 부활, 집현전과 경연 폐지, 직전법 실시(현직 관리에게만 토지의 수조권 지급), 《경국대전》 편찬 시작
성종	• ❻ 관 설치(집현전 계승) • 관수 관급제 실시, 《 ❼ 대전》 완성·반포 • 《동국통감》·《악학궤범》·《국조오례의》 등 편찬

02 사화의 발생

❶ 무오사화(김종직의 〈조의제문〉 발단 → 사림 피해, 1498) → ❷ 갑자사화(폐비 윤씨 사사 사건의 전말 폭로 → 훈구·사림 모두 피해, 1504) → ❸ 기묘사화(조 ❽ 의 급진적인 개혁 정치: 위훈 삭제, 현량과 실시, 소격서 폐지 등, 1519) → 조광조 사사, 사림 몰락 → ❹ 을사사화(외척인 윤임과 윤원형의 대립 → 윤임 일파 제거, 윤원형 일파 정국 주도, 1545) → 양재역 벽서 사건(이언적 등 사림 피해)

03 조직

중앙	• 의정부(국정 총괄), ❾ 원(왕의 비서 기관, 왕명 출납), 의금부(국왕 직속 특별 사법 기구) • 사간원(간쟁·논박), 사헌부(관리 감찰), 홍문관(국왕 자문, 경연 주관), 3사(사간원·사헌부·홍문관, 언론 담당), 대간(사간원+사헌부) • 한성부(수도의 행정·치안 담당), 춘추관(역사서의 편찬과 보관 담당), 성균관(최고 관립 교육 기관)
지방	• 전국을 8도로 구분 • 지방관 파견: 관찰사(8도), 수령(지방의 행정·군사·사법권 장악), 향리(수령의 행정 실무 보좌) • ❿ 소(좌수와 별감이라는 향임직을 선발하여 운영), 경재소(정부와 유향소 간의 연락 담당)

04 왜란

조선 초 대외 관계	• 사대: 명(동지사, 천추사, 하정사 등 매년 정기적·비정기적 사절단 교환) • 교린 - 여진: 강경책(세종 때 4군 6진 개척), 온건책(북평관 설치, 경원·경성에 무역소 설치) - 일본: 강경책(세종 때 이종무가 쓰시마섬 정벌), 온건책(3포 개항, 계해약조 체결)
왜란 (1592~1598)	• 왜란 이전: 3포 왜란(비변사 임시 설치) → 을묘왜변(비변사의 상설 기구화) • 왜란의 전개 - 일본군의 침략 → 부산진·동래성 함락 → 충주 탄금대 전투 패배(신립) → 한성 함락 → 평양성 함락 → 명에 지원군 요청 - 대응: 수군의 활약(이순신이 이끈 수군이 한산도 대첩 등에서 일본 수군 격퇴), ⓫ 병의 활약(곽재우, 정문부, 고경명, 조헌 등 활약) - 진주 대첩(김시민) → 평양성 탈환(조·명 연합군) → 행주 대첩(권율) → 명과 일본의 휴전 협상 → 휴전 협상 결렬 → 일본군 재침략(정유재란, 1597) → ⓬ 량 대첩에서 일본군 격퇴 → 전란 종결
군사 조직의 변화	• 5위+영진군 → 5군영+속오군으로 변화 • ⓭ 도감 설치(5군영): 포수·사수·살수의 삼수병으로 구성, 직업 군인으로 편성 • 속오군 설치: 양반~노비까지의 신분 구성
왜란 이후 광해군의 정책	• 전후 복구 노력: 《동의보감》 편찬(허준) • ⓮ 법(이원익의 건의, 경기도에서 처음 실시) • 일본과의 교역 재개: 부산포에 왜관 설치, 기유약조 체결(1609), 통신사 파견(문화 교류) • 중립 외교: 명과 후금 사이에서 실리적인 중립 외교 정책 전개(강홍립이 이끄는 군대의 사르후 전투 참전) • 광해군의 중립 외교+폐모살제(인목 대비 유폐, 영창 대군 살해) → 인조반정(서인이 반정을 일으켜 광해군과 북인 세력 축출, 1623) → 인조 즉위

05 호란

정묘호란 (1627)	인조와 서인 세력의 친명배금 정책, ⓯ 의 난 → 후금의 침략 → 왕실의 강화도 피란, 용골산성에서 정봉수와 이립 등 의병의 활약 → 형제 관계 체결
병자호란 (1636)	청의 침략 → 임경업의 백마산성 항전, 왕실은 강화도로 피란, 인조는 남한산성으로 피신 → 김준룡의 광교산 전투 등 항전 → ⓰ 도에서 청과 조선이 강화를 맺음(청과 군신 관계 체결) → 소현 세자와 봉림 대군(훗날 효종)이 청에 볼모로 잡혀 감

06 조선 전기의 경제와 사회

경제	• 토지 제도: 과전법(고려 공양왕) → ⑰_____법(세조) → 관수 관급제(성종) → 직전법 폐지(명종) • 조세 제도: 공법 제도 실시(세종) → 전분6등법(토지의 비옥도 기준), 연분9등법(풍흉 기준)
사회	• 신분 제도: 양반, 중인, 상민(신량역천 포함), 천민(대부분 노비 → 재산으로 취급) • 사회 제도: 상평창(물가 조절), 의창, 사창제, 《구황촬요》 간행, 혜민국(질병 치료), 동·서 대비원(환자 치료), 향약 보급(지방 사족 → 향촌 자치 규약으로 풍속 교화, 향촌 질서 유지 역할)

07 교육 기관

국립	• 중앙: ⑱_____관(최고 교육 기관, 성현에 대한 제사·유학 교육, 대성전·명륜당), 4부 학당(중등 교육 기관) • 지방: 향교(부·목·군·현에 하나씩 설립, 중앙에서 교수나 훈도가 파견되어 교육, 대성전·명륜당)
사립	• 서원 – 성리학 연구, 유학 교육, 선현에 대한 제사 – 풍기 군수 주⑲_____이 최초로 백운동 서원 설립(→ 왕으로부터 소수 서원이라는 현판을 하사받아 사액 서원이 됨) • 서당: 초등 교육 기관

08 문화

성리학의 발달	• 이⑳_____: 기대승과 사단칠정 논쟁, 《성학십도》·《주자서절요》 저술, 일본 성리학에 영향, 예안 향약 시행 • 이㉑_____: 《성학집요》·《동호문답》 저술, 수미법 등 개혁안 제시, 해주 향약 시행
역사서	• 《동국통감》(성종): 고조선~고려 말까지의 역사 정리 • 《승정원일기》: 승정원에서 매일 취급한 문서와 사건을 기록한 일기, 유네스코 세계 기록 유산 • 《㉒_____실록》: 편년체, 태조~철종까지의 역사 기록, 사초·시정기 등을 바탕으로 실록청에서 편찬, 유네스코 세계 기록 유산
지도·지리서	• 혼일강리역대국도지도(태종) • 《동국여지승람》(성종)
의례·윤리서, 법전, 음악	• 《삼강㉓_____도》(세종): 유교 윤리를 글과 그림으로 설명 • 《국조오례의》(성종): 왕실의 행사를 유교 예법에 알맞게 정리) • 《경국대전》(세조~성종): 조선의 기본 법전 • 《악학궤범》(성종): 음악 이론 총정리

09 과학 기술의 발달

과학 기구	세종 때 장영실 등이 측우기·앙부일구·자격루·혼천의·간의 등 제작
역법	《㉔_____산》(세종): 한양을 기준을 천체 운동을 정확하게 계산한 역법서
농서	• 《농사㉕_____》(세종): 우리 풍토에 맞는 농사법 정리 • 《금양잡록》(성종): 강희맹이 금양 지역에서 직접 농사를 지으며 체험한 내용을 토대로 저술
인쇄술	주자소 설치 후 ㉖_____자 주조(태종) → 갑인자 주조(세종)
훈민정음 창제	• 세종이 훈민정음 창제·반포 • 각종 서적을 훈민정음으로 편찬(《용비어천가》, 《삼강행실도》)
공예, 그림	• 공예: ㉗_____사기(15C, 회색 계통의 태토 위에 흰 흙을 발라 구워 냄) → 백자(16C) • 그림: 고사관수도(강희안), 몽유도원도(안견), 초충도(신사임당 추정)
건축	• 15C – 궁궐 및 성문 건축 발달(경복궁, 창덕궁, 숭례문 등), ㉘_____묘(역대 국왕과 왕비의 신주를 모신 곳), 사직단(토지와 곡식의 신에게 제사를 지내던 곳) – 합천 해인사 ㉙_____전(팔만대장경 보관) – 서울 원각사지 10층 석탑(대리석, 원의 영향을 받은 고려의 개성 경천사지 10층 석탑 계승) • 16C: 서원 건축 발달(대성전, 명륜당, 동재) → 안동의 도산 서원, 경주의 옥산 서원

정답

❶ 도전 ❷ 사간 ❸ 4 ❹ 6 ❺ 단 ❻ 홍문 ❼ 경국 ❽ 광조 ❾ 승정
❿ 유향 ⓫ 의 ⓬ 명 ⓭ 훈련 ⓮ 대동 ⓯ 이괄 ⓰ 삼전 ⓱ 직전 ⓲ 성균
⓳ 세붕 ⓴ 황 ㉑ 이 ㉒ 조선왕조 ㉓ 행실 ㉔ 칠정 ㉕ 직설 ㉖ 계미
㉗ 분청 ㉘ 종 ㉙ 장경판

STEP 2 젤 중요한 개념 확인문제

핵심만 차근차근 체크해요.

01 조선의 건국 과정을 순서대로 나열하세요.

> (가) 조준 등의 건의로 과전법이 제정되었다.
> (나) 이성계가 위화도에서 회군하여 정권을 장악하였다.
> (다) 명의 철령위 설치에 반발하여 요동 정벌이 추진되었다.

( )

02 조선 태종에 대한 설명으로 옳으면 O표, 틀리면 X표를 하세요.
(1) 호패법을 시행하였다. ( )
(2) 조준 등의 건의로 과전법을 제정하였다. ( )
(3) 주자소를 설치하여 계미자를 주조하였다. ( )
(4) 수도 방어를 위하여 금위영을 창설하였다. ( )
(5) 독립된 간쟁 기관으로 사간원이 설치되었다. ( )
(6) 왕권 강화를 위해 6조 직계제를 실시하였다. ( )
(7) 두 차례 왕자의 난을 통해 반대파를 제거하였다. ( )
(8) 국호를 조선으로 바꾸고 수도를 한양으로 옮겼다. ( )

03 정도전에 대한 설명으로 옳으면 O표, 틀리면 X표를 하세요.
(1) 한양 도성의 기본 계획을 세웠다. ( )
(2) 재상 중심의 정치를 주장하였다. ( )
(3) 불씨잡변을 지어 불교를 비판하였다. ( )
(4) 기축봉사를 올려 명에 대한 의리를 내세웠다. ( )
(5) 조선경국전을 저술하여 통치 제도 정비에 기여하였다. ( )

04 조선 세종 재위 시기에 있었던 사실로 옳으면 O표, 틀리면 X표를 하세요.
(1) 금속 활자인 갑인자가 제작되었다. ( )
(2) 전통 한의학을 정리한 동의보감이 간행되었다. ( )
(3) 한양을 기준으로 한 역산서인 칠정산을 만들었다. ( )
(4) 집현전 관리를 대상으로 사가독서제가 시행되었다. ( )
(5) 삼남 지방의 농법을 소개한 농사직설을 편찬하였다. ( )
(6) 일본과의 교역 규모를 규정한 계해약조를 체결하였다. ( )

05 조선 세조에 대한 설명으로 옳으면 O표, 틀리면 X표를 하세요.
(1) 수신전과 휼양전을 폐지하였다. ( )
(2) 계유정난을 통해 정권을 장악하였다. ( )
(3) 단종 복위 운동을 진압하고 집현전을 폐지하였다. ( )
(4) 신진 인사를 등용하기 위해 현량과를 시행하였다. ( )
(5) 함길도 토착 세력인 이시애가 일으킨 난을 진압하였다. ( )
(6) 현직 관리에게만 수조지를 지급하는 직전법을 시행하였다. ( )

06 조선 성종 재위 시기에 있었던 사실로 옳으면 O표, 틀리면 X표를 하세요.
(1) 제1차 왕자의 난이 발생하였다. ( )
(2) 집현전을 계승한 홍문관이 설치되었다. ( )
(3) 국가의 기본 법전인 경국대전이 완성되었다. ( )
(4) 궁중 음악을 집대성한 악학궤범을 편찬하였다. ( )
(5) 국가의 의례를 정비한 국조오례의가 완성되었다. ( )
(6) 성삼문 등이 상왕의 복위를 꾀하다가 처형되었다. ( )
(7) 김종직 등 사림이 중앙 정계에 진출하기 시작하였다. ( )
(8) 백성의 억울함을 풀어 주기 위해 신문고가 설치되었다. ( )
(9) 전국의 지리, 풍속 등이 수록된 동국여지승람이 편찬되었다. ( )

07 다음 사실들을 순서대로 나열하세요.

(가) 외척 간의 권력 다툼으로 윤임이 제거되었다.
(나) 위훈 삭제를 주장한 조광조 일파가 제거되었다.
(다) 조의제문이 발단이 되어 김일손 등이 화를 입었다.
(라) 폐비 윤씨 사사 사건을 빌미로 김굉필 등이 처형되었다.

( )

08 조광조에 대한 설명으로 옳으면 O표, 틀리면 X표를 하세요.

⑴ 소학의 보급을 주장하였다. ( )
⑵ 반정 공신의 위훈 삭제를 건의하였다. ( )
⑶ 사화의 발단이 된 조의제문을 작성하였다. ( )
⑷ 유학 경전을 주자와 달리 해석한 사변록을 저술하였다. ( )

09 다음 설명에 해당하는 정치 기구를 골라 쓰세요.

의정부, 승정원, 의금부, 사헌부,
사간원, 홍문관, 한성부, 춘추관, 성균관

⑴ 학술 기관으로 경연을 관장하였다. ( )
⑵ 소속 관원을 대간이라고도 불렀다. ( )
⑶ 수도의 행정과 치안을 맡아보았다. ( )
⑷ 사헌부, 사간원과 함께 3사로 불렸다. ( )
⑸ 옥당이라고 불리며 경연을 담당하였다. ( )
⑹ 집현전의 학문 연구 기능을 계승하였다. ( )
⑺ 6조 직계제의 실시로 권한이 약화되었다. ( )
⑻ 은대(銀臺), 후원(喉院)이라고도 불리었다. ( )
⑼ 대사성 이하 좨주, 직강 등의 관직을 두었다. ( )
⑽ 왕의 비서 기관으로 왕명 출납을 담당하였다. ( )
⑾ 실록을 보관하고 관리하는 업무를 관장하였다. ( )
⑿ 5품 이하의 관리 임명에 대한 서경권을 행사하였다. ( )
⒀ 국왕 직속 사법 기구로 강상죄, 반역죄 등을 처결하였다. ( )

10 다음 설명에 해당하는 관리를 골라 쓰세요.

관찰사, 수령, 향리

⑴ 감사, 도백으로도 불렸다. ( )
⑵ 단안(壇案)이라는 명부에 등록되었다. ( )
⑶ 호장, 기관, 장교, 통인 등으로 분류되었다. ( )
⑷ 왕의 대리인으로 현감 또는 현령으로 불렸다. ( )
⑸ 관내 군현의 수령을 감독하고 근무 성적을 평가하였다. ( )

11 다음 사실들을 순서대로 나열하세요.

(가) 이순신이 명량에서 대승을 거두었다.
(나) 조·명 연합군이 평양성을 탈환하였다.
(다) 송상현이 동래성 전투에서 항전하였다.
(라) 이순신이 한산도 앞바다에서 대승을 거두었다.

( )

12 임진왜란 중에 있었던 사실로 옳으면 O표, 틀리면 X표를 하세요.

⑴ 정문부가 길주에서 의병을 이끌었다. ( )
⑵ 강홍립이 사르후 전투에 참전하였다. ( )
⑶ 조·명 연합군이 평양성을 탈환하였다. ( )
⑷ 김준룡이 광교산 전투에서 승리하였다. ( )
⑸ 정발이 부산진성 전투에서 전사하였다. ( )
⑹ 송상현이 동래성 전투에서 전사하였다. ( )
⑺ 권율이 행주산성에서 적군을 격퇴하였다. ( )
⑻ 삼수병으로 구성된 훈련도감이 창설되었다. ( )
⑼ 김시민이 진주성에서 적군을 크게 물리쳤다. ( )
⑽ 이순신이 명량에서 일본 수군을 격파하였다. ( )
⑾ 곽재우, 고경명 등이 의병장으로 활약하였다. ( )
⑿ 신립이 배수의 진을 치고 적군에 항전하였다. ( )
⒀ 유정이 회답 겸 쇄환사로 일본에 파견되었다. ( )
⒁ 외침에 대비하기 위해 임시 기구로 비변사가 처음 설치되었다. ( )
⒂ 이순신이 이끈 조선 수군이 한산도 대첩에서 일본 수군을 격퇴하였다. ( )

STEP 2 젤 중요한 개념 확인문제

13 병자호란 중에 있었던 사실로 옳으면 O표, 틀리면 X표를 하세요.
(1) 김상용이 강화도에서 순절하였다. ( )
(2) 조·명 연합군이 평양성을 탈환하였다. ( )
(3) 송상현이 동래성 전투에서 항전하였다. ( )
(4) 이괄이 이끈 반란군이 도성을 장악하였다. ( )
(5) 정봉수와 이립이 용골산성에서 항전하였다. ( )
(6) 이순신이 명량에서 일본 수군을 격파하였다. ( )
(7) 임경업이 백마산성에서 적의 침입에 대비하였다. ( )
(8) 국방 문제를 논의하기 위해 비변사를 신설하였다. ( )
(9) 김준룡이 근왕병을 이끌고 광교산에서 항전하였다. ( )
(10) 인조가 남한산성으로 피신하여 청군에 항전하였다. ( )

14 조선 전기의 경제에 대한 설명으로 옳으면 O표, 틀리면 X표를 하세요.
(1) 관수 관급제가 시행되었다. ( )
(2) 활구라고 불리는 은병이 유통되었다. ( )
(3) 집집마다 부경이라는 창고가 있었다. ( )
(4) 특산품으로 솔빈부의 말이 유명하였다. ( )
(5) 상평통보가 발행되어 법화로 사용되었다. ( )
(6) 서적점, 다점 등의 관영 상점이 운영되었다. ( )
(7) 시장을 감독하기 위한 동시전이 설치되었다. ( )
(8) 광산을 전문적으로 경영하는 덕대가 등장하였다. ( )
(9) 전세를 풍흉에 따라 9등급으로 차등 과세하였다. ( )
(10) 특수 행정 구역인 소에서 여러 물품을 생산하였다. ( )
(11) 현직 관리에게만 수조지를 지급하는 직전법을 시행하였다. ( )

15 조선 전기의 사회 제도에 대한 설명으로 옳으면 O표, 틀리면 X표를 하세요.
(1) 빈민 구제를 위해 구급도감을 설치하였다. ( )
(2) 기근에 대비하기 위해 구황촬요가 간행되었다. ( )
(3) 백성들에게 곡식을 빌려주는 진대법을 실시하였다. ( )
(4) 기금을 모아 그 이자로 빈민을 구제하는 제위보를 운영하였다. ( )

16 조선 시대 노비에 대한 설명으로 옳으면 O표, 틀리면 X표를 하세요.
(1) 잡과를 통해 선발되었다. ( )
(2) 매매, 증여, 상속의 대상이 되었다. ( )
(3) 장례원을 통해 국가의 관리를 받았다. ( )
(4) 원칙적으로 과거에 응시할 수 없었다. ( )
(5) 사신을 수행하면서 통역을 담당하였다. ( )

17 다음 설명에 해당하는 교육 기관을 골라 쓰세요.

성균관, 향교, 서원

(1) 중앙에서 교수나 훈도가 파견되었다. ( )
(2) 풍기 군수 주세붕이 처음 설립하였다. ( )
(3) 지방의 사림 세력이 주로 설립하였다. ( )
(4) 전국의 부·목·군·현에 하나씩 설치되었다. ( )
(5) 최고의 관립 교육 기관으로 성현의 제사를 지냈다. ( )
(6) 흥선 대원군에 의해 47개소를 제외하고 철폐되었다. ( )
(7) 국왕으로부터 편액과 함께 서적 등을 받기도 하였다. ( )
(8) 생원시나 진사시의 합격자에게 입학 자격이 부여되었다. ( )

18 다음 설명에 해당하는 인물을 골라 쓰세요.

이황, 이이

(1) 방납의 폐단을 줄이고자 수미법을 주장하였다. ( )
(2) 군주의 도를 도식으로 설명한 성학십도를 지었다. ( )
(3) 향촌의 풍속 교화를 위해 예안 향약을 시행하였다. ( )
(4) 다양한 개혁 방안을 제시한 동호문답을 저술하였다. ( )
(5) 해주 향약을 시행하여 향촌 교화를 위해 노력하였다. ( )
(6) 군주가 수양해야 할 덕목을 제시한 성학집요가 집필되었다. ( )

19 조선왕조실록에 대한 설명으로 옳으면 O표, 틀리면 X표를 하세요.
(1) 사초와 시정기를 바탕으로 편찬되었다. ( )
(2) 춘추관 관원들이 편찬 업무에 참여하였다. ( )
(3) 유네스코 세계 기록 유산으로 등재되었다. ( )
(4) 연대순으로 기록하는 편년체로 구성되었다. ( )
(5) 국왕의 비서 기관인 승정원에서 작성하였다. ( )
(6) 고조선부터 고려 말까지의 역사를 정리하였다. ( )
(7) 본기, 연표, 잡지, 열전 등으로 구성된 기전체 사서이다. ( )

20 조선 전기에 만들어진 문화유산으로 옳으면 O표, 틀리면 X표를 하세요.

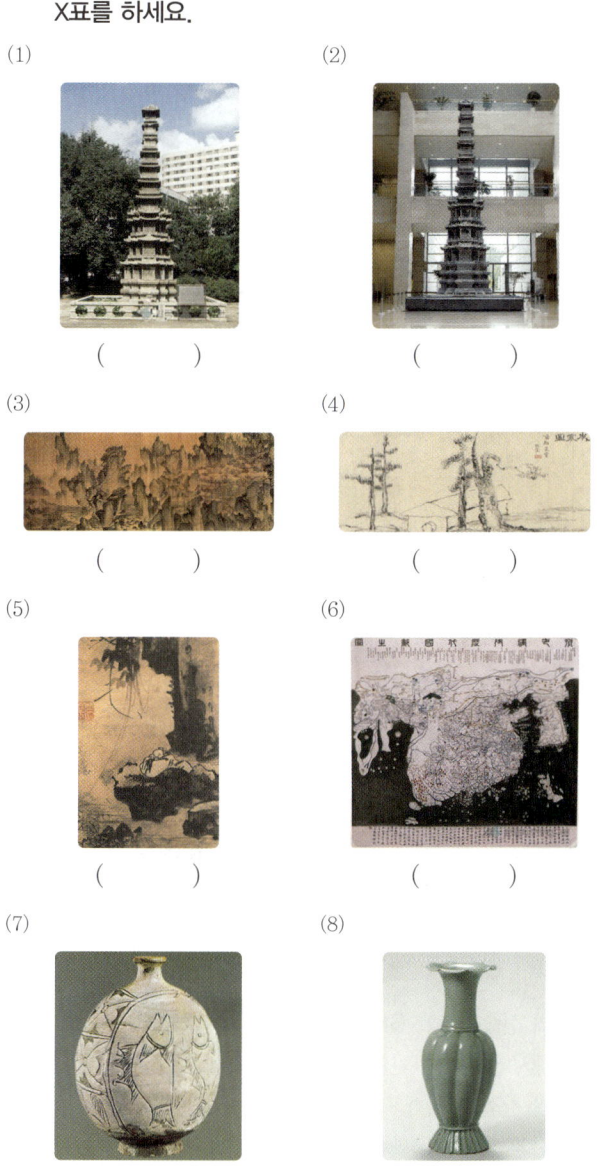

(1) ( ) (2) ( )
(3) ( ) (4) ( )
(5) ( ) (6) ( )
(7) ( ) (8) ( )

21 다음 설명에 해당하는 건축물을 골라 쓰세요.

> 경복궁, 창덕궁, 종묘, 선농단

(1) 후원에 왕실 도서관인 규장각이 있다. ( )
(2) 역대 국왕과 왕비의 신주가 모셔져 있다. ( )
(3) 태조 때 한양으로 천도하면서 건립되었다. ( )
(4) 국왕이 신농, 후직에게 풍년을 기원한 곳이다. ( )
(5) 태종이 도읍을 한양으로 다시 옮기며 건립하였다. ( )

정답

01 (다) - (나) - (가)
02 (1) O (2) X(고려 공양왕) (3) O (4) X(숙종) (5) O (6) O (7) O (8) X(태조)
03 (1) O (2) O (3) O (4) X(송시열) (5) O
04 (1) O (2) X(광해군) (3) O (4) O (5) O (6) O
05 (1) O (2) O (3) O (4) X(중종) (5) O (6) O
06 (1) X(태조) (2) O (3) O (4) O (5) O (6) X(세조) (7) O (8) X(태종) (9) O
07 (다) - (라) - (나) - (가)
08 (1) O (2) O (3) X(김종직) (4) X(박세당)
09 (1) 홍문관 (2) 사헌부, 사간원 (3) 한성부 (4) 홍문관 (5) 홍문관 (6) 홍문관 (7) 의정부 (8) 승정원 (9) 성균관 (10) 승정원 (11) 춘추관 (12) 사헌부, 사간원 (13) 의금부
10 (1) 관찰사 (2) 향리 (3) 향리 (4) 수령 (5) 관찰사
11 (다) - (라) - (나) - (가)
12 (1) O (2) X(광해군) (3) O (4) X(병자호란) (5) O (6) O (7) O (8) O (9) O (10) O (11) O (12) O (13) X(임진왜란 후) (14) X(3포 왜란) (15) O
13 (1) O (2) X(임진왜란) (3) X(임진왜란) (4) X(병자호란 이전) (5) X(정묘호란) (6) X(임진왜란) (7) O (8) X(3포 왜란) (9) O (10) O
14 (1) O (2) X(고려) (3) X(고구려) (4) X(발해) (5) X(조선 후기) (6) X(고려) (7) X(신라) (8) X(조선 후기) (9) O (10) X(고려) (11) O
15 (1) X(고려) (2) O (3) X(고구려) (4) X(고려)
16 (1) X(중인) (2) O (3) O (4) O (5) X(중인)
17 (1) 향교 (2) 서원 (3) 서원 (4) 향교 (5) 성균관 (6) 서원 (7) 서원 (8) 성균관
18 (1) 이이 (2) 이황 (3) 이황 (4) 이이 (5) 이이 (6) 이이
19 (1) O (2) O (3) O (4) O (5) X(승정원일기) (6) X(동국통감 등) (7) X(삼국사기 등)
20 (1) O (2) X(고려) (3) O (4) X(조선 후기) (5) O (6) O (7) O (8) X(고려)
21 (1) 창덕궁 (2) 종묘 (3) 경복궁 (4) 선농단 (5) 창덕궁

STEP 3 기출문제

PART 4. 조선 전기

정치

01 다음 시나리오의 상황 이후에 전개된 사실로 옳은 것은?
[2점 | 66회]

#12. 이성계의 집
이방원이 정몽주를 죽였다고 말하자 이성계가 크게 화를 낸다.
이성계 : 대신을 함부로 살해하였으니, 나라 사람들이 내가 몰랐다고 하겠느냐? 우리 가문은 평소 충효로 소문났는데, 네가 감히 불효를 저질러 이렇게 되었구나.
이방원 : 정몽주 등이 우리 가문을 무너뜨리려 하는데, 어찌 앉아서 망하기만을 기다리겠습니까? 이것이야말로 효입니다.

① 최승로가 시무 28조를 올렸다.
② 권근 등의 건의로 사병이 혁파되었다.
③ 안우, 이방실 등이 홍건적을 격파하였다.
④ 망이·망소이가 공주 명학소에서 봉기하였다.
⑤ 쌍기의 의견을 수용하여 과거제가 시행되었다.

02 (가)~(다)를 일어난 순서대로 옳게 나열한 것은?
[2점 | 63회]

(가) 우왕이 요동을 공격하는 일을 최영과 은밀하게 의논하였다. …… 마침내 8도의 군사를 징발하고 최영이 동교에서 군사를 사열하였다.

(나) 대군이 압록강을 건너서 위화도에 머물렀다. …… 이성계가 회군한다는 소식을 듣고 앞다투어 모여든 사람이 천여 명이나 되었다.

(다) 도평의사사에서 글을 올려 과전을 지급하는 법을 정할 것을 청하니, 그 의견을 따랐다. …… 경기는 사방의 근본이므로 마땅히 과전을 설치하여 사대부를 우대하여야 한다. 무릇 수도에 거주하며 왕실을 지키는 자는 현직, 산직(散職)을 불문하고 각각 과(科)에 따라 받게 한다.

① (가) - (나) - (다)   ② (가) - (다) - (나)
③ (나) - (가) - (다)   ④ (나) - (다) - (가)
⑤ (다) - (나) - (가)

03 (가) 왕의 재위 시기에 있었던 사실로 옳은 것은?
[2점 | 62회]

문화유산이 전하는 이야기 – 광통교
한국사 채널   조회 수 221,203

청계천이 복원되면서 광통교도 옛 모습을 되찾았어요. 이 광통교에는 능에 썼던 석물들이 있어요. 두 차례 왕자의 난으로 즉위한 (가) 이/가 태조의 계비인 신덕 왕후의 능을 이장하고, 이전 능에 있던 병풍석과 난간석 등 석물 일부를 다리 제작에 사용하게 한 것이에요.

① 최무선의 건의로 화통도감이 설치되었다.
② 조선의 기본 법전인 경국대전이 완성되었다.
③ 국방 문제를 논의하기 위한 비변사가 설치되었다.
④ 세계 지도인 혼일강리역대국도지도가 제작되었다.
⑤ 한양을 기준으로 한 역법서인 칠정산이 간행되었다.

04 밑줄 그은 '임금'의 재위 시기에 있었던 사실로 옳은 것은?
[2점 | 59회]

얼마 전에 임금께서 원통하고 억울한 일을 당한 백성들을 위해 신문고를 설치하라고 명하셨다더군.

뿐만 아니라 문하부를 없애고 의정부를 설치하면서 문하부 낭사를 사간원으로 독립시키셨다네.

① 명의 신종을 제사하는 대보단이 설치되었다.
② 백과사전류 의서인 의방유취가 편찬되었다.
③ 왕권 강화를 위해 6조 직계제가 실시되었다.
④ 조선의 기본 법전인 경국대전이 반포되었다.
⑤ 역대 문물제도를 정리한 동국문헌비고가 간행되었다.

05 밑줄 그은 '왕'의 재위 시기에 있었던 사실로 옳은 것은? [2점 | 64회]

이달의 책

동국정운

이 책의 제목은 우리나라의 바른 음이라는 뜻으로, 집현전 학사인 신숙주, 최항, 박팽년 등이 왕의 명을 받아 편찬하였습니다. 우리나라 한자음을 바로잡아 통일된 표준음을 정하려는 목적으로 만들어진 이 책은 국어 연구 자료로서 높이 평가되고 있습니다.

① 금속 활자인 갑인자가 제작되었다.
② 수도 방어를 위해 금위영이 설치되었다.
③ 훈련 교범인 무예도보통지가 편찬되었다.
④ 국가의 기본 법전인 경국대전이 완성되었다.
⑤ 신진 인사를 등용하기 위해 현량과가 시행되었다.

06 밑줄 그은 '전하'의 재위 기간에 있었던 사실로 옳은 것은? [3점 | 58회]

우리 주상 전하께서는 오방의 풍토가 같지 아니하여 곡식을 심고 가꾸는 데 각기 적당한 방법이 있다고 하셨다. 이에 여러 도의 감사에게 명하기를, 주현의 나이든 농부들을 방문하여 농사지은 경험을 아뢰게 하시고 또 신(臣) 정초에게 그 까닭을 덧붙이게 하셨다. 중복된 것을 버리고, 요약한 것만 뽑아 한 편의 책으로 만들고 제목을 농사직설이라고 하였다.

① 예학을 정리한 가례집람이 저술되었다.
② 국가의 의례를 정비한 국조오례의가 완성되었다.
③ 아동용 윤리·역사 교재인 동몽선습이 간행되었다.
④ 효자, 충신 등의 사례를 제시한 삼강행실도가 편찬되었다.
⑤ 군주가 수양해야 할 덕목을 제시한 성학집요가 집필되었다.

07 (가) 왕이 추진한 정책으로 옳은 것은? [3점 | 62회]

□□신문

제△△호   ○○○○년 ○○월 ○○일

관현맹(管絃盲) 공연, 경복궁에서 재현

조선 시대 관현맹의 공연을 재현하는 행사가 경복궁 수정전에서 개최되었다. 관현맹은 궁중 잔치에서 연주한 시각장애인 악사인데, 박연의 상소를 계기로 (가) 때 관직과 곡식을 받게 되었다. 이번 공연에서는 (가) 이/가 작곡한 여민락(與民樂)을 시작으로 여러 곡이 연주되었다.

① 창덕궁에 신문고를 처음 설치하였다.
② 삼수병으로 구성된 훈련도감을 창설하였다.
③ 붕당 정치의 폐단을 경계하고자 탕평비를 세웠다.
④ 통치 체제를 정비하기 위해 대전통편을 간행하였다.
⑤ 유교 윤리의 보급을 위해 삼강행실도를 편찬하였다.

08 다음 상황이 전개된 배경으로 옳은 것은? [1점 | 65회]

교지를 내려 이르기를, "전날 성삼문 등이 상왕(上王)도 그 모의에 참여하였다고 인정하자, 백관들이 상왕도 종사(宗社)에 죄를 지었으니 편안히 도성에 거주하는 것은 마땅치 않다고 하였다. …… 상왕을 노산군(魯山君)으로 낮추고, 궁에서 내보내 영월에 거주시키도록 하라."라고 하였다.

① 인조반정으로 북인 세력이 몰락하였다.
② 인현왕후가 폐위되고 남인이 권력을 차지하였다.
③ 계유정난을 통해 수양 대군이 정권을 장악하였다.
④ 이인좌를 중심으로 한 소론 세력이 난을 일으켰다.
⑤ 폐비 윤씨 사사 사건으로 인해 김굉필 등이 처형되었다.

STEP 3 기출문제

09 밑줄 그은 '왕'의 재위 기간에 있었던 사실로 옳은 것은?

2점 | 51회

역사 신문

제△△호 　　　　　　　　　　○○○○년 ○○월 ○○일

육조 직계제 부활하다

계유년에 황보인 등을 제거하고 권력을 장악한 이후 즉위한 왕은 강력한 왕권을 행사하고자 육조 직계제를 부활시켰다. 이번 조치는 형조의 사형수 판결을 제외한 육조의 서무를 직접 왕에게 보고하도록 한 것이다. 따라서 이전보다 더욱 강력한 육조 직계제가 시행될 것으로 예상된다.

① 주자소가 설치되어 계미자가 주조되었다.
② 조의제문이 발단이 되어 무오사화가 일어났다.
③ 통치 체제를 정비하기 위해 대전회통이 편찬되었다.
④ 제한된 범위의 무역을 허용한 계해약조가 체결되었다.
⑤ 현직 관리에게만 수조지를 지급하는 직전법이 시행되었다.

10 밑줄 그은 '이 왕'의 재위 시기에 있었던 사실로 옳은 것은?

2점 | 65회

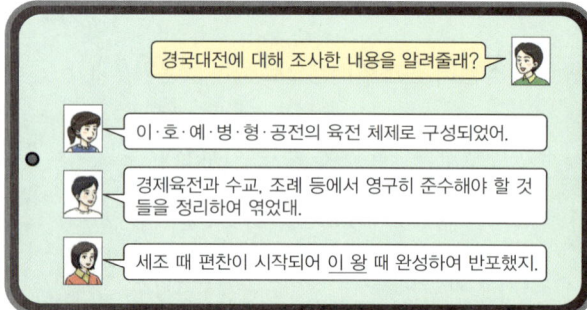

① 독립된 간쟁 기관으로 사간원이 설치되었다.
② 함길도 토착 세력인 이시애가 난을 일으켰다.
③ 직제가 개편된 홍문관에서 경연을 주관하였다.
④ 집현전 관리를 대상으로 사가독서제가 시행되었다.
⑤ 붕당의 폐해를 경계하기 위한 탕평비가 건립되었다.

11 밑줄 그은 '전하'가 재위한 시기의 사실로 옳은 것은?

3점 | 64회

무술년 봄에 양성지가 팔도지리지를 바치고, 서거정 등이 동문선을 바쳤더니, 전하께서 드디어 노사신, 양성지, 서거정 등에게 명하여 시문을 팔도지리지에 넣게 하셨습니다. …… 연혁을 앞에 둔 것은 한 고을의 흥함과 망함을 먼저 알아야 하기 때문이며 …… 경도(京都)의 첫머리에 팔도총도를 기록하고, 각 도의 앞에 도별 지도를 붙여서 양경(兩京) 8도로 50권을 편찬하여 바치나이다.

① 예학을 정리한 가례집람이 저술되었다.
② 외교 문서를 집대성한 동문휘고가 편찬되었다.
③ 국가의 의례를 정비한 국조오례의가 완성되었다.
④ 전통 한의학을 정리한 동의보감이 간행되었다.
⑤ 역대 문물제도를 정리한 동국문헌비고가 만들어졌다.

12 다음 대화에 등장하는 왕의 재위 시기에 있었던 사실로 옳은 것은?

2점 | 61회

① 주자소가 설치되어 계미자가 주조되었다.
② 전통 한의학을 집대성한 동의보감이 완성되었다.
③ 통치 체제를 정비하기 위해 속대전이 간행되었다.
④ 한양을 기준으로 역법을 정리한 칠정산이 제작되었다.
⑤ 전국의 지리, 풍속 등이 수록된 동국여지승람이 편찬되었다.

13 다음 상황이 나타난 시기를 연표에서 옳게 고른 것은?
[2점 | 63회]

> 왕이 전지하기를, "김종직은 보잘것없는 시골의 미천한 선비였는데, 선왕께서 발탁하여 경연에 두었으니 은혜와 총애가 더없이 컸다고 하겠다. 그런데 지금 그의 제자 김일손이 사초에 부도덕한 말로써 선왕 대의 일을 거짓으로 기록하고, 또 스승인 김종직의 조의제문을 싣고서 그 글을 찬양하였으니, 형명(刑名)을 의논하여 아뢰어라."라고 하였다.

1468	1494	1506	1518	1545	1589
(가)	(나)	(다)	(라)	(마)	
남이의 옥사	연산군 즉위	중종 반정	소격서 폐지	명종 즉위	기축 옥사

① (가) ② (나) ③ (다) ④ (라) ⑤ (마)

14 (가), (나) 사이의 시기에 있었던 사실로 옳은 것은?
[2점 | 66회]

> (가) 정문형, 한치례 등이 아뢰기를, "지금 김종직의 조의제문을 보니, 입으로만 읽지 못할 뿐 아니라 차마 눈으로도 볼 수 없습니다. …… 마땅히 대역의 죄로 논단하고 부관참시해서 그 죄를 분명히 밝혀 신하와 백성의 분을 씻는 것이 사리에 맞는 일입니다."라고 하였다. …… 왕이 정문형 등의 의견을 따랐다.
>
> (나) 의금부에서 전지하기를, "조광조, 김정 등은 서로 사귀어 무리를 이루고 자기 편은 천거하고 자기 편이 아닌 자는 배척하면서, 위세를 높여 서로 의지하며 권세가 있는 요직을 차지하였다. …… 이 모든 일들을 조사하여 밝혀라."라고 하였다.

① 정여립 모반 사건으로 기축옥사가 일어났다.
② 외척 간의 권력 다툼으로 윤임이 제거되었다.
③ 자의 대비의 복상 문제로 예송이 전개되었다.
④ 희빈 장씨 소생의 원자 책봉 문제로 환국이 발생하였다.
⑤ 폐비 윤씨 사사 사건을 빌미로 김굉필 등이 처형되었다.

15 (가)에 들어갈 내용으로 가장 적절한 것은?
[2점 | 64회]

★ 역사 인물 다큐멘터리 기획안 ★

○○, 정쟁과 혼란의 한가운데 서다

■ 기획 의도
   ○○의 즉위와 집권 시기를 다큐멘터리로 제작하여 훈구와 사림의 대립 등 나라 안팎으로 혼란스러웠던 당시 상황을 살펴본다.

■ 장면
   #1. 반정(反正)으로 연산군이 폐위되고 ○○이/가 즉위하다
   #2. 삼포에서 왜인들이 난을 일으키다
   #3. (가)

① 이괄이 난을 일으켜 도성을 점령하다
② 허적과 윤휴 등 남인이 대거 축출되다
③ 정여립 모반 사건으로 기축옥사가 일어나다
④ 위훈 삭제를 주장한 조광조 일파가 제거되다
⑤ 조의제문이 발단이 되어 김일손 등이 화를 입다

16 밑줄 그은 '임금'의 재위 기간에 있었던 사실로 옳은 것은?
[3점 | 62회]

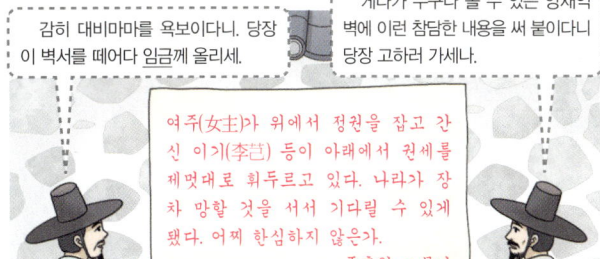

> 감히 대비마마를 욕보이다니. 당장 이 벽서를 떼어다 임금께 올리세.
>
> 게다가 누구나 볼 수 있는 양재역 벽에 이런 참담한 내용을 써 붙이다니 당장 고하러 가세나.
>
> 여주(女主)가 위에서 정권을 잡고 간신 이기(李芑) 등이 아래에서 권세를 제멋대로 휘두르고 있다. 나라가 장차 망할 것을 서서 기다릴 수 있게 됐다. 어찌 한심하지 않은가.
> 중추월 그믐날

① 사림이 동인과 서인으로 나뉘었다.
② 외척 간의 대립으로 을사사화가 일어났다.
③ 서인이 반정을 일으켜 정권을 장악하였다.
④ 김종직 등 사림이 중앙 정계에 진출하기 시작하였다.
⑤ 폐비 윤씨 사사 사건의 전말이 알려져 김굉필 등이 처형되었다.

STEP 3 기출문제

17 (가), (나) 사이의 시기에 있었던 사실로 옳은 것은? [3점 | 52회]

> (가) 대사헌 등이 아뢰기를, "정국공신은 책봉된 지 오래 되었지만 폐주(廢主)의 총신(寵臣)도 많이 선정되었을 뿐 아니라, 그중에는 반정 때 뚜렷한 공을 세우지 못한 사람도 많습니다. 지금이라도 이런 폐단을 고치지 않는다면 나라가 바로 서지 않을 것이니 삭훈해야 마땅합니다."라고 하였다.
>
> (나) 김효원과 심의겸의 두 당이 원수처럼 서로 공격하였다. 당초 심의겸이 김효원을 비방하자 김효원도 심의겸을 비난하여 각기 붕당이 나뉘어 대립하였다.

① 외척 간의 대립으로 윤임이 제거되었다.
② 조의제문이 발단이 되어 김일손 등이 화를 입었다.
③ 붕당의 폐해를 경계하기 위한 탕평비가 건립되었다.
④ 희빈 장씨 소생의 원자 책봉 문제로 환국이 발생하였다.
⑤ 폐비 윤씨 사사 사건의 전말이 알려져 김굉필 등이 처형되었다.

19 (가) 기구에 대한 설명으로 옳은 것은? [2점 | 61회]

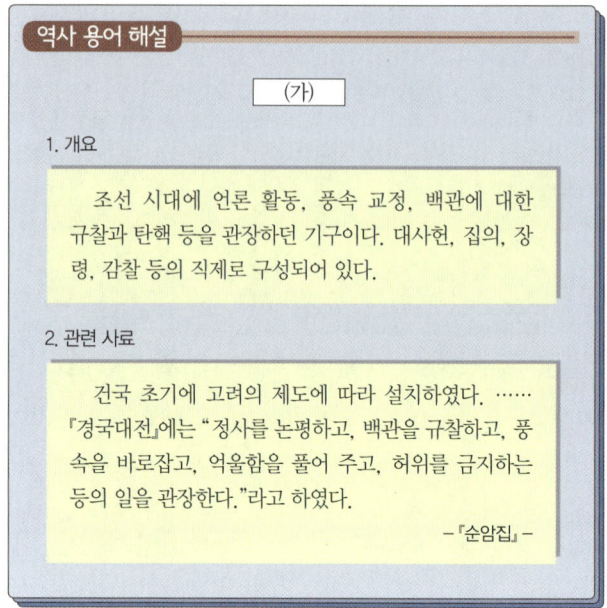

① 업무 일지인 내각일력을 작성하였다.
② 고려의 삼사와 같은 기능을 수행하였다.
③ 은대(銀臺), 후원(喉院)이라고도 불리었다.
④ 임진왜란을 거치면서 국정 전반을 총괄하였다.
⑤ 5품 이하의 관리 임명에 대한 서경권을 행사하였다.

조직

18 밑줄 그은 '이 기구'에 대한 설명으로 옳은 것은? [2점 | 62회]

① 왕명의 출납을 관장하였다.
② 사간원, 사헌부와 함께 3사로 불렸다.
③ 천문 연구, 기상 관측 등의 일을 맡았다.
④ 실록을 보관하고 관리하는 업무를 담당하였다.
⑤ 국왕 직속 사법 기구로 강상죄, 반역죄 등을 처결하였다.

20 (가) 기구에 대한 설명으로 옳은 것은? [2점 | 54회]

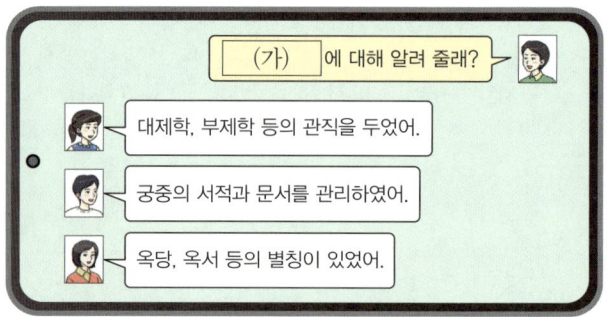

① 수도의 행정과 치안을 맡아보았다.
② 사헌부, 사간원과 함께 3사로 불렸다.
③ 을묘왜변을 계기로 상설 기구화되었다.
④ 왕의 비서 기관으로 왕명의 출납을 담당하였다.
⑤ 국왕 직속 사법 기구로 반역죄, 강상죄 등을 처결하였다.

21 (가) 기구에 대한 설명으로 옳은 것은? [1점 | 58회]

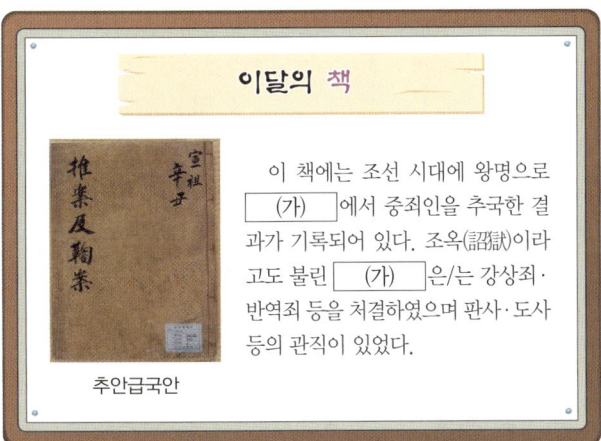

이 책에는 조선 시대에 왕명으로 (가) 에서 중죄인을 추국한 결과가 기록되어 있다. 조옥(詔獄)이라고도 불린 (가) 은/는 강상죄·반역죄 등을 처결하였으며 판사·도사 등의 관직이 있었다.

추안급국안

① 국왕 직속의 특별 사법 기구였다.
② 사림의 건의로 중종 때 폐지되었다.
③ 사헌부, 사간원과 함께 삼사로 불리었다.
④ 5품 이하의 관원에 대한 서경권을 행사하였다.
⑤ 서얼 출신의 학자들이 검서관으로 기용되었다.

22 (가) 관서에 대한 설명으로 옳은 것은? [2점 | 68회]

체험 활동 소감문

2023년 12월 2일 ○○○

지난 토요일에 '승경도' 놀이를 체험했다. 승경도는 조선 시대 관직 이름을 적은 놀이판이다. 윷을 던져 말을 옮기는데, 승진을 할 수도 있지만 자칫하면 파직이 되거나 사약까지 받을 수 있어 흥미진진했다.
놀이 규칙에 은대법이 있는데, (가) 을/를 총괄하는 도승지 자리에 도착한 사람은 당하관 자리에 있는 사람들이 던진 윷의 결괏값을 이용할 수 있는 규칙이다. 은대가 무엇인지 몰랐는데, (가) 을/를 뜻함을 알게 되었다.

① 수도의 행정과 치안을 맡아보았다.
② 재상들이 합의하여 국정을 총괄하였다.
③ 반역죄, 강상죄를 범한 중죄인을 다스렸다.
④ 왕의 비서 기관으로 왕명의 출납을 담당하였다.
⑤ 외적의 침입에 대비하기 위한 임시 기구로 설치되었다.

23 (가) 기구에 대한 설명으로 옳은 것은? [2점 | 56회]

이 그림은 중종 때 그려진 미원계회도(薇垣契會圖)입니다. '미원'은 (가) 의 별칭으로 간쟁과 논박을 담당한 관청이었습니다. 소나무 아래에는 계회를 하고 있는 모습이 보이고, 하단에는 참석자들의 관직, 성명, 본관 등이 기록되어 있습니다.

① 왕명의 출납을 관장하였다.
② 수도의 행정과 치안을 담당하였다.
③ 사헌부, 홍문관과 함께 3사로 불렸다.
④ 실록을 보관하고 관리하는 업무를 맡았다.
⑤ 반역죄, 강상죄 등을 범한 중죄인을 다스렸다.

24 (가)에 대한 설명으로 옳은 것은? [2점 | 50회]

이 그림은 평양에 새로 부임한 (가) 을/를 환영하는 모습을 묘사한 부벽루연회도입니다. (가) 은/는 감사 또는 방백이라고도 불리었는데, 대개 종2품 이상의 고위 관리가 임명되었습니다.

① 간관으로서 간쟁과 봉박을 담당하였다.
② 6조 직계제의 실시로 권한이 약화되었다.
③ 호장, 기관, 장교, 통인 등으로 분류되었다.
④ 관내 군현의 수령을 감독하고 근무 성적을 평가하였다.
⑤ 출신지의 경재소를 관장하고 유향소 품관을 감독하였다.

STEP 3 기출문제

25 (가)에 들어갈 내용으로 옳은 것은? [2점 | 58회]

한국사 퀴즈
조선 시대 직역(職役)을 맞히는 문제, 이제 마지막 힌트가 공개됩니다.
- 1단계 힌트: 단안(壇案)이라는 명부에 등록되었다.
- 2단계 힌트: 연조귀감에 연혁이 수록되었다.
- 3단계 힌트: 지방 행정 실무를 담당하였다.
- 4단계 힌트: (가)

① 상피제의 적용을 받았다.
② 잡과를 통해 선발되었다.
③ 감사 또는 방백이라 불렸다.
④ 이방, 호방 등 6방에 소속되었다.
⑤ 공음전을 경제적 기반으로 삼았다.

외교

26 다음 검색창에 들어갈 인물의 활동으로 옳은 것은? [2점 | 67회]

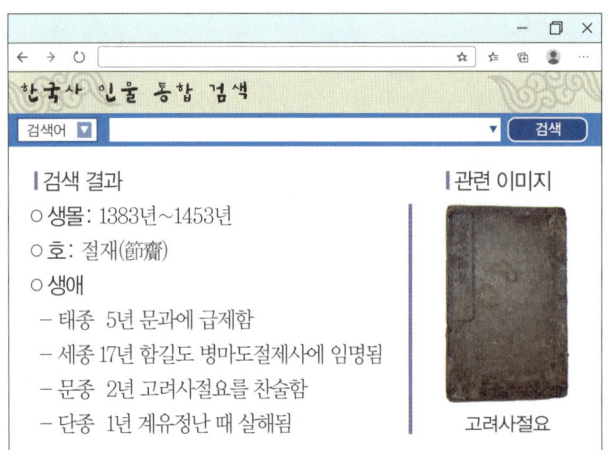

한국사 인물 통합 검색
- 검색 결과
  - 생몰: 1383년~1453년
  - 호: 절재(節齋)
  - 생애
    - 태종 5년 문과에 급제함
    - 세종 17년 함길도 병마도절제사에 임명됨
    - 문종 2년 고려사절요를 찬술함
    - 단종 1년 계유정난 때 살해됨
- 관련 이미지: 고려사절요

① 여진을 정벌하고 6진을 개척하였다.
② 불씨잡변을 지어 불교를 비판하였다.
③ 반정 공신의 위훈 삭제를 주장하였다.
④ 왜구의 근거지인 쓰시마섬을 정벌하였다.
⑤ 충청도 지역까지 대동법의 확대 실시를 건의하였다.

27 (가)에 대한 조선의 정책으로 옳은 것은? [2점 | 58회]

이달의 인물
우리 외교를 빛낸 인물, 이예
- 생몰: 1373년~1445년
- 경력: 통신부사, 첨지중추원사, 동지중추원사

울산의 아전 출신으로 호는 학파(鶴坡), 시호는 충숙(忠肅)이다. 수십 차례 (가) 에 파견되어 외교 문제를 해결하려고 노력하였다. 특히 조선과 (가) 사이에 세견선의 입항 규모를 정한 계해약조 체결에 기여하였다.

① 하정사, 성절사 등을 파견하였다.
② 경성, 경원에 무역소를 설치하였다.
③ 광군을 조직하여 침입에 대비하였다.
④ 부산포, 제포, 염포의 삼포를 개항하였다.
⑤ 사절 왕래를 위하여 북평관을 개설하였다.

28 (가) 전쟁 중에 있었던 사실로 옳은 것은? [2점 | 66회]

생생 한국사 교실
수행 과제: (가) 와/과 관련된 문화유산을 조사하여 사진과 설명을 올려 주세요.

- 동래부순절도: 동래 부사 송상현과 관민의 항전을 묘사한 그림입니다.
- 금산 칠백의총: 금산 전투에서 전사한 의병 7백여 명의 유해를 모신 곳입니다.
- 징비록: 당시 영의정을 지냈던 유성룡이 전쟁의 상황 등을 기록한 것입니다.

① 김상용이 강화도에서 순절하였다.
② 이괄이 이끈 반란군이 도성을 장악하였다.
③ 정봉수와 이립이 용골산성에서 항전하였다.
④ 김시민이 진주성에서 적군을 크게 물리쳤다.
⑤ 이종무가 적의 근거지인 쓰시마섬을 정벌하였다.

29 (가) 국가에 대한 조선의 정책으로 옳은 것을 보기 에서 고른 것은? [2점 | 55회]

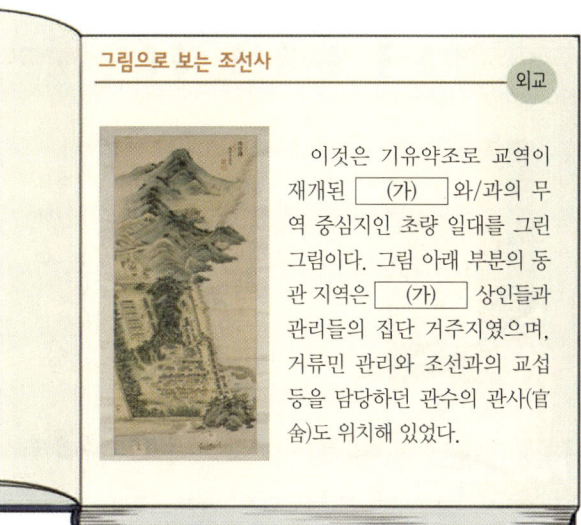

```
보기
ㄱ. 막부의 요청에 따라 통신사를 파견하였다.
ㄴ. 한성에 동평관을 두어 무역을 허용하였다.
ㄷ. 하정사, 성절사, 동지사 등 사절단을 보내었다.
ㄹ. 어윤중을 서북 경략사로 임명하여 사무를 관장하였다.
```

① ㄱ, ㄴ　② ㄱ, ㄷ　③ ㄴ, ㄷ
④ ㄴ, ㄹ　⑤ ㄷ, ㄹ

30 다음 전투 이후에 전개된 사실로 옳은 것은? [2점 | 62회]

> 권율이 정병 4천 명을 뽑아 행주산 위에 진을 치고는 책(柵)을 설치하여 방비하였다. …… 적은 올려다보고 공격하는 처지가 되어 탄환도 맞지 못하는데 반해 호남의 씩씩한 군사들은 모두 활쏘기를 잘하여 쏘는 대로 적중시켰다. …… 적이 결국 패해 후퇴하였다.
> - 『선조수정실록』 -

① 최영이 홍산에서 대승을 거두었다.
② 이순신이 한산도 대첩에서 승리하였다.
③ 휴전 회담의 결렬로 정유재란이 시작되었다.
④ 이종무가 왜구의 근거지인 쓰시마를 정벌하였다.
⑤ 신립이 탄금대에서 배수의 진을 치고 왜군에 항전하였다.

31 다음 전쟁 중 있었던 사실로 옳은 것은? [2점 | 60회]

> 적군은 세 길로 나누어 곧장 한양으로 향했는데, 산을 넘고 물을 건너 마치 사람이 없는 곳에 들어가듯 했다고 한다. 조정에서 지킬 수 있다고 믿은 신립과 이일 두 장수가 병권을 받고 내려와 방어했지만 중도에 패하여 조령의 험지를 잃고, 적이 중원으로 들어갔다. 이로 인해 임금의 수레가 서쪽으로 몽진하고 도성을 지키지 못하니, 불쌍한 백성들은 모두 흉적의 칼날에 죽어가고 노모와 처자식은 이리저리 흩어져 생사를 알지 못해 밤낮으로 통곡할 뿐이었다.
> - 『쇄미록』 -

① 김상용이 강화도에서 순절하였다.
② 임경업이 백마산성에서 항전하였다.
③ 최영이 홍산 전투에서 크게 승리하였다.
④ 곽재우가 의병장이 되어 의령 등에서 활약하였다.
⑤ 신류가 조총 부대를 이끌고 흑룡강에서 전투를 벌였다.

32 다음 기사에 보도된 전투 이후의 사실로 옳지 않은 것은? [3점 | 55회]

> **역사 신문**
> 제△△호　○○○○년 ○○월 ○○일
>
> **신립, 탄금대에서 패배**
>
> 삼도 순변사 신립이 이끄는 관군이 탄금대에서 적군에게 패배, 충주 방어에 실패하였다. 신립은 탄금대에 배수진을 쳤으나, 고니시 유키나가가 이끄는 적군에게 둘러싸여 위태로운 상황에 놓였다. 신립은 종사관 김여물과 최후의 돌격을 감행하였으나 실패하자 전장에서 순절하였다.

① 김시민이 진주성에서 항쟁하였다.
② 조명 연합군이 평양성을 탈환하였다.
③ 이순신이 한산도에서 대승을 거두었다.
④ 송상현이 동래성 전투에서 항전하였다.
⑤ 권율이 행주산성에서 적군을 격퇴하였다.

STEP 3 기출문제

33 다음 가상 뉴스 이후에 전개된 상황으로 옳은 것은?
[2점 | 51회]

며칠 전 우리 군사들이 명군과 연합하여 일본군으로부터 평양성을 탈환하였습니다. 이번 승리는 불리했던 전세를 역전시킬 계기가 될 것으로 보입니다.
조·명 연합군, 평양성을 탈환하다

① 이순신이 명량에서 대승을 거두었다.
② 최무선이 진포에서 왜구를 격퇴하였다.
③ 신립이 탄금대에서 배수의 진을 치고 싸웠다.
④ 김종서가 6진을 개척하여 영토를 확장하였다.
⑤ 배중손이 삼별초를 이끌고 진도에서 항전하였다.

34 밑줄 그은 '이 전쟁' 중에 있었던 사실로 옳은 것은?
[2점 | 65회]

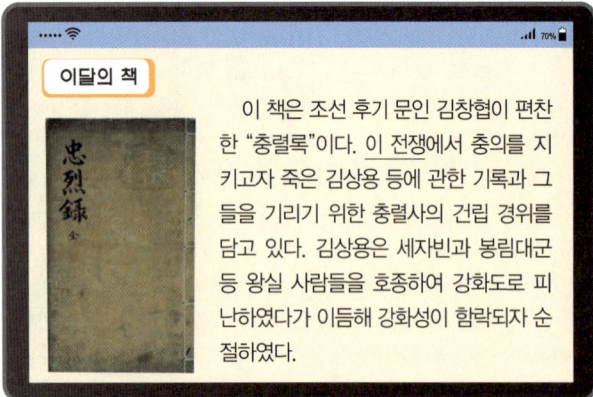
이달의 책
이 책은 조선 후기 문인 김창협이 편찬한 "충렬록"이다. 이 전쟁에서 충의를 지키고자 죽은 김상용 등에 관한 기록과 그들을 기리기 위한 충렬사의 건립 경위를 담고 있다. 김상용은 세자빈과 봉림대군 등 왕실 사람들을 호종하여 강화도로 피난하였다가 이듬해 강화성이 함락되자 순절하였다.

① 조명 연합군이 평양성을 탈환하였다.
② 강홍립이 사르후 전투에 참전하였다.
③ 김준룡이 광교산 전투에서 승리하였다.
④ 김종서가 두만강 일대에 6진을 개척하였다.
⑤ 곽재우, 김천일 등이 의병장으로 활약하였다.

35 밑줄 그은 '전란' 중에 있었던 사실로 옳은 것은?
[2점 | 61회]

[일기로 본 역사]

이 책은 조선 시대 문신 어한명이 작성한 강도일기(江都日記)이다. 전란을 피해 봉림 대군과 인평 대군 등이 강화로 이동할 때 당시 경기좌도 수운판관이었던 저자가 왕실을 보호하여 강화 앞바다를 건너게 한 과정을 기록하고 있다. 당시 국왕과 세자는 강화로 가는 길이 막혀 남한산성으로 피란하였다.

① 정문부가 길주에서 의병을 이끌었다.
② 강홍립이 사르후 전투에 참전하였다.
③ 김시민이 진주성에서 적군을 크게 물리쳤다.
④ 임경업이 백마산성에서 적의 침입에 대비하였다.
⑤ 최윤덕이 올라산성에서 이만주 부대를 정벌하였다.

36 (가), (나) 사이의 시기에 있었던 사실로 옳은 것은?
[2점 | 71회]

(가) 임금이 여러 도(道)에 명을 내렸다. "나라의 운세가 매우 좋지 않아 역적 이괄이 군사를 일으켰는데, 여러 장수들이 좌시하여 수도가 함락되고 말았다. …… 예부터 반역은 어느 시대에나 있었지만, 이처럼 극도로 흉악한 역적은 없었다. 종사와 자전*을 염려하여 남쪽으로 피란하기로 결정하였다."

(나) 정명수가 심양에 있는 소현 세자의 관소에 와서 용골대의 뜻을 전하기를, "세자가 이곳에 들어온 지가 이미 5년이 되었으니, 어찌 스스로 먹고살 길을 마련하지 않는가. 세자와 인질들에게 어찌 먹고살 식량을 늘 지급해 줄 수가 있겠는가. 경작할 땅을 주어 내년부터 각자 농사를 지어 먹도록 함이 마땅하다."라고 하였다.

*자전(慈殿): 임금의 어머니

① 정문부가 길주에서 의병을 이끌었다.
② 삼수병으로 구성된 훈련도감이 설치되었다.
③ 영창 대군이 사사되고 인목 대비가 유폐되었다.
④ 이덕형이 구원병 요청을 위해 명에 청원사로 파견되었다.
⑤ 김상헌 등이 남한산성에서 화의에 반대하여 항전을 주장하였다.

37 (가), (나) 사이의 시기에 있었던 사실로 옳은 것은?

[3점 | 58회]

> (가) 왕에게 이괄 부자가 역적의 우두머리라고 고해바친 자가 있었다. 하지만 왕은 "반역은 아닐 것이다."라고 하면서도, 이괄의 아들인 이전을 잡아오라고 명하였다. 이에 이괄은 군영에 있던 장수들을 위협하여 난을 일으켰다.
>
> (나) 최명길을 보내 오랑캐에게 강화를 청하면서 그들의 진격을 늦추도록 하였다. 왕이 수구문(水溝門)을 통해 남한산성으로 향했다. 변란이 창졸 간에 일어났기에 도보로 따르는 신하도 있었고 성안 백성의 통곡 소리가 하늘을 뒤흔들었다. 초경을 지나 왕의 가마가 남한산성에 도착하였다.

① 정봉수가 용골산성에서 항전하였다.
② 이순신이 명량에서 대승을 거두었다.
③ 권율이 행주산성에서 적군을 격퇴하였다.
④ 서인 세력이 폐모살제를 이유로 반정을 일으켰다.
⑤ 정여립 모반 사건을 계기로 기축옥사가 발생하였다.

경제, 사회

38 (가), (나) 사이의 시기에 있었던 사실로 옳은 것은?

[3점 | 43회]

> (가) 도평의사사가 글을 올려 과전을 주는 법을 정하자고 요청하니 왕이 따랐다. …… 경기는 사방의 근원이니 마땅히 과전을 설치하여 사대부를 우대하였다. 무릇 경성에 살며 왕실을 보위하는 자는 현직 여부에 상관없이 직위에 따라 과전을 받게 하였다.
>
> (나) 한명회 등이 아뢰기를, "직전(職田)의 세(稅)는 관(官)에서 거두어 관에서 주면 이런 폐단이 없을 것입니다."라고 하였다. [대왕대비가] 전지하기를, "직전의 세는 소재지의 지방관으로 하여금 감독하여 거두어 주도록 하라."라고 하였다.

① 백성에게 정전을 지급하였다.
② 양전 사업을 실시하여 지계를 발급하였다.
③ 관등에 따라 관리에게 전지와 시지를 차등 지급하였다.
④ 개국 공신에게 인품, 공로를 기준으로 역분전을 지급하였다.
⑤ 수신전, 휼양전 등의 명목으로 세습되는 토지를 폐지하였다.

39 밑줄 그은 '이 제도'에 대한 설명으로 옳은 것은?

[2점 | 53회]

> #3. 궁궐 안
>
> 성종이 경연에서 신하들과 토지 제도 개혁을 논의하고 있다.
>
> **성종**: 그대들의 의견을 말해 보도록 하라.
> **김유**: 우리나라의 수신전, 휼양전 등은 진실로 아름다운 것이지만 오히려 일이 없는 자가 앉아서 그 이익을 누린다고 하여 세조께서 과전을 없애고 이 제도를 만드셨습니다.

① 전지와 시지를 등급에 따라 지급하였다.
② 풍흉에 관계없이 전세 부담액을 고정하였다.
③ 현직 관리에게만 토지의 수조권을 지급하였다.
④ 관리에게 녹봉을 지급하고 수조권을 폐지하였다.
⑤ 개국 공신에게 인성, 공로를 기준으로 토지를 지급하였다.

40 (가)~(마)에 들어갈 내용으로 옳은 것은?

[1점 | 50회]

한국사 과제 안내문

다음에 제시된 조선의 농업 서적 중 하나를 선택하여 보고서를 제출하시오.

책 이름	소개
구황촬요	(가)
금양잡록	(나)
농사직설	(다)
산림경제	(라)
임원경제지	(마)

◆ 조사 방법: 문헌 조사, 인터넷 검색 등
◆ 제출 기간: 2020년 ○○월 ○○일~○○월 ○○일
◆ 분량: A4 용지 3장 이상

① (가) - 목화 재배와 양잠 등 중국 화북 지방의 농법 소개
② (나) - 인삼, 고추 등의 상품 작물 재배법과 원예 기술 수록
③ (다) - 정초, 변효문 등이 우리 풍토에 맞는 농법을 종합하여 편찬
④ (라) - 농촌 생활을 위한 백과사전으로 서유구가 저술
⑤ (마) - 강희맹이 손수 농사를 지은 경험과 견문을 종합하여 서술

41 (가) 교육 기관에 대한 설명으로 옳은 것은? [1점 | 56회]

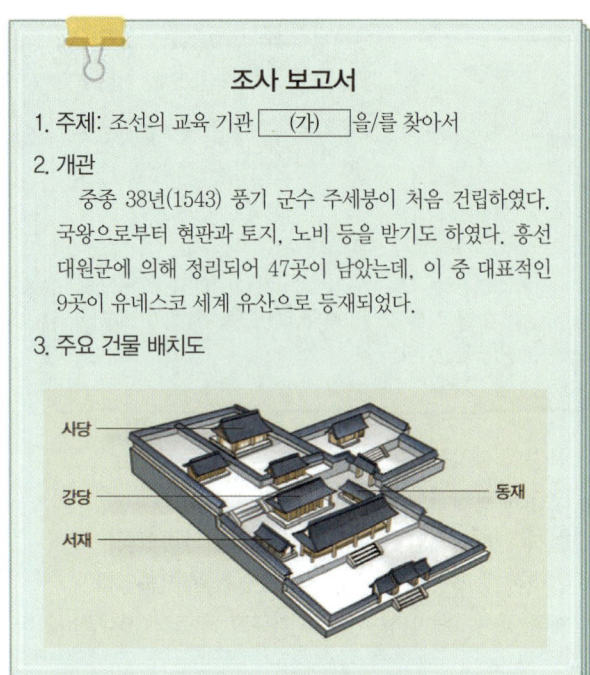

조사 보고서
1. 주제: 조선의 교육 기관 (가) 을/를 찾아서
2. 개관
   중종 38년(1543) 풍기 군수 주세붕이 처음 건립하였다. 국왕으로부터 현판과 토지, 노비 등을 받기도 하였다. 흥선 대원군에 의해 정리되어 47곳이 남았는데, 이 중 대표적인 9곳이 유네스코 세계 유산으로 등재되었다.
3. 주요 건물 배치도

① 전국의 모든 군현에 하나씩 설치되었다.
② 선현의 제사와 유학 교육을 담당하였다.
③ 전문 강좌인 7재가 설치되어 운영되었다.
④ 중앙에서 교수나 훈도를 교관으로 파견하였다.
⑤ 소과에 합격한 생원, 진사에게 입학 자격이 부여되었다.

42 (가) 기구에 대한 설명으로 옳은 것은? [2점 | 51회]

교활한 아전이 여러 가지로 폐단을 일으키는 것은 수령이 듣고 보는 것으로써 다 감찰할 수가 없습니다. 그러나 중앙의 경재소와 지방의 (가) 이/가 서로 들은 대로 규찰하여 교활한 아전을 억제시키고 향촌의 풍속을 유지시킨다면 풍속을 좋은 방향으로 개선하는 데 도움이 될 것입니다.
— 『성종실록』 —

① 좌수와 별감을 선발하여 운영되었다.
② 지방의 행정·사법·군사권을 행사하였다.
③ 5품 이하의 관원에 대한 서경권을 가졌다.
④ 조광조를 비롯한 사림의 건의로 혁파되었다.
⑤ 중앙에서 교관인 교수나 훈도가 파견되었다.

43 (가) 기구에 대한 설명으로 옳은 것은? [2점 | 57회]

○ 각 지역 출신 가운데 서울에 살며 벼슬하는 자들의 모임을 경재소라고 합니다. 경재소에서는 고향에 사는 유력자 중에서 강직하고 명석한 자들을 선택하여 (가) 에 두고 향리의 범법 행위를 규찰하고 풍속을 유지하였습니다.

○ (가) 을/를 설치하고 향임을 둔 것은 맡은 바를 중히 여긴 것이다. 수령은 임기가 정해져 있어 늘 바뀌니, 백성의 일에 뜻을 둔다 하여도 먼 곳까지 상세히 살필 겨를이 없다. 그러므로 각 지역에서 충성스럽고 부지런한 사람을 뽑아 그 지역의 기강을 맡도록 하여 수령의 눈과 귀로 삼았다.

① 주세붕이 처음 설립하였다.
② 좌수와 별감을 선발하여 운영하였다.
③ 중앙에서 교수와 훈도를 파견하였다.
④ 대성전을 세워 성현에 제사를 지냈다.
⑤ 흥선 대원군에 의해 대부분 철폐되었다.

44 (가) 기구에 대한 설명으로 옳은 것은? [2점 | 67회]

우부승지 김종직이 아뢰기를, "고려 태조는 여러 고을에 영을 내려 공변되고 청렴한 선비를 뽑아서 향리들의 불법을 규찰하게 하였으므로 간사한 향리가 저절로 없어져 5백 년간 풍화를 유지할 수 있었습니다. 우리 조정에서는 이시애의 난 이후 (가) 이/가 혁파되자 간악한 향리들이 불의를 자행하여서 건국한 지 1백 년도 못 되어 풍속이 쇠퇴해졌습니다. …… 청컨대 (가) 을/를 다시 설립하여 향풍(鄕風)을 규찰하게 하소서."라고 하였다.
— 『성종실록』 —

① 조광조 일파의 건의로 폐지되었다.
② 좌수와 별감을 중심으로 운영되었다.
③ 풍기 군수 주세붕이 처음 설립하였다.
④ 대사성 이하 좨주, 직강 등의 관직을 두었다.
⑤ 매향(埋香) 활동 등 각종 불교 행사를 주관하였다.

45 (가)에 대한 설명으로 옳은 것은? [2점 | 64회]

> 1. 처음 (가) 을/를 정할 때 약문(約文)을 동지에게 두루 보이고 그 마음을 바로잡고, 몸가짐을 단속하고, 착하게 살고, 허물을 고치기 위해 약계(約契)에 참례하기를 원하는 자 몇 사람을 가려 서원에 모아 놓고 약법(約法)을 의논하여 정한 다음 도약정(都約正), 부약정 및 직월(直月)·사화(司貨)를 선출한다. ……
> 1. 물건으로 부조할 때는 약원이 사망하였다면 초상 치를 때 사화가 약정에게 고하여 삼베 세 필을 보내고, 같은 약원들은 각각 쌀 다섯 되와 빈 거적때기 세 닢씩 내어서 상을 치르는 것을 돕는다.
> — "율곡전서" —

① 7재라는 전문 강좌를 두었다.
② 옥당이라고 불리며 경연을 담당하였다.
③ 중앙에서 파견된 교수나 훈도가 지도하였다.
④ 풍속 교화와 향촌 자치 등의 역할을 하였다.
⑤ 매향(埋香) 활동 등 각종 불교 행사를 주관하였다.

문화

46 (가) 교육 기관에 대한 설명으로 옳은 것은? [2점 | 50회]

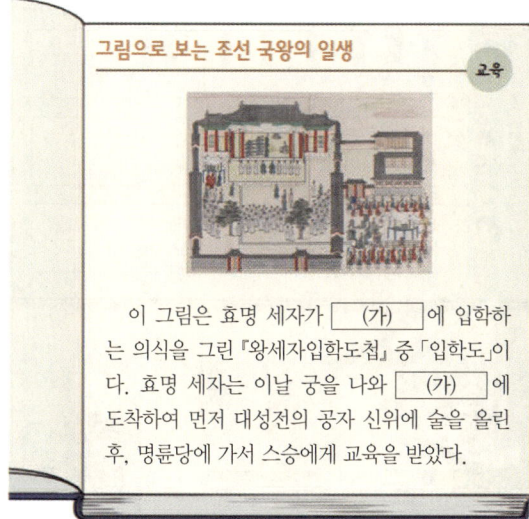

이 그림은 효명 세자가 (가) 에 입학하는 의식을 그린 『왕세자입학도첩』 중 「입학도」이다. 효명 세자는 이날 궁을 나와 (가) 에 도착하여 먼저 대성전의 공자 신위에 술을 올린 후, 명륜당에 가서 스승에게 교육을 받았다.

① 전문 강좌인 7재가 운영되었다.
② 전국의 부·목·군·현에 하나씩 설립되었다.
③ 중앙에서 교관인 교수나 훈도가 파견되었다.
④ 생원시나 진사시의 합격자에게 입학 자격이 부여되었다.
⑤ 한어(漢語), 왜어(倭語), 여진어 등 외국어 교육을 담당하였다.

---

47 (가) 교육 기관에 대한 설명으로 옳은 것은? [2점 | 54회]

이곳은 경기도 수원시에 위치한 조선 시대 지방 교육 기관인 (가) 입니다. 대부분 지방 관아 가까운 곳에 위치하였으며 제향 공간인 대성전, 강학 공간인 명륜당, 기숙사인 동재와 서재 등으로 이루어져 있습니다.

① 전문 강좌인 7재를 운영하였다.
② 풍기 군수 주세붕이 처음 세웠다.
③ 생원과 진사에게 입학 자격을 부여하였다.
④ 중앙에서 교수나 훈도를 파견하기도 하였다.
⑤ 유학을 비롯하여 율학, 서학, 산학을 교육하였다.

---

48 밑줄 그은 '이 역사서'에 대한 설명으로 옳은 것은? [2점 | 67회]

> 대개 이미 지나간 나라의 흥망은 장래의 교훈이 되기에 이 역사서를 편찬하여 올리는 바입니다. …… 범례는 사마천의 『사기』를 따르고, 대의(大義)는 모두 왕께 아뢰어 재가를 얻었으며, 본기(本紀)라는 이름을 피하고 세가(世家)라고 한 것은 명분의 중요성을 나타내기 위함이며, 가짜 왕인 신씨들[신우, 신창]을 세가에 넣지 않고 열전으로 내린 것은 그들이 왕위를 도둑질한 사실을 엄히 논죄하려는 것입니다.

① 발해사를 우리 역사로 체계화하였다.
② 고구려 시조의 일대기를 서사시로 표현하였다.
③ 불교사를 중심으로 고대의 민간 설화를 수록하였다.
④ 고조선부터 고려 말까지의 역사를 연대순으로 기록하였다.
⑤ 조선 건국을 정당화하는 입장에서 고려의 역사를 정리하였다.

STEP 3 기출문제

49 (가)에 해당하는 작품으로 옳은 것은? [1점 | 65회]

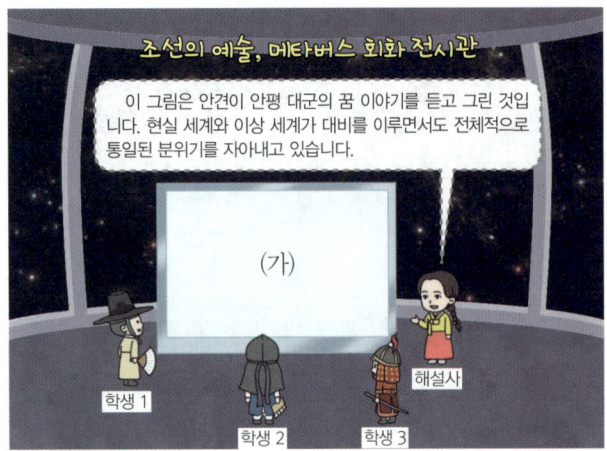

조선의 예술, 메타버스 회화 전시관

이 그림은 안견이 안평 대군의 꿈 이야기를 듣고 그린 것입니다. 현실 세계와 이상 세계가 대비를 이루면서도 전체적으로 통일된 분위기를 자아내고 있습니다.

①
②
③
④
⑤

50 밑줄 그은 '왕'의 재위 기간에 있었던 사실로 옳은 것은? [1점 | 54회]

왕이 말하였다. "장영실은 공교한 솜씨만 있는 것이 아니라 총명하고 뛰어나 자격루를 만들었다. 이것은 만대에 이어 전할 만한 기물로 그 공이 작지 아니하니 호군의 관직을 더해 주고자 한다." 황희가 "장영실에게만 안 될 것이 있겠습니까?"라고 하니 왕이 그대로 따랐다.

① 주자소가 설치되어 계미자가 주조되었다.
② 훈련 교범인 무예도보통지가 간행되었다.
③ 삼수병으로 구성된 훈련도감이 설치되었다.
④ 전통 한의학을 집대성한 동의보감이 완성되었다.
⑤ 우리 풍토에 맞는 농법을 정리한 농사직설이 편찬되었다.

51 (가)에 들어갈 내용으로 옳지 않은 것은? [2점 | 53회]

〈역사 다큐멘터리 제작 기획안〉

15세기 조선, 과학을 꽃 피우다

1. 기획 의도: 조선 초, 부국강병과 민생 안정을 위해 과학 기술 분야에서 노력한 모습을 살펴본다.
2. 구성
   1부 태양의 그림자로 시간을 보는 앙부일구
   2부 　　　(가)　　　
   3부 외적의 침입에 대비한 신무기, 신기전과 화차

① 기기도설을 참고하여 설계한 거중기
② 국산 약재와 치료법을 소개한 향약집성방
③ 한양을 기준으로 한 역법서인 칠정산 내편
④ 활판 인쇄술의 발달을 가져온 계미자와 갑인자
⑤ 우리나라 실정에 맞는 농법을 소개한 농사직설

52 (가)에 해당하는 문화유산으로 옳은 것은? [2점 | 57회]

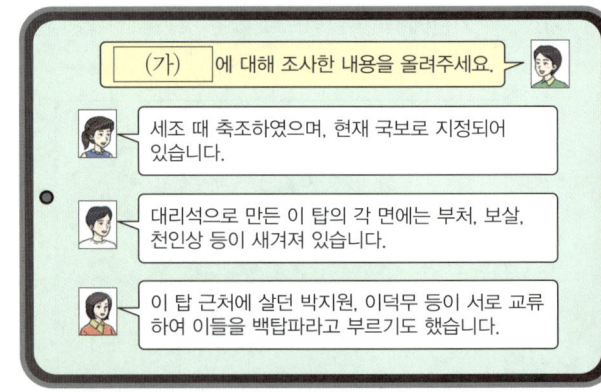

(가) 에 대해 조사한 내용을 올려주세요.

- 세조 때 축조하였으며, 현재 국보로 지정되어 있습니다.
- 대리석으로 만든 이 탑의 각 면에는 부처, 보살, 천인상 등이 새겨져 있습니다.
- 이 탑 근처에 살던 박지원, 이덕무 등이 서로 교류하여 이들을 백탑파라고 부르기도 했습니다.

①
②
③
④
⑤

53 (가)에 해당하는 문화유산으로 옳은 것은? [2점 | 53회]

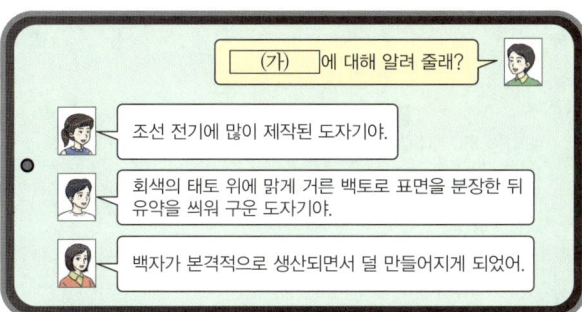

 ①  ②  ③

 ④  ⑤

54 밑줄 그은 '이 인물'에 대한 설명으로 옳은 것은? [3점 | 63회]

① 명에 대한 의리를 내세운 기축봉사를 올렸다.
② 청으로부터 시헌력을 도입하자고 건의하였다.
③ 양반의 허례와 무능을 풍자한 양반전을 저술하였다.
④ 예학을 조선의 현실에 맞게 정리한 가례집람을 지었다.
⑤ 군주가 수양해야 할 덕목과 지식을 담은 성학집요를 집필하였다.

55 밑줄 그은 '인물'에 대한 설명으로 옳은 것은? [2점 | 68회]

① 최초의 서원인 백운동 서원을 건립하였다.
② 일본에 다녀와서 해동제국기를 편찬하였다.
③ 성학십도를 지어 군주의 도를 도식으로 설명하였다.
④ 조선경국전을 저술하여 통치 제도 정비에 기여하였다.
⑤ 경세유표를 집필하여 국가 제도의 개혁 방향을 제시하였다.

56 (가)의 활동으로 옳은 것은? [3점 | 68회]

문학으로 만나는 역사 인물

請看千石鐘
非大扣無聲
爭似頭流山
天鳴猶不鳴

천 석 들어가는 큰 종을 보소서
크게 치지 않으면 소리가 없다오
어떻게 해야만 두류산*처럼
하늘이 울어도 울지 않을까

* 두류산 : 지리산의 별칭

[해설] (가) 이/가 만년에 지리산 기슭 산천재에서 학문을 연구하고 제자들을 가르치며 지은 시이다. 지리산에 빗대어 자신의 높은 기상을 표현하였다. 그의 호는 남명으로, 조선 중기 경상우도의 대표적인 성리학자로 알려져 있다. 평소 경(敬)과 의(義)를 강조하며 학문의 실천성을 강조하였다.

① 곽재우, 정인홍 등의 제자를 배출하였다.
② 기기도설을 참고하여 거중기를 설계하였다.
③ 위훈 삭제를 주장하여 훈구 세력의 반발을 샀다.
④ 북학의를 저술하여 수레와 배의 이용을 권장하였다.
⑤ 양명학을 체계적으로 연구하여 강화학파를 형성하였다.

57 다음 검색창에 들어갈 인물의 활동으로 옳은 것은?

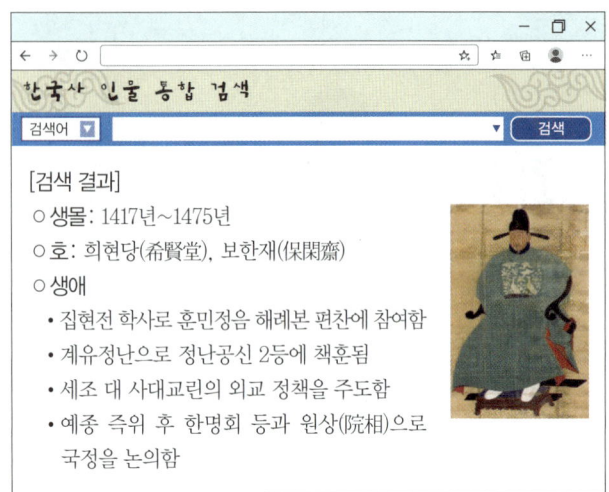

① 기해예송에서 기년설을 주장하였다.
② 반정 공신의 위훈 삭제를 건의하였다.
③ 향촌의 풍속 교화를 위해 예안 향약을 시행하였다.
④ 최초로 100리 척을 사용한 동국지도를 제작하였다.
⑤ 일본의 정치, 사회, 지리 등을 정리한 해동제국기를 저술하였다.

58 (가) 인물에 대한 설명으로 옳은 것은?

① 기대승과 사단칠정 논쟁을 전개하였다.
② 일본에 다녀와서 해동제국기를 편찬하였다.
③ 양명학을 연구하여 강화학파를 형성하였다.
④ 기축봉사를 올려 명에 대한 의리를 내세웠다.
⑤ 무오사화의 발단이 된 조의제문을 작성하였다.

59 (가)~(마)에 대한 설명으로 옳은 것은?

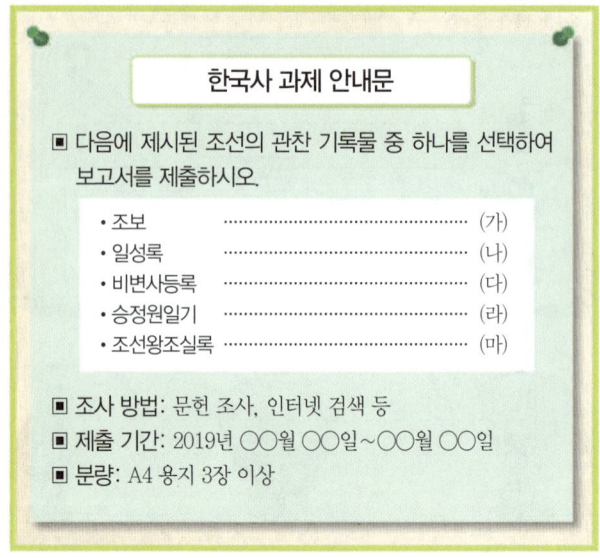

① (가) - 유네스코 세계 기록 유산으로 등재되었다.
② (나) - 광해군 때부터 기록되기 시작하였다.
③ (다) - 국왕의 비서 기관에서 발행한 관보이다.
④ (라) - 정조가 세손 시절부터 쓴 일기에서 유래하였다.
⑤ (마) - 춘추관 관원들이 편찬 업무에 참여하였다.

60 (가) 왕의 재위 기간에 있었던 사실로 옳은 것은?

① 탕평비가 건립되었다.
② 상평통보가 주조되었다.
③ 악학궤범이 간행되었다.
④ 훈련도감이 설치되었다.
⑤ 초계문신제가 시행되었다.

핵심 키워드

01 태종은 의정부의 권한을 약화시키고 ●조 직계제를 실시하여 왕권을 강화하였다.

02 세종은 북쪽으로 여진을 정벌하여 ●군과 ●진을 설치하였다.

03 계유정난을 통해 정권을 장악한 ●조는 6조 직계제를 시행하고 집현전을 폐지하였다.

04 성종은 폐지된 집현전을 계승한 ●●관을 설치하였다.

05 위훈 삭제 등에 대해 훈구 세력이 반발하여 기묘사화가 일어나 ●●조 등이 제거되었다.

06 ●●원은 왕명의 출납을 맡은 왕의 비서 기관으로, ●대, 후원이라고도 불렸다.

07 ●●사는 중종 때 3포 왜란을 계기로 임시로 설치되었고, 이후 을묘왜변을 계기로 상설 기구가 되었다.

08 이순신의 ●●도 대첩, 김시민의 ●주 대첩, 권율의 ●주 대첩은 임진왜란의 3대첩이다.

09 광해군 때 후금과 전쟁 중이던 명의 요청에 따라 강●●이 이끄는 부대가 파병되었다.

10 병자호란이 일어나자 인조는 ●●산성으로 피신하였다.

11 병자호란 당시 임●●은 백마산성에서 항전하였다.

12 세조 때 ●●법을 실시하여 현직 관리에게만 수조권을 지급하였다.

13 소과 합격자인 생원과 진사에게 조선의 최고 관립 교육 기관인 ●●관의 입학 자격이 주어졌다.

14 전국의 부·목·군·현에 하나씩 설립된 ●교에는 중앙에서 교수나 훈도가 파견되었다.

15 이황은 군주의 도를 도식으로 설명한 《성학●●》를 저술하였다.

16 이이는 《성학●●》를 저술하여 군주가 수양해야 할 덕목을 제시하였다.

17 《조선왕조●●》은 사초와 시정기를 바탕으로 실록청에서 편찬되었다.

18 《●●대전》은 세조 때 편찬 작업이 시작되어 성종 때 완성된 조선 왕조의 기본 법전이다.

19 세종 때 이순지 등이 한양을 기준으로 한 역법서인 《●●산》을 만들었다.

20 세종 때 정초 등이 우리 풍토에 맞는 농사법을 기록한 《농사●●》을 간행하였다.

21 ●종 때 주자소가 설치되어 계미자가 주조되었고, ●종 때 갑인자가 주조되었다.

22 15세기에는 회색 계통의 태토 위에 백토로 표면을 꾸민 ●●사기가 유행하였다.

23 조선 건국 이후 역대 국왕과 왕비의 신주를 모신 ●묘가 경복궁 동쪽에 세워졌다.

01 6 02 4, 6 03 세 04 홍문 05 조광 06 승정, 은 07 비변 08 한산, 진, 행 09 홍립 10 남한 11 경업 12 직전 13 성균 14 향 15 십도 16 집요 17 실록 18 경국 19 칠정 20 직설 21 태, 세 22 분청 23 종

PART 5

조선 후기

최신 3개년 평균 출제 문항 수
5.3 문항

최신 3개년 평균 출제 비중
10.6 %

최신 3개년 주제별 출제 현황

주제	출제 현황	빈출 키워드
정치	26문항	초계문신제, 장용영, 탕평비, 신해통공, 정여립 모반 사건
조직, 외교	2문항	나선 정벌, 훈련도감, 백두산 정계비, 비변사, 통신사 파견
경제	14문항	덕대, 담배, 상품 작물, 금난전권 폐지, 송상
사회	9문항	홍경래의 난, 삼정이정청, 시사 결성, 박규수를 안핵사로 파견, 규장각 검서관 등용
문화	17문항	의산문답, 북학의, 신라 진흥왕 순수비 고증, 강화학파, '남북국' 용어 처음 사용, 동의보감, 인왕제색도, 전기수, 영통동구도

학습 POINT

- 붕당 초기부터 예송, 환국을 거치면서 집권·축출된 세력을 구분하세요.
- 홍경래의 난, 임술 농민 봉기의 배경과 결과를 비교하여 정리하세요.
- 조선 후기에 새롭게 나타난 경제 상황을 파악하세요.

STEP 1 N가지 젤 중요한 개념

빈칸을 채우며 중요한 개념을 학습해요.

핵심강의

01 붕당 정치

붕당 정치의 전개	• 선조 재위기: 동인과 서인의 붕당 형성 → 정 ① ___ 모반 사건으로 동인 숙청(기축옥사), 서인 집권 → 정철의 건저의 사건으로 동인 집권 → 동인이 남인과 북인으로 분화 • 광해군 재위기: 왜란 이후 북인이 정권 장악 → ② ___ 반정(광해군과 북인 축출, 서인의 정권 장악, 남인의 정치 참여 허용)
예송 (현종)	• 효종과 효종비 사망 후 자의 대비의 복상 기간을 두고 서인과 남인의 대립 • 1차 예송(1659): 효종 사망 이후 ③ ___ 인(기년복 주장)과 ④ ___ 인(3년 복상 주장)의 대립, 서인 의견 수용 • 2차 예송(1674): 효종비 사망 이후 서인(9개월 복상 주장)과 남인(기년복 주장)의 대립, 남인 의견 수용
환국 (숙종)	**1** 경신환국(1680): 숙종이 허적·윤휴 등 남인 축출 → 서인 집권 → 서인이 노론과 소론으로 분화 → **2** 기사환국(1689): 서인 수장 송 ⑤ ___ 이 희빈 장씨 아들의 원자 책봉을 반대 → 서인 축출 → 남인 집권, 인현 왕후 폐위, 희빈 장씨의 왕비 책봉 → **3** 갑술환국(1694): 숙종이 서인의 의견을 받아들여 인현 왕후를 복위시키고 희빈 장씨를 내쫓음 → 남인 축출, 서인 집권

02 탕평 정치의 전개

탕평 정치	• ⑥ ___ 조: 탕평비 건립, 신문고 제도 부활, 균역법 실시(1년에 군포 1필 징수), 청계천 준설(준천사 신설), 《속대전》·《동국문헌비고》 등 편찬 • ⑦ ___ 조: 규장각 설치, 초계문신제 실시, 수원 화성 건설, 장용영 설치(친위 부대), 신해통공 단행(육의전을 제외한 시전 상인의 금난전권 폐지), 박제가·유득공·이덕무 등 서얼 출신 학자를 규장각 검서관으로 등용, 《대전통편》·《동문휘고》 등 편찬
세도 정치	• 순조, 헌종, 철종의 3대 60여 년 동안 지속 • 매관매직 성행, 관리들의 부정부패 심화, 삼정의 문란

03 호란 이후 청과의 관계

구분	왜란 이전	왜란 이후
⑧ ___ 사	3포 왜란 때 임시 기구 → 을묘왜변으로 상설 기구화	왜란을 거치며 기능 강화 → 국정 최고 기구, 세도 정치기에 세도 가문의 권력 기반 → 흥선 대원군이 혁파
중앙군	5위	5군영 체제(훈련도감, 어영청, 총융청, 수어청, 금위영)
지방군	영진군	속오군(양반~노비까지 모든 신분으로 구성)

04 외교 관계

호란 이후 청과의 관계	• 북벌 정책: 병자호란 이후 청을 정벌하자는 주장 대두, ⑨ ___ 종 때 송시열(기축봉사) 등을 중심으로 추진(실행 X) • ⑩ ___ 정벌: 청의 요청에 따라 조총 부대를 두 차례 파견하여 러시아군과 교전을 벌임 • 간도 문제: 백두산 ⑪ ___ 비 건립(숙종, 1712), 간도 영유권 분쟁 발생(대한 제국 정부에서 간도 관리사로 이범윤 임명)
일본과의 관계	• 왜란 이후: 에도 막부의 요청으로 포로 송환을 위해 회답 겸 쇄환사를 파견하면서 국교 재개, 기유약조 체결(광해군, 1609), ⑫ ___ 사 파견 • 독도 문제 – 조선 시대: 안용복이 일본으로 건너가 울릉도·독도가 조선 영토임을 확인받고 돌아옴 – 대한 제국 시기: 대한 제국 칙령 제41호를 공포하여 울릉도·독도가 우리 영토임을 밝힘, 러·일 전쟁 중 일본이 자국 영토로 불법 편입

05 경제의 변화

수취 체제의 개편	• 영정법(조세): 인조 때 실시, 풍흉에 관계없이 전세를 토지 1결당 쌀 4~6두로 고정 • 대동법(공납): 각 호(戶)에 부과하던 토산물을 토지 결수에 따라 1결당 쌀 12두로 징수, 지역에 따라 무명·삼베·동전 등으로도 징수, ⑬ ___ 도에서 처음 실시(광해군 때 이원익의 건의) → 충청도로 확대(효종 때 김육의 건의) → 전국적으로 확대(숙종) • ⑭ ___ 법(역): 영조 때 실시, 군포를 1년에 2필에서 1필로 줄여 줌, 줄어든 군포 수입은 어장세·염전세·선박세, 선무군관포, 결작으로 충당
경제의 변화	• 광업: 설점수세제(민간에게 세금을 징수하고 광산 채굴 허용), 잠채 성행, ⑮ ___ 대의 등장(광산 경영 전문가) • 농업: 모내기법(이앙법)의 확대(→ 광작 확산), 벼와 보리의 이모작 확산, ⑯ ___ 작물 재배(담배·면화·고추·인삼 등), 구황 작물 전래(감자·고구마)
상업의 변화	• 정조의 신해통공(⑰ ___ 전권 폐지)으로 상업 활동이 자유로워짐 → 사상의 성장: 만상(의주, 대청 무역), 송상(개성, 중계 무역), 내상(동래, 대일 무역), 경강상인(한강) • 일부 사상은 공인과 함께 독점적 도매상인인 도고로 성장, 객주·여각·포구에서 상품 매매 중개·운송·보관·숙박·금융업 등 실시 • 공무역인 개시 무역과 사무역인 후시 무역 발달 • 숙종 때부터 ⑱ ___ 통보 전국적 유통 → 유통 화폐가 부족해지는 현상인 전황 발생

06 신분 제도의 변화

신분제의 동요	• 양 난의 영향으로 국가 재정 감소 → 재정 확보를 위해 ⑲ ____ 책 시행, ⑳ ____ 첩 발급 • 상품 화폐 경제의 발달 → 부유한 상민층이 납속책·공명첩 매입 등의 방법으로 신분 상승
신분 질서의 변화	• 양반: 다수의 양반 몰락, 양반의 분화 • 농민: 일부 농민이 부농으로 성장 • ㉑ ____ 얼: 신분 상승을 위한 통청 운동(정조 때 박제가·유득공·이덕무 등이 규장각 검서관으로 등용됨) • 중인: 대규모 소청 운동, 시사 결성 • 노비의 신분 상승(순조 때 공노비 해방, 1801)

07 사회 변혁의 움직임

새로운 사상의 등장	• 천주교 – 조상에 대한 제사 의식 거부, 평등사상 강조 – 정부의 탄압: 신해박해(윤지충·권상연 처형, 1791) → 신유박해(이승훈 처형, 정약용 유배, 1801) → 황 ㉒ ____ 백서 사건 • ㉓ ____ 학: 최제우가 유교·불교·도교와 민간 신앙의 요소를 결합하여 창시(1860), 인내천·시천주 사상 강조, 2대 교주인 최시형이 경전 간행(《동경대전》·《용담유사》)
농민 봉기의 확산	• 홍경래의 난(1811): 서북인(평안도·함경도민)에 대한 차별 대우 → 홍경래가 우군칙 등과 함께 주도 → 정주성에서 진압되면서 실패 • 임술 농민 봉기(1862): 경상 우병사 백낙신의 횡포 → 진주에서 유 ㉔ ____ 을 중심으로 봉기 발생(진주 농민 봉기) → 전국 각지에서 봉기 발생 → 정부의 대응: 박규수를 안핵사로 파견, 삼정 ㉕ ____ 청 설치(성과 X)

08 학문의 변화

양명학의 수용	정제두가 양명학을 체계화하며 ㉖ ____ 학파 형성 → 지행합일과 실천성 강조
실학의 발달	• 농업 중심의 개혁론(중농학파) – 유형원: 《반계수록》 저술, 균전론 주장 – 이익: 《성호사설》·《곽우록》 저술, 한전론 주장(영업전을 설정하여 토지 매매 제한) – 정 ㉗ ____ : 《경세유표》·《목민심서》·《흠흠신서》 저술, 여전론·정전제 주장 • 상공업 중심의 개혁론(중상학파, 북학파) – 유수원: 《우서》 저술, 사농공상의 직업적 평등 주장 – 홍 ㉘ ____ : 《의산문답》·《담헌서》 저술, 지전설·무한우주론 주장 – 박지원: 《열하일기》 저술, 화폐 유통 강조 – 박 ㉙ ____ : 《북학의》 저술, 절약보다 소비 강조

09 국학의 발달

역사	• 김정희의 《금석과안록》: 북한산비가 신라 ㉚ ____ 왕 순수비임을 고증 • 유득공의 《발해고》: '㉛ ____ 국'이라는 용어를 처음 사용 • 안정복의 《동사강목》, 한치윤의 《해동역사》 • 이종휘의 《동사》
한글	신경준의 《훈민정음운해》, 유희의 《언문지》
지리서	• 이중환의 《택리지》, 정약용의 《아방강역고》 • 최한기의 《지구전요》
지도	• 정상기의 동국지도: 최초로 100리 척 사용 • 김정호의 대동여지도: 10리마다 눈금 표시
백과사전	• 이수광의 《지봉유설》, 《동국문헌비고》(영조) • 정약전의 《자산어보》: 흑산도 주변 어류학서

10 새로운 문화의 형성

과학 기술의 발달	• 시헌력 도입(효종 때 김육의 건의) • 허준의 《동의보감》 완성 • 이제마의 《동의수세보원》, 정약용의 《마과회통》 • 정약용의 거중기 제작(《기기도설》 참고) → 수원 ㉜ ____ 건설에 이용 • 신속의 《농가집성》, 박세당의 《색경》 • 서유구의 《임원경제지》
서민 문화	• 판소리, 탈놀이(탈춤) • 한글 소설(책을 읽어 주는 직업인 전기수 등장), 사설시조
회화	• ㉝ ____ 재 정선의 진경 산수화(인왕제색도, 금강전도) • 풍속화의 유행: ㉞ ____ 원 김홍도, 혜원 신윤복 • 민화의 유행 • 서양 화풍 도입(강세황의 영통동구도)
건축	㉟ ____ 법주사 팔상전(현존 유일의 조선 시대 목조탑), 김제 금산사 미륵전, 구례 화엄사 각황전
서예· 공예	• 김정희의 추사체 창안 • ㊱ ____ 백자 유행(코발트 안료 사용)

정답

❶ 여립 ❷ 인조 ❸ 서 ❹ 남 ❺ 시열 ❻ 영 ❼ 정 ❽ 비변 ❾ 효 ❿ 나선 ⓫ 정계 ⓬ 통신 ⓭ 경기 ⓮ 균역 ⓯ 덕 ⓰ 상품 ⓱ 금난 ⓲ 상평 ⓳ 납속 ⓴ 공명 ㉑ 서 ㉒ 사영 ㉓ 동 ㉔ 계춘 ㉕ 이정 ㉖ 강화 ㉗ 약용 ㉘ 대용 ㉙ 제가 ㉚ 진흥 ㉛ 남북 ㉜ 화성 ㉝ 겸 ㉞ 단 ㉟ 보은 ㊱ 청화

STEP 2 젤 중요한 개념 확인문제

핵심만 차근차근 체크해요.

01 다음 사실들을 순서대로 나열하세요.

(가) 사림이 동인과 서인으로 나뉘었다.
(나) 인조반정으로 북인 세력이 몰락하였다.
(다) 자의 대비의 복상 문제로 예송이 전개되었다.
(라) 정여립 모반 사건을 계기로 기축옥사가 발생하였다.

( )

02 조선 숙종 재위 시기에 있었던 사실로 옳으면 O표, 틀리면 X표를 하세요.

(1) 이괄이 난을 일으켜 한양을 점령하였다. ( )
(2) 정여립 모반 사건으로 기축옥사가 일어났다. ( )
(3) 자의 대비의 복상 문제로 예송이 전개되었다. ( )
(4) 영창 대군이 사사되고 인목 대비가 유폐되었다. ( )
(5) 인현 왕후가 폐위되고 남인이 권력을 차지하였다. ( )
(6) 희빈 장씨 소생의 원자 책봉 문제로 환국이 발생하였다. ( )
(7) 폐비 윤씨 사사 사건을 빌미로 김굉필 등이 처형되었다. ( )
(8) 허적과 윤휴 등 남인들이 대거 축출되는 환국이 일어났다. ( )

03 비변사에 대한 설명으로 옳으면 O표, 틀리면 X표를 하세요.

(1) 을묘왜변을 계기로 상설화되었다. ( )
(2) 흥선 대원군이 집권한 시기에 혁파되었다. ( )
(3) 임진왜란을 거치며 국정 최고 기구로 성장하였다. ( )
(4) 대사성을 중심으로 좨주, 직강 등의 관직을 두었다. ( )
(5) 세도 정치 시기에 외척 세력의 권력 기반이 되었다. ( )
(6) 유능한 인재를 양성하기 위한 초계문신제를 주관하였다. ( )

04 다음 설명에 해당하는 왕을 골라 쓰세요.

인조, 효종, 숙종

(1) 조총 부대를 나선 정벌에 파견하였다. ( )
(2) 백두산정계비를 세워 국경을 정하였다. ( )
(3) 수도 방어를 위하여 금위영을 설치하였다. ( )
(4) 어영청을 강화하는 등 북벌을 추진하였다. ( )
(5) 수도 외곽의 방어를 위해 총융청을 설치하였다. ( )

05 조선 영조의 정책에 대한 설명으로 옳으면 O표, 틀리면 X표를 하세요.

(1) 친위 부대로 장용영을 설치하였다. ( )
(2) 준천사를 신설하여 홍수에 대비하였다. ( )
(3) 속대전을 편찬하여 통치 체제를 정비하였다. ( )
(4) 청과의 국경을 정하는 백두산정계비를 세웠다. ( )
(5) 군역 부담을 줄이기 위해 균역법을 제정하였다. ( )
(6) 이인좌를 중심으로 소론 세력이 일으킨 난을 진압하였다. ( )
(7) 붕당의 폐해를 경계하는 탕평비를 성균관 앞에 건립하였다. ( )

06 조선 정조 재위 시기에 있었던 사실로 옳으면 O표, 틀리면 X표를 하세요.

(1) 이시애의 난을 진압하였다. ( )
(2) 국왕의 친위 부대인 장용영을 설치하였다. ( )
(3) 대외 관계를 정리한 동문휘고가 간행되었다. ( )
(4) 전통 한의학을 정리한 동의보감이 완성되었다. ( )
(5) 문신 재교육을 위한 초계문신제가 시행되었다. ( )
(6) 서얼 출신 학자들을 규장각 검서관에 기용하였다. ( )
(7) 통치 체제를 정비하기 위해 대전통편이 편찬되었다. ( )
(8) 시전 상인의 특권을 축소하는 신해통공이 실시되었다. ( )
(9) 궁방과 중앙 관서에 소속된 공노비 6만여 명을 해방하였다. ( )

07 다음 설명과 관련된 제도를 골라 쓰세요.

> 영정법, 대동법, 균역법

(1) 재정 보충을 위해 결작을 부과하였다. (　　)
(2) 토지 1결당 쌀 4~6두로 납부액을 고정하였다.(　　)
(3) 선무군관에게 1년에 1필의 군포를 징수하였다.(　　)
(4) 특산물 대신 쌀, 베, 동전 등으로 납부하게 하였다.
(　　)
(5) 어장세, 염전세, 선박세를 거두어 군사비로 충당하였다.
(　　)
(6) 관청에 물품을 조달하는 공인이 등장하는 배경이 되었다.
(　　)

08 조선 후기의 경제 상황에 대한 설명으로 옳으면 O표, 틀리면 X표를 하세요.

(1) 모내기법이 전국적으로 확산되었다. (　　)
(2) 감자, 고구마 등의 작물이 재배되었다. (　　)
(3) 독점적 도매상인인 도고가 활동하였다. (　　)
(4) 고추, 담배와 같은 상품 작물이 재배되었다. (　　)
(5) 송상, 만상이 대청 무역으로 부를 축적하였다. (　　)
(6) 계해약조를 맺어 일본과의 무역을 규정하였다.(　　)
(7) 광산을 전문적으로 경영하는 덕대가 활동하였다.
(　　)
(8) 과전법에 따라 관리에게 토지의 수조권을 지급하였다.
(　　)
(9) 설점수세제의 시행으로 민간의 광산 개발이 허용되었다.
(　　)

09 조선 후기에 볼 수 있었던 사회 모습으로 옳으면 O표, 틀리면 X표를 하세요.

(1) 청요직 통청을 요구하는 서얼 (　　)
(2) 염포의 왜관에서 교역하는 상인 (　　)
(3) 시사에서 문예 활동을 하는 역관 (　　)
(4) 상평통보로 토지를 매매하는 양반 (　　)
(5) 초량 왜관에서 인삼을 판매하는 내상 (　　)
(6) 관청에 물품을 대량으로 납품하는 공인 (　　)
(7) 물주의 자금으로 광산을 경영하는 덕대 (　　)
(8) 시전의 상행위를 감독하는 경시서의 관리 (　　)
(9) 여러 장시를 돌며 물품을 판매하는 보부상 (　　)

10 다음 설명에 해당하는 사건을 골라 쓰세요.

> 홍경래의 난, 임술(진주) 농민 봉기

(1) 삼정이정청이 설치되는 계기가 되었다. (　　)
(2) 백낙신의 탐학이 발단이 되어 일어났다. (　　)
(3) 서북인에 대한 차별에 반발하여 일어났다. (　　)
(4) 사건의 수습을 위해 박규수가 안핵사로 파견되었다.
(　　)
(5) 선천, 정주 등 청천강 이북의 여러 고을을 점령하였다.
(　　)

11 조선 순조의 재위 시기에 있었던 사실로 옳으면 O표, 틀리면 X표를 하세요.

(1) 경기도에 한해서 대동법을 실시하였다. (　　)
(2) 신유박해로 많은 천주교도가 처형되었다. (　　)
(3) 궁방과 중앙 관서의 공노비를 해방하였다. (　　)
(4) 지역 차별에 반발하여 홍경래가 봉기하였다. (　　)
(5) 기유약조를 체결하여 일본과의 무역을 재개하였다.
(　　)
(6) 소현 세자와 봉림 대군 등이 청에 포로로 잡혀갔다.
(　　)
(7) 황사영이 외국 군대의 출병을 요청하는 백서를 작성하였다.
(　　)

12 다음 설명에 해당하는 실학자를 골라 쓰세요.

> 유형원, 이익, 정약용

(1) 기기도설을 참고하여 거중기를 설계하였다. (　　)
(2) 신분에 따른 토지의 차등 분배를 주장하였다. (　　)
(3) 반계수록에서 토지 제도 개혁론을 제시하였다.(　　)
(4) 목민심서에서 지방 행정의 개혁안을 제시하였다.
(　　)
(5) 여전론을 통해 마을 단위의 공동 경작을 주장하였다.
(　　)
(6) 성호사설에서 사회 폐단을 여섯 가지 좀으로 규정하였다.
(　　)
(7) 곽우록에서 토지 매매를 제한하는 한전론을 제시하였다.
(　　)
(8) 경세유표를 집필하여 국가 제도의 개혁 방향을 제시하였다.
(　　)

STEP 2 젤 중요한 개념 확인문제

13 다음 설명에 해당하는 실학자를 골라 쓰세요.

> 유수원, 홍대용, 박지원, 박제가

(1) 혼천의를 제작하였다. ( )
(2) 지전설과 무한우주론을 주장하였다. ( )
(3) 담헌서를 통해 과거제 폐지를 주장하였다. ( )
(4) 서얼 출신으로 규장각 검서관에 등용되었다. ( )
(5) 양반전에서 양반의 위선과 무능을 지적하였다.( )
(6) 의산문답에서 중국 중심의 세계관을 비판하였다.
( )
(7) 북학의에서 절약보다 적절한 소비를 강조하였다.
( )
(8) 열하일기에서 수레와 선박의 필요성을 강조하였다.
( )
(9) 우서에서 사농공상의 직업적 평등과 전문화를 주장하였다.
( )

14 다음 설명에 해당하는 인물을 골라 쓰세요.

> 김정희, 유득공, 유희

(1) 우리말 음운 연구서인 언문지를 저술하였다. ( )
(2) 발해고에서 남북국이라는 용어를 처음 사용하였다.
( )
(3) 금석과안록에서 북한산비가 진흥왕 순수비임을 고증하였다. ( )

15 다음 설명에 해당하는 인물을 골라 쓰세요.

> 정상기, 김정호, 정약전

(1) 해양 생물을 조사하여 자산어보를 편찬하였다.( )
(2) 10리마다 눈금이 표시된 대동여지도를 만들었다.
( )
(3) 최초로 100리 척을 사용한 동국지도를 제작하였다.
( )

16 조선 후기에 볼 수 있었던 모습으로 옳으면 O표, 틀리면 X표를 하세요.

(1) 한글 소설을 읽고 있는 부녀자 ( )
(2) 장시에서 판소리를 구경하는 농민 ( )
(3) 장시에서 탈춤 공연을 벌이는 광대 ( )
(4) 거리에서 이야기책을 읽어 주는 전기수 ( )
(5) 화통도감에서 화약 무기를 시험하는 군인 ( )

17 다음 그림을 그린 화가를 골라 쓰세요.

> 정선, 김홍도, 신윤복, 강세황, 김정희, 김득신

(1)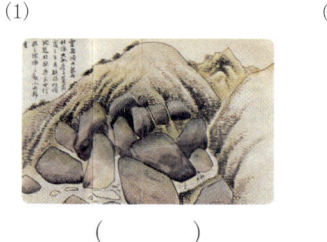
( )

(2)
( )

(3)
( )

(4)
( )

(5)
( )

(6)
( )

(7)
( )

(8)
( )

18 조선 후기의 건축물로 옳으면 O표, 틀리면 X표를 하세요.

(1)
▲ 안동 봉정사 극락전
(   )

(2)
▲ 공주 마곡사 대웅보전
(   )

(3)
▲ 김제 금산사 미륵전
(   )

(4)
▲ 보은 법주사 팔상전
(   )

(5)
▲ 구례 화엄사 각황전
(   )

(6)
▲ 영주 부석사 무량수전
(   )

정답

01 (가) – (라) – (나) – (다)
02 (1) X(인조) (2) X(선조) (3) X(현종) (4) X(광해군) (5) O (6) O (7) X(연산군) (8) O
03 (1) O (2) O (3) O (4) X(성균관) (5) O (6) X(규장각)
04 (1) 효종 (2) 숙종 (3) 숙종 (4) 효종 (5) 인조
05 (1) X(정조) (2) O (3) O (4) X(숙종) (5) O (6) O (7) O
06 (1) X(세조) (2) O (3) O (4) X(광해군) (5) O (6) O (7) O (8) O (9) X(순조)
07 (1) 균역법 (2) 영정법 (3) 균역법 (4) 대동법 (5) 균역법 (6) 대동법
08 (1) O (2) O (3) O (4) O (5) O (6) X(세종) (7) O (8) X(고려 말~조선 초) (9) O
09 (1) O (2) X(조선 전기) (3) O (4) O (5) O (6) O (7) O (8) X(고려~조선 전기) (9) O
10 (1) 임술(진주) 농민 봉기 (2) 임술(진주) 농민 봉기 (3) 홍경래의 난 (4) 임술(진주) 농민 봉기 (5) 홍경래의 난
11 (1) X(광해군) (2) O (3) O (4) O (5) X(광해군) (6) X(인조) (7) O
12 (1) 정약용 (2) 유형원 (3) 유형원 (4) 정약용 (5) 정약용 (6) 이익 (7) 이익 (8) 정약용
13 (1) 홍대용 (2) 홍대용 (3) 홍대용 (4) 박제가 (5) 박지원 (6) 홍대용 (7) 박제가 (8) 박지원 (9) 유수원
14 (1) 유희 (2) 유득공 (3) 김정희
15 (1) 정약전 (2) 김정호 (3) 정상기
16 (1) O (2) O (3) O (4) O (5) X(고려 말)
17 (1) 강세황 (2) 김득신 (3) 김득신 (4) 신윤복 (5) 정선 (6) 김정희 (7) 김홍도 (8) 신윤복
18 (1) X(고려) (2) O (3) O (4) O (5) O (6) X(고려)

STEP 3 기출문제

PART 5. 조선 후기

정치

01 다음 상황 이후에 전개된 사실로 옳은 것은? [3점|55회]

> 선전관 이용준 등이 정여립을 토벌하기 위하여 급히 전주에 내려갔다. 무리들과 함께 진안 죽도에 숨어 있던 정여립은 군관들이 체포하려 하자 자결하였다.

① 이시애가 길주를 근거지로 난을 일으켰다.
② 기축옥사로 이발 등 동인 세력이 제거되었다.
③ 양재역 벽서 사건으로 이언적 등이 화를 입었다.
④ 수양 대군이 김종서 등을 살해하고 권력을 장악하였다.
⑤ 이조 전랑 임명을 둘러싸고 사림이 동인과 서인으로 나뉘었다.

02 다음 상황이 나타난 시기를 연표에서 옳게 고른 것은? [2점|66회]

> 4월 누르하치의 군대가 무순을 함락하고, 7월에는 청하를 함락하였다. 이에 명에서 정벌을 결정하고 우리나라에 군사 징발을 요구하였다. 명의 총독 왕가수의 군문(軍門)에서 약 4만의 병사를 요구하였으나, 경략(經略) 양호가 조선의 병사와 군마가 적다고 하여 마침내 그 수를 줄여서 총수(銃手) 1만 명만 징발하였다. 7월 조정에서 강홍립을 도원수로, 김경서를 부원수로 삼았다. - "책중일록" -

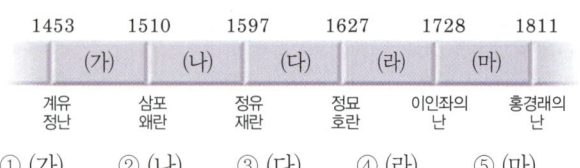

① (가) ② (나) ③ (다) ④ (라) ⑤ (마)

03 밑줄 그은 '이 왕'이 추진한 정책으로 옳은 것은? [2점|69회]

① 6조 직계제를 처음으로 실시하였다.
② 학문 연구 기관으로 집현전을 두었다.
③ 전란의 피해를 복구하고 동의보감을 간행하였다.
④ 역대 문물 제도를 정리한 동국문헌비고를 편찬하였다.
⑤ 시전 상인의 특권을 축소하는 신해통공을 단행하였다.

04 (가), (나) 사이의 시기에 있었던 사실로 옳은 것은? [2점|51회]

> (가) 양사(兩司)가 합계하기를, "영창 대군 이의(李㼁)를 왕으로 옹립하기로 했다는 설이 이미 역적의 입에서 나왔는데 이에 대해 자복(自服)한 역적만도 한두 명에 그치지 않습니다. …… 왕법은 지극히 엄한 만큼 결코 용서해주기 어려우니 유사로 하여금 법대로 적용하여 처리하게 하소서."라고 하였다.
>
> (나) 앞서 왕에게 이괄 부자가 역적의 우두머리라고 고해바친 자가 있었다. 하지만 임금은 "필시 반역은 아닐 것이다."라고 하면서도, 이괄의 아들인 이전을 잡아오라고 명하였다. 이전은 그때 이괄의 군영에 있었고 이괄은 결국 금부도사 등을 죽이고 여러 장수들을 위협하여 난을 일으켰다.

① 국왕의 친위 부대인 장용영이 조직되었다.
② 서인이 반정을 일으켜 정권을 장악하였다.
③ 정여립 모반 사건으로 옥사가 발생하였다.
④ 허적과 윤휴 등 남인들이 대거 축출되었다.
⑤ 자의 대비의 복상 문제로 예송이 전개되었다.

05 (가)에 들어갈 내용으로 가장 적절한 것은? [2점 | 66회]

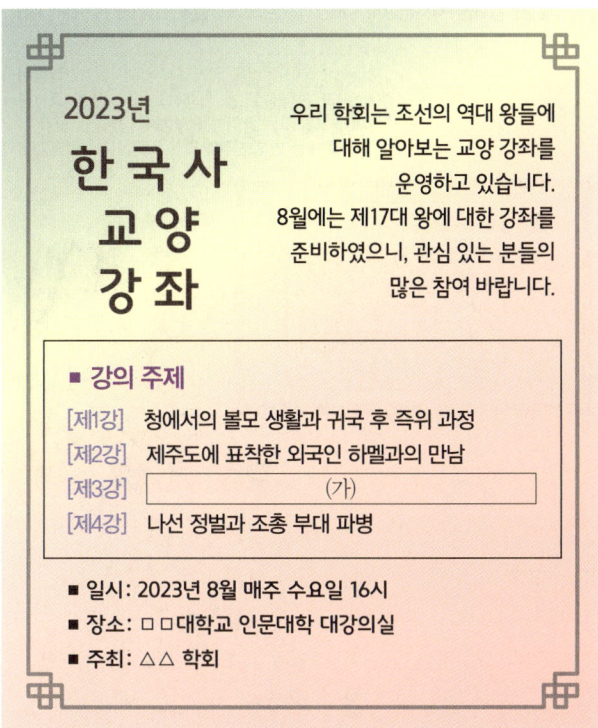

2023년 한국사 교양 강좌

우리 학회는 조선의 역대 왕들에 대해 알아보는 교양 강좌를 운영하고 있습니다. 8월에는 제17대 왕에 대한 강좌를 준비하였으니, 관심 있는 분들의 많은 참여 바랍니다.

■ 강의 주제
[제1강] 청에서의 볼모 생활과 귀국 후 즉위 과정
[제2강] 제주도에 표착한 외국인 하멜과의 만남
[제3강] (가)
[제4강] 나선 정벌과 조총 부대 파병

■ 일시: 2023년 8월 매주 수요일 16시
■ 장소: □□대학교 인문대학 대강의실
■ 주최: △△ 학회

① 어영청의 개편과 북벌 추진
② 위화도 회군과 과전법의 시행
③ 문신 재교육을 위한 초계문신제의 운영
④ 백두산정계비 건립과 청과의 국경 획정
⑤ 기유약조 체결을 통한 일본과의 무역 재개

06 다음 상황이 나타난 시기를 연표에서 옳게 고른 것은? [3점 | 68회]

○ 송준길이 아뢰었다. "적처(嫡妻) 소생이라도 둘째부터는 서자입니다. …… 둘째 아들은 비록 왕통을 계승하였더라도 (그를 위해서는) 3년 복을 입어서는 안 됩니다."

○ 허목이 상소하였다. "장자를 위해 3년 복을 입는다는 것은 위로 쳐서 정체(正體)이기 때문입니다. …… 첫째 아들이 죽어서 적처 소생의 둘째를 세우는 것도 역시 장자라고 부릅니다."

계유정난	중종반정	을사사화	인조반정	경신환국	이인좌의 난
(가)	(나)	(다)	(라)	(마)	

① (가)   ② (나)   ③ (다)   ④ (라)   ⑤ (마)

07 (가)~(다)를 일어난 순서대로 옳게 나열한 것은? [3점 | 61회]

(가) 임금이 궐내에 있던 기름 먹인 장막을 허적이 벌써 가져갔음을 듣고 노하여 이르기를, "궐내에서 쓰는 것을 마음대로 가져가는 것은 한명회도 못하던 짓이다."라고 하였다. …… 임금이 허적의 당파가 많아 기세가 당당하다는 말을 듣고 그들을 제거하고자 결심하였다.

(나) 비망기를 내려, "국운이 안정되어 왕비가 복위하였으니, 백성에게 두 임금이 없는 것은 고금을 통한 의리이다. 장씨의 왕후 지위를 거두고 옛 작호인 희빈을 내려 주되, 세자가 조석으로 문안하는 예는 폐하지 않도록 하라."라고 하였다.

(다) 임금이 말하기를, "송시열은 산림의 영수로서 나라의 형세가 험난한 때에 감히 원자(元子)의 명호를 정한 것이 너무 이르다고 하였으니, 삭탈 관작하고 성문 밖으로 내쳐라. 반드시 송시열을 구하려는 자가 있겠지만, 그런 자는 비록 대신이라 하더라도 용서하지 않을 것이다."라고 하였다.

① (가) - (나) - (다)   ② (가) - (다) - (나)
③ (나) - (가) - (다)   ④ (나) - (다) - (가)
⑤ (다) - (나) - (가)

08 (가), (나) 사이의 시기에 있었던 사실로 옳은 것은? [3점 | 57회]

(가) 임금이 전교하기를, "내 생각에는 허적이 혹시 허견의 모반 사실을 알지 못했는가 하였는데, 문안(文案)을 보니 준기를 산속 정자에 숨긴 사실이 지금 비로소 드러났으니, 알고서도 엄호한 정황이 분명하여 감출 수가 없었다. 그저께 허적에게 사약을 내려 죽인 것도 이 때문이다."라고 하였다.

(나) 임금이 명하기를, "국운이 평안하고 태평함을 회복하여 중전이 복위하였으니, 백성에게 두 임금이 없는 것은 고금을 통하는 도리이다. 장씨에게 내렸던 왕후의 지위를 거두고, 옛 작호인 희빈을 내려 주도록 하라. 다만 세자가 조석으로 문안하는 것은 폐하지 말라."라고 하였다.

① 양재역 벽서 사건이 발생하였다.
② 송시열이 관작을 삭탈당하고 유배되었다.
③ 자의 대비 복상 문제로 예송이 전개되었다.
④ 정여립 모반 사건으로 기축옥사가 일어났다.
⑤ 붕당의 폐해를 막기 위해 탕평비가 세워졌다.

STEP 3 기출문제

09 (가) 왕에 대한 설명으로 옳은 것은? [1점 | 66회]

① 학문 연구 기관으로 집현전을 두었다.
② 삼수병으로 구성된 훈련도감을 설치하였다.
③ 속대전을 편찬하여 통치 체제를 정비하였다.
④ 궁중 음악을 집대성한 악학궤범을 편찬하였다.
⑤ 시전 상인의 특권을 축소하는 신해통공을 단행하였다.

10 (가) 시기에 있었던 사실로 옳은 것은? [3점 | 60회]

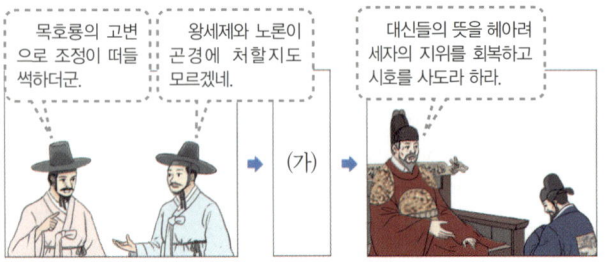

① 이괄이 반란을 일으켜 도성을 장악하였다.
② 자의 대비의 복상 문제로 예송이 전개되었다.
③ 왕위 계승을 둘러싸고 왕자의 난이 발생하였다.
④ 이인좌를 중심으로 소론 세력 등이 난을 일으켰다.
⑤ 희빈 장씨 소생의 원자 책봉 문제로 환국이 발생하였다.

11 밑줄 그은 '이 왕'에 대한 설명으로 옳은 것은? [1점 | 55회]

① 조선의 기본 법전인 경국대전을 완성하였다.
② 붕당의 폐해를 경계하기 위한 탕평비를 건립하였다.
③ 시전 상인의 특권을 축소한 신해통공을 실시하였다.
④ 전세를 1결당 4~6두로 고정하는 영정법을 제정하였다.
⑤ 각 궁방과 중앙 관서의 공노비 6만여 명을 해방하였다.

12 (가) 왕의 재위 기간에 있었던 사실로 옳은 것은? [1점 | 67회]

① 자의 대비의 복상 문제로 예송이 전개되었다.
② 명의 신종을 제사 지내는 만동묘가 설치되었다.
③ 문신을 재교육하기 위한 초계문신제가 실시되었다.
④ 붕당의 폐해를 경계하는 탕평비가 성균관에 건립되었다.
⑤ 비변사의 혁파로 의정부와 삼군부의 기능이 정상화되었다.

13 (가) 왕에 대한 설명으로 옳은 것은? [2점 | 65회]

> 이 시는 ⬚(가)⬚ 이/가 현륭원을 참배하고 화성 행궁에 머물다가 환궁하는 길에 지은 것입니다. 아버지인 사도 세자에 대한 마음이 잘 표현되어 있습니다.

혼정신성*의 그리움 다할 길 없어
오늘 또 화성에 와 보니
궂은 비는 침원에 부슬부슬 내리고
이 마음은 재전**을 끝없이 배회하누나
어찌하여 사흘 밤을 잤던고
아버님 영정을 모셨기 때문일세
더디고 더딘 걸음에 고개 들어 바라보니
오운이 저 멀리서 일어나누나

* 혼정신성: 부모님께 효도하는 도리
** 재전: 제사를 지내기 위하여 지은 집

① 청과 국경을 정하는 백두산정계비를 세웠다.
② 통치 체제를 정비하고자 속대전을 편찬하였다.
③ 왕실의 위엄을 높이기 위해 경복궁을 중건하였다.
④ 삼정의 문란을 시정하려고 삼정이정청을 설치하였다.
⑤ 시전 상인의 특권을 축소하는 신해통공을 단행하였다.

14 (가) 왕이 추진한 정책으로 옳은 것은? [2점 | 59회]

궁궐 속 역사 이야기

만천명월주인옹 자서

이것은 창덕궁 후원의 존덕정 현판에 새겨져 있는 글이다. ⬚(가)⬚ 이/가 지은 것으로 군주를 모든 하천에 비치는 달에 비유하여 국왕 중심의 정국 운영을 강조하는 내용이 담겨 있다. 그는 초계문신제를 실시하여 자신의 정책을 뒷받침하는 인재를 양성하고자 하였다.

① 친위 부대로 장용영을 설치하였다.
② 경기도에 한해서 대동법을 실시하였다.
③ 한양을 기준으로 한 역법서인 칠정산을 만들었다.
④ 통치 체제를 정비하기 위해 대전회통을 편찬하였다.
⑤ 직전법을 제정하여 현직 관리에게만 수조권을 지급하였다.

15 밑줄 그은 '왕'의 재위 시기에 있었던 사실로 옳은 것은? [2점 | 64회]

> 대전통편이 완성되었는데, 나라의 제도 및 법식에 관한 책이다. …… 왕이 말하기를, "속전(續典)은 갑자년에 이루어졌는데, 선왕의 명령으로서 갑자년 이후에 이루어진 것도 많으니 어찌 감히 지금과 가까운 것만을 내세우고 먼 것은 소홀히 할 수 있겠는가?"라고 하였다. 이에 김치인 등에게 명하여 원전(原典)과 속전 및 지금까지의 왕명을 모아 한 책으로 편찬한 것이었다.

① 인재 양성을 위해 초계문신제를 시행하였다.
② 홍경래 등이 봉기하여 정주성을 점령하였다.
③ 자의 대비의 복상 문제로 예송이 전개되었다.
④ 이인좌를 중심으로 소론 세력 등이 난을 일으켰다.
⑤ 신류가 조총 부대를 이끌고 흑룡강에서 전투를 벌였다.

16 (가), (나) 왕에 대한 설명으로 옳은 것은? [2점 | 57회]

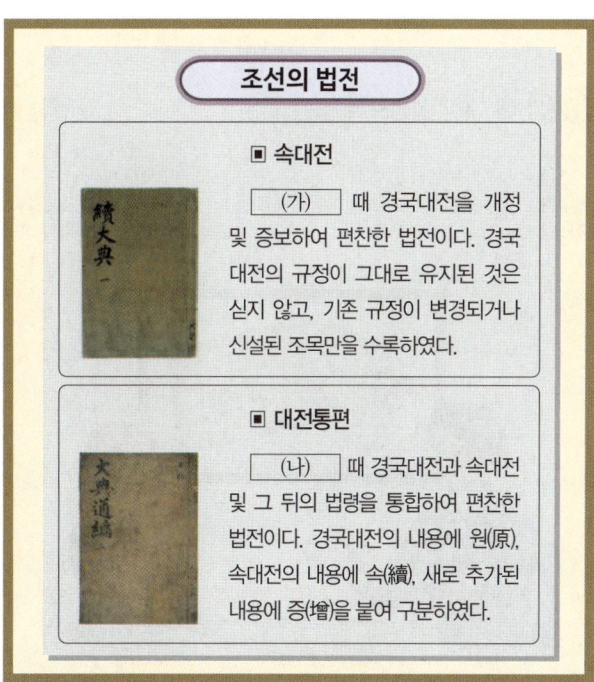

조선의 법전

■ 속대전
⬚(가)⬚ 때 경국대전을 개정 및 증보하여 편찬한 법전이다. 경국대전의 규정이 그대로 유지된 것은 싣지 않고, 기존 규정이 변경되거나 신설된 조목만을 수록하였다.

■ 대전통편
⬚(나)⬚ 때 경국대전과 속대전 및 그 뒤의 법령을 통합하여 편찬한 법전이다. 경국대전의 내용에 원(原), 속대전의 내용에 속(續), 새로 추가된 내용에 증(增)을 붙여 구분하였다.

① (가) - 청과의 국경을 정한 백두산정계비를 세웠다.
② (가) - 왕실의 위엄을 높이기 위해 경복궁을 중건하였다.
③ (나) - 이종무를 파견하여 대마도를 정벌하였다.
④ (나) - 국왕의 친위 부대인 장용영을 설치하였다.
⑤ (가), (나) - 나선 정벌에 조총 부대를 파견하였다.

STEP 3 기출문제

조직, 외교

17 밑줄 그은 '이 부대'에 대한 설명으로 옳은 것은? [2점 | 58회]

전시된 그림은 이 부대의 분영인 북일영과 활터의 풍경을 묘사한 김홍도의 작품입니다. 임진왜란 중 류성룡의 건의로 편성된 이 부대는 직업 군인의 성격을 띤 상비군이었습니다.

북일영도

① 용호군과 함께 2군으로 불렸다.
② 진도에서 용장성을 쌓고 항전하였다.
③ 국경 지역인 북계와 동계에 배치되었다.
④ 포수, 살수, 사수의 삼수병으로 편제되었다.
⑤ 국왕의 친위 부대로 수원 화성에 외영을 두었다.

18 (가)에 대한 설명으로 옳은 것은? [2점 | 55회]

오늘은 5군영 중 가장 먼저 설치된 (가) 의 운영 상황을 알 수 있는 자료인 훈국등록에 대해 알아보겠습니다.

훈국등록에는 급료를 받는 상비군이 주축인 (가) 소속 군인들의 궁궐과 도성 수비, 국왕 호위, 훈련 상황 등 업무 내용이 기록되어 있습니다.

① 수원 화성에 외영을 두었다.
② 용호군과 함께 궁성을 호위하였다.
③ 후금의 침입에 대비하고자 창설되었다.
④ 포수, 사수, 살수의 삼수병으로 편제되었다.
⑤ 일본인 교관을 초빙하여 군사 훈련을 받았다.

19 (가) 기구에 대한 설명으로 옳은 것은? [2점 | 59회]

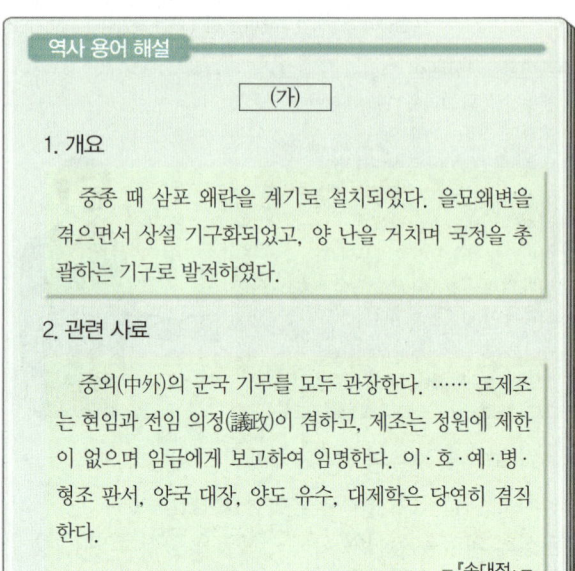

역사 용어 해설

(가)

1. 개요

중종 때 삼포 왜란을 계기로 설치되었다. 을묘왜변을 겪으면서 상설 기구화되었고, 양 난을 거치며 국정을 총괄하는 기구로 발전하였다.

2. 관련 사료

중외(中外)의 군국 기무를 모두 관장한다. …… 도제조는 현임과 전임 의정(議政)이 겸하고, 제조는 정원에 제한이 없으며 임금에게 보고하여 임명한다. 이·호·예·병·형조 판서, 양국 대장, 양도 유수, 대제학은 당연히 겸직한다.

- 『속대전』 -

① 업무 일지인 내각일력을 작성하였다.
② 사헌부, 사간원과 함께 3사로 불렸다.
③ 소속 관원을 은대 학사라고도 칭하였다.
④ 흥선 대원군이 집권한 시기에 혁파되었다.
⑤ 국왕 직속 사법 기구로 중죄인을 다스렸다.

20 (가)~(다)를 일어난 순서대로 옳게 나열한 것은? [2점 | 67회]

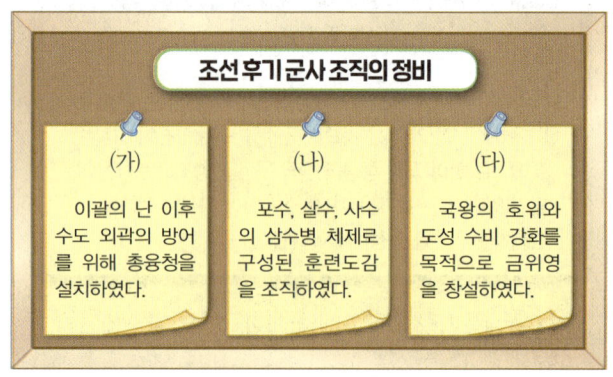

조선 후기 군사 조직의 정비

(가) 이괄의 난 이후 수도 외곽의 방어를 위해 총융청을 설치하였다.

(나) 포수, 살수, 사수의 삼수병 체제로 구성된 훈련도감을 조직하였다.

(다) 국왕의 호위와 도성 수비 강화를 목적으로 금위영을 창설하였다.

① (가) - (나) - (다)
② (가) - (다) - (나)
③ (나) - (가) - (다)
④ (나) - (다) - (가)
⑤ (다) - (나) - (가)

21 (가) 기구에 대한 설명으로 옳은 것은? [2점|71회]

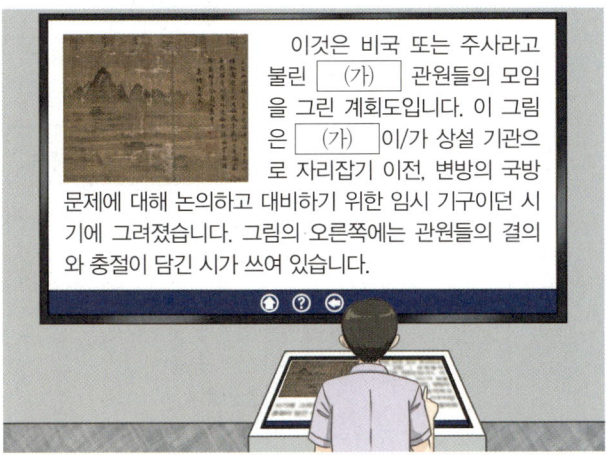

① 수도의 행정과 치안을 담당하였다.
② 흥선 대원군이 집권한 시기에 혁파되었다.
③ 국왕 직속 사법 기구로 반역죄 등을 다루었다.
④ 5품 이하의 관리 임명에 대한 서경권을 행사하였다.
⑤ 도승지를 수장으로 좌승지, 우승지 등의 관직을 두었다.

22 (가) 국가에 대한 조선의 대외 정책으로 옳은 것은? [2점|58회]

① 박위를 파견하여 근거지를 토벌하였다.
② 백두산정계비를 세워 국경을 정하였다.
③ 한성에 동평관을 두어 무역을 허용하였다.
④ 쌍성총관부를 공격하여 철령 이북의 영토를 되찾았다.
⑤ 포로 송환을 위하여 유정을 회답 겸 쇄환사로 파견하였다.

23 (가) 국가에 대한 조선의 정책으로 옳은 것은? [2점|59회]

① 어영청을 중심으로 북벌을 추진하였다.
② 한성에 동평관을 두어 무역을 허용하였다.
③ 조약 체결에 대한 답례로 보빙사를 보냈다.
④ 공녀를 보내기 위해 결혼도감을 설치하였다.
⑤ 포로 송환을 위해 회답 겸 쇄환사를 파견하였다.

24 밑줄 그은 '왕'에 대한 설명으로 옳은 것은? [2점|44회]

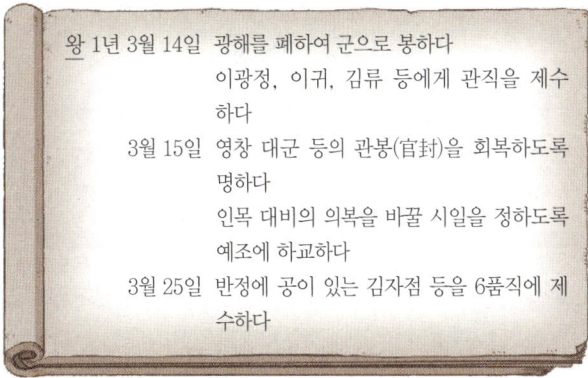

① 이시애의 난을 진압하고 유향소를 폐지하였다.
② 문신의 재교육을 위한 초계문신제를 실시하였다.
③ 총융청과 수어청을 설치하여 도성을 방비하였다.
④ 전제상정소를 설립하고 전분6등법을 제정하였다.
⑤ 변급, 신류 등을 파견하여 나선 정벌을 단행하였다.

조선 후기 117

경제

25 다음 일기가 작성된 시기의 경제 상황으로 적절하지 않은 것은?
[1점 | 66회]

> 5월 ○○일, 앞 밭에 담배를 파종했다.
> 5월 ○○일, 비록 비가 여러 날 내렸으나 큰비는 끝내 내리지 않았다. 가물어서 고답(高畓)은 모두 이앙을 하지 못하였다.
> 6월 ○○일, 목화 밭에 풀이 무성해서 노비 5명에게 김매기를 하도록 시켰다.

① 상평통보가 화폐로 사용되었다.
② 시장을 관리하기 위한 동시전이 설치되었다.
③ 관청에 물품을 조달하는 공인이 활동하였다.
④ 보부상이 장시를 돌아다니며 상품을 판매하였다.
⑤ 국경 지대에서 개시 무역과 후시 무역이 이루어졌다.

26 다음 기사에 나타난 시기의 경제 상황으로 옳은 것은?
[1점 | 59회]

> **역사 신문**
> 제△△호   ○○○○년 ○○월 ○○일
>
> **초량으로 왜관 이전 결정**
>
> 오늘 왕이 두모포 왜관의 초량 이전을 윤허하였다. 두모포 왜관은 일본과 국교가 재개되면서 새로 지은 왜관으로 기유약조 이후 일본과의 제한된 교역이 이루어진 곳이다. 그러나 두모포 왜관이 협소하다며 이전을 요구하는 왜인들의 잦은 요청이 있어 마침내 오늘 초량으로 이전을 결정하였다.

① 금속 화폐인 건원중보가 주조되었다.
② 솔빈부의 말이 특산물로 수출되었다.
③ 담배, 고추 등 상품 작물이 재배되었다.
④ 당항성, 영암이 국제 무역항으로 번성하였다.
⑤ 수도의 시전을 감독하기 위해 경시서가 설치되었다.

27 밑줄 그은 '이 시기'의 경제 상황으로 옳은 것은?
[1점 | 63회]

> **시(詩)로 만나는 한국사**
>
> 이현과 종루 그리고 칠패는
> 도성의 3대 시장이라네
> 온갖 장인들이 살고 일하니
> 사람들이 많아서 어깨를 부딪히네
> 온갖 재화가 이익을 좇아
> 수레가 끊임없네
> 봉성의 털모자, 연경의 비단실
> 함경도의 삼베, 한산의 모시
> 쌀, 콩, 벼, 기장, 조, 피, 보리
> ……
>
> [해설] 이것은 한양의 모습을 그린 「성시전도」를 보고 박제가가 지은 시의 일부이다. 시의 내용을 통해 이 시기 생동감 있는 시장의 모습을 엿볼 수 있다.

① 백성에게 정전이 지급되었다.
② 서경에 관영 상점이 설치되었다.
③ 금속 화폐인 건원중보가 주조되었다.
④ 벽란도가 국제 무역항으로 번성하였다.
⑤ 인삼, 담배 등이 상품 작물로 재배되었다.

28 다음 자료에 나타난 시기에 볼 수 있는 모습으로 적절한 것은?
[2점 | 64회]

> 비변사에서 아뢰기를 "…… 우리나라는 물력(物力)이 부족하여 요역이 매우 무겁습니다. 매번 나라의 힘으로 채굴한다면, 노동과 비용이 많이 들어갑니다. 채은관(採銀官)에게 명해 광산을 개발한 이후 백성을 모집하여 [채굴할 것을] 허락하고 그로 하여금 세를 거두도록 하되 그 세금의 많고 적음은 [채은관이] 적당히 헤아려 정하게 한다면 관에서 힘을 들이지 않아도 세입이 저절로 많아질 것입니다. ……"라고 하니, 왕이 아뢴 대로 하라고 답하였다.

① 주자감에서 공부하는 학생
② 초조대장경 조판을 지켜보는 승려
③ 빈공과를 준비하는 6두품 출신 유학생
④ 과전법에 따라 수조권을 지급받는 관리
⑤ 고추, 담배 등을 상품 작물로 재배하는 농민

29 다음 대화가 이루어진 시기의 경제 상황으로 옳지 않은 것은?

[2점 | 51회]

며칠 전 전하께서 형조와 한성부에 시전 상인의 금난전권을 철폐하고 이를 어길 경우 처벌하라는 지시를 내리셨다네.

나도 들었네. 다만 육의전은 이번 조치에서 제외되었다고 하더군.

① 고액 화폐인 활구가 주조되었다.
② 담배, 면화 등 상품 작물이 재배되었다.
③ 관청에 물품을 조달하는 공인이 활동하였다.
④ 송상, 만상이 대청 무역으로 부를 축적하였다.
⑤ 광산을 전문적으로 경영하는 덕대가 등장하였다.

30 다음 상황이 나타난 시기에 볼 수 있는 모습으로 적절하지 않은 것은?

[2점 | 49회]

> 사행(使行)이 책문을 출입할 때에는 만상과 송상 등이 은과 인삼을 몰래 가지고 인부나 말 속에 섞여들어 물건을 팔아 이익을 꾀하였다. 되돌아올 때는 수레를 일부러 천천히 가게 하고 사신을 먼저 책문으로 나가게 하여 거리낄 것이 없게 한 뒤에 저희 마음대로 매매하고 돌아오는데 이것을 책문 후시라 한다.

① 장시에서 책을 읽어 주는 전기수
② 벽란도에서 교역하는 송의 상인
③ 시사(詩社)에서 시를 낭송하는 중인
④ 관청에 필요한 물품을 납품하는 공인
⑤ 물주의 자금으로 광산을 경영하는 덕대

31 밑줄 그은 '방책'에 해당하는 내용으로 옳은 것은?

[2점 | 54회]

국왕께서 군포를 2필에서 1필로 감면하라는 명을 내리셨다고 들었습니다.

그렇습니다. 백성들의 군역 부담을 줄이기 위한 조치입니다. 아울러 감면으로 인한 재정 부족 문제를 해결할 수 있는 방책도 마련하라고 하셨습니다.

① 일부 부유한 양민에게 선무군관포를 징수하였다.
② 풍흉에 따라 전세를 9등급으로 차등 과세하였다.
③ 백성들에게 곡식을 빌려주는 진대법을 시행하였다.
④ 수신전, 휼양전 등의 명목으로 세습되는 토지를 폐지하였다.
⑤ 기금을 모아 그 이자로 빈민을 구제하는 제위보를 운영하였다.

32 (가) 제도에 대한 설명으로 옳은 것은?

[2점 | 65회]

> 광해군 때 이원익이 방납의 폐단을 혁파하고자 선혜청을 두고 (가) 을/를 실시할 것을 청하였다. …… 맨 먼저 경기도 내에 시범적으로 실시하니 백성들은 대부분 편리하게 여겼다. 다만 권세가와 부호들은 방납의 이익을 잃기 때문에 온갖 방법으로 반대하였다.
> – "국조보감" –

① 양반에게도 군포를 부과하였다.
② 수신전과 휼양전을 폐지하였다.
③ 양전 사업을 실시하여 지계를 발급하였다.
④ 전세를 풍흉에 따라 9등급으로 차등 과세하였다.
⑤ 관청에 물품을 조달하는 공인이 등장하는 배경이 되었다.

STEP 3 기출문제

사회

33 다음 상황이 나타난 시기를 연표에서 옳게 고른 것은?
[3점 | 67회]

> 사학(邪學) 죄인 황사영은 사족으로서 사술(邪術)에 미혹됨이 가장 심한 자였다. [그는] 의금부에서 체포하려는 것을 미리 알고 피신하였는데, 상복을 입고 성명을 바꾸거나 토굴에 숨어서 종적을 감춘지 반년이 지났다. 포청에서 은밀히 염탐하여 지금에야 제천 땅에서 붙잡았다. 그의 문서를 수색하던 중 백서를 찾았는데, 장차 북경의 천주당에 전하려고 한 것이었다.

(가)	(나)	(다)	(라)	(마)
1728 이인좌의 난	1746 속대전 편찬	1791 신해 박해	1811 홍경래의 난	1834 헌종 즉위	1862 임술 농민 봉기

① (가)   ② (나)   ③ (다)   ④ (라)   ⑤ (마)

35 다음 상황이 나타난 시기를 연표에서 옳게 고른 것은?
[3점 | 52회]

> 진산의 윤지충은 조상의 신주를 불사르고, 어머니의 장례에도 신주를 모시지 않았습니다. 이런 행동을 하면서도 태연하였으니. 정말 흉악한 자입니다.

> 근심과 한탄을 금할 수가 없다. 사학(邪學)을 따르는 죄인을 처벌하여 경계로 삼으라.

(가)	(나)	(다)	(라)	(마)
1746 속대전 간행	1776 정조 즉위	1801 공노비 해방	1834 헌종 즉위	1865 대전회통 편찬	1876 강화도 조약

① (가)   ② (나)   ③ (다)   ④ (라)   ⑤ (마)

34 (가), (나) 사이의 시기에 있었던 사실로 옳은 것은?
[3점 | 63회]

> (가) 전라도 관찰사 정민시가 [진산의] 죄인 윤지충과 권상연에 대한 조사 결과를 아뢰었다. "…… 근래에 그들은 평소 살아 계신 부모나 조부모처럼 섬겨야 할 신주를 태워 없애면서도 이마에 진땀 하나 흘리지 않았으니 정말 흉악한 일입니다. 제사를 폐지한 일은 오히려 부차적입니다."
>
> (나) 의금부에서 아뢰었다. "얼마 전 죄인 남종삼은 명백한 근거도 없이 러시아에 변란이 있을 것이고, 프랑스와 조약을 맺을 계책이 있다는 요망한 말로 여러 사람을 현혹하였습니다. 감히 나라를 팔아먹고자 몰래 외적을 끌어들일 음모를 꾸몄으니, 즉시 참형에 처해야 합니다. …… [베르뇌를 비롯한] 서양인 4명을 군영에 넘겨 효수하여 본보기로 삼도록 하였습니다."

① 대종교 계열의 중광단이 결성되었다.
② 한용운이 조선불교유신론을 저술하였다.
③ 보은에서 교조 신원을 요구하는 집회가 열렸다.
④ 이수광이 지봉유설에서 천주실의를 소개하였다.
⑤ 황사영이 외국 군대의 출병을 요청하는 백서를 작성하였다.

36 (가) 종교에 대한 설명으로 옳은 것은?
[2점 | 57회]

> 외무부 장관계
> 몇 달 전부터 서울에서는 (가) 교도들에 대한 이야기밖에 없습니다. …… 사흘 전 이들의 대표 21명이 궁궐 문 앞에 모여 엎드려 절하고 상소를 올렸으나 국왕은 상소 접수를 거부하였습니다. 교도들은 처형된 교조 최제우를 복권하고 (가) 을/를 인정해 줄 것을 정부에 청원하였습니다. …… 그러나 이는 조선 국왕이 들어줄 수 없는 사안들이었습니다.
> 조선 주재 프랑스 공사 H. 프랑댕

① 정혜쌍수와 돈오점수를 주장하였다.
② 포접제를 활용하여 교세를 확장하였다.
③ 박중빈을 중심으로 새생활 운동을 추진하였다.
④ 중광단을 조직하여 항일 무장 투쟁을 전개하였다.
⑤ 제사와 신주를 모시는 문제로 정부의 탄압을 받았다.

37 다음 가상 대화가 이루어진 시기에 볼 수 있는 모습으로 적절하지 <u>않은</u> 것은?　[1점 | 67회]

① 담배 농사를 짓고 있는 농민
② 관청에 종이를 납품하는 공인
③ 시사(詩社)에서 시를 낭송하는 중인
④ 장시에서 판소리 공연을 하는 소리꾼
⑤ 솔빈부의 특산품인 말을 수입하는 상인

38 밑줄 그은 '시기'에 볼 수 있는 모습으로 옳지 <u>않은</u> 것은?　[1점 | 62회]

① 판소리를 구경하는 농민
② 탈춤 공연을 벌이는 광대
③ 장시에서 물품을 파는 보부상
④ 한글 소설을 읽어 주는 전기수
⑤ 벽란도에서 인삼을 사는 송의 상인

39 (가) 시기에 있었던 사실로 옳은 것은?　[3점 | 55회]

① 왕이 도성을 떠나 공산성으로 피란하였다.
② 오페르트가 남연군 묘 도굴을 시도하였다.
③ 홍경래 등이 난을 일으켜 정주성을 점령하였다.
④ 교조 신원을 요구하는 삼례 집회가 개최되었다.
⑤ 이인좌를 중심으로 한 소론 세력이 난을 일으켰다.

40 다음 대화에 나타난 사건에 대한 설명으로 옳은 것은?　[1점 | 59회]

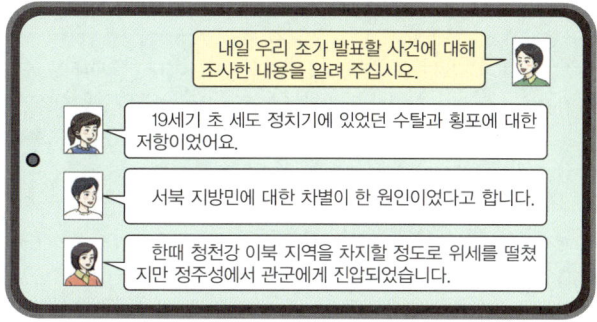

① 홍경래, 우군칙 등이 주도하였다.
② 청군이 파병되는 결과를 가져왔다.
③ 제물포 조약이 체결되는 배경이 되었다.
④ 보국안민, 제폭구민을 기치로 내걸었다.
⑤ 박규수가 안핵사로 파견되는 계기가 되었다.

STEP 3 기출문제

41 밑줄 그은 '시기'에 있었던 사실로 옳지 <u>않은</u> 것은? [2점 | 47회]

이 불상은 고창 선운사 동불암지 마애여래 좌상입니다. 이 불상 안에 있는 비기(祕記)가 세상에 나오는 날 나라가 망한다는 이야기가 있었습니다. 이러한 예언 사상은 안동 김씨 등 왕실의 외척을 비롯한 소수의 특정 가문이 비변사를 중심으로 권력을 독점한 <u>시기</u>에 널리 퍼졌습니다.

① 을사사화가 발생하였다.
② 홍경래가 난을 일으켰다.
③ 삼정이정청이 설치되었다.
④ 최제우가 동학을 창시하였다.
⑤ 이양선이 나타나 통상을 요구하였다.

42 다음 자료의 상황이 나타난 시기에 볼 수 있는 모습으로 적절하지 <u>않은</u> 것은? [1점 | 50회]

김상철이 말하기를, "도성 백성들의 생계는 점포를 벌여 놓고 사고파는 데 달려 있습니다. 그런데 근래 기강이 엄하지 않아서 어물과 약재 등 온갖 물건의 이익을 중간에서 독점하는 도고(都庫)의 폐단이 한둘이 아닙니다. 대조(大朝)께서 여러 차례 엄하게 다스렸으나, 점차 해이해져 많은 물건의 가격이 폭등한 것은 오로지 이 때문이라고 합니다. 평시서(平市署) 등에서 적발하여 강하게 다스렸다면 어찌 이런 일이 있었겠습니까?"라고 하였다.

① 청요직 통청을 요구하는 서얼
② 한글 소설을 읽고 있는 부녀자
③ 동국문헌비고를 열람하는 관리
④ 염포의 왜관에서 교역하는 상인
⑤ 장시에서 판소리를 구경하는 농민

43 다음 자료에 나타난 사건에 대한 설명으로 옳은 것은? [2점 | 61회]

진주 안핵사 박규수에게 하교하기를, "얼마 전에 있었던 진주의 일은 전에 없던 변괴였다. 관원은 백성을 달래지 못하였고, 백성은 패악한 습관을 버리지 못하였다. 누가 그 허물을 책임져야 하겠는가. 신중을 기하여 혹시 한 사람이라도 억울하게 처벌 받는 일이 없게 하라. 그리고 포리(逋吏)*를 법에 따라 처벌할 경우 죄인을 심리하여 처단할 방법을 상세히 구별하라."라고 하였다.

*포리(逋吏): 관아의 물건을 사사로이 써버린 아전

① 홍경래, 우군칙 등이 주도하였다.
② 남접과 북접이 연합하여 전개되었다.
③ 삼정이정청이 설치되는 계기가 되었다.
④ 우정총국 개국 축하연을 이용하여 일어났다.
⑤ 윤원형 일파가 정국을 주도한 시기에 발생하였다.

44 다음 상황이 전개된 배경으로 옳은 것은? [2점 | 64회]

 며칠 전 안핵사로 파견된 박규수가 전하께 특별 기구 설치를 상소하였다고 하네.

 그렇다네. 전하께서 이를 받아들여 삼정이정청을 설치하고, 각 고을마다 대책을 모아 올려 보내라고 명하셨지.

① 이만손 등이 영남 만인소를 올렸다.
② 운요호가 강화도와 영종도를 공격하였다.
③ 동학교도가 교조 신원을 주장하며 삼례 집회를 개최하였다.
④ 황사영이 외국 군대의 출병을 요청하는 백서를 작성하였다.
⑤ 백낙신의 탐학이 발단이 되어 진주에서 농민들이 봉기하였다.

45 다음 가상 대화가 이루어진 시기에 볼 수 있는 모습으로 적절하지 않은 것은?

① 담배 농사를 짓는 농민
② 염포 왜관에서 교역하는 상인
③ 세책가에서 춘향전을 빌리는 부녀자
④ 관청에 필요한 물품을 납품하는 공인
⑤ 송파장에서 산대놀이 공연을 벌이는 광대

46 다음 가상 대화가 이루어진 시기의 사회 모습으로 가장 적절한 것은?

① 빈민 구제를 위해 흑창이 설치되었다.
② 원종과 애노가 사벌주에서 봉기하였다.
③ 홍건적의 침입으로 개경이 함락되었다.
④ 지배층을 중심으로 변발과 호복이 유행하였다.
⑤ 안동 김씨 등의 세도 정치로 매관매직이 성행하였다.

문화

47 밑줄 그은 '이 시기'에 볼 수 있는 모습으로 적절하지 않은 것은?

① 주자소에서 계미자를 만드는 장인
② 송파장에서 산대놀이를 공연하는 광대
③ 대규모 자본으로 물품을 구매하는 도고
④ 시사를 조직하여 작품 활동을 하는 중인
⑤ 인삼, 담배 등을 상품 작물로 재배하는 농민

48 밑줄 그은 '시기'의 문화에 대한 설명으로 옳지 않은 것은?

① 금강전도 등 진경 산수화가 그려졌다.
② 새로운 역법으로 수시력이 도입되었다.
③ 양반 사회를 풍자한 탈춤이 성행하였다.
④ 춘향가, 흥보가 등의 판소리가 유행하였다.
⑤ 홍길동전, 박씨전 등의 한글 소설이 널리 읽혔다.

STEP 3 기출문제

49 (가) 인물의 작품으로 옳은 것은? [2점|61회]

이 작품은 단원 (가) 이/가 그린 추성부도(秋聲賦圖)로, 인생의 허망함과 쓸쓸함을 묘사한 글인 추성부를 그림으로 표현했습니다. 죽음을 앞둔 노년에 자신의 심정을 나타낸 것으로 보입니다. 도화서 화원 출신인 그는 풍속화, 산수화, 인물화 등 다양한 분야에서 뛰어난 작품을 남겼습니다.

①
②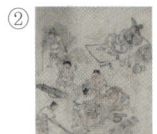
③
④
⑤

50 다음 그림이 그려진 시기의 문화에 대한 설명으로 옳지 않은 것은? [1점|57회]

이 그림은 김득신이 대장간의 모습을 묘사한 풍속화이다. 한 명이 화덕에서 달궈진 쇳덩어리를 방울집게로 집어 모루 위에 올려놓자 두 명이 쇠망치로 두드리는 모습, 도리에 매어 놓은 그네에 상체를 기대고 어깨너머로 구경하는 아이의 모습 등이 생동감 있게 표현되어 있다.

① 중인들이 시사(詩社)를 조직하였다.
② 양반의 위선을 풍자한 탈춤이 공연되었다.
③ 춘향가, 흥보가 등의 판소리가 유행하였다.
④ 금속 활자본인 직지심체요절이 간행되었다.
⑤ 홍길동전, 박씨전 등의 한글 소설이 널리 읽혔다.

51 밑줄 그은 '이 시기'의 문화에 대한 설명으로 옳은 것은? [1점|59회]

① 원각사지 십층 석탑이 건립되었다.
② 인왕제색도 등 진경 산수화가 그려졌다.
③ 주자소가 설치되어 계미자가 주조되었다.
④ 표면에 백토를 바른 분청사기가 유행하였다.
⑤ 청주 흥덕사에서 직지심체요절이 간행되었다.

52 (가) 문화유산에 대한 설명으로 옳은 것을 |보기|에서 고른 것은? [2점|62회]

| 보기 |
ㄱ. 고종이 아관 파천 이후 환궁한 곳이다.
ㄴ. 포루, 공심돈 등 방어 시설을 갖추었다.
ㄷ. 당백전을 발행하여 건설 비용에 충당하였다.
ㄹ. 정약용이 고안한 거중기 등을 이용하여 축조되었다.

① ㄱ, ㄴ ② ㄱ, ㄷ ③ ㄴ, ㄷ ④ ㄴ, ㄹ ⑤ ㄷ, ㄹ

53 (가) 인물의 작품으로 옳은 것은? [1점 | 51회]

①  ②  ③

④  ⑤

55 (가), (나) 인물에 대한 설명으로 옳은 것은? [2점 | 67회]

① (가) - 100리 척을 사용하여 동국지도를 제작하였다.
② (가) - 곽우록에서 토지 매매를 제한하는 한전론을 제시하였다.
③ (나) - 의산문답에서 중국 중심의 세계관을 비판하였다.
④ (나) - 여전론을 통해 마을 단위의 공동 경작을 주장하였다.
⑤ (가), (나) - 양명학을 연구하여 강화학파를 형성하였다.

54 밑줄 그은 '이 성곽'에 대한 설명으로 옳지 않은 것은? [2점 | 62회]

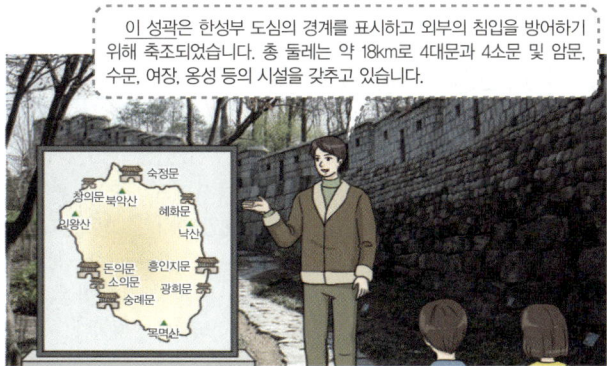

① 개국 초기 정도전 등이 설계하였다.
② 도성조축도감이 축조를 관장하였다.
③ 후금의 침입에 맞서 정봉수가 항전한 곳이다.
④ 조선 시대 축성 기술의 변화 과정이 잘 나타나 있다.
⑤ 일제 강점기 도시 정비 계획을 구실로 크게 훼손되었다.

56 다음 인물에 대한 설명으로 옳은 것은? [3점 | 66회]

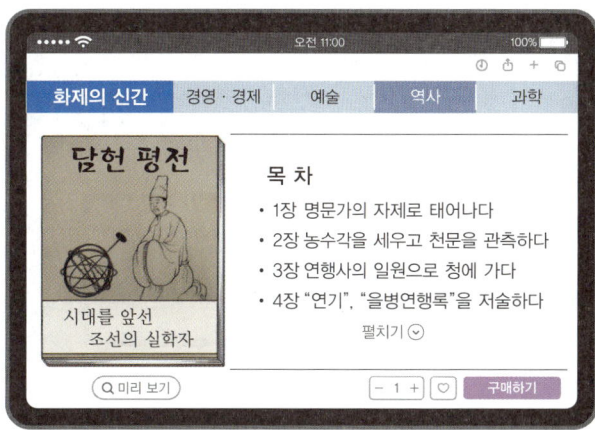

① 지봉유설에서 천주실의를 소개하였다.
② 의산문답에서 무한 우주론을 주장하였다.
③ 양반전을 지어 양반의 허례와 무능을 풍자하였다.
④ 북학의를 저술하여 청의 문물 수용을 강조하였다.
⑤ 동의수세보원을 편찬하여 사상 의학을 정립하였다.

STEP 3 기출문제

57 다음 가상 인터뷰의 주인공에 대한 설명으로 옳은 것은? [2점 | 65회]

① 마과회통에서 홍역에 대한 지식을 정리하였다.
② 의산문답에서 중국 중심의 세계관을 비판하였다.
③ 발해고에서 남북국이라는 용어를 처음 사용하였다.
④ 곽우록에서 토지 매매를 제한하는 한전론을 제시하였다.
⑤ 금석과안록에서 북한산비가 진흥왕 순수비임을 고증하였다.

58 (가) 인물에 대한 설명으로 옳은 것은? [2점 | 63회]

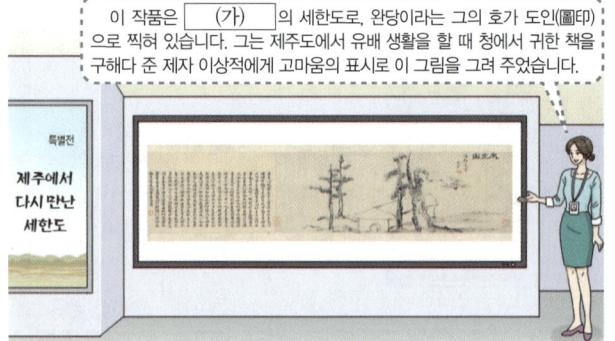

① 남북국이라는 용어를 처음 사용하였다.
② 기기도설을 참고하여 거중기를 설계하였다.
③ 북한산비가 진흥왕 순수비임을 고증하였다.
④ 양명학을 연구하여 강화학파를 형성하였다.
⑤ 안평 대군의 꿈을 소재로 몽유도원도를 그렸다.

59 (가) 인물에 대한 설명으로 옳은 것은? [1점 | 64회]

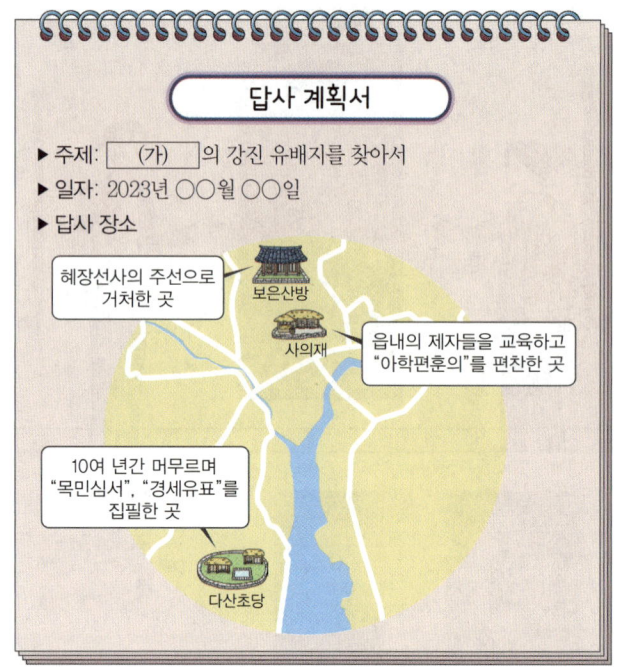

① 일본에 다녀와 해동제국기를 편찬하였다.
② 최초의 서원인 백운동 서원을 건립하였다.
③ 북한산비가 진흥왕 순수비임을 고증하였다.
④ 양명학을 연구하여 강화학파를 형성하였다.
⑤ 기기도설을 참고하여 거중기를 설계하였다.

60 (가) 인물에 대한 설명으로 옳은 것은? [2점 | 59회]

> (가) 은/는 널리 배워 시를 잘 짓고 전고(典故)에도 밝았다. …… 발해고를 지어서 인물과 군현, 왕실 계보의 연혁 등을 상세하게 잘 엮어서 두루 모아놓으니 기뻐할 만하다. 그런데 그의 말에 왕씨가 고구려의 옛 강역을 회복하지 못하였음을 탄식한 부분이 있다. 왕씨가 옛 강역을 회복하지 못하니 계림과 낙랑의 옛터가 마침내 어두워져 스스로 천하와 단절되었다는 것이다.

① 규장각의 검서관으로 활동하였다.
② 양명학을 연구해 강화학파를 형성하였다.
③ 의산문답에서 중국 중심의 세계관을 비판하였다.
④ 북한산비가 진흥왕 순수비임을 처음으로 밝혀냈다.
⑤ 체질에 따라 치료를 달리하는 사상 의학을 확립하였다.

61 (가), (나)를 쓴 인물의 공통점으로 옳은 것은? [2점 | 62회]

(가) 실옹이 웃으며 말하기를, "…… 대저 땅덩이는 하루 동안에 한 바퀴를 도는데, 땅 둘레는 9만 리이고 하루는 12시이다. 9만 리 넓은 둘레를 12시간에 도니 번개나 포탄보다도 더 빠른 셈이다."라고 하였다.

(나) 허생이 말하기를, "우리 조선은 배가 외국과 통하지 못하고, 수레가 국내에 두루 다니지 못하는 까닭에 온갖 물건이 나라 안에서 생산되어 소비되곤 하지 않나. …… 어떤 물건 하나를 슬그머니 독점한다면, 그 물건은 한 곳에 갇혀서 유통되지 못하니 이는 백성을 못살게 하는 방법이야."라고 하였다.

① 갑술환국으로 정계에서 축출되었다.
② 양명학을 연구하여 강화학파를 형성하였다.
③ 서얼 출신으로 규장각 검서관에 기용되었다.
④ 연행사의 일원으로 청에 다녀와 연행록을 남겼다.
⑤ 농민 생활의 안정을 위하여 화폐 사용을 반대하였다.

62 (가) 인물의 활동으로 옳은 것은? [2점 | 58회]

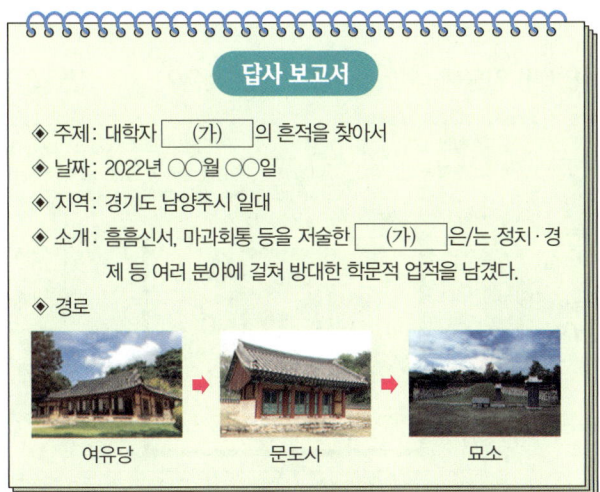

답사 보고서
◆ 주제: 대학자 (가) 의 흔적을 찾아서
◆ 날짜: 2022년 ○○월 ○○일
◆ 지역: 경기도 남양주시 일대
◆ 소개: 흠흠신서, 마과회통 등을 저술한 (가) 은/는 정치·경제 등 여러 분야에 걸쳐 방대한 학문적 업적을 남겼다.
◆ 경로
여유당 → 문도사 → 묘소

① 성호사설에서 한전론을 주장하였다.
② 양반전에서 양반의 허례와 무능을 지적하였다.
③ 의산문답에서 중국 중심의 세계관을 비판하였다.
④ 북학의에서 절약보다 적절한 소비를 권장하였다.
⑤ 경세유표에서 국가 제도의 개혁 방향을 제시하였다.

63 (가)~(마)에 들어갈 내용으로 옳은 것은? [3점 | 56회]

〈온라인 한국사 교양 강좌〉
인물로 보는
조선 후기 사회 개혁론

우리 학회에서는 조선 후기 학자들의 다양한 개혁론을 이해하는 교양 강좌를 마련하였습니다. 많은 분들의 관심과 참여 바랍니다.

■ 강좌 안내 ■
제1강 이익, (가)
제2강 홍대용, (나)
제3강 박지원, (다)
제4강 박제가, (라)
제5강 정약용, (마)

• 기간: 2021년 ○○월 ○○일~○○월 ○○일 매주 화요일 16:00
• 방식: 화상 회의 플랫폼 활용
• 주최: ◇◇ 학회

① (가) - 의산문답에서 중국 중심의 세계관을 비판하다
② (나) - 목민심서에서 지방 행정의 개혁안을 제시하다
③ (다) - 열하일기에서 수레와 선박의 필요성을 강조하다
④ (라) - 성호사설에서 사회 폐단을 여섯 가지 좀으로 규정하다
⑤ (마) - 북학의에서 절약보다 적절한 소비를 권장하다

64 (가)에 들어갈 내용으로 옳은 것은? [2점 | 50회]

색경을 편찬한 인물에 대해 이야기해 보자.
노론에 의해 사문난적으로 몰려 당시 학계에서 배척당했어.
(가)

① 청으로부터 시헌력 도입을 건의했어.
② 기기도설을 참고하여 거중기를 설계했어.
③ 무오사화의 발단이 된 조의제문을 작성했어.
④ 천체의 운행과 위치를 측정하는 혼천의를 제작했어.
⑤ 유학 경전을 주자와 달리 해석한 사변록을 저술했어.

65 (가)에 대한 설명으로 옳은 것은? [3점 | 54회]

이번 경매 물건은 김정호가 당시 조선의 지도 제작 기술을 집대성하여 만든 (가) 입니다. 10리마다 눈금을 표시하여 거리를 알 수 있게 하였고, 개개의 산보다 산줄기를 표시하는 데 역점을 두었습니다. 또한 군현별로 다른 색이 칠해진 채색본으로는 국내에 유일하게 남아 있는 것입니다.

① 최초로 100리 척이 적용되었다.
② 전체 22첩의 목판본으로 되어 있다.
③ 우리나라에서 제작된 현존 최고(最古)의 지도이다.
④ 각 지방의 연혁, 산천, 풍속 등이 자세히 나타나 있다.
⑤ 전국의 지리 정보에 주요 인물과 역사적 사실을 병기하였다.

66 밑줄 그은 '이 인물'에 대한 설명으로 옳은 것은? [2점 | 71회]

이것은 이 인물이 제주도 유배지에서 부인에게 보낸 한글 편지입니다. 편지에는 유배 생활의 곤궁함과 함께 위독한 부인에 대한 걱정과 그리움이 담겨 있습니다. 독창적인 서체로 유명한 이 인물은 유배지에서 세한도를 그리기도 하였습니다.

① 기대승과 사단칠정 논쟁을 전개하였다.
② 북한산비가 진흥왕 순수비임을 고증하였다.
③ 양명학을 연구하여 강화학파를 형성하였다.
④ 청으로부터 시헌력을 도입하자고 건의하였다.
⑤ 열하일기에서 수레와 선박의 사용을 강조하였다.

67 밑줄 그은 '그'에 대한 설명으로 옳은 것은? [1점 | 54회]

시(詩)로 만나는 실학자

육지의 재화는 연경과 통하지 않고
바다의 상인은 왜의 물건을 실어 오지 않네
비유컨대 들판의 우물물과 같아
길지 않으면 저절로 말라 버리네

[해설] 이 시는 연행사의 일원으로 다녀온 그가 청의 발달한 문물을 경험하고 지은 것이다. 서얼 출신으로 규장각 검서관에 발탁된 그는 시의 내용처럼 재화를 우물물에 비유하며 소비 촉진을 통한 생산력의 증대를 주장하였다.

① 기기도설을 참고하여 거중기를 설계하였다.
② 양명학을 연구하여 강화학파를 형성하였다.
③ 북학의에서 수레와 배의 이용을 권장하였다.
④ 열하일기에서 화폐 유통의 필요성을 강조하였다.
⑤ 우서에서 사농공상의 직업적 평등을 주장하였다.

68 (가) 인물에 대한 설명으로 옳은 것은? [2점 | 69회]

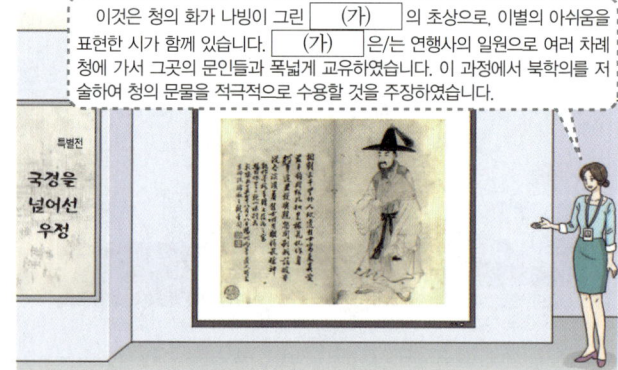

이것은 청의 화가 나빙이 그린 (가) 의 초상으로, 이별의 아쉬움을 표현한 시가 함께 있습니다. (가) 은/는 연행사의 일원으로 여러 차례 청에 가서 그곳의 문인들과 폭넓게 교유하였습니다. 이 과정에서 북학의를 저술하여 청의 문물을 적극적으로 수용할 것을 주장하였습니다.

① 세계 지리서인 지구전요를 저술하였다.
② 의산문답에서 무한 우주론을 주장하였다.
③ 기기도설을 참고하여 거중기를 설계하였다.
④ 서자 출신으로 규장각 검서관에 기용되었다.
⑤ 양반전을 지어 양반의 허례와 무능을 풍자하였다.

핵심 키워드

01 선조 때 정여립 모반 사건을 계기로 기축옥사가 발생하여 ●인이 정국을 주도하였다.

02 현종 때 자의 대비의 복상 문제를 둘러싸고 두 차례 ●송이 전개되었다.

03 숙종 때 희빈 장씨 소생의 원자 책봉 문제로 환국이 일어나 ●인이 집권하였다.

04 영조는 붕당 정치의 폐해를 극복하고자 성균관 입구에 ●●비를 건립하였다.

05 정조는 젊고 유능한 문신들을 재교육하는 ●●문신제를 시행하였다.

06 정조는 국왕 친위 부대로 ●●영을 설치하고, 시전 상인의 특권을 폐지하는 신해●●을 단행하였다.

07 ●●사는 세도 정치 시기에 외척 세력의 권력 기반이 되었다.

08 효종은 청의 요청에 따라 ●● 정벌에 조총 부대를 두 차례 파견하였다.

09 방납의 폐단을 시정하기 위해 광해군 때 ●●법을 경기도에서 처음 시행하였다.

10 영조는 농민의 군포 부담을 줄여 주기 위해 군포를 1년에 1필만 징수하는 ●●법을 실시하였다.

11 조선 후기에 물주의 자금을 받아 광산을 전문적으로 경영하는 ●대가 등장하였다.

12 경주 출신의 몰락 양반 최●●가 동학을 창시하였다.

13 순조 때 서북 지역에 대한 차별과 지배층의 수탈에 반발하여 홍●●가 난을 일으켰다.

14 조선 정부는 삼정의 문란을 바로잡기 위해 삼정●●●을 설치하였다.

15 이●은 《곽우록》 등에서 영업전을 설정하여 토지 매매를 제한하는 한전론을 제시하였다.

16 정●●은 《경세유표》,《목민심서》 등을 통해 국가 제도의 개혁 방향을 제시하였다.

17 홍대용은 《의산문답》에서 중국 중심의 세계관을 비판하고 ●전설과 ●●우주론을 주장하였다.

18 박제가는 《●●의》에서 재물을 우물에 비유하여 절약보다 소비를 권장하였다.

19 김정희는 《금석과안록》에서 북한산비가 신라 ●●왕 순수비임을 처음으로 고증하였다.

20 유득공은 《발해고》에서 '●●국'이라는 용어를 처음으로 사용하였다.

21 광해군 때 전통 한의학을 정리한 허준의 《●●보감》이 완성되었다.

22 조선 후기에 우리나라 산천을 소재로 삼아 사실적으로 그리는 ●● 산수화가 유행하였다

23 조선 후기에 회회청 등의 코발트 안료를 사용하여 만든 ●● 백자가 유행하였다.

01 서 02 예 03 남 04 탕평 05 초계 06 장용, 통공 07 비변 08 나선 09 대동 10 균역 11 덕 12 제우 13 경래 14 이정청 15 익 16 약용 17 지, 무한 18 북학 19 진흥 20 남북 21 동의 22 진경 23 청화

PART 6

개항기

최신 3개년 평균 출제 문항 수
8.2 문항

최신 3개년 평균 출제 비중
16.4 %

최신 3개년 주제별 출제 현황

주제	출제 현황	빈출 키워드
흥선 대원군	13문항	제너럴셔먼호 사건, 오페르트 도굴 사건, 척화비 건립, 사창제, 정족산성(양헌수)
개항~갑신정변	19문항	조선책략, 통리기무아문, 별기군, 우정총국 개국 축하연, 조·청 상민 수륙 무역 장정
동학농민운동~대한제국	28문항	거문도 사건, 양전 사업(지계 발급), 전주 화약(전주성 점령), 원수부 설치, 남접·북접 연합
국권 피탈과 저항	19문항	105인 사건(신민회), 서울 진공 작전(정미의병), 재정 고문 메가타, 통감부 설치(을사늑약), 오산 학교, 대성 학교
경제	7문항	방곡령, 국채 보상 운동, 황국 중앙 총상회, 보안회, 화폐 정리 사업
문화	12문항	육영 공원, 박문국, 배재 학당, 이화 학당, 대한매일신보, 기기창

학습 POINT

- 병인박해부터 척화비 건립까지의 주요 사건을 시간 순으로 정리하세요.
- 강화도 조약을 시작으로 각 국과 체결된 주요 조약의 특징을 비교하세요.
- 1910년에 국권 피탈이 되기까지 체결된 주요 조약의 특징을 정리하세요.
- 근대 문물이 형성된 시기를 갑신정변, 갑오개혁 등 주요 사건과 함께 정리하세요.
- 보안회, 신민회 등 주요 애국 계몽 단체의 활동을 파악하세요.

STEP 1 N가지 젤 중요한 개념

빈칸을 채우며 중요한 개념을 학습해요.

핵심강의

01 흥선 대원군 집권 시기

왕권 강화	• 세도 정치 가문 축출(안동 김씨 세력 등) • 비변사의 기능 축소·폐지(의정부와 삼군부의 기능 부활), 《대전회통》·《육전조례》 편찬 • ① ◯◯◯궁 중건(당백전 발행, 원납전 강제 징수) • 전국의 서원을 47개소만 남기고 모두 철폐 • 만동묘 철폐
민생 안정	• 양전 사업 실시, 호포제 실시(양반에게도 군포 징수) • 사창제 실시(마을 단위로 사창 설치)
통상 수교 거부 정책과 양요	❶ 병인박해(1866): 흥선 대원군이 프랑스 선교사와 천주교도 처형 → ❷ 제너럴셔먼호 사건(1866): 박규수와 평양 관민이 미국의 제너럴셔먼호를 불태워 침몰시킴 → ❸ ② ◯◯ 양요(1866): 프랑스군이 병인박해를 구실로 강화도 침략, 문수산성(한성근)·정족산성(양헌수)에서 항전 → 프랑스군이 철수 과정에서 《의궤》 등 외규장각 도서와 각종 문화재 약탈 → ❹ 오페르트 도굴 사건(1868): 오페르트가 흥선 대원군의 아버지인 남연군의 묘 도굴 시도 → ❺ ③ ◯◯ 양요(1871): 미군이 제너럴셔먼호 사건을 구실로 강화도 침략, 어재연이 이끄는 조선군이 광성보에서 항전, 미군이 어재연 장군의 '수'자기 탈취 → ❻ 척화비 건립

02 강화도 조약과 개항

강화도 조약 (1876)	• 배경: ④ ◯◯호 사건(일본 군함 운요호가 강화도 침략, 1875) • 내용: 부산 외 2개 항구(원산·인천) 개항, 일본에 해안 측량권과 영사 재판권(치외 법권) 허용 → 일본에 유리한 불평등 조약 • 조·일 수호 조규 부록, 조·일 무역 규칙(일본 상품 무관세, 양곡의 무제한 반출 허용) 체결
정부의 개화 정책 추진	• ⑤ ◯◯아문 설치, '5군영 → 2영'으로 개편, 별기군 창설(신식 군대) • 사절단 파견: 수신사(2차 수신사였던 김홍집이 《조선 ⑥ ◯◯◯》을 가지고 귀국 → 조·미 수호 통상 조약 체결에 영향), 조사 시찰단(일본에 비밀리에 파견, 일본의 각종 시설 시찰), 영선사(김윤식 등 유학생을 청에 보내 근대식 무기 제조 기술 습득 → 귀국 후 기기창 설립 주도)

03 위정척사 운동

1860년대	통상 반대 → 이항로, 기정진(척화주전론 주장)
1870년대	개항 반대 → 최익현(왜양일체론 주장)
1880년대	개화 정책 반대, 미국과의 수교 반대 → 이만손 등이 ⑦ ◯◯◯ 만인소를 올림

04 임오군란과 갑신정변

임오군란 (1882)	구식 군인에 대한 차별 대우 → 구식 군인들의 봉기 → 일본 공사관과 궁궐 습격 → 청군이 개입하여 군란 진압 → ⑧ ◯◯ 포 조약(조선-일본) 체결, 조·청 상민 수륙 무역 장정(조선-청) 체결(청 상인의 내륙 진출 허용)
갑신정변 (1884)	김옥균 등 급진 개화파가 우정총국 개국 축하연을 이용하여 정변을 일으킴 → 14개조 개혁 정강 발표 → ⑨ ◯군의 개입으로 3일 만에 실패 → ⑩ ◯◯ 조약(조선-일본) 체결, 톈진 조약(청-일본) 체결 → 거문도 사건(영국이 러시아의 남하 견제를 구실로 거문도를 불법 점령, 1885)

05 동학 농민 운동(1894)

고부 농민 봉기(1월)	⑪ ◯◯부 군수 조병갑의 탐학과 수탈 → 전봉준의 주도로 고부 관아 점령 → 자진 해산
1차 봉기 (3~9월)	• 안핵사 이용태가 고부 농민 봉기 참여자 탄압 → 백산에서 동학 농민군 봉기(보국안민·제폭구민) → 농민군의 황토현·황룡촌 전투 승리 → 전주성 점령 • 정부가 청에 파병 요청 → 청군·일본군 상륙(by 텐진 조약) → ⑫ ◯◯ 화약 체결 후 동학 농민군 자진 해산 → 집강소 설치 후 폐정 개혁안 실천 → 조선 정부의 교정청 설치
2차 봉기 (9~11월)	일본군이 경복궁 무력 점령 후 내정 간섭, 청·일 전쟁 발발 → 동학 농민군의 재봉기 → 남접과 북접이 논산에 집결 → 공주 ⑬ ◯◯◯ 치 전투에서 패배 → 전봉준 등 농민군 지도자들 체포

06 갑오개혁(1894)과 을미개혁(1895)

제1차 갑오개혁	• ⑭ ◯◯◯◯◯처 설치 → 개혁 주도 • 개국 개년 사용, 궁내부 설치, '6조 → 80아문'으로 개편 • 과거제 폐지, 탁지아문으로 재정 일원화, 은 본위 화폐 제도 확립 • 신분제(공·사 노비법) 철폐, 과부의 재가 허용
제2차 갑오개혁	• 군국기무처 폐지, 고종의 ⑮ ◯◯◯◯ 14조 반포 • '80아문 → 7부'로 개편, '8도 → 23부'로 개편, 재판소 설치, ⑯ ◯◯ 조서 반포(→ 한성 사범 학교·소학교·외국어 학교 관제가 마련됨)
을미개혁	• 을미사변 이후 구성된 친일 내각에서 추진 • 태양력 채택, 연호 '건 ⑰ ◯' 제정 • 단발령 실시

132 시대별 기출문제집 심화

07 독립 협회와 대한 제국

독립 협회
- 서재필의 주도로 독립신문 창간, 독립 협회 창립(1896)
- 독립문 건립, 만민 공동회 개최(1898)
- 관민 공동회 개최: 헌의 6조 결의(입헌 군주제 지향), ⑱ 설립 운동(중추원 관제 반포)

대한 제국
- 아관 파천 이후 고종이 경운궁(덕수궁)으로 환궁한 후 대한 제국 수립 선포(1897)
- 광무개혁 추진: 대한국 국제 반포(황제권 강조), 원수부 설치(황제의 군 통수권 장악), 지계아문 설치(양전 사업 실시, 지 ⑲ 발급), 근대적 공장과 회사 설립, 관립 실업 학교(상공 학교) 설립

08 국권 피탈과 저항

일제의 국권 침탈 과정
러·일 전쟁 발발(1904. 2.) → ❶ 한·일 의정서 체결(일본이 대한 제국의 군사적 요충지 점령) → ❷ 제1차 한·일 협약(1904. 8.): 고문 정치 → 메가타(재정 고문)·스티븐스(외교 고문) 파견 → ❸ 제2차 한·일 협약(을사늑약, 1905. 11.): 대한 제국의 ⑳ 권 박탈, ㉑ 부 설치 → 우리 민족의 저항: 고종의 헤이그 특사 파견, 을사의병(최익현), 장지연의 〈시일야방성대곡〉(황성신문) → ❹ 헤 ㉒ 특사 파견을 구실로 일본이 고종을 강제 퇴위시킴 → 순종 즉위 → ❺ 한·일 신협약(정미7조약, 1907. 7.): 차관 정치, 부수 각서를 통해 대한 제국의 군대를 해산시킴 → ❻ 기유각서(사법권 박탈, 1909) → ❼ 한·일 병합 조약 체결(경술국치, 1910)

애국 계몽 운동
- 보안회: 일본의 황무지 개간권 요구 저지 성공
- 대한 자강회: 고종의 강제 퇴위 반대 운동
- ㉓ 회(1907): 안창호, 양기탁 등이 비밀 결사 형태로 조직 → 오산 학교·대성 학교 설립, 자기 회사·태극 서관 운영, 서간도(남만주) 삼원보에 독립운동 기지 건설(신흥 강습소 설립) → 105인 사건으로 와해(1911)

09 항일 의병 운동과 항일 의거 활동

항일 의병 운동
- 을미의병(1895): 을미사변, 단발령 계기
- 을사의병(1905): 을사늑약 계기 → 신돌석 등 평민 출신 의병장 등장
- 정미의병(1907): 고종의 강제 퇴위, 대한 제국의 군대 해산 계기 → 일부 해산 군인들의 합류, ㉔ 도 연합 의병 부대 결성(이인영, 허위) → 서울 진공 작전 실패

항일 의거 활동
나철, 오기호(자신회 조직), 전명운·장인환(친일 미국인 스티븐스 저격), 안 ㉕ (만주 하얼빈에서 이토 히로부미 사살, 옥중에서 〈동양 평화론〉 저술)

10 경제적 구국 운동

상권·이권 수호 운동
- 방곡령 선포(일본에 배상금 지불)
- 황국 중앙 총상회 조직(시전 상인)
- 독립 협회의 만민 공동회 개최(러시아의 절영도 조차 요구 저지)
- ㉖ 회(일본의 황무지 개간권 요구 저지)

㉗ 운동(1907)
서상돈, 김광제 등의 주도로 대구에서 시작 → 국채 보상 기성회 조직, 대한매일신보 등 언론의 후원으로 전국적 확산

11 문화

언론의 발달
- 한성순보(우리나라 최초의 근대 신문), 한성주보(최초로 상업 광고 게재)
- 독립신문(서재필이 창간), 황성신문, 제국신문
- ㉘ 신보: 양기탁+영국인 베델이 창간, 국채 보상 운동을 적극적으로 지원

근대 문물의 도입
- 박문국(인쇄·출판)·전환국(근대식 화폐 발행)· ㉙ 창(근대식 무기 제작) 설립
- 전기: 경복궁에 최초로 전등 가설(1887), 한성 전기 회사 설립(1898)
- 전차 개통: 서대문~청량리 노선 개통(최초, 1899)
- 철도: 최초로 경인선 개통(1899) → 러·일 전쟁 이후 경부선(1905)·경의선(1906) 개통

근대 교육 기관
- 1880년대: 원산 학사(덕원·원산의 관민이 함께 설립), 배재 학당·이화 학당(개신교 선교사들이 설립), 동문학(통역관 양성), ㉚ 공원(헐버트 등 미국인 교사 초빙, 서양 학문 교육)
- 1890년대: 교육입국 조서 반포 → 한성 사범 학교, 소학교, 외국어 학교 등 설립
- 1900년대: 신민회 → 오산 학교(이승훈)·대성 학교(안창호) 설립

국학 연구
- 국문 연구소 설립 → 주시경 등 활동
- 신채호의 〈독사신론〉 발표

종교
- 천도교: 동학에서 개칭, 만세보 간행
- ㉛ 교: 나철·오기호가 단군 신앙을 바탕으로 창시, 국권 피탈 이후 북간도에서 중광단 조직(이후 북로 군정서로 발전)
- 천주교: 경향신문 간행

정답
❶ 경복 ❷ 병인 ❸ 신미 ❹ 운요 ❺ 통리기무 ❻ 책략 ❼ 영남 ❽ 제물 ❾ 청 ❿ 한성 ⑪ 고 ⑫ 전주 ⑬ 우금 ⑭ 군국기무 ⑮ 홍범 ⑯ 교육입국 ⑰ 양 ⑱ 의회 ⑲ 계 ⑳ 외교 ㉑ 통감 ㉒ 이그 ㉓ 신민 ㉔ 13 ㉕ 중근 ㉖ 보안 ㉗ 국채 보상 ㉘ 대한매일 ㉙ 기기 ㉚ 육영 ㉛ 대종

STEP 2 젤 중요한 개념 확인문제

01 흥선 대원군이 실시한 정책으로 옳으면 O표, 틀리면 X표를 하세요.
(1) 경복궁 중건을 위해 당백전을 발행하였다. ( )
(2) 국왕의 친위 부대로 장용영을 설치하였다. ( )
(3) 속대전을 편찬하여 통치 체제를 정비하였다. ( )
(4) 환곡의 폐단을 시정하고자 사창제를 실시하였다. ( )
(5) 삼군부를 부활시켜 군국 기무를 전담하게 하였다. ( )
(6) 전국의 서원을 47개소만 남기고 모두 철폐하였다. ( )
(7) 양반에게도 군포를 징수하는 호포제를 실시하였다. ( )
(8) 삼정의 문란을 개선하기 위해 삼정이정청을 설치하였다. ( )
(9) 교육의 기본 방향을 제시한 교육입국 조서를 반포하였다. ( )

02 다음 사실들을 순서대로 나열하세요.
(1) ( )
> (가) 평양 관민이 제너럴셔먼호를 불태웠다.
> (나) 병인박해로 천주교 선교사와 신자들이 처형되었다.
> (다) 양헌수 부대가 정족산성에서 프랑스군을 격퇴하였다.

(2) ( )
> (가) 어재연 부대가 광성보에서 항전하였다.
> (나) 종로와 전국 각지에 척화비가 세워졌다.
> (다) 프랑스군이 외규장각 도서를 약탈하였다.
> (라) 오페르트가 남연군 묘 도굴을 시도하였다.

03 강화도 조약에 대한 설명으로 옳으면 O표, 틀리면 X표를 하세요.
(1) 운요호 사건이 원인이 되었다. ( )
(2) 최혜국 대우를 처음으로 규정하였다. ( )
(3) 거중 조정에 대한 내용을 처음 포함하였다. ( )
(4) 부산 외 개항장이 설치되는 결과를 가져왔다. ( )
(5) 메가타가 재정 고문으로 부임하는 근거가 되었다. ( )
(6) 천주교 포교의 자유를 인정하는 계기가 되었다. ( )

04 조·미 수호 통상 조약에 대한 설명으로 옳으면 O표, 틀리면 X표를 하세요.
(1) 거중 조정의 조항을 포함하였다. ( )
(2) 최혜국 대우를 최초로 규정하였다. ( )
(3) 천주교 포교 허용의 근거가 되었다. ( )
(4) 함경도에 방곡령이 선포되는 결과를 가져왔다. ( )
(5) 외국 상인의 내지 통상권을 최초로 규정하였다. ( )
(6) 스티븐스가 외교 고문으로 부임하는 계기가 되었다. ( )
(7) 부산 외 2곳에 개항장이 설치되는 결과를 가져왔다. ( )

05 다음 설명에 해당하는 인물을 골라 쓰세요.

> 최익현, 박정양, 김홍집, 유길준

(1) 초대 주미 공사로 임명되어 미국에 파견되었다. ( )
(2) 조선책략을 국내에 들여와 처음으로 소개하였다. ( )
(3) 서유견문을 집필하여 서양 근대 문물을 소개하였다. ( )
(4) 지부복궐척화의소를 올려 왜양일체론을 주장하였다. ( )

06 다음 사실들을 순서대로 나열하세요.
(1) ( )
> (가) 이만손 등이 영남 만인소를 올렸다.
> (나) 김기수가 일본에 수신사로 파견되었다.
> (다) 일본 군함 운요호가 영종도를 공격하였다.

(2) ( )
> (가) 김홍집이 국내에 조선책략을 소개하였다.
> (나) 조약 체결에 대한 답례로 보빙사를 보냈다.
> (다) 영국군이 러시아를 견제하기 위해 불법 점령하였다.

07 임오군란에 대한 설명으로 옳으면 O표, 틀리면 X표를 하세요.
(1) 청군에 의해 진압되었다. ( )
(2) 보국안민, 제폭구민을 기치로 내걸었다. ( )
(3) 우정총국 개국 축하연을 이용하여 일어났다. ( )
(4) 홍범 14조를 기본 개혁 방향으로 제시하였다. ( )
(5) 프랑스군이 강화도를 침입하는 빌미가 되었다. ( )
(6) 일본 공사관에 경비병이 주둔하는 계기가 되었다. ( )
(7) 전개 도중 흥선 대원군이 다시 집권하기도 하였다. ( )

08 갑신정변에 대한 설명으로 옳으면 O표, 틀리면 X표를 하세요.
(1) 운요호 사건이 원인이 되었다. ( )
(2) 김옥균, 박영효 등이 주도하였다. ( )
(3) 톈진 조약 체결의 계기가 되었다. ( )
(4) 단발령 시행에 반발하여 일어났다. ( )
(5) 한성 조약이 체결되는 결과를 가져왔다. ( )
(6) 구식 군인에 대한 차별 대우가 발단이 되었다. ( )
(7) 남접과 북접이 연합하여 조직적으로 전개되었다. ( )
(8) 사건의 수습을 위해 박규수가 안핵사로 파견되었다. ( )

09 동학 농민 운동에 대한 설명으로 옳으면 O표, 틀리면 X표를 하세요.
(1) 건양이라는 연호를 제정하였다. ( )
(2) 척왜양창의를 기치로 내걸었다. ( )
(3) 이소응, 유인석 등이 주도하였다. ( )
(4) 을사늑약에 반발하여 봉기하였다. ( )
(5) 황토현에서 전라 감영군을 격파하였다. ( )
(6) 백낙신의 탐학이 발단이 되어 일어났다. ( )
(7) 집강소를 중심으로 폐정 개혁안을 실천하였다. ( )
(8) 개혁의 방향을 제시한 홍범 14조를 반포하였다. ( )
(9) 관민 공동회를 개최하여 헌의 6조를 결의하였다. ( )

10 다음 사실들을 순서대로 나열하세요.
(가) 농민군이 백산에서 4대 강령을 선포하였다.
(나) 정부와 농민군 사이에 전주 화약이 체결되었다.
(다) 사태 수습을 위해 이용태가 안핵사로 파견되었다.
(라) 보국안민을 기치로 우금치에서 일본군 및 관군에 맞서 싸웠다.
( )

11 다음에서 제1차 갑오개혁은 '1차', 제2차 갑오개혁은 '2차', 을미개혁은 '을미'라고 쓰세요.
(1) 과거제를 폐지하였다. ( )
(2) 태양력을 시행하였다. ( )
(3) 개국 기년을 사용하였다. ( )
(4) 과부의 재가를 허용하였다. ( )
(5) 공·사 노비법을 혁파하였다. ( )
(6) 건양이라는 연호를 제정하였다. ( )
(7) 재판소를 설치하여 사법권을 독립시켰다. ( )
(8) 행정 기구를 6조에서 8아문으로 개편하였다. ( )
(9) 지방 행정 구역을 8도에서 23부로 개편하였다. ( )
⑩ 개혁의 기본 방향을 제시한 홍범 14조를 반포하였다. ( )
⑪ 교육입국 조서를 반포하고 한성 사범 학교 관제를 마련하였다. ( )

12 독립 협회의 활동으로 옳으면 O표, 틀리면 X표를 하세요.
(1) 러시아의 절영도 조차 요구에 반대하였다. ( )
(2) 일본의 황무지 개간권 요구를 저지시켰다. ( )
(3) 중추원 개편을 통한 의회 설립을 추진하였다. ( )
(4) 영은문이 있던 자리 부근에 독립문을 건립하였다. ( )
(5) 만민 공동회를 개최하여 민권 신장을 추구하였다. ( )
(6) 일제가 조작한 105인 사건으로 조직이 해체되었다. ( )
(7) 독립운동 자금 마련을 위해 독립 공채를 발행하였다. ( )
(8) 조선 총독에게 국권 반환 요구서를 발송하려 하였다. ( )
(9) 여성의 평등한 권리를 주장하는 여권통문을 발표하였다. ( )
⑩ 광주 학생 항일 운동에 진상 조사단을 파견하여 지원하였다. ( )

STEP 2 젤 중요한 개념 확인문제

13 다음 사실들을 순서대로 나열하세요.

(가) 을미사변이 일어났다.
(나) 대한국 국제가 반포되었다.
(다) 대한 제국 황제 즉위식이 거행되었다.
(라) 고종이 러시아 공사관으로 거처를 옮겼다.

(　　　　　　　　　　　　　)

14 대한 제국 시기에 볼 수 있었던 모습으로 옳으면 O표, 틀리면 X표를 하세요.

(1) 간도 관리사로 임명되는 관료　　　　(　　)
(2) 관민 공동회에서 연설하는 백정　　　(　　)
(3) 영선사 일행으로 청에 가는 생도　　　(　　)
(4) 몸뻬 착용을 권장하는 애국반 반장　　(　　)
(5) 제너럴셔먼호를 불태우는 평양 관민　(　　)
(6) 경부선 철도 개통식을 구경하는 청년　(　　)
(7) 헌병 경찰에게 끌려가 태형을 당하는 농민　(　　)
(8) 나운규가 감독한 아리랑의 첫 상영을 준비하는 단성사 직원　(　　)

15 광무개혁에서 추진된 정책으로 옳으면 O표, 틀리면 X표를 하세요.

(1) 원수부가 설치되었다.　　　　　　　　(　　)
(2) 공·사 노비법이 혁파되었다.　　　　　(　　)
(3) 통리기무아문이 설치되었다.　　　　　(　　)
(4) 5군영에서 2영으로 군제를 개편하였다.　(　　)
(5) 건양이라는 독자적인 연호가 채택되었다.　(　　)
(6) 양전 사업을 실시하고 지계를 발급하였다.　(　　)
(7) 박문국을 설치하여 한성순보를 발행하였다.　(　　)
(8) 홍범 14조를 기본 개혁 방향으로 제시하였다.　(　　)
(9) 지방 행정 구역을 8도에서 23부로 개편하였다.　(　　)
(10) 서양식 근대 교육 기관인 육영 공원을 설립하였다.　(　　)

16 다음 사실들을 순서대로 나열하세요.

(1) (　　　　　　　　　　　　　)

(가) 한·일 신협약이 체결되었다.
(나) 통감부가 설치되고 초대 통감이 부임하였다.
(다) 러시아가 용암포를 점령하고 조차를 요구하였다.

(2) (　　　　　　　　　　　　　)

(가) 러·일 전쟁이 발발하였다.
(나) 헤이그 만국 평화 회의에 특사가 파견되었다.
(다) 메가타가 대한 제국의 재정 고문으로 부임하였다.

17 을사늑약 체결과 한·일 신협약(정미7조약) 체결 사이의 시기에 있었던 사실로 옳으면 O표, 틀리면 X표를 하세요.

(1) 고종이 강제로 퇴위되었다.　　　　　(　　)
(2) 고종이 러시아 공사관으로 거처를 옮겼다.　(　　)
(3) 통감부가 설치되고 초대 통감이 부임하였다.　(　　)
(4) 13도 창의군이 서울 진공 작전을 전개하였다.　(　　)
(5) 일본이 경복궁을 점령하고 내정 개혁을 요구하였다.　(　　)
(6) 고종이 헤이그 만국 평화 회의에 특사를 파견하였다.　(　　)
(7) 영국이 러시아를 견제하기 위해 거문도를 불법 점령하였다.　(　　)

18 신민회에 대한 설명으로 옳으면 O표, 틀리면 X표를 하세요.

(1) 만민 공동회를 개최하였다.　　　　　(　　)
(2) 한글 맞춤법 통일안을 제정하였다.　　(　　)
(3) 대성 학교와 오산 학교를 설립하였다.　(　　)
(4) 일본의 황무지 개간권 요구를 저지하였다.　(　　)
(5) 일제가 조작한 105인 사건으로 와해되었다.　(　　)
(6) 서간도 삼원보에 독립운동 기지를 건설하였다.　(　　)
(7) 농촌 계몽을 위한 브나로드 운동을 전개하였다.　(　　)
(8) 태극 서관을 운영하여 계몽 서적 등을 보급하였다.　(　　)
(9) 독립운동 자금 마련을 위해 독립 공채를 발행하였다.　(　　)
(10) 이륭양행에 교통국을 설치하여 국내와 연락을 취하였다.　(　　)

19 다음 설명에 해당하는 의병 운동을 골라 쓰세요.

> 을미의병, 을사의병, 정미의병

(1) 서울 진공 작전을 전개하였다. (　　)
(2) 최익현, 민종식 등이 주도하였다. (　　)
(3) 을사늑약에 반발하여 봉기하였다. (　　)
(4) 단발령 시행에 반발하여 봉기하였다. (　　)
(5) 고종의 해산 권고 조칙에 따라 해산하였다. (　　)
(6) 해산된 군인들의 합류로 전투력이 강화되었다.(　　)
(7) 국제법상 교전 단체로 승인해 줄 것을 요구하였다.
(　　)

20 국채 보상 운동에 대한 설명으로 옳으면 O표, 틀리면 X표를 하세요.

(1) 통감부의 방해와 탄압으로 중단되었다. (　　)
(2) 러시아의 절영도 조차 요구에 반대하였다. (　　)
(3) '조선 사람 조선 것' 등의 구호를 내세웠다. (　　)
(4) 자작회, 토산 애용 부인회 등이 활동하였다. (　　)
(5) 금주와 금연을 통한 차관 갚기 운동을 전개하였다.
(　　)
(6) 대한매일신보 등 당시 언론이 적극적으로 참여하였다.
(　　)
(7) 일본, 프랑스 등의 노동 단체로부터 격려 전문을 받았다.
(　　)

21 다음 설명에 해당하는 근대 신문을 골라 쓰세요.

> 한성순보, 한성주보, 독립신문, 대한매일신보

(1) 최초로 상업 광고가 게재되었다. (　　)
(2) 우리나라 최초의 민간 신문이었다. (　　)
(3) 국채 보상 운동을 적극적으로 후원하였다. (　　)
(4) 외국인이 읽을 수 있도록 영문으로도 발행하였다.
(　　)
(5) 순 한문 신문으로 열흘마다 발행하는 것이 원칙이었다.
(　　)

22 다음 설명에 해당하는 종교를 골라 쓰세요.

> 개신교, 천주교, 천도교, 대종교

(1) 만세보를 발행하여 민중 계몽에 힘썼다. (　　)
(2) 단군 숭배 사상을 통해 민족의식을 높였다. (　　)
(3) 여성 교육을 위해 이화 학당을 설립하였다. (　　)
(4) 배재 학당을 세워 신학문 보급에 기여하였다. (　　)
(5) 경향신문을 발간하여 민중 계몽에 기여하였다.(　　)

정답

01 (1) O (2) X(정조) (3) X(영조) (4) O (5) O (6) O (7) O (8) X(철종) (9) X(제2차 갑오개혁)
02 (1) (나) – (가) – (다) (2) (다) – (라) – (가) – (나)
03 (1) O (2) X(조·미 수호 통상 조약) (3) X(조·미 수호 통상 조약) (4) O (5) X(제1차 한·일 협약) (6) X(조·프 수호 통상 조약)
04 (1) O (2) O (3) X(조·프 수호 통상 조약) (4) X(조·일 통상 장정) (5) X(조·청 상민 수륙 무역 장정) (6) X(제1차 한·일 협약) (7) X(강화도 조약)
05 (1) 박정양 (2) 김홍집 (3) 유길준 (4) 최익현
06 (1) (다) – (나) – (가) (2) (가) – (나) – (다)
07 (1) O (2) X(동학 농민 운동) (3) X(갑신정변) (4) X(제2차 갑오개혁) (5) X(병인박해) (6) O (7) O
08 (1) X(강화도 조약) (2) O (3) O (4) X(을미의병) (5) O (6) X(임오군란) (7) X(동학 농민 운동) (8) X(임술(진주) 농민 봉기)
09 (1) X(을미개혁) (2) O (3) X(을미의병) (4) X(을사의병) (5) O (6) X[임술(진주) 농민 봉기] (7) O (8) X(제2차 갑오개혁) (9) X(독립 협회)
10 (다) – (가) – (나) – (라)
11 (1) 1차 (2) 을미 (3) 1차 (4) 1차 (5) 1차 (6) 을미 (7) 2차 (8) 1차 (9) 2차 (10) 2차 (11) 2차
12 (1) O (2) X(보안회) (3) O (4) O (5) O (6) X(신민회) (7) X(대한민국 임시 정부) (8) X(독립 의군부) (9) X(서울 북촌의 양반 여성들) (10) X(신간회)
13 (가) – (라) – (다) – (나)
14 (1) O (2) O (3) X(조선 말) (4) X(일제 강점기) (5) X(조선 말) (6) O (7) X(일제 강점기) (8) X(일제 강점기)
15 (1) O (2) X(제1차 갑오개혁) (3) X(조선 말 개화 정책) (4) X(조선 말 개화 정책) (5) X(을미개혁) (6) O (7) X(조선 말 개화 정책) (8) X(제2차 갑오개혁) (9) X(제2차 갑오개혁) (10) X(조선 말 개화 정책)
16 (1) (다) – (나) – (가) (2) (가) – (다) – (나)
17 (1) O (2) X(을사늑약 체결 이전) (3) O (4) X(한·일 신협약 체결 이후) (5) X(을사늑약 체결 이전) (6) O (7) X(을사늑약 체결 이전)
18 (1) X(독립 협회) (2) X(조선어 학회) (3) O (4) X(보안회) (5) O (6) O (7) X(동아일보 주도) (8) O (9) X(대한민국 임시 정부) (10) X(대한민국 임시 정부)
19 (1) 정미의병 (2) 을사의병 (3) 을사의병 (4) 을미의병 (5) 을미의병 (6) 정미의병 (7) 정미의병
20 (1) O (2) X(독립 협회) (3) X(물산 장려 운동) (4) X(물산 장려 운동) (5) O (6) O (7) X(원산 총파업)
21 (1) 한성주보 (2) 독립신문 (3) 대한매일신보 (4) 독립신문, 대한매일신보 (5) 한성순보
22 (1) 천도교 (2) 대종교 (3) 개신교 (4) 개신교 (5) 천주교

STEP 3 기출문제

PART 6. 개항기

흥선 대원군

01 (가) 기구에 대한 설명으로 옳은 것은? [1점 | 63회]

> 오늘에 와서는 큰일이건 작은 일이건 중요한 것으로 취급되지 않는 것이 없어, 의정부는 한갓 헛이름만 지니고 6조는 모두 그 직임을 상실하였습니다. 명칭은 '변방의 방비를 담당하는 것'이라고 하면서 과거 시험에 대한 판하(判下)*나 비빈 간택 등의 일까지도 모두 □(가)□을/를 경유하여 나옵니다. 명분이 바르지 못하고 말이 이치에 맞지 않음이 이보다 심할 수가 없습니다. 신의 어리석은 소견으로는 □(가)□을/를 고쳐 정당(政堂)으로 칭하는 것이 상책이라 생각합니다.
> *판하(判下): 안건을 임금이 허가하는 것

① 사헌부, 사간원과 함께 3사로 불렸다.
② 서얼 출신 학자들이 검서관에 등용되었다.
③ 흥선 대원군이 집권한 시기에 혁파되었다.
④ 서울과 수원에 설치되어 국왕의 호위를 맡았다.
⑤ 대사성을 수장으로 좨주, 직강 등의 관직을 두었다.

02 (가), (나) 사이의 시기에 있었던 사실로 옳은 것은? [2점 | 65회]

> (가) 대왕대비전이 전교하기를, "익성군이 이제 입궁하였으니, 흥선 대원군과 부부인의 봉작을 내리는 것을 오늘 중으로 거행하도록 하라."라고 하였다.
>
> (나) 종로에 비석을 세웠다. 그 비에서 이르기를, '서양 오랑캐가 침범하는데 싸우지 않으면 즉 화친하는 것이요, 화친을 주장함은 나라를 팔아먹는 것이다.'고 하였다.

① 영국이 거문도를 불법으로 점령하였다.
② 일본의 운요호가 영종도를 공격하였다.
③ 러시아가 용암포에 대한 조차를 요구하였다.
④ 독일 상인 오페르트가 남연군 묘 도굴을 시도하였다.
⑤ 미국이 조미 수호 통상 조약 체결 후 푸트 공사를 파견하였다.

03 다음 상황이 나타난 시기를 연표에서 옳게 고른 것은? [2점 | 59회]

> 북경 주재 프랑스 공사가 청에 보내온 문서에 의하면, "조선에서 프랑스 주교 2명 및 선교사 9명과 조선의 많은 천주교 신자가 처형되었다. 이에 제독에게 요청하여 며칠 안으로 군대를 일으키도록 할 것이다."라고 되어 있습니다.

1863	1868	1871	1875	1882	1886
(가)	(나)	(다)	(라)	(마)	
고종 즉위	오페르트 도굴 사건	신미양요	운요호 사건	조미 수호 통상 조약	조프 수호 통상 조약

① (가) ② (나) ③ (다) ④ (라) ⑤ (마)

04 밑줄 그은 '시기'에 있었던 사실로 옳은 것은? [2점 | 58회]

> 창녕의 관산 서원 터에서 매주(埋主) 시설이 발견되었습니다. 이 시설은 서원에 모셔져 있던 신주를 옹기에 넣고 기와로 둘러싼 뒤 묻은 것입니다. 이번 발굴로 만동묘 철거 이후 서원을 철폐하던 시기에 신주를 어떻게 처리했는지 알 수 있게 되었습니다.

서원 철폐 관련 매주 시설 첫 발견

① 나선 정벌에 조총 부대가 동원되었다.
② 박규수의 건의로 삼정이정청이 설치되었다.
③ 지역 차별에 반발하여 홍경래가 봉기하였다.
④ 제너럴셔먼호 사건을 구실로 미군이 침입하였다.
⑤ 시전 상인의 특권을 축소하는 신해통공이 단행되었다.

05 밑줄 그은 '중건' 시기에 있었던 사실로 옳은 것을 |보기|에서 고른 것은? [2점|55회]

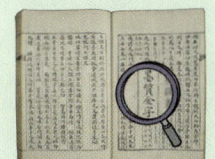
경복궁 영건일기는 한성부 주부 원세철이 경복궁 중건의 시작부터 끝날 때까지의 상황을 매일 기록한 것이다. 이 일기에 광화문 현판이 검은색 바탕에 금색 글자였음을 알려 주는 '묵질금자(墨質金字)'가 적혀 있어 광화문 현판의 옛 모습을 고증하는 근거가 되었다.

┤보기├
ㄱ. 비변사가 설치되었다.
ㄴ. 사창제가 실시되었다.
ㄷ. 원납전이 징수되었다.
ㄹ. 대전통편이 편찬되었다.

① ㄱ, ㄴ　② ㄱ, ㄷ　③ ㄴ, ㄷ
④ ㄴ, ㄹ　⑤ ㄷ, ㄹ

---

06 (가) 종교에 대한 설명으로 옳은 것은? [1점|58회]

① 미륵불이 세상을 구원한다고 예언하였다.
② 동경대전과 용담유사를 경전으로 삼았다.
③ 박중빈을 중심으로 새생활 운동을 전개하였다.
④ 단군 숭배 사상을 통해 민족의식을 고취하였다.
⑤ 청을 다녀온 사신들에 의하여 서학으로 소개되었다.

---

07 밑줄 그은 '이 사건'에 대한 설명으로 옳은 것은? [1점|60회]

> **사료로 보는 한국사**
> 매우 가난하게 보이는 강화도에서 각하에게 보내 드릴 만한 것은 아무것도 없습니다. 그러나 조선 임금이 소유하고 있지만 거처하지 않는 저택의 도서관에는 매우 중요한 서적이 많이 소장되어 있습니다. 세심하게 공들여 꾸며진 340권을 수집하였으며 기회가 되는 대로 프랑스로 보내겠습니다.
> 　　　　　　　　　　　　　　　　　- G. 로즈 -

[해설] 로즈 제독이 해군성 장관에게 보낸 서신의 일부이다. 프랑스군이 강화도를 침략한 이 사건 당시 외규장각 도서 등이 약탈되는 상황이 기록되어 있다.

① 청군의 개입으로 종결되었다.
② 제물포 조약의 체결로 이어졌다.
③ 오페르트 도굴 사건이 계기가 되었다.
④ 양헌수 부대가 정족산성에서 적군을 물리쳤다.
⑤ 영국 함대가 거문도를 점령하는 배경이 되었다.

---

08 다음 장면에 나타난 사건이 끼친 영향으로 가장 적절한 것은? [2점|66회]

> 평양부 방수성 앞 물가에 큰 이양선 한 척이 머무르다가 끝내 물러가지 않으며 상선을 약탈하고 총을 쏴 백성들을 살상하였습니다. 이에 평양 감사 박규수가 관민을 이끌고 공격하여 불태웠다고 합니다.

① 이용태가 안핵사로 파견되었다.
② 이원익이 대동법 시행을 건의하였다.
③ 정약종 등이 희생된 신유박해가 일어났다.
④ 로저스 제독이 이끄는 미군이 강화도에 침입하였다.
⑤ 황사영이 외국 군대의 출병을 요청하는 백서를 작성하였다.

STEP 3 기출문제

09 (가) 사건 이후에 전개된 사실로 옳은 것은? [2점 | 61회]

이곳은 어재연 장군과 그의 군사를 기리기 위해 조성된 충장사입니다. 어재연 장군의 부대는 (가) 때 광성보에서 로저스 제독이 이끄는 미군에 맞서 결사 항전하였지만 끝내 함락을 막지 못하였습니다.

① 종로와 전국 각지에 척화비가 세워졌다.
② 평양 관민이 제너럴셔먼호를 불태웠다.
③ 한성근 부대가 문수산성에서 항전하였다.
④ 신유박해로 많은 천주교도가 처형되었다.
⑤ 오페르트가 남연군 묘 도굴을 시도하였다.

10 밑줄 그은 '이 사건'이 일어난 시기를 연표에서 옳게 고른 것은? [2점 | 62회]

○○○님이 강화도에 있습니다.
23시간 전·인천광역시

이곳은 강화도 광성보 끝자락 용두돈대. 광성보는 이 사건 당시 침입한 미군에 맞서 어재연 장군의 지휘 아래 조선군이 결사 항전한 곳임.

△△△님 외 28명   댓글 5개

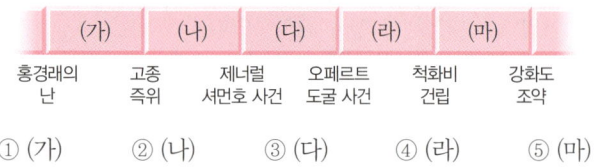

(가)	(나)	(다)	(라)	(마)
홍경래의 난	고종 즉위	제너럴 셔먼호 사건	오페르트 도굴 사건	척화비 건립	강화도 조약

① (가) ② (나) ③ (다) ④ (라) ⑤ (마)

11 밑줄 그은 '이 사건'에 대한 설명으로 옳은 것은? [2점 | 64회]

사료로 보는 한국사

온 성의 군민이 모두 울분을 품고, …… 총환과 화살을 어지러이 발사하였으며 사생을 잊고 위험을 무릅쓰지 않는 자가 없었으니, 반드시 오랑캐를 도륙하고야 말 태세였습니다. 강 아래 위의 요해처에서 막고, 마침내 화선(火船)으로 불길이 옮겨붙게 함으로써 모조리 죽여 살아남은 종자가 없게 된 것은 모두 이들이 …… 용감하게 싸운 것에 기인한 것이었습니다.

[해설] 자료는 "환재집"의 일부로, 평양 군민들이 대동강에서 이양선을 격침한 이 사건의 전말을 서술한 것이다. 평안 감사가 여러 차례 조정에 올린 장계를 통해 당시의 생생한 상황을 파악할 수 있다.

① 신유박해가 원인이 되어 발생하였다.
② 신미양요가 일어나는 계기가 되었다.
③ 전개 과정에서 전주 화약이 체결되었다.
④ 외규장각 도서가 국외로 약탈되는 결과를 가져왔다.
⑤ 오페르트의 남연군 묘 도굴 사건을 배경으로 일어났다.

12 (가), (나) 사이의 시기에 있었던 사실로 옳은 것은? [2점 | 52회]

(가) 대왕대비께서 전교하기를, "이번에 이렇게 만동묘를 철폐하고 다른 곳으로 옮겨 모시는 것에 대해서 선현의 혼령이 알게 되더라도 올바른 예법이라고 여기고 유감이 없을 것이다."라고 하였다.

(나) 최익현이 상소를 올려 대원군의 잘못을 탄핵하기를, "만약 그 지위가 아닌데도 국정에 관여하는 자는 단지 그 지위와 녹을 중요하게 여기기 때문입니다."라고 하였다. 왕은 너그러운 비답을 내려 특별히 그를 호조 참판에 발탁하고 총애하였다.

① 신식 군대인 별기군이 창설되었다.
② 서재필 등이 독립신문을 발행하였다.
③ 종로와 전국 각지에 척화비가 세워졌다.
④ 김옥균 등 개화 세력이 정변을 일으켰다.
⑤ 조청 상민 수륙 무역 장정을 체결하였다.

개항~갑신정변

13 (가), (나) 조약 체결 사이의 시기에 있었던 사실로 옳은 것은? [3점 | 61회]

> (가) 제1관 조선국은 자주 국가로서 일본국과 평등한 권리를 보유한다. ……
> 제10관 일본국 인민이 조선국 지정의 각 항구에 머무르는 동안 죄를 범한 것이 조선국 인민에게 관계되는 사건은 모두 일본국 관원이 심리하여 판결한다. ……
>
> (나) 제1관 앞으로 대조선국 군주와 대미국 대통령 및 그 인민은 각각 모두 영원히 화평하고 우애 있게 지낸다. ……
> 제5관 …… 미국 상인과 상선이 조선에 와서 무역을 할 때 입출항하는 화물은 모두 세금을 바쳐야 하며, 세금을 거두는 권한은 조선이 자주적으로 행사한다. ……

① 공사 노비법이 혁파되었다.
② 통리기무아문이 설치되었다.
③ 한성 전기 회사가 설립되었다.
④ 건양이라는 독자적인 연호가 채택되었다.
⑤ 지방 행정 구역이 8도에서 23부로 개편되었다.

14 다음 검색창에 들어갈 조약에 대한 설명으로 옳은 것은? [1점 | 59회]

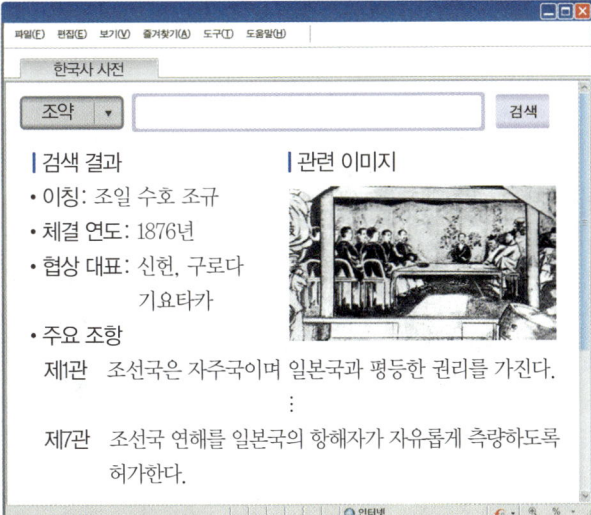

① 최혜국 대우를 최초로 규정하였다.
② 통감부가 설치되는 계기가 되었다.
③ 천주교 포교 허용의 근거가 되었다.
④ 일본 경비병의 공사관 주둔을 명시하였다.
⑤ 부산 외 2곳에 개항장이 설치되는 결과를 가져왔다.

15 (가), (나) 사이의 시기에 있었던 사실로 옳은 것은? [3점 | 54회]

> (가) 수신사 김기수가 나와 엎드리니 왕이 말하였다. "전선, 화륜과 농기계에 관하여 들은 것은 없는가? 저 나라에서 이 세 가지 일을 제일 급하게 힘쓰고 있다고 하는데, 그러하던가?" 김기수가 "과연 그러하였습니다."라고 아뢰었다.
>
> (나) 어윤중이 동래부 암행어사로 임명되어 왕에게서 받은 봉해진 서신을 열어보니, "일본 조정의 논의와 정국의 형세, 풍속·인물·교빙·통상 등의 대략을 염탐하는 것이 좋겠다. 그러니 너는 일본으로 건너가 크고 작은 일들을 보고 듣되 시간에 구애받지 말고 낱낱이 탐지해서 별도의 문서로 조용히 보고하라."라는 내용이었다.

① 미국에 보빙사가 파견되었다.
② 통리기무아문과 12사가 설치되었다.
③ 운요호가 강화도와 영종도를 무단 침입하였다.
④ 교원 양성을 위해 한성 사범 학교가 설립되었다.
⑤ 프랑스와 조약을 체결하여 천주교 포교가 허용되었다.

16 (가) 사절단에 대한 설명으로 옳은 것은? [2점 | 52회]

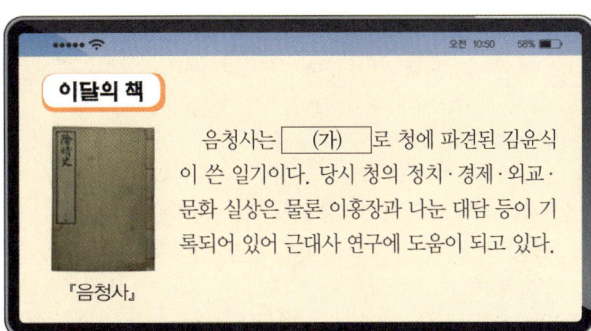

① 기기창 설립의 계기가 되었다.
② 회답 겸 쇄환사로 파견되었다.
③ 조선책략을 처음으로 소개하였다.
④ 민영익, 홍영식, 서광범 등이 참여하였다.
⑤ 개화 반대 여론으로 인해 비밀리에 출국하였다.

STEP 3 기출문제

17 (가)에 대한 설명으로 옳은 것은?   [2점 | 65회]

동대문 일대 재개발 당시 발견된 하도감 터 사진이군요. 이곳은 어떤 용도로 사용된 장소인가요?

여기는 훈련도감에 속한 하도감이 있었던 장소로 군사를 훈련시키고 무기를 제작했던 곳입니다. 1881년부터 이듬해 구식 군인들에 대한 차별 대우로 발생한 (가) 때까지 교련병대의 훈련 장소로 사용되었습니다.

TV 교양 한국사
하도감 터

① 입헌 군주제 수립을 목표로 하였다.
② 조선 총독부의 방해와 탄압으로 실패하였다.
③ 우정총국 개국 축하연을 이용하여 일어났다.
④ 홍범 14조를 기본 개혁 방향으로 제시하였다.
⑤ 일본 공사관에 경비병이 주둔하는 계기가 되었다.

18 다음 자료에 나타난 사건에 대한 설명으로 옳은 것은?   [2점 | 61회]

발신: 조선 주재 공사 하나부사 요시모토(花房義質)
수신: 외무경 이노우에 가오루(井上馨)

　이달 23일 오후 5시 성난 군중 수백 명이 갑자기 공사관을 습격하여 돌을 던지고 총을 쏘며 방화함. 전력으로 방어한 지 7시간이 지났지만 원병이 오지 않았음. 한쪽을 돌파하여 왕궁으로 가려 해도 성문이 열리지 않았음. …… 성난 군중이 왕궁 및 민태호와 민겸호의 집도 습격했다고 들었음. …… 교관 호리모토 외 8명의 생사는 알 수 없음.

① 전주 화약이 체결되는 계기가 되었다.
② 입헌 군주제 수립을 목표로 전개되었다.
③ 김기수가 수신사로 파견되는 결과를 가져왔다.
④ 구식 군인에 대한 차별 대우가 발단이 되어 일어났다.
⑤ 3일 만에 실패로 끝나 주동자들이 해외로 망명하였다.

19 밑줄 그은 '이 사건'의 영향으로 옳은 것은?   [2점 | 53회]

사료로 보는 한국사

제1조
　이하응을 보정성성(保定省城)으로 이송하여 청하도의 옛 관서에 거주시키도록 한다. …… 이하응에게 오가는 서신 일체는 밀봉할 수 없으며 간수 위원의 검열을 거쳐야 보낼 수 있다. 밀봉되었거나 한글로 된 서신은 위원이 반송한다.

[해설] 청으로 끌려간 흥선 대원군(이하응)을 감시하기 위해 만들어진 규정의 일부이다. 개화 정책에 대한 불만과 구식 군인에 대한 차별 대우로 일어난 이 사건을 진압한 청은 그 책임을 물어 흥선 대원군을 납치해 갔다.

① 삼정이정청이 설치되었다.
② 어재연 부대가 광성보에서 항전하였다.
③ 종로와 전국 각지에 척화비가 세워졌다.
④ 조청 상민 수륙 무역 장정이 체결되었다.
⑤ 일본 군함 운요호가 영종도를 공격하였다.

20 밑줄 그은 '조약'의 영향으로 가장 적절한 것은?   [2점 | 62회]

청의 알선으로 서양과 맺은 최초의 조약이 체결된 장소에 새로운 표석이 설치되었습니다. 기존 한글 안내판에 영어와 중국어 안내문을 추가한 이번 표석 설치는 개항기 대외 관계와 관련한 중요한 장소를 외국인에게도 널리 알리는 기회가 될 것으로 보입니다.

영어, 중국어 안내문을 추가한 표석 설치

① 부산, 원산, 인천 항구가 개항되었다.
② 김홍집이 국내에 조선책략을 소개하였다.
③ 민영익을 대표로 한 보빙사가 파견되었다.
④ 일본 군함 운요호가 영종도를 공격하였다.
⑤ 개화 정책을 총괄하는 통리기무아문이 설치되었다.

21 교사의 질문에 대한 학생의 답변으로 옳은 것은? 〔2점 | 57회〕

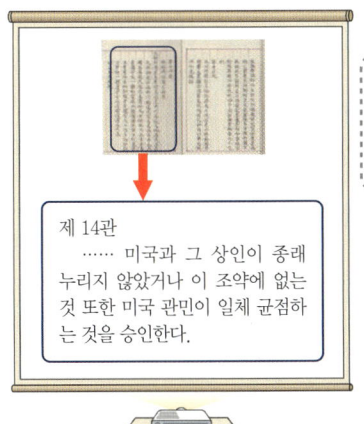

① 병인양요 발생의 배경이 되었어요.
② 갑신정변의 영향으로 체결되었어요.
③ 통감부가 설치되는 결과를 가져왔어요.
④ 거중 조정에 대한 내용이 포함되었어요.
⑤ 메가타가 재정 고문으로 부임하는 계기가 되었어요.

22 (가) 사절단에 대한 설명으로 옳은 것은? 〔2점 | 51회〕

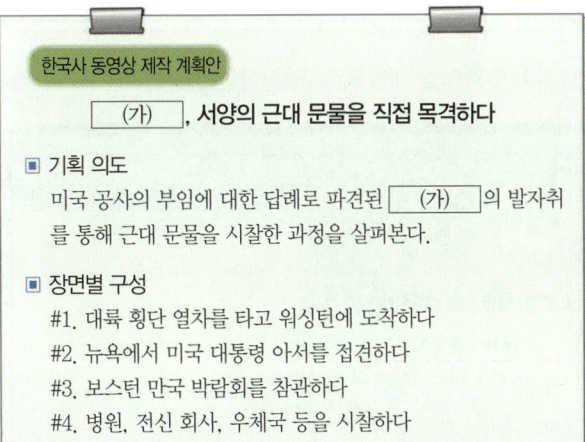

① 수신사라는 이름으로 보내졌다.
② 조선책략을 들여와 국내에 소개하였다.
③ 기기국에서 무기 제조 기술을 배우고 돌아왔다.
④ 개화 반대 여론을 의식하여 비밀리에 파견되었다.
⑤ 전권대신 민영익과 부대신 홍영식 등으로 구성되었다.

23 다음 사건 이후에 전개된 사실로 옳은 것은? 〔2점 | 66회〕

> 홍영식이 우정국에서 개업식을 명목으로 연회를 열어 세인들이 독립당이라고 칭하는 사람들과 각국 사관(使官) 등을 초대하였다. 연회가 끝날 무렵에 우정국 옆에서 불이 일어났다. …… 마침내 어젯밤의 사변에 따라 독립당이 정권을 획득하였다. 조보(朝報)에서는 새롭게 관리를 임명하겠다는 취지를 포고하였다. 박영효, 김옥균, 서광범은 승지가 되었고, 김옥균은 혜상공국 당상을 겸하였다.
> ─「조난기사」─

① 한성 조약이 체결되었다.
② 신식 군대인 별기군이 창설되었다.
③ 김윤식이 청에 영선사로 파견되었다.
④ 일본 군함 운요호가 영종도를 공격하였다.
⑤ 개화 정책을 총괄하는 통리기무아문이 설치되었다.

24 다음 사건이 일어난 이후의 사실로 옳은 것은? 〔2점 | 60회〕

> 우정국 총판 홍영식이 우정국의 개국 축하연을 열면서 각국의 공사도 초청했다. …… 8시를 알리는 종이 울리자 담장 밖에서 불길이 치솟았다. …… 우영사 민영익이 불을 끄려고 먼저 일어나서 문밖으로 나왔는데, 자객 다섯 명이 잠복하고 있다가 칼을 휘두르며 습격했다. 민영익이 중상을 입고 되돌아와서 대청 위에 쓰러졌다.
> ─「대한계년사」─

① 김기수가 일본에 수신사로 파견되었다.
② 평양 관민이 제너럴셔먼호를 불태웠다.
③ 일본 군함 운요호가 영종도를 공격하였다.
④ 박규수가 삼정이정청의 설치를 건의하였다.
⑤ 청과 일본 사이에 톈진 조약이 체결되었다.

STEP 3 기출문제

25 다음 상황 이후에 전개된 사실로 옳은 것은? [2점 | 59회]

> 17일에 홍 참판이 우정총국에서 개국 연회를 열었다. 그동안에 [담장 밖에서] 화재가 발생했다. 민 참판은 양해를 구한 뒤 화재 진압을 돕기 위해 밖으로 나갔다. 바깥에는 연회에 참석한 일본 공사를 호위하기 위해 온 일본 병사들이 두 줄로 늘어서 있었고, 그는 그들을 지나쳤다. 민 참판은 양쪽에서 공격을 받았고, …… 몸 여러 군데에 자상을 입었다.
> - 『조지 클레이튼 포크의 일기』 -

① 신식 군대인 별기군이 폐지되었다.
② 김기수를 수신사로 일본에 파견하였다.
③ 이항로와 기정진이 척화주전론을 주장하였다.
④ 왕비가 궁궐을 빠져 나와 장호원으로 피신하였다.
⑤ 개화당 정부가 수립되고 개혁 정강이 발표되었다.

27 (가), (나) 문서가 작성된 사이의 시기에 있었던 사실로 옳은 것은? [2점 | 50회]

> (가) 저들이 비록 왜인이라고는 하나 실은 양적(洋賊)입니다. 화친이 한번 이루어지면 사학(邪學)의 서책과 천주의 초상이 교역하는 속에 섞여 들어오게 되고, 조금 지나면 전도사와 신도가 전수하여 사학이 온 나라에 두루 가득 차게 될 것입니다.
> - 지부복궐척화의소 -
>
> (나) 지금 조정에서는 어찌 백해무익한 일을 하여 러시아가 없는 마음을 먹게 하고, 미국이 의도하지 않았던 일을 만들어 오랑캐를 끌어들이려 하십니까? 저 황준헌이라는 자는 스스로 중국에서 태어났다고 하면서도, 일본을 위해 말하고 예수를 좋은 신이라 하며, 난적의 앞잡이가 되어 스스로 짐승과 같은 무리가 되었습니다. 고금천하에 어찌 이런 이치가 있겠습니까?
> - 영남 만인소 -

① 김기수가 수신사로 일본에 파견되었다.
② 영국이 거문도를 불법으로 점령하였다.
③ 평양 관민이 제너럴셔먼호를 불태웠다.
④ 거중 조정 조항을 포함한 조약이 체결되었다.
⑤ 양헌수 부대가 정족산성에서 프랑스군을 격퇴하였다.

26 다음 가상 대화의 상황이 나타난 시기를 연표에서 옳게 고른 것은? [2점 | 55회]

① (가) ② (나) ③ (다) ④ (라) ⑤ (마)

동학 농민 운동~대한 제국

28 (가)에 들어갈 내용으로 가장 적절한 것은? [2점 | 58회]

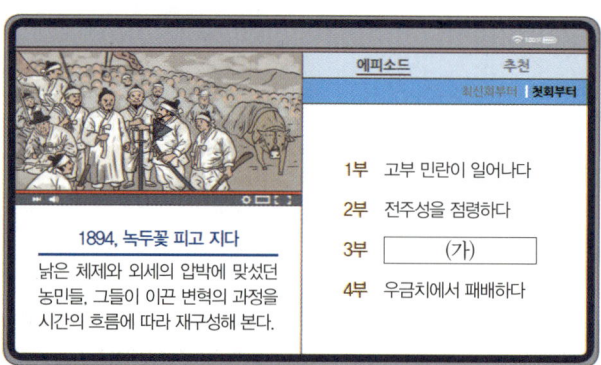

① 남북접이 논산에 집결하다
② 황토현 전투에서 승리하다
③ 백산에 모여 4대 강령을 선포하다
④ 최시형이 동학의 2대 교주가 되다
⑤ 교조 신원을 요구하는 삼례 집회가 열리다

29 다음 가상 뉴스에서 보도하는 사건 이후에 전개된 사실로 옳은 것은? [1점 | 67회]

① 남접과 북접이 논산에서 연합하였다.
② 농민군이 황룡촌 전투에서 관군에 승리하였다.
③ 교조 신원을 요구하는 보은 집회가 개최되었다.
④ 사태 수습을 위해 안핵사 이용태가 파견되었다.
⑤ 전봉준이 농민을 이끌고 고부 관아를 습격하였다.

30 (가), (나) 사이의 시기에 있었던 사실로 옳은 것은? [2점 | 65회]

(가) 복합 상소 이후에도 "물러나면 원하는 바를 시행할 것이다."라던 국왕의 약속과 달리 관리들의 침학이 날로 심해졌다. …… 최시형은 도탄에 빠진 교도들을 구하고 최제우의 억울함을 씻기 위해 보은 집회를 개최하였다.

(나) 동학 농민군은 거짓으로 패한 것처럼 꾸며 황토현에 진을 쳤다. 관군은 밀고 들어가 그 아래에 진을 쳤다. …… 농민군이 삼면을 포위한 채 한쪽 모퉁이만 빼고 크게 함성을 지르며 압박하자 관군은 일시에 무너졌다.

① 논산으로 남접과 북접이 집결하였다.
② 개혁을 추진하기 위해 교정청이 설치되었다.
③ 일본이 군대를 동원하여 경복궁을 점령하였다.
④ 고부 농민들이 조병갑의 탐학에 맞서 만석보를 파괴하였다.
⑤ 공주 우금치에서 농민군이 관군과 일본군에게 패배하였다.

31 밑줄 그은 '개혁안'의 내용으로 옳은 것을 |보기|에서 고른 것은? [2점 | 64회]

파리의 외무부 장관 아노토 각하께

전임 일본 공사는 국왕에게서 사실상 거의 모든 권력을 빼앗고, 개혁 위원회[군국기무처]가 내린 결정을 확인하는 권한만 남겨 놓았습니다. …… 이후 개혁 위원회[군국기무처]는 매우 혁신적인 개혁안을 발표했습니다. 그런데 일부 위원들이 몇몇 조치에 대해 시의적절하지 않다고 판단하더니 이에 대해 동의하기를 거부했습니다. …… 게다가 조선인들은 이 기구가 왕권을 빼앗고 일본에 매수되었다고 비난하면서, …… 어떤 지방에서는 왕권 수호를 위해 봉기했다고 합니다.

주 조선 공사 르페브르 올림

|보기|
ㄱ. 건양이라는 연호를 제정하였다.
ㄴ. 탁지아문으로 재정을 일원화하였다.
ㄷ. 양전 사업을 실시하여 지계를 발급하였다.
ㄹ. 조혼을 금지하고 과부의 재가를 허용하였다.

① ㄱ, ㄴ   ② ㄱ, ㄷ   ③ ㄴ, ㄷ
④ ㄴ, ㄹ   ⑤ ㄷ, ㄹ

32 밑줄 그은 '개혁'의 내용으로 옳은 것은? [3점 | 63회]

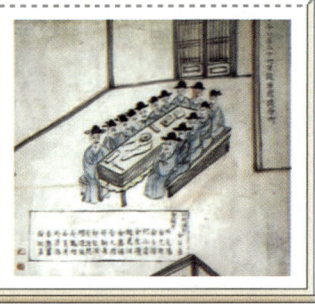

이 그림은 군국기무처에서 회의하는 모습입니다. 그림의 아래쪽에는 총재 김홍집 등 회의에 참여한 관리들의 이름이 적혀 있습니다. 군국기무처는 개혁을 추진하면서 수개월 동안 200여 건의 안건을 의결하였습니다.

① 원수부를 두었다.
② 재판소를 설치하였다.
③ 은 본위제를 도입하였다.
④ 태양력을 공식 채택하였다.
⑤ 5군영을 2영으로 통합하였다.

33 밑줄 그은 '개혁'의 내용으로 옳은 것은? [2점 | 59회]

① 원수부를 설치하였다.
② 기기창을 설립하였다.
③ 공사 노비법을 혁파하였다.
④ 태양력을 공식 채택하였다.
⑤ 한성 사범 학교 관제를 반포하였다.

35 다음 자료에 나타난 사건이 발생한 배경으로 옳은 것은? [1점 | 53회]

발신: 고무라(일본국 변리공사)
수신: 사이온지(일본국 외무대신)

지난 11일 새벽, 대군주는 급히 외국 공사관에 피신해야 한다는 거짓 밀고를 받았음. 대군주는 몹시 두려워하며 마침내 왕태자와 함께 궁녀들이 타는 가마를 타고 경계의 허술함을 틈타 밖으로 나와 러시아 공사관으로 이어하였으나, 조금도 이를 저지하는 사람이 없었음.

① 을미사변이 일어났다.
② 원수부가 설치되었다.
③ 러일 전쟁이 발발하였다.
④ 한일 신협약이 체결되었다.
⑤ 용암포 사건이 발생하였다.

34 밑줄 그은 '이 개혁'의 내용으로 옳은 것은? [2점 | 58회]

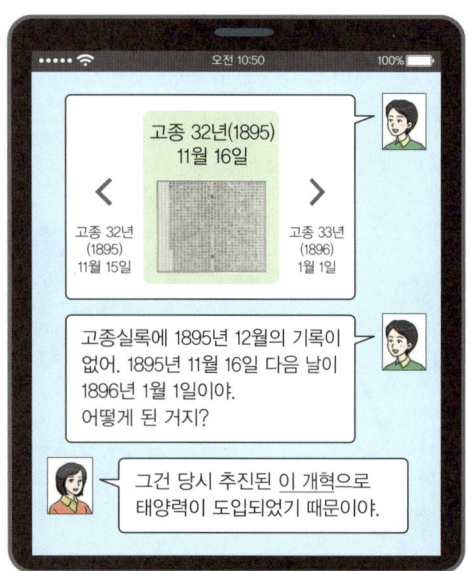

① 지계아문을 설립하였다.
② 대한국 국제를 반포하였다.
③ 건양이라는 연호를 제정하였다.
④ 개혁 추진 기구로 교정청을 설치하였다.
⑤ 군제를 개편하여 5군영을 2영으로 통합하였다.

36 (가) 단체에 대한 설명으로 옳은 것은? [2점 | 65회]

① 정우회 선언의 영향으로 결성되었다.
② 만세보를 발행하여 민족의식을 고취하였다.
③ 중추원 개편을 통해 의회 설립을 추진하였다.
④ 어린이날을 제정하고 소년 운동을 전개하였다.
⑤ 태극 서관을 운영하여 계몽 서적 등을 보급하였다.

37 (가)에 들어갈 내용으로 가장 적절한 것은? [2점 | 63회]

한국사 동영상 제작 계획안

○○○○, 공론의 장을 열다

△학년 △반 △모둠

■ 제작 의도
  지식인뿐 아니라 농민, 상인, 노동자 등 다양한 계층이 참여한 집회 등을 통해 공론의 장을 마련한 ○○○○의 활동을 살펴본다.

■ 장면별 구성 내용
  #1. 독립문 건립을 위해 성금을 모으다
  #2. 러시아의 절영도 조차 요구를 규탄하는 집회를 열다
  #3. _____(가)_____
  #4. 황국 협회의 습격으로 사망한 구두 수선공의 장례를 치르다

① 평양에 대성 학교를 설립하다
② 고종 강제 퇴위 반대 운동을 주도하다
③ 집강소를 중심으로 폐정 개혁안을 실천하다
④ 관민 공동회를 개최하여 헌의 6조를 결의하다
⑤ 개혁의 기본 방향을 제시한 홍범 14조를 반포하다

38 (가) 단체의 활동으로 옳은 것은? [2점 | 62회]

— 아들아, 제중원 의학교 1회 졸업생이 된 것을 축하한다. 백정의 아들로 태어나 차별을 극복하고 의사가 되다니 정말 자랑스럽구나.

— 10년 전 _____(가)_____ 이/가 주관한 관민 공동회 개회식에서 당당하게 충군애국의 뜻을 밝히신 아버지의 연설에 감명을 받아 열심히 공부할 수 있었습니다.

① 일제의 황무지 개간권 요구를 저지하였다.
② 중추원 개편을 통한 의회 설립을 추진하였다.
③ 농촌 계몽을 위한 브나로드 운동을 전개하였다.
④ 외교 활동을 펼치기 위해 구미 위원부를 설치하였다.
⑤ 여성의 평등한 권리를 주장하는 여권통문을 발표하였다.

39 (가) 단체에 대한 설명으로 옳은 것은? [2점 | 57회]

서울시는 고가도로 건설을 위해 독립문 이전을 결정하였습니다. 독립문은 서재필 등이 중심이 되어 창립한 _____(가)_____ 이/가 왕실과 국민의 성금을 모아 세웠습니다. 중국 사신을 맞이하던 영은문 자리 부근에 있는 독립문은 이번 결정으로 원래 자리에서 약 70미터 떨어진 공터로 이전할 예정입니다.

① 만세보를 발행하여 민중 계몽에 앞장섰다.
② 고종의 강제 퇴위 반대 운동을 전개하였다.
③ 여성 권리 선언문인 여권통문을 공표하였다.
④ 독립운동 자금 마련을 위해 독립 공채를 발행하였다.
⑤ 만민 공동회를 열어 열강의 이권 침탈을 저지하였다.

40 다음 관제가 반포된 이후의 사실로 옳은 것은? [2점 | 66회]

〈원수부 관제〉

대황제 폐하는 대원수로서 군기(軍機)를 총람하고 육해군을 통령하며, 황태자 전하는 원수로서 육해군을 일률적으로 통솔한다. 이에 원수부를 설치한다.

제1조
  원수부는 국방과 용병(用兵)과 군사에 관한 각 항의 명령을 관장하며 특별히 세운 권한을 가지고 군부와 경외(京外)의 각 부대를 지휘 감독한다.

① 지계아문이 설치되었다.
② 군국기무처가 창설되었다.
③ 5군영이 2영으로 통합되었다.
④ 한성 사범 학교가 설립되었다.
⑤ 건양이라는 연호가 제정되었다.

STEP 3 기출문제

41 다음 상소가 작성된 이후의 사실로 옳은 것은? [1점 | 65회]

러시아 공사관으로 거처를 옮기시고 해가 바뀌었습니다. 그곳 유리창과 분칠한 담장은 화려하지만 그을음 나는 석탄을 때는 전돌(甎埉)은 옥체를 보호하기에 적합하지 않은 듯합니다. …… 온 나라 신하들의 심정을 염두에 두시어 간하는 말을 따라 바로 환궁하여 끓어오르는 여론에 부응하시고 영원히 누릴 태평의 터전을 공고히 만드소서.

① 영선사가 파견되었다.
② 군국기무처가 설치되었다.
③ 대한국 국제가 반포되었다.
④ 제너럴 셔먼호 사건이 일어났다.
⑤ 조·청 상민 수륙 무역 장정이 체결되었다.

42 밑줄 그은 '개혁'에 해당하는 내용으로 옳은 것은? [2점 | 62회]

[해설] 이 그림은 프랑스 일간지에 실린 삽화로 파리 만국 박람회장에 설치된 한국관의 모습을 담고 있습니다. 경복궁 근정전을 재현한 한국관은 당시 언론의 관심을 끌었습니다. 황제로 즉위한 뒤 개혁을 추진하던 고종은 만국 박람회 참가를 통해 대한 제국을 세계에 소개하고, 서구의 산업과 기술을 받아들이고자 하였습니다.

① 건양이라는 연호를 사용하였다.
② 신식 군대인 별기군을 창설하였다.
③ 관립 의학교와 광제원을 설립하였다.
④ 박문국을 설치하여 한성순보를 발간하였다.
⑤ 한일 관계 사료집을 편찬하고 독립 공채를 발행하였다.

43 (가) 시기에 있었던 사실로 옳지 않은 것은? [2점 | 60회]

고종은 이곳 환구단에서 황제 즉위식을 거행하고, 경운궁에서 국호를 (가) (으)로 선포했습니다. 환구단은 일제에 의해 헐려 버렸고 지금은 황궁우가 외로이 남아 있습니다.

① 대한국 국제를 반포하였다.
② 황제 직속의 원수부를 설치하였다.
③ 이범윤을 간도 관리사로 파견하였다.
④ 지계아문을 설립하여 지계를 발급하였다.
⑤ 통역관 양성을 목적으로 동문학을 설립하였다.

44 (가) 시기에 볼 수 있는 모습으로 적절한 것은? [3점 | 55회]

△△ 박물관
환수된 황제지보 특별 전시전

초대의 글
우리 박물관에서는 고종이 황제로 즉위한 이후인 (가) 시기에 사용하였던 국새인 황제지보(皇帝之寶)를 공개합니다. 미국으로 불법 반출되었다가 지난 2014년 문화재청과 미국 당국의 공조로 60여 년 만에 환수된 것입니다. 많은 관람 바랍니다.
■ 기간: 2021.○○.○○.~○○.
■ 장소: △△ 박물관 특별 전시실

① 간도 관리사로 임명되는 관료
② 영화 아리랑을 관람하는 청년
③ 육영 공원에서 영어를 배우는 학생
④ 제너럴셔먼호를 불태우는 평양 관민
⑤ 조사 시찰단으로 일본에 파견되는 통역관

45 밑줄 그은 '이 시기'에 볼 수 있는 모습으로 적절한 것은?

2점 | 59회

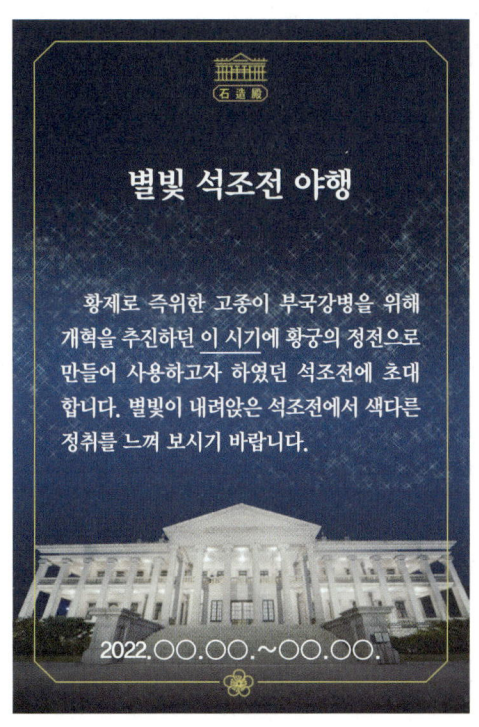

별빛 석조전 야행

황제로 즉위한 고종이 부국강병을 위해 개혁을 추진하던 이 시기에 황궁의 정전으로 만들어 사용하고자 하였던 석조전에 초대합니다. 별빛이 내려앉은 석조전에서 색다른 정취를 느껴 보시기 바랍니다.

2022.○○.○○.~○○.○○.

① 영선사 일행으로 청에 가는 생도
② 육영 공원에서 영어를 공부하는 학생
③ 거문도를 불법 점령하고 있는 영국 해군
④ 양전 사업을 실시하고 지계를 발급하는 관리
⑤ 보은 집회에서 교조 신원을 주장하는 동학교도

국권 피탈과 저항

46 밑줄 그은 '전쟁' 중에 있었던 사실로 옳지 않은 것은?

3점 | 64회

당신은 무슨 이유로 이토 히로부미를 살해했는가?

일본은 전쟁 당시 우리나라의 독립을 보장해주겠다고 약속했다. 그러나 포츠머스 조약으로 전쟁이 종결되자, 이토는 우리 군신을 위협해 주권을 빼앗으려 하였다.

① 일본이 독도를 불법적으로 편입하였다.
② 일본과 미국이 가쓰라·태프트 밀약을 맺었다.
③ 일본인 메가타가 대한 제국의 재정 고문으로 초빙되었다.
④ 대한 제국이 기유각서를 통해 일제에 사법권을 박탈당하였다.
⑤ 군사 전략상 필요한 지역을 일본에 제공하는 한일 의정서가 강요되었다.

47 다음 기사를 활용한 탐구 활동으로 가장 적절한 것은?

3점 | 63회

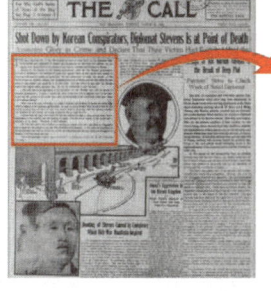

해외 언론 보도로 본 민족 운동

오늘 나는 스티븐스를 쏘았다. 그는 대한 제국의 외교 고문에 임명되어 후한 대접을 받고 있음에도 일본의 이익을 위해 한국인에게 온갖 잔인한 일을 자행하였다. …… 나는 어떤 처벌에도 불만이 없으며, 조국의 자유를 위한 투쟁에 도움이 된다면 영광스럽게 죽을 것이다.

① 제1차 한일 협약의 내용을 알아본다.
② 삼국 간섭이 발생한 원인을 분석한다.
③ 일제가 조작한 105인 사건의 영향을 파악한다.
④ 영국이 거문도를 불법 점령한 과정을 조사한다.
⑤ 고종이 러시아 공사관으로 피신한 이유를 찾아본다.

STEP 3 기출문제

48 다음 자료에 나타난 상황 이후의 사실로 옳은 것은? 3점 | 59회

> 오늘 신문에 강화(講和) 조약 전문이 공개되었다. 러시아는 일본이 조선에서 갖고 있는 막대한 정치적·군사적·경제적 이익을 인정하고, 일본이 조선의 내정을 지도·보호 및 감리(監理)하는 데 필요하다고 여기는 어떠한 조치도 방해하거나 간섭하지 않을 것을 약속하였다. …… 러시아는 전쟁으로 교훈을 얻었다. 일본은 전쟁으로 영예를 얻었다. 조선은 전쟁으로 최악의 것을 얻었다.
> — 『윤치호 일기』 —

① 메가타가 재정 고문으로 부임하였다.
② 고종이 러시아 공사관으로 거처를 옮겼다.
③ 베델과 양기탁이 대한매일신보를 창간하였다.
④ 관민 공동회가 개최되어 헌의 6조를 결의하였다.
⑤ 민종식이 이끄는 의병 부대가 홍주성을 점령하였다.

49 (가), (나) 사이의 시기에 있었던 사실로 옳은 것은? 2점 | 67회

① 데라우치가 초대 총독으로 부임하였다.
② 13도 창의군이 서울 진공 작전을 전개하였다.
③ 기유각서를 통해 일제에 사법권을 박탈당하였다.
④ 상권 수호를 위해 황국 중앙 총상회가 조직되었다.
⑤ 헤이그에서 열린 만국 평화 회의에 특사가 파견되었다.

50 다음 상소가 올려진 이후의 사실로 옳은 것은? 3점 | 55회

> 일본이 러시아에 선전 포고한 이후 우리의 독립과 영토를 보전한다고 몇 번이나 말하였지만, 그것은 우리나라의 이익을 빼앗아 차지하려는 것이었습니다. …… 지금 저들이 황실을 보전하겠다는 말을 폐하께서는 과연 믿으십니까? 지금까지 군주의 지위가 아직 바뀌지 않았고 백성도 아직 죽지 않았으며 각국 공사도 아직 돌아가지 않았습니다. 그리고 조약서가 다행히 폐하의 인준과 참정의 인가를 받은 것이 아니니, 저들이 가지고 있는 것은 역적들이 억지로 만든 헛된 조약에 불과합니다.

① 제1차 영일 동맹이 체결되었다.
② 일본이 경인선 부설권을 인수하였다.
③ 묄렌도르프가 외교 고문으로 파견되었다.
④ 통감부가 설치되고 초대 통감이 부임하였다.
⑤ 러시아가 용암포를 점령하고 조차를 요구하였다.

51 다음 상황이 전개된 배경으로 옳은 것은? 2점 | 58회

> 박승환은 병대(兵隊)에 대한 해산 소식을 듣고 통곡하며 부하들에게 말하기를, "이제 국가가 망하였는데도 일본인 하나를 죽이지 못하였으니 죽어도 그 죄를 씻지 못할 것이다. 나는 차마 제군들이 병대를 떠나도록 놓아둘 수 없다. 차라리 내가 죽고 말겠다."라고 하면서 결국 자결하였다.

① 정미 7조약이 체결되었다.
② 일제가 105인 사건을 조작하였다.
③ 초대 총독으로 데라우치가 부임하였다.
④ 기유각서가 일제의 강압에 의해 조인되었다.
⑤ 일진회가 한일 합방을 촉구하는 성명을 발표하였다.

52 다음 가상 뉴스에서 보도하는 사건이 일어난 시기를 연표에서 옳게 고른 것은?

[2점 | 60회]

1882	1894	1896	1904	1905	1910
	(가)	(나)	(다)	(라)	(마)
임오군란	갑오개혁	아관파천	러·일 전쟁 발발	을사늑약	국권피탈

① (가) ② (나) ③ (다) ④ (라) ⑤ (마)

---

53 다음 대화에 나타난 사건 이후의 사실로 옳은 것은?

[3점 | 69회]

① 신식 군대인 별기군이 창설되었다.
② 묄렌도르프가 외교 고문으로 파견되었다.
③ 초대 통감으로 이토 히로부미가 부임하였다.
④ 기유각서가 체결되어 사법권을 박탈당하였다.
⑤ 관민 공동회가 개최되어 헌의 6조를 결의하였다.

---

54 다음 자료를 활용한 탐구 활동으로 가장 적절한 것은?

[2점 | 66회]

각국 공관에 보내는 호소문

지금 일본 공사가 우리 외부(外部)에 공문을 보내어 산림, 천택(川澤), 들판, 황무지에 대한 권리를 청구하였습니다. 우리나라 사람들은 이를 이용해 2~3년 걸러 윤작을 해야만 먹고살 수 있습니다. 그런데 만일 이를 외국인에게 주어버린다면 전국의 강토를 모두 빼앗기게 되며 수많은 사람이 참혹한 빈곤에 빠져 구제할 수 없게 될 것입니다. 일본인들의 침략을 막고 우리 강토를 보전하도록 힘써 주십시오.

1904년 ○○월 ○○일

① 독립문의 건립 과정을 알아본다.
② 보안회의 활동 내용을 파악한다.
③ 조·일 통상 장정의 조항을 검토한다.
④ 화폐 정리 사업이 끼친 영향을 살펴본다.
⑤ 황국 중앙 총상회가 조직된 목적을 분석한다.

---

55 다음 글이 작성된 시기를 연표에서 옳게 고른 것은?

[2점 | 65회]

전보 제○○○호

발신인 : 외무대신 하야시
수신인 : 통감 이토

네덜란드에 파견된 전권 대사 쓰즈키가 보낸 전보 내용임.
한국인 3명이 이곳에 머물면서 평화 회의 위원 대우를 받고자 진력하고 있다고 함. 그들은 오늘 아침 러시아 수석 위원 넬리도프를 방문하려 했는데, 넬리도프는 네덜란드 정부로부터 평화 회의 위원으로 확인되지 않는 자는 만나지 않겠다고 함. 이들은 일본이 한국에 시행한 정책에 대해 항의서를 인쇄하여 각국 수석 위원(단, 영국 위원은 제외한 것으로 보임)에게도 보냈다고 함.

1866		1884		1904	
병인양요		한성 조약		러일 전쟁	
	(가)	(나)	(다)	(라)	(마)
	1876		1894		1910
	강화도 조약		청일 전쟁		국권 피탈

① (가) ② (나) ③ (다) ④ (라) ⑤ (마)

STEP 3 기출문제

56 다음 상황의 배경으로 가장 적절한 것은? [2점 | 66회]

> 근일에 의병을 일으킨 이들이 각처에 글을 보내어 말하기를, "정부에 변란이 자주 나고 각처에 도적이 일어나며 대군주 폐하께서 외국 공사관에 파천하여 환궁하실 기약이 없고 일본 사람들이 조선 인민을 어지럽게 하는 고로, 의병을 일으켜 서울에 올라와 궁궐을 지키고 대군주 폐하를 환궁하시게 한다."라고 하였다.

① 을미사변이 일어났다.
② 을사늑약이 체결되었다.
③ 용암포 사건이 발생하였다.
④ 헤이그에 특사가 파견되었다.
⑤ 대한 제국의 군대가 해산되었다.

57 다음 의병 부대에 대한 설명으로 옳은 것은? [2점 | 65회]

> 이인영을 총대장으로 추대하고, 허위를 군사장으로 삼아 …… 각 도에 격문을 전하니 전국에서 불철주야 달려온 지원자들이 만여 명이더라. 이에 서울로 진군하여 국권을 회복하고자 …… 먼저 이인영은 심복을 보내 각국 영사에게 진군의 이유를 상세히 알리며 도움을 요청하고, 각 도의 의병으로 하여금 일제히 진군하게 하였다.

① 조선 혁명 선언을 지침으로 삼았다.
② 이만손이 주도하여 영남 만인소를 올렸다.
③ 상덕태상회를 통하여 군자금을 모집하였다.
④ 일본에 국권 반환 요구서를 제출하고자 하였다.
⑤ 고종의 강제 퇴위와 군대 해산에 반발하여 결성되었다.

58 (가) 의병에 대한 설명으로 옳은 것은? [2점 | 70회]

【이달의 독립운동가】
최초의 여성 의병 지도자 **윤희순(尹熙順)**

• 생몰년 : 1860~1935
• 생애 및 활동
경기도 구리 출신으로 명성 황후 시해 사건이 일어나자 '안사람 의병가'를 창작하여 여성의 의병 참여를 독려하는 데 앞장섰다. 고종의 강제 퇴위와 군대 해산에 반발하여 일어난 (가) 당시 30여 명의 여성으로 의병대를 조직하여 최초의 여성 의병장으로 활약하였다. 일제에 나라를 뺏긴 이후에는 만주로 망명하여 항일 인재 양성과 무장 투쟁을 이어 나갔다. 1990년 건국 훈장 애족장이 추서되었다.

① 최익현이 태인에서 궐기하였다.
② 고종의 해산 권고 조칙에 따라 해산하였다.
③ 민종식이 이끄는 부대가 홍주성을 점령하였다.
④ 일본에 국권 반환 요구서를 제출하고자 하였다.
⑤ 의병 부대가 연합하여 서울 진공 작전을 전개하였다.

59 (가)~(다) 학생이 발표한 내용을 일어난 순서대로 옳게 나열한 것은? [2점 | 55회]

주제: 항일 의병 운동의 전개

(가) 을사늑약 체결에 반대하여 최익현, 신돌석 등이 의병을 일으켰어요.
(나) 을미사변과 단발령 시행에 반발하여 유인석, 이소응 등 유생들의 주도하에 일어났어요.
(다) 13도 창의군이 결성되어 서울 진공 작전을 펼쳤어요.

① (가) - (나) - (다) ② (가) - (다) - (나)
③ (나) - (가) - (다) ④ (나) - (다) - (가)
⑤ (다) - (나) - (가)

60 밑줄 그은 '이 단체'에 대한 설명으로 옳은 것은? [2점 | 61회]

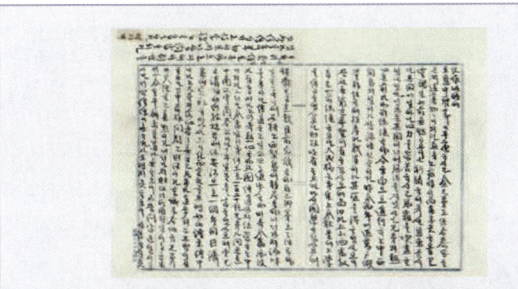

이 편지는 비밀 결사인 이 단체의 재무를 총괄한 전덕기가 안창호에게 보낸 것이다. 105인 사건으로 이 단체의 주요 회원인 양기탁, 이승훈 등이 형을 선고받은 사실과 대성 학교가 재정적으로 어려움을 겪고 있는 상황 등을 전하고 있다.

① 정우회 선언의 영향으로 결성되었다.
② 조선 혁명 선언을 활동 지침으로 삼았다.
③ 일제의 황무지 개간권 요구를 저지하였다.
④ 중추원 개편을 통해 의회 설립을 추진하였다.
⑤ 계몽 서적의 보급을 위해 태극 서관을 운영하였다.

61 밑줄 그은 '그'의 활동으로 옳은 것은? [2점 | 59회]

저는 지금 전라남도 보성군에 와 있습니다. 이 기념관은 오기호 등과 함께 대종교를 창시하고 일생을 독립운동에 바친 그를 기리기 위해 조성되었습니다. 이곳에는 그의 호를 딴 홍암사라는 사당이 있습니다.

① 5적 처단을 위해 자신회를 조직하였다.
② 명동 성당 앞에서 이완용을 습격하였다.
③ 하얼빈에서 이토 히로부미를 사살하였다.
④ 타이완에서 일본 육군 대장을 저격하였다.
⑤ 동양 척식 주식회사에 폭탄을 투척하였다.

62 (가) 인물에 대한 설명으로 옳은 것은? [2점 | 64회]

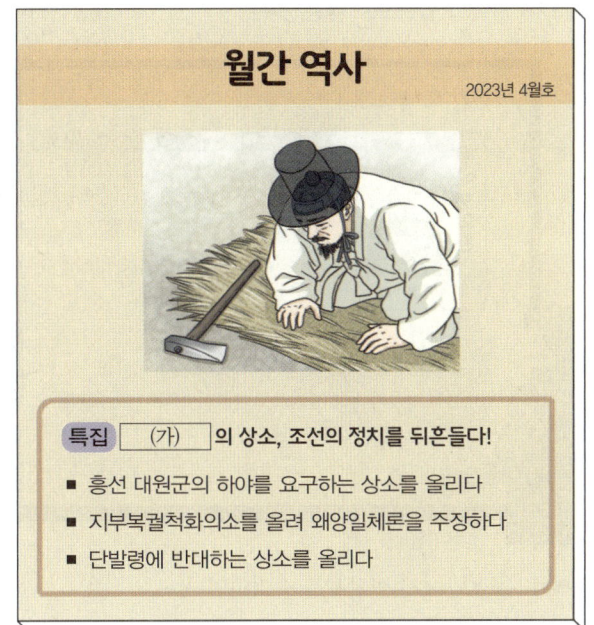

월간 역사 2023년 4월호

특집 (가) 의 상소, 조선의 정치를 뒤흔들다!

- 흥선 대원군의 하야를 요구하는 상소를 올리다
- 지부복궐척화의소를 올려 왜양일체론을 주장하다
- 단발령에 반대하는 상소를 올리다

① 대한 광복회를 조직하여 친일파를 처단하였다.
② 국권 피탈 과정을 정리한 한국통사를 집필하였다.
③ 을사늑약 체결에 반대하여 태인에서 의병을 일으켰다.
④ 13도 창의군을 지휘하여 서울 진공 작전을 전개하였다.
⑤ 보국안민을 기치로 우금치에서 일본군 및 관군에 맞서 싸웠다.

63 밑줄 그은 '그'에 대한 설명으로 옳은 것은? [1점 | 53회]

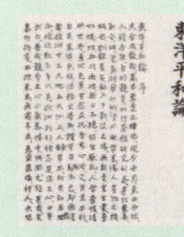

이 자료는 1910년 그가 옥중에서 저술한 동양 평화론으로, 원래 5편으로 구상되었으나 사형 집행이 앞당겨져 서문과 전감(前鑑)만 집필되었다. 일제의 한국 침략에 대한 비판과 진정한 동양 평화를 위한 한중일 삼국의 대등한 연합이 주된 내용을 이룬다. 국내에서 삼흥 학교 등을 세워 인재 양성에 힘쓰던 그는 망명하여 연해주 의병의 우영장으로 국내 진공 작전을 전개하였다. 1910년 뤼순 감옥에서 순국하였다.

① 봉오동 전투에서 일본군을 격파하였다.
② 베델과 함께 대한매일신보를 발간하였다.
③ 하얼빈역에서 이토 히로부미를 사살하였다.
④ 서전서숙을 설립하여 민족 교육을 실시하였다.
⑤ 고종의 밀지를 받아 독립 의군부를 조직하였다.

STEP 3 기출문제

64 (가) 인물의 활동으로 옳은 것은? [1점 | 71회]

① 명동 성당 앞에서 이완용을 습격하였다.
② 하얼빈에서 이토 히로부미를 사살하였다.
③ 타이중에서 일본 육군 대장을 저격하였다.
④ 샌프란시스코에서 D.W. 스티븐스를 처단하였다.
⑤ 서울역에서 신임 총독의 마차에 폭탄을 투척하였다.

경제

65 (가), (나) 조약에 대한 설명으로 옳은 것은? [3점 | 67회]

> (가) 제4조 …… 조선 상인이 북경에서 규정에 따라 교역하고, 중국 상인이 조선의 양화진과 서울에 들어와 영업소를 개설한 경우를 제외하고 각종 화물을 내지로 운반하여 상점을 차리고 파는 것을 허가하지 않는다. ……
> (나) 제37관 조선국에서 가뭄과 홍수, 전쟁 등의 일로 국내에 양식이 부족할 것을 우려하여 일시 쌀 수출을 금지하려고 할 때에는 1개월 전에 지방관이 일본 영사관에 통지하고, 미리 그 기간을 항구에 있는 일본 상인들에게 전달하여 일률적으로 준수하는 데 편리하게 한다.

① (가) - 통감부가 설치되는 계기가 되었다.
② (가) - 조선의 관세 자주권을 최초로 인정하였다.
③ (나) - 최혜국 대우를 규정한 조항을 담고 있다.
④ (나) - 일본 공사관의 경비병 주둔을 명시하였다.
⑤ (가), (나) - 갑신정변의 영향으로 체결되었다.

66 밑줄 그은 '장정'에 대한 설명으로 옳은 것은? [3점 | 53회]

① 갑신정변의 영향으로 체결되었다.
② 방곡령 시행에 대한 규정을 명시하였다.
③ 일본 공사관에 경비병이 주둔하는 계기가 되었다.
④ 일본인 재정 고문을 두도록 하는 조항을 담고 있다.
⑤ 부산 외 2개 항구를 개항한다는 내용을 포함하였다.

67 (가), (나) 조약에 대한 설명으로 옳은 것을 |보기|에서 고른 것은? [3점 | 51회]

> (가) 제5관 미국 상인과 상선이 조선에 와서 무역을 할 때 입출항하는 화물은 모두 세금을 바쳐야 하며, 세금을 거두는 권한은 조선이 자주적으로 행사한다.
> (나) 제37관 조선국에서 가뭄과 홍수, 전쟁 등의 일로 국내에 양식이 부족할 것을 우려하여 일시 쌀 수출을 금지하려고 할 때에는 1개월 전에 지방관이 일본 영사관에 통지하고, 미리 그 기간을 항구에 있는 일본 상인들에게 전달하여 일률적으로 준수하는 데 편리하게 한다.

| 보기 |
ㄱ. (가) - 최혜국 대우 내용을 포함하였다.
ㄴ. (가) - 갑신정변의 영향으로 체결되었다.
ㄷ. (나) - 방곡령 시행에 대한 규정을 명시하였다.
ㄹ. (나) - 재정 고문을 두도록 하는 조항을 담고 있다.

① ㄱ, ㄴ   ② ㄱ, ㄷ   ③ ㄴ, ㄷ
④ ㄴ, ㄹ   ⑤ ㄷ, ㄹ

68 다음 자료에 나타난 사업에 대한 설명으로 옳은 것은?

[1점 | 60회]

> 한국에서 유통되는 백동화에 대한 처분안을 들어보면,
> 갑(甲) 구 백동화는 1개당 신화폐 2전 5리의 비율로 교환한다.
> 을(乙) 부정한 구 백동화는 1개당 신화폐 1전의 비율로 매수
>   한다. 매수를 바라지 않는 것은 정부가 그것을 절단
>   하여 소유자에게 환부한다.
> 병(丙) 형체와 품질이 화폐라고 인정하기 어려운 것은 정부
>   가 매수하지 않는다.
> ……
> 이른바 폐제(幣制) 개혁은 통화를 금절(禁絶)하여 소의 뿔을 바로잡으려다가 소를 죽이는 결과를 가져왔습니다.
> － 「한국 폐제 개혁에 관한 진정서」－

① 독립 협회가 반대 운동을 전개하였다.
② 재정 고문 메가타의 주도로 시행되었다.
③ 동양 척식 주식회사가 중심이 되어 실시하였다.
④ 은 본위제가 본격적으로 실시되는 배경이 되었다.
⑤ 함경도 관찰사 조병식이 방곡령을 선포하는 계기가 되었다.

70 (가)~(다)를 일어난 순서대로 옳게 나열한 것은?

[3점 | 65회]

① (가) － (나) － (다)
② (가) － (다) － (나)
③ (나) － (가) － (다)
④ (나) － (다) － (가)
⑤ (다) － (가) － (나)

69 밑줄 그은 '사업'에 대한 탐구 활동으로 가장 적절한 것은?

[2점 | 71회]

> **화폐로 보는 한국사**
>
>  백동화(白銅貨)는 전환국에서 발행한 액면가 2전 5푼의 동전이다. 당시 재정 궁핍으로 본위 화폐인 은화는 거의 주조되지 않았고, 보조 화폐인 백동화가 주로 제조되어 사용되었다. 러일 전쟁 중에 재정 고문으로 임명된 메가타 다네타로의 주도하에 전환국을 폐지하고 백동화와 엽전을 일본 제일은행권으로 교환하는 <u>사업</u>을 추진하면서, 백동화의 발행이 중단되었다.

① 군국기무처의 활동을 조사한다.
② 당오전이 발행된 배경을 파악한다.
③ 삼국 간섭이 발생한 원인을 분석한다.
④ 대한 광복회가 결성된 목적을 살펴본다.
⑤ 제1차 한·일 협약 체결의 영향을 알아본다.

71 다음 자료에 나타난 민족 운동에 대한 설명으로 옳은 것은?

[2점 | 61회]

> 우리나라가 채무를 지고 우리 백성이 채노(債奴)*가 된 것이 여러 해가 되었습니다. …… 대황제 폐하께서 진 외채가 1,300만 원이지만 채무를 청산할 방법이 없어 밤낮으로 걱정하시니, 백성된 자로서 있는 힘을 다하여 보상하려고 해도 겨를이 없습니다. …… 우리 동포는 빨리 단체를 결성하여 열성적으로 의연금을 내어 채무를 상환하고 채노에서 벗어나, 머리는 대한의 하늘을 이고, 발은 대한의 땅을 밟도록 해 주시기를 눈물을 머금고 간절히 요구합니다.
>
> *채노(債奴): 빚을 갚지 못해 노비가 된 사람

① 일제가 치안 유지법을 적용하여 탄압하였다.
② 백정에 대한 사회적 차별 철폐를 요구하였다.
③ 독립문 건립을 위한 모금 활동을 전개하였다.
④ 자작회, 토산 애용 부인회 등의 단체가 활동하였다.
⑤ 대한매일신보 등 당시 언론이 적극적으로 참여하였다.

STEP 3 기출문제

72 다음 자료에 나타난 민족 운동에 대한 설명으로 옳은 것은?   [1점 | 69회]

> 거액의 외채 1,300만 원을 해마다 미루다가 갚지 못할 지경에 이른다면 나라를 보존하기 어려울 것이니, 나라를 보존하지 못하면, 아! 우리 동포는 장차 무엇에 의지하겠습니까? …… 근래에 신문을 접하니, 영남에서 시작하여 서울에 이르기까지 담배를 끊어 나라의 빚을 갚자는 논의가 시작되었고, 발기한 지 며칠이 되지 않아 의연금을 내는 자들이 날마다 이른다 하니, 우리 백성들이 임금에게 충성하고 나라를 사랑하는 마음을 통쾌하게 볼 수 있습니다.

① 조선 총독부의 탄압과 방해로 실패하였다.
② 대한매일신보 등의 지원을 받아 확산되었다.
③ 대한민국 임시 정부가 수립되는 계기가 되었다.
④ 백정에 대한 사회적 차별 철폐를 목적으로 하였다.
⑤ 조선 민립 대학 기성회에서 모금 활동을 전개하였다.

74 다음 규칙이 발표된 이후의 사실로 옳은 것은?   [3점 | 64회]

> **한성 사범 학교 규칙**
> 제1조 한성 사범 학교는 칙령 제79호에 의해 교원에 활용할 학생을 양성함
> 제2조 한성 사범 학교의 졸업생은 소학교 교원이 되는 자격이 있음
> 제3조 한성 사범 학교의 본과 학생이 수학할 학과목은 수신·교육·국문·한문·역사·지리·수학·물리·화학·박물·습자·작문·체조로 함
> ⋮

① 길모어 등이 육영 공원 교사로 초빙되었다.
② 정부가 동문학을 세워 통역관을 양성하였다.
③ 이승훈이 인재 양성을 위해 오산 학교를 세웠다.
④ 함경도 덕원 지방의 관민들이 원산 학사를 설립하였다.
⑤ 교육의 기본 방향을 제시한 교육 입국 조서가 반포되었다.

문화

73 (가) 종교에 대한 설명으로 옳은 것은?   [1점 | 66회]

(가) 의 교세를 확장한 해월 최시형

해월 선생은 제자들에게 '최보따리'라고도 불렸다. 포교를 위해 잠행을 하면서 보따리를 자주 쌌기 때문에 붙여진 별명이다. 교조 최제우의 처형으로 위축되었던 (가) 의 교세는 2대 교주였던 그의 노력으로 크게 확장되었다. 그는 1897년 손병희에게 도통을 전수하였고 1898년 체포되어 재판을 받고 처형되었다. 그에게 사형을 선고한 판사 중에는 고부 학정의 원흉 조병갑이 있었다.

① 동경대전을 경전으로 삼았다.
② 항일 무장 단체인 중광단을 결성하였다.
③ 박중빈을 중심으로 새 생활 운동을 펼쳤다.
④ 배재 학당을 세워 신학문 보급에 앞장섰다.
⑤ 프랑스와의 조약을 통해 포교가 허용되었다.

75 ㉠ 시기에 볼 수 있는 모습으로 가장 적절한 것은?   [2점 | 70회]

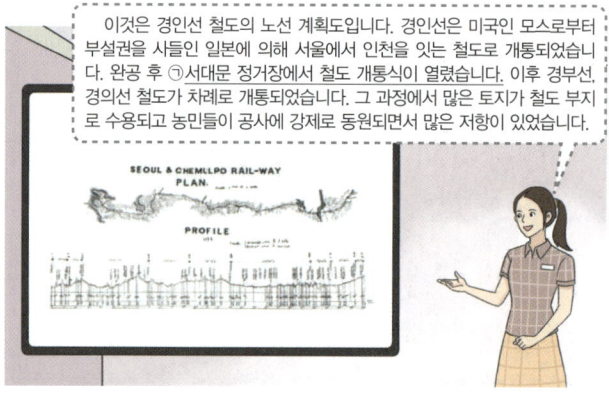

이것은 경인선 철도의 노선 계획도입니다. 경인선은 미국인 모스로부터 부설권을 사들인 일본에 의해 서울에서 인천을 잇는 철도로 개통되었습니다. 완공 후 ㉠서대문 정거장에서 철도 개통식이 열렸습니다. 이후 경부선, 경의선 철도가 차례로 개통되었습니다. 그 과정에서 많은 토지가 철도 부지로 수용되고 농민들이 공사에 강제로 동원되면서 많은 저항이 있었습니다.

① 학도 지원병을 독려하는 지식인
② 금난전권 폐지에 반대하는 시전 상인
③ 근우회가 주최하는 강연에 참여하는 여성
④ 두모포에서 무력시위를 벌이는 일본 군인
⑤ 근대 학문을 가르치는 한성 사범 학교 교사

76 다음 기사가 보도된 이후의 사실로 옳은 것은?

[2점 | 60회]

역사 신문
제△△호 ○○○○년 ○○월 ○○일

전차 운행 중 사망 사고 발생

오늘 종로 거리를 달리던 전차에 다섯 살 난 아이가 치여 죽는 사고가 발생하였다. 이를 목격한 사람들이 격노하여 전차를 부수었고, 이어 달려오던 전차까지 전복시켜 파괴하고 기름을 뿌려 불태웠다. 동대문에서 성대한 개통식을 열고 전차를 운행한 지 한 달도 되지 않아 참혹한 사건이 발생한 것이다.

① 미국에 보빙사를 파견하였다.
② 베델이 대한매일신보를 창간하였다.
③ 이만손 등이 영남 만인소를 올렸다.
④ 신식 군대인 별기군(교련병대)이 창설되었다.
⑤ 통리기무아문을 설치하여 개혁을 추진하였다.

77 다음 상황 이후의 사실로 옳은 것은?

[3점 | 58회]

① 알렌의 건의로 광혜원이 세워졌다.
② 박문국에서 한성순보가 발행되었다.
③ 무기 제조 공장인 기기창이 설립되었다.
④ 서울과 부산을 연결하는 경부선이 개통되었다.
⑤ 우편 사무를 관장하는 우정총국이 처음 설치되었다.

78 밑줄 그은 ⑦ 사건 이후의 사실로 옳은 것은?

[3점 | 50회]

이 문서는 에디슨이 설립한 전기 회사가 프레이저를 자사의 조선 총대리인으로 위촉한다는 내용을 담고 있다. 이 회사는 총대리인을 통해 경복궁 내의 전등 가설 공사를 수주하였다. 이에 따라 경복궁 내에 발전 설비를 마련하고, ⑦건청궁에 조선 최초의 전등을 가설하였다.

① 알렌의 건의로 광혜원이 세워졌다.
② 박문국에서 한성순보가 발행되었다.
③ 무기 제조 공장인 기기창이 설립되었다.
④ 정부가 외국어 교육 기관인 동문학을 세웠다.
⑤ 노량진에서 제물포를 잇는 경인선이 개통되었다.

79 교사의 질문에 대한 학생의 답변으로 옳은 것은?

[2점 | 49회]

① 박문국이 세워졌어요.
② 경부선이 완공되었어요.
③ 기기창이 설치되었어요.
④ 한성주보가 발행되었어요.
⑤ 육영 공원이 설립되었어요.

STEP 3 기출문제

80 밑줄 그은 '이곳'이 운영되던 시기에 볼 수 있는 모습으로 가장 적절한 것은? [3점 | 53회]

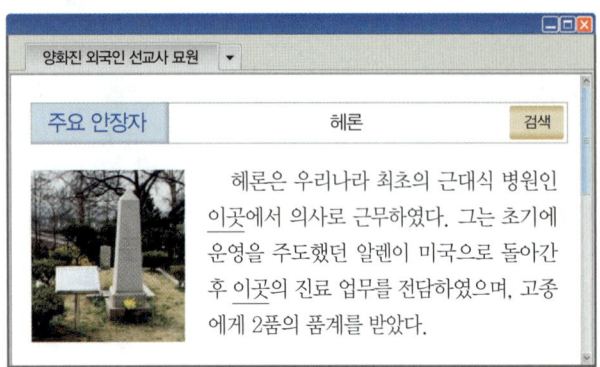

① 배재 학당에 입학하는 학생
② 영선사 일행으로 청에 가는 생도
③ 우정총국 개국 축하연에 참석하는 외교관
④ 연무당에서 일본과 조약을 체결하는 관리
⑤ 제너럴셔먼호의 통상 요구를 거부하는 평양 관민

81 다음 대화에 해당하는 교육 기관에 대한 설명으로 옳은 것은? [2점 | 67회]

① 7재라는 전문 강좌가 개설되었다.
② 조선 총독부의 탄압으로 폐교되었다.
③ 교육 입국 조서에 근거하여 세워졌다.
④ 주요 건물로 대성전과 명륜당을 두었다.
⑤ 헐버트, 길모어 등이 교사로 초빙되었다.

82 다음 검색창에 들어갈 신문에 대한 설명으로 옳은 것은? [2점 | 67회]

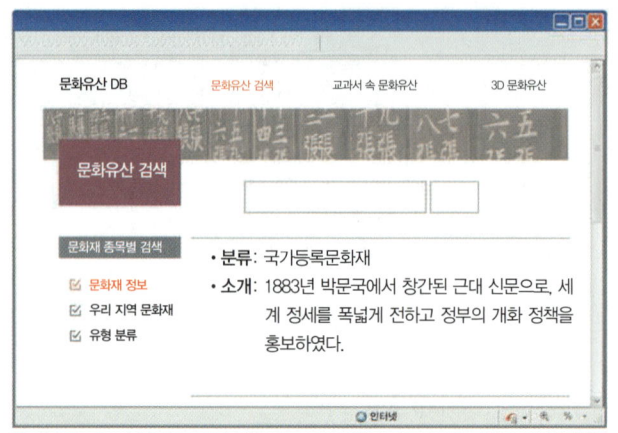

① 여권통문을 처음 보도하였다.
② 국채 보상 운동의 확산에 기여하였다.
③ 의병 투쟁에 호의적인 기사를 게재하였다.
④ 외국인이 읽을 수 있도록 영문으로도 발행되었다.
⑤ 순 한문 신문으로 열흘마다 발행하는 것이 원칙이었다.

83 (가) 신문에 대한 설명으로 옳은 것은? [1점 | 64회]

① 상업 광고를 처음으로 실었다.
② 천도교의 기관지로 발행되었다.
③ 국채 보상 운동의 확산에 기여하였다.
④ 일장기를 삭제한 손기정 사진을 게재하였다.
⑤ 순 한문 신문으로 열흘마다 발행하는 것이 원칙이었다.

84 (가)에 해당하는 신문으로 옳은 것은?   1점 | 56회

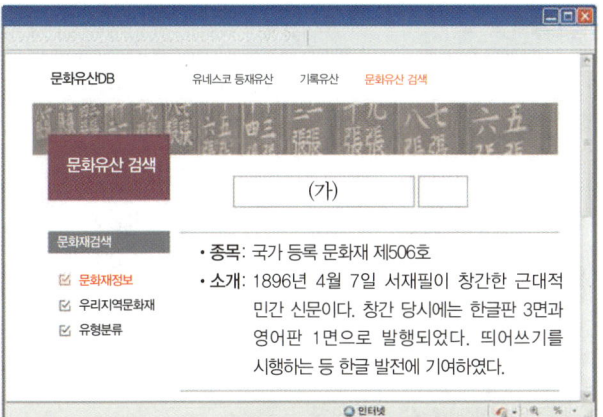

① 해조신문 ② 제국신문 ③ 한성순보
④ 독립신문 ⑤ 황성신문

85 (가) 인물의 활동으로 옳은 것은?   3점 | 67회

① 샌프란시스코에서 흥사단을 창립하였다.
② 황준헌이 쓴 조선책략을 국내에 들여왔다.
③ 인재 양성을 위해 오산 학교를 설립하였다.
④ 국문 연구소를 설립하고 연구위원으로 활동하였다.
⑤ 독립 협회의 제안을 받아들여 중추원 관제 개편을 추진하였다.

86 (가) 인물에 대한 설명으로 옳은 것은?   2점 | 63회

① 조선 중립화론을 건의하였다.
② 베델과 함께 대한매일신보를 창간하였다.
③ 대동강에 침입한 제너럴셔먼호를 격침하였다.
④ 서양의 과학 기술을 정리한 지구전요를 저술하였다.
⑤ 강화도 조약 체결의 전말을 기록한 심행일기를 남겼다.

87 다음 인물의 활동으로 옳은 것은? 3점 | 62회

> 나는 23세 때 육영 공원의 교사로 조선에 와서 학생들을 가르쳤소. 고종의 특사가 되어 만국 평화 회의가 열린 헤이그를 방문하였고, 대한 제국 멸망사를 출간하기도 했소. 나는 한국인의 권리와 자유를 위해 싸워 왔으며 한국인에 대한 사랑은 내 인생의 가장 소중한 가치라오. 나는 웨스트민스터 사원보다 한국 땅에 묻히기를 염원하오.

① 화폐 정리 사업을 주도하였다.
② 한글로 된 교재인 사민필지를 집필하였다.
③ 여성 교육 기관인 이화 학당을 설립하였다.
④ 친일 인사 스티븐스를 샌프란시스코에서 사살하였다.
⑤ 논설 단연보국채를 써서 국채 보상 운동에 적극 참여하였다.

88 (가) 인물에 대한 설명으로 옳은 것은? 2점 | 61회

① 국문 연구소의 연구위원으로 활동하였다.
② 조선어 학회 사건으로 구속되어 옥고를 치렀다.
③ 국권 피탈 과정을 정리한 한국통사를 집필하였다.
④ 세계지리 교과서인 사민필지를 한글로 저술하였다.
⑤ 여유당전서를 간행하고 조선학 운동을 전개하였다.

89 다음 인물에 대한 설명으로 옳은 것은? 2점 | 55회

이달의 역사 인물

혼이 보존되면 국가는 부활할 것이다
○○○(1859~1925)

국혼을 강조하며 민족의식을 고취한 역사학자이자 독립운동가이다. 일찍부터 민족 교육의 중요성을 인식하여 서우 학회에서 애국 계몽 운동을 펼쳤으며, 국권 피탈 과정을 정리한 『한국통사』를 저술하였다. 1925년에는 대한민국 임시 정부 제2대 대통령에 취임하였다. 정부에서는 그의 공훈을 기리어 건국훈장 대통령장을 추서하였다.

① 진단 학회를 창립하고 진단학보를 발행하였다.
② 여유당전서를 간행하고 조선학 운동을 전개하였다.
③ 헤이그에서 열린 만국 평화 회의에 특사로 파견되었다.
④ 평양에서 조선 물산 장려회 발기인 대회를 개최하였다.
⑤ 실천적인 유교 정신을 강조하는 유교 구신론을 저술하였다.

90 (가) 인물에 대한 설명으로 옳은 것은? 2점 | 56회

① 우리말 큰사전 편찬 사업을 추진하였다.
② 유교 개혁을 주장하는 유교 구신론을 제창하였다.
③ 월간지 유심을 발간하여 불교 개혁 운동에 힘썼다.
④ 진단 학회를 설립하여 실증주의 사학을 발전시켰다.
⑤ 독사신론을 저술하여 민족주의 사학의 기반을 마련하였다.

핵심 키워드

01 흥선 대원군은 왕실의 권위 회복을 위해 ●●궁을 중건하였고, 이를 위해 ●●전을 발행하였다.

02 병인양요 당시 프랑스군에 의해 외●●● 도서가 약탈당하는 피해를 입었다.

03 신미양요 당시 어●● 장군이 이끄는 부대가 광성보에서 항전하였다.

04 강화도 조약으로 부산 외 ●산, ●천에 개항장이 설치되었다.

05 개항 이후 정부는 개화 정책을 총괄하는 ●●●●아문을 설치하고 그 아래 12사를 두었다.

06 임오군란 후 체결된 조·청 상민 ●● 무역 장정을 통해 청 상인의 내지 통상이 가능해졌다.

07 김옥균 등 급진 개화파는 ●●총국 개국 축하연을 이용하여 갑신정변을 일으켰다.

08 동학 농민군은 정부와 화약을 맺은 후 ●●소를 설치하고 폐정 개혁안을 실천하였다.

09 제1차 갑오개혁 때 공·사 ●●법을 혁파하고 과거제를 폐지하였다.

10 제2차 갑오개혁 때 고종이 국정 개혁의 기본 방향을 제시한 ●● 14조를 반포하였다.

11 독립 협회는 ●●원 개편을 통한 의회 설립을 추진하였다.

12 대한 제국은 광무개혁 때 ●●부를 설치하고, 양전 사업을 실시하여 ●계를 발급하였다.

13 제1차 한·일 협약으로 재정 고문으로 메●●, 외교 고문으로 스티븐스가 파견되었다.

14 1905년에 일제는 을사늑약을 강제로 체결하여 대한 제국의 외교권을 빼앗고, ●●부를 설치하였다.

15 신민회는 이승훈이 ●산 학교, 안창호가 ●성 학교를 세워 민족 교육을 실시하였다.

16 정미의병 때 이인영과 허위는 13도 창의군을 이끌고 ●● 진공 작전을 전개하였다.

17 1905년에 일본인 재정 고문 메가타의 주도로 ●● 정리 사업이 추진되었다.

18 국채 보상 운동은 ●●●●신보 등 당시 언론의 적극적인 지원을 받았다.

19 ●●순보는 우리나라 최초의 근대 신문으로 박문국에서 발행되었다.

20 양기탁과 영국인 베델은 함께 ●●●●신보를 창간하였다.

21 정부가 세운 근대 교육 기관인 ●● 공원은 헐버트, 길모어 등 외국인을 교사로 초빙하였다.

22 신●●는 〈독사신론〉을 발표하여 민족을 역사 서술의 중심에 두었다.

23 나철, 오기호 등은 단군 신앙을 바탕으로 ●●교를 창시하였다.

01 경복, 당백 02 규장각 03 재연 04 원, 인 05 통리기무 06 수륙 07 우정 08 집강 09 노비 10 홍범 11 중추 12 원수, 지 13 가타 14 통감 15 오, 대 16 서울 17 화폐 18 대한매일 19 한성 20 대한매일 21 육영 22 채호 23 대종

PART 7

일제 강점기

최신 3개년 평균 출제 문항 수

7.1 문항

최신 3개년 평균 출제 비중
14.2 %

최신 3개년 주제별 출제 현황

주제	출제 현황	빈출 키워드
식민 통치	24문항	회사령, 헌병 경찰 제도, 황국 신민 서사 암송, 토지 조사 사업, 조선 사상범 예방 구금령
1910년대 저항	21문항	2·8 독립 선언서, 독립 의군부(임병찬), 연통제, 교통국, 국민 대표 회의, 임시 정부 수립 계기
1920년대 저항	29문항	조선 혁명 선언, 신간회의 진상 조사단 파견, 경성 제국 대학 설립, 청산리 전투
1930년 이후 저항	18문항	조소앙의 삼균주의, 대전자령 전투, 한국 광복군, 조선 의용대, 한글 맞춤법 통일안 제정

학습 POINT

- ☑ 1910년대, 1920년대, 1930년대 후반 이후 일제의 식민지 통치 방식을 비교하세요.
- ☑ 1940년에 충칭에 정착하기 전후의 대한민국 임시 정부의 활동을 정리하세요.
- ☑ 1910년대, 1920년대, 1930년대 후반 이후의 독립운동을 시간 순으로 정리하세요.

STEP 1 N가지 젤 중요한 개념

빈칸을 채우며 중요한 개념을 학습해요.

핵심강의

01 일제의 식민지 통치 방식

1910년대	• 무단 통치 – 조선 총독부 설치, 헌병 경찰 제도 시행 – 즉결 처분권 행사(범죄 즉결례), 조선 ❶ ___ 령 제정(한국인에게만 적용) – 일반 관리와 교사에게도 제복과 칼 착용 강요, 제1차 조선 교육령 • 경제 침탈: ❷ ___ 조사 사업(토지 약탈), 회사령 제정(회사 설립 시 조선 총독의 허가를 받도록 규정)
1920년대	• 이른바 '문화 통치' – ❸ ___ 운동을 계기로 실시 – 보통 경찰 제도 실시(실제: 경찰 관서·경찰의 수 증가), 치안 유지법 제정(1925) – 제2차 조선 교육령: 우리 민족의 민립 대학 설립 운동 추진 → 일제의 무마책: 경성 제국 대학 설립 • 경제 침탈: 회사령 철폐(회사 설립을 '허가제 → ❹ ___ 제'로 변경), 산미 증식 계획(국내 식량 사정 악화)
1930년대 후반 이후	• 민족 말살 통치 – 일제의 침략 전쟁 확대(중·일 전쟁, 태평양 전쟁 등) – 내선일체·일선 동조론 주장 – ❺ ___ 신민화 정책: 황국 신민 서사 암송, 신사 참배, 창씨개명 등 – 조선 사상범 보호 관찰령·예방 구금령 • 경제 침탈: 국가 ❻ ___ 법 제정(1938) → 물자 수탈(미곡·금속 공출, 식량 배급제), 인력 강제 동원(지원병제, 학도 지원병제, 징병제, 국민 징용령, 여자 정신 근로령)

02 1910년대 저항: 3·1 운동 이전의 민족 운동

국내	• 독립 의군부: 임병찬이 고종의 밀지를 받고 조직, 복벽주의 • 대한 광복회: 박상진 등이 주도, 군자금 모금 활동, 친일파 처단
국외	• ❼ ___ 도(남만주): 신민회 회원들이 이주하여 삼원보에 정착, 경학사 설치, 신흥 강습소 설립(→ 신흥 무관 학교), 서로 군정서 조직 • 북간도: 용정촌·명동촌 형성, 서전서숙(이상설)·명동 학교 설립, 대종교도 중심으로 중광단 조직(→ 북로 군정서) • 연해주: 신한촌 건설, ❽ ___ 회 조직(권업신문 발간), 대한 광복군 정부 조직 → 1930년대 후반 많은 한인들이 중앙아시아로 강제 이주 • 상하이: 신한 청년당 조직(파리 강화 회의에 김규식 파견 → 독립 청원서 제출) • 미주 지역 – 미국 본토: 안창호의 흥사단 조직, 대한인 국민회 조직 – ❾ ___ 이: 박용만의 대조선 국민군단 창설 – 멕시코: 숭무 학교 설립

03 1910년대 저항: 3·1 운동

전개	• 배경: 윌슨의 민족 자결주의 제창, 국외 독립 선언(대동 단결 선언, 일본 내 2·8 독립 선언) • 전개: ❿ ___ 종의 인산일에 맞추어 실행 계획 → 민족 대표 33인의 독립 선언서 낭독, 학생과 시민들이 탑골 공원에서 독립 선언식 거행(비폭력 시위) → 전국 주요 도시 및 농촌으로 확산 → 일제의 탄압에 맞서 무력 투쟁 운동으로 변화, 해외에서도 만세 운동 전개 • 일제의 탄압: 제암리 학살 사건, 유관순 순국(천안 아우내 장터에서 만세 시위 주도)
영향	• 일제의 통치 방식 변화(무단 통치 → 이른바 '문화 통치') • 국외 무장 독립 투쟁 활발(만주·연해주) • 대한민국 ⓫ ___ 수립의 계기가 됨

04 1910년대 저항: 대한민국 임시 정부

수립 및 활동	• 수립: 상하이에 통합된 임시 정부 수립 • 활동: ⓬ ___ 제·교통국 조직, 독립 공채 발행, 이륭양행·백산상회 운영, 독립신문 간행, 임시 사료 편찬 위원회 설치(《한·일 관계 사료집》 발간), 미국 워싱턴에 구미 위원부 설치, 김규식을 파리 강화 회의의 전권 대사로 임명
임시 정부의 변화	국민 ⓭ ___ 회의(→ 회의 결렬로 임시 정부 활동 침체, 1923) → 제2대 대통령으로 박은식 선출(1925) → 국무령 중심의 내각 책임제로 개편 → 국무위원에 의한 집단 지도 체제로 개편(1927) → 김구의 한인 애국단 조직(1931) → 임시 정부가 충칭에 정착(1940)

05 1920년대 저항 (1)

국외 무장 독립 전쟁	• ⓮ ___ 동 전투(홍범도의 대한 독립군 부대 등 활약) → 청산리 전투(김좌진의 북로 군정서 + 홍범도의 대한 독립군 등 활약) → 간도 참변(1920) • 대한 ⓯ ___ 단(총재: 서일)이 자유시로 이동 → 자유시 참변(1921) → 3부 성립 • 미쓰야 협정(만주 지역의 독립군 탄압, 1925) → 3부 통합 운동(국민부와 혁신 의회로 통합)
국내 민족·사회 운동	• ⓰ ___ 장려 운동: 평양에서 조만식 등을 중심으로 조선 물산 장려회 설립 • 민립 대학 설립 운동: 이상재 등이 조선 민립 대학 기성회 조직 → 일제의 방해로 실패 → 일제의 무마책: 경성 제국 대학 설립 • 암태도 소작 쟁의(1923), ⓱ ___ 총파업(1929), 강주룡의 평양 을밀대 농성(1931) • ⓲ ___ 회: 광주 학생 항일 운동에 진상 조사단 파견

06 1920년대 저항 (2)

대중 운동	• 학생 운동 – 6·10 만세 운동(1926): ⑲ _____ 종의 인산일에 전개 – 광주 학생 항일 운동(1929): 신간회의 진상 조사단 파견 • 소년 운동: 방정환 등을 중심으로 한 천도교 소년가 주도 → '어린이날' 제정, 잡지 《어린이》 발간 • 여성 운동(근우회 결성) • ⑳ _____ 운동(백정에 대한 사회적 차별 철폐 주장)
의열단	• 김원봉 등의 주도로 조직(1919), 일제 요인 암살 및 식민 통치 기관 파괴 등 폭력 투쟁 전개, 신채호가 작성한 〈조선 ㉑ _____ 선언〉을 활동 지침으로 삼음 • 활동: 박재혁(부산 경찰서), 김익상(조선 총독부), 김상옥(종로 경찰서), 나석주(동양 척식 주식회사) 등의 의거 • 변화: 1920년대 후반 이후 일부 단원이 황푸 군관 학교에 입학하여 군사 훈련 수료 → 조선 혁명 간부 학교 설립(1932), 김원봉을 중심으로 민족 혁명당 결성에 주도적 역할 수행
민족 문화 수호 운동	• 국어: 조선어 연구회 → 한글 연구 및 보급 노력, '가갸날' 제정, 잡지 《한글》 발행 • 문학: 신경향파 문학 → 카프(KAPF) 결성(사회주의 사상의 영향) • 역사 – 신채호: 《조선사연구초》·《조선상고사》 저술, 낭가 사상 강조 – 박 ㉒ _____: 《한국통사》·《한국독립운동지혈사》 저술, 국혼 강조 • 예술: 나운규의 영화 '㉓ _____랑' 제작(단성사에서 개봉), 토월회의 신극 운동 전개

07 1930년대 저항

무장 독립 전쟁	• 한·중 연합 작전 – 한국독립군(총사령관 지 ㉔ _____)이 중국 호로군과 연합하여 쌍성보·사도하자·대전자령 전투에서 일본군 격퇴 – 조선 혁명군(총사령관 양 ㉕ _____)이 중국 의용군과 연합하여 영릉가·흥경성 전투에서 일본군 격퇴 • 중국 관내: 김원봉 등이 민족 혁명당 조직 → 김원봉의 주도로 우한에서 조선 민족 전선 연맹의 군사 조직으로 조선 ㉖ _____ 대 창설(중국 관내에서 결성된 최초의 한인 무장 부대) → 일부가 화북 지역으로 이동하여 조선 독립 동맹의 조선 의용군으로 재편 → 김원봉이 남은 세력을 이끌고 한국광복군에 편입(1942)
한인 애국단	김 ㉗ _____가 침체된 대한민국 임시 정부의 위기 극복을 위해 조직(1931) → 이봉창 의거(도쿄), 윤봉길 의거(상하이)

08 1930년대 후반 이후 민족 문화 수호 운동

국어	• 조선어 ㉘ _____: 한글 맞춤법 통일안과 표준어 제정, 잡지 《한글》 발행, 《우리말 큰사전》 편찬 추진 → 조선어 학회 사건(1942)으로 강제 해산 • 저항 문학: 이육사의 〈광야〉, 윤동주의 〈별 헤는 밤〉 등 • 브나로드 운동(동아일보 주도)
국사	• 정인보, 안재홍 → 조선학 운동 전개 • 이병도 등이 진단 학회 조직 → 《진단 학보》 발간 • 백 ㉙ _____: 세계사의 보편적 발전 과정 위에 한국사 정리 → 식민 사관의 정체성론 비판, 《조선사회경제사》·《조선봉건사회경제사》 저술
기타	일장기 말소 사건(1936년 베를린 올림픽 대회 마라톤 경기에서 손기정이 금메달 획득 → 일부 신문이 일장기를 지운 선수 사진 게재 → 무기 정간)

09 대한민국 임시 정부의 재정비

이동 및 체제 변화	• 윤봉길 의거 이후 일제의 탄압이 심해지면서 상하이 → 항저우 → 광저우 등지로 이동하다가 충 ㉚ _____에 정착(1940) • 한국 독립당 결성(1940) • 주석제 도입(주석: 김구, 1940) • 주석·부주석제(주석: 김구, 부주석: 김규식, 1944)
활동	• 한국 ㉛ _____군 창설(총사령관 ㉜ _____ 천) → 대일 선전 포고, 인도·미얀마 전선에서 영국군과 연합 작전 전개, 미국 전략 정보국(OSS)과 협력하여 국내 진공 작전 계획 • 건국 강령 발표: 조소앙의 ㉝ _____주의에 기초

10 건국 준비 활동

조선 독립 동맹	중국 화북 지역에서 김두봉을 중심으로 조직 → 군사 조직으로 조선 의용군 편성
조선 건국 동맹	국내에서 여운형을 중심으로 결성 → 광복 후 조선 ㉞ _____ 준비 위원회로 개편

정답

❶ 태형 ❷ 토지 ❸ 3·1 ❹ 신고 ❺ 황국 ❻ 총동원 ❼ 서간 ❽ 권업
❾ 하와 ❿ 고 ⑪ 임시 정부 ⑫ 연통 ⑬ 대표 ⑭ 봉오 ⑮ 독립군 ⑯ 물산
⑰ 원산 ⑱ 신간 ⑲ 순 ⑳ 형평 ㉑ 혁명 ㉒ 은식 ㉓ 아리 ㉔ 청천
㉕ 세봉 ㉖ 의용 ㉗ 구 ㉘ 학회 ㉙ 남운 ㉚ 칭 ㉛ 광복 ㉜ 지청 ㉝ 삼균
㉞ 건국

STEP 2 젤 중요한 개념 확인문제

핵심만 차근차근 체크해요.

01 다음에서 일제의 식민지 정책이 1910년대면 '10', 1920년대면 '20', 1930년대 후반 이후면 '30 후반'이라고 쓰세요.

⑴ 회사령이 실시되었다. ( )
⑵ 범죄 즉결례를 시행하였다. ( )
⑶ 조선 태형령이 공포되었다. ( )
⑷ 국민 징용령을 시행하였다. ( )
⑸ 치안 유지법을 공포하였다. ( )
⑹ 헌병 경찰 제도를 실시하였다. ( )
⑺ 토지 조사 사업을 실시하였다. ( )
⑻ 제1차 조선 교육령을 제정하였다. ( )
⑼ 조선 사상범 예방 구금령을 시행하였다. ( )
⑽ 식량 배급 및 미곡 공출제를 시행하였다. ( )

02 다음 사실들을 순서대로 나열하세요.

⑴ ( )

(가) 회사령이 철폐되었다.
(나) 조선 태형령이 시행되었다.
(다) 여자 정신 근로령이 공포되었다.

⑵ ( )

(가) 치안 유지법이 마련되었다.
(나) 황국 신민 서사 암송이 강요되었다.
(다) 회사 설립을 허가제로 하는 회사령이 공포되었다.

03 1930년대 후반 이후의 사회 모습으로 옳으면 O표, 틀리면 X표를 하세요.

⑴ 신사 참배를 강요하는 교사 ( )
⑵ 원산 총파업에 참여하는 노동자 ( )
⑶ 황국 신민 서사를 암송하는 어린이 ( )
⑷ 신간회 창립 대회에 참여하는 청년 ( )
⑸ 헌병 경찰에게 태형을 당하는 조선인 ( )
⑹ 조선어 학회 사건으로 체포되는 학자 ( )
⑺ 조선 태형령을 관보에 게재하는 총독부 관리 ( )
⑻ 여자 정신 근로령에 의해 강제로 끌려가는 여성 ( )
⑼ 나운규가 제작한 영화 아리랑의 첫 상영을 준비하는 단성사 직원 ( )

04 1910년대에 있었던 사실로 옳으면 O표, 틀리면 X표를 하세요.

⑴ 조선 형평사가 결성되었다. ( )
⑵ 2·8 독립 선언이 발표되었다. ( )
⑶ 권업회가 설립되어 권업신문을 발간하였다. ( )
⑷ 일제에 의해 경성 제국 대학이 설립되었다. ( )
⑸ 사회주의 세력이 정우회 선언을 발표하였다. ( )
⑹ 이봉창이 일왕의 행렬에 폭탄을 투척하였다. ( )
⑺ 대한 광복회를 조직하여 친일파를 처단하였다. ( )
⑻ 고종의 밀지를 받아 독립 의군부가 조직되었다. ( )
⑼ 삼균주의에 입각한 대한민국 건국 강령이 발표되었다. ( )
⑽ 대한민국 임시 정부가 직할 부대로 참의부를 결성하였다. ( )

05 다음 민족 운동이 일어난 지역을 골라 쓰세요.

서간도, 북간도, 연해주, 하와이, 멕시코

⑴ 한인 자치 기구인 경학사를 설립하였다. ( )
⑵ 민족 교육을 위해 서전서숙을 건립하였다. ( )
⑶ 권업회를 조직하여 권업신문을 발행하였다. ( )
⑷ 중광단을 조직하여 무장 투쟁을 전개하였다. ( )
⑸ 숭무 학교를 설립하여 독립군을 양성하였다. ( )
⑹ 신흥 강습소를 설립하여 독립군을 양성하였다. ( )
⑺ 대조선 국민군단을 결성하여 군사 훈련을 실시하였다. ( )
⑻ 대한 광복군 정부를 세워 무장 독립 투쟁을 준비하였다. ( )

06 3·1 운동에 대한 설명으로 옳으면 O표, 틀리면 X표를 하세요.

⑴ '조선 사람 조선 것' 등의 구호를 내세웠다. ( )
⑵ 대한민국 임시 정부가 수립되는 계기가 되었다. ( )
⑶ 민족 대표 33인 명의의 독립 선언서가 발표되었다. ( )
⑷ 대한매일신보의 후원을 받아 전국적으로 확산되었다. ( )
⑸ 국내에서 민족 유일당 운동이 시작되는 계기가 되었다. ( )
⑹ 일본, 프랑스 등의 노동 단체로부터 격려 전문을 받았다. ( )
⑺ 전개 과정에서 제암리 학살 등 일제의 가혹한 탄압을 받았다. ( )

07 대한민국 임시 정부에 대한 설명으로 옳으면 O표, 틀리면 X표를 하세요.

⑴ 평양에 대성 학교를 설립하였다. (　　)
⑵ 이륭양행에 교통국을 설치하였다. (　　)
⑶ 비밀 행정 조직인 연통제를 운영하였다. (　　)
⑷ 외교 활동을 위해 구미 위원부를 설치하였다. (　　)
⑸ 태극 서관을 설립하여 계몽 서적을 보급하였다. (　　)
⑹ 만민 공동회를 개최하여 민권 신장을 추구하였다. (　　)
⑺ 조선 혁명 간부 학교를 세워 독립군을 양성하였다. (　　)
⑻ 독립 의식을 고취하기 위해 독립신문을 간행하였다. (　　)
⑼ 독립운동 자금 마련을 위해 독립 공채를 발행하였다. (　　)
⑽ 진상 조사단을 파견하여 광주 학생 항일 운동을 지원하였다. (　　)
⑾ 임시 사료 편찬 위원회를 두고 한·일 관계 사료집을 발간하였다. (　　)

08 다음 사실들을 순서대로 나열하세요.

⑴ (　　　　　　　　　)

(가) 김규식이 파리 강화 회의에 대표로 파견되었다.
(나) 참의부, 정의부, 신민부가 만주 지역에 성립되었다.
(다) 조선 민족 전선 연맹에서 조선 의용대가 조직되었다.

⑵ (　　　　　　　　　)

(가) 삼균주의에 입각한 대한민국 건국 강령이 발표되었다.
(나) 윤봉길이 훙커우 공원에서 폭탄을 던져 일제 요인을 살상하였다.
(다) 독립운동의 방략을 논의하기 위하여 국민 대표 회의가 개최되었다.

09 다음 설명에 해당하는 민족 운동을 골라 쓰세요.

> 물산 장려 운동, 민립 대학 설립 운동, 원산 총파업

⑴ 조만식 등의 주도로 평양에서 시작되었다. (　　)
⑵ 조선 사람 조선 것이라는 구호를 내세웠다. (　　)
⑶ 민립 대학 설립을 위한 모금 운동을 전개하였다. (　　)
⑷ 자작회, 토산 애용 부인회 등의 단체가 활동하였다. (　　)
⑸ 일본, 프랑스 등지의 노동 단체로부터 격려 전문을 받았다. (　　)
⑹ 라이징 선 석유 회사의 조선인 구타 사건을 계기로 시작되었다. (　　)

10 신간회에 대한 설명으로 옳으면 O표, 틀리면 X표를 하세요.

⑴ 민족 유일당 운동의 일환으로 설립되었다. (　　)
⑵ 태극 서관을 설립하여 서적을 보급하였다. (　　)
⑶ 일제가 조작한 105인 사건으로 와해되었다. (　　)
⑷ 중광단을 결성하여 항일 무장 투쟁을 전개하였다. (　　)
⑸ 광주 학생 항일 운동에 진상 조사단을 파견하였다. (　　)
⑹ 조소앙의 삼균주의를 기초로 한 건국 강령을 발표하였다. (　　)

11 다음 설명에 해당하는 민족 운동을 골라 쓰세요.

> 6·10 만세 운동, 광주 학생 항일 운동

⑴ 신간회 설립에 영향을 미쳤다. (　　)
⑵ 순종의 인산일을 기회로 삼아 추진되었다. (　　)
⑶ 신간회에서 진상 조사단을 파견하여 지원하였다. (　　)
⑷ 민족주의 진영과 사회주의 진영이 함께 준비하였다. (　　)
⑸ 한국인 학생과 일본인 학생 간의 충돌에서 비롯되었다. (　　)
⑹ 국내에서 민족 유일당 운동이 전개되는 계기가 되었다. (　　)
⑺ 성진회와 각 학교 독서회에 의해 전국적으로 확산하였다. (　　)

STEP 2 젤 중요한 개념 확인문제

12 의열단에 대한 설명으로 옳으면 O표, 틀리면 X표를 하세요.
(1) 청산리에서 일본군을 크게 격파하였다. ( )
(2) 조선 혁명 선언을 활동 지침으로 삼았다. ( )
(3) 일제의 황무지 개간권 요구를 저지하였다. ( )
(4) 김익상, 김상옥 등이 단원으로 활동하였다. ( )
(5) 고종의 밀지를 받아 결성된 비밀 단체였다. ( )
(6) 도쿄에서 일어난 이봉창 의거를 계획하였다. ( )
(7) 미군과 연계하여 국내 진공 작전을 계획하였다. ( )
(8) 삼균주의를 기초로 하는 건국 강령을 발표하였다. ( )
(9) 단원 일부가 황푸 군관 학교에 입학하여 군사 훈련을 받았다. ( )

13 다음 활동과 관련된 종교를 골라 쓰세요.

> 천주교, 천도교, 대종교

(1) 무장 투쟁을 위해 중광단을 결성하였다. ( )
(2) 경향신문을 발간하여 민중 계몽에 힘썼다. ( )
(3) 의민단을 조직하여 무장 투쟁을 전개하였다. ( )
(4) 잡지 개벽을 발행하여 민족의식을 고취하였다. ( )
(5) 어린이날을 제정하고 잡지 어린이를 간행하였다. ( )

14 다음 사실들을 순서대로 나열하세요.

> (가) 한국 독립군이 쌍성보 전투에서 승리하였다.
> (나) 만주 군벌과 일제가 미쓰야 협정을 체결하였다.
> (다) 독립군 연합 부대가 청산리에서 큰 승리를 거두었다.
> (라) 독립군이 전열을 정비하기 위해 자유시로 이동하였다.

( )

15 한인 애국단에 대한 설명으로 옳으면 O표, 틀리면 X표를 하세요.
(1) 조선 혁명 간부 학교를 설립하였다. ( )
(2) 김구의 주도로 상하이에서 조직되었다. ( )
(3) 일제가 조작한 105인 사건으로 와해되었다. ( )
(4) 윤봉길이 홍커우 공원에서 의거를 실행하였다. ( )
(5) 영국군의 요청으로 인도·미얀마 전선에 투입되었다. ( )
(6) 중국 호로군과 연합 작전을 통해 항일 전쟁을 전개하였다. ( )

16 다음 설명에 해당하는 군대를 골라 쓰세요.

> 한국 독립군, 조선 혁명군, 조선 의용대, 한국광복군

(1) 홍경성 전투에서 일본군을 격퇴하였다. ( )
(2) 쌍성보 전투에서 일본군을 격파하였다. ( )
(3) 총사령 양세봉의 지휘 아래 활동하였다. ( )
(4) 대전자령 전투에서 일본군을 격퇴하였다. ( )
(5) 미국과 연계하여 국내 진공 작전을 계획하였다. ( )
(6) 조선 민족 전선 연맹의 무장 조직으로 결성되었다. ( )
(7) 중국 관내에서 조직된 최초의 한인 무장 부대였다. ( )
(8) 영국군의 요청으로 인도·미얀마 전선에 투입되었다. ( )
(9) 중국 의용군과 연합하여 영릉가 전투에서 승리하였다. ( )
(10) 한국 독립당의 군사 조직으로 북만주 지역에서 활약하였다. ( )

17 조선어 학회에 대한 설명으로 옳으면 O표, 틀리면 X표를 하세요.
(1) 우리말 큰사전 편찬을 시도하였다. ( )
(2) 태극 서관을 설립하여 서적을 보급하였다. ( )
(3) 파리 강화 회의에 독립 청원서를 제출하였다. ( )
(4) 한글 연구를 목적으로 학부 아래에 설립되었다. ( )
(5) 개벽 등의 잡지를 발행하여 민족의식을 높였다. ( )
(6) 간척 사업을 추진하고 새 생활 운동을 전개하였다. ( )
(7) 한글 맞춤법 통일안과 표준어 사정안을 제정하였다. ( )

18 다음 설명에 해당하는 인물을 골라 쓰세요.

> 이육사, 윤동주, 백남운, 나운규, 박은식, 신채호

(1) 광야, 절정 등의 저항시를 발표하였다. ( )
(2) 하늘과 바람과 별과 시라는 유고집이 있다. ( )
(3) 단성사에서 개봉된 영화 아리랑을 제작하였다. ( )
(4) 유교의 개혁을 주장하는 유교 구신론을 제창하였다. ( )
(5) 한국독립운동지혈사에서 독립 투쟁 과정을 서술하였다. ( )
(6) 조선사회경제사에서 식민 사학의 정체성론을 반박하였다. ( )
(7) 독사신론을 발표하여 민족을 역사 서술의 중심에 두었다. ( )
(8) 조선사회경제사에서 식민 사학의 정체성론을 반박하였다. ( )
(9) 민중의 직접 혁명을 주장한 조선 혁명 선언을 작성하였다. ( )

19 충칭에 정착한 후 대한민국 임시 정부가 전개한 활동으로 옳으면 O표, 틀리면 X표를 하세요.

(1) 한인 애국단을 조직하였다. ( )
(2) 국내 비밀 행정 조직으로 연통제를 두었다. ( )
(3) 미군과 연계하여 국내 진공 작전을 준비하였다. ( )
(4) 삼균주의를 기초로 하는 건국 강령을 공포하였다. ( )
(5) 무장 투쟁을 위해 육군 주만 참의부를 조직하였다. ( )
(6) 독립군 비행사 양성을 위해 한인 비행 학교를 설립하였다. ( )
(7) 임시 사료 편찬 위원회를 두어 한·일 관계 사료집을 발간하였다. ( )

정답

01 (1) 10 (2) 10 (3) 10 (4) 30 후반 (5) 20 (6) 10 (7) 10 (8) 10 (9) 30 후반 (10) 30 후반
02 (1) (나) - (가) - (다) (2) (다) - (가) - (나)
03 (1) O (2) X(1920년대) (3) O (4) X(1920년대) (5) X(1910년대) (6) O (7) X(1910년대) (8) O (9) X(1920년대)
04 (1) X(1920년대) (2) O (3) O (4) X(1920년대) (5) X(1920년대) (6) X(1930년대) (7) O (8) O (9) X(1930년대 후반 이후) (10) X(1920년대)
05 (1) 서간도 (2) 북간도 (3) 연해주 (4) 북간도 (5) 멕시코 (6) 서간도 (7) 하와이 (8) 연해주
06 (1) X(물산 장려 운동) (2) O (3) O (4) X(국채 보상 운동) (5) X(6·10 만세 운동) (6) X(원산 총파업) (7) O
07 (1) X(신민회) (2) O (3) O (4) O (5) X(신민회) (6) X(독립 협회) (7) X(의열단) (8) O (9) O (10) X(신간회) (11) O
08 (1) (가) - (나) - (다) (2) (다) - (나) - (가)
09 (1) 물산 장려 운동 (2) 물산 장려 운동 (3) 민립 대학 설립 운동 (4) 물산 장려 운동 (5) 원산 총파업 (6) 원산 총파업
10 (1) O (2) X(신민회) (3) X(신민회) (4) X(대종교) (5) O (6) X(대한민국 임시 정부)
11 (1) 6·10 만세 운동 (2) 6·10 만세 운동 (3) 광주 학생 항일 운동 (4) 6·10 만세 운동 (5) 광주 학생 항일 운동 (6) 6·10 만세 운동 (7) 광주 학생 항일 운동
12 (1) X(북로 군정서 등 독립군 연합 부대) (2) O (3) X(보안회) (4) O (5) X(독립 의군부) (6) X(한인 애국단) (7) X(한국광복군) (8) X(대한민국 임시 정부) (9) O
13 (1) 대종교 (2) 천주교 (3) 천주교 (4) 천도교 (5) 천도교
14 (다) - (라) - (나) - (가)
15 (1) X(의열단) (2) O (3) X(신민회) (4) O (5) X(한국광복군) (6) X(한국 독립군)
16 (1) 조선 혁명군 (2) 한국 독립군 (3) 조선 혁명군 (4) 한국 독립군 (5) 한국광복군 (6) 조선 의용대 (7) 조선 의용대 (8) 한국광복군 (9) 조선 혁명군 (10) 한국 독립군
17 (1) O (2) X(신민회) (3) X(신한 청년당) (4) X(국문 연구소) (5) X(천도교) (6) X(원불교) (7) O
18 (1) 이육사 (2) 윤동주 (3) 나운규 (4) 박은식 (5) 박은식 (6) 백남운 (7) 신채호 (8) 백남운 (9) 신채호
19 (1) X(충칭 정착 이전) (2) X(충칭 정착 이전) (3) O (4) O (5) X(충칭 정착 이전) (6) X(충칭 정착 이전) (7) X(충칭 정착 이전)

STEP 3 기출문제

PART 7. 일제 강점기

식민 통치

01 밑줄 그은 '법령'이 시행된 시기 일제의 정책으로 옳은 것은?
[1점 | 66회]

> □□ 신문
> 제△△호   ○○○○년 ○○월 ○○일
>
> **어려움에 빠진 한인 회사**
>
> 회사를 설립할 때 조선 총독의 허가를 받도록 하는 법령이 제정되었다. 이후 한인의 회사는 큰 영향을 받아 손해가 적지 않기에 실업계의 원성이 자자하다. 전국에 있는 회사를 헤아려 보니 한국에 본점을 두고 설립한 회사가 171개인데 자본 총액이 5,021만여 원이요, 외국에 본점을 두고 지점을 한국에 설립한 회사가 52개인데 자본 총액이 1억 1,230만여 원이다. 그중에 일본인의 회사가 3분의 2 이상이고, 몇 개 되지 않는 한인의 회사는 상업 경쟁에 밀리고 회사 세납에 몰려 도무지 유지하기가 어렵다고 한다.

① 신문지법을 제정하였다.
② 미쓰야 협정을 체결하였다.
③ 토지 조사 사업을 실시하였다.
④ 경성 제국 대학을 설립하였다.
⑤ 조선 사상범 예방 구금령을 시행하였다.

02 다음 판결이 내려진 시기에 있었던 사실로 옳은 것은?
[1점 | 65회]

> **판결문**
>
> 피고인: 박○○
> 주 문: 피고인을 태 90에 처한다.
> 이 유:
> 피고 박○○은 이○○가 '구한국의 국권 회복을 도모한다.'고 각지를 돌아다니며 유세한 것에 찬동하였다. …… 법률에 비추어 보니 피고의 소행은 …… 태형에 처함이 타당하다고 인정하여 조선 태형령 제1조, 제4조에 준하여 처단해야 한다. 따라서 주문과 같이 판결한다.

① 원수부가 설치되었다.
② 신간회가 창립되었다.
③ 치안 유지법이 적용되었다.
④ 헌병 경찰제가 실시되었다.
⑤ 동양 척식 주식회사가 설립되었다.

03 밑줄 그은 '이 시기'에 시행된 일제의 정책으로 옳은 것은?
[1점 | 60회]

> **문학으로 만나는 한국사**
>
> 선생님이 사벨(환도)을 차고 교단에 오르는 나라가 있는 것을 보셨습니까? 나는 그런 나라의 백성이외다. …… 교원의 허리에서 그 장난감 칼을 떼어놓을 날은 언제일지? 숨이 막힙니다.
> - 『만세전』
>
> [해설]
> 이 소설에는 교원이 제복을 입고 칼을 차고 수업을 하던 이 시기의 모습이 담겨 있다. '만세전'은 제목에서 알 수 있듯이 3·1 운동 이전 식민지의 사회 현실을 담고 있다.

① 애국반을 조직하였다.
② 회사령을 시행하였다.
③ 치안 유지법을 제정하였다.
④ 미곡 공출제를 실시하였다.
⑤ 국가 총동원법을 공포하였다.

04 다음 기사가 나오게 된 배경으로 적절한 것은?
[1점 | 58회]

> 총독의 임용 범위를 확장하고, 지방 자치 제도를 실시한다. ……
> 이로써 관민이 서로 협력 일치하여 조선에서 문화적 정치의 기초를 확립한다.
>
> 아무리 그럴듯하게 내세워도 이러한 통치 방식은 결국 우리 조선인을 기만하는 거야.

① 3·1 운동이 전국적으로 전개되었다.
② 조선 사상범 예방 구금령이 시행되었다.
③ 브나로드 운동이 동아일보를 중심으로 추진되었다.
④ 조선 노동 총동맹과 조선 농민 총동맹이 설립되었다.
⑤ 내선일체를 강조한 황국 신민 서사의 암송이 강요되었다.

05 다음 기사가 보도된 이후의 사실로 옳은 것은?

[2점 | 53회]

역사신문
제△△호 ○○○○년 ○○월 ○○일

조선 관세령 폐지되다

오늘 총독부가 조선 관세령 폐지를 발표하였다. 당국은 일선 융화를 위해 내린 조처라 말하지만, 앞으로 조선인들의 부담이 늘어날 것은 뻔한 이치이다. 일본산 상품이 조선에 물밀듯 밀려와 시장을 독점하여 자본과 기술에서 열세에 놓여 있는 조선의 공업을 흔적도 없게 만들 우려가 크기 때문이다. 이번 조치로 인해 조선의 제조업자들이 심각한 타격을 받을 것으로 예상된다.

① 동양 척식 주식회사가 설립되었다.
② 물산 장려 운동이 전국으로 확산되었다.
③ 메가타의 주도로 화폐 정리 사업이 실시되었다.
④ 회사 설립을 허가제로 하는 회사령이 공포되었다.
⑤ 황국 중앙 총상회의 상권 수호 운동이 전개되었다.

06 (가), (나) 발표 사이의 시기에 있었던 사실로 옳은 것은?

[1점 | 55회]

(가) • 조선에 조선 총독부를 설치한다.
• 조선 총독부에 조선 총독을 두고 위임 범위 내에서 육해군을 통솔하고 일체의 정무를 통할하도록 한다.
• 통감부 및 그 소속 관서는 당분간 그대로 두고 조선 총독의 직무는 통감이 행하도록 한다.

(나) 총독 임용의 범위를 확장하고 경찰 제도를 개정하며, 또한 일반 관리나 교원 등의 복제를 폐지함으로써 시대의 흐름에 순응하고 …… 조선인의 임용과 대우 등에 관해 더욱 고려하여 …… 정치·사회상의 대우에서도 내지인과 동일한 취급을 할 궁극의 목적을 달성하고자 하는 바이다.

① 미곡 공출제가 실시되었다.
② 조선 태형령이 시행되었다.
③ 국민 징용령이 제정되었다.
④ 경성 제국 대학이 설립되었다.
⑤ 황국 신민 서사의 암송이 강요되었다.

07 교사의 질문에 대한 학생의 답변으로 가장 적절한 것은?

[1점 | 66회]

일제는 조선 민사령을 개정하여 일본식 씨명을 사용하도록 강요하였습니다. 이렇게 개정한 이후에 일제가 추진한 정책에 대해 말해 볼까요?

조선 민사령 중 개정의 건 (제령 제19호)
조선인 호주는 본령 시행 후 6개월 이내에 새로 씨(氏)를 정하고 이를 부윤 또는 읍면장에게 신고해야 한다. …… 신고를 하지 않을 때는 본령 시행 당시 호주의 성을 씨로 삼는다.

① 통감부를 설치하였습니다.
② 조선 태형령을 시행하였습니다.
③ 헌병 경찰제를 실시하였습니다.
④ 여자 정신 근로령을 공포하였습니다.
⑤ 동양 척식 주식회사를 설립하였습니다.

08 밑줄 그은 '시기'에 있었던 사실로 옳은 것은?

[2점 | 65회]

이곳 사할린에 있는 탄광으로 강제 동원되기 전 고향 생활 중 기억나는 것이 있으신가요?

그때는 중일 전쟁이 시작된 뒤여서 황국 신민 서사를 외우지 못하면 기차표 사기도 어려운 시기였어요. 기차표를 사려고 하면 일본 사람들이 나보고 황국 신민 서사를 외워 보라고 시켰었지요.

① 원산 총파업이 발생하였다.
② 미쓰야 협정이 체결되었다.
③ 조선 형평사가 결성되었다.
④ 국가 총동원법이 시행되었다.
⑤ 임시 토지 조사국이 설립되었다.

STEP 3 기출문제

09 밑줄 그은 '시기'에 볼 수 있는 모습으로 적절한 것은?

[2점 | 64회]

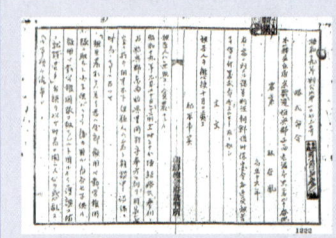

이 자료는 태평양 전쟁 발발 후 일제의 전시 동원 체제가 강화된 시기의 판결문이다. 판결문에는 피고인 임○○이 이웃 주민과의 잡담에서 "자식이 징용되거나 근로 보국대에 가지 않도록 취직시킨다." 등의 발언을 하여 민심을 어지럽혔다는 이유로 징역형을 선고한다는 내용이 담겨 있다.

① 국가 보안법 철폐를 요구하는 학생
② 몸뻬 착용을 권장하는 애국반 반장
③ 경부선 철도 개통식을 구경하는 청년
④ 형평사 창립 대회 개최를 취재하는 기자
⑤ 헌병 경찰에게 끌려가 태형을 당하는 농민

11 밑줄 그은 '시기'에 시행된 일제의 정책으로 옳은 것은?

[2점 | 59회]

이 자료는 중·일 전쟁 이후 일제가 침략 전쟁을 확대하던 시기에 만든 황국 신민 체조 실시 요령입니다. 일제는 이 체조를 보급하기 위해 '황국 신민 체조의 날'을 정하고 전국 곳곳에서 강습회를 개최하였습니다.

① 회사령을 제정하였다.
② 미쓰야 협정을 체결하였다.
③ 경성 제국 대학을 설립하였다.
④ 토지 조사 사업을 실시하였다.
⑤ 조선 사상범 예방 구금령을 공포하였다.

10 밑줄 그은 '시기'의 일제 정책으로 옳은 것은?

[1점 | 62회]

부평 공원 내에 있는 이 동상은 일제의 무기 공장인 조병창 등에 강제 동원된 노동자의 모습을 형상화한 작품입니다. 중일 전쟁 이후 침략 전쟁을 확대하던 시기에 일제는 한국인을 탄광, 군수 공장 등으로 끌고 가 열악한 환경에서 혹사시켰습니다.

① 치안 유지법을 공포하였다.
② 토지 조사령을 제정하였다.
③ 헌병 경찰 제도를 실시하였다.
④ 식량 배급 및 미곡 공출제를 시행하였다.
⑤ 보통학교의 수업 연한을 4년으로 정하였다.

12 밑줄 그은 '시기'에 볼 수 있는 모습으로 옳은 것은?

[2점 | 56회]

사진 속 만삭의 임산부가 바로 저입니다. 일제는 중일 전쟁 이후 침략 전쟁을 확대하던 시기에 많은 여성을 전쟁터로 끌고 가 일본군 '위안부'로 삼았습니다. 저는 가까스로 연합군에 의해 구출되었지만 그곳에서 죽임을 당한 여성도 참 많았지요.

① 태형을 집행하는 헌병 경찰
② 원산 총파업에 동참하는 노동자
③ 회사령을 공포하는 총독부 관리
④ 신사 참배에 강제 동원되는 학생
⑤ 암태도 소작 쟁의에 참여하는 농민

1910년대 저항

13 (가) 단체에 대한 설명으로 옳은 것은? [2점 | 59회]

이것은 고종이 임병찬에게 내린 밀지의 일부입니다. 그는 이 밀지를 받고 복벽주의를 내건 (가) 을/를 조직하였습니다.

애통하다! 일본 오랑캐가 배신하고 합병하니 종사가 폐허가 되고 국민은 노예가 되었다. …… 짐이 믿는 것은 너희들이니, 너희들은 힘써 광복하라.

① 일본 도쿄에서 독립 선언서를 발표하였다.
② 일제가 제정한 치안 유지법으로 탄압받았다.
③ 서간도에 신흥 강습소를 세워 독립군을 양성하였다.
④ 독립운동 자금을 모으기 위해 독립 공채를 발행하였다.
⑤ 조선 총독에게 제출하기 위해 국권 반환 요구서를 작성하였다.

15 (가) 단체에 대한 설명으로 옳은 것은? [2점 | 61회]

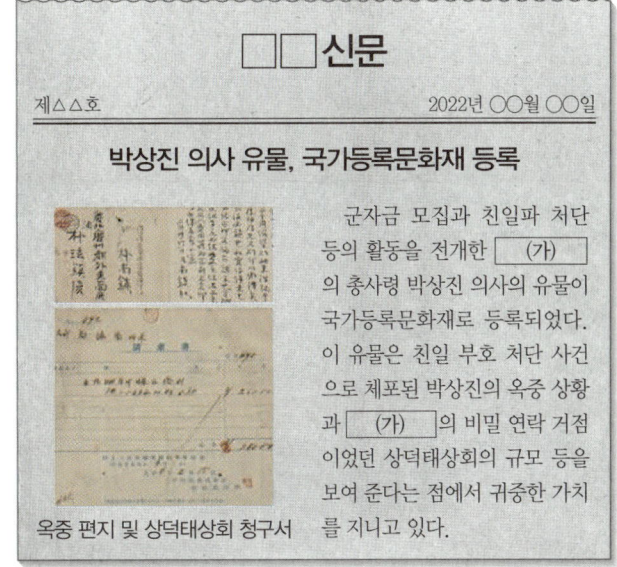

□□신문
제△△호   2022년 ○○월 ○○일

박상진 의사 유물, 국가등록문화재 등록

군자금 모집과 친일파 처단 등의 활동을 전개한 (가) 의 총사령 박상진 의사의 유물이 국가등록문화재로 등록되었다. 이 유물은 친일 부호 처단 사건으로 체포된 박상진의 옥중 상황과 (가) 의 비밀 연락 거점이었던 상덕태상회의 규모 등을 보여 준다는 점에서 귀중한 가치를 지니고 있다.

옥중 편지 및 상덕태상회 청구서

① 고종 강제 퇴위 반대 운동을 전개하였다.
② 공화정체의 국민 국가 수립을 목표로 삼았다.
③ 파리 강화 회의에 독립 청원서를 제출하였다.
④ 미군과 연합하여 국내 진공 작전을 계획하였다.
⑤ 만민 공동회를 개최하여 민권 신장을 추구하였다.

14 (가) 단체에 대한 설명으로 옳은 것은? [3점 | 66회]

판결문

피고인: 박상진, 김한종
주 문: 피고 박상진, 김한종을 사형에 처한다.
이 유
  피고 박상진, 김한종은 한·일 병합에 불평을 가지고 구한국의 국권 회복을 명분으로 (가) 을/를 조직하고 국권 회복을 위한 자금 조달을 위해 조선 각도의 자산가에게 공갈로 돈을 받아 내기로 하고 …… 채기중 등을 교사하여 장승원의 집에 침입하여 자금을 강취하고 살해하도록 한 죄가 인정되므로 위와 같이 판결한다.

① 중·일 전쟁 발발 직후에 결성되었다.
② 군대식 조직을 갖춘 비밀 결사였다.
③ 파리 강화 회의에 대표를 파견하였다.
④ 일제가 꾸며 낸 105인 사건으로 와해되었다.
⑤ 만민 공동회를 열어 열강의 이권 침탈을 비판하였다.

16 밑줄 그은 '이곳'에서 있었던 민족 운동으로 옳은 것은? [2점 | 58회]

우리 가족의 역사

할머니

옆 사진은 우리 할머니의 젊을 때 모습이에요. 할머니는 19살 때 사진만 보고 할아버지랑 결혼하기로 한 뒤 당시 포와(布哇)라고 불리던 이곳으로 가셨대요.

갤릭호

할아버지는 이미 1903년에 갤릭호를 타고 이곳으로 가셔서 사탕수수 농장에서 일하고 계셨어요. 두 분은 고된 환경에서도 열심히 일해 호놀룰루에 터전을 잡으셨고 지금도 많은 친척이 살고 있어요.

① 대종교 계열의 중광단이 결성되었다.
② 권업회가 조직되어 권업신문을 창간하였다.
③ 사회주의 계열의 한인 사회당이 조직되었다.
④ 독립군 양성을 위한 신흥 무관 학교가 설립되었다.
⑤ 대조선 국민군단이 조직되어 무장 투쟁을 준비하였다.

17 (가) 지역에서 있었던 민족 운동으로 옳은 것은?

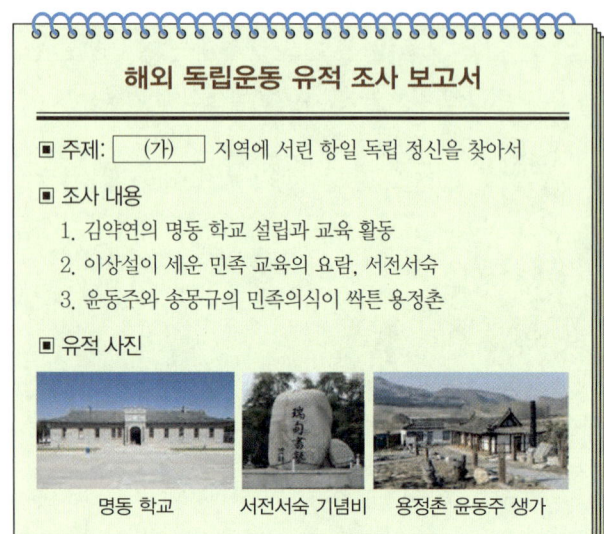

① 권업회가 설립되어 권업신문을 발간하였다.
② 이봉창이 일왕의 행렬에 폭탄을 투척하였다.
③ 박용만의 주도로 대조선 국민군단이 창설되었다.
④ 북로 군정서가 조직되어 독립 전쟁을 전개하였다.
⑤ 유학생들이 중심이 되어 2·8 독립 선언서를 발표하였다.

18 (가) 지역에서 있었던 민족 운동으로 옳은 것은?

① 권업회의 기관지로 권업신문이 발간되었다.
② 독립군 양성을 위한 숭무 학교가 설립되었다.
③ 북로 군정서가 조직되어 무장 투쟁을 실시하였다.
④ 주권 재민을 천명한 대동단결 선언서가 작성되었다.
⑤ 유학생들이 중심이 되어 2·8 독립 선언서를 발표하였다.

19 (가)에 들어갈 내용으로 옳은 것은?

① 독립군 양성을 위해 신흥 강습소를 세웠어요.
② 권업회를 조직하여 권업신문을 발행하였어요.
③ 숭무 학교를 설립하여 무장 투쟁을 준비하였어요.
④ 한인 비행 학교를 세워 독립군 비행사를 육성하였어요.
⑤ 대일 항전을 준비하기 위해 조선 독립 동맹을 결성하였어요.

20 (가) 지역에서 전개된 민족 운동에 대한 설명으로 옳은 것은?

① 해조신문을 발간하여 국권 회복에 힘썼다.
② 신흥 강습소를 설립하여 독립군을 양성하였다.
③ 대한인 국민회를 조직하여 외교 활동을 펼쳤다.
④ 대조선 국민 군단을 창설하여 군사 훈련을 하였다.
⑤ 유학생들이 중심이 되어 2·8 독립 선언서를 발표하였다.

21 밑줄 그은 '이 지역'에서 있었던 민족 운동으로 옳은 것은? [2점|67회]

> 이것은 1923년 이 지역에서 발생한 지진 당시 희생된 조선인을 위로하기 위해 세운 추도비입니다. 지진이 일어나자 "조선인이 불을 질렀다.", "조선인이 공격해 온다" 등의 유언비어가 퍼졌고, 이에 현혹된 사람들이 조직한 자경단 등에 의해 수많은 조선인이 학살되었습니다.

① 한인 자치 기구인 경학사를 설립하였다.
② 민족 교육을 위해 서전서숙을 건립하였다.
③ 유학생을 중심으로 2·8 독립 선언서를 발표하였다.
④ 대조선 국민 군단을 결성하여 군사 훈련을 실시하였다.
⑤ 대한 광복군 정부를 세워 무장 독립 투쟁을 준비하였다.

22 (가) 운동에 대한 설명으로 옳은 것은? [1점|61회]

> **서울 앨버트 테일러 가옥 (딜쿠샤)**
> '딜쿠샤'가 복원되어 전시관으로 개관합니다. 많은 관람 부탁드립니다.
>
> • 주소: 서울시 종로구 사직로 2길 17
> • 개관일: 2021년 ○○월 ○○일
>
> ◎ 소개
> '기쁜 마음의 궁전'을 뜻하는 딜쿠샤는 미국인 앨버트 W.테일러가 지은 벽돌집으로, 테일러와 그의 가족이 미국으로 추방되기 전까지 거주한 곳이다.
> 미국 연합통신(AP)의 임시 특파원으로 활동한 테일러는 세브란스 병원에서 독립 선언서를 발견하고 외신을 통해 전 세계에 알렸으며, (가) 당시 일제가 자행한 제암리 학살 사건 등을 취재해 보도하였다.

① 신간회에서 진상 조사단을 파견하여 지원하였다.
② 순종의 인산일을 기회로 만세 운동을 전개하였다.
③ 일제가 이른바 문화 통치를 실시하는 배경이 되었다.
④ 한국인 학생과 일본인 학생 간의 충돌에서 비롯되었다.
⑤ 시위를 준비하는 과정에서 사회주의자들이 대거 검거되었다.

23 (가) 민족 운동에 대한 설명으로 옳은 것은? [1점|56회]

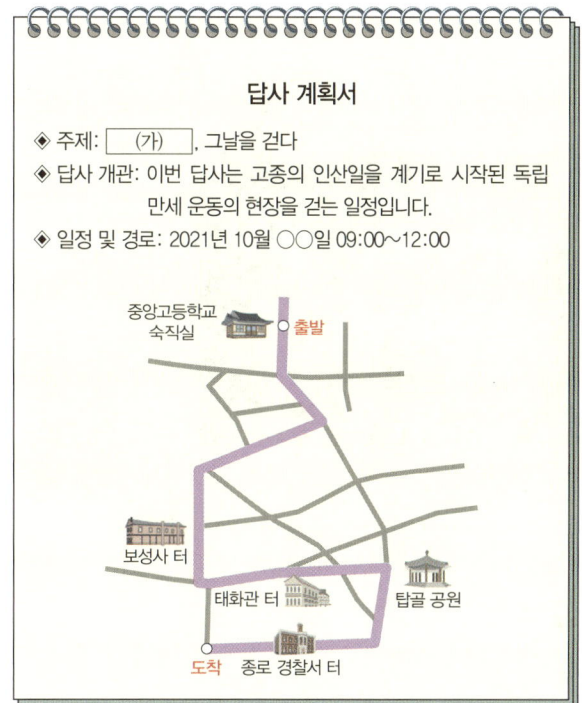

> **답사 계획서**
> ◆ 주제: (가) , 그날을 걷다
> ◆ 답사 개관: 이번 답사는 고종의 인산일을 계기로 시작된 독립 만세 운동의 현장을 걷는 일정입니다.
> ◆ 일정 및 경로: 2021년 10월 ○○일 09:00~12:00
> 중앙고등학교 숙직실 출발 → 보성사 터 → 태화관 터 → 탑골 공원 → 종로 경찰서 터 도착

① 통감부의 방해와 탄압으로 중단되었다.
② 러시아의 절영도 조차 요구를 저지하였다.
③ 민족 대표 33인 명의의 독립 선언서가 발표되었다.
④ 대한매일신보의 후원을 받아 전국으로 확산되었다.
⑤ 한국인 학생과 일본인 학생 간의 충돌에서 비롯되었다.

24 (가) 정부의 활동에 대한 설명으로 옳은 것은? [2점|65회]

> 도내 관서의 조선인 관리·기타 조선인 부호 등에게 빈번하게 불온 문서를 배부하는 자가 있어서 수사한 결과 이○○의 소행으로 판명되어 그의 체포에 노력하고 있다. …… 그는 (가) 의 교통부 차장과 재무부 총장 등으로부터 여러 가지 명령을 받았다. 조선에 돌아가서 인쇄물을 뿌리는 등 인심을 교란하는 동시에 (가) 이/가 발행한 독립 공채를 판매하는 한편, 조선 내부와의 연락 및 기타 기관을 충분히 갖추게 하는 것 등이었다.
> - 「고등 경찰 요사」 -

① 무장 투쟁을 위해 중광단을 결성하였다.
② 민족 교육을 위해 서전서숙을 설립하였다.
③ 독립군 양성을 위해 신흥 강습소를 세웠다.
④ 외교 활동을 위해 구미 위원부를 설치하였다.
⑤ 농촌 계몽을 위해 브나로드 운동을 전개하였다.

STEP 3 기출문제

25 (가) 정부에 대한 설명으로 옳은 것은? [2점 | 62회]

이것은 (가) 요인들의 가족이 중심이 되어 조직한 한국 혁명 여성 동맹의 창립 기념 사진입니다. 이 단체는 충칭에서 대일 선전 성명서를 발표한 (가) 의 독립운동을 지원하고 교육 활동 등에 주력하였습니다.

① 좌우 합작 7원칙을 발표하였다.
② 한인 자치 기관인 경학사를 조직하였다.
③ 조선 혁명 선언을 활동 지침으로 삼았다.
④ 한글 맞춤법 통일안과 표준어를 제정하였다.
⑤ 삼균주의를 기초로 한 건국 강령을 선포하였다.

26 (가)에 대한 설명으로 옳은 것을 |보기|에서 고른 것은? [2점 | 61회]

저는 이동녕으로 이곳 충남 천안에서 태어났습니다. 저는 임시 의정원 초대 의장으로 삼권 분립에 기초한 (가) 의 헌법 제정에 기여하였고, 또한 국무총리와 주석 등을 역임하였고, (가) 이/가 상하이를 떠나 이동하는 과정을 함께하며 독립운동에 전념하였습니다.

| 보기 |
ㄱ. 만세보를 발행하여 민중 계몽에 힘썼다.
ㄴ. 신흥 강습소를 세워 독립군을 양성하였다.
ㄷ. 구미 위원부를 조직하여 외교 활동을 전개하였다.
ㄹ. 이륭양행에 교통국을 설치하여 국내와 연락을 취하였다.

① ㄱ, ㄴ   ② ㄱ, ㄷ   ③ ㄴ, ㄷ
④ ㄴ, ㄹ   ⑤ ㄷ, ㄹ

27 (가)~(다)를 작성된 순서대로 옳게 나열한 것은? [3점 | 58회]

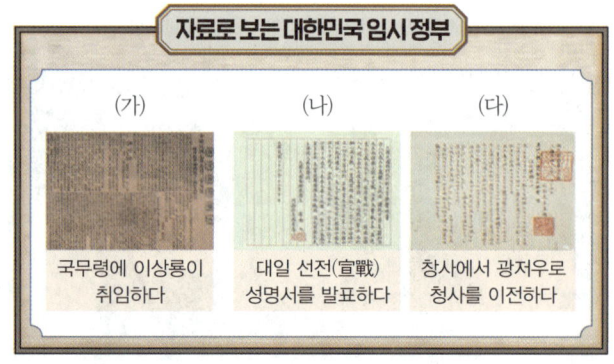

자료로 보는 대한민국 임시 정부
(가) 국무령에 이상룡이 취임하다
(나) 대일 선전(宣戰) 성명서를 발표하다
(다) 창사에서 광저우로 청사를 이전하다

① (가) - (나) - (다)   ② (가) - (다) - (나)
③ (나) - (가) - (다)   ④ (나) - (다) - (가)
⑤ (다) - (가) - (나)

28 밑줄 그은 '회의'에 대한 설명으로 옳은 것은? [3점 | 68회]

본 회의는 2천만 민중의 공의(公意)를 지키는 국민적 대회합으로서, 최고의 권위에 의해 국민의 완전한 통일을 견고하게 하며 광복 대업의 근본 방침을 수립하고, 이로써 우리 민족의 자유를 만회하고 독립을 완성하기를 기도하며 이에 선언하노라. 삼일 운동으로써 우리 민족의 정신적 통일은 이미 표명되었다. …… 본 대표들은 국민이 위탁한 사명을 받아 국민적 대단결을 힘써 도모하며, 독립 전도의 대방책을 확립하여 통일적 기관 하에서 대업을 기성(期成)하려 한다.

① 창조파와 개조파가 대립하였다.
② 대일 선전 성명서를 공표하였다.
③ 삼균주의를 기초로 하는 건국 강령을 발표하였다.
④ 파리 강화 회의에 김규식을 파견할 것을 결정하였다.
⑤ 지청천을 사령관으로 하는 한국 광복군을 조직하였다.

29 밑줄 그은 '회의'가 개최된 시기를 연표에서 옳게 고른 것은? [2점 | 54회]

이 자료는 대한민국 임시 정부가 침체에 빠지자 독립운동의 새로운 활로와 방향을 모색하기 위해 상하이에서 개최된 회의의 의사 일정입니다. 국내외 각지에서 온 대표들은 대한민국 임시 정부에 대한 처리를 둘러싸고 창조파와 개조파 등으로 나뉘어져 격론을 벌였습니다.

1919	1925	1931	1935	1940	1945
(가)	(나)	(다)	(라)	(마)	
대한민국 임시 정부 수립	박은식 대통령 취임	한인 애국단 조직	한국 국민당 창당	김구 주석 취임	8·15 광복

① (가) ② (나) ③ (다) ④ (라) ⑤ (마)

1920년대 저항

30 (가) 전투에 대한 설명으로 옳은 것은? [2점 | 50회]

이곳은 부산 해운대에 있는 '애국지사 강근호 길'입니다. 그는 1920년 10월 백운평, 어랑촌, 고동하 등지에서 일본군에 맞서 싸운 (가) 당시 북로 군정서 중대장으로 활약하였습니다.

① 중국 호로군과 협력하여 진행되었다.
② 미국 전략 정보국(OSS)의 지원을 받았다.
③ 대한민국 임시 정부 수립에 영향을 주었다.
④ 조국 광복회의 지원 아래 유격전으로 전개되었다.
⑤ 대한 독립군, 대한 국민군 등이 연합하여 참여하였다.

31 (가)~(다) 학생이 발표한 내용을 일어난 순서대로 옳게 나열한 것은? [3점 | 56회]

〈1920년대 만주 지역의 독립운동〉

(가) 참의부, 정의부, 신민부 등 3부가 성립되었습니다.
(나) 대한 독립군 등이 봉오동으로 일본군을 유인하여 크게 무찔렀습니다.
(다) 북로 군정서 등이 청산리 일대에서 일본군에 대승을 거두었습니다.

① (가) – (나) – (다) ② (가) – (다) – (나)
③ (나) – (가) – (다) ④ (나) – (다) – (가)
⑤ (다) – (나) – (가)

32 다음 상황이 나타나게 된 배경으로 가장 적절한 것은? [2점 | 59회]

경신년 시월에 일본 토벌대들이 전 만주를 휩쓸어 애국지사들은 물론이고 농민들도 무조건 잡아다 학살하였다. …… 독립군의 성과가 컸기 때문에 그에 대한 보복으로 일본군이 대학살을 감행한 것이었다. 이것이 이른바 경신참변이다. 그래서 애국지사들은 가족들을 두고 단신으로 길림성 오상현, 흑룡강성 영안현 등으로 흩어졌다.

— 『아직도 내 귀엔 서간도 바람소리가』 —

① 조선 의용대가 호가장 전투에서 활약하였다.
② 대한 독립군 등이 봉오동에서 일본군을 격파하였다.
③ 조선 혁명군이 영릉가에서 일본군에 승리를 거두었다.
④ 한국 독립군이 대전자령 전투에서 일본군을 격퇴하였다.
⑤ 대한민국 임시 정부가 직할 부대로 참의부를 결성하였다.

STEP 3 기출문제

33 밑줄 그은 '이 운동'에 대한 설명으로 옳은 것은?　2점 | 64회

이것은 평양에서 조만식 등의 주도로 시작된 이 운동의 선전 행렬을 보여 주는 사진이야.

이 운동은 '조선 사람 조선 것' 등의 구호를 내세웠지만, 자본가의 이익만을 추구하는 이기적인 운동이라고 비판받기도 했어.

① 통감부의 탄압과 방해로 중단되었다.
② 조선 관세령 폐지를 계기로 확산되었다.
③ 황국 중앙 총상회가 설립되는 결과를 가져왔다.
④ 한성 은행, 대한 천일 은행 설립에 영향을 끼쳤다.
⑤ 일본, 프랑스 등의 노동 단체로부터 격려 전문을 받았다.

34 (가) 민족 운동에 대한 설명으로 옳은 것은?　2점 | 60회

이것은 경성 방직 주식회사의 광목 신문 광고야. '우리가 만든 것 우리가 쓰자.'라는 문구가 인상적이야.

그래. 이 광고는 민족 기업을 육성해 경제적 자립을 이루려는 (가) 중에 등장했지.

① 통감부의 탄압으로 중단되었다.
② 국채 보상 기성회를 중심으로 전개되었다.
③ 자작회, 토산 애용 부인회 등이 활동하였다.
④ 한성 은행, 대한 천일 은행 등이 설립되는 계기가 되었다.
⑤ 일본, 프랑스 등지의 노동 단체로부터 격려 전문을 받았다.

35 다음 법령이 발표된 이후에 있었던 사실로 옳은 것은?　3점 | 65회

> 제1조 조선에서의 교육은 본령에 의한다.
> 제2조 국어[일본어]를 상용(常用)하는 자의 보통 교육은 소학교령, 중학교령 및 고등 여학교령에 의한다.
> 제3조 국어[일본어]를 상용하지 않는 자에게 보통 교육을 하는 학교는 보통학교, 고등 보통학교 및 여자 고등 보통학교로 한다.
> 제5조 보통학교의 수업 연한은 6년으로 한다. …… 보통학교에 입학할 수 있는 자는 연령 6세 이상으로 한다.

① 서당 규칙이 제정되었다.
② 2·8 독립 선언이 발표되었다.
③ 조선어 연구회가 결성되었다.
④ 조선 여자 교육회가 조직되었다.
⑤ 조선 민립 대학 설립 기성회가 창립되었다.

36 다음 자료에 나타난 사건의 영향으로 적절한 것은?　2점 | 57회

> **판결문**
> 피고인: 이선호 외 10명
> 주　문: 피고인들을 각 징역 1년에 처한다.
> 이　유
> 　피고인들은 이왕(李王) 전하 국장 의식을 거행할 즈음, 이를 봉송하기 위하여 지방에서 다수 조선인이 경성부로 모이는 기회를 이용하여 조선 독립운동을 선동하는 불온 문서를 비밀리에 인쇄하여 국장 당일 군중 가운데 살포하여 조선 독립 만세를 소리 높여 외쳐 조선 독립의 희망을 달성하고자 기도하였다.

① 13도 창의군이 서울 진공 작전을 전개하였다.
② 복벽주의를 내세운 독립 의군부가 조직되었다.
③ 김광제 등의 발의로 국채 보상 운동이 일어났다.
④ 통상 수교 거부 의지를 담은 척화비가 건립되었다.
⑤ 민족 유일당 운동의 일환으로 신간회가 창립되었다.

37 (가) 단체에 대한 설명으로 옳은 것은?   2점 | 64회

역사 신문
제△△호 ○○○○년 ○○월 ○○일

민중 대회 개최 모의로 지도부 대거 체포

허헌, 홍명희 등 ┌(가)┐의 지도부는 광주 학생 항일 운동을 전국적 시위 운동으로 확산시키기 위한 민중 대회 개최를 추진하다가 경찰에 체포되었다. 이 단체는 사건 진상 조사 보고를 위한 유인물 배포 및 연설회 개최를 계획하고, 각 지회에 행동 지침을 내리는 등 시위 확산을 도모하였다.

① 암태도 소작 쟁의를 지원하였다.
② 민족 협동 전선으로 결성되었다.
③ 부민관 폭파 사건을 주도하였다.
④ 조선 혁명 선언을 활동 지침으로 하였다.
⑤ 어린이날을 제정하고 잡지 어린이를 간행하였다.

38 밑줄 그은 '이 운동'에 대한 설명으로 옳은 것을 보기 에서 고른 것은?   1점 | 67회

이것은 1929년 11월 한일 학생 간의 충돌을 계기로 시작된 이 운동을 기념하는 탑입니다. 당시 민족 차별에 분노한 광주 지역 학생들이 대규모 시위를 전개하였고, 전국의 많은 학교가 동맹 휴학으로 동참하였습니다. 이 기념탑은 학생들의 단결된 의지를 타오르는 횃불로 형상화한 것입니다.

┤ 보기 ├
ㄱ. 조선인 본위의 교육 제도 확립 등을 요구하였다.
ㄴ. 대한매일신보의 후원 속에 전국으로 확산하였다.
ㄷ. 신간회에서 진상 조사단을 파견하여 지원하였다.
ㄹ. 일제가 이른바 문화 통치를 실시하는 배경이 되었다.

① ㄱ, ㄴ   ② ㄱ, ㄷ   ③ ㄴ, ㄷ
④ ㄴ, ㄹ   ⑤ ㄷ, ㄹ

39 (가), (나) 사이의 시기에 있었던 사실로 옳은 것은?   2점 | 62회

(가) 조선 사회 운동 단체인 정우회는 며칠 전 선언서를 발표하였다. 선언서에서 민족주의적 세력과 과도기적 동맹자적 관계를 구축해야 한다고 밝히고 타협과 항쟁을 분리시켜 사회 운동 본래의 사명을 잊지 말자는 것을 말하였다.

(나) 조선 민족 운동의 중추 기관이 되려는 사명을 띠고 창립되었던 신간회가 비로소 첫 번째 전체 대회를 개최하였다. 그러나 간신히 열리는 전체 대회에서 해소 문제 토의를 최대 의제로 하게 된 것은 조선의 현 상황이 아니고서는 보기 어려운 기현상이다.

① 광주 학생 항일 운동이 일어났다.
② 임병찬이 독립 의군부를 조직하였다.
③ 독립군이 봉오동에서 큰 승리를 거두었다.
④ 도쿄 유학생들이 2·8 독립 선언서를 발표하였다.
⑤ 조선 민족 전선 연맹 산하에 조선 의용대가 창설되었다.

40 (가)~(다)를 발표된 순서대로 옳게 나열한 것은?   3점 | 69회

(가) 우리들 민중의 통곡과 복상이 결코 이척[순종]의 죽음에 있지 않다는 것을 민중 각자의 마음속에 그것을 명백히 말해주고 있다. 우리들의 비애와 통렬한 애도는 경술년 8월 29일 이래 쌓이고 쌓인 슬픔이다. …… 금일의 통곡·복상의 충성과 의분을 돌려 우리들의 해방 투쟁에 바치자!

(나) 조선 민족의 정치적 의식이 발달함에 따라 민족적 중심 단결을 요구하는 시기를 맞이하여 민족주의를 표방한 신간회가 발기인의 연명으로 3개 조의 강령을 발표하였다. ……
1. 우리는 정치적·경제적 각성을 촉진함
1. 우리는 단결을 공고히 함
1. 우리는 기회주의를 일체 부인함

(다) 우리 2천만 생령(生靈)을 사랑하고 조국을 사랑하는 광주 학생 남녀 수십 명이 중상을 입었다. 고뇌하는 청년 학생 2백 명이 불법으로 철창 속에 갇혀 있다. …… 우리들은 광주 학생의 석방을 요구하는 동시에 참을 수 없는 피눈물로 시위 대열에 나가는 것이다.

① (가) - (나) - (다)   ② (가) - (다) - (나)
③ (나) - (가) - (다)   ④ (나) - (다) - (가)
⑤ (다) - (나) - (가)

STEP 3 기출문제

41 (가) 단체에 대한 설명으로 옳은 것은? [2점 | 67회]

판결문

피고인: 오복영 외 1인
주 문: 피고 두 명을 각 징역 7년에 처한다.
이 유
제1. 피고 오복영은 이전부터 조선 독립을 희망하고 있었다.
1. 대정 11년(1922) 11월 중 김상옥, 안홍한 등이 조선 독립자금 강탈을 목적으로 권총, 불온문서 등을 가지고 조선에 오는 것을 알고 천진에서 여비 40원을 조달함으로써 동인 등으로 하여금 조선으로 들어오게 하고
2. 대정 12년(1923) 8월 초순 (가) 단원으로 활약할 목적으로 피고 이영주의 권유에 의해 동 단에 가입하고
3. 이어서 피고 이영주와 함께 (가) 단장 김원봉 및 단원 유우근의 지휘 하에 피고 두 명은 조선 내 관리를 암살하고 주요 관아, 공서를 폭파함으로 민심의 동요를 초래하고 ……

① 일제의 황무지 개간권 요구를 저지하였다.
② 일제가 조작한 105인 사건으로 큰 타격을 입었다.
③ 단원인 나석주가 동양 척식 주식회사에 폭탄을 던졌다.
④ 조선 총독부에 국권 반환 요구서를 제출하고자 하였다.
⑤ 이륭양행에 교통국을 설치하여 국내와 연락을 취하였다.

42 (가) 단체에 대한 설명으로 옳은 것은? [2점 | 66회]

□□신문
제△△호 1924년 ○○월 ○○일

이중교 폭탄 사건 주역은 (가) 의 김지섭
9월 1일 대지진 때 일어난 조선인 학살이 도화선

금년 1월 5일 오후 7시에 동경 궁성 이중교 앞에서 일어난 폭탄 투척 사건은 전 일본을 경악하게 만든 대사건이었다. 당국은 이 사건에 대한 신문 게재 일체를 금지하였고, 동경 지방 재판소의 검사와 예심 판사가 수사를 진행하였다. 이번에 예심이 결정되고 당국의 보도 금지가 해제되었기에, 피고 김지섭 외 4명은 전부 유죄로 공판에 회부되었음을 보도한다. 김지섭은 조선 독립을 위해 (가) 의 단장 김원봉과 함께 과격한 방법을 강구하였고, 이를 일본에서 실행하기로 하였다고 한다.

① 김구가 상하이에서 조직하였다.
② 비밀 행정 조직인 연통제를 운영하였다.
③ 조선 혁명 선언을 활동 지침으로 삼았다.
④ 신흥 무관 학교를 세워 무장 투쟁을 준비하였다.
⑤ 조선 총독부에 국권 반환 요구서를 제출하려 하였다.

43 (가) 단체에 대한 설명으로 옳은 것은? [2점 | 56회]

【이달의 독립운동가】
민족 독립과 여성 해방을 꿈꾼
박차정(朴次貞)
(1910~1944)

부산 동래 출신. 1927년 신간회의 자매단체로 결성된 (가) 의 중앙 집행 위원으로 활동하였다. 광주 학생 항일 운동에 동조하여 서울에서 시위를 주도하였다가 불구속으로 나온 후 중국으로 망명하였다. 1938년 조선 의용대의 부녀 복무 단장이 되어 남편 김원봉과 함께 무장 투쟁을 활발히 전개하였다. 이듬해 쿤룬산 전투에서 부상을 당해 후유증으로 순국하였다.

① 상하이에서 대동단결 선언을 발표하였다.
② 일제의 황무지 개간권 요구를 저지하였다.
③ 여성 교육을 위해 배화 학당을 설립하였다.
④ 조선 여성의 단결과 지위 향상을 목표로 하였다.
⑤ 어린이 등의 잡지를 발간하여 소년 운동을 주도하였다.

44 다음 가상 일기의 밑줄 그은 '운동'에 대한 설명으로 옳은 것은? [1점 | 68회]

1925년 ○○월 ○○일
우리 백정들은 신분제가 폐지되었음에도 끊임없이 차별받았다. 다 같은 조선 민족인데 왜 우리를 핍박하는 걸까? 우리는 저울처럼 평등한 세상을 만들기 위해 몇 해 전부터 운동을 벌이고 있지만 사람들의 인식을 바꾸기는 쉽지 않은 것 같다. 얼마 전 예천에서는 '백정을 핍박하는 것은 죄가 아니다.'라고 말하는 사람도 있다고 하니 우리는 언제쯤 평등한 대우를 받을 수 있을까?

① 조선 형평사의 주도로 전개되었다.
② 대한매일신보의 지원을 받아 확대되었다.
③ 평양에서 시작하여 전국적으로 확산되었다.
④ 순종의 인산일을 기한 대규모 시위를 계획하였다.
⑤ 라이징 선 석유 회사의 한국인 구타 사건을 계기로 시작되었다.

45 밑줄 그은 '이 운동'에 대한 설명으로 옳은 것은?

진주에 있는 이곳은 독립운동가 강상호 선생의 묘입니다. 그는 '공평은 사회의 근본이요, 애정은 인류의 본령'이라는 취지 아래 백정에 대한 권익 보호를 목적으로 전개된 이 운동에 앞장섰습니다.

① 어린이날을 정하고 잡지 어린이를 발간하였다.
② 조선 형평사를 조직하여 사회적 차별에 맞섰다.
③ 계몽 서적의 보급을 위해 태극 서관을 설립하였다.
④ 일제가 이른바 문화 통치를 실시하는 결과를 가져왔다.
⑤ 라이징 선 석유 회사의 조선인 구타 사건을 계기로 시작되었다.

46 (가) 종교 단체의 활동으로 옳은 것은?

① 박중빈을 중심으로 새생활 운동을 펼쳤다.
② 중광단을 조직하여 무장 투쟁을 전개하였다.
③ 배재 학당을 세워 신학문 보급에 기여하였다.
④ 어린이날을 제정하고 소년 운동을 추진하였다.
⑤ 경향신문을 발행하여 민중 계몽을 위해 노력하였다.

47 (가) 종교에 대한 설명으로 옳은 것은?

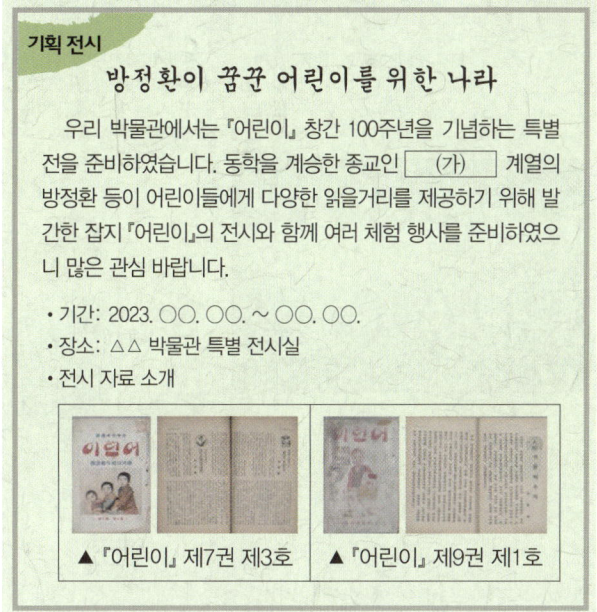

① 한용운 등이 사찰령 폐지를 주장하였다.
② 만세보를 발행하여 민중 계몽에 앞장섰다.
③ 박중빈을 중심으로 새생활 운동을 펼쳤다.
④ 배재 학당을 세워 신학문을 보급하고자 힘썼다.
⑤ 의민단을 조직하여 항일 무장 투쟁을 전개하였다.

48 (가)~(마)에 들어갈 내용으로 옳은 것은?

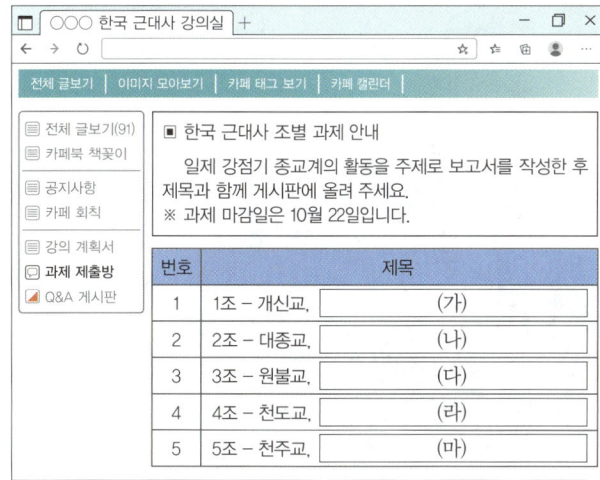

① (가) - 단군 숭배 사상을 통해 민족의식을 높이다
② (나) - 의민단을 조직하여 무장 투쟁을 전개하다
③ (다) - 간척 사업을 진행하고 새생활 운동을 펼치다
④ (라) - 배재 학당을 세워 신학문 보급에 기여하다
⑤ (마) - 어린이날을 제정하고 소년 운동을 추진하다

STEP 3 기출문제

49 밑줄 그은 '투쟁' 이후의 사실로 옳은 것은? [2점 | 49회]

최근 개통된 천사대교를 건너면 일제 강점기 대표적인 소작 쟁의가 전개된 암태도를 만날 수 있습니다. 당시 암태도의 농민들은 고율의 소작료를 징수하는 지주 문재철에 맞서 목포까지 나가 단식을 벌이는 등 약 1년에 걸친 투쟁으로 소작료를 낮추는 성과를 거두었습니다.

① 회사령이 제정되었다.
② 농광 회사가 설립되었다.
③ 토지 조사 사업이 실시되었다.
④ 조선 농민 총동맹이 결성되었다.
⑤ 함경도에서 방곡령이 선포되었다.

50 (가) 종교에 대한 설명으로 옳은 것은? [1점 | 59회]

이곳은 동학에서 시작된 종교인 (가) 소속의 방정환, 김기전 등이 인내천 사상을 바탕으로 1922년 '어린이의 날'을 선포한 장소입니다. 그들은 어린이들과 함께 이곳에서 출발하여 거리 행진을 하며 선전문을 배포한 뒤 어린이날 제정 축하 기념회를 열었습니다.

① 만세보를 발행하여 민중 계몽에 힘썼다.
② 중광단을 조직하여 무장 투쟁을 전개하였다.
③ 배재 학당을 세워 신학문 보급에 기여하였다.
④ 박중빈을 중심으로 새생활 운동을 추진하였다.
⑤ 일제의 통제에 맞서 사찰령 폐지 운동을 주도하였다.

51 (가) 종교에 대한 설명으로 옳은 것은? [2점 | 55회]

공의 이름은 인영(寅永)인데, 뒤에 철(喆)로 고쳤다. …… 보호 조약이 체결된 뒤에 동지와 함께 오적(五賊)의 처단을 모의하였는데, 1907년에 계획이 새어 나가 일을 그르쳤다. 뒤에 (가) 을/를 제창하고 교주를 자임하였는데, 이를 바탕으로 국민을 진흥하려고 하였다. 일찍이 북간도에 가서 그의 무리와 함께 발전을 도모하였다. …… 그의 문인(門人)들은 그를 숭상하여 오백 년 이래 다시 없는 대종사로 여겼다.
— 『유방집』—

① 사찰령 폐지 운동을 추진하였다.
② 개벽, 신여성 등의 잡지를 발행하였다.
③ 중광단을 결성하여 무장 투쟁을 전개하였다.
④ 배재 학당을 세워 신학문 보급에 기여하였다.
⑤ 박중빈을 중심으로 새생활 운동을 추진하였다.

52 (가) 사건 이후에 전개된 사실로 옳은 것은? [3점 | 71회]

탐구 활동 보고서

○학년 ○○반 이름: ○○○

◆ 주제: (가) 에 대한 국외 반응

◆ 탐구 목적
라이징 선 석유 주식회사의 문평 공장에서 일본인 감독이 조선인 노동자를 구타한 일이 발단이 되어 일어난 일제 강점기 최대 규모의 노동 운동에 대한 국외 반응을 당시 자료를 통해 살펴본다.

◆ 자료 및 해설

이것은 재일본 노총에서 (가) 을/를 조사하기 위해 변호사를 파견한다는 당시 신문 기사이다. 기사에 보도된 일본의 조선인 노동 단체뿐 아니라 중국 지역의 여러 노동 단체도 격려와 후원을 하였다.

① 동양 척식 주식회사가 설립되었다.
② 강주룡이 을밀대 지붕에서 고공 농성을 벌였다.
③ 황실의 지원을 받아 대한 천일 은행이 창립되었다.
④ 전국 단위의 조직인 조선 노농 총동맹이 조직되었다.
⑤ 고율의 소작료에 반발하여 암태도 소작 쟁의가 발생하였다.

53 (가)에 들어갈 내용으로 옳은 것은? [2점 | 53회]

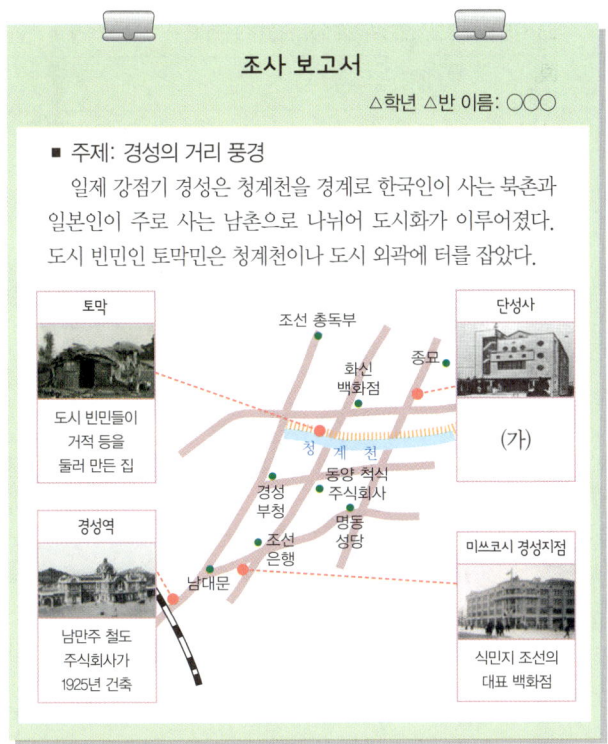

① 나운규의 아리랑이 개봉된 장소
② 기미 독립 선언서가 인쇄된 장소
③ 조선 형평사 창립 대회가 개최된 장소
④ 전형필이 수집한 문화재가 전시된 장소
⑤ 강우규가 일본 총독에게 폭탄을 던진 장소

1930년대 이후 저항

54 (가) 부대에 대한 설명으로 옳은 것은? [2점 | 67회]

> 대전자령은 태평령이라고도 하는데, 일본군이 서남부의 왕칭현 쪽으로 가려면 반드시 지나가야 하는 지점이었다. 대전자령의 양쪽은 험준한 절벽과 울창한 산림 지대로 되어 있어 적을 공격하기에 알맞은 곳이었다. 이 전투에 (가) 의 주력 부대 500여 명, 차이시잉(柴世榮)이 거느리는 중국 의용군인 길림구국군 2,000여 명이 참가하였다. …… 한중 연합군은 계곡 양편 산기슭에 구축되어 있는 참호 속에 미리 매복·대기하여 일본군 습격 준비를 마쳤다.
> – 『청천장군의 혁명투쟁사』 –

① 영국군의 요청으로 인도·미얀마 전선에 투입되었다.
② 간도 참변 이후 조직을 정비하고 자유시로 이동하였다.
③ 중국 관내(關內)에서 결성된 최초의 한인 무장 부대였다.
④ 홍범도 부대와 연합하여 청산리에서 일본군과 교전하였다.
⑤ 한국 독립당의 군사 조직으로 북만주 지역에서 활약하였다.

55 (가) 단체에 대한 설명으로 옳은 것은? [2점 | 54회]

> (가) 의 총사령 양세봉, 참모장 김학규 등은 일부 병력을 이끌고 중국 의용군 부대와 합세하였다. 일본군과 만주군이 신빈현성의 고지대를 지점으로 삼아 먼저 공격했으나 아군이 응전하여 이를 탈취하였다. 아군은 승세를 몰아 적들을 추격한 끝에 당일 오후 3시경 영릉가성을 점령하였다. 5일간의 격렬한 전투에서 한중 연합군은 신빈현 일대 여러 곳을 점령하는 등 커다란 수확을 거두었다.

① 흥경성 전투에서 승리하였다.
② 자유시 참변 이후 세력이 약화되었다.
③ 중국 팔로군에 편제되어 항일 전선에 참여하였다.
④ 영국군의 요청으로 인도·미얀마 전선에서 활동하였다.
⑤ 북만주 지역에서 활동한 한국 독립당의 산하 부대였다.

56 (가) 부대에 대한 설명으로 옳은 것은? [2점 | 63회]

① 간도 참변 이후 자유시로 이동하였다.
② 영릉가 전투에서 일본군과 싸워 크게 승리하였다.
③ 조선 독립 동맹 산하의 군사 조직으로 개편되었다.
④ 영국군의 요청으로 인도·미얀마 전선에 투입되었다.
⑤ 중국 국민당 정부의 지원을 받아 우한에서 창설되었다.

STEP 3 기출문제

57 (가), (나) 인물에 대한 설명으로 옳은 것은? 〔3점 | 62회〕

① (가) – 조선 혁명 간부 학교를 설립하였다.
② (가) – 대한 광복회를 조직하여 친일파를 처단하였다.
③ (나) – 대전자령 전투에서 일본군에 대승을 거두었다.
④ (나) – 중광단을 중심으로 북로 군정서를 조직하였다.
⑤ (가), (나) – 황푸 군관 학교에 입학하여 군사 훈련을 받았다.

58 (가) 부대에 대한 설명으로 옳은 것은? 〔3점 | 61회〕

> **조선 민족 혁명당 창립 제8주년 기념 선언**
>
> 우리는 중국의 난징에서 5개 당을 통합하여 전체 민족을 대표하는 유일한 정당인 조선 민족 혁명당을 창립하였다. …… 아울러 중국과 한국의 연합 항일 진영을 건립하여야 했다. …… 이 때문에 우리는 1938년 (가) 을/를 조직하고 조선의 혁명 청년들을 단결시켜 장제스 위원장의 영도 아래 직접 중국의 항전에 참가하였고, 각 전쟁터에서 찬란한 전투 성과를 만들어냈다. …… 지난해 가을 (가) 와/과 한국광복군의 통합 편성을 기반으로 전 민족의 통일을 성공적으로 구현하였다.

① 자유시 참변으로 큰 타격을 입었다.
② 대전자령 전투에서 일본군을 격퇴하였다.
③ 동북 항일 연군으로 개편되어 유격전을 펼쳤다.
④ 김원봉, 윤세주 등이 중국 관내(關內)에서 창설하였다.
⑤ 홍범도 부대와 연합하여 청산리에서 일본군과 교전하였다.

59 (가) 군사 조직에 대한 설명으로 옳은 것은? 〔2점 | 57회〕

> **이달의 독립운동가**
>
> **윤세주(1901~1942)**
> ▶ 훈격: 건국훈장 독립장
> ▶ 서훈 연도: 1982년
>
> **공훈록(요약)**
> 경남 밀양 출생. 1919년 11월 만주에서 김원봉과 함께 의열단을 조직하였다. 국내에 들어온 그는 의열 투쟁을 계획하다 체포되어 수년간 옥고를 치렀다. 이후 중국 관내에서 결성된 최초의 한인 무장 조직인 (가) 의 주요 간부로 활약하였다. 1942년 타이항산에서 전사하였다.

① 홍범도가 총사령관으로 활약하였다.
② 영릉가 전투에서 일본군을 격퇴하였다.
③ 대원 일부가 한국광복군에 합류하였다.
④ 도쿄에서 2·8 독립 선언을 계획하였다.
⑤ 상하이에서 대동단결 선언을 발표하였다.

60 (가) 부대에 대한 설명으로 옳은 것은? 〔3점 | 60회〕

> ─〈이달의 독립운동가〉─
>
> **호가장 전투에서 순국한 열사들**
>
> 중국 우한(武漢)에서 창설된 한인 무장 부대의 일부는 화북으로 이동하여 1941년 7월 타이항산에서 (가) 을/를 결성하였다. (가) 의 무장 선전대로 활동하던 손일봉, 최철호, 박철동, 이정순은 호가장 전투에서 다른 대원들이 포위망을 벗어날 때까지 일본군과 싸우다 장렬히 순국하였다. 정부는 이들의 공훈을 기려 1993년 애국장을 추서하였다.
>
>
> 손일봉 최철호 박철동 이정순
> 1912~1941 1915~1941 1915~1941 1918~1941

① 봉오동 전투에서 일본군을 격파하였다.
② 총사령 양세봉의 지휘 아래 활동하였다.
③ 미군과 연계하여 국내 진공 작전을 계획하였다.
④ 조선 독립 동맹 산하의 군사 조직으로 개편되었다.
⑤ 간도 참변 이후 조직을 정비하고 자유시로 이동하였다.

61 다음 가상 인터뷰의 주인공에 대한 설명으로 옳은 것은? [2점 | 69회]

① 진단 학회를 조직하였다.
② 한국독립운동지혈사를 저술하였다.
③ 식민 사학의 정체성론을 반박하였다.
④ 우리말 큰사전 편찬 사업을 추진하였다.
⑤ 민족의 얼을 강조하고 조선학 운동을 주도하였다.

62 (가)에 들어갈 내용으로 가장 적절한 것은? [3점 | 67회]

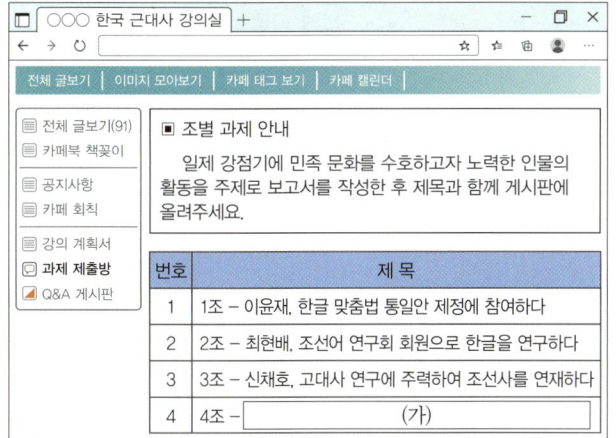

① 정인보, 민족의 얼을 강조하고 조선학 운동을 전개하다
② 장지연, 황성신문에 시일야방성대곡이라는 논설을 싣다
③ 유길준, 서유견문을 집필하여 서양 근대 문명을 소개하다
④ 최익현, 지부복궐척화의소를 올려 왜양일체론을 주장하다
⑤ 신헌, 강화도 조약 체결의 전말을 기록한 심행일기를 남기다

63 (가) 단체에 대한 설명으로 옳은 것은? [2점 | 60회]

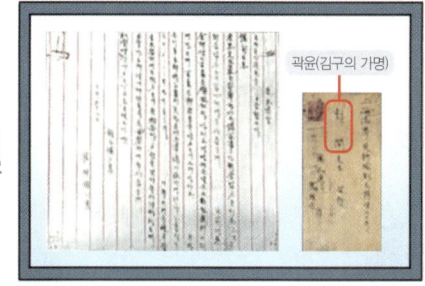

① 중일 전쟁 발발 이후에 조직되었다.
② 조선 혁명 간부 학교를 설립하였다.
③ 이봉창, 윤봉길 등이 단원으로 활동하였다.
④ 대전자령 전투에서 일본군을 상대로 승리하였다.
⑤ 일제가 조작한 105인 사건으로 조직이 해체되었다.

64 다음 검색창에 들어갈 단체에 대한 설명으로 옳은 것은? [2점 | 63회]

① 한글 신문인 제국신문을 간행하였다.
② 태극 서관을 설립하여 서적을 보급하였다.
③ 파리 강화 회의에 독립 청원서를 제출하였다.
④ 한글 맞춤법 통일안과 표준어 사정안을 제정하였다.
⑤ 국문 연구소를 두어 한글을 체계적으로 연구하였다.

65 (가) 부대에 대한 설명으로 옳은 것은? [2점 | 59회]

> 인도 전선에서 (가) 이/가 활동에 나선 이래, 각 대원은 민족의 영광을 위해 빗발치는 탄환도 두려워하지 않고 온갖 고초를 겪으며 영국군의 작전에 협조하였다. (가) 은/는 적을 향한 육성 선전, 방송, 전단 살포, 포로 신문, 정찰, 포로 훈련 등 여러 부분에서 상당한 성과를 거두었다. 그 결과 영국군 당국은 우리를 깊이 신임하고 있으며, 한국 독립에 대해서도 동정을 아끼지 않고 있다. 충칭에 거주하고 있는 한국 청년 동지들이 인도에서의 공작에 다수 참여하기를 희망한다.
> ─ 「독립신문」 ─

① 청산리에서 일본군에 맞서 대승을 거두었다.
② 미군과 연계하여 국내 진공 작전을 계획하였다.
③ 쌍성보 전투에서 한중 연합 작전을 전개하였다.
④ 중국 의용군과 연합하여 흥경성에서 승리하였다.
⑤ 동북 항일 연군으로 개편되어 유격전을 펼쳤다.

66 (가)에 대한 설명으로 옳은 것은? [2점 | 58회]

① 영릉가 전투에서 일본군에게 승리하였다.
② 중국 팔로군에 편제되어 항일 전선에 참여하였다.
③ 국내 정진군을 편성하여 국내 진공 작전을 추진하였다.
④ 중국 관내(關內)에서 결성된 최초의 한인 무장 부대이다.
⑤ 간도 참변 이후 밀산에서 집결하여 자유시로 이동하였다.

67 (가) 단체의 활동으로 옳은 것은? [2점 | 56회]

접견 기록

■ 날짜 및 장소
  1943년 7월 26일, 중국 군사 위원회 접견실

■ 참석 인물
  • (가) : 주석 김구, 외무부장 조소앙 등
  • 중국: 위원장 장제스 등

■ 주요 내용
  • 장제스: 한국의 완전한 독립을 실현하는 과정은 쉽지 않을 것입니다. 그러나 한국 혁명 동지들이 진심으로 단결하고 협조하여 함께 노력한다면 광복의 뜻을 이룰 수 있을 것입니다.
  • 김구·조소앙: 우리의 독립 주장이 이루어질 수 있도록 귀국이 지지해 주기를 희망합니다.

① 좌우 합작 7원칙을 발표하였다.
② 개벽, 신여성 등의 잡지를 간행하였다.
③ 조선 혁명 선언을 활동 지침으로 삼았다.
④ 한글 맞춤법 통일안과 표준어를 제정하였다.
⑤ 삼균주의를 기초로 하는 건국 강령을 선포하였다.

핵심 키워드

01 1910년대에 한국인에게만 적용되는 조선 ●형령이 제정되었다.

02 1910년대에 일제는 근대적 토지 소유권 확립을 명분으로 내세워 ●● 조사 사업을 실시하였다.

03 일제는 1925년에 사회주의 운동을 탄압하기 위해 ●● 유지법을 제정하였다.

04 1930년대 후반 이후 일제는 민족 말살 정책의 일환으로 ●● 신민 서사의 암송, 신사 참배를 강요하였다.

05 일제는 1938년에 전쟁 자원을 효율적으로 동원하기 위해 국가 ●●●법을 제정하였다.

06 서간도 지역에서 신민회가 중심이 되어 한인 자치 기관인 ●●사를 조직하였다.

07 미주 지역인 하와이에서는 박용만의 주도로 대조선 ●●군단이 조직되어 군사 훈련을 실시하였다.

08 대한민국 임시 정부는 비밀 행정 조직으로 ●●제를 실시하고, ●●국을 설치하였다.

09 김구는 1931년에 임시 정부 활성화를 위해 ●● 애국단을 조직하여 의거 활동을 하였다.

10 1940년에 충칭에 정착한 대한민국 임시 정부는 정규군으로 한국●●군을 창설하였다.

11 김좌진이 이끄는 북로 군정서 등 독립군 연합 부대는 ●●리 일대에서 일본군을 격파하였다.

12 물산 장려 운동은 조만식 등의 주도로 ●●에서 시작되어 전국으로 확산되었다.

13 1929년에 일어난 ●● 총파업은 일본, 프랑스 등지의 노동 단체로부터 격려 전문을 받았다.

14 ●●회는 광주 학생 항일 운동이 일어나자 진상 조사단을 파견하여 지원하였다.

15 백정들은 1923년에 조선 ●●사를 창립하여 백정에 대한 사회적 차별 철폐 운동을 전개하였다.

16 의열단은 신채호가 작성한 〈조선 ●● 선언〉을 활동 지침으로 삼았다.

17 지청천이 이끄는 한국 ●●군은 중국 호로군과 함께 쌍성보·대전자령 전투에서 일본군을 격파하였다.

18 양세봉이 지휘한 조선 ●●군은 중국 의용군과 함께 영릉가·흥경성 전투에서 일본군에 승리하였다.

19 조선 ●●대는 중국 관내에서 결성된 최초의 한인 무장 부대였다.

20 ●●● 학회는 한글 맞춤법 통일안을 마련하고 《우리말 큰사전》 편찬 사업을 추진하였다.

21 대한민국 임시 정부는 1941년에 조소앙의 삼균주의에 바탕을 둔 건국 ●●을 발표하였다.

22 한국광복군은 미국 전략 정보국(OSS)의 지원을 받아 ●● 진공 작전을 계획하였다.

23 1944년에 여운형 등은 국내에서 광복에 대비하여 조선 ●● 동맹을 결성하였다.

01 태 02 토지 03 치안 04 황국 05 총동원 06 경학 07 국민 08 연통, 교통 09 한인 10 광복 11 청산 12 평양 13 원산 14 신간 15 형평 16 혁명 17 독립 18 혁명 19 의용 20 조선어 21 강령 22 국내 23 건국

PART 8

현대

최신 3개년 평균 출제 문항 수

4.8 문항

최신 3개년 평균 출제 비중
9.6%

최신 3개년 주제별 출제 현황

주제	출제 현황	빈출 키워드
광복~통일 정부 수립 노력	8문항	좌우 합작 운동, 남북 협상, 모스크바 3국 외상 회의, 미·소 공동 위원회, 이승만의 정읍 발언
정부 수립~6·25 전쟁	17문항	유상 매수·유상 분배, 제주 4·3 사건, 반민족 행위 특별 조사 위원회, 인천 상륙 작전, 5·10 총선거
민주화 과정	37문항	호헌 철폐, 독재 타도, 3·1 민주 구국 선언, 진보당 사건, 신군부의 비상계엄 확대, 6·3 시위
경제 발전과 통일 노력	25문항	최초로 남북 이산가족 상봉, 금융 실명제, 경제 협력 개발 기구 가입, 한·미 자유 무역 협정, 남북 기본 합의서

학습 POINT

- ☑ 광복 이후 정부 수립이 이루어지기까지의 주요 사건을 시간 순으로 정리하세요.
- ☑ 이승만 정부, 박정희 정부, 전두환 정부 시기의 주요 민주화 운동의 특징을 정리하세요.
- ☑ 각 정부별 경제 정책과 통일을 위한 노력을 구분하여 정리하세요.

STEP 1 N가지 젤 중요한 개념

빈칸을 채우며 중요한 개념을 학습해요.

핵심강의

01 광복 이후 통일 정부 수립을 위한 노력

광복 직후의 한반도 내 동향	광복 후 여운형 등이 조선 ① _____ 준비 위원회 조직 → 일본군을 무장 해제시킨다는 이유로 38도선을 경계로 이남 지역은 미국이, 이북 지역은 소련이 각각 군정 실시
모스크바 3국 외상 회의 (1945.12.)	임시 민주 정부 수립, 미·소 공동 위원회 설치, 미·영·소·중국에 의해 최대 5년간 한반도의 ② _____ 통치 실시 등 결정 → 신탁 통치를 둘러싸고 좌우익 세력의 대립 격화
제1차 미·소 공동 위원회 (1946.3.)	임시 정부 수립에 참여할 단체의 범위를 둘러싸고 미국과 소련의 대립 → 무기 휴회
이승만의 정읍 발언 (1946.6.)	제1차 미·소 공동 위원회의 무기 휴회로 임시 정부 수립이 점점 늦어짐 → 이승만이 정읍에서 ③ _____ 한만의 단독 정부 수립 주장
좌우 합작 운동 (1946~1947)	• 여운형과 김규식 등이 좌우 합작 위원회 결성 → 좌우 합작 7원칙 발표 • 여운형 피살, 미군정의 지원 철회 등으로 좌우 합작 위원회가 해산되면서 실패
유엔의 결정	제2차 미·소 공동 위원회 결렬 → 미국이 한반도 문제를 유엔에 상정 → 유엔 총회에서 인구 비례에 따른 남북한 총 ④ _____ 실시 의결(1947. 11.), 유엔 한국 임시 위원단 파견 → 소련이 유엔 한국 임시 위원단의 입북 거부 → 유엔 소총회에서 선거가 가능한 지역, 즉 ⑤ _____ 한만의 단독 총선거를 실시하기로 결정(1948. 2.)
남북 협상	유엔 소총회에서 남한만의 단독 총선거를 결의하자 김 ⑥ _____ 와 김규식이 통일 정부 수립을 위한 남북 협상 진행 → 성과를 거두지 못함

02 대한민국 정부 수립을 둘러싼 갈등

정부 수립을 둘러싼 갈등	• 제주 4·3 사건(1948) - 제주의 좌익 세력이 무장 봉기하여 수많은 제주도민이 희생됨 - 제주 4·3 사건 진상 규명 및 희생자 명예 회복에 관한 특별법 제정(2000) • 여수·순천 10·19 사건(1948)
대한민국 정부 수립 (1948. 8.15.)	• ⑦ _____ 총선거 → 제헌 국회에서 제헌 헌법 제정 → 제헌 국회에서 대통령 이승만 선출 → 대한민국 정부 수립 선포 • 제헌 국회 활동: 반민족 행위 ⑧ _____ 법 제정 (반민특위 조직), 농지 개혁법 제정(유상 매수·유상 분배), 귀속 재산 처리법 제정

03 6·25 전쟁의 전개

미국의 ⑨ _____슨 선언 발표(1950.1.) → 북한군이 남침 후 3일 만에 서울 점령(1950.6.), 국민 보도 연맹 사건 발생 → 유엔군의 참전(다부동 전투) → 국군·유엔군의 ⑩ _____ 상륙 작전 성공(1950.9.)으로 서울 탈환 → 국군·유엔군이 38도선 돌파 후 평양 점령, 압록강 일대까지 진격 → 중국군의 개입 → 국군·유엔군의 후퇴, 흥 ⑪ _____ 철수 작전(1950.12.) → 북한군과 중국군의 서울 점령(1·4 후퇴, 1951) → 국군·유엔군의 서울 재탈환 → 정전 회담 진행 → 이승만 정부가 반공 포로 일부 석방 → 정전 협정 체결(1953.7.27.) → 한·미 상호 방위 조약 체결(1953.10.)

04 민주화 과정: 이승만 정부~박정희 정부

이승만 정부의 장기 집권	• 발췌 개헌(1차 개헌, 1952): 6·25 전쟁 중 임시 수도였던 ⑫ _____ 에서 대통령 직선제로 개헌 • 사사오입 개헌(2차 개헌, 1954): 초대 대통령인 이승만에 한해 중임 제한 철폐 추진 → 사사오입(반올림)의 논리를 내세워 개헌안 통과 • 진보당 사건(조봉암 처형), 보안법 파동 • ⑬ _____ 혁명(1960)으로 이승만 대통령 하야 → 허정 과도 정부 수립 후 3차 개헌(내각 책임제, 양원제 국회) → 장면 내각 출범
5·16 군사 정변과 박정희 정부	• 5·16 군사 정변 이후 국가 재건 최고 회의 구성, 중앙 정보부 설치 → 5차 개헌(대통령 중심제, 단원제 국회) → 대통령에 박정희 당선(1963) • 정부 활동: 한·일 협정 체결(한·일 국교 정상화), ⑭ _____ 남 파병(브라운 각서 체결) • 3선 개헌(6차 개헌, 1969): 대통령 3회 연임 허용 • 유신 체제(7차 개헌, 1972): 10월 유신(유신 헌법 제정) → 통일 주체 국민 회의에서 대통령 선출, 대통령에게 국회 해산권·⑮ _____ 조치권·국회의원 3분의 1 추천권 부여 • 유신 체제 붕괴: ⑯ _____ 무역 사건 → 야당(신민당) 총재의 국회의원직 제명 → 부·마 민주 항쟁 → 박정희 피살(10·26 사태)로 붕괴(1979)

05 민주화 과정: 5·18 민주화 운동

배경	전두환 중심의 신군부가 정권 장악(12·12 사태, 1979) → 신군부의 비상계엄 전국 확대
과정	• 전남 ⑰ _____ 에서 민주화 시위 발생 • 계엄군의 무차별 시위 진압, 일부 시민들이 시민군 조직 → 계엄군의 무력 진압
의의	5·18 민주화 운동 기록물이 유네스코 세계 기록 유산에 등재됨

06 민주화 과정: 전두환 정부~노무현 정부

전두환 정부	• 신군부의 집권(국가 보위 비상 대책 위원회 설치, 언론 기본법 제정, ⑱ 　　　 교육대 운영) → 8차 개헌 (대통령 선거인단이 7년 단임의 대통령 선출) 이후 전두환이 다시 대통령에 선출됨(1981) • 정책: 민주화 운동 탄압, 언론 통제, 두발과 교복 자율화, 야간 ⑲ 　　　 금지 해제, 해외여행 자유화, 프로 야구 · 프로 축구 출범 • 6월 민주 항쟁(1987): 국민들의 대통령 직선제 개헌 요구 → 박종철 고문치사 사건 → 정부의 4 · 13 호헌 조치 → 대학생 이한열이 시위 도중 최루탄 피격 → 6 · 10 국민 대회(구호: '호헌 철폐, 독재 타도') → 전국으로 시위 확산 → 6 · 29 민주화 선언(대통령 직선제 개헌 요구 수용) → 9차 개헌(5년 단임의 대통령 ⑳ 　　　 제)
노태우 정부	• 서울 올림픽 대회 개최(1988) • 남녀 고용 평등법 제정 • 경제 정의 실천 시민 연합(경실련) 창설
김영삼 정부	• 지방 자치제 전면 실시 • '역사 바로 세우기'를 내세워 전직 대통령 구속 및 조선 총독부 건물 철거 • 전국 민주 노동조합 총연맹(민주노총) 결성
김대중 정부	• 국가 인권 위원회 설립, 중학교 의무 교육 전면 실시 • 한 · 일 월드컵 대회 개최, 여성부 신설
노무현 정부	• 진실 · 화해를 위한 과거사 정리 위원회 구성 • 호주제 폐지, 가족 관계 등록부 마련

07 경제 정책과 사회 변화

이승만 정부	• 농지 개혁(유상 매수 · 유상 분배) • 한 · 미 원조 협정 체결(1948)로 제분 · 제당 · 면방직 등 ㉑ 　　　 산업 발달
박정희 정부	• 경제 개발 5개년 계획(1962~1981): 대규모 공업 단지 조성(포항 제철 준공), ㉒ 　　　 고속 국도 개통(1970) • 새마을 운동(1970): 농촌 환경 개선 • 사회문제 발생: 광주 대단지 사건, 함평 고구마 사건, 전태일 분신 사건(1970)
전두환 정부	• ㉓ 　　　 호황(저유가 · 저달러 · 저금리) • 최저 임금법 제정
김영삼 정부	• 금융 ㉔ 　　　 제 실시 • 경제 협력 개발 기구(OECD) 가입 • 외환 위기로 국제 통화 기금(IMF)의 구제 금융 지원(1997)
김대중 정부	• 외환 위기 극복(노사정 위원회 설치) • 한 · 칠레 자유 무역 협정(FTA) 체결 • 국민 ㉕ 　　　 생활 보장법 제정
노무현 정부	• 한 · 칠레 자유 무역 협정(FTA) 발효 • 한 · ㉖ 　　　 자유 무역 협정(FTA) 체결

08 통일 정책

박정희 정부	• 남북 적십자 회담(1971) • 7 · 4 남북 공동 성명 발표 → 남북 ㉗ 　　　 위원회 설치(1972)
전두환 정부	이산가족 고향 방문단과 예술 공연단의 교환 방문 실현 (최초의 남북 이산가족 상봉, 1985)
노태우 정부	• 7 · 7 선언 발표(중국, 소련 등 사회주의 국가와 수교 등 북방 외교 추진) • 남북한 ㉘ 　　　 동시 가입 • 남북 ㉙ 　　　 합의서 채택 • 한반도 비핵화 공동 선언 발표
김대중 정부	• 대북 화해 협력 정책('햇볕 정책'): 정주영의 소 떼 방북, 금강산 해로 관광 시작 • 최초의 남북 정상 회담 개최(2000): 6 · 15 남북 공동 선언 발표 → ㉚ 　　　 공단 건설 합의, 금강산 육로 관광 추진
노무현 정부	제2차 남북 정상 회담 개최(2007): 10 · 4 남북 공동 선언 발표, 개성 공단 건설 착수, 금강산 육로 관광 시작
문재인 정부	판문점에서 남북 정상 회담 개최(2018)

정답

❶ 건국 ❷ 신탁 ❸ 남 ❹ 선거 ❺ 남 ❻ 구 ❼ 5 · 10 ❽ 처벌
❾ 애치 ❿ 인천 ⓫ 남 ⓬ 부산 ⓭ 4 · 19 ⓮ 베트 ⓯ 긴급 ⓰ YH
⓱ 광주 ⓲ 삼청 ⓳ 통행 ⓴ 직선 ㉑ 삼백 ㉒ 경부 ㉓ 3저 ㉔ 실명
㉕ 기초 ㉖ 미 ㉗ 조절 ㉘ 유엔 ㉙ 기본 ㉚ 개성

STEP 2 젤 중요한 개념 확인문제

핵심만 차근차근 체크해요.

01 다음 사실들을 순서대로 나열하세요.

(1) (   )

> (가) 좌우 합작 위원회가 발족되었다.
> (나) 모스크바 3국 외상 회의가 개최되었다.
> (다) 제1차 미·소 공동 위원회가 결렬되었다.
> (라) 조선 건국 준비 위원회에서 조선 인민 공화국을 선포하였다.

(2) (   )

> (가) 5·10 총선거가 실시되었다.
> (나) 김규식 등이 남북 협상에 참석하였다.
> (다) 유엔 총회에서 인구 비례에 의한 남북 총선거가 의결되었다.
> (라) 남한만의 단독 정부 수립을 주장한 정읍 발언이 제기되었다.

02 다음 설명에 해당하는 인물을 골라 쓰세요.

> 김구, 이승만, 여운형

(1) 조선 건국 동맹을 결성하였다. (   )
(2) 김규식과 함께 남북 협상에 참여하였다. (   )
(3) 조선 건국 준비 위원회의 활동을 주도하였다. (   )
(4) 정읍에서 남한만의 단독 정부 수립을 주장하였다. (   )

03 대한민국 정부 수립 이후에 있었던 사실로 옳으면 O표, 틀리면 X표를 하세요.

(1) 5·10 총선거가 실시되었다. (   )
(2) 여수·순천 10·19 사건이 일어났다. (   )
(3) 조선 건국 준비 위원회가 조직되었다. (   )
(4) 유엔 한국 임시 위원단의 입북이 거부되었다. (   )
(5) 반민족 행위 특별 조사 위원회가 구성되었다. (   )
(6) 귀속 재산 관리를 위해 신한 공사가 설립되었다. (   )
(7) 유상 매수, 유상 분배 원칙의 농지 개혁법이 제정되었다. (   )

04 6·25 전쟁 중에 있었던 사실로 옳으면 O표, 틀리면 X표를 하세요.

(1) 애치슨 라인이 발표되었다. (   )
(2) 흥남 철수 작전이 전개되었다. (   )
(3) 인천 상륙 작전이 전개되었다. (   )
(4) 여수·순천 10·19 사건이 일어났다. (   )
(5) 한·미 상호 방위 조약이 체결되었다. (   )
(6) 부산에서 발췌 개헌안이 통과되었다. (   )
(7) 모스크바 3국 외상 회의가 개최되었다. (   )
(8) 이승만 정부가 일부 반공 포로를 석방하였다. (   )

05 다음 사실들을 순서대로 나열하세요.

> (가) 흥남 철수 작전이 전개되었다.
> (나) 판문점에서 정전 협정이 체결되었다.
> (다) 인천 상륙 작전을 전개하여 성공하였다.
> (라) 장진호 전투에서 중국군이 유엔군을 포위하였다.

(   )

06 이승만 정부 시기에 있었던 사실로 옳으면 O표, 틀리면 X표를 하세요.

(1) 국회에서 국민 방위군 사건이 폭로되었다. (   )
(2) 5년 단임의 대통령이 직선제에 의해 선출되었다. (   )
(3) 경찰이 반민족 행위 특별 조사 위원회를 습격하였다. (   )
(4) 개헌 당시의 대통령에 한하여 중임 제한이 철폐되었다. (   )
(5) 임시 수도 부산에서 대통령 직선제 개헌이 통과되었다. (   )
(6) 국가 보안법 개정안을 통과시킨 보안법 파동이 일어났다. (   )
(7) 평화 통일론을 내세우던 진보당의 조봉암이 처형되었다. (   )
(8) 인민 혁명당 재건위 사건을 조작해 관련자를 탄압하였다. (   )
(9) 정부에 비판적인 경향신문을 폐간하는 등 언론을 통제하였다. (   )

07 4·19 혁명에 대한 설명으로 옳으면 O표, 틀리면 X표를 하세요.

(1) 장면 정부가 수립되는 계기가 되었다. ( )
(2) 당시 대통령이 하야하는 결과를 가져왔다. ( )
(3) 호헌 철폐, 독재 타도 등의 구호를 내세웠다. ( )
(4) 허정 과도 정부가 구성되는 결과를 가져왔다. ( )
(5) 야당 총재의 국회의원직 제명으로 촉발되었다. ( )
(6) 경무대로 향하던 시위대가 경찰의 총격을 받았다. ( )
(7) 전개 과정에서 3·1 민주 구국 선언이 발표되었다. ( )
(8) 3·15 부정 선거에 항의하는 시위에서 비롯되었다. ( )
(9) 대통령 중심제에서 의원 내각제로 바뀌는 계기가 되었다. ( )

08 다음 사건이 있었던 시기의 정부를 골라 쓰세요.

> 이승만 정부, 박정희 정부, 전두환 정부, 김영삼 정부

(1) 6·3 시위가 발생하였다. ( )
(2) 부·마 민주 항쟁이 일어났다. ( )
(3) 지방 자치제가 전면 시행되었다. ( )
(4) 야당 총재가 국회 의원직에서 제명되었다. ( )
(5) 국민의 요구에 굴복하여 대통령이 하야하였다. ( )
(6) 개헌 당시 대통령에 한해 중임 제한이 철폐되었다. ( )
(7) 호헌 철폐 등을 내세운 6월 민주 항쟁이 전개되었다. ( )
(8) 국회 해산, 헌법의 일부 효력 정지를 담은 10월 유신이 선포되었다. ( )

09 박정희 정부 시기에 있었던 사실로 옳으면 O표, 틀리면 X표를 하세요.

(1) 10월 유신이 선포되었다. ( )
(2) 3선 개헌안이 통과되었다. ( )
(3) 부·마 민주 항쟁이 일어났다. ( )
(4) 긴급 조치 9호가 발동되었다. ( )
(5) 박종철 고문치사 사건이 발생하였다. ( )
(6) 한·미 상호 방위 원조 협정이 체결되었다. ( )
(7) 베트남 파병에 관한 브라운 각서가 체결되었다. ( )
(8) 6·3 시위가 전개되고 비상계엄령이 선포되었다. ( )
(9) 한·일 협정을 체결하여 국교 정상화를 추진하였다. ( )
(10) 의원 정수 3분의 1이 통일 주체 국민 회의에서 선출되었다. ( )

10 5·18 민주화 운동에 대한 설명으로 옳으면 O표, 틀리면 X표를 하세요.

(1) 장면 내각이 출범하는 계기가 되었다. ( )
(2) 굴욕적인 한·일 국교 정상화에 반대하였다. ( )
(3) 계엄군의 무력 진압으로 시민들이 희생되었다. ( )
(4) 전개 과정에서 시민군이 자발적으로 조직되었다. ( )
(5) 신군부의 비상계엄 확대와 무력 진압에 저항하였다. ( )
(6) 관련 기록물이 유네스코 세계 기록 유산으로 등재되었다. ( )

11 5·18 민주화 운동 이후에 있었던 사실로 옳으면 O표, 틀리면 X표를 하세요.

(1) 삼청 교육대가 설치되었다. ( )
(2) 국가 보위 비상 대책 위원회가 설치되었다. ( )
(3) 민의원과 참의원의 양원제 국회가 출범하였다. ( )
(4) 내각 책임제를 골자로 하는 개헌이 이루어졌다. ( )
(5) 국가 재건 최고 회의를 기반으로 군정이 실시되었다. ( )
(6) 대통령 선거인단이 선출되는 7년 단임의 대통령제가 실시되었다. ( )

STEP 2 젤 중요한 개념 확인문제

12 전두환 정부 시기에 있었던 사실로 옳으면 O표, 틀리면 X표를 하세요.

(1) 언론 기본법을 제정하였다. ( )
(2) 야간 통행금지가 해제되었다. ( )
(3) 6·29 민주화 선언이 발표되었다. ( )
(4) 3·1 민주 구국 선언이 발표되었다. ( )
(5) 프로 야구가 6개 구단으로 출범하였다. ( )
(6) 인민 혁명당 재건위 사건으로 관련자가 탄압받았다. ( )
(7) 민주 회복을 위한 개헌 청원 백만 인 서명 운동이 전개되었다. ( )

13 6월 민주 항쟁에 대한 설명으로 옳으면 O표, 틀리면 X표를 하세요.

(1) 시위 도중 대학생 이한열이 희생되었다. ( )
(2) 시민군이 조직되어 계엄군에 저항하였다. ( )
(3) 호헌 철폐와 독재 타도 등의 구호를 내세웠다. ( )
(4) 5년 단임의 대통령 직선제 개헌을 이끌어 냈다. ( )
(5) 박종철 고문치사 사건의 진상 규명을 요구하였다. ( )
(6) 3선 개헌 반대 범국민 투쟁 위원회가 주도하였다. ( )
(7) 장기 독재를 비판하는 3·1 민주 구국 선언이 발표되었다. ( )

14 다음 정책이 시행된 정부를 골라 쓰세요.

> 전두환 정부, 김영삼 정부, 김대중 정부,
> 노무현 정부, 이명박 정부

(1) 최저 임금법이 제정되었다. ( )
(2) 다문화 가족 지원법을 시행하였다. ( )
(3) 양성평등의 실현을 위해 호주제가 폐지되었다. ( )
(4) 공직자 윤리법을 개정하여 재산 등록을 의무화하였다. ( )
(5) 진실·화해를 위한 과거사 정리 위원회가 처음으로 출범하였다. ( )
(6) 경제적 취약 계층을 위한 국민 기초 생활 보장법이 시행되었다. ( )

15 이승만 정부 시기에 나타난 사회·경제 모습으로 옳으면 O표, 틀리면 X표를 하세요.

(1) 한·미 원조 협정이 체결되었다. ( )
(2) 미국의 경제 원조로 삼백 산업이 발달하였다. ( )
(3) 귀속 재산 처리를 위해 신한 공사가 설립되었다. ( )
(4) 농촌의 근대화를 표방한 새마을 운동이 전개되었다. ( )
(5) 유상 매수, 유상 분배 원칙의 농지 개혁법이 제정되었다. ( )
(6) 농민의 자력갱생을 내세운 농촌 진흥 운동을 실시하였다. ( )

16 박정희 정부 시기에 나타난 사회·경제 모습으로 옳으면 O표, 틀리면 X표를 하세요.

(1) 경부 고속 도로가 개통되었다. ( )
(2) 포항 제철소 1기 설비가 준공되었다. ( )
(3) 연간 수출액 100억 달러가 달성되었다. ( )
(4) 경제 협력 개발 기구(OECD)에 가입하였다. ( )
(5) 제1차 경제 개발 5개년 계획이 추진되었다. ( )
(6) 제2차 경제 개발 5개년 계획이 추진되었다. ( )
(7) 저유가, 저금리, 저달러의 3저 호황이 있었다. ( )
(8) 제2차 석유 파동으로 경제 불황이 심화되었다. ( )
(9) 농촌 근대화를 표방한 새마을 운동이 전개되었다. ( )
(10) 전태일이 근로 기준법 준수를 외치며 분신하였다. ( )
(11) YH 무역 노동자들이 폐업에 항의하며 농성하였다. ( )

17 김영삼 정부 시기에 있었던 사실로 옳으면 O표, 틀리면 X표를 하세요.

(1) 지방 자치제가 전면 시행되었다. ( )
(2) 전국 민주 노동조합 총연맹이 창립되었다. ( )
(3) 칠레와 자유 무역 협정(FTA)을 체결하였다. ( )
(4) 경제 협력 개발 기구(OECD)에 가입하였다. ( )
(5) 국제 통화 기금(IMF)의 구제 금융을 받게 되었다. ( )
(6) 대통령 긴급 명령으로 금융 실명제가 실시되었다. ( )

18 김대중 정부 시기에 있었던 사실로 옳으면 O표, 틀리면 X표를 하세요.

(1) G20 서울 정상 회의가 개최되었다. ( )
(2) 미국과 자유 무역 협정(FTA)을 체결하였다. ( )
(3) 경제 정의 실천 시민 연합 창립 대회가 개최되었다. ( )
(4) 외환 위기 극복을 위해 금 모으기 운동이 전개되었다. ( )
(5) 대통령 직속 자문 기구인 노사정 위원회가 구성되었다. ( )
(6) 남북 경제 교류 증진을 위한 경의선 복원 공사가 시작되었다. ( )

19 다음 설명에 해당하는 정부를 골라 쓰세요.

> 박정희 정부, 전두환 정부, 노태우 정부, 김대중 정부, 노무현 정부, 문재인 정부

(1) 7·7 선언을 발표하였다. ( )
(2) 경의선 복원 공사가 시작되었다. ( )
(3) 남북 기본 합의서를 채택하였다. ( )
(4) 남북 조절 위원회를 구성하였다. ( )
(5) 7·4 남북 공동 성명을 발표하였다. ( )
(6) 남북한이 유엔에 동시 가입하였다. ( )
(7) 개성 공업 지구 건설에 합의하였다. ( )
(8) 개성 공업 지구 건설이 착공되었다. ( )
(9) 10·4 남북 정상 선언을 발표하였다. ( )
(10) 6·15 남북 공동 선언을 채택하였다. ( )
(11) 금강산 해로 관광 사업을 시작하였다. ( )
(12) 한반도 비핵화 공동 선언에 합의하였다. ( )
(13) 남북 정상 회담을 처음으로 개최하였다. ( )
(14) 판문점에서 남북 정상 회담을 개최하였다. ( )
(15) 남북 이산가족 고향 방문을 최초로 실현하였다. ( )
(16) 북방 외교를 추진하여 중국 등 사회주의 국가들과 수교하였다. ( )

정답

01 (1) (라) - (나) - (다) - (가) (2) (라) - (다) - (나) - (가)
02 (1) 여운형 (2) 김구 (3) 여운형 (4) 이승만
03 (1) X(수립 이전) (2) O (3) X(수립 이전) (4) X(수립 이전) (5) O (6) X(수립 이전) (7) O
04 (1) X(6·25 전쟁 이전) (2) O (3) O (4) X(6·25 전쟁 이전) (5) X(6·25 전쟁 이후) (6) O (7) X(6·25 전쟁 이전) (8) O
05 (다) - (라) - (가) - (나)
06 (1) O (2) X(전두환 정부 시기) (3) O (4) O (5) O (6) O (7) O (8) X(박정희 정부 시기) (9) O
07 (1) O (2) O (3) X(6월 민주 항쟁) (4) O (5) X(부·마 민주 항쟁) (6) O (7) X(박정희 정부 시기의 유신 반대 운동) (8) O (9) O
08 (1) 박정희 정부 (2) 박정희 정부 (3) 김영삼 정부 (4) 박정희 정부 (5) 이승만 정부 (6) 이승만 정부 (7) 전두환 정부 (8) 박정희 정부
09 (1) O (2) O (3) O (4) O (5) X(전두환 정부 시기) (6) X(이승만 정부 시기) (7) O (8) O (9) O (10) O
10 (1) X(4·19 혁명) (2) X(6·3 시위) (3) O (4) O (5) O (6) O
11 (1) O (2) O (3) X(4·19 혁명 이후) (4) X(4·19 혁명 이후) (5) X(5·16 군사 정변 이후) (6) O
12 (1) O (2) O (3) O (4) X(박정희 정부 시기) (5) O (6) X(박정희 정부 시기) (7) X(박정희 정부 시기)
13 (1) O (2) X(5·18 민주화 운동) (3) O (4) O (5) O (6) X(박정희 정부 시기) (7) X(박정희 정부 시기)
14 (1) 전두환 정부 (2) 이명박 정부 (3) 노무현 정부 (4) 김영삼 정부 (5) 노무현 정부 (6) 김대중 정부
15 (1) O (2) O (3) X(미군정 시기) (4) X(박정희 정부 시기) (5) O (6) X(일제 강점기)
16 (1) O (2) O (3) O (4) X(김영삼 정부) (5) O (6) O (7) X(전두환 정부) (8) O (9) O (10) O (11) O
17 (1) O (2) O (3) X(김대중 정부) (4) O (5) O (6) O
18 (1) X(이명박 정부) (2) X(노무현 정부) (3) X(노태우 정부) (4) O (5) O (6) O
19 (1) 노태우 정부 (2) 김대중 정부 (3) 노태우 정부 (4) 박정희 정부 (5) 박정희 정부 (6) 노태우 정부 (7) 김대중 정부 (8) 노무현 정부 (9) 노무현 정부 (10) 김대중 정부 (11) 김대중 정부 (12) 노태우 정부 (13) 김대중 정부 (14) 문재인 정부 (15) 전두환 정부 (16) 노태우 정부

STEP 3 기출문제

PART 8. 현대

광복~6·25 전쟁

01 밑줄 그은 '군정청'이 있었던 시기의 사실로 옳은 것은?

〔2점 | 61회〕

□□신문

서윤복 선수 환영회, 중앙청 광장에서 개최

제51회 보스턴 세계 마라톤 대회에서 세계 신기록을 세우며 우승한 서윤복 선수의 환영회가 중앙청 광장에서 열렸다. 하지 중장, 헬믹 준장 등 군정청의 주요 인사와 김규식, 여운형, 안재홍 등 정계 인사를 비롯한 수많은 군중이 참석하여, 우리 민족의 의기를 세계에 과시한 서윤복 선수의 우승을 함께 기뻐하였다.

① 한미 상호 방위 조약이 체결되었다.
② 제1차 경제 개발 5개년 계획이 추진되었다.
③ 반민족 행위 특별 조사 위원회가 설치되었다.
④ 신한 공사가 설립되어 귀속 재산을 관리하였다.
⑤ 국가 보안법 개정안을 통과시킨 보안법 파동이 일어났다.

02 (가) 시기에 있었던 사실로 옳은 것은?

〔2점 | 64회〕

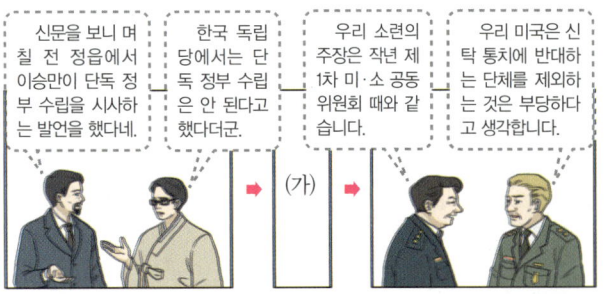

① 여수·순천 10·19 사건이 발생하였다.
② 유엔 한국 임시 위원단이 서울에 도착하였다.
③ 송진우, 김성수 등이 한국 민주당을 창당하였다.
④ 여운형 등의 주도로 좌우 합작 위원회가 발족되었다.
⑤ 조선 건국 준비 위원회에서 조선 인민 공화국을 선포하였다.

03 다음 결의문이 채택된 시기를 연표에서 옳게 고른 것은?

〔2점 | 46회〕

총회가 당면하고 있는 한국 문제는 근본적으로 한국민 자체의 문제이며 그 자유와 독립에 관련된 문제이므로 …… 총회는 한국 대표가 한국 주재 군정 당국에 의하여 지명된 자가 아니라 한국민에 의하여 실제로 정당하게 선출된 자라는 것을 감시하기 위하여, 조속히 유엔 한국 임시 위원단을 설치하여 한국에 주재케 하고, 이 위원단에게 한국 전체를 여행·감시·협의할 수 있는 권한을 부여할 것을 결의한다.

1945.8.	1945.12.	1946.3.	1946.10.	1947.5.	1948.8.
	(가)	(나)	(다)	(라)	(마)
8·15 광복	모스크바 3국 외상 회의 개최	제1차 미소 공동 위원회 개최	좌우 합작 7원칙 발표	제2차 미소 공동 위원회 개최	대한민국 정부 수립

① (가) ② (나) ③ (다) ④ (라) ⑤ (마)

04 다음 편지가 작성된 시기를 연표에서 옳게 고른 것은?

〔2점 | 70회〕

친애하는 메논 박사

남북 지도자 회담에 관하여 귀하와 귀 위원단에게 우리의 의견과 각서를 이미 제출한 바이오니 우리는 가급적 우리 양인의 명의로 남에서 이에 찬동하는 제 정당의 대표 회담을 소집하여 이미 제출한 바에 제1차 보조를 하겠습니다. 이 회의에서 남쪽이 대표를 선출하면 북쪽에 연락할 인원과 방법에 대한 것을 결정하겠습니다. 귀 위원단이 이에 대하여 원만하고 적극적인 협조를 직접 간접으로 하여 주시면 대단히 감사하겠으며 우리 양방의 노력으로 하여금 우리가 공동으로 목적하는 바를 이루어지기를 믿습니다. 끝으로 우리의 심각한 경의를 표합니다.

김구, 김규식

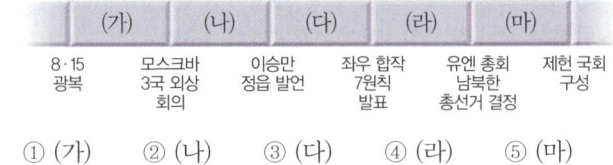

(가)	(나)	(다)	(라)	(마)
8·15 광복	모스크바 3국 외상 회의	이승만 정읍 발언	좌우 합작 7원칙 발표	유엔 총회 남북한 총선거 결정	제헌 국회 구성

① (가) ② (나) ③ (다) ④ (라) ⑤ (마)

05 다음 자료의 상황이 나타나게 된 배경으로 적절한 것은?

[2점 | 58회]

> 우리는 조국 흥망의 관두(關頭)*에서 이 위기를 극복하기 위해 오직 민족 자결 원칙에 의하여 조국의 남북통일과 민주 독립을 촉진해야겠다. 우리 민족자주연맹 중앙집행위원회는 김구 선생과 김규식 박사의 제안에 의하여 실현되는 남북 정치 협상을 전적으로 지지하며, 아울러 그 성공을 위하여 적극적으로 협력할 것을 결의한다.
>
> *관두: 가장 중요한 지점

① 허정 과도 정부에서 헌법이 개정되었다.
② 통일 주체 국민 회의에서 대통령이 선출되었다.
③ 유엔 소총회에서 남한만의 단독 총선거가 결의되었다.
④ 유상 매수, 유상 분배 원칙의 농지 개혁법이 제정되었다.
⑤ 국가 보안법 개정안을 통과시킨 보안법 파동이 일어났다.

06 (가) 사건에 대한 설명으로 옳은 것은?

[2점 | 62회]

① 유신 헌법의 철폐를 요구하였다.
② 통일 주체 국민 회의가 설치되는 결과를 가져왔다.
③ 희생자들의 명예 회복을 위한 특별법이 제정되었다.
④ 4·13 호헌 철폐와 독재 타도 등의 구호를 내세웠다.
⑤ 귀속 재산 처리를 위한 신한 공사 설립의 계기가 되었다.

07 다음 총선거에 대한 설명으로 옳은 것을 |보기|에서 고른 것은?

[3점 | 65회]

| 보기 |

ㄱ. 좌우 합작 위원회가 주도하였다.
ㄴ. 장면 정부가 수립되는 계기가 되었다.
ㄷ. 제주도에서 무효 처리된 선거구가 있었다.
ㄹ. 제헌 국회 의원을 선출하기 위해 실시되었다.

① ㄱ, ㄴ   ② ㄱ, ㄷ   ③ ㄴ, ㄷ
④ ㄴ, ㄹ   ⑤ ㄷ, ㄹ

08 (가), (나) 발표 사이의 시기에 있었던 사실로 옳은 것은?

[2점 | 55회]

> (가) 우리는 다음 달에 입국할 유엔 한국 임시 위원단을 환영하는 동시에, 그들로 하여금 우리가 원하는 자주독립의 통일 정부를 수립하는 임무를 완수하도록 최선을 다하여야 할 것이다. 우리는 어떠한 경우든지 단독 정부는 절대 반대할 것이다.
>
> (나) 올해 10월 19일 제주도 사건 진압 차 출동하려던 여수 제14연대 소속 3명의 장교 및 40여 명의 하사관들은 각 대대장의 결사적 제지에도 불구하고 남로당 계열 분자 지도하에 반란을 일으켰다. 동월 20일 8시 여수를 점령하는 한편, 좌익 단체 및 학생들을 인민군으로 편성하여 동일 8시 순천을 점령하였다.

① 제1차 미소 공동 위원회가 결렬되었다.
② 모스크바 삼국 외상 회의가 개최되었다.
③ 좌우 합작 위원회에서 좌우 합작 7원칙이 발표되었다.
④ 유상 매수, 유상 분배 원칙의 농지 개혁법이 시행되었다.
⑤ 우리나라 최초의 보통 선거인 5·10 총선거가 실시되었다.

STEP 3 기출문제

09 밑줄 그은 '국회'에 대한 설명으로 옳지 <u>않은</u> 것은? [3점 | 63회]

이 우표는 우리나라 최초로 실시된 총선거를 기념하기 위해 발행되었습니다. 보통·직접·평등·비밀 선거 원칙에 따라 치른 이 선거를 통해 구성된 국회에서 활동한 의원의 임기는 2년이었습니다.

① 반민족 행위 처벌법을 제정하였다.
② 의원들의 선거로 대통령을 선출하였다.
③ 민의원과 참의원의 양원제로 운영되었다.
④ 일부 지역의 국회 의원이 선출되지 못한 채 출범하였다.
⑤ 일제가 남긴 재산 처리를 위한 귀속 재산 처리법을 만들었다.

10 (가)에 들어갈 내용으로 옳은 것은? [2점 | 56회]

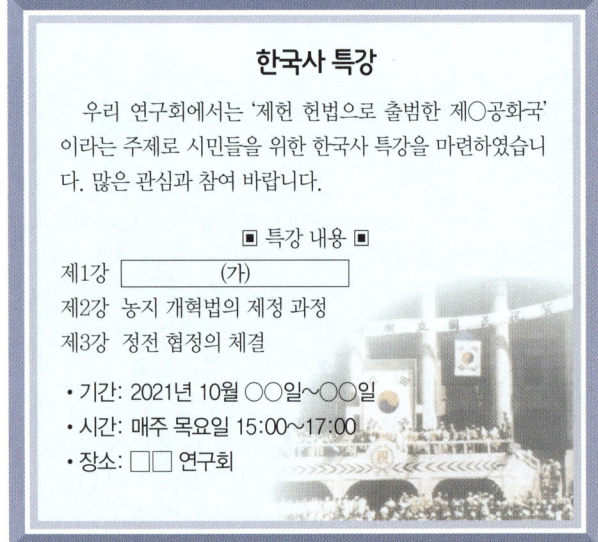

한국사 특강

우리 연구회에서는 '제헌 헌법으로 출범한 제○공화국'이라는 주제로 시민들을 위한 한국사 특강을 마련하였습니다. 많은 관심과 참여 바랍니다.

■ 특강 내용 ■
제1강 　(가)
제2강 농지 개혁법의 제정 과정
제3강 정전 협정의 체결

· 기간: 2021년 10월 ○○일~○○일
· 시간: 매주 목요일 15:00~17:00
· 장소: □□ 연구회

① 삼청 교육대의 설치
② 새마을 운동의 추진
③ 한일 기본 조약의 비준
④ 지방 자치제의 전면 실시
⑤ 반민족 행위 처벌법의 제정

11 (가) 전쟁 중에 있었던 사실로 옳은 것을 |보기|에서 고른 것은? [2점 | 66회]

사진으로 보는 (가)

이 사진은 (가) 당시 끊어진 대동강 철교를 찍은 거란다. 유엔군은 중국군의 남하를 지연시키기 위해 철교를 파괴했다는구나.

한파가 몰아치는 한겨울에 끊어진 다리를 건너는 피난민의 모습을 보니 전쟁의 참혹함이 생생하게 느껴지는 것 같아요.

─ 보기 ─
ㄱ. 애치슨 라인이 발표되었다.
ㄴ. 인천 상륙 작전이 전개되었다.
ㄷ. 부산에서 발췌 개헌안이 통과되었다.
ㄹ. 모스크바 3국 외상 회의가 개최되었다.

① ㄱ, ㄴ　② ㄱ, ㄷ　③ ㄴ, ㄷ　④ ㄴ, ㄹ　⑤ ㄷ, ㄹ

12 다음 상황 이후에 일어난 사실로 옳은 것은? [2점 | 64회]

유엔군과 국군은 서울에서 퇴각하고 한강 이북의 부대를 철수시키기로 결정하였다. 이들은 한강에 설치된 임시 교량을 이용해 철수하였고, 오후 1시경에 마지막 부대가 통과한 후 임시 교량을 폭파시켰다. 이에 앞서 정부는 서울 시민들에게 피란을 지시하였고, 많은 서울 시민들이 보따리를 싸서 피란길에 나섰다.

① 한미 상호 방위 조약이 체결되었다.
② 장진호 전투에서 중국군이 유엔군을 포위하였다.
③ 경찰이 반민족 행위 특별 조사 위원회를 습격하였다.
④ 미국의 극동 방위선이 조정된 애치슨 라인이 발표되었다.
⑤ 우리나라 최초의 보통 선거인 5·10 총선거가 실시되었다.

13 (가) 전쟁 중 있었던 사실로 옳은 것은?
[1점 | 62회]

> 국민 보도 연맹 사건은 우리 현대사의 커다란 비극입니다. 좌우 대립의 혼란 속에서 수많은 사람들이 국민 보도 연맹에 가입되었고, (가) 의 와중에 영문도 모른 채 끌려 가 죽임을 당했습니다. 그리고 그 유가족들은 연좌제의 굴레에서 고통받으며 억울하다는 말 한마디 못한 채 수십 년을 지내야만 했습니다. 저는 대통령으로서 국가를 대표해서 당시 국가 권력이 저지른 불법 행위에 대해 진심으로 사과드립니다.
> — 「울산 국민 보도 연맹 사건 희생자 추모식에 보내는 편지」 —

① 6·3 시위가 발생하였다.
② 애치슨 선언이 발표되었다.
③ 브라운 각서가 체결되었다.
④ 부마 민주 항쟁이 일어났다.
⑤ 인천 상륙 작전이 전개되었다.

14 밑줄 그은 '이 전쟁' 중에 있었던 사실로 옳은 것은?
[3점 | 59회]

> 노래로 읽는 한국사
> **이별의 부산 정거장**
> 보슬비가 소리도 없이
> 이별 슬픈 부산 정거장
> 잘 가세요 잘 있어요
> 눈물의 기적이 운다
> 한 많은 피난살이 설움도 많아
> 그래도 잊지 못할 판잣집이여
> 경상도 사투리의 아가씨가 슬피 우네
> 이별의 부산 정거장
>
> [해설] 이 곡은 이 전쟁의 정전 협정이 체결된 이듬해에 발표된 노래로, 낯선 부산에서의 판잣집 피란살이를 마치고 서울로 떠나는 피란민의 심정을 애절하게 묘사하였습니다. 피란살이는 힘들었지만 부산에서 만난 사람들과의 인연이 힘이 되었다는 가사를 담고 있습니다.

① 한미 상호 방위 조약이 체결되었다.
② 반민족 행위 특별 조사 위원회가 해체되었다.
③ 통일 주체 국민 회의에서 대통령이 선출되었다.
④ 비상계엄이 선포된 가운데 발췌 개헌안이 통과되었다.
⑤ 국가 보안법 개정안을 통과시킨 이른바 보안법 파동이 일어났다.

15 (가), (나) 사이의 시기에 있었던 사실로 옳은 것은?
[2점 | 51회]

> (가) 북한군의 공격에 밀려 낙동강 방어선으로 후퇴한 제1사단은 다부동 일대에서 북한군 제2군단의 공세에 맞서 8월 3일부터 9월 2일까지 치열한 전투를 벌였다. 이 전투에서 제1사단 12연대는 특공대를 편성, 적 전차 4대를 파괴하는 등 중요한 역할을 수행하며 전투를 승리로 이끌었다.
>
> (나) 개성에서 열린 첫 정전 회담에서 UN군 대표단은 어떠한 정치적 또는 경제적 문제의 논의를 단호히 거부하는 동시에 침략 재발의 방지를 보장하는 화평만이 전쟁을 종식시킬 수 있다고 공산군 대표단에게 경고하였다.

① 애치슨 선언이 발표되었다.
② 흥남 철수 작전이 전개되었다.
③ 여수·순천 10·19 사건이 일어났다.
④ 한미 상호 방위 조약이 체결되었다.
⑤ 부산에서 발췌 개헌안이 통과되었다.

민주화 과정

16 다음 사건이 일어난 시기를 연표에서 옳게 고른 것은?
[2점 | 60회]

> 이날 본회의는 하오 8시 정각에 개의되어 전원 위원회의 '발췌 조항 전원 합의' 보고를 접수한 후 김종순 의원의 각 조항 설명이 있은 다음, 질의도 대체 토의도 아무것도 없이 …… 표결은 기립 표결로 작정하여 재석 166인 중 163표로써 실로 역사적인 결정을 보았다. 표결이 끝나자 신익희 임시 의장은 정중 침통한 태도로써 "본 헌법 개정안은 헌법 제98조 제3항에 의하여 결정된 것을 선포한다."고 최후의 봉을 힘 있게 3타 하였으며 그 음성은 몹시도 떨렸다.

1948	1953	1959	1964	1976	1987
(가)	(나)	(다)	(라)	(마)	
5·10 총선거	정전 협정 체결	경향신문 폐간	6·3 시위	3·1 민주 구국 선언	6·29 민주화 선언

① (가) ② (나) ③ (다) ④ (라) ⑤ (마)

17 (가), (나) 사이의 시기에 있었던 사실로 옳은 것은? [2점 | 50회]

> (가) 제31조 입법권은 국회가 행한다. 국회는 민의원과 참의원으로써 구성한다.
> 제53조 대통령과 부통령은 국민의 보통, 평등, 직접, 비밀 투표에 의하여 각각 선거한다. ……
> 제55조 대통령과 부통령의 임기는 4년으로 한다. 단, 재선에 의하여 1차 중임할 수 있다. ……

> (나) 제7조의2 대한민국의 주권의 제약 또는 영토의 변경을 가져올 국가 안위에 관한 중대 사항은 국회의 가결을 거친 후에 국민 투표에 부하여 민의원 의원 선거권자 3분지 2 이상의 투표와 유효 투표 3분지 2 이상의 찬성을 얻어야 한다.
> 제55조 대통령과 부통령의 임기는 4년으로 한다. 단, 재선에 의하여 1차 중임할 수 있다. ……
> 부칙 …… 이 헌법 공포 당시의 대통령에 대하여는 제55조 제1항 단서의 제한을 적용하지 아니한다.

① 중화 인민 공화국과 국교를 수립하였다.
② 경제 협력 개발 기구(OECD)에 가입하였다.
③ 미국의 요청에 따라 베트남 파병이 시작되었다.
④ 판문점에서 6·25 전쟁 정전 협정이 조인되었다.
⑤ 미국과 한·미 상호 방위 원조 협정이 체결되었다.

18 밑줄 그은 '개헌안'의 시행 결과로 옳은 것은? [2점 | 67회]

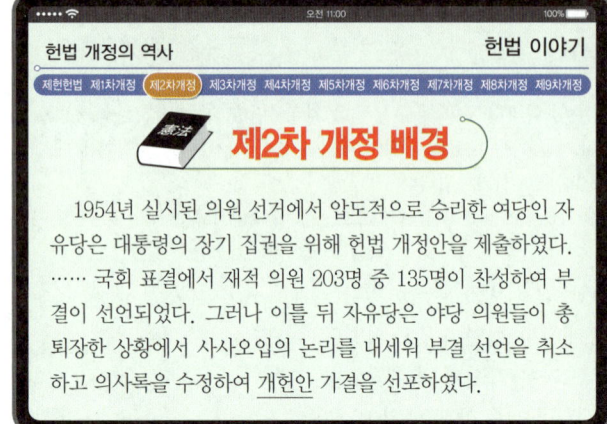

① 통일 주체 국민 회의에서 대통령이 선출되었다.
② 5년 단임의 대통령이 직선제에 의해 선출되었다.
③ 대통령이 국회의원의 3분의 1을 추천하게 되었다.
④ 국회에서 간접 선거 방식으로 대통령이 선출되었다.
⑤ 개헌 당시의 대통령에 한하여 중임 제한이 철폐되었다.

19 (가) 정부 시기에 있었던 사실로 옳은 것은? [2점 | 63회]

> [국가 기념일에 담긴 역사 이야기]
> **2·28 민주 운동 기념일**
> – 학생들, 불의에 저항하여 일어서다 –
>
>
> 경북 도청으로 향하는 학생 시위대의 모습
>
> 2월 28일 일요일은 민주당 부통령 후보 장면의 대구 유세가 있는 날이었다. (가) 정부는 이 유세장에 학생들이 가지 못하도록 2월 28일에도 등교할 것을 대구 시내 고등학교에 지시하였다. 각 학교가 내세운 등교의 명분은 시험, 단체 영화 관람, 토끼 사냥 등이었다. 이에 분노한 학생들은 "학원의 자유를 보장하라!" 등의 구호를 외치며 시위에 나섰다. 이날의 시위는 3·15 의거 등 이후 전개된 민주화 운동에 영향을 주었다. 이 시위의 역사적 의의가 인정되어 2018년에 국가 기념일로 지정되었다.

① 프로 야구가 6개 구단으로 출범하였다.
② YH 무역 노동자들이 야당 당사에서 농성하였다.
③ 사회 정화를 명분으로 삼청 교육대가 설치되었다.
④ 인민 혁명당 재건위 사건으로 관련자가 탄압받았다.
⑤ 평화 통일론을 주장한 진보당의 조봉암이 구속되었다.

20 밑줄 그은 '이 사건'이 일어난 시기를 연표에서 옳게 고른 것은? [3점 | 59회]

> 1. 이 사건은 검찰이 아무런 증거도 없이 공소 사실도 특정하지 못한 채 조봉암 등 진보당 간부들에 대해 국가 변란 혐의로 기소를 하였고 ……
>
> 5. 이 사건은 정권에 위협이 되는 야당 정치인을 제거하려는 의도에서 표적 수사에 나서 극형인 사형에 처한 것으로 민주 국가에서 있어서는 안 될 비인도적, 반인권적 인권 유린이자 정치 탄압 사건이다.
>
> 6. 국가는 …… 피해자와 유가족에게 총체적으로 사과하고 화해를 이루는 등 적절한 조치를 취하여야 하며, 명예를 회복시키기 위해 형사 소송법이 정한 바에 따라 재심 등 상응한 조치를 취하는 것이 필요하다.
> - 「진실·화해를 위한 과거사 정리 위원회 조사 보고서」 -

1948	1954	1960	1965	1969	1974
(가)	(나)	(다)	(라)	(마)	
대한민국 정부 수립	사사오입 개헌	4·19 혁명	한일 기본 조약	3선 개헌	인민 혁명당 재건위 사건

① (가) ② (나) ③ (다) ④ (라) ⑤ (마)

21 밑줄 그은 '선거' 이후의 사실로 옳은 것은? [3점 | 58회]

① 국회에서 국민 방위군 사건이 폭로되었다.
② 평화 통일론을 내세우던 진보당이 해체되었다.
③ 경찰이 반민족 행위 특별 조사 위원회를 습격하였다.
④ 조선 건국 준비 위원회 지부가 인민 위원회로 개편되었다.
⑤ 초대 대통령에 한해 중임 제한을 폐지하는 개헌안이 통과되었다.

22 다음 뉴스가 보도된 정부 시기의 사실로 옳지 않은 것은? [3점 | 53회]

① 평화 통일론을 주장한 진보당의 조봉암을 제거하였다.
② 인민 혁명당 재건위 사건을 조작해 관련자를 탄압하였다.
③ 정부에 비판적인 경향신문을 폐간하는 등 언론을 통제하였다.
④ 여당 부통령 후보 당선을 위해 3·15 부정 선거를 자행하였다.
⑤ 반민 특위를 이끌던 국회 의원들에게 간첩 혐의를 씌워 체포하였다.

23 다음 민주화 운동에 대한 설명으로 옳은 것은? [1점 | 66회]

> ○○○○년 ○○월 ○○일
>
> 학생 대표의 연설이 끝나자 우리는 단단하게 스크럼을 짜고 교문 밖으로 행진했다. 3·15 부정 선거에 대한 분노와 얼마 전 마산에서 일어난 규탄 대회에서 김주열 군이 최루탄에 눈 부분을 맞고 마산 앞바다에 죽은 채 떠올랐다는 소문이 파다하게 퍼져있던 터였다. …… 시위대의 물결이 경무대로 향했다. 그때 귀청을 뚫을 듯한 총소리가 연발로 들렸다. 얼마나 지났을까. 총소리가 멈춘 후 고개를 들고 주위를 둘러보다가 벌떡 일어나고 말았다. 같은 반 친구가 바지가 찢어진 채 피를 흘리며 쓰러져 있었다. 나는 정신없이 달려가 그를 안았다. 그러나 그는 이미 사지를 축 늘어뜨린 채 힘이 없었다.

① 시민군이 조직되어 계엄군에 저항하였다.
② 당시 대통령이 하야하는 결과를 가져왔다.
③ 호헌 철폐, 독재 타도 등의 구호를 내세웠다.
④ 3선 개헌 반대 범국민 투쟁 위원회가 주도하였다.
⑤ 장기 독재를 비판하는 3·1 민주 구국 선언이 발표되었다.

STEP 3 기출문제

24 (가) 민주화 운동에 대한 설명으로 옳은 것은?
[2점 | 60회]

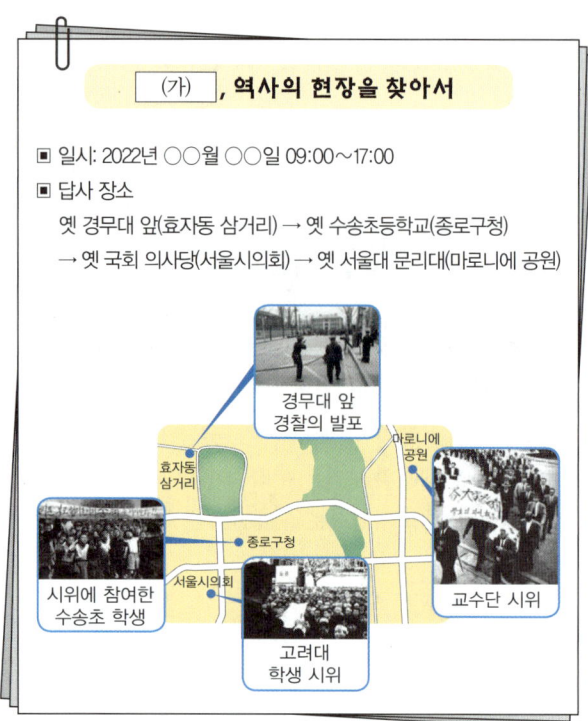

① 장면 내각이 출범하는 배경이 되었다.
② 유신 체제가 붕괴되는 결과를 가져왔다.
③ 한일 국교 정상화에 반대하여 일어났다.
④ 신군부의 비상계엄 확대가 원인이 되었다.
⑤ 호헌 철폐와 독재 타도 등의 구호를 내세웠다.

25 (가)에 들어갈 민주화 운동에 대한 설명으로 옳은 것은?
[2점 | 74회]

이것은 2·28 민주 운동을 기념하는 탑입니다. 이 운동은 이승만 독재 정권이 선거를 앞두고 야당 부통령 후보 연설에 참석하는 것을 막기 위해 일요일 등교 조치를 내리자, 이에 반발한 대구 지역의 고등학생들이 시위에 나서며 시작되었습니다. 2·28 민주 운동은 이후 대전의 3·8 민주 의거, 마산의 3·15 의거와 함께 (가) 의 도화선이 되었습니다.

① 시위 도중 대학생 이한열이 희생되었다.
② 시민군이 조직되어 계엄군에 저항하였다.
③ 허정 과도 정부가 출범하는 계기가 되었다.
④ 5년 단임의 대통령 직선제 개헌을 이끌어냈다.
⑤ 야당 총재의 국회의원직 제명으로 촉발되었다

26 다음 성명을 발표한 정부 시기에 볼 수 있는 모습으로 적절한 것은?
[2점 | 69회]

내각 책임제 속에서 행정부에 맡겨진 책무를 유감없이 수행하기 위해 무엇보다 먼저 행정부 내의 기강 확립에 주안점을 두지 않아서는 안 될 것입니다. …… 부정 선거 원흉의 처단은 이미 공소 제기와 구형을 한 터이므로 법원의 엄정한 판결이 있을 것을 기대하는 바입니다.

① 국민 교육 헌장을 읽고 있는 학생
② 서울 올림픽 대회에 참가하는 선수
③ 개성 공단 착공식을 취재하는 기자
④ 함평 고구마 피해 보상 투쟁에 참여하는 농민
⑤ 민의원에서 통과된 법안을 심의하는 참의원 의원

27 (가) 정부 시기에 있었던 사실로 옳은 것은? [2점|67회]

'민청학련 사건' 기록물, 세상 밖으로

① 정부에 비판적인 경향신문이 폐간되었다.
② 국민의 요구에 굴복하여 대통령이 하야하였다.
③ 민주화 시위 도중 대학생 강경대가 희생되었다.
④ 장기 독재에 저항한 3·1 민주 구국 선언이 발표되었다.
⑤ 기존의 헌법을 유지하는 4·13 호헌 조치가 선언되었다.

28 (가), (나) 헌법이 제정된 시기 사이에 있었던 사실로 옳은 것은? [3점|63회]

(가)	(나)
제1조 ① 대한민국은 민주 공화국이다. ② 대한민국의 주권은 국민에게 있고, 모든 권력은 국민으로부터 나온다. 제64조 ① 대통령은 국민의 보통·평등·직접·비밀 선거에 의하여 선출한다. 제69조 ① 대통령의 임기는 4년으로 한다. ③ 대통령의 계속 재임은 3기에 한한다.	제1조 ① 대한민국은 민주 공화국이다. ② 대한민국의 주권은 국민에게 있고, 국민은 그 대표자나 국민 투표에 의하여 주권을 행사한다. 제39조 ① 대통령은 통일 주체 국민 회의에서 토론 없이 무기명 투표로 선거한다. 제47조 대통령의 임기는 6년으로 한다. 제59조 ① 대통령은 국회를 해산할 수 있다.

① 지방 자치제가 전면 시행되었다.
② 여수·순천 10·19 사건이 일어났다.
③ 일부 군인들이 5·16 군사 정변을 일으켰다.
④ 서울과 평양에서 7·4 남북 공동 성명이 발표되었다.
⑤ 한일 국교 정상화에 반대하는 6·3 시위가 전개되었다.

29 다음 뉴스의 사건이 있었던 정부 시기의 사실로 옳은 것은? [3점|63회]

① 함평 고구마 피해 보상 운동이 전개되었다.
② 저유가·저금리·저달러의 3저 호황이 있었다.
③ 미국과의 자유 무역 협정(FTA)이 체결되었다.
④ 경제 협력 개발 기구(OECD)의 회원국이 되었다.
⑤ 최저 임금 결정을 위한 최저 임금 위원회가 설치되었다.

30 다음 정부 시기에 볼 수 있는 모습으로 가장 적절한 것은? [2점|62회]

실감 콘텐츠로 만나는 ○○○ 정부

① 최저 임금법 제정으로 최저 임금을 심의하는 위원
② 금융 실명제에 따라 신분증 제시를 요구하는 은행원
③ 한·칠레 자유 무역 협정(FTA)의 비준을 보도하는 기자
④ 전국 민주 노동조합 총연맹 창립 대회에 참가하는 노동자
⑤ 정부의 도시 정책에 반발해 시위를 하는 광주 대단지 이주민

31 다음 대화에 나타난 사건 이후의 사실로 옳은 것은?

[3점 | 61회]

당시 정부와 여당인 민주 공화당이 3선 개헌을 추진하자 학생들이 반대 시위를 벌이는 모습이네요.

야당인 신민당과 재야 세력도 3선 개헌 반대 범국민 투쟁 위원회를 결성해서 이를 막아 내려 했지요.

① 내각 책임제 형태의 정부가 출범하였다.
② 정부에 비판적이던 경향신문이 폐간되었다.
③ 최고 통치 기구인 국가 재건 최고 회의가 구성되었다.
④ 평화 통일론을 주장한 진보당의 조봉암과 간부들이 구속되었다.
⑤ 국회 해산, 헌법의 일부 효력 정지를 담은 10월 유신이 선포되었다.

32 밑줄 그은 '현행 헌법'에 대한 설명으로 옳은 것은?

[3점 | 60회]

오늘의 헌법은 그 개정의 발의권이 사실상 대통령에게만 속해 있는 것이다. 이에 우리 국민은 이와 같이 헌법 개정 발의권으로부터의 소외를 극복하고 우리들의 천부의 권리를 제시하는 방법으로 대통령에게 현행 헌법의 개정을 요구하는 100만 인 청원 운동을 전개하는 바이다.

① 내각 책임제를 채택하였다.
② 대통령의 연임을 3회로 제한하였다.
③ 대통령에게 국회 해산권을 부여하였다.
④ 대통령의 임기를 7년 단임제로 정하였다.
⑤ 국회를 참의원과 민의원의 양원제로 규정하였다.

33 밑줄 그은 '이 정권' 시기에 있었던 사실로 옳지 않은 것은?

[2점 | 59회]

> **양심 선언문**
>
> 들으라! 우리는 유신 헌법의 잔인한 폭력성을, 합법을 가장한 유신 헌법의 모든 부조리와 악을 고발한다. 우리는 유신 헌법의 비민주적 허위성을 고발한다. …… 우리 대한 학도는 민족과 역사 앞에 분연히 선언한다. 이 정권이 끝날 때까지 후퇴치 못하고 이 민족을 끝까지 못살게 군다면 자유와 평등과 정의를 뜨겁게 외치는 이 땅의 모든 시민의 준엄한 피의 심판을 면치 못하리라.

① 신민당사에서 YH 무역 노동자들이 농성을 하였다.
② 민주 회복을 위한 개헌 청원 백만 인 서명 운동이 전개되었다.
③ 호헌 철폐, 독재 타도를 내세운 6·10 국민 대회가 개최되었다.
④ 야당 총재의 국회 의원직 제명을 계기로 민주 항쟁이 일어났다.
⑤ 긴급 조치 철폐를 요구하는 3·1 민주 구국 선언이 발표되었다.

34 다음 판결이 있었던 정부 시기의 사실로 옳은 것은?

[2점 | 57회]

○ 김○○ 씨가 모 다방에서 동석한 사람들에게 "정부가 물가 조정한다고 하면서 물가가 오르기만 하니 정부가 국민을 기만하는 것이 아니냐.", "중앙정보부에서 모 대학교수를 잡아 조사를 하다 죽이고서는 자살하였다고 거짓 발표하였다." 등의 발언을 하여 유언비어를 유포했다는 이유로 징역 5년을 선고받았다.

○ 사상계 전 대표 장준하, 백범 사상 연구소 소장 백기완이 함석헌, 계훈제 등과 개헌 청원 100만 인 서명 운동에 대해 논의하고 긴급 조치를 비판하였다는 이유로 각각 징역 및 자격 정지 15년, 12년을 선고받았다.

① 한일 월드컵 축구 대회가 개최되었다.
② 농촌 근대화를 표방하는 새마을 운동이 추진되었다.
③ 외환 위기 극복을 위한 금 모으기 운동이 전개되었다.
④ 금융 거래 투명성을 실현하고자 금융 실명제가 시행되었다.
⑤ 한미 자유 무역 협정(FTA) 체결에 반대하는 시위가 벌어졌다.

35 다음 사건 이후의 사실로 옳은 것은? [3점 | 52회]

> **시사만화로 보는 현대사**
>
> 이 만화는 민생고 해결을 외치는 여성 노동자들이 경찰에게 과잉 진압 되는 모습을 풍자하고 있다.
> 가발 생산 공장의 여성 노동자 180여 명이 업주의 폐업 조치에 맞서 신민당사에서 농성을 하자, 1천여 명의 무장 경찰이 폭력적으로 진압 하였다. 이후 이 사건은 'YH 무역 사건'으로 역사에 기록되었다.

① 부마 민주 항쟁이 일어났다.
② 3·1 민주 구국 선언이 발표되었다.
③ 민의원과 참의원의 양원제 국회가 출범하였다.
④ 6·3 시위가 전개되고 비상계엄령이 선포되었다.
⑤ 전태일이 근로 기준법 준수를 외치며 분신하였다.

36 밑줄 그은 '정부' 시기에 있었던 사실로 옳은 것은? [2점 | 65회]

> 이것은 부천 경찰서에서 자행된 여성 노동자에 대한 성 고문 사건을 축소, 은폐하기 위해 내린 정부의 보도 지침 내용입니다. 당시 정부는 언론의 보도 방향을 통제하고, 민주화 운동을 탄압하였습니다. 이후 박종철 고문치사 사건도 단순 쇼크사로 날조하였습니다.
>
> **부천서 성 고문 사건 지침**
> · 검찰 발표 결과만 보도할 것
> · 사건 명칭을 성추행이 아닌 '성 모욕 행위'로 할 것
> · 독자적 취재 보도 불가

① 야당 총재가 국회 의원직에서 제명되었다.
② 5년 단임의 대통령 직선제 개헌이 이루어졌다.
③ 국가 재건 최고 회의를 기반으로 군정이 실시되었다.
④ 평화 통일론을 내세우던 진보당의 조봉암이 처형되었다.
⑤ 긴급 조치 철폐 등을 포함한 3·1 민주 구국 선언이 발표되었다.

37 (가) 민주화 운동에 대한 설명으로 옳은 것은? [1점 | 62회]

> 이 곡은 (가) 기념식에서 제창하는 노래입니다. (가) 당시 계엄군에 맞서 시민군으로 활동하다 희생된 윤상원과 광주에서 야학을 운영하다 사망한 박기순의 영혼 결혼식에 헌정된 노래입니다. 여러 나라에서 민주화를 염원하는 사람들이 이 곡을 함께 부르고 있습니다.

① 시위 도중 대학생 이한열이 희생되었다.
② 경무대로 향하던 시위대가 경찰의 총격을 받았다.
③ 박종철 고문치사 사건의 진상 규명을 요구하였다.
④ 신군부의 비상계엄 확대와 무력 진압에 저항하였다.
⑤ 3·1 민주 구국 선언을 통해 긴급 조치 철폐 등을 주장하였다.

38 다음 자료에 나타난 민주화 운동에 대한 설명으로 옳은 것은? [2점 | 61회]

> **전국의 언론인 여러분!**
>
> 지금 광주에서는 젊은 대학생들과 시민들이 피를 흘리며 싸우고 있습니다. 대학생들의 평화적 시위를 질서 유지, 진압이라는 명목 아래 저 잔인한 공수 부대를 투입하여 시민과 학생을 무차별 살육하였고 더군다나 발포 명령까지 내렸던 것입니다. …… 그러나 일부 언론은 순수한 광주 시민의 의거를 불순배의 선동이니, 폭도의 소행이니, 난동이니 하여 몰아부치고만 있습니다. …… 이번 광주 의거를 몇십 년 뒤의 '사건 비화'나 '남기고 싶은 이야기'들로 만들지 않기 위해, 사실 그대로 보도하여 주시기를 수많은 사망자의 피맺힌 원혼과 광주 시민의 이름으로 간절히, 간절히 촉구하는 바입니다.

① 허정 과도 정부가 출범하는 계기가 되었다.
② 굴욕적인 한일 국교 정상화에 반대하였다.
③ 호헌 철폐, 독재 타도 등의 구호를 외쳤다.
④ 3·15 부정 선거에 항의하며 시위가 시작되었다.
⑤ 관련 기록물이 유네스코 세계 기록 유산으로 등재되었다.

STEP 3 기출문제

39 밑줄 그은 '정부' 시기의 사회 모습으로 옳은 것은? [2점 | 68회]

① 금강산 관광이 시작되었다.
② 서울 올림픽 대회가 개최되었다.
③ 삼풍 백화점 붕괴 사고가 발생하였다.
④ 보도 지침을 통해 언론을 통제하였다.
⑤ 양성평등 실현을 위해 호주제가 폐지되었다.

40 (가) 민주화 운동에 대한 설명으로 옳은 것은? [1점 | 58회]

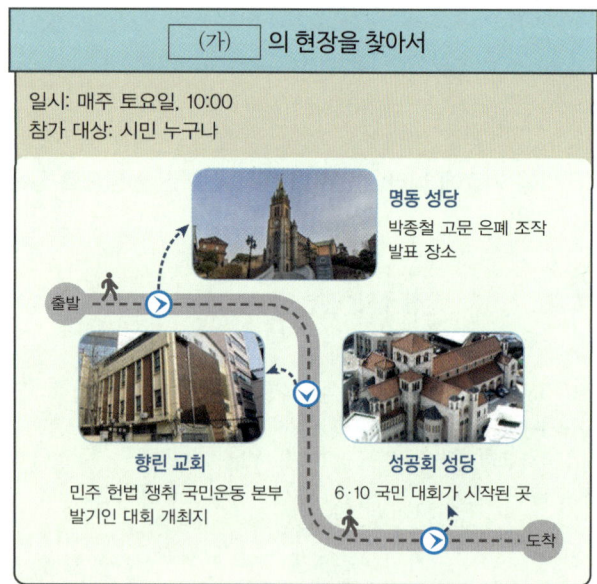

① 신군부의 비상계엄 확대가 원인이 되어 일어났다.
② 관련 기록물이 유네스코 세계 기록 유산으로 등재되었다.
③ 3·15 부정 선거에 항의하며 시위대가 경무대로 행진하였다.
④ 3·1 민주 구국 선언을 통해 긴급 조치 철폐 등을 요구하였다.
⑤ 호헌 철폐와 독재 타도 등의 구호를 내세운 시위가 확산되었다.

41 (가), (나) 민주화 운동에 대한 설명으로 옳은 것은? [1점 | 64회]

① (가) - 굴욕적인 한일 국교 정상화에 반대하였다.
② (가) - 군부 독재를 타도하려 한 민주화 운동이었다.
③ (나) - 대통령 직선제 개헌을 이끌어 냈다.
④ (나) - 전개 과정에서 시민군이 자발적으로 조직되었다.
⑤ (가), (나) - 대통령이 하야하는 결과를 가져왔다.

42 다음 뉴스가 보도된 정부 시기에 있었던 사실로 옳은 것은? [3점 | 59회]

① 서울 올림픽 대회가 개최되었다.
② 국가 인권 위원회가 설립되었다.
③ 전국 민주 노동조합 총연맹이 창립되었다.
④ 중국과 자유 무역 협정(FTA)이 체결되었다.
⑤ 친일 반민족 행위 진상 규명 위원회가 출범하였다.

경제 발전과 통일 노력

43 다음 상황이 나타난 시기를 연표에서 옳게 고른 것은?
[3점 | 65회]

□□신문

제△△호   ○○○○년 ○○월 ○○일

희망에 찬 전진을

제1차 경제 개발 5개년 계획을 성공적으로 매듭지은 현 시점에서 우리에게는 진실로 기쁘고 자랑스럽게 생각해야 할 일이 있다. 우리나라가 새롭고 희망에 찬 생활을 향하여 전진을 거듭하고 있다는 사실에 대한 자각이 더욱 높아가고 미래에 대한 자신이 날로 굳어져 가고 있다는 사실이다. …… 여러분이 아시다시피 올해는 제2차 경제 개발 5개년 계획에 착수하여 이미 도약 단계에 들어선 조국의 발전에 일대 박차를 가해야 할 중대한 새 출발의 해인 것이다. 앞으로 4~5년 후에는 아시아에 빛나는 공업 국가를 건설해 보자는 것이 이 계획의 목표인 것이다.

(가)	(나)	(다)	(라)	(마)
1949 농지 개혁법 제정	1965 한일 협정 체결	1977 100억 달러 수출 달성	1988 서울 올림픽 개최	1996 경제 협력 개발 기구 (OECD) 가입	2007 한미 자유 무역 협정(FTA) 체결

① (가) ② (나) ③ (다) ④ (라) ⑤ (마)

44 (가) 정부 시기의 경제 상황으로 옳은 것은?
[1점 | 60회]

(가) 정부 발행 우표 모음첩
- 포항 종합 제철 준공
- 경부 고속 도로 준공
- 100억 달러 수출 달성

① 한미 자유 무역 협정(FTA)이 체결되었다.
② 저유가·저금리·저달러의 3저 호황이 있었다.
③ 원조 물자를 가공하는 삼백 산업이 발달하였다.
④ 대통령 긴급 명령으로 금융 실명제가 실시되었다.
⑤ 농촌의 근대화를 표방한 새마을 운동이 전개되었다.

45 다음 뉴스의 사건이 일어난 정부 시기의 경제 상황으로 옳은 것은?
[2점 | 64회]

경기도 광주 대단지에서 주민들이 차량을 탈취하는 등 대규모 시위를 벌였습니다. 서울시가 도심 정비를 명목으로 10만여 명의 주민들을 광주로 이주시키는 과정에서 약속한 이주 조건을 지키지 않자 주민들이 대지 가격 인하 등을 요구하며 집단으로 반발하였습니다.

① 경부 고속 도로가 개통되었다.
② 경제 협력 개발 기구(OECD)에 가입하였다.
③ 원조 물자를 가공한 삼백 산업이 발달하였다.
④ 저유가, 저금리, 저달러의 3저 호황이 있었다.
⑤ 대통령 직속 자문 기구인 노사정 위원회가 구성되었다.

46 다음 발표가 있었던 시기를 연표에서 옳게 고른 것은?
[2점 | 66회]

정부는 최근 겪고 있는 금융·외환 시장의 어려움을 극복하기 위해 국제 통화 기금(IMF)에 유동성 조절 자금을 지원해 줄 것을 요청하기로 결정하였습니다. …… 유동성 부족 상태가 조속한 시일 안에 해결될 것으로 기대합니다. 정부는 국제 통화 기금과 참여국의 지원과 함께 우리 스스로도 원활한 외화 조달을 위한 다각적인 대책을 함께 적극 추진해 나갈 계획입니다.

1949	1965	1977	1988	1998	2007
	(가)	(나)	(다)	(라)	(마)	
농지 개혁법 제정	한일 기본 조약 체결	100억 달러 수출 달성	서울 올림픽 개최	노사정 위원회 구성	한미 자유 무역 협정(FTA) 체결

① (가) ② (나) ③ (다) ④ (라) ⑤ (마)

STEP 3 기출문제

47 다음 연설이 있었던 정부 시기의 경제 상황으로 옳은 것은? [2점 | 61회]

> 오늘 우리나라는 OECD 회원국이 되게 되었습니다. …… 한국은 수많은 어려움이 있었음에도 시장 경제 체제의 장점을 살리는 경제 개발 전략을 추진해 왔습니다. 이를 통해 폐허 속에서 한 세대 만에 세계 10위권의 경제 규모를 가진 나라로 성장하였습니다.

① 처음으로 수출액 100억 달러가 달성되었다.
② 대통령 긴급 명령으로 금융 실명제가 실시되었다.
③ 개성 공단 건설을 통해 남북 간 경제 교류가 이루어졌다.
④ 한국과 미국 사이에 자유 무역 협정(FTA)이 체결되었다.
⑤ 경제적 취약 계층을 위한 국민 기초 생활 보장법이 시행되었다.

48 밑줄 그은 '집회'가 열린 시기를 연표에서 옳게 고른 것은? [2점 | 58회]

> 이 사진은 남북 학생 회담을 요구하는 집회 장면입니다. 당시 대학생들은 판문점에서 만나자는 구호를 외치며 협상을 통한 자주적인 통일을 주장하였으나, 정부는 남북 총선거에 의한 평화 통일 정책을 제시하였습니다.

1948	1952	1960	1964	1972	1979
(가)	(나)	(다)	(라)	(마)	
대한민국 정부 수립	발췌 개헌	4·19 혁명	6·3 시위	10월 유신	부마 민주 항쟁

① (가) ② (나) ③ (다) ④ (라) ⑤ (마)

49 (가), (나) 사이의 시기에 있었던 사실로 옳은 것은? [3점 | 66회]

> (가) 남북 간의 제반 문제를 개선, 해결하며 나라의 통일 문제를 다루는 남북 조절 위원회가 정식으로 발족하였다. 남북 조절 위원회는 판문점에 공동 사무국을 두기로 하였으며, 회의는 서울과 평양에서 번갈아 진행하기로 하였다.

> (나) 서울에서 열린 제5차 남북 고위급 회담에서 남북 사이의 화해와 불가침 및 교류·협력 등을 주요 내용으로 하는 남북 기본 합의서를 채택하였다. 특히 이번 합의서에서는 분단 이후 처음으로 남북 양측의 국호를 사용하였다.

① 금강산 육로 관광이 시작되었다.
② 6·15 남북 공동 선언이 발표되었다.
③ 평창 동계 올림픽에 남북 단일팀이 참가하였다.
④ 남북 경제 협력을 위한 개성 공업 지구가 조성되었다.
⑤ 남북 이산가족 고향 방문단의 교환 방문이 최초로 성사되었다.

50 다음 선언을 발표한 정부의 통일 노력으로 옳은 것은? [3점 | 63회]

> 나는 오늘 온 겨레의 염원인 조국의 평화적 통일을 실현해 나가기 위한 새 공화국의 정책을 밝히려 합니다. 우리 민족이 남북 분단의 고통을 겪어온 지 반세기가 가까워 옵니다. …… 민족자존과 통일 번영의 새 시대를 열어나갈 것임을 약속하면서 다음과 같은 정책을 추진해 나갈 것을 내외에 선언합니다.
> ……
> 셋째, 남북 간 교역의 문호를 개방하고 남북 간 교역을 민족 내부 교역으로 간주한다.
> ……
> 여섯째, 한반도의 평화를 정착시킬 여건을 조성하기 위하여 북한이 미국, 일본 등 우리 우방과의 관계를 개선하는 데 협조할 용의가 있으며 또한 우리는 소련, 중국을 비롯한 사회주의 국가들과의 관계 개선을 추구한다.

① 남북 조절 위원회를 구성하였다.
② 개성 공업 지구 건설에 합의하였다.
③ 10·4 남북 정상 선언을 발표하였다.
④ 남북한이 국제 연합(UN)에 동시 가입하였다.
⑤ 남북 이산가족 고향 방문을 최초로 실현하였다.

51 다음 뉴스가 보도된 정부 시기에 있었던 사실로 옳은 것은?

[3점 | 60회]

대통령은 오늘 남북 고위급 회담 타결 상황을 보고받고, 내일 북한 대표단을 접견하기로 했습니다. 청와대 고위 관계자는 남북 사이의 화해와 불가침 및 교류 협력에 관한 합의서 채택에 완전히 합의한 것은 남북 관계에 큰 전환을 이룬 것이라고 평가했습니다.

대통령, 내일 북한 대표단 접견

① 제2차 남북 정상 회담이 개최되었다.
② 경제 협력 개발 기구(OECD)에 가입하였다.
③ 남북 조절 위원회가 설치되어 통일 방안이 논의되었다.
④ 북방 외교를 추진하여 중국 등 사회주의 국가들과 수교하였다.
⑤ 남북한의 교류 협력을 위한 개성 공업 지구 건설에 합의하였다.

52 (가), (나) 사이의 시기에 있었던 사실로 옳은 것은?

[2점 | 62회]

(가) 2. 남과 북은 나라의 통일을 위한 남측의 연합제 안과 북측의 낮은 단계의 연방제 안이 서로 공통성이 있다고 인정하고, 앞으로 이 방향에서 통일을 지향시켜 나가기로 하였다.
— 「6·15 남북 공동 선언」 —

(나) 4. 남과 북은 현 정전 체제를 종식시키고 항구적인 평화 체제를 구축해 나가야 한다는 데 인식을 같이하고 직접 관련된 3자 또는 4자 정상들이 한반도 지역에서 만나 종전을 선언하는 문제를 추진하기 위해 협력해 나가기로 하였다.
— 「10·4 남북 정상 선언」 —

① 남북 조절 위원회가 구성되었다.
② 7·4 남북 공동 성명이 발표되었다.
③ 개성 공업 지구 건설이 착공되었다.
④ 남북한 비핵화 공동 선언이 채택되었다.
⑤ 남북 이산가족 고향 방문단의 교환 방문이 최초로 성사되었다.

53 다음 연설문을 발표한 정부의 통일 노력으로 옳은 것은?

[2점 | 64회]

저는 김정일 국방 위원장과 분단 55년 만에 처음 정상 회담을 가졌습니다. 세 차례에 걸친 회담을 통해 우리 두 사람은 민족의 장래와 통일을 생각하는 마음과 열정에 큰 차이가 없으며, 이를 추진하는 방법에 공통점이 많다는 것을 확인했습니다. …… 남북이 열과 성을 모아, 이번의 정상 회담을 성공적으로 마쳐 온 세계를 깜짝 놀라게 했습니다. 남과 북의 화해와 협력을 향한 새 출발에 온 세계가 축복해 주고 있습니다. 불가능해 보였던 남북 정상 회담을 이뤄냈듯이 남과 북이 마음과 정성을 다한다면 통일의 날도 반드시 오리라 저는 확신합니다.

① 남북 교류 협력을 위한 개성 공업 지구 조성에 합의하였다.
② 평화 통일 외교 정책에 관한 6·23 특별 성명을 발표하였다.
③ 남북 사이의 화해와 불가침 및 교류·협력에 관한 합의서를 채택하였다.
④ 남북 관계 발전과 평화 번영을 위한 10·4 남북 정상 선언에 서명하였다.
⑤ 7·4 남북 공동 성명을 실천하기 위해 남북 조절 위원회를 구성하였다.

54 다음 뉴스가 보도된 정부 시기의 통일 노력으로 옳은 것은?

[2점 | 61회]

정주영의 소 떼 방북을 계기로 남북한의 교류와 협력이 본격화되면서 금강산 관광 사업이 시작되었습니다. 이 사업은 남북 교류 활성화에 크게 기여할 것으로 보입니다.

금강산 관광객 실은 크루즈, 동해항에서 첫 출항

① 남북 조절 위원회를 구성하였다.
② 남북한이 유엔에 동시 가입하였다.
③ 6·15 남북 공동 선언을 채택하였다.
④ 한반도 비핵화 공동 선언을 발표하였다.
⑤ 남북 이산가족의 교환 방문을 최초로 실현하였다.

55 다음 뉴스가 보도된 시기 정부의 통일 노력으로 옳은 것은? [2점 | 58회]

> 오늘 대통령은 경의선 복원 사업의 일환으로 건설된 도라산역을 미국의 부시 대통령과 함께 방문하였습니다. 정부는 이 역의 준공으로 우리나라가 유라시아와 태평양을 연결하는 물류의 중심지로 도약할 수 있을 것이라 밝혔습니다.

한·미 정상, 도라산역 방문

① 민족 자존과 통일 번영을 위한 7·7 선언을 발표하였다.
② 최초의 이산가족 고향 방문과 예술 공연단 교환을 실현하였다.
③ 남북 정상 회담을 개최하고 6·15 남북 공동 선언을 채택하였다.
④ 7·4 남북 공동 성명을 실천하기 위한 남북 조절 위원회를 구성하였다.
⑤ 남북 사이의 화해와 불가침 및 교류·협력에 관한 합의서를 교환하였다.

57 다음 연설이 있었던 정부의 통일 노력으로 옳은 것은? [2점 | 67회]

> 진작부터 꼭 한 번 와 보고 싶었습니다. 참여 정부 와서 첫 삽을 떴기 때문에 …… 지금 개성 공단이 매출액의 증가 속도, 그리고 근로자의 증가 속도 같은 것이 눈부시죠. …… 경제적으로 공단이 성공하고, 그것이 남북 관계에서 평화에 대한 믿음을 우리가 가질 수 있게 만드는 것이거든요. 또 함께 번영해 갈 수 있는 가능성에 대해서 우리가 믿음을 갖게 되는 것이기 때문에, 이것이 선순환 되면 앞으로 정말 좋은 결과가 있을 것입니다.

환영 개성 공단 방문

① 남북한이 국제 연합(UN)에 동시 가입하였다.
② 민족 자존과 통일 번영을 위한 7·7 선언을 발표하였다.
③ 남북 이산가족 고향 방문단의 교환 방문을 최초로 성사시켰다.
④ 7·4 남북 공동 성명 실천을 위해 남북 조절 위원회를 구성하였다.
⑤ 남북 관계 발전과 평화 번영을 위한 10·4 남북 정상 선언을 발표하였다.

56 다음 연설이 있었던 정부의 통일 노력으로 옳은 것은? [2점 | 71회]

> 노벨 위원회가 긍정적으로 평가해 준 최근의 남북 관계에 대해 몇 말씀 드리겠습니다. 저는 지난 6월에 북한의 김정일 국방위원장과 역사적인 남북 정상 회담을 가졌습니다. …… 우리의 일관되고 성의 있는 자세와 노르웨이를 비롯한 전 세계 모든 나라의 햇볕 정책에 대한 지지는 북한의 태도를 바꾸게 만들었습니다.

① 남북 기본 합의서를 교환하였다.
② 7·4 남북 공동 성명을 발표하였다.
③ 6·15 남북 공동 선언을 채택하였다.
④ 한반도 비핵화 공동 선언에 합의하였다.
⑤ 남북 이산가족 고향 방문단의 교환을 최초로 실현하였다.

58 (가)~(다) 학생이 발표한 내용을 일어난 순서대로 옳게 나열한 것은? [2점 | 54회]

주제: 역대 정부의 통일 노력

(가) 민족자존과 통일 번영을 위한 7·7 선언을 발표하였습니다.
(나) 남북 이산가족 상봉 행사를 처음으로 열었습니다.
(다) 남북 교류 협력을 위한 개성 공단 조성에 합의하였습니다.

① (가) - (나) - (다)
② (가) - (다) - (나)
③ (나) - (가) - (다)
④ (나) - (다) - (가)
⑤ (다) - (가) - (나)

핵심 키워드

01 모스크바 3국 외상 회의에서 한반도 내 임시 민주 정부 수립, ●·● 공동 위원회 개최 등이 결의되었다.

02 제1차 미·소 공동 위원회가 무기 휴회되자 이승만은 정●에서 남한만의 단독 정부 수립을 주장하였다.

03 좌우 합작 위원회는 토지 개혁 등을 포함한 좌우 합작 ●원칙을 발표하였다.

04 김구와 김규식 등은 통일 정부 수립을 위해 ●● 협상을 추진하였다.

05 남한만의 단독 선거 결정에 반발하여 일어난 봉기를 진압하는 과정에서 제주 ●·● 사건이 일어났다.

06 6·25 전쟁 당시 국군과 유엔군은 ●● 상륙 작전을 전개하여 서울을 수복하였다.

07 1차 개헌은 ●● 개헌이라고도 하며, 6·25 전쟁 중에 임시 수도 부산에서 통과되었다.

08 4·19 혁명은 ●원제 국회와 ●면 내각이 출범하는 배경이 되었다.

09 박정희 정부의 굴욕적인 한·일 국교 정상화에 반대하여 ●·● 시위가 전개되었다.

10 박정희 정부가 만든 ●● 헌법에 따라 대통령에게 긴급 조치권, 국회 해산권 등의 권한이 주어졌다.

11 5·18 민주화 운동 관련 기록물은 ●●●● 세계 기록 유산으로 등재되었다.

12 6월 민주 항쟁의 결과 대통령 ●●제 개헌을 수용한다는 6·29 민주화 선언이 발표되었다.

13 이승만 정부 때 미국의 원조 물자를 기반으로 제분·제당·면방직 공업의 ●● 산업이 발달하였다.

14 ●●● 정부는 1960년대에 자립 경제 구축을 목표로 제1차 경제 개발 5개년 계획을 추진하였다.

15 박정희 정부 시기인 1970년에 서울에서 부산을 잇는 ●● 고속 국도가 개통되었다.

16 박정희 정부는 1970년부터 농촌 근대화를 표방한 새●● 운동을 전개하였다.

17 박정희 정부 시기인 1970년에 전●●이 근로 기준법 준수를 요구하며 분신하였다.

18 전두환 정부 때 ●● 호황으로 물가가 안정되고 수출이 증가하였다.

19 김영삼 정부 때 대통령 긴급 명령으로 금융 ●●제가 시행되었다.

20 박정희 정부 때 ●·● 남북 공동 성명이 발표되었고, 이에 따라 남북 ●● 위원회가 구성되었다.

21 노태우 정부 때 남북한이 ●●에 동시 가입하였다.

22 노태우 정부 때 남북 ●● 합의서와 한반도 ●●화 공동 선언을 채택하였다.

23 김대중 정부 때 최초로 남북 회담을 개최하고, ●·● 남북 공동 선언을 채택하였다.

01 미, 소 02 읍 03 7 04 남북 05 4, 3 06 인천 07 발췌 08 양, 장 09 6, 3 10 유신 11 유네스코 12 직선 13 삼백 14 박정희 15 경부 16 마을
17 태일 18 3저 19 실명 20 7, 4, 조절 21 유엔 22 기본, 비핵 23 6, 15

통합 주제

최신 3개년 평균 출제 문항 수

2.6 문항

최신 3개년 평균 출제 비중
5.2 %

최신 3개년 주제별 출제 현황

주제	출제 현황	빈출 키워드
지역사	16문항	전주, 강릉, 강화도, 독도, 안동, 개성, 간도, 공주, 평양
세시풍속, 유네스코 문화유산	4문항	단오, 칠석, 삼짇날, 창덕궁, 백제 역사 유적 지구, 세계 기록 유산, 직지심체요절
근현대 인물	16문항	여운형, 조소앙, 신채호, 백남운, 김원봉, 김구, 김규식, 이육사, 윤동주, 헐버트, 최익현
시대통합	33문항	역사서, 노비, 외교 활동, 화폐, 교육 제도, 대외 관계, 승려들의 활동

학습 POINT

☑ 각 지역에서 일어난 역사적 사건을 통합적으로 정리해 두세요.

☑ 여러 시대가 묶일 수 있는 주제에 관해서는 문제를 풀면서 정리해 두세요.

지역사

01 (가)에 들어갈 내용으로 가장 적절한 것은? [2점 | 66회]

① 율곡 이이가 태어난 오죽헌을 추천해요.
② 무령왕릉이 있는 송산리 고분군을 추천해요.
③ 어재연 부대가 항전했던 광성보에 가 보세요.
④ 팔만대장경판이 보관된 해인사를 방문해 보세요.
⑤ 삼별초가 활동한 항파두리 항몽 유적에 가 보세요.

02 다음 지역에 대한 탐구 활동으로 적절한 것은? [1점 | 65회]

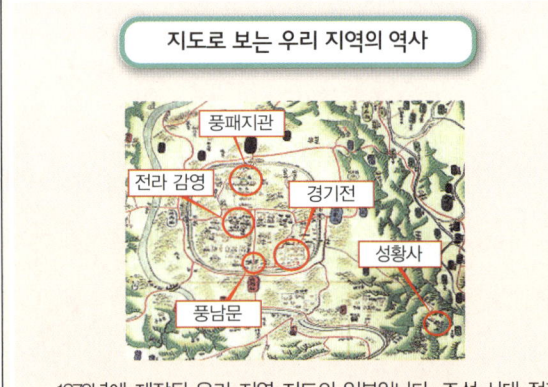

① 유형원이 반계수록을 저술한 장소를 답사한다.
② 견훤이 아들 신검에 의해 유폐된 장소를 알아본다.
③ 동학 농민군이 정부와 화약을 맺은 장소를 조사한다.
④ 기묘사화로 유배된 조광조가 사사된 장소를 검색한다.
⑤ 임병찬이 의병을 일으킨 무성 서원이 있는 장소를 찾아본다.

03 (가) 지역에 대한 탐구 활동으로 가장 적절한 것은? [2점 | 65회]

① 무왕이 미륵사를 창건한 곳을 살펴본다.
② 무령왕과 왕비의 무덤이 발굴된 곳을 답사한다.
③ 성왕이 신라와의 전투에서 전사한 곳을 검색한다.
④ 윤충이 의자왕의 명을 받아 함락시킨 곳을 지도에 표시한다.
⑤ 계백이 이끄는 결사대가 신라군에 맞서 싸운 곳을 조사한다.

04 (가) 지역에 대한 탐구 활동으로 가장 적절한 것은? [2점 | 64회]

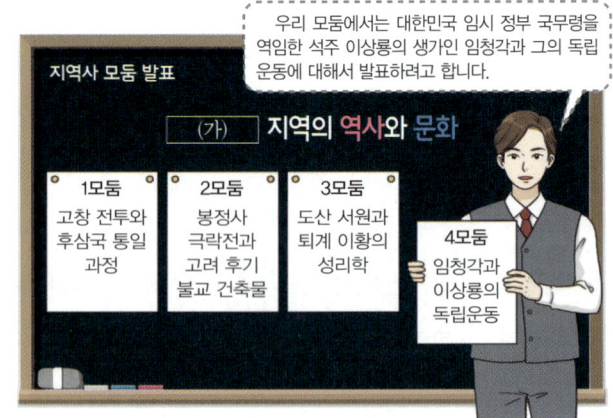

① 김헌창이 반란을 일으킨 근거지를 파악한다.
② 강주룡이 고공 시위를 전개한 장소를 알아본다.
③ 공민왕이 홍건적의 침입 때 피란한 지역을 찾아본다.
④ 신립이 배수의 진을 치고 전투를 벌인 위치를 검색한다.
⑤ 김사미가 가혹한 수탈에 저항하여 봉기한 곳을 조사한다.

05 다음 특별전에서 볼 수 있는 도시의 역사에 대한 설명으로 적절하지 않은 것은? [2점 | 68회]

① 고려 태조 왕건이 도읍으로 삼았다.
② 원의 영향을 받은 경천사지 십층 석탑이 축조되었다.
③ 조선 후기 송상이 근거지로 삼아 전국적으로 활동하였다.
④ 일제 강점기 강주룡이 을밀대 지붕 위에서 고공 농성을 하였다.
⑤ 북위 38도선 분할 이후 남한에 속했다가 정전 협정으로 북한 지역이 되었다.

06 (가)~(마)에 대한 설명으로 옳지 않은 것은? [2점 | 60회]

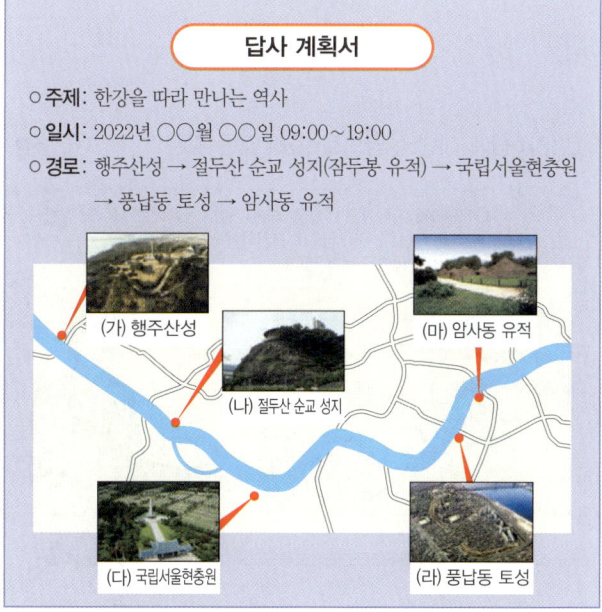

① (가) - 정봉수가 후금군을 맞아 큰 전과를 거둔 곳이다.
② (나) - 병인박해 때 많은 천주교 신자가 처형된 장소이다.
③ (다) - 6·25 전쟁 이후 조성된 국군 묘지에서 시작되었다.
④ (라) - 판축 기법을 활용하여 성벽을 쌓은 백제 토성이다.
⑤ (마) - 갈돌과 갈판 등이 출토된 신석기 시대 유적이다.

07 다음 지역에 대한 탐구 활동으로 옳은 것은? [2점 | 60회]

① 장용영의 외영이 설치된 위치를 파악한다.
② 홍경래가 난을 일으켜 점령한 지역을 알아본다.
③ 인조가 피신하여 청군과 항전을 벌인 곳을 찾아본다.
④ 태조의 어진을 모신 경기전이 건립된 장소를 조사한다.
⑤ 유계춘이 백낙신의 수탈에 맞서 봉기한 지역을 검색한다.

08 (가) 지역에 대한 탐구 활동으로 가장 적절한 것은? [1점 | 59회]

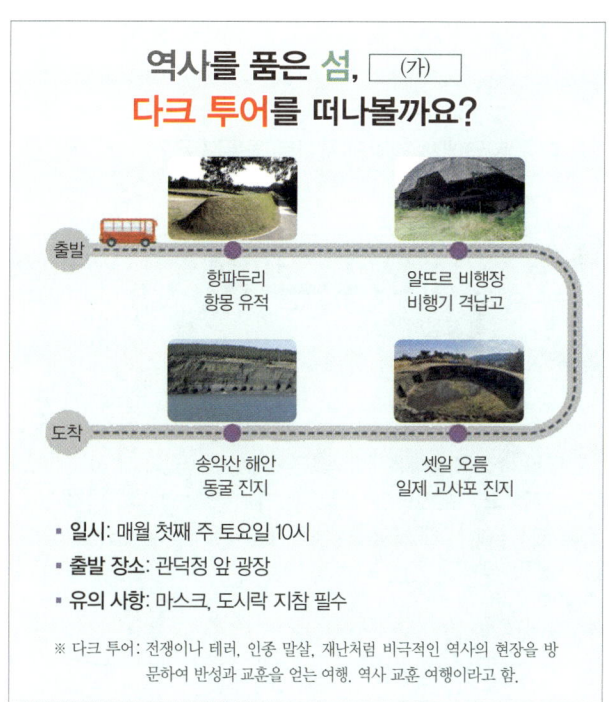

① 정약전이 자산어보를 저술한 곳을 알아본다.
② 프랑스군이 외규장각 도서를 약탈한 장소를 살펴본다.
③ 지주 문재철에 맞서 소작 쟁의가 일어난 곳을 찾아본다.
④ 4·3 사건으로 많은 주민이 희생된 주요 장소를 조사한다.
⑤ 러시아가 저탄소 설치를 위해 조차를 요구한 곳을 검색한다.

09 교사의 질문에 대한 학생의 답변으로 옳은 것은? [2점 | 59회]

이것은 1872년에 제작된 우리 고장의 지방도입니다. 임진왜란 때 신립 장군이 왜군과 맞서 싸우다 투신한 장소인 탄금대와 임경업 장군의 충절을 기리기 위해 세운 충렬사 등이 표시되어 있습니다. 우리 고장에서 있었던 사실을 말해 볼까요?

① 인조가 이괄의 난으로 피란했어요.
② 견훤이 후백제의 도읍으로 삼았어요.
③ 김윤후와 함께 관노들이 몽골군에 항전했어요.
④ 강주룡이 을밀대 지붕에서 고공 농성을 벌였어요.
⑤ 박재혁이 경찰서에서 폭탄을 터뜨리는 의거를 일으켰어요.

10 다음 지역에서 있었던 사실로 옳은 것은? [3점 | 58회]

답사 보고서

◆ 주제: 우리 고장의 역사
◆ 날짜: 2022년 ○○월 ○○일
◆ 개관
　금성산과 영산강을 끼고 있는 우리 고장은 삼한 시대부터 마한의 주요 지역 가운데 하나로 발전하였고, 후삼국 시대에는 격전지였으며, 임진왜란과 일제 강점기에는 항일의 의기가 드높았던 지역이다. '전라도'라는 이름은 전주와 우리 고장의 앞 글자를 딴 것이다.
◆ 목차
　1. 마한 세력의 성장, 반남면 고분군
　2. □□목(牧)의 관아 부속 건물
　3. 광주 학생 항일 운동의 도화선, □□역

① 인조가 피신하여 청군과 항전하였다.
② 유생 출신 유인석이 의병을 일으켰다.
③ 정문부가 왜군에 맞서 북관 대첩을 이끌었다.
④ 김광제 등을 중심으로 국채 보상 운동이 시작되었다.
⑤ 왕건이 후백제를 배후에서 견제하기 위해 차지하였다.

11 다음 검색창에 들어갈 지역에서 있었던 사실로 옳은 것은? [3점 | 69회]

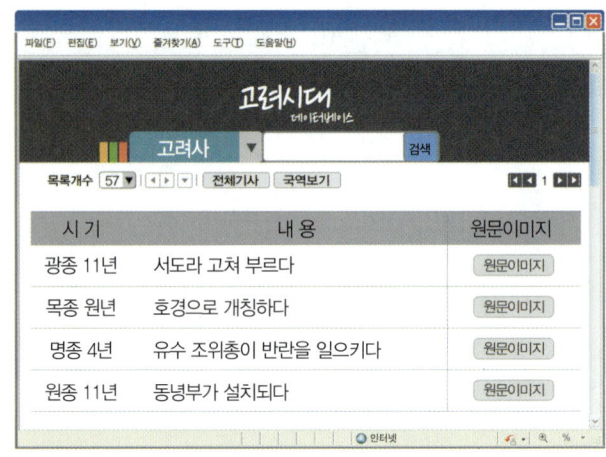

고려시대 데이터베이스
고려사 ▼ 검색

시기	내용
광종 11년	서도라 고쳐 부르다
목종 원년	호경으로 개칭하다
명종 4년	유수 조위총이 반란을 일으키다
원종 11년	동녕부가 설치되다

① 정몽주가 이방원 세력에게 피살되었다.
② 묘청이 반란을 일으키고 국호를 대위라 하였다.
③ 몽골의 침략으로 황룡사 구층 목탑이 소실되었다.
④ 흥덕사에서 금속 활자로 직지심체요절이 간행되었다.
⑤ 정서가 유배 중에 정과정이라는 고려 가요를 지었다.

12 (가) 섬에 대한 설명으로 옳지 않은 것은? [1점 | 58회]

1946년 1월에 작성된 연합국 최고 사령부 문서에는 제주도, 울릉도, (가) 이/가 우리 영토로 표시되어 있습니다. (가) 은/는 우리나라 동쪽 끝에 있는 섬입니다.

① 안용복이 일본에 건너가 우리 영토임을 주장하였다.
② 영국군이 러시아를 견제하기 위해 불법 점령하였다.
③ 러일 전쟁 때 일본이 불법으로 자국 영토로 편입하였다.
④ 대한 제국이 칙령을 통해 울릉 군수가 관할하도록 하였다.
⑤ 1877년 태정관 문서에 일본과는 무관한 지역임이 명시되었다.

세시풍속, 유네스코

13 다음 세시 풍속에 대한 탐구 활동으로 가장 적절한 것은?
〔2점 | 58회〕

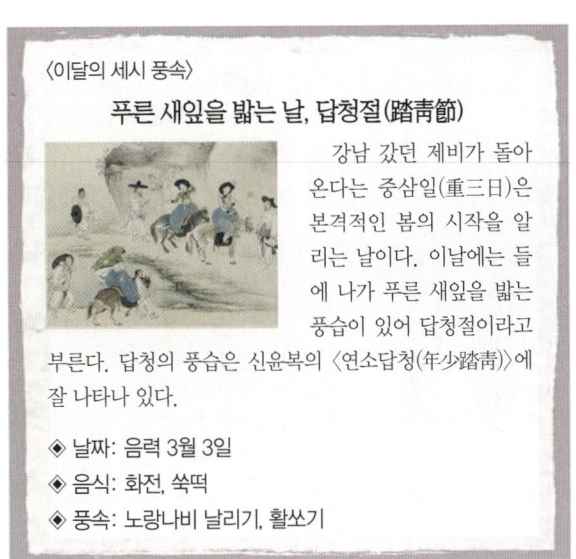

〈이달의 세시 풍속〉
푸른 새잎을 밟는 날, 답청절(踏靑節)

강남 갔던 제비가 돌아온다는 중삼일(重三日)은 본격적인 봄의 시작을 알리는 날이다. 이날에는 들에 나가 푸른 새잎을 밟는 풍습이 있어 답청절이라고 부른다. 답청의 풍습은 신윤복의 〈연소답청(年少踏靑)〉에 잘 나타나 있다.

- ◆ 날짜: 음력 3월 3일
- ◆ 음식: 화전, 쑥떡
- ◆ 풍속: 노랑나비 날리기, 활쏘기

① 칠석날의 전설을 검색한다.
② 한식날의 의미를 파악한다.
③ 삼짇날의 유래를 알아본다.
④ 동짓날에 먹는 음식을 조사한다.
⑤ 단오날에 즐기는 민속놀이를 찾아본다.

14 (가)에 들어갈 세시 풍속으로 옳은 것은?
〔1점 | 56회〕

(가)에 대해 검색해 줘.

검색 결과입니다.
1. 개관
  음력 5월 5일로 수릿날이라고도 한다. 1년 중 양기가 가장 왕성한 날이라 여겼다. 무더위를 잘 견딘다는 의미로 왕이 이날 신하들에게 부채를 선물하였다는 기록이 있다.
2. 관련 풍습
  • 씨름, 그네뛰기
  • 수리취떡 만들어 먹기
  • 창포물에 머리 감기

① 한식   ② 백중   ③ 추석
④ 단오   ⑤ 정월 대보름

15 밑줄 그은 '이날'에 해당하는 세시 풍속으로 옳은 것은?
〔1점 | 60회〕

이곳은 남원 광한루원의 오작교입니다. 조선 시대 남원 부사 장의국이 헤어져 있던 견우와 직녀가 오작교에서 만난다는 전설을 형상화하여 만들었습니다. 음력 7월 7일인 이날에는 여인들이 별을 보며 바느질 솜씨가 좋아지기를 비는 풍속이 있었습니다.

① 단오   ② 칠석   ③ 백중   ④ 동지   ⑤ 한식

16 (가) 궁궐에 대한 설명으로 옳은 것은?
〔3점 | 64회〕

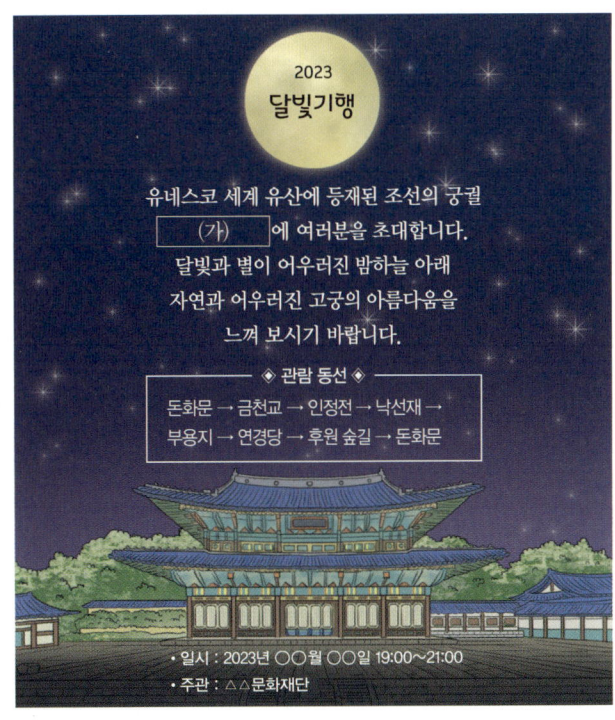

2023 달빛기행

유네스코 세계 유산에 등재된 조선의 궁궐 (가) 에 여러분을 초대합니다. 달빛과 별이 어우러진 밤하늘 아래 자연과 어우러진 고궁의 아름다움을 느껴 보시기 바랍니다.

◆ 관람 동선 ◆
돈화문 → 금천교 → 인정전 → 낙선재 → 부용지 → 연경당 → 후원 숲길 → 돈화문

• 일시: 2023년 ○○월 ○○일 19:00~21:00
• 주관: △△문화재단

① 일제에 의해 동물원 등이 설치되었다.
② 도성 내 서쪽에 있어 서궐이라고 불렸다.
③ 인목 대비가 광해군에 의해 유폐된 장소이다.
④ 정도전이 궁궐과 주요 전각의 명칭을 정하였다.
⑤ 태종이 도읍을 한양으로 다시 옮기며 건립하였다.

17 (가) 민주화 운동에 대한 설명으로 옳은 것은? [1점 | 48회]

□□신문
제△△호 2020년 ○○월 ○○일

경찰관 부당 징계 취소

경찰청은 (가) 40주기를 맞아 신군부의 명령을 거부하고 시민들을 보호했다는 이유 등으로 부당하게 징계를 받은 퇴직 경찰관 21명의 징계 처분을 직권 취소했다고 밝혔다. 당시 경찰관에 대한 징계는 국가 보위 비상 대책 위원회의 문책 지시에 따라 이루어졌다.
경찰청은 징계 처분이 재량권을 남용한 하자가 있는 행정 처분이라고 판단하였고, 중앙 징계 위원회를 개최하여 심의·의결을 거쳐 징계 처분을 직권 취소하게 되었다.

① 박종철과 이한열의 희생으로 확산되었다.
② 호헌 철폐와 독재 타도 등의 구호를 내세웠다.
③ 관련 기록물이 유네스코 세계 기록 유산으로 등재되었다.
④ 대통령 중심제에서 의원 내각제로 바뀌는 계기가 되었다.
⑤ 대통령 하야를 요구하며 대학교수단이 시위행진을 벌였다.

18 밑줄 그은 '이 지역'에서 볼 수 있는 문화유산으로 옳지 않은 것은? [2점 | 56회]

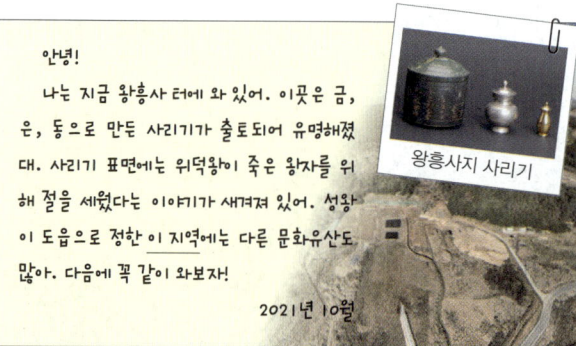

안녕!
나는 지금 왕흥사 터에 와 있어. 이곳은 금, 은, 동으로 만든 사리기가 출토되어 유명해졌대. 사리기 표면에는 위덕왕이 죽은 왕자를 위해 절을 세웠다는 이야기가 새겨져 있어. 성왕이 도읍으로 정한 이 지역에는 다른 문화유산도 많아. 다음에 꼭 같이 와보자!
2021년 10월

왕흥사지 사리기

①  정림사지 오층 석탑
②  능산리 고분군
③  관촉사 석조 미륵보살 입상
④  관북리 유적
⑤  부소산성

근현대 인물

19 (가) 인물에 대한 설명으로 옳은 것은? [2점 | 67회]

□□일보
제△△호 2023년 ○○월 ○○일

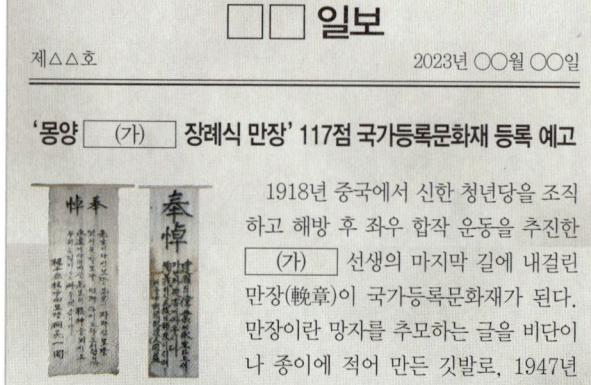

'몽양 (가) 장례식 만장' 117점 국가등록문화재 등록 예고

1918년 중국에서 신한 청년당을 조직하고 해방 후 좌우 합작 운동을 추진한 (가) 선생의 마지막 길에 내걸린 만장(輓章)이 국가등록문화재가 된다. 만장이란 망자를 추모하는 글을 비단이나 종이에 적어 만든 깃발로, 1947년 거행된 그의 장례식에는 각계각층이 애도하는 만장이 내걸렸다. 이 만장은 독립운동에 헌신하고 광복 후 좌우대통합을 위해 노력했던 그에 대한 대중들의 인식과 평가를 담은 자료로서 중요한 역사적 가치가 있다.

① 조선 건국 동맹을 결성하였다.
② 한국독립운동지혈사를 저술하였다.
③ 권업회의 초대 회장으로 선출되었다.
④ 대한 광복회를 조직하여 친일파를 처단하였다.
⑤ 백산 상회를 설립하여 독립운동 자금을 마련하였다.

20 밑줄 그은 '나'의 활동으로 옳은 것은? [2점 | 60회]

나는 일제 침략에 맞서 민족의식을 고취하기 위해, 국난을 극복한 영웅의 전기인 이순신전과 을지문덕전을 집필하였습니다. 또 조선상고사에서는 역사를 아(我)와 비아(非我)의 투쟁으로 정의하였습니다.

① 여유당전서를 간행하고 조선학 운동을 주도하였다.
② 유교의 개혁을 주장하는 유교 구신론을 제창하였다.
③ 조선사 편수회에 들어가 조선사 편찬에 참여하였다.
④ 조선사회경제사에서 식민 사학의 정체성론을 반박하였다.
⑤ 민중의 직접 혁명을 주장한 조선 혁명 선언을 작성하였다.

21 (가) 인물에 대한 설명으로 옳은 것은? `3점 | 66회`

```
문학으로 보는 한국사

내 고장 칠월은
청포도가 익어가는 시절

이 마을 전설이 주저리주저리 열리고
먼 데 하늘이 꿈꾸며 알알이 들어와 박혀

하늘 밑 푸른 바다가 가슴을 열고
흰 돛단배가 곱게 밀려서 오면

내가 바라는 손님은 고달픈 몸으로
청포(靑袍)를 입고 찾아온다고 했으니

내 그를 맞아 이 포도를 따 먹으면
두 손은 함뿍 적셔도 좋으련

아이야, 우리 식탁엔 은쟁반에
하이얀 모시 수건을 마련해 두렴
```

[해설] 이 시는 독립운동가이자 문학가인 (가) 의 '청포도'이다. 그는 이 시를 비롯한 다양한 작품에서 식민지 현실에 맞서 꺼지지 않는 민족의식을 표현하였다.
그의 본명은 이원록으로 안동에서 태어났고, 1927년 장진홍의 조선 은행 대구 지점 폭탄 의거에 연루되어 투옥되었다. 이후에도 그는 중국을 오가며 독립운동에 힘쓰다가 1943년 체포되어 이듬해 베이징의 일본 감옥에서 생을 마감하였다.

① 소설 상록수를 신문에 연재하였다.
② 광야, 절정 등의 저항시를 발표하였다.
③ 타이완에서 일본 육군 대장을 저격하였다.
④ 삼균주의를 바탕으로 한 건국 강령을 만들었다.
⑤ 여유당전서를 간행하고 조선학 운동을 전개하였다.

22 (가)에 들어갈 내용으로 적절한 것은? `2점 | 65회`

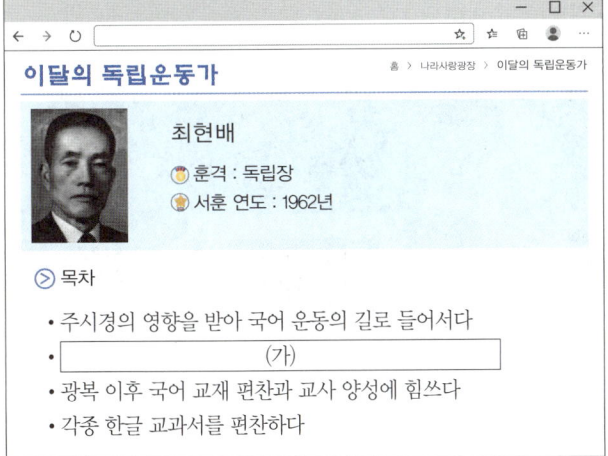

이달의 독립운동가 — 최현배
- 훈격: 독립장
- 서훈 연도: 1962년

목차
- 주시경의 영향을 받아 국어 운동의 길로 들어서다
- (가)
- 광복 이후 국어 교재 편찬과 교사 양성에 힘쓰다
- 각종 한글 교과서를 편찬하다

① 조선어 학회 사건으로 옥고를 치르다
② 파리 강화 회의에 독립 청원서를 제출하다
③ 복벽주의를 내세우며 독립 의군부를 조직하다
④ 국권 피탈 과정을 정리한 한국통사를 저술하다
⑤ 일제에 의해 조작된 105인 사건으로 재판을 받다

23 다음 인물의 활동으로 옳은 것은? `2점 | 64회`

【이달의 독립운동가】
우리 말과 글을 지키는 데 앞장선 ○○○

- 생몰년: 1888~1943
- 호: 환산, 한뫼
- 주요 활동
김해 출신으로 합성 학교 등에서 교사로 재직하며 교육 계몽 운동을 전개하였다. 1919년 영변에서 만세 운동을 주도하였으며, 중국의 베이징 대학에서 역사학을 공부하였다. 귀국 이후 조선어 연구회에 가입하여 한글의 연구 및 보급에 앞장섰으며, 1942년 조선어 학회 사건으로 가혹한 고문을 받고 이듬해 옥사하였다. 1962년 건국훈장 독립장이 추서되었다.

① 한글 맞춤법 통일안 제정에 참여하였다.
② 미국과 유럽을 여행한 뒤 서유견문을 집필하였다.
③ 국문 연구소를 설립하고 연구위원으로 활동하였다.
④ 세계 지리 교과서인 사민필지를 한글로 저술하였다.
⑤ 민족을 역사 서술의 중심에 둔 독사신론을 발표하였다.

24 (가), (나) 인물에 대한 설명으로 옳은 것을 |보기|에서 고른 것은? `2점 | 63회`

독립과 통일 정부 수립을 열망한 인물

(가)
- 생몰: 1876년~1949년
- 호: 백범
- 대한민국 임시 정부 주석 역임
- 남북 협상 참여
- 서울 경교장에서 피살

(나)
- 생몰: 1886년~1947년
- 호: 몽양
- 신한 청년당 결성
- 좌우 합작 위원회 조직
- 서울 혜화동에서 피살

|보기|
ㄱ. (가) – 상하이에서 한인 애국단을 조직하였다.
ㄴ. (가) – 조선 혁명 간부 학교를 세워 독립군을 양성하였다.
ㄷ. (나) – 조선 건국 준비 위원회의 활동을 주도하였다.
ㄹ. (나) – 미국에서 귀국하여 독립 촉성 중앙 협의회를 이끌었다.

① ㄱ, ㄴ ② ㄱ, ㄷ ③ ㄴ, ㄷ ④ ㄴ, ㄹ ⑤ ㄷ, ㄹ

25 (가) 인물의 활동으로 옳은 것은? [2점|63회]

① 명동 성당 앞에서 이완용을 습격하였다.
② 고종의 밀지를 받아 독립 의군부를 조직하였다.
③ 국권 침탈 과정을 정리한 한국통사를 저술하였다.
④ 13도 창의군의 총대장으로 서울 진공 작전을 지휘하였다.
⑤ 논설 단연보국채를 써서 국채 보상 운동에 적극 참여하였다.

26 (가) 인물에 대한 설명으로 옳은 것은? [2점|66회]

항복 전에 정무총감 엔도 등이 법과 질서를 유지하고 일본인들의 생명과 재산을 지키기 위하여 (가) 와/과 논의하였다. …… 일본인들은 그가 유혈 사태를 막아줄 수 있다고 믿었던 것 같다. …… 그런데 (가) 은/는 조선 총독부가 생각했던 바를 따르지 않았다. 일본이 원했던 것은 연합군이 올 때까지 질서를 유지하기 위한 평화 유지 위원회 정도였다. 그러나 그는 실질적인 정부로 여겨질 수 있는 조선 건국 준비 위원회를 만들었다.

① 샌프란시스코에서 흥사단을 결성하였다.
② 조선어 학회 사건으로 구속되어 옥고를 치렀다.
③ 김규식과 함께 좌우 합작 위원회를 조직하였다.
④ 반민족 행위 특별 조사 위원회에서 활동하였다.
⑤ 미국에서 귀국하여 독립 촉성 중앙 협의회를 이끌었다.

27 (가) 인물에 대한 설명으로 옳은 것은? [3점|59회]

위 자료들은 독립운동가 (가) 이/가 사용한 여행권으로 미국, 중국, 멕시코 등 많은 국가들을 방문한 기록이 남아 있다. (가) 은/는 여러 국가들을 이동하면서 공립 협회, 대한인 국민회, 흥사단 등을 조직하는 데 주도적인 역할을 담당하였다. 1937년 동우회 사건으로 옥고를 치른 후 지병이 악화되어 이듬해 사망하였다.

① 일본의 침략 과정을 담은 한국통사를 저술하였다.
② 조선학 운동을 주도하여 여유당전서를 간행하였다.
③ 백산 상회를 설립하여 독립운동 자금을 마련하였다.
④ 친일 인사 스티븐스를 샌프란시스코에서 사살하였다.
⑤ 대한민국 임시 정부에서 내무총장 겸 국무총리 대리로 취임하였다.

28 (가) 인물의 활동으로 옳은 것은? [3점|57회]

도시샤 대학에 있는 이 시비는 민족 문학가인 (가) 을/를 기리기 위해 세워졌습니다. 비석에는 '죽는 날까지 하늘을 우러러'로 시작되는 그의 작품인 서시가 새겨져 있습니다. 북간도 출신인 그는 일본 유학 중 치안 유지법 위반 혐의로 체포되어 옥중에서 순국하였습니다.

① 조선상고사를 저술하였다.
② 소설 상록수를 신문에 연재하였다.
③ 저항시 광야, 절정 등을 발표하였다.
④ 영화 아리랑의 제작과 감독을 맡았다.
⑤ 별 헤는 밤, 참회록 등의 시를 남겼다.

29 (가)~(마)에 들어갈 내용으로 옳지 않은 것은? [2점 | 60회]

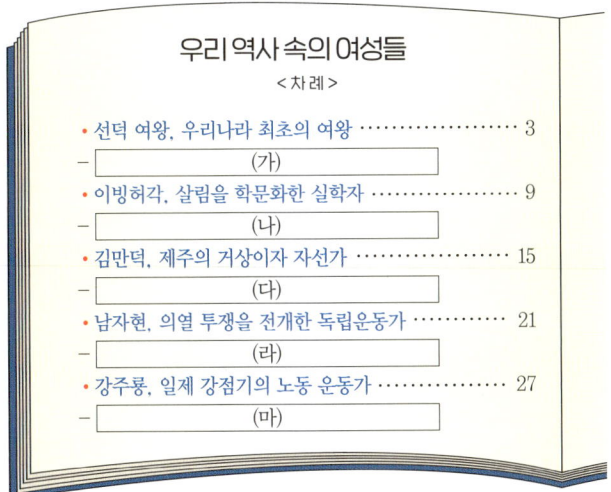

① (가) – 첨성대와 황룡사 구층 목탑을 세우다
② (나) – 가정 생활의 지혜를 담은 규합총서를 저술하다
③ (다) – 재산을 기부하여 흉년에 굶주린 백성들을 구제하다
④ (라) – 한국광복군의 기관지 광복을 발행하다
⑤ (마) – 임금 삭감에 저항하여 을밀대 지붕에서 농성하다

30 (가) 인물에 대한 설명으로 옳은 것은? [3점 | 50회]

이것은 국회 의사당의 중앙홀에 있는 (가) 의 흉상입니다. 그는 안창호, 양기탁과 함께 신민회를 조직하였고, 국권 피탈 이후에는 서간도 삼원보로 건너가 경학사와 신흥 강습소 설립을 주도하였습니다.

① 대한민국 임시 의정원의 초대 의장을 맡았다.
② 고종의 밀지를 받아 독립 의군부를 조직하였다.
③ 독립 투쟁 과정을 서술한 한국독립운동지혈사를 저술하였다.
④ 일제의 패망과 광복에 대비하여 조선 건국 동맹을 결성하였다.
⑤ 네덜란드 헤이그에서 열린 만국 평화 회의에 특사로 파견되었다.

시대 통합

31 ㉠에 대한 답으로 옳지 않은 것은? [2점 | 68회]

① 고구려 무용총에 별자리를 그린 벽화가 있어.
② 삼국사기에 일식, 월식에 관한 많은 관측 기록이 있어.
③ 충선왕은 서운관에서 천체 운행을 관측하도록 했어.
④ 선조 때는 날아가서 폭발하는 비격진천뢰가 개발되었어.
⑤ 홍대용이 의산문답을 통해 지전설과 무한 우주론을 주장했어.

32 교사의 질문에 대한 학생의 답으로 옳은 것은? [2점 | 68회]

① 울주 대곡리 반구대에 고래 사냥 모습을 새겼습니다.
② 이제현이 만권당에서 원의 학자들과 교류하였습니다.
③ 청소년들이 경당에서 책을 읽고 활쏘기를 배웠습니다.
④ 독특한 회계 정리 방식인 사개치부법을 사용하였습니다.
⑤ 정혜 공주 묘지석에는 유교 경전과 중국 역사서의 내용이 인용되어 있습니다.

기출문제

[33~34] 다음을 읽고 물음에 답하시오.

> (가) 여덟째는 적금서당이다. 왕 6년에 보덕국 사람들로 당을 만들었다. 금장의 색은 적흑이다. 아홉째는 청금서당이다. …… 금장의 색은 청백이다.
>
> (나) 응양군, 1령(領)으로 군에는 정3품의 상장군 1인과 종3품의 대장군 1인을 두었으며, …… 정8품의 산원 3인, 정9품의 위 20인, 대정은 40인을 두었다.
>
> (다) 무위영, 절목계하본(節目啓下本)에 의하여 낭청 1명을 훈련도감의 예에 따라 문신으로 추천하여 군색종사관으로 칭하고 …… 중군은 포장·장어영 중군을 거친 자로 추천하여 금군별장이라 칭한다.
>
> (라) 별대와 정초군의 군병을 합하여 한 영(營)의 제도를 만들어 본영은 금위영이라 칭하고, 군병은 금위별대라 칭한다.

33 (가)~(라) 군사 조직을 만들어진 순서대로 옳게 나열한 것은? [3점 | 69회]

① (가) - (나) - (다) - (라)
② (가) - (나) - (라) - (다)
③ (나) - (가) - (라) - (다)
④ (나) - (다) - (가) - (라)
⑤ (다) - (라) - (나) - (가)

34 밑줄 그은 '왕'의 업적으로 옳은 것은? [2점 | 69회]

① 김흠돌의 난을 진압하였다.
② 병부와 상대등을 설치하였다.
③ 나선 정벌에 조총 부대를 파견하였다.
④ 정계와 계백료서를 지어 관리의 규범을 제시하였다.
⑤ 쌍성총관부를 공격하여 철령 이북의 땅을 수복하였다.

35 (가)~(마)에 들어갈 내용으로 적절하지 <u>않은</u> 것은? [1점 | 67회]

스스로 탐구하는 역사 수업
우리 역사에서 사용된 화폐를 주제로 보고서를 작성한 후 제목과 함께 올려주세요.
※ 과제 마감일은 10월 21일입니다.

번호	제목	
1	1모둠 - 명도전.	(가)
2	2모둠 - 해동통보.	(나)
3	3모둠 - 은병.	(다)
4	4모둠 - 상평통보.	(라)
5	5모둠 - 백동화.	(마)

① (가) - 중국 연과의 교류 관계를 보여주다
② (나) - 의천의 건의로 화폐가 주조되다
③ (다) - 경복궁 중건을 위해 제작되다
④ (라) - 법화로 발행되어 전국적으로 유통되다
⑤ (마) - 전환국에서 화폐가 발행되다

36 (가) 궁궐에 대한 설명으로 옳은 것은? [3점 | 66회]

> **(가) 복원 기공식 대통령 연설문**
>
> 임진왜란 때 (가) 은/는 불길 속에 휩싸여 흥선 대원군이 그 당시의 국력을 기울여 중건할 때까지 270년의 오랜 세월 동안 폐허로 남아 있었습니다. 일제는 1910년 우리나라를 병탄한 뒤 우리 역사의 맥을 끊기 위해 350여 채에 이르던 전각 대부분을 헐어내고 옮겼습니다. 국권의 상징이던 근정전을 가로막아 총독부 건물을 세웠습니다. 이제 우리가 궁을 복원하려는 것은 남에 의해 훼손된 민족사에 대한 긍지를 회복하기 위한 것입니다.

① 일제에 의해 동물원 등이 설치되었다.
② 제1차 미소 공동 위원회가 개최되었다.
③ 도성 내 서쪽에 있어 서궐이라고 불렸다.
④ 조선 물산 공진회 개최 장소로 이용되었다.
⑤ 태종이 도읍을 한양으로 다시 옮기며 건립하였다.

[37~38] 다음 자료를 읽고 물음에 답하시오.

(가) 만적 등 6명이 북산에서 나무하다가 공사 노비를 불러 모아 모의하기를, "국가에서 경인년·계사년 이후로 높은 벼슬이 천한 노비에게서 많이 나왔으니, 장수와 재상이 어찌 종자가 있으랴. …… 그 주인을 죽이고 노비 문서를 불태워 삼한에서 천인을 없애면 모두 공경 장상이 될 수 있을 것이다."라고 하였다.

(나) 왕 7년, 노비를 안검하여 그 시비를 분별하도록 명하자, 노비로 주인을 배반한 자가 매우 많아지고 윗사람을 능멸하는 풍조가 크게 행해졌다. 사람들이 모두 탄식하고 원망하였다. 대목왕후가 이를 간절히 간언하였으나 왕은 받아들이지 않았다.

(다) 1. 문벌, 양반과 상인들의 등급을 없애고 귀천에 관계없이 인재를 선발하여 등용한다.
1. 과부가 재가하는 것은 귀천을 막론하고 자신의 의사대로 하게 한다.
1. 공노비와 사노비에 관한 법을 일체 혁파하고 사람을 사고파는 일을 금지한다.

(라) "임금이 백성을 대할 때는 귀천이 없고 내외 없이 고루 균등하게 적자(赤子)로 여겨야 하는데, 노(奴)와 비(婢)라고 하여 구분하는 것이 어찌 똑같이 동포로 여기는 뜻이겠는가. 내노비 36,974명과 시노비 29,093명을 모두 양민으로 삼도록 하라. 그리고 승정원으로 하여금 노비 문서를 거두어 돈화문 밖에서 불태우도록 하라."

37 (가)~(라)를 일어난 순서대로 옳게 나열한 것은? 3점 | 67회

① (가) - (나) - (다) - (라) ② (가) - (나) - (라) - (다)
③ (나) - (가) - (라) - (다) ④ (나) - (다) - (가) - (라)
⑤ (다) - (라) - (나) - (가)

38 (가)~(라)를 활용한 탐구 활동으로 적절한 것을 |보기|에서 고른 것은? 2점 | 67회

┌ 보기 ┐
ㄱ. (가) - 무신 집권기에 발생한 하층민의 봉기에 대해 알아본다.
ㄴ. (나) - 호족의 경제적 기반을 약화시킨 제도를 살펴본다.
ㄷ. (다) - 균역법이 시행되는 배경을 파악한다.
ㄹ. (라) - 삼정이정청이 설치된 계기를 조사한다.

① ㄱ, ㄴ ② ㄱ, ㄷ ③ ㄴ, ㄷ ④ ㄴ, ㄹ ⑤ ㄷ, ㄹ

39 (가)~(마)의 설명과 사진을 연결한 것으로 옳지 않은 것은? 3점 | 68회

(가) 태토와 유약이 모두 백색이고 1,200도 이상에서 구워 만든 자기다. 영국 여왕 엘리자베스 2세가 이 자기 중 하나를 보면서 '세상에서 제일 아름다운 그릇'이라는 찬사를 보냈다.

(나) 철분이 약간 함유된 태토에 유약을 입혀 고온에서 구워낸 자기다. 송 사신 서긍은 "푸른 빛깔을 고려인은 비색(翡色)이라 하는데 근래에 들어 빛깔이 더욱 좋아졌다."고 하였다.

(다) 회색 태토 위에 백토로 표면을 분장한 뒤에 유약을 입혀 구운 자기다. 고유섭이 회청색을 띠는 사기라는 의미로 '분장회청사기(분청사기)'라 하였다.

(라) 초벌구이한 백자 위에 코발트로 그림 그린 후 유약을 발라 구운 자기다. 코발트는 수입산 안료였기에 예종은 관찰사를 통해 백성들이 회회청(코발트)을 구해오도록 독려할 정도였다.

(마) 표면에 무늬를 파고 백토와 자토를 그 자리에 넣어 초벌구이한 후 유약을 발라 구워낸 자기다. 최순우는 "고려 사람들은 비색의 자기에 영롱한 수를 놓은 방법을 궁리해 냈다."고 하였다.

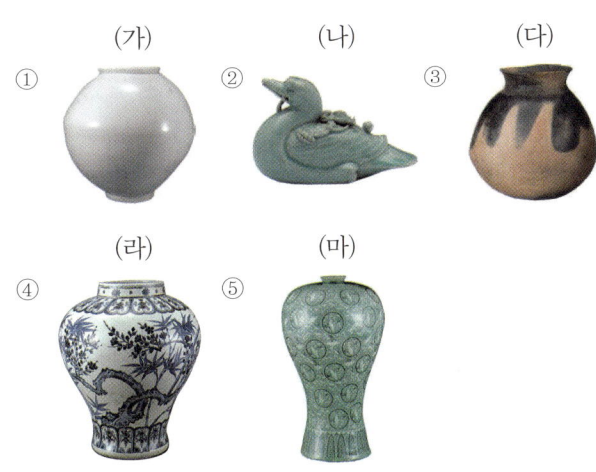

기출문제

[40~41] 다음 자료를 읽고 물음에 답하시오.

(가) 고대 여러 나라들도 역시 각각 사관(史官)을 두어 일을 기록하였습니다. 그러므로 맹자께서 이르시기를, "진(晉)의 승(乘)과 초(楚)의 도올(檮杌)과 노(魯)의 춘추(春秋)는 모두 한가지다."라고 하셨습니다. 생각건대 우리 해동(海東) 삼국도 역사가 길고 오래되어 마땅히 그 사실이 책으로 기록되어야 하므로 폐하께서 이 늙은 신하에게 명하시어 편집하도록 하셨습니다. …… 신의 학술이 이처럼 부족하고 얕으며, 옛말과 지나간 일은 그처럼 아득하고 희미합니다. 그러므로 온 정신과 힘을 다 쏟아 부어 겨우 ㉠책을 만들었습니다. 그러나 보잘 것 없기에 스스로 부끄러울 따름입니다.

(나) 고려가 끝내 발해사를 편찬하지 않아 토문강 북쪽과 압록강 서쪽이 누구의 땅인지 알 수 없게 되었다. 여진을 책망하려 하여도 할 말이 없고, 거란을 책망하려 하여도 할 말이 없다. 고려가 약한 나라가 된 것은 발해의 땅을 차지하지 못하였기 때문이니, 탄식할 수밖에 없다. …… 내가 내규장각 관리로 있으면서 비밀스런 책[秘書]을 꽤 많이 읽었으므로 발해에 관한 일을 차례로 편찬하여, 군고(君考)·신고(臣考)·지리고(地理考)·직관고(職官考)·의장고(儀章考)·물산고(物産考)·국어고(國語考)·국서고(國書考)·속국고(屬國考) 등 9편으로 구성된 ㉡책을 만들었다.

(다) 역사란 무엇인가? 인류 사회의 아(我)와 비아(非我)의 투쟁이 시간부터 발전하며 공간부터 확대하는 정신적 활동 상태의 기록이니, 세계사라 하면 세계 인류가 그리되어 온 상태의 기록이며, 조선 역사라 하면 조선 민족이 그리되어 온 상태의 기록인 것이다. 무엇을 '아'라 하며 무엇을 '비아'라 하는가? …… 무릇 주체적 위치에 선 자를 '아'라 하고, 그 외에는 '비아'라 하는데, 이를테면 조선 사람은 조선을 '아'라 하고, 영국·미국·프랑스·러시아 등을 '비아'라 하지만, 그들은 각기 제 나라를 '아'라 하고 조선은 '비아'라 하며, …… 그러므로 역사는 '아'와 '비아'의 투쟁의 기록인 것이다.

40 (가)~(다)를 작성한 인물에 대해 탐구한 내용으로 가장 적절한 것은? [3점 | 66회]

① (가) – 만권당에서 원의 학자들과 교유하였으며, 성리학의 보급에 기여하였다.
② (가) – 칠대실록의 편찬에 참여하였으며, 문헌공도를 만들어 사학을 진흥시켰다.
③ (나) – 금석학을 연구하여 북한산비가 진흥왕 순수비임을 고증하였다.
④ (다) – 한국통사를 저술하였고, 대한민국 임시 정부의 제2대 대통령을 역임하였다.
⑤ (다) – 대한매일신보의 주필로 활동하였으며, 폭력을 통한 민중의 직접 혁명을 주장하였다.

41 밑줄 그은 ㉠, ㉡에 해당하는 역사서에 대한 설명으로 옳은 것은? [2점 | 66회]

① ㉠ – 불교사를 중심으로 고대의 민간 설화를 수록하였다.
② ㉠ – 본기, 연표, 잡지, 열전 등으로 구성된 기전체 사서이다.
③ ㉡ – 사초와 시정기 등을 바탕으로 편찬하였다.
④ ㉡ – 고구려 건국 시조의 일대기를 서사시로 표현하였다.
⑤ ㉠, ㉡ – 우리 역사의 시작을 단군 조선으로 삼았다.

[42~43] 다음 자료를 읽고 물음에 답하시오.

(가) 살리타이가 처인성을 공격하였다. 적을 피해 성에 와 있던 한 승려가 살리타이를 쏘아 죽였다. 국가에서 그 전공을 칭찬하여 상장군 벼슬을 주었다. 승려가 전공을 다른 사람에게 돌리며 말하기를, "전투할 때 나는 활과 화살이 없었으니, 어찌 감히 공 없이 무거운 상을 받겠습니까."라고 하고, 굳게 사양하며 받지 않았다.

(나) [우리 부대가] 대군(大軍)과 연합하여 평양을 포위하였다. 보장왕이 먼저 연남산 등을 보내 영공에게 항복을 청하였다. 이에 영공은 보장왕과 왕자 복남·덕남 및 대신 등 20여만 명을 끌고 본국으로 돌아갔다. 각간 김인문과 대아찬 조주는 영공을 따라 돌아갔다.

(다) 비국(備局)에서 아뢰기를, "적병이 두 차례나 용골산성을 공격해 왔지만 정봉수는 홀로 고립된 성을 지키면서 충성과 용맹을 더욱 떨쳤습니다. …… 죽음을 두려워하지 않는 용사를 더 모집하여 육로로 혹은 배편으로 달려가서 기세(氣勢)를 돕게 하소서. 용골산성이 비록 포위에서 풀렸으나 이 일은 그만둘 수 없을 듯합니다."라고 하니, 왕이 따랐다.

(라) 부사 송상현은 왜적이 바다를 건넜다는 소식을 듣고 지역 주민과 군사 그리고 이웃 고을의 군사를 모두 불러 모아 성에 들어가 지켰다. …… 성이 포위당하자 상현이 성의 남문에 올라가 전투를 독려하였으나 한나절 만에 성이 함락되었다. 상현은 갑옷 위에 조복(朝服)*을 입고 의자에 앉아 움직이지 않았다. …… 적이 모여들어 생포하려고 하자 상현이 발로 걷어차면서 항거하다가 마침내 해를 입었다.

*조복(朝服): 관원이 조정에 나아가 하례할 때 입던 예복

42 (가)~(라) 전투를 일어난 순서대로 옳게 나열한 것은?
[2점 | 63회]

① (가) – (나) – (다) – (라)
② (가) – (나) – (라) – (다)
③ (나) – (가) – (라) – (다)
④ (나) – (다) – (가) – (라)
⑤ (다) – (라) – (나) – (가)

43 (라) 전투가 벌어진 지역에서 있었던 사실로 옳은 것은?
[2점 | 63회]

① 내상이 무역 활동을 전개하였다.
② 안승이 왕으로 봉해진 보덕국이 세워졌다.
③ 지역 차별에 반발하여 홍경래가 봉기하였다.
④ 만적을 비롯한 노비들이 신분 해방을 도모하였다.
⑤ 지주 문재철의 횡포에 맞서 소작 쟁의가 일어났다.

44 (가)에 대한 역대 왕조의 대응으로 옳은 것은? [2점 | 62회]

> 함길도 도절제사 김종서에게 전지하기를, "동북 지역의 경계는 공험진(公嶮鎭)으로 삼았다는 말이 전하여 온 지가 오래다. 그러나 정확하게 어느 곳에 있는지 알지 못한다. …… 고려사에 이르기를, '윤관이 공험진에 비를 세워 경계를 삼았다.'고 하였다. 지금 듣건대 선춘점(先春岾)에 윤관이 세운 비가 있다 하는데, 공험진이 선춘점의 어느 쪽에 있는가. 그 비문을 사람을 시켜 찾아볼 수 있겠는가. …… 윤관이 [(가)] 을/를 쫓고 9성을 설치하였는데, 그 성이 지금 어느 성이며, 공험진의 어느 쪽에 있는가. 거리는 얼마나 되는가. 듣고 본 것을 아울러 써서 아뢰라."라고 하였다.

① 신라 문무왕 때 청방인문표를 보내어 인질의 석방을 요구하였다.
② 고려 우왕 때 나세, 심덕부 등이 진포에서 크게 물리쳤다.
③ 고려 창왕 때 박위를 파견하여 근거지를 토벌하였다.
④ 조선 태종 때 경성과 경원에 무역소를 설치하여 회유하였다.
⑤ 조선 광해군 때 기유약조를 체결하여 무역을 재개하였다.

[45~46] 다음 자료를 읽고 물음에 답하시오.

> (가) 처음으로 독서삼품을 정하여 관리를 선발하였다. 춘추좌씨전, 예기, 문선을 읽고 그 뜻에 능통하면서 아울러 논어와 효경에 밝은 자를 상품(上品)으로, 곡례와 논어, 효경을 읽은 자를 중품(中品)으로, 곡례와 효경을 읽은 자를 하품(下品)으로 하였다.
>
> (나) 쌍기가 의견을 올리니 처음으로 ㉠이 제도를 마련하여 시행하였다. 시·부·송 및 시무책으로 시험하여 진사를 뽑았으며, 겸하여 명경업·의업·복업 등도 뽑았다.
>
> (다) 조광조가 아뢰기를, "중앙에서는 홍문관·육경·대간, 지방에서는 감사와 수령이 천거한 사람들을 대궐에 모아 시험을 치르면 많은 인재를 얻을 수 있을 것입니다. ㉡이 제도는 한(漢)에서 시행한 현량방정과의 뜻을 이은 것입니다."라고 하였다.
>
> (라) 제4조 의정부 및 각 부 판임관을 임명할 시에는 각기 관하 학도 및 외국 유학생 졸업자 중에서 시험을 거쳐 해당 주무 장관이 전권으로 임명한다. 단, 졸업자가 없을 시에는 문필과 산술이 있고 시무에 통달한 자로 시험을 거쳐서 임명한다.

45 (가)~(라)를 활용한 탐구 활동으로 적절한 것을 |보기|에서 고른 것은? [2점 | 62회]

|보기|

ㄱ. (가) – 최승로의 시무 28조를 받아들여 달라진 제도를 살펴본다.
ㄴ. (나) – 광종이 왕권 강화를 위해 추진한 정책에 대해 알아본다.
ㄷ. (다) – 중종 때 사림파 언관들이 제기한 주장을 조사해 본다.
ㄹ. (라) – 임술 농민 봉기를 수습하기 위한 정부의 대책을 파악한다.

① ㄱ, ㄴ ② ㄱ, ㄷ ③ ㄴ, ㄷ ④ ㄴ, ㄹ ⑤ ㄷ, ㄹ

46 밑줄 그은 ㉠, ㉡에 대한 설명으로 옳은 것은? [3점 | 62회]

① ㉠ – 역분전이 제정되는 결과를 가져왔다.
② ㉠ – 지공거와 합격자 사이에 좌주와 문생 관계가 형성되었다.
③ ㉡ – 제술과, 명경과, 잡과, 승과로 구성되었다.
④ ㉡ – 성균관에서 보는 관시, 한성부에서 보는 한성시, 각 지방에서 보는 향시로 나뉘었다.
⑤ ㉠, ㉡ – 홍범 14조 반포를 계기로 시행되었다.

47 (가)~(마)에 대한 설명으로 옳은 것은? [3점 | 65회]

① (가) - 우리나라 최초의 근대 신문이 간행되었다.
② (나) - 고종의 황제 즉위식이 거행된 장소이다.
③ (다) - 백동화가 주조되었다.
④ (라) - 을사늑약이 체결되었다.
⑤ (마) - 나운규의 아리랑이 처음 상영된 곳이다.

48 (가) 신분에 대한 설명으로 옳은 것은? [2점 | 58회]

① 신라에서 승진에 제한을 받았으며, 득난이라고도 불렸다.
② 고려 시대에 향, 부곡, 소에 거주하였으며, 과중한 세금을 부담하였다.
③ 조선 시대에 봉수, 역졸의 업무를 주로 담당하였다.
④ 조선 후기에 통청 운동으로 청요직 진출을 시도하였다.
⑤ 조선 순조 때 궁방과 중앙 관서에 소속된 6만여 명이 해방되었다.

49 (가) 궁궐에 대한 설명으로 옳은 것은? [2점 | 60회]

> 대왕대비가 전교하였다. " (가) 은/는 우리 왕조에서 수도를 세울 때 맨 처음 지은 정궁이다. …… 그러나 불행하게도 전란에 의해 불타버린 후 미처 다시 짓지 못하여 오랫동안 뜻있는 선비들의 개탄을 자아내었다. …… 이 궁궐을 다시 지어 중흥의 큰 업적을 이루려면 여러 대신과 함께 의논해보지 않을 수 없다."
> - 「고종실록」 -

① 근정전을 정전으로 하였다.
② 일제에 의해 동물원 등이 설치되었다.
③ 후원에 왕실 도서관인 규장각이 있었다.
④ 도성 내 서쪽에 있어 서궐이라고 불렸다.
⑤ 인목 대비가 광해군에 의해 유폐된 장소이다.

[50~51] 다음 자료를 읽고 물음에 답하시오.

(가) 우리 해동의 삼국도 역사가 오래되었으니 마땅히 책을 써야 합니다. 그러므로 폐하께서 이 늙은 신하에게 편찬하도록 하셨습니다. 폐하께서 이르시기를, "삼국은 중국과 통교하였으므로 『후한서』나 『신당서』에 모두 삼국의 열전이 있지만, 상세히 실리지 않았다. 우리의 옛 기록은 빠진 사실이 많아 후세에 교훈을 주기 어렵다. 그러므로 뛰어난 역사서를 완성하여 물려주고 싶다."라고 하셨습니다.

(나) 삼가 삼국 이후의 여러 역사서를 모으고 중국의 역사서에서 가려내어 연도에 따라 사실을 기록하였습니다. 범례는 『자치통감』에 의거하였고, 『자치통감강목』의 취지에 따라 번잡한 것은 줄이고 요령만 남겨두도록 힘썼습니다. 삼국이 서로 대치한 때는 삼국기라고 하였고, 신라가 통합한 시대는 신라기라고 하였으며, 고려 시대는 고려기라 하였고, 삼한 이전은 외기라고 하였습니다.

(다) 옛 성인은 예악으로 나라를 일으켰고 인의로 가르침을 폈으니 괴력난신은 말하지 않았다. 그러나 제왕이 일어날 때는 반드시 보통 사람과 다른 점이 있었고, 그러한 후에야 제왕의 지위를 얻고 대업을 이루었다. …… 그러므로 삼국의 시조가 모두 신이한 데서 나왔다고 해서 무엇이 괴이하다고 하겠는가. 이것이 책 첫머리에 기이편이 실린 까닭이다.

(라) 옛날에 고씨가 북쪽에 살면서 고구려라 하였고, 부여씨가 서남쪽에 살면서 백제라 하였으며, 박·석·김씨가 동쪽에 살면서 신라라고 하였으니, 이것이 삼국이다. 그러니 마땅히 삼국사가 있어야 할 것이다. …… 부여씨가 망하고 고씨가 망하니 김씨가 그 남쪽 땅을 차지하고 대씨가 그 북쪽 땅을 차지하여 발해라 하였다. 이것을 남북국이라 한다. 그러니 마땅히 남북국사가 있어야 한다.

50 (가)~(라) 역사서를 편찬한 순서대로 옳게 나열한 것은? [3점 | 61회]

① (가) - (나) - (다) - (라) ② (가) - (다) - (나) - (라)
③ (나) - (가) - (라) - (다) ④ (나) - (다) - (가) - (라)
⑤ (다) - (라) - (나) - (가)

51 (가)~(라) 역사서에 대한 설명으로 옳은 것을 <보기>에서 고른 것은? [2점 | 61회]

┌ 보기 ┐
ㄱ. (가) - 유교 사관에 입각하여 기전체 형식으로 저술하였다.
ㄴ. (나) - 사초와 시정기를 바탕으로 실록청에서 편찬하였다.
ㄷ. (다) - 불교사를 중심으로 민간 설화 등을 수록하였다.
ㄹ. (라) - 고조선부터 고려까지의 역사를 편년체로 정리하였다.

① ㄱ, ㄴ ② ㄱ, ㄷ ③ ㄴ, ㄷ ④ ㄴ, ㄹ ⑤ ㄷ, ㄹ

52 (가)~(라) 승려에 대한 설명으로 옳은 것은? [3점 | 61회]

○ (가) 은/는 화엄 사상의 요지를 정리한 「화엄일승법계도」를 저술하였다. 또한 부석사를 비롯한 여러 사원을 건립하였고, 현세의 고난에서 구제받고자 하는 관음 신앙을 강조하였다.

○ (나) 은/는 귀법사의 주지로서, 왕명에 따라 민중을 교화하고 불법을 널리 펴기 위해 노력하였다. 또한 향가인 「보현십원가」 11수를 지어 화엄 사상을 대중에게 전파하였다.

○ (다) 은/는 문종의 아들로 태어나 11세에 출가하였다. 31세에 송으로 건너가 고승들과 불법을 토론하고 불교 서적을 수집하여 귀국하였다. 국청사를 중심으로 천태종을 창시하였으며, 교선 통합을 사상적으로 뒷받침하기 위해 교관겸수를 제창하였다.

○ (라) 은/는 12세에 출가하였다. 수행상의 제약을 넘어서기 위해서는 천태의 교리에 의지해야 한다는 깨달음을 얻었다. 법화 신앙을 바탕으로 강진 만덕사에서 백련 결사를 결성하였다.

① (가) - 심성의 도야를 강조한 유불 일치설을 주장하였다.
② (나) - 정혜쌍수와 돈오점수를 수행 방법으로 제시하였다.
③ (다) - 불교 경전에 대한 주석서를 모아 교장을 편찬하였다.
④ (라) - 9산 선문 중 하나인 가지산문을 개창하였다.
⑤ (가)~(라) - 승과에 합격하고 왕사에 임명되었다.

53 ㉠~㉤에 대한 탐구 활동으로 적절하지 <u>않은</u> 것은? [2점 | 59회]

🔍 역사 돋보기   조선이 만난 이방인

조선 전기에는 외부 세계와의 관계가 중국과 일본을 중심으로 류큐 등의 아시아 국가에 주로 국한되어 있었다. ㉠조선인의 외부에 대한 인식은 이들 국가에 집중되어 있었고, 조선은 중국을 비롯한 주변 국가 이외의 세계에서는 낯선 존재였다.

조선 후기에 들어 지리 지식의 확대와 더불어 조선인의 외부 세계에 대한 인식이 점차 넓어져 갔다. 조선과 서양인의 만남은 크게 네 가지로 나누어 볼 수 있다. 첫째, 중국과 일본을 오가던 ㉡서양 선박이 난파하여 조선에 표착한 경우이다. 둘째, 크리스트교 선교를 목적으로 ㉢선교사가 직접 조선에 파견되는 경우이다. 셋째, 서양인이 ㉣조선의 해안 측량을 목적으로 해안을 탐사하는 과정에서 접촉한 경우이다. 넷째, 조선과의 ㉤교역을 목적으로 서양의 상선이 접근하는 경우이다.

① ㉠ - 해동제국기의 작성 목적을 파악한다.
② ㉡ - 하멜 표류기의 내용을 분석한다.
③ ㉢ - 프랑스 파리 외방 선교회의 활동을 알아본다.
④ ㉣ - 혼일강리역대국도지도가 제작된 과정을 조사한다.
⑤ ㉤ - 제너럴셔먼호 사건 관련 자료를 찾아본다.

54 (가)~(마)에 들어갈 내용으로 옳지 <u>않은</u> 것은? [3점 | 64회]

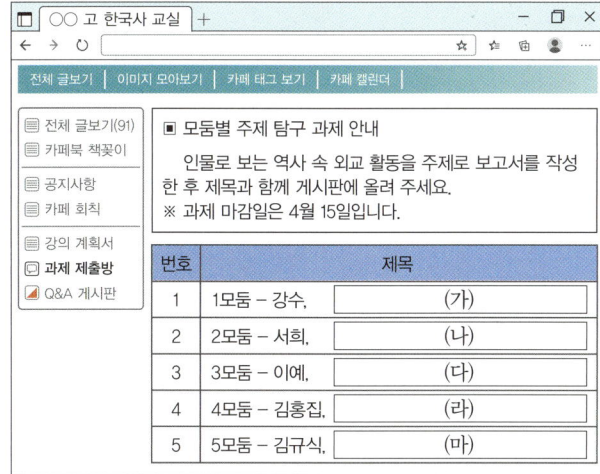

① (가) - 외교 문서 작성에 능하여 청방인문표를 짓다
② (나) - 외교 담판을 통해 강동 6주를 확보하다
③ (다) - 일본에 파견되어 계해약조 체결에 기여하다
④ (라) - 보빙사의 전권대신으로 미국에 파견되다
⑤ (마) - 파리 강화 회의에 독립 청원서를 제출하다

55 (가)~(마)에 대한 설명으로 옳지 <u>않은</u> 것은? 3점 | 60회

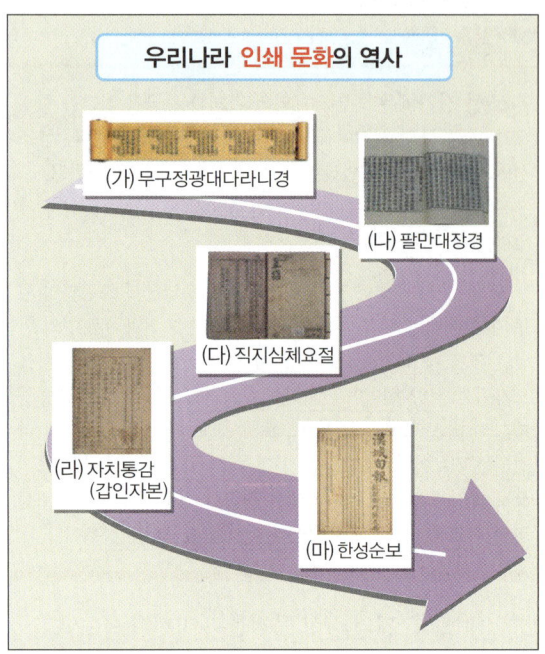

① (가) – 주자소를 설치하여 인쇄하였다.
② (나) – 대장도감에서 판각한 목판으로 찍었다.
③ (다) – 청주 흥덕사에서 금속 활자로 간행하였다.
④ (라) – 이천, 장영실 등이 제작한 활자로 인쇄하였다.
⑤ (마) – 납으로 만든 활자를 사용해 박문국에서 발행하였다.

56 ㉠~㉤에 대한 탐구 활동으로 적절하지 <u>않은</u> 것은? 2점 | 65회

> **역사 돋보기   한국 교육의 역사**
>
> 삼국 시대에는 ㉠국가가 운영하는 기관을 통해 제도적인 교육이 이루어졌다. 이때 교재는 유학 경전과 역사서가 중심이었다.
> 고려 시대에 와서 과거제가 실시되었다. 조상의 음덕을 입은 관직 진출도 있었지만, 과거에 합격하는 것을 영예롭게 여기기도 하였다. 이 과정에서 관학인 국자감 못지 않게 ㉡사학 역시 중요한 역할을 하였다.
> 조선 시대의 교육 기관은 ㉢관학으로 성균관·향교 등이 있었고, 사학으로 서원 등이 있었다. 국가는 교육을 통해 성리학의 이념을 확산시키고, 통치 질서를 유지하려고 하였다.
> 19세기 말 서구 문물을 접하면서 교육에도 상당한 변화가 일어났다. ㉣정부는 새로운 변화에 대처하고 행정의 실무를 담당할 필요에서 학교를 설치하였다.
> 갑오개혁 때 ㉤교육 입국 조서가 반포된 이후에는 각종 관립 학교가 세워져 교육을 담당하였다. 한편, 선교사들은 기독교를 전파하고 서양 문화를 보급하려고 학교 설립에 앞장섰다.

① ㉠ – 태학의 설립 취지를 찾아본다.
② ㉡ – 9재 학당의 수업 내용을 조사한다.
③ ㉢ – 명륜당과 대성전의 기능을 알아본다.
④ ㉣ – 동문학과 육영 공원의 운영 목적을 분석한다.
⑤ ㉤ – 배재 학당, 이화 학당의 설립 시기를 파악한다.

57 (가)~(라) 교육 기관에 대한 설명으로 옳은 것만을 |보기|에서 고른 것은?

3점 | 60회

(가) 학생의 재학 연한은 9년으로 하되 우둔하여 깨우치지 못하는 자는 퇴학시키고, 재주와 기량은 있으나 아직 미숙한 자는 9년이 넘더라도 재학을 허락하였다. 관등이 대나마, 나마에 이르면 졸업하였다.

(나) 7재를 두었는데, 주역을 공부하는 여택재, 상서를 공부하는 대빙재, 모시(毛詩)를 공부하는 경덕재, 주례를 공부하는 구인재, 대례(戴禮)를 공부하는 복응재, 춘추를 공부하는 양정재, 무학을 공부하는 강예재이다.

(다) 입학생은 생원·진사인 상재생과 유학(幼學) 중에서 선발된 기재생으로 구분되었다. 이들은 동재와 서재에 기숙하면서 공부하였으며, 아침·저녁 식당에 들어가 서명하면 원점 1점을 얻었다. 원점 300점을 얻으면 관시(館試)에 응시할 수 있었다.

(라) 좌원과 우원을 두었는데, 좌원에는 젊은 현직 관리를, 우원에는 관직에 나아가지 않은 명문가 자제들을 입학시켰다. 외국인 3명을 교사로 초빙하였으며, 학생들은 졸업할 때까지 공원(公院)에서 학습에 전념하도록 하였다.

|보기|
ㄱ. (가) – 신문왕이 인재 양성을 위해 설치하였다.
ㄴ. (나) – 전국의 부·목·군·현에 하나씩 설립되었다.
ㄷ. (다) – 공자 등 성현을 기리는 석전대제를 거행하였다.
ㄹ. (라) – 교육입국 조서 반포를 계기로 세워졌다.

① ㄱ, ㄴ ② ㄱ, ㄷ ③ ㄴ, ㄷ ④ ㄴ, ㄹ ⑤ ㄷ, ㄹ

58 (가)~(라)를 일어난 순서대로 옳게 나열한 것은?

3점 | 65회

(가) 좌의정 박은이 상왕(上王)에게 아뢰기를, "이제 왜구가 중국에 들어가 도적질하고 본도로 돌아오는 것이 곧 이때이므로 마땅히 이종무 등으로 대마도에 나가 적이 섬에 돌아오기를 기다렸다가 맞아서 치게 되면 적을 파함에 틀림없을 것이니, 진멸(殄滅)시킬 기회를 잃지 마소서."라고 하니, 상왕이 옳게 여겼다.

(나) 김방경이 중군을 거느리게 하고 홀돈과 홍다구와 더불어 일본을 정벌하게 하였다. 일기도(一岐島)에 이르러 천여 명을 죽이고 길을 나누어 진격하였다. 왜인들이 달아나는데 쓰러진 시체가 마치 삼대와 같았다. 날이 저물어 이내 공격을 늦추었는데 마침 밤에 태풍이 크게 불어 전함들이 많이 부서졌다.

(다) 왜구가 배 5백 척을 이끌고 진포 입구에 들어와서는 큰 밧줄로 배를 서로 잡아매고 병사를 나누어 지키다가, 해안에 상륙하여 여러 고을로 흩어져 들어가 불을 지르고 노략질을 자행하였다. …… 나세, 심덕부, 최무선 등이 진포에 이르러, 최무선이 만든 화포를 처음으로 사용하여 그 배들을 불태웠다.

(라) 왜장이 군사 수만 명을 모두 동원하여 진주성을 포위하였는데 성 안의 군사는 3천여 명이었다. 진주 목사 김시민이 여러 성첩을 나누어 지키게 하였다. …… 10여 일 동안 4~5차례 큰 전투를 벌이면서 안팎에서 힘껏 싸웠으므로 적이 먼저 도망하였다.

① (가) – (나) – (다) – (라) ② (가) – (다) – (나) – (라)
③ (나) – (가) – (라) – (다) ④ (나) – (다) – (가) – (라)
⑤ (다) – (라) – (나) – (가)

59 (가)~(라) 지방 통치 체제에 대한 설명으로 옳은 것을 |보기|에서 고른 것은? 3점 | 64회

(가) 완산주를 다시 설치하고 용원을 총관으로 삼았다. 거열주를 빼서 청주(菁州)를 두니 처음으로 9주가 되었다. 대아찬 복세를 총관으로 삼았다.

(나) 현종 초에 절도사를 폐지하고, 5도호와 75도 안무사를 두었으나, 얼마 후 안무사를 폐지하고, 4도호와 8목을 두었다. 그 이후로 5도·양계를 정하니, 양광·경상·전라·교주·서해·동계·북계가 그것이다.

(다) 각 도 각 고을의 이름을 고쳤다. …… 드디어 완산을 다시 '전주'라고 칭하고, 계림을 다시 '경주'라고 칭하고, 서북면을 '평안도'로 하고, 동북면을 '영길도'로 하였으니, 평양·안주·영흥·길주가 계수관이기 때문이다.

(라) 전국을 23부의 행정 구역으로 나누어 아래에 열거하는 각 부를 둔다. …… 앞 조항 외에는 종래의 목, 부, 군, 현의 명칭과 부윤, 목사, 부사, 군수, 서윤, 판관, 현령, 현감의 관명을 다 없애고 읍의 명칭을 군이라고 하며 읍 장관의 관명을 군수라고 한다.

┤보기├
ㄱ. (가) - 신문왕 재위 시기에 정비되었다.
ㄴ. (나) - 지방 장관으로 욕살, 처려근지 등이 있었다.
ㄷ. (다) - 도에는 관찰사가 임명되어 수령을 감독하였다.
ㄹ. (라) - 광무개혁의 일환으로 실시되었다.

① ㄱ, ㄴ   ② ㄱ, ㄷ   ③ ㄴ, ㄷ
④ ㄴ, ㄹ   ⑤ ㄷ, ㄹ

60 (가)~(라) 사건에 대한 설명으로 옳은 것을 |보기|에서 고른 것은? 3점 | 59회

(가) 나라 안의 모든 주군(州郡)에서 공물과 부세를 보내지 않아 창고가 비고 재정이 궁핍해졌다. 왕이 관리를 보내 독촉하니 곳곳에서 도적이 벌 떼처럼 일어났다. 이때 원종, 애노 등이 사벌주를 근거지로 반란을 일으켰다.

(나) 남쪽에서 적(賊)들이 봉기하였다. 가장 심한 자들은 운문을 거점으로 한 김사미와 초전을 거점으로 한 효심이었다. 이들은 유랑민을 불러 모아 주현(州縣)을 습격하여 노략질하였다.

(다) 임술년 2월 19일, 진주 백성 수만 명이 머리에 흰 수건을 두르고 손에는 나무 몽둥이를 들고 무리를 지어 진주 읍내에 모여 서리들의 가옥 수십 호를 불사르고 부수니, 그 움직임이 심상치 않았다.

(라) 군수 조병갑은 탐학이 심하여 군민들이 그 주구에 시달려왔다. 그러던 중 조병갑이 다시 만석보 보수를 빙자하여 백성을 강제 노역시키고 불법적인 징세를 자행하였기에 군민들이 더욱 한을 품게 되었다. …… 전봉준은 백성을 이끌고 일어나 관아를 습격하고 관청에서 쌓은 보를 허물어 버렸다.

┤보기├
ㄱ. (가) - 삼정이정청이 설치되는 계기가 되었다.
ㄴ. (나) - 무신 집권기 지배층의 수탈에 대한 저항이었다.
ㄷ. (다) - 윤원형 일파가 정국을 주도한 시기에 발생하였다.
ㄹ. (라) - 주모자가 드러나지 않기 위해 사발통문을 작성하였다.

① ㄱ, ㄴ   ② ㄱ, ㄷ   ③ ㄴ, ㄷ
④ ㄴ, ㄹ   ⑤ ㄷ, ㄹ

[61~62] 다음 자료를 읽고 물음에 답하시오.

(가) 제6도 심통성정도(心統性情圖) 중에서 하도(下圖)는 이(理)와 기(氣)를 합하여 말한 것이니, …… 예를 들면 사단(四端)의 정은 이가 발하고 기가 따르니, 본래 순선(純善)하여 악이 없으나, 반드시 이의 발함이 온전하게 이루어지기 전에 기에 가려진 연후에야 선하지 않게 됩니다. 칠정(七情)은 기가 발하고 이가 그것에 타는 것이니, 역시 선하지 않음이 없으나, 만약 기가 발하는 것이 절도에 맞지 않으면 그 이를 멸하게 되어 악이 됩니다.

(나) 유·불·도 삼교(三敎)는 각자 업(業)으로 삼아 수행하는 바가 있으니, 섞어서 하나로 할 수는 없습니다. 부처의 가르침을 행하는 것은 수신(修身)의 근본이요, 유교의 가르침을 행하는 것은 나라를 다스리는 근원이니, 수신은 다음 생을 위한 바탕이 되고, 나라를 다스리는 것은 곧 오늘날에 힘쓸 일입니다. 오늘날은 지극히 가깝고 다음 생은 지극히 먼 것인데, 가까운 것을 버리고 먼 것을 구한다면 이는 잘못된 것이 아니겠습니까.

(다) 저 불씨(佛氏)는 사람이 사악한지 정의로운지 올바른지 그른지는 가리지 않고 말하기를, "우리 부처에게 오는 자는 화를 면하고 복을 얻을 수 있다."라고 한다. 이것은 비록 열 가지의 큰 죄악을 지은 사람일지라도 부처에게 귀의하면 화를 면하게 되고, 아무리 도가 높은 선비일지라도 부처에게 귀의하지 않으면 화를 면할 수 없다는 말이다. 가령 그 말이 거짓이 아니라 할지라도 모두 사사로운 마음에서 나온 것이요, 올바른 도리가 아니므로 징계해야 할 것이다.

(라) 유교계에 3대 문제가 있는지라. 그 문제에 관해 개량하고 구신(求新)하지 않으면 우리 유교는 결코 흥왕할 수 없으리라. …… 소위 3대 문제는 무엇인가. 하나는 유교파의 정신이 오로지 제왕 측에 있고 인민 사회에 보급할 정신이 부족한 것이다. 하나는 열국을 돌아다니면서 천하를 바꾸려는 주의를 따르지 않고, "내가 학생을 구하는 것이 아니라, 학생이 나를 찾아야 한다."라는 주의를 고수한 것이다. 하나는 우리 한국의 유가는 간단하고 절실한 가르침을 요구하지 않고 지리하고 한만(汗漫)한 공부만 해 온 것이다.

61 (가)~(라)를 작성된 순서대로 옳게 나열한 것은? [2점 | 57회]

① (가) - (나) - (다) - (라)
② (가) - (나) - (라) - (다)
③ (나) - (가) - (라) - (다)
④ (나) - (다) - (가) - (라)
⑤ (다) - (라) - (나) - (가)

62 (가)~(라)를 작성한 인물에 대해 탐구한 내용으로 적절한 것을 |보기|에서 고른 것은? [3점 | 57회]

| 보기 |
ㄱ. (가) - 자유롭고 독창적으로 경서를 해석해 사서(四書)에 대한 주자의 해석을 반박하고, 노장사상 등을 도입해 유학의 실리적 측면을 강화하려고 하였다.
ㄴ. (나) - 예기(禮記) 중 월령(月令)에 근거하여 불교 행사를 줄이고 정사를 행하도록 촉구하며 불교적 관행에 젖은 군주를 유교적 규범을 실천하는 군주로 변화시키고자 하였다.
ㄷ. (다) - 기대승과의 논쟁을 통해 성리학의 이해를 심화하였으며, 그의 사상은 제자에 의해 일본으로 전해져 일본 유학의 발전에 영향을 주었다.
ㄹ. (라) - 양명학을 통해서 기존의 유학을 개선하려 하였고, 실학의 실천 정신을 받아들여 구국 운동을 실행하는 데 관심을 기울였다.

① ㄱ, ㄴ ② ㄱ, ㄷ ③ ㄴ, ㄷ ④ ㄴ, ㄹ ⑤ ㄷ, ㄹ

63 ㉠~㉤에 대한 학생들의 의견으로 적절하지 않은 것은? [2점 | 58회]

 **역사 속 왕의 호칭**

왕이 세상을 떠난 뒤 그 이름을 높여 부르는 호칭을 묘호라고 한다. 원칙적으로 나라를 세운 왕은 '조', 그 나머지는 '종'을 붙였다.
우리나라 역사에서 처음으로 묘호를 쓴 왕은 신라의 ㉠태종 무열왕이다. 고려 시대는 ㉡태조만 조의 묘호가 붙여졌지만, 조선 시대에는 다양한 이유로 ㉢정조처럼 조를 붙인 왕이 여럿 있었다.
그러나 고려 후기에는 ㉣충렬왕처럼 조, 종을 붙이지 못한 왕들이 있었으며, 조선 시대에는 연산군, ㉤광해군처럼 묘호를 받지 못하고 군으로 격하되어 불린 경우도 있었다.

① 갑: ㉠ - 백제를 멸망시키고 통일의 기초를 마련했어요.
② 을: ㉡ - 고려 건국의 위업을 이루었어요.
③ 병: ㉢ - 탕평책 등 여러 개혁으로 통치 체제를 재정비했어요.
④ 정: ㉣ - 원 황실의 부마가 되었어요.
⑤ 무: ㉤ - 중종반정으로 폐위되었어요.

2026 최신판

에듀윌 한국사능력검정시험
시대별 기출문제집 심화
+무료특강

읽기만 해도 이해와 정리가 되는
정답과 해설

eduwill

오답 체크리스트

오답을 체크하여 자신의 취약 주제를 확인한 후, 추가 학습의 용도로 활용하여 보세요.

선사 시대~고조선과 여러 나라의 성장   P. 014~018

선사					고조선과 여러 나라의 성장													
01	02	03	04	05	06	07	08	09	10	11	12	13	14	15	16	17	18	19

고대   P. 028~050

고구려, 가야												백제, 신라																	
01	02	03	04	05	06	07	08	09	10	11	12	13	14	15	16	17	18	19	20	21	22	23	24	25	26	27	28	29	30

통일 신라, 발해																		경제, 사회							문화				
31	32	33	34	35	36	37	38	39	40	41	42	43	44	45	46	47	48	49	50	51	52	53	54	55	56	57	58	59	60

문화																	
61	62	63	64	65	66	67	68	69	70	71	72	73	74	75	76	77	78

고려   P. 060~078

초기 정치												중기 정치~무신정변												외교					
01	02	03	04	05	06	07	08	09	10	11	12	13	14	15	16	17	18	19	20	21	22	23	24	25	26	27	28	29	30

외교												경제, 사회								문화									
31	32	33	34	35	36	37	38	39	40	41	42	43	44	45	46	47	48	49	50	51	52	53	54	55	56	57	58	59	60

문화											
61	62	63	64	65	66	67	68	69	70	71	72

조선 전기   P. 088~102

정치																		조직							외교				
01	02	03	04	05	06	07	08	09	10	11	12	13	14	15	16	17	18	19	20	21	22	23	24	25	26	27	28	29	30

외교							경제, 사회								문화														
31	32	33	34	35	36	37	38	39	40	41	42	43	44	45	46	47	48	49	50	51	52	53	54	55	56	57	58	59	60

조선 후기   P. 112~128

정치																조직, 외교								경제					
01	02	03	04	05	06	07	08	09	10	11	12	13	14	15	16	17	18	19	20	21	22	23	24	25	26	27	28	29	30

	사회															문화													
31	32	33	34	35	36	37	38	39	40	41	42	43	44	45	46	47	48	49	50	51	52	53	54	55	56	57	58	59	60

		문화					
61	62	63	64	65	66	67	68

개항기
P. 138~160

흥선 대원군												개항~갑신정변																	
01	02	03	04	05	06	07	08	09	10	11	12	13	14	15	16	17	18	19	20	21	22	23	24	25	26	27	28	29	30

동학 농민 운동~대한 제국															국권 피탈과 저항														
31	32	33	34	35	36	37	38	39	40	41	42	43	44	45	46	47	48	49	50	51	52	53	54	55	56	57	58	59	60

경제												문화																	
61	62	63	64	65	66	67	68	69	70	71	72	73	74	75	76	77	78	79	80	81	82	83	84	85	86	87	88	89	90

일제 강점기
P. 170~186

식민 통치												1910년대 저항																	
01	02	03	04	05	06	07	08	09	10	11	12	13	14	15	16	17	18	19	20	21	22	23	24	25	26	27	28	29	30

1920년대 저항																							1930년대 이후 저항						
31	32	33	34	35	36	37	38	39	40	41	42	43	44	45	46	47	48	49	50	51	52	53	54	55	56	57	58	59	60

1930년대 이후 저항						
61	62	63	64	65	66	67

현대
P. 196~210

광복~6·25 전쟁															민주화 과정														
01	02	03	04	05	06	07	08	09	10	11	12	13	14	15	16	17	18	19	20	21	22	23	24	25	26	27	28	29	30

민주화 과정												경제 발전과 통일 노력															
31	32	33	34	35	36	37	38	39	40	41	42	43	44	45	46	47	48	49	50	51	52	53	54	55	56	57	58

통합주제
P. 214~231

지역사												세시풍속, 유네스코						근현대 인물											
01	02	03	04	05	06	07	08	09	10	11	12	13	14	15	16	17	18	19	20	21	22	23	24	25	26	27	28	29	30

시대 통합																													
31	32	33	34	35	36	37	38	39	40	41	42	43	44	45	46	47	48	49	50	51	52	53	54	55	56	57	58	59	60

61	62	63

정답과 해설

PART 1. 선사 시대~고조선과 여러 나라의 성장									P.014~018
01	⑤	02	③	03	⑤	04	③	05	④
06	⑤	07	⑤	08	⑤	09	②	10	③
11	②	12	②	13	①	14	②	15	③
16	④	17	③	18	③	19	④		

01 구석기 시대의 생활 모습   정답 ⑤

키워드 문제분석   연천 전곡리 유적 + 주먹도끼 = 구석기 시대

연천 전곡리 유적은 단양 수양개 유적, 공주 석장리 유적과 더불어 구석기 시대의 대표적인 유적이에요. 구석기 시대 사람들은 주먹도끼와 같은 뗀석기를 사용하여 사냥과 채집 등을 통해 식량을 구하였어요.

① 소를 이용한 깊이갈이(우경)는 신라 지증왕 때 우리나라의 기록에 처음 등장하였고, 고려 시대에 일반화되었어요.
② 신석기 시대 사람들은 빗살무늬 토기를 사용하여 음식을 조리하거나 식량을 저장하였어요.
③ 청동기 시대에는 많은 인력을 동원하여 지배층의 무덤으로 고인돌을 만들었어요.
④ 청동기 시대와 철기 시대에는 거푸집을 사용하여 청동 검을 제작하였어요. 세형동검은 철기 시대에 만들어진 청동 검이에요.
⑤ 구석기 시대 사람들은 식량을 찾아 이동 생활을 하였으며, 주로 동굴이나 강가의 막집, 바위 그늘에서 거주하였어요.

02 신석기 시대의 생활 모습   정답 ③

키워드 문제분석   빗살무늬 토기+갈돌, 갈판 = 신석기 시대

빗살무늬 토기는 신석기 시대의 대표적인 토기로, 식량을 저장하거나 음식을 조리하는 데 사용되었어요. 또한 신석기 시대 사람들은 돌을 갈아 만든 간석기를 사용하였는데, 갈돌과 갈판은 곡식을 가루로 만드는 데 사용하였어요.

① 청동기 시대부터 계급이 출현하고 정복 활동이 활발해지면서 마을 주위에 목책과 환호 등 방어 시설이 갖추어지기 시작하였어요.
② 소를 이용한 깊이갈이(우경)는 신라 지증왕 때 우리나라의 기록에 처음 등장하였고, 고려 시대에 일반화되었어요.
③ 신석기 시대 사람들은 농경과 목축을 시작하여 스스로 식량을 생산하는 단계에 이르렀어요.
④ 청동기 시대에는 많은 인력을 동원하여 지배층의 무덤으로 고인돌을 만들었어요.
⑤ 청동기 시대와 철기 시대에는 거푸집을 이용하여 청동 검을 만들었어요. 세형 동검은 철기 시대에 제작된 청동 검이에요.

03 신석기 시대의 생활 모습   정답 ⑤

키워드 문제분석   갈돌과 갈판 + 빗살무늬 토기 = 신석기 시대

신석기 시대 사람들은 농사를 지으면서 강가나 바닷가에 움집을 짓고 한곳에 정착하여 살기 시작하였어요. 또한, 돌을 갈아 만든 간석기를 사용하였는데, 갈돌과 갈판은 곡식을 가루로 만드는 데 사용하였어요. 빗살무늬 토기는 신석기 시대의 대표적인 토기로, 식량을 저장하거나 음식을 조리하는 데 사용되었어요.

① 소를 이용한 깊이갈이(우경)는 신라 지증왕 때 우리나라의 기록에 처음 등장하였고, 고려 시대에 일반화되었어요.
② 명도전, 반량전 등은 우리나라의 철기 시대 유적에서 발견되는 중국 화폐로, 이를 통해 당시 중국과 교역하였음을 짐작할 수 있어요.
③ 청동기 시대부터 청동 방울, 청동 도끼, 청동 검, 거친무늬 거울 등 청동으로 도구를 제작하여 의례 도구로 이용하였어요.
④ 청동기 시대와 철기 시대에는 거푸집을 이용하여 청동 검을 제작하였어요. 세형 동검은 철기 시대에 만들어진 청동 검이에요.
⑤ 신석기 시대에는 가락바퀴를 이용하여 실을 뽑고, 뼈바늘로 엮어 옷이나 그물 등을 만들었어요.

04 청동기 시대의 생활 모습   정답 ③

키워드 문제분석   고인돌 + 계급 발생 = 청동기 시대

청동기 시대에는 벼농사가 시작되어 생산력이 높아지면서 사유 재산이 발생하였고, 이에 따라 계급이 발생하였어요. 청동기 시대의 지배 세력은 고인돌을 만들어 자신의 세력을 과시하려 했어요.

① 소를 이용한 깊이갈이(우경)는 신라 지증왕 때 장려되어 고려 시대에 일반화되었어요.
② 구석기 시대 사람들은 주로 동굴이나 막집, 바위 그늘에 살면서 이동 생활을 하였어요.
③ 청동기 시대 사람들은 무기나 장신구 등에는 청동기를 사용하였고, 농기구로는 반달 돌칼 등의 간석기를 사용하였어요.
④ 신석기 시대 사람들은 농경과 목축을 시작하였고, 빗살무늬 토기를 제작해 식량을 저장하였어요.
⑤ 구석기 시대 사람들은 주먹도끼, 찍개 등 뗀석기를 사용하면서 사냥과 채집 생활을 하였어요.

05 청동기 시대의 생활 모습   정답 ④

키워드 문제분석   계급 출현 + 고인돌 + 민무늬 토기 = 청동기 시대

고인돌은 비파형 동검과 함께 청동기 시대를 대표하는 유적과 유물이에요. 청동기 시대에는 농경이 더욱 발달해 생산력이 향상되었고,

이에 따라 잉여 생산물이 발생하면서 빈부의 차이가 나타나 계급이 만들어졌어요. 게다가 정복 활동이 활발해지면서 계급이 뚜렷하게 나누어지고 막강한 권력을 행사하는 지배자가 등장하였어요. 청동기 시대에는 많은 인력을 동원하여 지배층의 무덤으로 고인돌을 축조하였어요. 민무늬 토기는 청동기 시대부터 사용된 토기로, 청동기 시대에는 신석기 시대의 빗살무늬 토기와 달리 표면에 무늬가 없는 민무늬 토기를 사용하였어요.

① 철기 시대에는 철제 무기와 쟁기, 쇠스랑 등 철제 농기구가 널리 보급되었어요.
② 구석기 시대 사람들은 식량을 찾아 이동 생활을 하였으며, 주로 동굴이나 강가의 막집, 바위 그늘에서 거주하였어요.
③ 소를 이용한 깊이갈이(우경)는 신라 지증왕 때 우리나라의 기록에 처음 등장하였고, 고려 시대에 일반화되었어요.
④ 비파형 동검은 청동기 시대의 대표적인 유물이에요. 청동기 시대부터 청동 도끼, 청동 검, 청동 방울, 거친무늬 거울 등 청동으로 도구를 제작하기 시작하였어요.
⑤ 신석기 시대 사람들은 빗살무늬 토기를 사용하여 음식을 조리하거나 식량을 저장하였어요.

06 고조선의 특징　　　　　　　　　　　　정답 ⑤

키워드 문제분석　　　왕검성 + 우거왕 = 고조선

왕검성은 고조선이 멸망할 당시 수도였던 곳이에요. 우거왕은 위만의 손자이자 고조선의 마지막 왕이에요. 고조선은 우거왕 때 한 무제의 공격을 받아 멸망하였어요. 고조선은 위만이 집권한 이후부터 본격적으로 철기 문화를 수용하고, 중국의 한(漢)과 한반도 남부의 진(辰) 사이에서 중계 무역을 하여 경제력을 키웠어요. 그러자 한 무제는 고조선을 공격하였어요. 우거왕과 신하들은 1년여 동안 한에 맞섰지만 역부족이었고, 결국 왕검성이 함락되어 고조선은 멸망하였어요(기원전 108). 한 무제는 옛 고조선의 땅에 낙랑군, 현도군 등 4개의 군을 설치하여 다스렸어요.

① 고구려는 매년 10월에 동맹이라는 제천 행사를 열었어요.
② 삼한에는 제사장인 천군과 신성 지역인 소도가 있었어요. 이를 통해 삼한이 제정 분리 사회였음을 짐작할 수 있어요.
③ 동예에는 다른 부족의 경계를 침범하면 노비, 소, 말로 변상하게 하는 책화라는 풍습이 있었어요.
④ 부여는 왕이 중앙을 다스렸고, 마가·우가·구가·저가 등의 가(加)들이 별도로 사출도라고 불린 지역을 다스렸어요.
⑤ 고조선에는 사회 질서를 유지하기 위해 살인, 절도 등의 죄를 다스리는 범금 8조(8조법)가 있었어요.

07 고조선의 특징　　　　　　　　　　　　정답 ⑤

키워드 문제분석　　우리 역사상 최초의 국가 + 단군왕검 = 고조선

고조선은 우리 역사상 최초의 국가로, 청동기 문화의 발달을 배경으로 성립하였어요. 고조선의 건국 이야기에 따르면 고조선은 단군왕검이 건국하였으며, 홍익인간을 통치 이념으로 내세웠어요. 고조선은 위만 집권 이후 본격적으로 철기 문화를 수용하였고, 중국의 한(漢)과 한반도 남부의 진(辰) 사이에서 중계 무역을 하였어요.

① 동예는 읍락 간의 경계를 중시하는 책화라는 풍습이 있었고, 해마다 무천이라는 제천 행사를 열었어요.
② 삼한에는 제사장인 천군과 천군이 다스리는 신성 지역인 소도가 존재하였어요.
③ 부여는 12월에 영고라는 제천 행사를 열었고, 남의 물건을 훔쳤을 때는 12배로 갚게 하였어요.
④ 고구려는 왕 아래 상가, 대로, 패자 등의 관직을 두었고, 지방에는 욕살, 처려근지 등의 지방관을 파견하였어요.
⑤ 고조선은 기원전 4세기경 스스로 왕을 칭하는 등 중국의 연과 대립할 만큼 강성하였어요.

08 고조선의 특징　　　　　　　　　　　　정답 ⑤

키워드 문제분석　　왕검성, 우거왕 + 한 무제 = 고조선

① 고구려는 매년 10월에 동맹이라는 제천 행사를 열었어요.
② 삼한에는 세력 크기에 따라 신지, 읍차 등으로 불린 정치 지배자가 있었어요.
③ 부여에는 도둑질한 자에게 12배로 배상하게 하는 1책 12법이 있었어요.
④ 동예에는 다른 읍락의 영역을 침범하면 노비나 소, 말 등으로 변상하게 하는 책화라는 풍습이 있었어요.
⑤ 기원전 3세기경 고조선은 부왕·준왕 등 강력한 왕이 등장하여 왕위가 세습되었으며, 상·대부·장군 등의 관직을 두기도 하였어요.

09 부여의 사회 모습　　　　　　　　　　　정답 ②

키워드 문제분석　　쑹화강 유역 + 영고 = 부여

쑹화강 유역의 평야 지대에서 성장한 부여는 농업과 목축이 발달하였어요. 부여는 12월에 영고라는 제천 행사를 열어 농사가 잘 되기를 빌었어요.

① 백제의 귀족들은 정사암에 모여 귀족들의 대표인 재상을 뽑고, 국가의 중요한 일을 논의하여 결정하였어요.
② 부여는 왕이 중앙을 다스리고, 마가·우가·구가·저가 등의 가(加)들이 별도로 사출도를 다스리는 연맹체 국가였어요.
③ 동예에는 다른 부족의 경계를 침범하면 노비, 소, 말로 변상하게 하는 책화라는 풍습이 있었어요.
④ 고조선에는 사회 질서를 유지하기 위해 살인, 절도 등의 죄를 다스리는 범금 8조(8조법)가 있었어요.

⑤ 삼한에는 제사장인 천군과 신성 지역인 소도가 있었어요. 이를 통해 삼한은 제정 분리 사회였음을 짐작할 수 있어요.

10 부여의 특징   정답 ③

키워드 문제분석 영고 + 형사취수제 = 부여

만주의 쑹화강 유역 중심으로 성장한 부여는 12월에 영고라는 제천 행사를 열었어요. 부여에는 형이 죽으면 동생이 형수와 결혼하는 풍속인 형사취수제와 왕이 죽으면 그를 따르던 사람을 함께 묻는 풍습인 순장 등이 있었다고 전해져요. 또한 남의 물건을 훔쳤을 때는 12배로 갚게 하는 법이 있었어요.

① 삼한에는 제사장인 천군과 천군이 다스리는 신성 구역인 소도가 있었어요.
② 동예에는 읍락 간의 경계를 중시하여 다른 부족의 영역을 침범하면 소나 말로 변상하게 하는 책화라는 풍습이 있었어요.
③ 부여에서는 왕이 중앙을 다스리고 마가, 우가, 저가, 구가는 별도로 사출도를 주관하여 다스렸어요.
④ 백제는 정사암 회의에서 재상을 선출하고 국가의 중대사를 결정하였어요. 이 외에도 고구려에는 제가 회의, 신라에는 화백 회의라는 귀족 회의가 있었어요.
⑤ 고조선에는 사회 질서를 유지하기 위해 살인, 절도 등의 죄를 다스리는 범금 8조(8조법)가 있었어요.

11 고구려와 동예   정답 ②

키워드 문제분석
- 상가·대로 + 동맹 = (가) 고구려
- 무천 = (나) 동예

(가) 고구려는 상가, 대로를 비롯해 사자, 조의, 선인 등의 벼슬이 있었으며, 10월에 동맹이라는 제천 행사를 지냈어요.
(나) 동예는 산천을 중요시하여 산과 내마다 각기 구분이 있어 다른 읍락에 함부로 들어가지 않는 풍속이 있었으며, 10월에 무천이라는 제천 행사를 지냈어요.

① 삼한 가운데 변한에서는 철이 풍부하게 생산되어 낙랑과 왜에 철을 수출하였어요.
② 고구려에는 혼인한 뒤 신랑이 신부 집 뒤편에 서옥이라는 집을 짓고 살다가 자녀가 성장하면 가족과 함께 자기 집으로 돌아가는 서옥제라는 혼인 풍습이 있었어요.
③ 고조선은 기원전 3세기에 연의 장수 진개의 공격을 받아 영토 일부를 빼앗겼어요.
④ 부여에서는 왕이 중앙을 다스리고 마가, 우가, 저가, 구가 등 가(加)들이 별도로 사출도를 다스렸어요.
⑤ 신라에는 골품에 따라 관등 승진에 제한을 두는 골품제라는 신분 제도가 있었어요.

12 옥저   정답 ②

키워드 문제분석 삼로 + 온 집 식구를 하나의 곽 속에 넣어 둠 = 옥저

옥저에는 왕이 없었고 읍군, 삼로라고 불린 군장이 부족을 다스렸어요. 옥저에는 가족이 죽으면 시체를 가매장하였다가 그 뼈만 추려서 가족 공동 무덤에 넣는 풍습이 있었어요.

① 삼한에는 제사장인 천군과 신성 지역인 소도가 있었어요. 이를 통해 삼한이 제정 분리 사회였음을 짐작할 수 있어요.
② 옥저에는 혼인을 약속한 여자아이를 남자 집에서 데려다 키운 후, 나이가 차면 여자 집에 예물을 주고 정식으로 혼인하는 풍습인 민며느리제가 있었어요.
③ 고조선에는 사회 질서를 유지하기 위해 살인, 절도 등의 죄를 다스리는 범금 8조(8조법)가 있었어요.
④ 부여는 왕이 중앙을 다스렸고, 마가·우가·구가·저가 등의 여러 가(加)들이 별도로 사출도라고 불린 지역을 다스렸어요.
⑤ 백제의 귀족들은 정사암에 모여 귀족들의 대표인 재상을 뽑고, 국가의 중요한 일을 논의하여 결정하였어요.

13 삼한의 생활 모습   정답 ①

키워드 문제분석 5월과 10월 제천 행사 + 신지, 읍차 = 삼한

철기 문화가 확산되면서 한반도 남부에서는 마한, 진한, 변한의 삼한이 성립하였어요. 삼한은 씨 뿌리기가 끝난 5월과 추수를 마친 10월에 제천 행사를 지냈어요. 삼한에는 철기 문화를 바탕으로 성립한 수십 개의 소국이 존재하였어요. 소국은 세력 크기에 따라 신지, 읍차라고 불리는 군장이 다스렸고, 제천 행사 등 종교 의식을 주관하는 제사장인 천군이 있었어요.

① 삼한에는 제사장인 천군과 신성 지역인 소도가 존재하였어요. 천군과 소도의 존재를 통해 삼한이 제정 분리 사회였음을 짐작할 수 있어요.
② 고조선은 기원전 4~3세기경 중국의 연과 대립할 정도로 성장하였고, 이 과정에서 연의 장수인 진개의 공격을 받기도 하였어요.
③ 옥저는 혼인 풍습으로 민며느리제가 있었어요.
④ 부여는 왕이 중앙을 다스리고, 마가·우가·구가·저가 등의 가(加)들이 별도로 사출도를 주관하는 연맹체 국가였어요.
⑤ 동예는 특산물로 단궁, 과하마, 반어피가 유명하였어요.

14 옥저와 삼한   정답 ②

키워드 문제분석
- 여자아이와 혼인을 약속하고 기름 = (가) 옥저(민며느리제)
- 신지, 읍차 + 철 생산 = (나) 삼한

(가) 옥저에는 신부가 될 여자아이를 신랑 집에서 데려가 기른 후

신부가 성장하면 신부 집으로 돌아가게 하는 민며느리제라는 혼인 풍습이 있었어요.
(나) 삼한에는 정치 지배자와 종교 지배자(제사장)가 각각 존재했어요. 그중 정치 지배자는 세력 크기에 따라 신지, 읍차 등으로 불렸어요.

① 삼한에는 천군이 다스리는 신성 지역으로 소도를 두었어요.
② 옥저와 동예에서는 읍군, 삼로 등으로 불린 군장이 읍락을 다스렸어요.
③ 부여에서는 왕이 중앙을 다스리고 여러 가(加)들이 별도로 사출도를 주관하였어요.
④ 동예는 책화라는 풍습이 있었고, 단궁, 과하마, 반어피가 특산물로 유명하였어요.
⑤ 고조선은 우거왕 때 한 무제가 파견한 군대의 공격을 받아 멸망하였어요.

15 동예   정답 ③

키워드 문제분석: 무천 + 단궁, 과하마 = 동예

동예는 강원도 북부 해안 지방에 위치하였던 고대 국가로, 후·읍군·삼로라 불린 군장이 사람들을 다스렸어요. 동예에는 매년 10월에 하늘에 제사를 지내는 무천이라는 행사가 있었어요. 또한 동예는 단궁(짧은 활)과 과하마(키가 작은 말), 반어피(바다표범 가죽)가 많이 나서 특산물로 유명하였어요.

① 삼한에는 신성 지역인 소도와 제사장인 천군이 있었어요.
② 옥저에는 여자가 어렸을 때 신랑 집에 데려와 키운 후 성인이 되면 정식으로 혼인하는 민며느리제라는 풍습이 있었어요.
③ 동예에는 다른 읍락의 경계를 침범하면 소나 말, 노비 등으로 갚게 하는 책화라는 풍습이 있었어요.
④ 고구려에서는 대가들이 모인 제가 회의에서 나라의 중요한 일을 결정하였어요.
⑤ 부여에서는 왕이 중앙을 다스리고, 여러 가(加)들이 별도로 사출도를 주관하였어요.

16 동예의 사회 모습   정답 ④

키워드 문제분석: 읍군, 삼로 + 단궁, 과하마, 반어피 + 책화 = 동예

동예에는 왕이 없었고 읍군, 삼로라고 불린 군장이 부족을 다스렸어요. 동예는 오늘날 강원도 북부 동해안 지역에 위치하였던 나라로 해산물이 풍부하였고 단궁, 반어피, 과하마 등이 특산물로 유명하였어요. 동예는 읍락의 경계를 중시하였기 때문에 다른 읍락을 침범하면 소, 말 등으로 변상하게 하는 책화라는 풍습이 있었어요.

① 삼한에는 제사장인 천군과 신성 지역인 소도가 있었어요. 이를 통해 삼한이 제정 분리 사회였음을 짐작할 수 있어요.
② 포상 8국은 오늘날 경상남도 연안 지역에 있었던 8개의 소국을 말해요. 이들이 연합하여 아라가야와 신라 등을 공격한 사건을 포상 8국의 난이라고 하며, 이는 신라군에 의해 진압되었어요.
③ 신라는 초기에 박, 석, 김씨의 3성이 번갈아 왕위를 계승하였어요. 김알지는 그중 김씨 성의 시조로, 김알지 신화는 《삼국사기》와 《삼국유사》에 모두 전해져요.
④ 동예는 해마다 10월에 무천이라는 제천 행사를 열어 하늘에 풍년을 기원하였어요.
⑤ 부여는 왕이 중앙을 다스리고, 마가·우가·구가·저가 등의 가(加)들이 별도로 사출도를 다스리는 연맹체 국가였어요.

17 옥저와 삼한   정답 ③

키워드 문제분석:
- 식구를 한 곽에 안치 = (가) 옥저(가족 공동 무덤)
- 천군 + 소도 = (나) 삼한

(가) 옥저에는 가족이 죽으면 가매장을 해두었다가 나중에 뼈만 추려서 가족 공동 무덤에 안치하는 풍습이 있었어요.
(나) 삼한에는 종교 지배자(제사장)인 천군과 그가 관할하는 신성 지역인 소도가 있었어요.

① 고구려에는 일종의 데릴사위제인 서옥제라는 혼인 풍습이 있었어요.
② 삼한은 힘이 강했던 목지국을 비롯하여 많은 소국들로 이루어졌어요.
③ 삼한은 세력 크기에 따라 신지, 읍차 등으로 불린 족장이 나라를 다스렸어요.
④ 부여는 매년 12월에 하늘에 제사를 지내는 영고라는 행사를 열었어요.
⑤ 부여에서는 왕 아래의 대가들이 사출도를 주관하였어요.

18 동예와 삼한의 사회 모습   정답 ③

키워드 문제분석:
- 읍군과 삼로가 있음 + 무천 = (가) 동예
- 천군이 제사를 주관함 = (나) 삼한

(가) 동예에는 왕이 없었고 읍군, 삼로라고 불린 군장이 부족을 다스렸어요. 또한 매년 10월에 무천이라는 제천 행사를 열어 밤낮으로 음주가무를 즐기며 하늘에 풍년을 기원하였어요.
(나) 삼한에는 제사장인 천군과 신성 지역인 소도가 있었어요. 이를 통해 삼한이 제정 분리 사회였음을 짐작할 수 있어요.

ㄱ. 옥저에는 혼인을 약속한 여자아이를 남자 집에서 데려다 키운 후, 나이가 차면 여자 집에 예물을 주고 정식으로 혼인하는 풍습인 민며느리제가 있었어요.

정답과 해설

ㄴ. 동예에는 다른 부족의 경계를 침범하면 노비, 소, 말로 변상하게 하는 책화라는 풍습이 있었어요.
ㄷ. 삼한에는 세력 크기에 따라 신지, 읍차 등으로 불린 정치 지배자가 있었어요.
ㄹ. 부여는 왕이 중앙을 다스렸고, 마가·우가·구가·저가 등의 여러 가(加)들이 별도로 사출도라고 불린 지역을 다스렸어요.

19 고조선 이후 여러 나라의 성장   정답 ④

ㄱ. 부여는 12월에 영고라는 제천 행사를 열어 농사가 잘 되기를 빌었어요. 10월에 무천이라는 제천 행사를 열어 밤낮으로 음주가무를 즐기며 하늘에 풍년을 기원하였던 나라는 동예예요.
ㄴ. 고구려는 10월에 동맹이라는 제천 행사를 열었어요.
ㄷ. 동예는 10월에 무천이라는 제천 행사를 열어 하늘에 풍년을 기원하였어요. 12월에 영고라는 제천 행사를 열고 죄수를 풀어주기도 하였던 나라는 부여예요.
ㄹ. 삼한은 씨뿌리기가 끝난 5월과 농사를 마친 10월에 제천 행사를 열고 하늘에 제사를 지냈어요.

PART 2. 고대									P. 028~050
01	⑤	02	④	03	①	04	⑤	05	①
06	④	07	①	08	③	09	①	10	④
11	①	12	⑤	13	⑤	14	②	15	①
16	④	17	①	18	⑤	19	③	20	②
21	③	22	④	23	③	24	④	25	②
26	⑤	27	②	28	②	29	②	30	②
31	②	32	④	33	⑤	34	②	35	④
36	③	37	③	38	③	39	④	40	④
41	④	42	④	43	①	44	④	45	③
46	④	47	④	48	④	49	⑤	50	⑤
51	⑤	52	③	53	③	54	④	55	②
56	①	57	②	58	④	59	②	60	⑤
61	④	62	③	63	⑤	64	②	65	③
66	①	67	③	68	⑤	69	⑤	70	①
71	②	72	①	73	④	74	③	75	①
76	⑤	77	⑤	78	⑤				

01 고구려 소수림왕의 업적   정답 ⑤

키워드 문제분석: 불교 수용 + 태학 설립 = **고구려 소수림왕**

소수림왕은 고구려의 위기 극복을 위해 전진에서 온 승려 순도를 통해 불교를 수용하였어요. 그리고 수도에 최고 교육 기관인 태학을 설립하여 귀족 자제들을 교육시켰어요.

① 고구려 장수왕은 평양으로 수도를 옮긴 후 본격적인 남진 정책을 추진하였어요.
② 신라 법흥왕은 군사 관련 업무를 담당하는 행정 기구인 병부를 설치하고 최고 관직으로 상대등을 설치하였어요.
③ 백제 무령왕은 지방에 둔 22담로에 왕족을 파견해 지방 통제를 강화하였어요.
④ 백제 근초고왕은 고흥에게 역사서인 《서기》를 편찬하게 하였어요.
⑤ 고구려 소수림왕은 율령을 반포해 중앙 집권 체제를 강화하였어요.

02 고구려 광개토 태왕의 활동   정답 ④

키워드 문제분석: 왕이 군대를 보내 신라를 구원하게 함 = **고구려 광개토 태왕**

광개토 태왕은 신라 내물 마립간의 요청으로 군대를 보내 신라에 침입한 왜를 격퇴하고, 신라에 군대를 주둔시켰어요. 이로 인해 신라는 한동안 고구려의 정치적 간섭을 받았어요.

① 신라 진흥왕은 영토 확장에 적극적으로 나서 한강 유역을 차지하고 대가야를 정복하였어요.
② 고구려 장수왕은 국내성에서 평양으로 천도한 이후 본격적인 남진 정책을 추진하였어요.
③ 백제 무령왕은 22담로에 왕족을 파견하여 지방에 대한 통제력을 강화하고자 하였어요.
④ 고구려 광개토 태왕은 고구려의 위상을 드러내기 위해 '영락'이라는 연호를 사용하였어요.
⑤ 고구려 미천왕은 낙랑군을 몰아내어 대동강 유역까지 영토를 확장하였어요.

03 고구려 광개토 태왕의 정책   정답 ①

키워드 문제분석: 신라에 침입한 왜 격퇴 + 후연 공격 = **고구려 광개토 태왕**

광개토 태왕은 신라 내물 마립간의 요청으로 군대를 보내 신라에 침입한 왜를 격퇴하고, 신라에 군대를 주둔시켰어요. 또한, 후연을 격파하고 백제를 공격하여 영토를 넓히기도 하였어요.

① 광개토 태왕은 고구려의 높은 위상을 드러내기 위해 '영락'이라는 연호를 사용하였어요.
② 소수림왕은 최고 교육 기관으로 수도에 태학을 설립하여 인재를 양성하였어요.
③ 미천왕은 낙랑군을 축출하여 대동강 유역까지 영토를 확장하였어요.
④ 고국천왕은 을파소의 건의를 받아들여 빈민을 구제하기 위한 진대법을 시행하였어요.
⑤ 영류왕은 당의 침입에 대비하여 천리장성 축조를 시작하였어요. 천리장성 축조를 감독하며 세력을 키운 연개소문은 이후 정변을 일으켜 영류왕을 죽이고 보장왕을 왕위에 올린 뒤 스스로 대막리지가 되어 권력을 장악하였어요.

04 고구려의 발전   정답 ⑤

키워드 문제분석　개로왕 + 구원 요청 = 고구려 장수왕 시기의 백제

고구려 장수왕은 국내성에서 평양으로 천도한 후 본격적으로 남진 정책을 추진하여 백제와 신라를 압박하였어요. 그러자 백제 개로왕은 북위에 사신과 원병을 요청하는 국서를 보내 고구려의 공격을 막으려 하였으나 실패하였어요. 결국 백제는 고구려의 침입으로 수도 한성이 함락되고 개로왕은 살해당하였어요. 이후 백제는 문주왕 때 웅진(공주)으로 수도를 옮겼어요.

① 고구려 영양왕 때 을지문덕이 이끄는 고구려군은 살수에서 우중문이 이끄는 수의 군대를 크게 물리쳤어요(살수 대첩).
② 고구려 장수왕이 평양으로 수도를 옮겨 남진 정책을 본격화하자 이에 대응하여 백제 비유왕과 신라 눌지 마립간이 동맹을 맺었어요. 이후 고구려가 백제의 수도 한성을 함락하고 신라도 공격하자 백제 동성왕은 신라 이벌찬 비지의 딸과의 결혼을 통해 나·제 동맹을 강화하였어요.
③ 백제 성왕은 신라 진흥왕에게 한강 하류 지역을 빼앗긴 후 신라 공격에 나섰다가 관산성 전투에서 전사하였어요.
④ 백제의 계백이 이끄는 결사대는 김유신이 이끄는 신라군에 맞서 황산벌에서 항전을 벌였으나 패하였고, 이어 사비성이 함락되면서 백제는 멸망하였어요.
⑤ 고구려 장수왕은 국내성에서 평양으로 천도한 이후 본격적인 남진 정책을 추진하였어요.

05 고구려 장수왕의 업적   정답 ①

키워드 문제분석　고구려 + 백제 도성 함락 = 고구려 장수왕

고구려 장수왕은 광개토 태왕의 뒤를 이어 즉위한 후 평양으로 천도하였어요. 장수왕의 평양 천도에 위협을 느낀 백제와 신라는 433년 나·제 동맹을 맺었어요. 장수왕은 남진 정책을 계속 추진하여 백제의 수도 한성을 점령하고 개로왕을 전사시켰어요. 이후 백제 동성왕과 신라 소지 마립간은 장수왕의 남진 정책에 대항하기 위해 혼인 관계를 맺어 동맹을 더 굳건히 하였어요.

① 장수왕은 427년에 국내성에서 평양으로 도읍을 옮겨 백제와 신라를 압박하였어요.
② 미천왕은 서안평을 점령하고 낙랑군을 몰아내어 영토를 확장하였어요.
③ 고국천왕은 재상 을파소의 건의를 받아들여 백성들에게 곡식을 빌려주는 진대법을 실시해 빈민을 구제하고자 하였어요.
④ 광개토 태왕은 '영락'이라는 연호를 사용하고 신라에 침입한 왜를 물리쳤어요.
⑤ 소수림왕은 전진으로부터 불교를 수용하고, 태학을 설립해 인재를 양성하였어요.

06 고구려의 대외 항쟁   정답 ④

키워드 문제분석　당의 황제가 직접 + 안시성 = 안시성 전투(645)

고구려를 여러 차례 공격하였으나 실패했던 수가 멸망한 뒤, 당은 건국 초기부터 주변 국가들에 대한 야심을 드러냈어요. 이에 고구려는 당의 침략에 대비하기 위해 부여성에서 비사성에 이르는 천리장성을 축조하였어요. 이즈음 고구려의 연개소문은 천리장성 축조를 감독하여 군사력을 장악하고 이를 기반으로 정변을 일으켜 영류왕을 시해하고 보장왕을 즉위시킨 후, 스스로 대막리지에 올라 정권을 장악하였어요. 당 태종은 연개소문의 정변을 구실로 고구려를 침략하여 요동성, 백암성 등을 함락시켰지만 고구려는 안시성에서 당의 대군을 격퇴하였어요(안시성 전투, 645).

고구려의 연개소문은 642년에 정변을 일으켜 보장왕을 즉위시켰어요. 당 태종은 645년에 연개소문의 정변을 구실로 고구려를 침략하여 요동성·백암성 등을 함락하였으나, 안시성에서 고구려군에 크게 패해 퇴각했어요.
따라서 '보장왕 즉위'와 '고구려 멸망' 사이 시기인 (라)를 골라야 해요.

07 고구려 연개소문의 활동   정답 ①

키워드 문제분석　영류왕 시해 + 대막리지 = 연개소문

연개소문은 고구려 말의 장군이자 관리예요. 연개소문은 642년에 정변을 일으켜 영류왕을 죽이고 보장왕을 세워 권력을 장악하였어요. 연개소문은 권력을 장악한 후 스스로 대막리지가 되어 고구려의 최고 권력자가 되었고, 신라와 당에 대해 강경한 입장을 취하였어요.

정답과 해설

① 고구려의 연개소문은 당의 침입에 대비하는 천리장성 축조를 감독하였고, 이후 정변을 일으켜 권력을 장악하였어요.
② 고구려의 을지문덕은 살수에서 수의 군대를 막아 내었고(살수 대첩, 612), 이후 수는 멸망하고 당이 건국되었어요.
③ 발해 무왕은 장문휴를 파견하여 등주를 선제공격해 당군을 격파하였어요.
④ 신라의 김유신은 660년 황산벌에서 백제의 계백이 이끄는 결사대를 물리쳤고, 이후 백제는 멸망하였어요.
⑤ 고구려 멸망(668) 이후 검모잠 등은 왕족 안승을 왕으로 추대하고 한성(황해도 재령)을 근거지로 삼아 고구려 부흥 운동을 펼쳤어요.

08 고구려와 수·당 전쟁   정답 ③

키워드 문제분석
- 을지문덕이 우중문에게 시를 보냄 = (가) 살수 대첩(612)
- 안시성 사람들이 성을 굳게 지킴 = (나) 안시성 전투(645)

6세기 말 ~ 7세기 초에 들어선 중국의 통일 왕조인 수와 뒤이어 등장한 당이 팽창 정책을 펼쳤고, 이에 고구려와 충돌하게 되었어요. 수 문제와 수 양제는 대규모 군대를 이끌고 고구려를 침략하였어요. 그러자 고구려의 을지문덕이 살수에서 수의 대군을 물리쳤어요(살수 대첩, 612).
고구려는 당의 침입에 대비하여 천리장성을 축조하였어요. 이 과정에서 세력을 키운 연개소문은 정변을 일으켜 권력을 장악하였어요. 당 태종은 연개소문의 정변을 구실 삼아 대규모 군대를 이끌고 고구려를 침략하였어요. 고구려는 안시성에서 당의 대군을 물리쳤어요(안시성 전투, 645).
따라서 '살수대첩(612)'과 '안시성 전투(645)' 사이의 일을 골라야 해요.

① 242년 고구려 동천왕 때 위나라 관구검의 공격으로 환도성이 함락되었어요. (가) 이전의 사실이에요.
② 660년에 백제의 계백은 황산벌에서 김유신이 이끄는 신라군에 맞서 싸웠어요. 백제는 이 전투에서 패하고 멸망하였어요. (나) 이후의 사실이에요.
③ 642년에 연개소문은 정변을 일으켜 영류왕을 죽이고 보장왕을 왕위에 올린 뒤 스스로 대막리지가 되어 권력을 장악하였어요.
④ 400년에 고구려 광개토 태왕은 신라에 침입한 왜를 격퇴하였어요. (가) 이전의 사실이에요.
⑤ 4세기 초 미천왕은 낙랑군을 축출하여 대동강 유역까지 영토를 확장하였어요. (가) 이전의 사실이에요.

09 금관가야의 문화유산   정답 ①

키워드 문제분석
수로왕릉 + 대성동 고분군 = 금관가야

봉황동 유적, 수로왕릉, 대성동 고분군, 구지봉, 파사석탑은 모두 경상남도 김해에 있는 유적과 유물이에요. 수로왕릉은 금관가야의 시조인 수로왕의 무덤이에요. 대성동 고분군은 금관가야의 대표적인 유적이에요. 수로왕은 왕위에 오른 후 바다를 통해 아유타국에서 금관가야로 건너온 허황옥을 왕비로 맞이하였어요. 파사석탑은 허황옥이 금관가야로 올 때 배에 실어 왔다고 전해지는 탑이에요.

① 금관가야는 철 생산량이 많아 덩이쇠를 화폐처럼 사용하였어요.
② 고조선은 우거왕 때 한 무제의 공격을 받아 멸망하였어요.
③ 옥저의 혼인 풍습에는 민며느리제가 있었어요.
④ 신라는 골품제라는 엄격한 신분 제도가 있어 골품에 따라 관등 승진과 집의 크기 등 일상생활까지 제한을 받았어요.
⑤ 고구려 고국천왕은 을파소의 건의를 받아들여 빈민을 구제하기 위한 진대법을 시행하였어요.

10 금관가야   정답 ④

키워드 문제분석
김해 + 김수로왕에 의해 건국되었다고 전해짐 = 금관가야

김해를 거점으로 전기 가야 연맹의 중심국으로 성장한 금관가야는 철이 많이 생산되어 낙랑과 왜 등에 철을 수출하였어요. 김해 봉황동 유적은 금관가야의 대표적인 유적이에요. 금관가야는 수로왕이 건국하였다고 전해지며 전기 가야 연맹을 주도하다가, 신라를 지원한 고구려 광개토 태왕의 공격을 받아 세력이 크게 약화되었어요. 이후 고령의 대가야가 가야 연맹의 중심국이 되었어요.

① 신라는 통일 이후 늘어난 영토와 백성을 효율적으로 다스리기 위해 중앙 정치 조직을 집사부를 비롯한 14부로 정비하였어요.
② 고구려는 집집마다 식량을 보관하는 부경이라는 창고를 두었어요.
③ 고구려는 지배층으로 연맹을 이끄는 왕과 여러 가들이 있었고, 이들은 각각 사자, 조의, 선인 등의 관리를 두었어요.
④ 금관가야는 철이 풍부하여 낙랑, 왜 등에 철을 수출하였어요.
⑤ 백제의 지배층은 왕족인 부여씨와 8성의 귀족으로 이루어졌어요.

11 금관가야의 특징   정답 ①

키워드 문제분석
김해 양동리 고분군 + 수로왕 = 금관가야

김해를 거점으로 전기 가야 연맹의 중심국으로 성장한 금관가야는 철이 많이 생산되어 낙랑과 왜 등에 철을 수출하였어요. 김해 양동

리 고분군은 금관가야의 대표적인 유적이에요. 금관가야는 수로왕이 건국하였다고 전해지며 전기 가야 연맹을 주도하다가, 신라를 지원한 고구려 광개토 태왕의 공격을 받아 세력이 크게 약화되었어요. 이후 고령의 대가야가 가야 연맹의 중심국이 되었어요.

① 금관가야는 고구려의 공격으로 세력이 약화되어 법흥왕 때 신라에 병합되었어요.
② 발해는 인재를 양성하기 위해 유학 교육 기관으로 주자감을 두었어요.
③ 백제 무령왕은 지방을 통제하기 위해 지방에 22담로를 두어 왕족을 파견하였어요.
④ 신라는 화백 회의에서 국가 중대사를 논의하였는데, 이 회의는 만장일치제로 운영되었어요.
⑤ 동예의 특산물로는 단궁, 과하마, 반어피 등이 유명하였어요.

12 대가야의 특징 정답 ⑤

키워드 문제분석 진흥왕이 정복 + 사다함의 활약 = 대가야

금관가야의 쇠퇴 이후 후기 가야 연맹의 맹주국이었던 대가야는 백제와 신라의 견제로 점차 세력이 약화되다가 결국 신라 진흥왕에 의해 멸망하였어요. 신라의 화랑이었던 사다함은 대가야 정복 전쟁에 참가하여 큰 공을 세웠어요.

① 당은 신라와 함께 백제, 고구려를 멸망시킨 후 옛 백제 땅에 웅진도독부, 옛 고구려 땅에 안동도호부, 신라 땅에 계림도독부를 설치하여 한반도 전체를 차지하려는 야욕을 드러냈어요.
② 백제 무령왕은 22담로에 왕족을 파견하여 지방에 대한 통제력을 강화하고자 하였어요.
③ 발해 문왕은 당과 친선 관계를 맺고 당의 제도를 수용하여 3성 6부의 중앙 관제를 정비하였어요. 하지만 그 명칭과 운영에서 독자성을 유지하였어요.
④ 이사금은 신라 초기 최고 지배자의 호칭으로, 제3대 유리 이사금부터 제16대 흘해 이사금까지 사용되었어요. 이사금은 '연장자'라는 의미예요.
⑤ 고구려 광개토 태왕의 공격으로 김해의 금관가야가 약화되자, 고령의 대가야가 가야 연맹의 주도 세력으로 성장하였어요.

13 백제의 통치 체제 정답 ⑤

키워드 문제분석 좌평 + 5방 = 백제

백제는 내신좌평, 위사좌평 등 16관등제를 마련해 중앙 조직을 정비하였어요. 백제 성왕은 중앙 관청을 22부로 확대하고 수도를 5부, 지방을 5방으로 나누어 다스렸어요.

① 신라의 골품제는 골품에 따라 관등 승진에 제한을 두고, 집과 수레의 크기 등 일상생활까지도 규제하는 폐쇄적인 신분 제도였어요.
② 고구려는 제가 회의를 열어 나라의 중대한 일을 결정하였어요.
③ 고구려는 수도와 지방을 각각 5부로 나누어 다스렸으며, 지방에 욕살(녹살), 처려근지 등의 지방 장관을 두었어요.
④ 신라는 통일 이후 위화부, 영객부를 비롯한 13부를 정비하여 행정 업무를 분담하게 하였어요.
⑤ 백제의 지배층은 왕족인 부여씨와 8성 귀족으로 이루어졌어요.

14 나·제 동맹 체결의 배경 정답 ②

키워드 문제분석 백제 동성왕이 혼인 요청 + 마립간, 이벌찬 비지의 딸 = 백제와 신라의 혼인 동맹(493)

고구려 장수왕은 427년에 수도를 국내성에서 평양성으로 옮기고 본격적으로 남진 정책을 추진하였어요. 고구려의 남진은 백제와 신라를 위협하였기 때문에 백제 비유왕과 신라 눌지 마립간은 군사 동맹을 체결하였어요(나·제 동맹, 433). 그러나 475년, 장수왕의 공격으로 백제 개로왕이 전사하고 수도 한성도 함락되자 문주왕은 웅진으로 천도하였어요. 이후 백제 동성왕은 신라와의 관계를 보다 굳건히 하고자 신라와 혼인 동맹을 맺었고(493), 이를 바탕으로 고구려의 남진을 저지하는 데 성공하였어요.

① 신라 법흥왕이 금관가야를 병합한 것은 532년이에요.
② 475년 고구려 장수왕의 공격으로 백제의 수도 한성이 함락된 이후 백제와 신라는 장수왕의 남진에 대항하고자 혼인 관계를 맺어 나·제 동맹을 강화하였어요.
③ 신라 선덕 여왕 때인 647년에 비담과 염종이 왕위 계승에 불만을 품고 반란을 일으켰으나 김유신에게 진압당하였어요.
④ 고구려의 장군 온달이 신라가 차지한 한강 유역을 되찾기 위해 아단성을 공격한 것은 590년이에요.
⑤ 김춘추가 당으로 건너가 신라와 당의 군사 동맹(나·당 동맹)을 성사시킨 것은 648년이에요.

15 백제 성왕의 정책 정답 ①

키워드 문제분석 웅진에서 사비로 도읍을 옮김 + 구천(관산성 부근)에서 신라의 복병에게 목숨을 잃음 = 백제 성왕

성왕은 웅진(공주)에서 사비(부여)로 천도하고 국호를 일시적으로 '남부여'로 고쳤어요. 또한, 중앙 관청을 22부로 정비하고 수도를 5부, 지방을 5방으로 재편하는 등 백제의 중흥을 위해 노력하였어요. 성왕은 6세기 중반에 신라 진흥왕과 연합하여 고구려를 공격해 한강 유역을 되찾았으나 곧이어 신라군의 기습 공격을 받아 한강 유역을 다시 빼앗겼어요. 이에 분노한 성왕은 신라 공격에 나섰다가 관산성 전투에서 전사하였어요.

정답과 해설

① 성왕은 수도를 웅진에서 사비로 옮기고, 부여 계승 의식을 내세우며 국호를 '남부여'로 고쳤어요.
② 무왕은 오늘날 익산 지역인 금마저에 미륵사를 창건하였어요.
③ 근초고왕은 고흥에게 역사서인 《서기》를 편찬하게 하였어요.
④ 의자왕은 윤충을 보내 신라의 대야성을 공격하였어요. 대야성 전투는 신라에 큰 타격을 주었고, 신라에서 김춘추를 보내 당과 동맹을 체결하는 계기가 되었어요.
⑤ 침류왕은 동진의 마라난타를 통해 불교를 수용하였어요.

16 백제 성왕의 업적 정답 ③

키워드 문제분석 신라를 습격 + 신라의 병사들에게 살해 = 백제 성왕

백제 성왕은 신라 진흥왕과 함께 한강 유역을 점령하였어요. 그러나 진흥왕의 공격으로 한강 유역을 빼앗기자 성왕은 신라를 공격하였고, 결국 신라의 병사들에 의해 전사하였어요(관산성 전투, 554).

① 무왕은 익산에 미륵사를 창건하였어요.
② 근초고왕은 고흥에게 《서기》를 편찬하게 하고, 고구려의 평양성을 공격하여 고국원왕을 전사시켰어요.
③ 성왕은 사비로 천도하고 국호를 남부여로 고치는 등 백제의 중흥을 꾀하였어요.
④ 개로왕은 북위에 사신을 보내 고구려 공격을 요청하였지만 거절당하고, 고구려 장수왕의 한성 공격으로 죽임을 당하였어요.
⑤ 침류왕은 동진의 마라난타를 통해 불교를 수용하였어요.

17 백제 무왕 재위 시기의 사실 정답 ①

키워드 문제분석 신라 선화 공주의 발원으로 미륵사를 창건하였다고 함 + 금제 사리봉영기 = 백제 무왕 시기(7세기 전반)

무왕은 백제의 제30대 왕으로 의자왕의 아버지예요. 재위 기간 동안 신라에게 빼앗긴 영토를 되찾기 위해 노력하는 등 백제의 부흥을 위한 정책을 펼쳤어요. 한편, 무왕은 오늘날 전라북도 익산 지역인 금마저에 미륵사를 창건하였어요. 2009년에 미륵사지 석탑을 해체·수리하는 과정에서 사리장엄구와 금제 사리봉영기가 발견되었어요. '사리봉영기'는 사리를 모시는 내력을 적은 글이에요.

① 7세기 전반 고구려 영양왕 때 을지문덕이 이끄는 고구려군은 살수에서 수의 대군을 격파하였어요(살수 대첩, 612).
② 4세기 백제 근초고왕 때 고흥은 왕명을 받아 역사서인 《서기》를 편찬하였어요.
③ 7세기 중반 백제 의자왕 때 계백은 군대를 이끌고 황산벌에서 김유신이 이끄는 신라군에 맞서 결사 항전하였어요(황산벌 전투, 660). 이 전투에서 패한 백제는 이후 멸망하였어요.

④ 6세기 초 신라 지증왕 때 이사부는 우산국(울릉도 일대)을 정복하였어요.
⑤ 7세기 후반 신라는 매소성 전투에 이어 사찬 시득이 기벌포 전투에서 당군에 승리하면서 삼국 통일을 이룩하였어요.

18 백제 부흥 운동 정답 ⑤

키워드 문제분석
• 계백의 결사대가 황산에서 신라군과 싸움 = (가) 황산벌 전투(660)
• 검모잠, 안승 = (나) 고구려 부흥 운동(670)

백제의 계백이 이끄는 결사대는 김유신이 이끄는 신라군에 맞서 황산벌에서 항전을 벌였으나 패하였어요. 이어 사비성이 함락되어 백제는 멸망하였어요. 고구려 멸망 이후 검모잠, 고연무 등이 고구려 부흥 운동을 전개하였어요. 검모잠은 고구려 왕족 안승을 세워 왕으로 삼고 고구려 부흥을 꾀하였어요. 그러나 당의 고간이 침입하자 안승은 검모잠과 대립하였고, 결국 검모잠을 죽이고 신라에 귀순하였어요. 신라는 고구려 멸망 이후 한반도 전체를 차지하려고 하는 당 세력을 몰아내기 위해 신라에 귀순한 안승을 금마저(익산)에 머물게 하고 보덕국의 왕으로 임명하였어요.
따라서 '황산벌 전투'와 '고구려 부흥 운동' 사이의 시기에 일어난 사실을 골라야 해요.

① 당은 신라와의 전쟁(나·당 전쟁)에서 패한 뒤 평양에 설치하였던 안동도호부를 요동으로 옮겼으므로 (나) 이후에 해당해요.
② 백제 성왕은 신라 진흥왕에게 한강 하류 지역을 빼앗긴 후 관산성 전투에서 전사하였으므로 (가) 이전에 해당해요.
③ 백제와 고구려 멸망 이후 당이 한반도 전체를 차지하려고 하자 당과의 전쟁에 나선 신라는 매소성 전투와 기벌포 전투에서 크게 승리하여 당 세력을 축출하였으므로 (나) 이후에 해당해요.
④ 신라의 김춘추는 고구려와 동맹을 시도하였다가 실패한 후 당과 군사 동맹을 체결하고 백제와 고구려 공격에 나섰으므로 (가) 이전에 해당해요.
⑤ 백제 멸망 이후 복신과 도침은 왜에 있던 왕자 부여풍을 왕으로 추대하고 주류성을 거점으로 백제 부흥 운동을 전개하였어요.

19 백제 부흥 운동 정답 ③

키워드 문제분석
• 사비성으로 진입, 웅진도독 = (가) 백제 멸망(660)
• 백강 어귀에서 왜 격퇴 = (나) 백강 전투(663)

백제는 660년에 나·당 연합군의 공격을 받았어요. 백제 의자왕은 계백의 5천 결사대를 보내 김유신의 신라군에 항전하였지만 그들을 저지하는 데 실패하였어요. 결국 나·당 연합군에 사비성이 함락되면서 백제가 멸망하였어요. 이후 복신과 도침은 왜에 있던 왕자 부여풍을 왕으로 추대하고 주류성을 거점으로 백제 부흥 운동을 전개하였어요. 한편 당은 백제 멸망 이후 옛 백제 땅에 웅진도독부를 설

치하였어요. 663년에 나·당 연합군은 백제 부흥 운동 세력을 돕기 위해 파견된 왜의 군사와 백강에서 전투를 벌여 승리하였어요. 따라서 '백제 멸망(660)'과 '백강 전투(663)' 사이의 시기에 일어난 사실을 골라야 해요.

① 신라군이 기벌포에서 당군을 격파한 기벌포 전투(676)는 백제와 고구려가 멸망한 이후로, (나) 이후의 사실이에요.
② 백제 의자왕이 윤충을 보내 신라의 대야성을 함락(642)시킨 것은 백제 멸망 이전으로, (가) 이전의 사실이에요.
③ 백제 멸망 이후 복신과 도침은 의자왕의 아들인 부여풍을 왕으로 추대하고 백제 부흥 운동을 전개하였어요.
④ 신라군이 사비성을 향해 진격해오자 백제의 장군 계백이 5천의 결사대를 이끌고 황산벌에서 항전한 것은 (가) 이전의 사실이에요(황산벌 전투, 660).
⑤ 신라가 고구려 부흥 운동 세력인 안승의 귀순을 받아들여 안승과 고구려 유민들을 금마저(익산)에 안치시키고 안승을 보덕국왕으로 책봉한 것은 고구려 멸망 이후인 674년으로, (나) 이후의 사실이에요.

20 신라 지증왕의 업적   정답 ②

키워드 문제분석   국호 '신라' + '왕' 칭호 = **신라 지증왕**

신라 지증왕은 통치자의 칭호를 '마립간'에서 '왕'으로 바꾸고, 국호도 '신라'로 정하였어요. 또한 우경을 장려하였으며, 시장인 동시를 열고 시장을 감독하는 관청인 동시전을 설치하였어요.

① 법흥왕은 병부와 상대등을 설치하고 율령을 반포하였어요.
② 지증왕은 이사부를 보내 우산국(울릉도)을 정벌하였어요.
③ 진흥왕은 한강 유역을 차지하고 대가야를 복속하여 영토를 확장하였어요.
④ 신문왕은 유학 교육 기관으로 국학을 설립하였어요.
⑤ 선덕 여왕은 승려 자장의 건의를 받아들여 나라를 지키고자 하는 염원을 담아 황룡사 9층 목탑을 건립하였어요.

21 신라 법흥왕의 업적   정답 ③

키워드 문제분석   병부 설치 + 율령 반포 = **신라 법흥왕**

신라 법흥왕은 병부를 설치하고 율령을 반포하여 중앙 집권적 통치 체제를 갖추어 나갔어요. 또한 '건원'이라는 독자적 연호를 사용하였고, 금관가야를 멸망시켜 영토를 확대하였어요.

① 지증왕은 이사부를 보내 울릉도 일대인 우산국을 복속하였어요.
② 신문왕은 진골 세력을 견제하기 위해 관료전을 지급하고 녹읍을 폐지하였어요.
③ 법흥왕은 이차돈의 순교를 계기로 불교를 공인하였어요.
④ 원성왕은 인재 등용을 위해 유교 경전의 이해에 따라 관리를 채용하는 독서삼품과를 시행하였어요.
⑤ 진흥왕은 거칠부에게 명하여 《국사》를 편찬하게 하였어요.

22 신라 진흥왕의 업적   정답 ④

키워드 문제분석   황룡사 + 거칠부, 《국사》 = **신라 진흥왕**

황룡사는 진흥왕 때 세워진 사찰이에요. 이후 선덕 여왕은 승려 자장의 건의로 황룡사 9층 목탑을 건립하였어요. 또한, 진흥왕은 영토 확장에 적극적으로 나서 한강 유역을 차지하고 대가야를 정복하였으며, 함경도 지역까지 영토를 넓히기도 했어요. 한편, 거칠부는 진흥왕의 명령에 따라 《국사》라는 역사서를 편찬하였어요.

① 지증왕은 이사부를 보내 우산국(울릉도 일대)을 복속시켰어요.
② 선덕왕은 오늘날 황해도 지역인 예성강 이북에 패강진을 설치하였어요.
③ 통일 후 신문왕은 관료전을 지급하고 녹읍을 폐지하여 귀족의 경제 기반을 약화시켰어요.
④ 진흥왕은 화랑도를 국가적인 조직으로 개편하여 인재를 육성하였어요. 화랑도는 신라의 삼국 통일에 크게 기여하였어요.
⑤ 법흥왕은 이차돈의 순교를 계기로 귀족 세력의 반대를 물리치고 불교를 공인하였어요.

23 김유신의 활동   정답 ③

키워드 문제분석   금관가야 마지막 왕의 후손 + 신라의 삼국 통일에 크게 기여 = **김유신**

김유신은 금관가야의 마지막 왕인 김구해의 후손으로, 김구해는 신라 법흥왕에게 항복하였어요. 이후 김유신은 신라의 진골 귀족으로 편입되어 신라 왕족에 준하는 대우를 받았어요. 김유신은 황산벌 전투에서 계백의 결사대를 물리치면서 백제를 멸망시키는 데 큰 역할을 하였어요. 백제 멸망 이후에는 여러 번 고구려와의 전투에 참여하는 등 신라의 삼국 통일에 크게 기여하였어요.

① 고구려 멸망 이후 검모잠은 고구려 왕족 안승을 왕으로 추대하고 고구려 부흥을 꾀하였어요.
② 발해 무왕은 장문휴를 보내 당의 등주를 공격하여 당군을 격파하였어요.
③ 신라 선덕 여왕 때 비담과 염종 등이 반란을 일으켰으나 김유신에 의해 진압되었어요.
④ 나·당 전쟁 당시 신라의 사찬 시득은 기벌포 전투에서 설인귀가 이끄는 당군을 격퇴하였어요.
⑤ 고려 태조 왕건은 일리천 전투에서 후백제의 신검이 이끄는 군대를 격퇴하면서 후삼국을 통일하였어요.

정답과 해설

24 나·당 동맹   정답 ④

키워드 문제분석
- 고구려군이 안시성 전투에서 당군 격퇴
  = 안시성 전투(645)
- 고구려 집권층 내부의 분열, 연남생이 당에 투항함
  = 연개소문 사후 고구려 지배층의 분열(666)

642년에 연개소문은 정변을 일으켜 영류왕을 제거하고 보장왕을 세운 후 권력을 장악하였고, 당에 대해 강경한 입장을 취하였어요. 고구려 침략의 기회를 엿보던 당 태종은 연개소문의 정변을 구실로 고구려를 침략하였어요. 고구려는 요동성, 백암성이 함락되는 위기를 맞았으나 안시성에서 당군을 물리쳤어요. 665년에 연개소문이 죽은 후 그의 세 아들 남생, 남건, 남산 사이에 권력 다툼이 일어나면서 고구려 지배층 내부에 분열이 나타났어요. 동생들에 의해 정권을 빼앗긴 큰아들 연남생은 여러 성의 주민들을 데리고 666년에 당에 투항하였어요.
따라서, '안시성 전투(645)'와 '연개소문 사후 고구려 지배층의 분열(666)' 사이의 시기에 일어난 일을 골라야 해요.

① 373년에 고구려 소수림왕은 율령을 반포하여 중앙 집권 체제를 강화하였어요(4세기 후반).
② 562년에 신라 진흥왕은 영토 확장에 적극적으로 나서 한강 유역을 차지하고 대가야를 병합하였어요(6세기 중반).
③ 612년 고구려 영양왕 때 을지문덕이 이끄는 고구려군은 살수에서 우중문이 이끄는 수의 군대를 크게 물리쳤어요(살수 대첩, 7세기 초).
④ 648년에 신라의 김춘추는 고구려와 동맹을 시도하였다가 실패한 후 당과 군사 동맹을 체결하고, 백제와 고구려 공격에 나섰어요(7세기 중반).
⑤ 371년에 백제 근초고왕은 고구려의 평양성을 공격하여 고국원왕을 전사시켰어요(4세기 후반).

25 삼국 통일 과정   정답 ②

키워드 문제분석
- 연개소문이 죽고 내분이 일어남
  = 고구려 멸망 직전(665)
- 신라 수군이 기벌포에서 승리함
  = 기벌포 전투(676)

고구려에서는 연개소문이 죽은 뒤 권력 다툼이 벌어졌어요. 연개소문의 첫째 아들인 연남생은 당에 항복하였고, 연개소문의 동생인 연정토는 신라에 항복하였어요. 이후 668년에 고구려는 나·당 연합군에 평양성이 함락되면서 멸망하였어요. 당은 백제와 고구려의 멸망 이후 한반도 전체를 지배하려는 야욕을 드러냈어요. 신라는 매소성 전투에서 당의 육군을, 기벌포 전투에서 당의 수군을 격파하고 삼국 통일을 완성하였어요.
따라서, (가)에 들어갈 내용은 '고구려 멸망 직전(665)'과 '기벌포 전투(676)' 사이의 시기에 일어난 일이에요.

① 임존성을 근거지로 백제 부흥 운동을 전개하던 흑치상지는 663년에 당의 유인궤에게 항복하였어요.
② 신라 문무왕은 고구려 부흥 운동을 전개하던 안승이 귀순하자 금마저(익산)에 머물게 하고 674년에 보덕국왕으로 책봉하였어요.
③ 612년에 을지문덕이 이끄는 고구려군이 수의 군대를 살수에서 크게 물리쳤어요(살수 대첩).
④ 663년에 부여풍 등 백제 부흥군과 왜의 연합군이 백강에서 당군에 맞서 싸웠으나 패하였어요.
⑤ 472년에 백제 개로왕은 북위에 사신을 보내 고구려 공격을 요청하였지만 거절당하였어요.

26 삼국 통일 과정   정답 ⑤

키워드 문제분석
- 나·당 연합군이 백강에서 왜의 군사 격퇴
  = (가) 백강 전투(663)
- 신라군이 매소성을 공격함
  = (나) 매소성 전투(675)

백제 멸망 이후 복신과 도침은 주류성에서 왕자 부여풍을 왕으로 추대하고, 흑치상지는 임존성에서 부흥 운동을 전개하였어요. 백제 부흥 운동 세력은 왜와 연합하여 백강 전투에서 나·당 연합군과 싸웠으나 패배하였고 백제 부흥 운동은 실패로 끝났어요. 당은 백제와 고구려 멸망 이후 한반도 전체를 지배하려는 야욕을 드러냈어요. 이에 신라는 매소성에서 당의 육군을, 기벌포에서 당의 수군을 격파하고 삼국 통일을 완성하였어요.
따라서, '백강 전투(663)'와 '매소성 전투(675)' 사이의 시기에 일어난 일을 골라야 해요.

① 8세기 전반 발해 무왕은 장문휴를 보내 당의 등주를 공격하였어요. (나) 이후의 사실이에요.
② 7세기 초 신라의 승려 원광은 진평왕의 명을 받아 고구려를 공격하기 위해 수에 군사를 요청하는 걸사표를 작성하였어요. (가) 이전의 사실이에요.
③ 612년에 을지문덕이 이끄는 고구려군이 수의 군대를 살수에서 크게 물리쳤어요. (가) 이전의 사실이에요.
④ 고구려에 군사 지원을 요청하였다가 실패한 김춘추가 648년에 당으로 건너가 당과 군사 동맹을 맺었어요. (가) 이전의 사실이에요.
⑤ 고구려 멸망 이후인 670년에 검모잠은 안승을 왕으로 세워 오늘날 황해도 지역인 한성을 거점으로 고구려 부흥 운동을 벌였어요.

27 신라의 삼국 통일 과정   정답 ②

키워드 문제분석
계백 + 황산의 벌판 = 황산벌 전투(660)

백제의 계백이 이끄는 결사대는 김유신이 이끄는 신라군에 맞서 황산벌에서 항전을 벌였으나 패배하였어요. 이어 사비성이 함락되어 백제는 멸망하였어요.

② 신라의 김춘추는 백제의 의자왕에게 대야성이 함락(642)되자 고구려에 군사를 요청하러 갔으나 실패하였어요. 얼마 후 김춘추는 다시 당으로 건너가 군사를 요청하고 당과의 군사 동맹(나·당 동맹, 648)을 성사시켰어요. 이후 계백이 황산벌 전투에서 신라군의 진격을 막는 데 실패하였고, 나·당 연합군에 사비성이 함락되어 백제가 멸망하였어요(660).
따라서 황산벌 전투가 일어난 시기는 '대야성 전투'와 '사비성 함락' 사이의 시기인 (나)예요.

28 신라의 삼국 통일 과정 정답 ②

키워드 문제분석
- 대야성 = (가) 대야성 전투(642)
- 복신, 도침, 부여풍 = (나) 백제 부흥 운동

대야성 전투는 642년 백제와 신라 사이에 벌어진 전투예요. 백제 의자왕의 공격으로 대야성이 함락되자 신라는 고구려에 동맹을 제의하였다가 거절당하였고, 648년에 당과 동맹을 맺었어요. 백제 멸망(660) 이후 복신과 도침은 주류성에서 부여풍을 왕으로 세워 백제 부흥 운동을 전개하였어요.

① (나) 이후인 668년, 당은 고구려 멸망 이후 옛 고구려 땅인 평양에 안동도호부를 설치하였어요.
② 660년, 신라군이 계백을 상대로 황산벌 전투에서 승리하고 나·당 연합군이 사비성을 함락하여 백제를 멸망시켰어요.
③ (나) 이후인 675년, 신라는 매소성에서 당의 대군을 격파하고 이듬해에는 기벌포 전투에서 승리하면서 삼국 통일을 완수하였어요.
④ (가) 이전인 400년, 고구려 광개토 태왕은 신라에 침입한 왜를 격퇴하였어요.
⑤ (나) 이후인 663년, 부여풍을 비롯한 백제 부흥 운동 세력과 왜 연합군은 백강 전투에서 나·당 연합군에게 패배하였어요.

29 신라 문무왕의 업적 정답 ②

키워드 문제분석
삼국 통일 달성 + 아들 신문왕 = 신라 문무왕

신라 문무왕은 아버지 무열왕의 뒤를 이어 고구려를 멸망시켰고, 이후 당이 한반도 전체를 지배하려 하자 매소성과 기벌포에서 당을 물리쳐 삼국 통일을 달성하였어요. 문무왕의 아들인 신문왕은 아버지 문무왕을 기리기 위해 감은사를 건립하였어요.

① 진흥왕은 화랑도를 국가적 조직으로 개편하였어요.
② 문무왕은 외사정을 파견하여 지방관을 감찰하였어요.
③ 법흥왕은 병부를 설치하고, 이차돈의 순교를 계기로 불교를 공인하였어요.
④ 원성왕은 유교적 소양을 평가하여 관리를 선발하는 독서삼품과를 실시하였으나 귀족들의 반대로 실패하였어요.
⑤ 선덕 여왕은 첨성대를 세우고, 승려 자장의 건의로 황룡사 9층 목탑을 건립하였어요.

30 신라 신문왕의 업적 정답 ②

키워드 문제분석
선왕을 기리며 감은사를 완공함 + 만파식적의 재료가 된 대나무를 얻음 = 신라 신문왕

문무왕의 뒤를 이어 즉위한 신문왕은 동해의 용이 되어 나라를 지키겠다는 유언을 남긴 선왕을 기리며 감은사를 완공하였어요. 만파식적 설화는 신문왕이 감은사를 짓고 용에게 대나무를 받아 '만파식적'이라는 피리를 만들었는데, 이 피리를 불면 나라의 근심과 걱정이 사라졌다는 설화예요. 여기서 '만파식적'은 신문왕 때 정치가 안정되고 나라가 발전한 모습을 상징적으로 나타내는 것으로 알려져 있어요.

① 신라 말 진성 여왕은 위홍과 대구화상에게 명하여 향가 모음집인 《삼대목》을 편찬하게 하였어요.
신문왕은 관리에게 해당 지역에서 조세만 거둘 수 있는 관료전을 지급하고, 노동력까지 징발할 수 있는 녹읍을 폐지하였어요. 이로써 귀족의 경제적 기반을 약화시켰어요.
③ 진평왕은 관리의 인사를 담당하는 위화부를 창설하였어요.
④ 법흥왕은 체제 정비를 위해 병부를 설치하고, '건원'이라는 독자적인 연호를 사용하였어요.
⑤ 지증왕은 수도인 금성(경주)에 시장인 동시를 설치하고, 동시를 감독하기 위한 관청으로 동시전을 설치하였어요.

31 신라 신문왕의 정책 정답 ①

키워드 문제분석
김흠돌의 반란 진압 + 국학 설치, 9주 = 신라 신문왕

김흠돌은 신라가 통일하는 과정에서 큰 공을 세워 높은 벼슬에 올랐고, 딸은 신문왕의 왕비가 되었어요. 그러나 신문왕이 즉위한 해에 반란을 일으켜 죽임을 당하였어요. 이 사건을 계기로 신문왕은 진골 귀족 세력을 대거 숙청하고 왕권을 강화하였어요. 신문왕은 국립 교육 기관으로 국학을 설치하여 유학 교육을 실시하였어요. 또한, 남원소경, 서원소경 등을 설치하여 9주 5소경의 지방 행정 체제를 완성하였어요.

① 신문왕은 관리에게 해당 지역에서 조세만 거둘 수 있는 관료전을 지급하고, 노동력까지 징발할 수 있는 녹읍을 폐지하였어요. 이로써 귀족의 경제적 기반을 약화시켰어요.

정답과 해설

② 내물 마립간(내물왕) 때부터 최고 지배자의 칭호를 마립간으로 하였어요.
③ 지증왕은 이사부를 보내 우산국을 복속하였어요.
④ 진흥왕은 화랑도를 국가적 조직으로 개편해 유능한 인재를 양성하였어요.
⑤ 법흥왕은 불교를 공인하고자 하였으나 귀족들의 반대로 뜻을 이루지 못하다가 이차돈의 순교를 계기로 불교를 공인하였어요.

32 혜공왕 피살 이후의 사실   정답 ④

키워드 문제분석: 김지정이 반역함 + 왕과 왕비는 반란군에게 살해됨 + 왕의 시호를 혜공왕이라 함 = **8세기 후반**

8세기 후반 혜공왕은 귀족 세력인 김지정이 반란을 일으켰을 때 피살되었어요. 이후 신라는 왕위 쟁탈전이 치열하게 전개되어 150여 년간 20여 명의 왕이 교체되었어요.

① 7세기 후반 신문왕의 장인이었던 김흠돌은 진골 귀족들을 이끌고 반란을 도모하였다가 숙청되었어요.
② 6세기 초 지증왕 때 이사부는 우산국(울릉도 일대)을 정복하였어요.
③ 8세기 중반 김대성이 불국사 조성을 주도하였어요.
④ 9세기 중반 왕위 쟁탈전에 가담하였던 장보고는 청해진을 거점으로 반란을 도모하였다가 자객에 의해 살해되었어요.
⑤ 6세기 중반 거칠부는 진흥왕의 명에 따라 《국사》라는 역사서를 편찬하였어요.

33 신라 말의 상황   정답 ⑤

키워드 문제분석: 혜공왕 피살 이후 왕위 쟁탈전이 치열했던 시기 = **신라 말**

신라는 8세기 후반 혜공왕 피살 이후 진골 귀족 간에 왕위 쟁탈전이 치열하게 전개되었어요. 이에 따라 중앙 정치가 혼란에 빠져 중앙의 지방 통제력이 약화되어 귀족들의 농민 수탈이 더욱 심해졌어요. 생활이 피폐해진 농민 중에는 토지를 잃고 노비가 되거나 도적이 되는 사람들도 있었어요. 이러한 혼란은 진성 여왕 때 극심하여 원종과 애노의 봉기 등 하층민의 봉기가 전국 각지에서 일어났어요.

① 고려와 조선 시대에 빈민 구제 기관으로 의창이 운영되었어요.
② 고려 충선왕은 아들 충숙왕에게 왕위를 물려주고 원의 연경에 만권당을 설치하였어요. 이곳에서 이제현 등 고려의 학자가 원의 학자와 교류하였어요.
③ 고려 시대에 서민의 질병 치료를 위해 혜민국이 운영되었어요.

④ 신라의 승려 의상은 화엄 사상의 요지를 정리한 《화엄일승법계도》를 저술하였어요.
⑤ 신라 말 흥덕왕 때 장보고는 완도에 청해진을 설치하고 이를 거점으로 해적을 소탕한 후 해상 무역을 전개하여 큰 부를 쌓았어요.

34 신라 말의 상황   정답 ②

키워드 문제분석: 청해진의 궁복이 반란을 일으킴 = **신라 말(9세기 중반)**

장보고는 당에서 군인으로 활약하다가 신라로 돌아와 흥덕왕에게 건의하여 완도에 청해진을 설치하고 해적을 소탕한 뒤 해상 무역권을 장악하였어요. 이후 청해진을 중심으로 해상 무역을 전개해 큰 부를 얻었어요. 한편, 신라 말의 대표적 호족인 장보고는 왕위 계승에 관여하였고, 이후 청해진을 거점으로 반란을 도모하였다가 자객에 의해 살해되었어요.

① 8세기 후반 혜공왕은 귀족 세력인 김지정이 반란을 일으켰을 때 피살되었어요. 이후 왕위 쟁탈전이 치열하게 전개되어 150여 년간 20여 명의 왕이 교체되었어요.
② 9세기 후반 최치원은 당에서 돌아온 후 혼란스러운 당시 신라 사회를 개혁하기 위해 진성 여왕에게 시무책 10여 조를 건의하였으나 진골 귀족의 반발로 받아들여지지 않았어요.
③ 7세기 후반 신문왕의 장인이었던 김흠돌은 진골 귀족들을 이끌고 반란을 도모하였다가 숙청되었어요.
④ 7세기 전반 선덕 여왕은 승려 자장의 건의로 황룡사 9층 목탑을 건립하였어요. 황룡사 9층 목탑은 고려 시대에 몽골의 침입으로 소실되었어요.
⑤ 6세기 말 진평왕 때 원광은 화랑도의 규범으로 세속 5계를 제시하였어요.

35 신라 말의 혼란   정답 ④

키워드 문제분석: 김헌창이 난을 일으킴 = **김헌창의 난(822)**

8세기 후반에 이르러 신라에서는 진골 귀족 간의 권력 다툼이 심화되었어요. 혜공왕 때 중앙 정치가 혼란해지면서 지방 세력들이 왕위 쟁탈전에 가담하여 반란을 일으켰어요. 김헌창은 태종 무열왕의 후손인 자신의 아버지 김주원이 왕위 계승에서 밀려난 것에 불만을 품고 난을 일으켰으나 실패하였어요. 김헌창의 아들 김범문도 난을 일으켰으나 실패하였어요. 김헌창의 난 이후 진골 귀족들의 왕위 다툼이 더욱 심화되었어요.

① 거칠부는 진흥왕의 명령에 따라 《국사》라는 역사서를 편찬하였어요.
② 지증왕은 이사부를 보내 우산국(울릉도 일대)을 정복하였어요.

③ 신문왕은 해당 지역에서 조세만 거둘 수 있는 관료전을 지급하고, 노동력까지 징발할 수 있는 녹읍을 폐지하였어요. 이로써 귀족의 경제적 기반을 약화시켰어요.
④ 신라 말 진성 여왕 때 중앙 정부의 지방 통제력이 약화되고 귀족의 수탈이 심해지자 원종과 애노가 사벌주에서 봉기하였어요.
⑤ 법흥왕은 귀족들의 반대로 불교를 공인하지 못하다가 이차돈의 순교를 계기로 불교를 공인하였어요.

36 장보고의 활동　　정답 ③

키워드 문제분석　법화원 + 왕위 쟁탈전 참여 = 장보고

장보고는 청해진을 무역 기지로 삼아 해상 무역권을 장악하였어요. 무역을 통해 큰 부를 얻은 장보고는 당의 산둥반도에 불교 사찰인 법화원을 세웠어요. 장보고는 자신의 딸을 왕비로 만들려고 난을 일으켰다가 신라 정부에서 보낸 사람에게 암살당하였어요.

① 신라의 혜초는 인도와 중앙아시아 지역을 순례한 후 여러 나라의 풍물을 기록한 《왕오천축국전》을 지었어요.
② 신라의 6두품 출신 유학자 최치원은 진성 여왕에게 사회 개혁을 위한 시무책 10여 조를 건의하였지만 진골 귀족들의 반대에 부딪혀 좌절하였어요.
③ 당에서 군인으로 출세하였던 장보고는 신라로 돌아와 흥덕왕에게 건의하여 완도에 청해진을 설치하고 해적을 소탕한 뒤 해상 무역권을 장악하였어요. 이후 청해진을 중심으로 해상 무역을 전개해 큰 부를 얻었어요.
④ 9산 선문은 신라 말 호족의 지원을 받아 확산된 선종 불교의 대표적인 9개 종파예요. 신라의 도의는 9산 선문 중 하나인 가지산문을 개창하였어요.
⑤ 신라의 6두품 출신 학자이자 원효의 아들인 설총은 이두를 정리해 유학 발전에 기여하였고, 〈화왕계〉를 지어 유교적 도덕 정치를 강조하였어요.

37 최치원의 활동　　정답 ③

키워드 문제분석　6두품 출신 + 빈공과 급제 = 최치원

혜공왕 이후 신라는 진골 귀족들의 왕위 다툼으로 왕권이 약화되었고, 중앙의 지방 통제력이 약화되었어요. 이로 인해 귀족의 수탈이 더욱 심해져 농민 봉기가 곳곳에서 일어났으며, 특히 진성 여왕 시기에 극심하였어요. 한편, 최치원은 신라 말 6두품 출신으로 당의 빈공과에 합격하고 당에서 관직 생활을 한 후 신라로 돌아왔어요. 최치원은 당에서 황소의 난이 일어나자 〈토황소격문〉을 써서 이름을 떨치기도 하였어요.

① 설총은 〈화왕계〉라는 설화를 지어 신문왕에게 조언하였어요.

② 신라의 외교 문서를 작성하는 데 큰 역할을 했던 강수는 당이 인질로 잡고 있던 무열왕의 아들 김인문의 석방을 요구하는 글인 〈청방인문표〉를 지어 보냈어요.
③ 최치원은 당에서 돌아온 후 혼란스러운 당시 신라 사회를 개혁하기 위해 진성 여왕에게 시무책 10여 조를 건의하였으나 진골 귀족의 반발로 받아들여지지 않았어요.
④ 장보고는 당으로 건너가 군인으로 활동하다가 신라로 돌아와 완도에 청해진을 설치하고 이를 중심으로 해상 무역을 전개하였어요.
⑤ 혜초는 인도와 중앙아시아 지역을 순례하고 여러 나라의 풍물을 기록한 《왕오천축국전》을 저술하였어요.

38 견훤의 활동　　정답 ③

키워드 문제분석　완산주 도읍 + 신라 경애왕을 죽게 함 + 고려 귀부 = 견훤

신라 말 지방 호족이었던 견훤은 스스로 왕위에 오른 후 완산주를 도읍으로 정하고 후백제를 세웠어요. 후백제의 세력이 강성해지자 신라는 고려의 왕건과 연합하여 후백제에 대항하려고 하였어요. 이에 견훤은 신라의 금성을 습격하여 경애왕을 죽게 하였어요. 견훤은 아들 신검에 의해 금산사에 유폐되었다가 탈출하여 스스로 고려에 가서 항복하였어요.

① 고려는 후백제의 공격을 받은 신라가 지원을 요청하자 군사를 보냈어요. 하지만 구원군이 도착하기도 전에 후백제군이 금성을 습격하여 경애왕을 죽게 하였어요. 이후 고려군은 후백제군과 공산에서 맞닥뜨려 크게 패배하였고, 이때 고려의 신숭겸 등이 전사하였어요.
② 백제 무왕은 오늘날 익산 지역인 금마저에 미륵사를 창건하였어요.
③ 견훤은 후백제 건국 이후 중국의 후당, 오월에 사신을 파견하여 외교 관계를 맺었어요.
④ 신라 신문왕은 김흠돌의 반란을 진압하면서 이를 함께 도모한 진골 귀족들을 숙청하였어요.
⑤ 궁예는 송악(개성)을 도읍으로 후고구려를 건국하였어요. 이어 국호를 마진으로 고친 후 철원으로 천도하였어요.

39 궁예의 활동　　정답 ④

키워드 문제분석　송악을 근거지로 삼아 나라를 세움 + 국호 '마진', 연호 '무태' + 수도를 철원으로 옮김 = 궁예

신라 왕족의 후예로 알려진 궁예는 양길 아래서 세력을 키운 후 양길을 몰아내고 901년 송악(개성)을 근거지로 후고구려를 세웠어요. 이후 궁예는 904년에 국호를 '마진'으로 바꾸고, 연호를 '무태'라고

정답과 해설

정하였어요. 이어 철원으로 수도를 옮기고 국호를 다시 '태봉'으로 바꾸었어요. 그러나 궁예는 미륵불을 자칭하며 강압적인 전제 정치를 도모하다가 결국 왕건을 비롯한 신하들에게 축출되었어요.

① 후백제를 세운 견훤은 후당과 오월에 사신을 파견하고 오월의 왕으로부터 검교태보의 직을 받았어요.
② 신라 지증왕은 이사부를 보내 우산국(울릉도 일대)을 복속하였어요.
③ 고려 충목왕은 폐정 개혁을 목표로 정치도감을 설치하였어요.
④ 후고구려를 세운 궁예는 국정을 총괄하는 광평성을 설치하고 광치나, 서사 등의 관원을 두었어요.
⑤ 고려 태조는 《정계》와 《계백료서》를 지어 관리가 지켜야 할 규범을 제시하였고, 훈요 10조를 남겨 후대 왕들이 나라를 다스릴 때 그 내용을 지킬 것을 당부하였어요.

40 후백제 신검의 난 이후의 사실 정답 ④

키워드 문제분석
신덕, 영순 등이 신검에게 견훤을 금산사에 유폐하고 사람을 보내 금강을 죽이도록 권함
= 후백제 신검의 난(935)

후백제에서는 왕위 계승 다툼으로 견훤의 첫째 아들 신검이 난을 일으켜 금강을 죽이고 견훤을 금산사에 유폐하였어요. 이후 견훤은 금산사를 탈출하여 고려에 귀순하였어요. 신라까지 고려에 항복하자 태조 왕건은 일리천 전투에서 신검의 후백제군을 격퇴하고 후삼국을 통일하였어요.

① 후고구려를 세운 궁예는 904년에 국정을 총괄하는 광평성을 설치하고 광치나, 서사 등의 관원을 두었어요.
② 732년에 발해 무왕은 장문휴를 보내 당의 등주를 공격하였어요.
③ 927년에 고려는 후백제의 공격을 받은 신라가 지원을 요청하자 군사를 보냈어요. 하지만 구원군이 도착하기도 전에 후백제군이 금성을 습격하여 경애왕을 죽게 하였어요. 이후 고려군은 후백제군과 공산에서 맞닥뜨려 크게 패배하였고, 이때 고려의 신숭겸 등이 전사하였어요.(공산 전투).
④ 936년에 고려 태조는 일리천 전투에서 후백제 신검의 군대를 격퇴하면서 후삼국을 통일하였어요.
⑤ 822년인 신라 말 헌덕왕 때 오늘날 충청남도 공주 지역인 웅천주에서 도독 김헌창이 아버지 김주원이 왕위에 오르지 못한 것에 불만을 품고 난을 일으켰어요.

41 발해 무왕의 업적 정답 ①

키워드 문제분석
흑수 말갈 정벌 = 발해 무왕

발해의 제2대 왕이며, '인안'이라는 연호를 사용한 발해 무왕은 당에 대해 강경책을 펼쳤어요. 당이 흑수 말갈을 이용하여 발해를 견제하자 무왕은 흑수 말갈을 정벌하고 일본, 돌궐 등과 교류하였어요.

① 발해 무왕은 장문휴를 보내 당의 등주를 공격하여 당군을 격파하였어요.
② 신라 신문왕은 통일 이후 군사 조직을 정비하여 중앙군인 9서당과 지방군인 10정을 설치하였어요.
③ 백제 성왕은 수도를 웅진(공주)에서 사비(부여)로 옮기고, 부여 계승 의식을 내세우며 국호를 '남부여'로 고쳤어요.
④ 신라 문무왕 때부터 지방관을 감찰하고자 외사정을 파견하였어요.
⑤ 대조영(발해 고왕)은 고구려 유민을 모아 중국 지린성의 동모산에서 발해를 건국하였어요.

42 발해 문왕의 정책 정답 ④

키워드 문제분석
대흥 + 정효 공주 = 발해 문왕

발해는 무왕 때 '인안', 문왕 때 '대흥', 선왕 때 '건흥' 등 독자적인 연호를 사용하였어요. 발해 문왕의 딸 정효 공주의 무덤에는 12명의 인물도가 있어 발해인의 모습을 짐작할 수 있고, 고구려와 당의 양식이 혼합된 벽돌무덤 양식이에요.

① 고구려 장수왕은 북연의 왕 풍홍이 고구려로 망명해 오자 그를 신하로 봉하였어요.
② 발해 대조영(고왕)은 고구려 유민과 말갈인을 이끌고 중국 지린성 동모산에서 발해를 세웠어요.
③ 고구려 광개토 태왕은 신라의 지원 요청을 받아 군대를 보내 신라에 침입한 왜를 격퇴하였어요.
④ 발해 문왕은 수도를 동모산에서 중경 현덕부로, 그리고 다시 상경 용천부로 옮겨 체제를 정비하였어요.
⑤ 발해 선왕은 5경 15부 62주의 지방 행정 조직을 확립하였어요. 전략적 요충지에 5경을 설치하였으며, 지방을 15부로 나누고 그 아래 62주를 두었어요.

43 발해 정답 ①

키워드 문제분석
정효 공주 + 문왕 때 일본 사신으로 파견됨 = 발해

정효 공주는 발해 문왕의 넷째 딸이에요. 정효 공주의 묘지(묘비석)에는 '황상'이라는 표현이 등장해요. 이와 더불어 '인안', '대흥' 등의 독자적 연호를 사용하였던 사실을 통해 발해가 황제국 체제를 표방하고 중국과 대등하다는 의식을 가지고 있었음을 알 수 있어요. 문왕은 당과 친선 관계를 맺었고, 일본과 수차례 사신을 교환하며 관계를 유지하였어요.

① 발해는 인재를 양성하기 위해 유학 교육 기관으로 주자감을 설립하였어요.
② 신라의 골품제는 골품에 따라 관등 승진에 제한을 두고, 집과 수레의 크기 등 일상생활까지도 규제하는 폐쇄적인 신분 제도였어요.
③ 백제의 귀족들은 정사암에 모여 귀족들의 대표인 재상을 뽑고, 국가의 중요한 일을 논의하여 결정하였어요.
④ 신라 원성왕은 국학 학생들을 대상으로 유교 경전에 대한 이해 수준의 정도를 평가하여 관리 임용에 참고하는 독서삼품과를 시행하였어요.
⑤ 고려 예종은 관학을 진흥시키기 위해 전문 강좌인 7재를 설치하고 장학 재단으로 양현고를 운영하였어요. 또한, 청연각과 보문각을 설치하여 학문 연구를 장려하였어요.

승한 나라임을 분명히 하였어요. 그리고 고분 양식, 온돌 등에서도 고구려 문화와의 유사성을 발견할 수 있어요.

① 통일 신라는 신문왕 때 군사 조직으로 중앙군인 9서당, 지방군인 10정을 두었어요.
② 궁예는 후고구려의 국호를 태봉이라 바꾸고 광평성 등의 정치 기구를 마련하였어요.
③ 발해는 정당성, 선조성, 중대성의 3성을 두었고, 최고 교육 기관으로 주자감을 설치하였어요.
④ 고구려는 왕 아래 상가, 대로, 패자 등의 관직을 두고 욕살, 처려근지 등의 지방관을 두었어요.
⑤ 백제 무령왕은 지방을 통제하기 위하여 주요 거점에 22담로를 두어 왕족을 파견하였어요.

44 발해 정답 ④

키워드 문제분석: 해동성국 + 5경 15부 62주 = 발해

발해는 고구려 출신인 대조영이 고구려 유민과 말갈인을 이끌고 동모산에서 세운 나라로, 고구려 계승 의식을 표방하였어요. 9세기 선왕 때 옛 고구려 영토의 대부분을 차지하는 등 전성기를 이루었으며, 이 무렵 중국으로부터 '바다 동쪽의 번성한 나라'라는 뜻의 해동성국으로 불리기도 하였어요. 발해의 중앙 정치 조직은 당의 3성 6부 체제의 영향을 받아 정비되었지만, 그 명칭과 운영은 독자성을 유지하였어요. 선왕은 넓어진 영토를 효율적으로 다스리기 위해 지방 행정 체제를 5경 15부 62주로 정비하였어요.

① 백제는 귀족들이 정사암 회의를 열어 재상을 선출하거나 국가 중대사를 논의하였어요.
② 신라 신문왕은 통일 이후 군사 조직을 정비하여 중앙군인 9서당과 지방군인 10정을 설치하였어요.
③ 고구려는 수도와 지방을 각각 5부로 나누어 다스렸으며, 지방에 욕살(녹살), 처려근지 등의 지방관을 두었어요.
④ 발해는 무왕 때 '인안', 문왕 때 '대흥', 선왕 때 '건흥' 등 독자적인 연호를 사용하였어요.
⑤ 후고구려를 세운 궁예는 국정을 총괄하는 광평성을 설치하고 광치나, 서사 등의 관원을 두었어요.

45 발해의 특징 정답 ③

키워드 문제분석: 해동성국 + 고구려의 온돌 양식 계승 = 발해

발해는 698년에 고구려 출신 대조영이 동모산 부근에서 세운 나라예요. '인안', '대흥' 등의 독자적인 연호를 사용하였고, 선왕 때에는 전성기를 맞아 '해동성국'이라 불리기도 하였어요. 발해는 일본에 보낸 외교 문서에 '고려 국왕(고구려 왕)'이라는 칭호를 사용하는 등 고구려를 계

46 발해의 특징 정답 ④

키워드 문제분석: 정혜 공주 + 장문휴 + 인안, 대흥 = 발해

발해는 대조영이 동모산 부근에서 건국한 나라예요. 무왕 때는 장문휴를 보내 당의 등주를 선제공격하는 등 당과 대립하였으나 문왕 때부터 친선 관계로 전환하였어요. 발해는 무왕 때 '인안', 문왕 때 '대흥', 선왕 때 '건흥'이라는 독자적 연호를 사용하였어요.

ㄱ. 고려 성종 때 최초의 주조 화폐인 건원중보를 발행하였어요.
ㄴ. 솔빈부의 말은 발해의 대표적 특산물이었어요.
ㄷ. 신라 문무왕 때 지방관을 감찰하기 위해 외사정을 파견하였어요.
ㄹ. 발해는 거란도, 영주도, 일본도, 신라도 등을 통해 주변국과 교류하였어요.

47 발해 정답 ④

키워드 문제분석: 대조영이 나라를 세움 = 발해

발해는 고구려 출신인 대조영이 고구려 유민과 말갈인을 이끌고 동모산에서 세운 나라로, 고구려 계승 의식을 표방하였어요. 9세기 선왕 때 옛 고구려 영토의 대부분을 차지하는 등 전성기를 이루었으며, 이 무렵 중국으로부터 '바다 동쪽의 번성한 나라'라는 뜻의 해동성국으로 불리기도 하였어요.

① 신라 신문왕은 통일 이후 군사 조직을 정비하여 중앙군인 9서당과 지방군인 10정을 설치하였어요.
② 백제는 귀족들이 정사암 회의를 열어 재상을 선출하거나 국가 중대사를 논의하였어요.
③ 후고구려를 세운 궁예는 국정을 총괄하는 광평성을 설치하고 광치나, 서사 등의 관원을 두었어요.

정답과 해설

④ 발해 선왕은 5경 15부 62주의 지방 행정 조직을 확립하였어요. 전략적 요충지에 5경을 설치하였으며, 지방을 15부로 나누고 그 아래 62주를 두었어요.
⑤ 신라 문무왕은 지방 세력가나 그 자제를 일정 기간 수도에 거주하게 하는 상수리 제도를 실시하여 지방 세력을 견제하였어요.

48 발해의 특징   정답 ④

키워드 문제분석: 해동성국 = 발해

발해는 선왕 무렵에 전성기를 맞이하여 중국으로부터 '해동성국'이라 불렸고, '건흥'이라는 독자적 연호를 사용하였어요.

① 고려 정종은 거란의 침입에 대비하여 광군을 창설하였어요.
② 신라 신문왕은 중앙군으로 옛 고구려인, 옛 백제인, 말갈인을 포함한 9서당을, 지방군으로 10정을 운영하였어요.
③ 고려 광종은 '광덕', '준풍' 등의 독자적 연호를 사용하였어요.
④ 발해 선왕은 지방 행정 구역을 5경 15부 62주로 정비하였어요.
⑤ 신라는 문무왕 때 외사정을 파견하여 지방관을 감찰하였어요.

49 통일 신라의 경제 상황   정답 ⑤

키워드 문제분석: 촌락 문서 + 5소경 = 통일 신라

신라 촌락 문서(민정 문서)는 각 촌락의 인구수, 토지 종류와 면적, 소와 말의 수, 수목의 종류와 수 등을 조사하여 3년에 한 번씩 촌주가 기록하였어요. 신라 촌락 문서를 통해 당시 통일 신라의 경제 상황과 조세 행정에 대해 짐작할 수 있어요. 삼국을 통일한 신라는 신문왕 때 전국을 9주로 나누고 수도 금성이 동남쪽에 치우친 것을 보완하기 위해 주요 지역에 5소경을 두었어요.

① 금관가야는 철이 풍부하여 낙랑군과 왜에 철을 수출하였어요.
② 고구려는 집집마다 부경이라는 작은 창고를 두었어요.
③ 고려 숙종 때 주전도감을 설치하여 은병(활구), 해동통보 등을 발행하였으나 널리 유통되지는 못하였어요.
④ 발해는 당, 일본, 신라 등과 교역하였으며, 목축이 발달하여 솔빈부의 말이 특산물로 유명하였어요.
⑤ 통일 신라 시기에는 수도 경주와 가까운 울산항과 한강 유역의 당항성이 국제 무역항으로 번성하였어요.

50 통일 신라의 경제 상황   정답 ⑤

키워드 문제분석: 장보고 + 청해진 = 통일 신라

통일 신라 시기 장보고는 당에서 군인으로 활약하다가 귀국한 후, 왕의 후원 아래 완도에 청해진을 건설하였어요. 청해진을 거점으로 해적을 소탕하고 해상 무역을 전개하여 서·남해의 해상 무역권을 장악하였어요. 또한 무역으로 축적한 경제력을 바탕으로 중국 산둥반도 일대에 신라인의 불교 사찰인 법화원을 세워 운영하였어요.

① 고려 숙종 때 은병(활구)이 화폐로 제작되어 유통되었어요.
② 금관가야는 철이 풍부하여 덩이쇠를 낙랑과 왜에 수출하였어요.
③ 고구려는 집집마다 식량을 보관하는 부경이라는 창고를 두었어요.
④ 조선 후기에는 자본가인 물주로부터 자금을 지원받아 광산을 전문적으로 경영하는 덕대가 등장하였어요.
⑤ 통일 신라 시기에는 울산항과 당항성이 국제 무역항으로 번성하여 아라비아 상인들이 왕래하기도 하였어요.

51 발해의 경제 상황   정답 ⑤

키워드 문제분석: 솔빈부의 말 + 상경, 동경, 중경, 서경, 남경(5경) = 발해

발해는 당·일본·신라 등과 교역하였으며, 목축이 발달하여 솔빈부의 말이 특산물로 유명하였어요. 발해는 전략적 요충지에 상경 용천부, 동경 용원부, 중경 현덕부, 서경 압록부, 남경 남해부의 5경을 설치하였어요.

① 고려 시대에는 벽란도가 국제 무역항으로 번성하였는데, 송의 상인은 물론 아라비아 상인도 드나들었어요.
② 조선 후기에는 감자, 고구마 등의 구황 작물이 전래되어 널리 재배되기 시작하였어요.
③ 고려는 숙종 때 의천의 건의로 주전도감이 설치되어 삼한통보, 해동통보 등 화폐가 발행되었으나 널리 유통되지는 못하였어요.
④ 신라 지증왕은 수도에 시장인 동시를 설치하고 동시를 감독하기 위한 관청으로 동시전을 설치하였어요.
⑤ 발해는 거란도, 영주도, 일본도, 신라도 등의 교통로를 통해 주변 국가들과 교역하였어요.

52 고구려의 사회 모습   정답 ③

키워드 문제분석: 경당 + 제가 회의 = 고구려

고구려는 교육 기관으로 수도에 태학, 지방에 경당을 두어 인재를 양성하였어요. 졸본 지역에 들어선 고구려는 5부가 연맹을 이루어 성장한 나라로, 지배층에는 연맹을 이끄는 왕과 여러 가들이 있었고, 이들은 각각 사자, 조의, 선인 등의 관리를 두었어요. 또한, 제가 회의를 열어 나라의 중대한 일을 결정하였어요.

① 고조선은 기원전 4~3세기경 중국의 연과 대립할 정도로 성장하였고, 이 과정에서 연의 장수인 진개의 공격을 받기도 하였어요.
② 신라의 골품제는 골품에 따라 관등 승진에 제한을 두고, 집과 수레의 크기 등 일상생활까지도 규제하는 폐쇄적인 신분 제도였어요.
③ 고구려 고국천왕은 을파소의 건의를 받아들여 빈민을 구제하기 위한 진대법을 시행하였어요.
④ 고조선은 범금 8조(8조법)를 두어 사회 질서를 유지하였어요. 범금 8조 중 현재 3개 조항만 전해지고 있어요.
⑤ 백제의 지배층은 왕족인 부여씨와 8성의 귀족으로 이루어졌어요.

53 백제와 고구려의 사회 모습 정답 ③

키워드 문제분석
- 부여씨 = (가) 백제
- 녹살, 처려근지, 5부 = (나) 고구려

백제의 지배층은 왕족인 부여씨와 8성의 귀족으로 이루어졌어요. 고구려는 압록강 유역의 졸본 지역에서 5부가 연맹을 이루어 성장한 나라예요. 지배층으로 연맹을 이끄는 왕과 상가, 고추가, 대가 등 여러 가들이 있었으며 이들은 각각 사자, 조의, 선인 등의 관리를 두었어요. 수도와 지방을 각각 5부로 나누어 다스렸으며 지방에 욕살(녹살), 처려근지 등의 지방관을 두었어요.

① 고조선은 범금 8조(8조법)를 두어 사회 질서를 유지하였어요. 현재 범금 8조 중 3개 조항만 전해지고 있어요.
② 발해는 거란도, 영주도, 일본도, 신라도 등의 교통로를 통해 주변 국가들과 교류하였어요.
③ 고구려는 교육 기관으로 수도에 태학, 지방에 경당을 두어 인재를 양성하였어요.
④ 백제에서는 귀족들이 정사암 회의를 열어 국가 중대사를 논의하였어요.
⑤ 신라의 골품제는 골품에 따라 관등 승진에 제한을 두고 일상생활까지도 규제하는 폐쇄적인 신분 제도였어요.

54 신라 말의 사회 모습 정답 ④

키워드 문제분석
선종 유행 = 신라 말

선종은 신라 말에 유행한 불교의 한 종파예요. 실천 수행을 통해 깨달음을 구하는 것을 강조해서 특히 지방 호족들이 선종을 이념적 지주로 삼고 적극적으로 지원하였어요. 선종은 9산 선문을 형성하기도 했는데, 가지산문은 9산 선문의 한 파예요.

① 삼국 통일 이전인 신라 진평왕 때의 승려 원광은 화랑도의 규범으로 세속 5계를 제시하였어요.
② 김대문은 신라 성덕왕 때 화랑의 역사를 기록한 《화랑세기》를 저술하였어요.
③ 김대성은 신라 경덕왕 때(8세기 중반) 불국사 조성을 주도하였어요.
④ 신라 말, 당에서 유학하고 돌아온 6두품 출신 학자 최치원은 진성 여왕에게 시무 10여 조를 올렸으나 받아들여지지 않았어요.
⑤ 삼국 통일 이전인 신라 선덕 여왕 때 승려 자장의 건의로 황룡사 9층 목탑이 건립되었어요.

55 신라 말의 혼란 정답 ②

키워드 문제분석
- 김헌창의 난 = 신라 헌덕왕 때(822)
- 시무 10조 + 최치원 = 신라 진성 여왕 때(894)

신라는 8세기 말부터 진골 귀족 간의 왕위 쟁탈전이 심화되었어요. 헌덕왕 때인 822년에 왕위 계승에 불만을 품은 김헌창이 난을 일으켰으나 진압되었어요. 이후 진성 여왕 때인 894년에 당에서 유학하고 돌아온 최치원이 시무 10여 조를 올렸으나 진골 귀족들의 반대로 받아들여지지 않았어요.
따라서 김헌창의 난이 일어난 822년과 최치원이 진성 여왕에게 시무 10여 조를 올린 894년 사이 시기의 사실을 골라야 해요.

① 법흥왕은 527년에 이차돈의 순교를 계기로 불교를 공인하였어요.
② 신라 말 재정이 궁핍해진 중앙 정부가 조세를 독촉하자, 889년 사벌주(상주)에서 일어난 원종과 애노의 난을 비롯하여 전국 각지에서 농민 봉기가 일어났어요.
③ 신문왕은 7세기 후반에 진골 귀족의 힘을 억누르고자 관료전을 지급하고 녹읍을 폐지하였어요.
④ 진흥왕은 545년에 거칠부로 하여금 역사서인 《국사》를 편찬하게 하였어요.
⑤ 내물 마립간은 4세기 후반에 최고 지배자의 칭호를 '마립간'으로 바꾸었어요.

56 호우총 청동 그릇 정답 ①

키워드 문제분석
경주 호우총에서 출토 + 신라와 고구려 사이의 정치적 관계를 살펴볼 수 있는 유물
= 호우총 청동 그릇(호우명 그릇)

호우총 청동 그릇의 밑바닥에 '국강상광개토지호태왕'이라는 광개토 태왕을 나타내는 글자가 새겨져 있어 이를 통해 5세기경 신라와 고구려가 정치적 관계를 형성하고 있었음을 알 수 있어요.

① 신라의 고분인 경주 호우총에서 출토된 호우총 청동 그릇이에요.

정답과 해설

② 백제의 무령왕릉에서 발견된 석수로, 무덤을 지킨다는 의미에서 무덤 안에 두었던 것으로 짐작할 수 있어요.
③ 백제가 왜에 보낸 것으로 알려진 칠지도로, 이를 통해 백제와 왜의 관계를 짐작할 수 있어요.
④ 고구려의 불상인 금동 연가 7년명 여래 입상으로, 뒷면에 새겨진 글자를 통해 제작 시기를 짐작할 수 있어요.
⑤ 경주의 신라 고분에서 발견된 기마 인물형 토기 중 주인상이에요.

57 고구려의 불상   정답 ②

키워드 문제분석: 고구려의 연호로 추정되는 연가(延嘉)라는 글자가 새겨져 있음 = **금동 연가 7년명 여래 입상**

금동 연가 7년명 여래 입상은 삼국 시대의 불상으로, 불상 뒷면의 명문을 통해 고구려의 불상임을 알 수 있어요. 고구려의 승려들이 만들어 유포한 천불(千佛) 중 하나로, 뒷면에 '연가 7년(延嘉七年)'이 새겨져 있어 제작 연대를 추정할 수 있어요. 고구려의 불상이지만 옛 신라 지역인 경상남도 의령에서 발견되었어요.

① 고려 시대에 만들어진 영주 부석사 소조 여래 좌상이에요. 불상 뒤의 정교한 무늬와 불꽃 모양이 조각된 광배가 특징이에요.
② 신라 고분에서 출토된 고구려의 금동 연가 7년명 여래 입상이에요.
③ 통일 신라 시대에 만들어진 경주 구황동 금제여래좌상이에요.
④ 고려 시대에 만들어진 익산 왕궁리 오층석탑을 보수하기 위해 해체하는 과정에서 발견된 사리장엄구 중 금동 여래 입상이에요.
⑤ 고구려의 영향을 받아 만들어진 발해의 이불병좌상이에요.

58 금관가야   정답 ④

키워드 문제분석: 김해 + 김수로왕에 의해 건국되었다고 전해짐 = **금관가야**

김해를 거점으로 전기 가야 연맹의 중심국으로 성장한 금관가야는 철이 많이 생산되어 낙랑과 왜 등에 철을 수출하였어요. 김해 봉황동 유적은 금관가야의 대표적인 유적이에요. 또한, 금관가야는 수로왕이 건국하였다고 전해지며 전기 가야 연맹을 주도하다가, 신라를 지원한 고구려 광개토 태왕의 공격을 받아 세력이 크게 약화되었어요. 이후 고령의 대가야가 가야 연맹의 중심국이 되었어요.

① 신라는 통일 이후 늘어난 영토와 백성을 효율적으로 다스리기 위해 중앙 정치 조직을 집사부를 비롯한 14부로 정비하였어요.
② 고구려는 집집마다 식량을 보관하는 부경이라는 창고를 두었어요.
③ 고구려는 지배층으로 연맹을 이끄는 왕과 여러 가들이 있었고, 이들은 각각 사자, 조의, 선인 등의 관리를 두었어요.
④ 금관가야는 철이 풍부하여 낙랑, 왜 등에 철을 수출하였어요.
⑤ 백제의 지배층은 왕족인 부여씨와 8성의 귀족으로 이루어졌어요.

59 도교 문화유산   정답 ②

키워드 문제분석: 고구려의 사신도 + 백제 산수무늬 벽돌 + 신선 사상을 기반으로 불로장생을 추구하는 종교 = **도교**

고구려 강서대묘 내부에 있는 사신도는 도교의 네 방위를 나타내는 상징적 동물인 청룡(동), 백호(서), 주작(남), 현무(북)를 그린 그림이에요. 백제 산수무늬 벽돌은 산수무늬가 새겨진 백제의 벽돌이에요. 아래쪽에는 물이 흐르고 중간에는 산봉우리들이 이어지며 하늘에는 구름이 떠 있는 모습이 새겨져 있는 것을 통해 도교적 색채가 드러나 있음을 알 수 있어요. 도교는 산천 숭배나 신선 사상과 결합하여 불로장생과 현세의 구복을 추구한 종교로, 귀족 사회를 중심으로 발달하였어요.

① 조선 전기에 세조는 불경의 번역과 판각을 관장하는 기관으로 간경도감을 설치하여 경전을 간행하는 등 불교를 후원하였어요.
② 고구려 보장왕 때 연개소문은 도교의 발전을 위해 당에 도사 파견을 요청하였어요.
③ 고려 후기에 보급된 성리학을 기반으로 세워진 조선은 과거 시험의 교재로 《사서집주》를 채택하였어요.
④ 9산 선문은 신라 말 호족의 지원을 받아 확산된 선종 불교의 대표적인 9개 종파예요. 신라의 범일은 9산 선문 중 하나인 사굴산문을 개창하였어요.
⑤ 신라의 임신서기석에는 두 청년이 유교 경전 공부에 힘쓸 것을 다짐하는 내용이 새겨져 있어 신라에서 유학 교육이 실시되었음을 짐작할 수 있어요.

60 백제의 문화유산   정답 ⑤

키워드 문제분석: 부여 능산리 절터에서 출토 + 불교와 도교 사상 등을 복합적으로 반영함 = **백제 금동 대향로**

부여 능산리 절터에서 출토된 백제 금동 대향로의 뚜껑 부분에는 신선의 모습이 표현되어 있으며, 가장 윗부분에는 도교에서 신령스러운 동물로 여기는 봉황이 조각되어 있어요. 연꽃이 피어나는 받침 부분의 조각에서는 불교적 요소를 볼 수 있어요.

① 고구려의 영향을 받아 만들어진 발해의 이불병좌상이에요.
② 신라 고분에서 출토된 고구려의 금동 연가 7년명 여래 입상이에요.
③ 고령 지산동 고분군에서 출토된 대가야의 금동관이에요.
④ 경주의 고분에서 출토된 신라의 기마 인물형 토기 중 주인상이에요.
⑤ 부여 능산리 절터에서 발견된 백제 금동 대향로예요.

61 백제의 불상   정답 ④

키워드 문제분석: 마애불 + 백제의 미소 = **서산 용현리 마애여래 삼존상**

서산 용현리 마애여래 삼존상은 '백제의 미소'라고 불리는 백제의 대표적인 불상으로, 국보로 지정되었어요.

① 고려 초기의 불상인 안동 이천동 마애여래 입상이에요.
② 통일 신라의 불상인 경주 남산 칠불암 마애불상군이에요.
③ 통일 신라 또는 고려의 불상으로 추정되는 영암 월출산 마애여래 좌상이에요.
④ 서산 용현리 마애여래 삼존상은 백제를 대표하는 불상이에요.
⑤ 고려의 불상인 파주 용미리 마애이불 입상이에요.

62 백제의 문화유산 정답 ③

키워드 문제분석 금제 사리봉영기 발견 = **익산 미륵사지 석탑**

사리봉영기는 사리를 모시는 내력을 적은 글이에요. 백제의 탑인 익산 미륵사지 석탑에서 발견된 금제 사리봉영기에는 백제 무왕의 왕후가 미륵사를 창건하고, 왕실의 안녕을 기원하고자 사리를 봉안하고 탑을 세웠다는 내용이 담겨 있어요.

① 신라의 석탑 중 가장 오래된 경주 분황사 모전 석탑이에요.
② 신라의 석탑 중 특이한 형태를 가진 경주 정혜사지 13층 석탑이에요.
③ 목탑 양식을 계승한 백제의 익산 미륵사지 석탑이에요.
④ 발해의 영광탑으로 벽돌로 만들어졌어요.
⑤ 통일 신라의 경주 감은사지 3층 석탑이에요.

63 백제의 문화유산 정답 ③

① 공산성은 백제의 웅진 시기에는 웅진성이라 불리기도 하였어요.
② 무령왕릉은 중국 남조의 영향을 받아 벽돌로 축조한 벽돌무덤 양식이에요.
③ 부소산성은 백제 성왕 때 사비(부여)로 도읍을 옮기면서 축조된 것으로 짐작되는 곳이에요. 성왕은 신라 진흥왕에게 한강 하류 지역을 빼앗긴 후 신라 공격에 나섰다가 관산성 전투에서 전사하였어요.
④ 능산리 고분군 중 처음 발굴을 시작한 1호분에서 사신도 벽화가 발견되었어요.
⑤ 왕궁리 유적 발굴 조사 과정에서 수부(首府)라는 글자가 새겨진 기와가 출토되는 등 수많은 유물이 발견되었어요.

64 신라의 문화유산 정답 ④

키워드 문제분석 현존하는 신라 탑 중에 가장 오래된 것으로 평가받음 + 돌을 벽돌 모양으로 다듬어 쌓음 = **경주 분황사 모전 석탑**

① 통일 신라의 경주 불국사 3층 석탑으로 '석가탑'이라고도 해요.
② 백제의 부여 정림사지 5층 석탑이에요.
③ 발해의 영광탑으로, 벽돌로 만든 전탑이에요.
④ 신라의 경주 분황사 모전 석탑이에요.
⑤ 백제의 익산 미륵사지 석탑으로, 목탑 양식을 계승하였어요.

65 천마도 정답 ③

키워드 문제분석 천마총, 천마도 = **신라**

신라의 천마총에서 발견된 천마도는 2장의 말다래(장니)에 그려진 그림이에요. 말다래는 말을 탄 사람의 옷에 진흙이 튀기지 않도록 말의 배 양쪽에 늘어뜨린 네모난 판을 말해요.

① 고려의 청동 은입사 포류수금문 정병으로, 은입사 기술로 만든 목이 긴 형태의 물병이에요.
② 고구려의 불상인 금동 연가 7년명 여래 입상으로, 뒷면에 새겨진 '연가 7년'이라는 글자를 통해 제작 시기를 알 수 있어요.
③ 신라 천마총에서 발견된 금관이에요.
④ 발해의 이불병좌상으로, 고구려의 영향을 받아 만들어졌어요.
⑤ 백제 금동 대향로로, 신선, 봉황, 연꽃 등 도교와 불교의 상징이 정교하게 묘사되어 있어요.

66 통일 신라의 문화유산 정답 ①

키워드 문제분석 불국사 + 《무구정광대다라니경》 = **경주 불국사 3층 석탑**

통일 신라의 경주 불국사 3층 석탑을 보수하는 과정에서 세계에서 가장 오래된 목판 인쇄본인 《무구정광대다라니경》이 발견되었어요.

① 통일 신라의 경주 불국사 3층 석탑으로 '석가탑'이라고도 해요. 통일 신라 석탑의 완벽한 조형미를 보여 주고 있어요.
② 백제의 부여 정림사지 5층 석탑이에요. 당의 장수 소정방이 백제를 멸망시킨 내용을 새겨 놓아 '평제탑'이라고도 불려요.
③ 백제 무왕이 익산에 미륵사를 지으며 만든 익산 미륵사지 석탑이에요. 목탑 양식을 계승한 형태의 석탑이에요.
④ 통일 신라의 구례 화엄사 4사자 3층 석탑으로, 기단과 탑신에 화려한 조각이 새겨져 있어요.
⑤ 고려의 평창 월정사 8각 9층 석탑으로, 다각 다층탑의 전형적인 모습이 나타나 있어요.

67 신라의 문화유산 정답 ③

키워드 문제분석 서라벌, 경주 + 첨성대 = **신라**

정답과 해설 023

정답과 해설

서라벌은 경주의 옛 이름으로, 신라의 수도였어요. 신라의 대표적인 문화유산으로는 선덕 여왕 때 건립된 것으로 추정되는 천문 관측대인 첨성대가 있어요.

① 가야의 판갑옷과 투구로, 고령 지산동에서 출토되었어요.
② 발해의 이불병좌상으로, 동경 용원부 유적에서 출토되었어요.
③ 신라의 대표적인 불상인 경주 석굴암 본존불은 8세기에 조성되었어요.
④ 백제의 금동 대향로로, 부여 능산리 절터에서 출토되었어요.
⑤ 고려의 평창 월정사 8각 9층 석탑으로, 송의 영향을 받았어요.

68 신라의 문화유산   정답 ⑤

키워드 문제분석   무영탑 + 탑의 내부에서 무구정광대다라니경을 발견함 = 경주 불국사 3층 석탑(석가탑)

경주 불국사 3층 석탑은 석가탑이라고도 하며, 탑의 해체·보수 과정에서 무구정광대다라니경이 발견되었어요. 경주 불국사 3층 석탑과 함께 경주 불국사 다보탑이 나란히 서 있어요.

① 신라의 구례 화엄사 4사자 3층 석탑으로, 기단과 탑신에 화려한 조각이 새겨져 있어요.
② 백제의 부여 정림사지 5층 석탑으로, 백제 멸망 당시 당의 소정방이 쓴 글이 새겨져 있어 '평제탑'이라고 불리기도 하였어요.
③ 신라의 경주 분황사 모전 석탑으로, 돌을 벽돌 모양으로 다듬어 쌓았어요.
④ 발해의 영광탑으로, 현재 유일하게 남아 있는 발해의 탑이에요.
⑤ 신라의 경주 불국사 3층 석탑으로, 김대성이 창건한 불국사 내에 조성된 석탑이에요.

69 발해의 문화   정답 ⑤

발해는 고구려 계승을 표방하며 세워진 나라이기 때문에 연꽃무늬 수막새와 치미, 고분 양식, 온돌 등에서 고구려 문화와 유사한 부분을 엿볼 수 있어요.

① 백제는 중국 남조의 영향을 받아 웅진 시기에 벽돌무덤을 만들었는데, 이를 통해 백제 문화의 국제성을 엿볼 수 있어요.
② 신라 원성왕릉(괘릉)에 조성된 무인석이 서역인의 얼굴을 닮은 것을 통해 당시 신라가 서역과 교류하였음을 짐작할 수 있어요.
③ 가야의 토기 제작 기술이 일본으로 건너가 스에키 제작에 영향을 주었어요. 스에키는 '쇠처럼 단단한 토기'라는 뜻이에요.
④ 고려는 원 간섭기에 몽골풍이 유행하였는데, 대표적으로 변발, 족두리와 같은 복장과 만두, 소주 등의 음식이 있어요.
⑤ 발해는 스스로 '고(구)려'라 칭하면서 고구려 계승 의식을 분명히 하였어요. 중국과 일본의 역사책에는 발해와 고구려의 연관성을 인정하는 기록이 남아 있고 온돌, 수막새 등을 통해서도 발해와 고구려의 문화적 연관성을 엿볼 수 있어요.

70 발해의 문화유산   정답 ①

키워드 문제분석   해동성국 + 영광탑, 정효 공주 묘 = 발해

발해 선왕은 영토를 크게 확장하여 5경 15부 62주의 지방 행정 조직을 갖추었고, 이 무렵 발해는 '해동성국'으로 불리기도 하였어요. 발해의 대표적인 문화유산으로는 영광탑, 정효 공주 묘, 석등, 이불병좌상 등이 있어요.

① 발해는 정당성, 선조성, 중대성 등 3성 6부를 조직하고 중정대를 두어 관리를 감찰하였어요.
② 신라는 통일 이후 9주 5소경의 지방 제도를 정비하고 9서당 10정의 군사 조직을 편성하였어요.
③ 백제는 내신 좌평, 위사 좌평 등 6좌평의 관제를 정비하였어요.
④ 신라는 지방 세력 또는 그의 자제를 수도에 머물게 하는 상수리 제도를 실시하여 지방 세력을 견제하였고, 지방관을 감찰하기 위해 외사정을 파견하였어요.
⑤ 백제의 지배층으로는 왕족인 부여씨와 8성의 귀족이 있었어요.

71 발해의 특징   정답 ②

키워드 문제분석   고구려 문화 계승 + 당 문화 수용 = 발해

발해는 고구려 계승을 표방하며 세워진 나라이기 때문에 연꽃무늬 수막새와 치미, 고분 양식, 온돌에서 고구려 문화와 유사한 부분을 엿볼 수 있어요. 발해는 당의 장안성을 참고해 상경성의 주작대로를 만들었어요.

① 후백제를 세운 견훤은 중국의 후당과 오월에 사신을 파견해 외교 관계를 맺었어요.
② 발해는 교육 기관으로 주자감을 설치해 유학을 교육하였어요.
③ 신라 신문왕은 통일 이후 군사 조직을 정비해 9서당과 10정을 설치하였어요.
④ 신라는 귀족 회의인 화백 회의를 열어 국가의 중대사를 만장일치로 결정하였어요.
⑤ 백제는 6좌평, 16관등제를 마련해 중앙 조직을 정비하였어요.

72 발해의 문화유산   정답 ①

키워드 문제분석   영광탑 = 발해

발해 영광탑은 현재 유일하게 남아 있는 발해의 탑이에요. 벽돌로 만들어졌으며, 탑 아래에서 무덤이 발견되었어요.

① 발해의 이불병좌상으로, 고구려의 영향을 받아 만들어졌어요.
② 고려의 영주 부석사 소조 여래 좌상으로, 신라 이래의 전통 양식을 계승하였어요. 영주 부석사 무량수전 안에 조성되어 있어요.
③ 고구려의 금동 연가 7년명 여래 입상으로, 뒷면에 새겨진 '연가 7년'이라는 글자를 통해 제작 시기를 알 수 있어요.
④ 통일 신라의 경주 석굴암 본존불상으로, 김대성이 창건한 경주 석굴암 안에 조성되어 있어요.
⑤ 고려 후기에서 조선 초기에 만들어진 것으로 추정되는 금동 관음보살 좌상이에요.

73 원광의 활동 정답 ④

키워드 문제분석 걸사표를 지음 = **원광**

7세기 초 신라의 승려 원광은 진평왕의 명을 받아 고구려를 공격하기 위해 수에 군사를 요청하는 걸사표를 작성하였어요.

① 혜초는 인도와 중앙아시아 지역을 순례하고 여러 나라의 풍물을 기록한 《왕오천축국전》을 남겼어요.
② 자장은 신라 선덕 여왕에게 황룡사 9층 목탑의 건립을 건의하였어요.
③ 원효는 〈무애가〉를 지어 불교 대중화에 기여하였고, 《십문화쟁론》을 지어 종파 간의 사상적 대립을 해소하기 위해 노력하였어요.
④ 원광은 진평왕 때 화랑도의 규범으로 세속 5계를 제시하였어요.
⑤ 도선은 풍수지리 사상이 반영된 송악명당기를 저술하였어요.

74 원효의 활동 정답 ③

키워드 문제분석 금강삼매경론·대승기신론소 저술 + 일심 사상과 화쟁 사상 주장 = **원효**

신라의 원효는 《금강삼매경론》, 《대승기신론소》, 《십문화쟁론》 등을 저술하여 불교 교리 연구에 힘썼어요. 또한 모든 것은 결국 한마음에서 나온다고 주장하는 사상인 일심 사상과 불교의 모든 종파 간의 이론적 대립을 화합으로 바꾸려는 사상인 화쟁 사상을 주장하며 종파 간의 사상적 대립을 극복하기 위해 노력하였어요.

① 혜초는 인도와 중앙아시아를 여행한 후 구법 순례기인 《왕오천축국전》을 남겼어요.
② 자장은 신라 선덕 여왕에게 황룡사 9층 목탑의 건립을 건의하였어요.
③ 원효는 나무아미타불만 외우면 누구나 극락에 갈 수 있다고 주장하고 무애가를 지어 부르며 불교 대중화에 기여하였어요.
④ 원광은 화랑도가 지켜야 할 행동 규범으로 세속 5계를 제시하였어요.
⑤ 의상은 화엄 사상의 요지를 정리한 《화엄일승법계도》를 저술하였어요.

75 원효의 활동 정답 ①

키워드 문제분석 《금강삼매경론》, 《대승기신론소》 + 무애가 = **원효**

신라의 원효는 《금강삼매경론》, 《대승기신론소》, 《십문화쟁론》 등을 저술하였어요. 원효는 나무아미타불만 외우면 누구나 극락에 갈 수 있다고 주장하고 무애가를 지어 부르며 불교 대중화에 기여하였어요.

① 신라의 원효는 일심 사상과 화쟁 사상을 주장하며 종파 간의 사상적 대립을 극복하기 위해 노력하였어요.
② 신라의 혜초는 인도와 중앙아시아를 여행한 후 구법 순례기인 《왕오천축국전》을 남겼어요.
③ 신라의 자장은 신라 선덕 여왕에게 황룡사 9층 목탑의 건립을 건의하였어요.
④ 신라의 원광은 신라 진평왕의 명령을 받들어 수에 고구려를 공격하기 위한 군사를 청하는 걸사표를 지었어요.
⑤ 고려의 각훈은 왕명에 의해 우리나라 역대 고승들의 전기를 정리한 역사서인 《해동고승전》을 편찬하였어요.

76 의상의 활동 정답 ⑤

키워드 문제분석 영주 부석사 건립 = **의상**

신라의 의상은 당에서 유학하고 돌아와 신라에 화엄 사상을 본격적으로 전파하고, 화엄 사상의 요지를 정리한 《화엄일승법계도》를 저술하였어요. 또한 관음 신앙을 강조하였으며, 부석사를 비롯한 여러 사원을 건립하였어요.

① 신라의 자장은 선덕 여왕에게 황룡사 9층 목탑의 건립을 건의하였어요.
② 신라의 원효는 나무아미타불만 외우면 누구나 극락에 갈 수 있다고 주장하며 무애가를 지어 불교 대중화에 기여하였어요.
③ 신라의 원측은 유식의 교의를 담은 《해심밀경소》를 저술하였어요.
④ 고려의 각훈은 왕명에 의해 우리나라 역대 고승들의 전기를 정리한 《해동고승전》을 편찬하였어요.
⑤ 신라의 의상은 현세의 고난에서 구제받고자 하는 관음 신앙을 강조하였어요.

77 의상의 활동 정답 ⑤

키워드 문제분석 부석사 + 당에서 유학 = **의상**

신라의 승려 의상은 경북 영주에 부석사를 건립하였어요. 이곳에는 고려의 대표적인 목조 건축물인 영주 부석사 무량수전과 고려의 불상인 영주 부석사 소조 여래 좌상이 있어요. 의상은 당에서 유학하

정답과 해설

고 돌아와 신라에 화엄 사상을 본격적으로 전하고, 관음 신앙을 확산시켰어요.

① 신라의 원효는 《십문화쟁론》을 지어 종파 간의 사상적 대립을 해소하기 위해 노력하였고, '무애가'를 지어 불교 대중화에 기여하였어요.
② 신라의 원광은 진평왕 때 화랑도의 규범으로 세속 5계를 제시하였어요.
③ 신라의 혜초는 인도와 중앙아시아를 여행하고 구법 순례기인 《왕오천축국전》을 저술하였어요.
④ 고려의 각훈은 왕명에 의해 승려들의 전기를 담은 《해동고승전》을 집필하였어요.
⑤《화엄일승법계도》는 의상이 화엄 사상의 핵심을 정리한 그림시예요.

78 설총의 활동 정답 ⑤

키워드 문제분석 이두 정리 + 원효의 아들 = 설총

신라의 6두품 출신 유학자이자 원효의 아들인 설총은 이두를 정리해 유학 발전에 기여하였으며, 제자 양성에도 많은 노력을 기울였어요.

① 신라 말 진성 여왕 때 위홍과 대구화상이 왕명을 받아 향가 모음집인 《삼대목》을 편찬하였어요.
② 신라 말, 당에서 유학하고 돌아온 6두품 출신 학자 최치원은 진성 여왕에게 시무책 10여 조를 올렸으나 받아들여지지 않았어요.
③ 신라 진평왕 때 승려 원광은 화랑도가 지켜야 할 행동 규범으로 세속 5계를 제시하였어요.
④ 강수는 신라의 외교 문서를 작성하는 데 큰 역할을 하였는데, 당에 인질로 잡혀 있던 무열왕의 아들 김인문의 석방을 요구하는 글인 〈청방인문표〉를 지었어요.
⑤ 설총은 신문왕에게 충신을 가까이할 것을 꽃에 비유하여 조언한 〈화왕계〉를 지어 바쳤어요.

PART 3. 고려									P. 060~078
01	③	02	⑤	03	①	04	①	05	③
06	②	07	④	08	②	09	①	10	③
11	④	12	②	13	①	14	③	15	①
16	②	17	②	18	④	19	①	20	①
21	②	22	③	23	⑤	24	④	25	②
26	②	27	①	28	③	29	③	30	③
31	②	32	④	33	④	34	③	35	③
36	②	37	③	38	③	39	⑤	40	⑤
41	④	42	③	43	③	44	②	45	①
46	②	47	⑤	48	①	49	⑤	50	①
51	④	52	④	53	③	54	①	55	③
56	②	57	⑤	58	②	59	③	60	②
61	①	62	②	63	①	64	①	65	④
66	⑤	67	②	68	⑤	69	①	70	①
71	③	72	②						

01 고려의 후삼국 통일과정 정답 ③

927년, 고려 태조 왕건은 후백제의 견훤이 신라의 수도인 금성(경주)을 침범하려 하자 신라를 지원하기 위해 군사를 보냈어요. 그러나 고려의 구원군이 도착하기 전에 견훤은 금성을 습격해 경애왕을 죽게 하고 경순왕(김부)을 왕으로 세웠어요. 그리고 후백제군은 공산(대구)에서 고려군을 상대로 승리를 거두었어요(공산 전투, 927). 이후 고려는 고창 전투(930)에서 후백제를 격파하여 후삼국 간의 항쟁에서 주도권을 장악하였어요. 935년에는 후백제에 내분이 일어나 견훤이 고려에 귀순하였고, 신라 경순왕도 고려에 항복하였어요. 이어서 태조는 일리천 전투에서 신검이 이끄는 후백제군을 격파하고 후삼국을 통일하였어요(936).

① 674년에 신라 문무왕은 고구려 부흥 운동을 전개하던 안승이 귀순하자 금마저(익산)에 머물게 하고 보덕국왕으로 책봉하였어요.
② 901년에 송악(개성)에 후고구려를 세운 궁예는 911년에는 국호를 '마진'에서 '태봉'으로 바꾸었어요.
③ 935년에 견훤이 고려에 귀순한 이후 신라 경순왕이 고려에 항복하자 왕건은 경순왕(김부)을 경주의 사심관으로 임명하였어요.
④ 642년에 백제 의자왕은 윤충을 보내 전략적 요충지인 신라의 대야성을 점령하였어요.
⑤ 백제 멸망 이후인 660년에 흑치상지는 임존성에서 부흥군을 이끌고 백제 부흥 운동을 전개하였어요.

02 고려 태조의 업적 정답

키워드 문제분석 후삼국을 통일함 = 고려 태조

026 시대별 기출문제집 심화

후삼국을 통일한 고려 태조는 자신의 세력 기반이었던 호족 세력을 통합하고 민생을 안정시켜 국가의 기틀을 다져나갔으며, 《정계》와 《계백료서》를 지어 관리가 지켜야 할 규범을 제시하였어요. 한편, 민생 안정을 위해 빈민 구제 기관인 흑창을 설치하여 곡식을 빌려주고 추수기에 갚도록 하였어요. 흑창은 성종 때 의창으로 개칭되었어요.

① 예종은 관학을 진흥시키기 위해 전문 강좌인 7재를 설치하고 장학 재단으로 양현고를 운영하였어요.
② 광종은 쌍기의 건의를 받아들여 최초로 시험으로 관리를 선발하는 과거제를 실시하였어요.
③ 성종은 최승로의 건의를 받아들여 전국의 주요 지역에 12목을 설치하고 지방관을 파견하였어요.
④ 경종 때 관리에게 관직 복무에 대한 대가로 전지와 시지를 지급하는 전시과를 처음 시행하였어요. 전시과는 토지에 대한 수조권을 지급한 제도로 경종 때 처음 마련된 이후 몇 차례 개정을 거쳤어요.
⑤ 태조는 훈요 10조를 남겨 후대 왕들이 나라를 다스릴 때 그 내용을 지킬 것을 당부하였어요.

03 고려 태조 재위 시기의 사실   정답 ①

키워드 문제분석 《정계》,《계백료서》+ 흑창 = 고려 태조

후삼국을 통일한 고려 태조는 자신의 세력 기반이었던 호족 세력을 통합하고 민생을 안정시켜 국가의 기틀을 다져나갔어요. 주요 호족 가문과 혼인 관계를 맺거나 왕씨 성을 하사하는 등 회유책을 펴는 동시에, 사심관 제도와 기인 제도를 실시하는 등 통제책을 펼쳤어요. 또한 《정계》와 《계백료서》를 지어 관리가 지켜야 할 규범을 제시하였고, 훈요 10조를 남겨 후대 왕들이 나라를 다스릴 때 그 내용을 지킬 것을 당부하였어요. 한편, 민생 안정을 위해 빈민 구제 기관인 흑창을 설치하여 곡식을 빌려주고 추수기에 갚도록 하였어요. 흑창은 성종 때 의창으로 개칭되었어요.

① 태조는 고려 건국과 후삼국 통일 과정에서 공을 세운 개국 공신에게 공로와 인품에 따라 역분전을 지급하였어요.
② 정종은 거란의 침입에 대비하여 일종의 예비군인 광군을 조직하였고, 이를 감독하기 위한 기구로 광군사를 만들었어요.
③ 광종은 스스로 황제라 칭하고 광덕, 준풍 등의 독자적인 연호를 사용하였어요.
④ 예종은 관학을 진흥하기 위해 장학 재단인 양현고를 운영하였어요.
⑤ 숙종은 동생인 의천의 건의를 받아들여 주전도감을 설치하고 은병(활구), 해동통보 등의 화폐를 발행하였어요.

04 고려 광종의 정책   정답 ①

키워드 문제분석 광덕, 준풍이라는 연호 제정 = 고려 광종

고려 광종은 부당하게 노비가 된 사람들을 조사하여 양민 신분으로 회복시키는 노비안검법을 실시하였어요. 이를 통해 호족의 세력을 약화하고 국가 재정을 확충하였어요. 또한, 국왕의 권위를 높이고자 스스로 황제를 칭하고 '광덕', '준풍' 등의 독자적인 연호를 사용하였어요.

① 광종은 쌍기의 건의를 받아들여 최초로 시험으로 관리를 선발하는 과거제를 실시하였어요.
② 태조는 빈민 구제 기관인 흑창을 설치하여 곡식을 빌려주고 추수기에 갚도록 하였어요. 흑창은 성종 때 의창으로 개칭되었어요.
③ 경종 때 관리에게 관직 복무에 대한 대가로 전지와 시지를 지급하는 전시과를 시행하였어요. 전시과는 토지에 대한 수조권을 지급한 제도로 경종 때 처음 마련된 이후 몇 차례 개정을 거쳤어요.
④ 인종은 김부식에게 명령을 내려 《삼국사기》를 편찬하게 하였어요. 김부식은 유교 사관에 입각하여 본기, 열전 등 기전체 형식으로 서술한 《삼국사기》를 편찬하였어요.
⑤ 성종은 최승로의 건의를 받아들여 전국의 주요 지역에 12목을 설치하고 지방관을 파견하였어요.

05 고려 광종의 업적   정답 ③

키워드 문제분석 연호 광덕 + 백관 공복 = 고려 광종

왕권이 불안정한 상황에서 즉위한 광종은 호족과 공신 세력을 견제하여 왕권을 강화하고자 하였어요. 또한 노비안검법을 통해 호족 세력을 약화시키고 국가 재정을 강화하였으며, 과거제를 실시하여 유교적 소양을 갖춘 인재를 등용하였어요. 이외에도 관리의 공복을 제정하여 왕을 정점으로 하는 위계질서를 확립하였고 황제 칭호와 '광덕', '준풍' 등 독자적 연호를 사용하여 고려가 황제국임을 드러내 왕의 권위를 높였어요.

① 성종은 전국에 12목을 설치하고 관리를 파견하였어요.
② 숙종 때 의천의 건의에 따라 화폐를 주조하는 관청인 주전도감을 설치하고 해동통보 등을 발행하였어요.
③ 광종은 호족 세력을 견제하기 위해 불법적으로 노비가 된 사람들을 본래의 신분인 양인으로 회복시키는 노비안검법을 실시하였어요.
④ 고려는 거란의 침입을 격퇴한 후 개경에 나성을, 국경 지역에 천리장성을 쌓았어요.
⑤ 숙종은 관학의 진흥을 위해 국자감에 서적포를 설치하여 출판을 담당하게 하였어요.

06 고려 성종 재위 시기의 사실   정답 ②

키워드 문제분석 처음으로 12목을 설치함 = 고려 성종

정답과 해설

② 고려 태조의 뒤를 이어 혜종이 즉위하였으나 왕권은 불안한 상황이었어요. 왕실의 외척인 왕규는 자신의 외손자를 왕위에 올리기 위해 여러 차례 혜종을 암살하려고 하였으나 실패하였어요(왕규의 난). 이후 혜종이 죽고 정종이 즉위하였으나 왕권은 여전히 불안하였어요. 정종도 왕위에 오른 지 얼마 되지 않아 병으로 죽었고, 이후 광종이 왕위에 올랐어요. 광종은 호족 세력을 누르고 왕권을 강화하기 위해 노비안검법과 과거제를 실시하였어요. 이후 경종을 거쳐 고려의 제6대 왕으로 즉위한 성종은 최승로의 시무 28조를 받아들여 유교를 정치 이념으로 삼고, 체제를 정비하였어요. 또한, 2성 6부의 중앙 관제를 마련하였으며, 지방 주요 지역에 12목을 설치하고 지방관을 파견하였어요. 이후 성종의 뒤를 이어 목종이 왕위에 올랐으나 강조의 정변으로 폐위되고 현종이 즉위하였어요.

따라서, 처음으로 12목이 설치된 성종 재위 시기는 '왕규의 난(945)'과 '강조의 정변(1009)' 사이의 시기인 (나)예요.

07 고려 성종의 정책   정답 ④

키워드 문제분석 경학박사·의학박사 파견 + 12목 설치 = 고려 성종

고려 성종 때 최승로는 시무 28조를 올려 지방관 파견, 불교 행사 축소, 유교 정치 이념 확립 등을 건의하였어요. 성종은 이를 받아들여 유교 정치 이념을 바탕으로 통치 체제를 정비하였어요. 2성 6부의 중앙 관제를 마련하고 전국에 12목을 처음으로 설치하여 지방관과 경학박사, 의학박사를 보냈어요.

① 광종은 쌍기의 건의를 받아들여 과거제를 처음 실시했어요.
② 예종은 사학의 융성으로 위축된 관학을 진흥시키고자 장학 재단인 양현고를 설치했어요.
③ 공민왕은 최고 교육 기관인 국자감의 이름을 성균관으로 바꾸고, 유학 교육만 전담하도록 했어요.
④ 성종은 최승로의 시무 28조를 받아들여 유교 정치 이념을 바탕으로 통치 체제를 정비했어요.
⑤ 태조는 《정계》와 《계백료서》를 지어 관리가 지켜야 할 규범을 제시하였고, 훈요 10조를 남겨 후대 왕들이 나라를 다스릴 때 그 내용을 지킬 것을 당부했어요.

08 고려 초기의 정치   정답 ②

키워드 문제분석
- 왕규 = (가) 왕규의 난(945)
- 경학박사, 의학박사, 12목 = (나) 고려 성종 시기(987)
- 쌍기 = (다) 고려 광종 시기(958)

(가) 태조 때 왕실의 외척이 되어 막강한 권력을 지니고 있던 왕규는 난을 일으켜 혜종을 제거하려 하였으나 실패하였어요.
(다) 광종은 호족 세력을 약화시키고 신진 관료를 등용하기 위해 과거제를 시행하였어요.
(나) 성종은 최승로의 시무 28조를 수용하여 전국 주요 지역에 12목을 설치하고 지방관을 파견하였어요. 또한 유학 교육 진흥을 위해 12목에 경학박사와 의학박사를 파견하였어요.

② (가) 왕규의 난(945) → (다) 광종, 과거제 실시(958) → (나) 성종, 12목에 경학박사와 의학박사 파견(987)

09 고려의 중앙 정치 조직   정답 ①

㉠ 고려의 추밀원(중추원)은 군사 기밀을 담당하는 추밀과 왕명 출납을 담당하는 승선으로 구성되었어요.
㉡ 고려의 어사대는 관리 감찰 기구였으며, 그 관원은 중서문하성의 낭사와 함께 대간으로서 서경권을 행사하는 등 권력의 견제와 균형을 꾀하였어요.
ㄷ. 상서성은 고려의 2성 중 하나로, 정책을 집행하고 6부를 통솔하였어요. 화폐와 곡식의 출납과 회계를 담당하였던 기구는 삼사로, 조선의 3사와는 그 기능이 달랐어요.
ㄹ. 중서문하성은 고려의 최고 관서로 국정을 총괄하였으며, 재신과 낭사로 구성되었어요. 도병마사는 원 간섭기를 거치며 도평의사사로 개칭되었으며, 국정 전반에 걸쳐 영향력을 행사하는 최고 권력 기구가 되었어요.

10 고려의 정치 기구   정답 ③

㉠ 상서성은 고려의 2성 중 하나로, 정책을 집행하고 6부를 통솔하였어요.
㉡ 고려의 추밀원(중추원)은 군사 기밀을 담당하는 추밀과 왕명 출납을 담당하는 승선으로 구성되는 기구예요.
㉢ 고려의 어사대는 관리들의 비리를 규찰하고 탄핵하는 기구예요.
㉣ 고려의 한림원은 왕의 명령을 받아 문서를 작성하는 기구예요.
㉤ 중서문하성은 고려의 최고 관서로 국정을 총괄하였으며, 재신과 낭사로 구성되었어요.

① 조선의 홍문관은 3사 중 하나로, 궁중의 서적을 관리하고 집현전의 학문 연구 기능을 계승하여 경연을 관장하는 기구였어요.
② 조선의 춘추관은 실록 등의 역사서를 보관하고 관리하는 기구였어요.
③ 고려의 어사대는 관리를 감찰하고 탄핵하며, 풍속을 교정하는 일을 담당하는 기구로, 소속 관원이 중서문하성의 낭사와 함께 대간으로 불리며 서경권을 행사하였어요.
④ 조선의 한성부는 수도 한성의 치안과 행정을 주관하는 기구였어요.
⑤ 고려의 삼사는 화폐와 곡식 출납에 대한 회계를 담당하는 기구로, 조선의 3사와는 그 기능이 달랐어요.

11 어사대   정답 ④

키워드 문제분석
고려의 관청으로 정치의 잘잘못을 가리고 풍속을 교정하며 관리들의 부정을 감찰하고 탄핵하는 일을 담당함 = 어사대

고려의 어사대는 관리 감찰 기구였으며, 그 관원은 중서문하성의 낭사와 더불어 대간으로서 권력의 견제와 균형을 꾀하였어요.

① 무신 정권 초기에는 중방이 최고 권력 기구 역할을 하였어요. 이후 최충헌은 교정도감을 설치하여 국정을 총괄하는 최고 권력 기구로 삼고 그 수장인 교정별감이 되어 국정 전반을 장악하였어요.
② 원 간섭기에 중서문하성과 상서성이 첨의부로 개편되는 등 고려 왕실의 정치 조직이 격하되었어요.
③ 도병마사는 원 간섭기를 거치며 도평의사사로 개칭되었으며, 국정 전반에 걸쳐 영향력을 행사하는 최고 권력 기구가 되었어요.
④ 어사대 소속 관원은 중서문하성의 낭사와 함께 대간으로 불리며 서경권을 행사하였어요.
⑤ 조선 정조 때 박제가, 유득공, 이덕무 등 서얼 출신의 학자들이 규장각의 검서관으로 기용되었어요.

12 고려의 중앙 정치 기구   정답 ②

키워드 문제분석
고려의 독자적 정치 기구 + 도평의사사로 개편 = 도병마사

도병마사와 식목도감은 고려의 독자적인 회의 기구로 중서문하성의 재신과 중추원의 추밀이 참여하였어요. 도병마사는 원 간섭기를 거치며 도평의사사로 개칭되었으며, 국정 전반에 걸쳐 영향력을 행사하는 최고 권력 기구가 되었어요.

① 조선의 춘추관은 역사서 편찬과 보관을 주관하였어요.
② 고려의 도병마사는 주로 국방과 군사 문제를 논의하였고, 식목도감은 주로 대내적인 법제와 격식을 논의하였어요.
③ 고려의 삼사는 화폐, 곡식의 출납과 회계를 담당하는 기구로, 조선의 3사와는 역할이 달랐어요.
④ 발해의 정당성은 3성 중 하나였어요. 정당성의 장관인 대내상이 발해의 국정을 총괄하였고, 정당성 아래의 좌사정과 우사정이 6부를 나누어 관할하였어요.
⑤ 고려의 정방은 최우가 설치한 인사 행정 기구로 공민왕 때 폐지되었어요.

13 이자겸의 난   정답 ①

키워드 문제분석
경원 이씨 가문 + 척준경과 함께 반란을 일으킴 = 이자겸의 난(1126)

고려 건국 이후 국가 체제를 정비하는 과정에서 문벌이 형성되었어요. 특히, 인종 때 두 딸을 왕에게 시집보낸 경원 이씨 가문의 이자겸은 막강한 권력을 행사하였는데, 그는 인종이 자신을 제거하려 하자 스스로 왕이 되기 위해 척준경과 함께 반란을 일으켰어요(이자겸의 난, 1126).

① 12세기 들어 천리장성 북쪽에 거주하던 여진이 부족을 통합하면서 고려와 충돌이 잦아졌어요. 이에 숙종은 윤관의 건의를 받아들여 별무반을 조직하였어요. 이후 예종 때 윤관이 별무반을 이끌고 여진을 정벌한 뒤 동북 9성을 축조하였어요. 이후 힘을 키운 여진은 금을 세워 요를 멸망시키고 송을 남쪽으로 밀어낸 후 고려에 군신 관계를 요구하였어요. 그러자 인종의 외척으로 당시 반란(이자겸의 난)을 일으킨 후 정권을 장악하고 있던 이자겸은 금의 사대 요구를 수용하였어요. 이자겸의 난은 진압되었지만, 그 영향으로 왕권이 약해졌고 지배층 사이의 갈등은 심화되었어요. 이에 인종은 승려 묘청과 정지상 등 서경 세력을 이용하여 개혁 정치를 추진하였어요. 이 과정에서 묘청을 비롯한 서경 세력이 서경 천도를 주장하였으나 이루어지지 않자 반란을 일으켰어요(묘청의 난).
따라서, 이자겸의 난이 일어난 시기(1126)는 '별무반 조직(1104)'과 '묘청의 난(1135)' 사이의 시기인 (가)예요.

14 묘청의 서경 천도 운동   정답 ③

키워드 문제분석
묘청 등과 함께 수도를 서경으로 옮길 것을 주장 = 묘청의 서경 천도 운동(1135)

고려 인종 때 묘청, 정지상 등 서경 세력은 풍수 사상을 바탕으로 서경 길지설을 내세우며 서경 천도를 추진하였어요.

③ 고려 건국 이후 국가 체제를 정비하는 과정에서 문벌이 형성되었어요. 특히 인종 때 두 딸을 왕에게 시집보낸 경원 이씨 가문의 이자겸은 막강한 권력을 행사하였고, 스스로 왕이 되고자 반란을 일으켰어요(이자겸의 난, 1126). 반란은 진압되었지만, 그 영향으로 왕권이 약해졌고 지배층 사이의 분열과 갈등은 심화되었어요. 이에 인종은 승려 묘청과 정지상 등 서경 세력을 이용하여 개혁 정치를 추진하였어요. 이 과정에서 묘청을 비롯한 서경 세력이 서경 천도를 주장하였으나 이루어지지 않자 반란을 일으켰어요(묘청의 서경 천도 운동, 1135). 반란은 김부식이 이끄는 관군에 의해 진압되었지만 무신 정변이 일어나면서 문벌 사회는 무너졌어요. 이후 고려는 몽골의 침입을 받게 되었고, 강화도로 수도를 옮겨 항전하는 등 노력하였으나 결국 몽골과 강화를 맺은 후 개경으로 환도하였어요(개경 환도, 1270).
따라서 묘청의 서경 천도 운동이 일어난 시기는 '이자겸의 난(1126)'과 '개경 환도(1270)' 사이의 시기인 (다)예요.

15 묘청의 서경 천도 운동   정답 ①

키워드 문제분석
- 이자겸, 척준경 = (가) 이자겸의 난(1126)
- 이의방, 정중부 = (나) 무신 정변(1170)

이자겸은 고려의 대표적인 문벌이자 외척이에요. 이자겸의 세력이 너무 커지자 인종은 이자겸을 죽이려 하였고, 이에 이자겸은 척준경과 함께 난을 일으켰어요(이자겸의 난, 1126). 하지만 이는 실패로 돌아갔어요. 이의방과 정중부는 고려의 무신이에요. 이들은 무신에 대한 차별에 불만을 품고 정변을 일으켜 문신을 제거하고 정권을 장악하였어요(무신 정변, 1170).
따라서 이자겸의 난이 일어난 1126년과 무신 정변이 일어난 1170년 사이 시기의 사실을 골라야 해요.

① 이자겸의 난 이후 묘청 등은 금국 정벌과 서경 천도 등을 주장하였지만 자신들의 뜻이 받아들여지지 않자 1135년에 서경에서 반란을 일으켰어요. 하지만 1136년, 김부식이 이끄는 관군에 의해 진압되었어요.
② (가) 이전인 1009년에 강조는 정변을 일으켜 김치양을 제거하고 목종을 폐위시켰어요. 이 사건을 구실로 거란의 2차 침입이 일어났어요.
③ (나) 이후인 1176년에 망이·망소이는 무신 정권에 반발하여 공주 명학소에서 봉기하였어요.
④ (가) 이전인 993년, 거란의 1차 침입 당시 서희는 거란의 소손녕과의 외교 담판을 통해 강동 6주를 획득하였어요.
⑤ (나) 이후인 1196년에 이의민을 제거하고 최고 권력자가 된 최충헌은 봉사 10조를 올려 시정 개혁을 건의하였어요.

16 경대승 집권 이후의 사실   정답 ②

키워드 문제분석
경대승이 정중부를 죽임 + 도방 = 경대승 집권(1179)

1170년에 무신들이 정변을 일으켜 정권을 장악한 이후 이의방 → 정중부 → 경대승 → 이의민 → 최충헌으로 최고 권력자가 바뀌는 혼란기가 이어졌어요. 1179년에 경대승은 정중부의 횡포가 심해지자 허승, 김광립 등과 함께 정중부를 제거한 후 권력을 잡았으나, 젊은 나이에 병으로 죽었어요. 이후 이의민을 거쳐 최충헌이 집권하여 최씨 무신 정권이 4대 60여 년간 계속되었어요. 도방은 무신 집권기 최고 권력자의 경호를 위해 설치된 사병 집단이에요. 경대승이 처음 만들었고, 이의민이 권력을 잡았을 때 해체되었다가 최충헌 집권기에 부활하였어요.

① 1135년 인종 때 묘청 등은 금국 정벌과 서경 천도 등을 주장하였는데, 자신들의 뜻이 받아들여지지 않자 서경에서 반란을 일으켰어요.
② 1196년에 이의민을 제거하고 최고 권력자가 된 최충헌은 명종에게 봉사 10조를 올려 시정 개혁을 건의하였어요.
③ 1009년에 강조는 정변을 일으켜 김치양을 제거하고 목종을 폐위하였어요. 이 사건을 구실로 거란의 2차 침입이 일어났어요.
④ 1126년에 인종은 이자겸의 세력이 너무 커지자 이자겸을 죽이려 하였어요. 그러나 이를 눈치챈 이자겸이 척준경과 반란을 일으켜 궁궐을 불태웠어요(이자겸의 난).
⑤ 1173년에 김보당은 무신 정권의 집권자였던 정중부와 이의방을 토벌하고 전왕인 의종을 다시 세우고자 동계 지역에서 난을 일으켰으나 실패로 끝났어요.

17 최충헌의 활동   정답 ②

키워드 문제분석
이의민을 제거하고 정권을 장악함 = 최충헌

무신 정변 이후 권력을 차지한 무신 사이에 권력 다툼이 일어나 최고 권력자가 여러 차례 바뀌는 혼란이 일어났어요. 이러한 정치적 혼란은 1196년에 최충헌이 이의민을 제거하여 정권을 장악한 후 권력을 세습하면서 안정되었어요. 최충헌은 집권 초기에 봉사 10조를 올려 사회 개혁안을 제시하였으나 오히려 많은 토지와 노비를 차지하고 사병을 양성하는 등 정권 유지에만 집중하였어요. 또한, 명종이 봉사 10조를 시행하지 않고 자신의 신변을 위협하자 명종을 유폐하고 신종을 왕위에 올렸어요.

① 고려 말 공민왕은 왕권 강화를 위해 최우가 설치하여 인사 행정을 담당하던 정방을 폐지하였어요.
② 무신 집권기에 최충헌은 교정도감을 설치하여 국정을 총괄하는 최고 권력 기구로 삼고, 그 수장인 교정별감이 되어 국정 전반을 장악하였어요.
③ 배중손은 고려 정부가 몽골과 화의를 체결하여 개경 환도를 결정하자 삼별초를 이끌고 대몽 항쟁을 계속하였고, 강화도가 함락되자 진도로 근거지를 옮겨 항쟁을 이어 갔어요.
④ 고려 말 최무선은 우왕에게 화약과 화포 제작을 위한 화통도감 설치를 건의하였어요. 최무선은 화통도감에서 만든 화약과 화포를 이용하여 나세, 심덕부 등과 함께 진포 대첩에서 왜구를 격퇴하였어요.
⑤ 고려 태조는 훈요 10조를 남겨 후대 왕들이 나라를 다스릴 때 그 내용을 지킬 것을 당부하였고, 《정계》와 《계백료서》를 지어 관리가 지켜야 할 규범을 제시하였어요.

18 최충헌의 활동   정답 ④

키워드 문제분석
이의민 제거 + 봉사 10조 = 최충헌

1170년 무신 정변 이후 정중부, 이의민 등 집권자가 계속 바뀌다가 최충헌이 이의민을 제거하고 권력을 잡았어요. 최충헌은 봉사 10조를 올려 시정 개혁을 건의하고, 자신의 권력을 위해 사병인 도방을 확대하였어요.

① 묘청 등 서경 세력은 고려 인종 때 서경 천도가 좌절되자, 서경에서 난을 일으키고 국호를 '대위'라고 하였어요.
② 최무선은 고려 우왕 때 화약과 화포 제작을 위한 화통도감의 설치를 건의하였고, 화통도감에서 제작한 화약 무기를 이용하여 진포에서 왜구를 크게 물리쳤어요(진포 대첩).
③ 배중손은 고려 정부가 몽골과 강화를 맺고 개경으로 환도하자 삼별초를 이끌고 진도로 이동하여 대몽 항쟁을 펼쳤어요.
④ 최충헌은 최고 권력 기구로 교정도감을 설치하고 자신은 교정별감이 되어 국정 전반을 장악하였어요.
⑤ 신돈은 고려 공민왕 때 전민변정도감의 책임자로 임명되어 권문세족을 견제하였어요.

① 1270년에 고려 정부가 몽골과 강화를 맺고 개경으로 환도하자, 삼별초는 이에 반대하며 3년간 항쟁하였어요. 진도 용장성은 삼별초가 관군과 몽골군에 항전했던 성 중 하나예요.
② 정중부 등 무신들이 정변을 일으키자 1173년에 동북면 병마사 김보당이 의종의 복위를 도모하며 반란을 일으켰어요.
③ 918년에 고려 태조는 빈민 구제를 위해 흑창을 처음 설치하였어요. 흑창은 이후 성종 때 의창으로 개칭되었어요.
④ 망이·망소이의 난은 무신 정권 초반인 1176년, 정중부가 집권하던 때에 일어났어요.
⑤ 최우의 아버지인 최충헌은 1209년에 교정도감을 설치하고 교정별감이 되어 국정을 총괄하였어요.

19 최우의 활동   정답 ①

키워드 문제분석 몽골 침략 당시 실권자 + 강화 천도 강행 = 최우

무신 정변 이후 무신들이 권력을 장악하였는데, 무신 정권 초기에는 최고 집권자가 자주 교체되는 혼란기가 계속되었어요. 이후 최충헌이 집권하고 권력을 세습하면서 최씨 무신 정권이 4대 60여 년 동안 이어졌어요. 최우는 아버지 최충헌의 뒤를 이어 정권을 잡았어요. 1231년에 몽골이 침략하자 고려 조정은 화의를 요청하여 몽골군을 철수하게 하였으나, 이후 몽골이 내정을 간섭하기 시작하자 당시 실권자였던 최우는 수도를 강화도로 옮겨 장기 항전에 대비하였어요.

① 최우는 자신의 집에 인사 행정 담당 기구인 정방을 설치하여 인사권을 장악하였어요.
② 이의민을 제거하고 최고 권력자가 된 최충헌은 명종에게 봉사 10조를 올려 시정 개혁을 건의하였어요.
③ 배중손이 이끈 삼별초는 강화도에서 진도로 근거지를 옮겨 용장성에서 몽골과 고려 연합군에 항전하였어요.
④ 서경 유수였던 조위총은 무신 정변을 일으킨 정중부, 이의방 등을 제거하기 위해 난을 일으켰으나 실패하였어요.
⑤ 고려 공민왕은 전민변정도감을 설치하고 신돈을 책임자로 임명하여 권문세족이 빼앗은 토지를 본래 주인에게 돌려주고, 억울하게 노비가 된 이들을 양민으로 회복시켰어요.

20 무신 정권기 이후의 사실   정답 ①

키워드 문제분석 최우 + 정방 = 최우 집권기(1225)

최우는 무신 정권기에 아버지 최충헌의 뒤를 이어 정권을 잡은 인물이에요. 최우는 1225년에 정방을 설치하여 인사권을 장악하고 좌별초, 우별초, 신의군으로 편성된 삼별초를 조직하였어요. 삼별초는 최씨 무신 정권의 군사적 기반 역할을 하였지요. 이후 몽골이 고려를 침략하자 최우는 1232년에 장기 항전을 위해 강화도로 수도를 옮겼어요.

21 무신 집권기의 봉기   정답 ②

키워드 문제분석 조위총이 군사를 모음 = 조위총의 난(1174, 무신 집권기)

조위총의 난은 조위총이 1174년에서 1176년까지 약 3년 동안 무신 정권에 대항하여 일으킨 난이에요. 서경 유수였던 조위총은 무신 정변을 일으킨 후 왕인 의종을 폐위시키고 문신을 죽이며 전횡을 일삼던 정중부, 이의방 등을 타도하기 위해 난을 일으켰으나 실패로 끝났어요.

① 무신 집권기(최충헌)인 신종 때 개경에서 만적을 비롯한 노비들이 신분 해방을 도모하여 봉기를 계획하였으나 발각되면서 실패하였어요(만적의 난, 1198).
② 의종 때 정중부, 이의방 등 무신들이 보현원에서 정변을 일으켜 권력을 장악하였어요(무신 정변, 1170).
③ 공민왕은 토지와 노비 문제를 해결하기 위해 전민변정도감을 설치하였고, 신돈을 판사로 임명하여 적극적인 개혁을 추진하였어요.
④ 무신 집권기인 명종 때 공주 명학소에서 망이, 망소이 등이 가혹한 수탈에 저항하여 봉기하였어요(망이·망소이의 난, 1176).
⑤ 무신 집권기에 최충헌은 교정도감을 설치하여 국정을 총괄하는 최고 권력 기구로 삼고 그 수장인 교정별감이 되어 국정 전반을 장악하였어요.

22 무신 집권기의 봉기   정답 ③

키워드 문제분석
- 최충헌 형제의 왕 유폐 = (가) 최충헌 형제의 정변(1197)
- 최의 사망 = (나) 최씨 무신 정권 종료(1258)

최충헌은 이의민을 제거하고 권력을 장악한 뒤 봉사 10조라는 사회 개혁안을 명종에게 올렸어요. 그러나 명종이 봉사 10조를 시행하지 않고 자신의 신변을 위협하자 1197년 창락궁에 유폐하고 신종을 왕

정답과 해설 031

정답과 해설

위에 올렸어요. 최충헌에 이어 최우가 집권한 시기에 몽골이 침입하였어요. 최우는 강화도로 수도를 옮겨 항전을 위한 준비를 하였어요. 이후 몽골의 침입이 거듭되면서 최씨 무신 정권은 내부 분열로 약화되었고 1258년 김준, 임유경 등이 최의를 죽임으로써 최씨 무신 정권은 종료되었어요.

따라서 '최충헌 형제의 정변'과 '최씨 무신 정권 종료' 사이의 시기에 일어난 일을 골라야 해요.

① (가) 이전인 1009년 목종 때 강조가 정변을 일으켜 김치양 일파를 제거하고 목종을 폐위하였어요.
② (나) 이후인 1270년에 고려 정부가 몽골과 화의를 체결하여 개경 환도를 결정하자 삼별초는 이에 반발하여 배중손을 중심으로 대몽 항쟁을 계속하였고, 강화도가 함락되자 진도로 근거지를 옮겨 항쟁을 이어 갔어요.
③ 1198년 무신 집권기(최충헌)인 신종 때 만적은 개경에서 노비를 모아 신분 해방을 도모하여 봉기를 계획하였으나 발각되면서 실패하였어요(만적의 난).
④ (가) 이전인 1174년에 서경 유수였던 조위총은 무신 정변을 일으킨 정중부, 이의방 등을 제거하기 위해 난을 일으켰으나 실패로 끝났어요.
⑤ (가) 이전인 1173년에 김보당은 무신 정권의 집권자였던 정중부와 이의방을 토벌하고 전왕인 의종을 다시 세우고자 동계 지역에서 난을 일으켰으나 실패로 끝났어요.

23 무신 정권기의 봉기 정답 ⑤

키워드 문제분석
만적 = 만적의 난(1198)

최충헌 집권기인 1198년, 사노비였던 만적은 개경에서 봉기를 계획하였으나 사전에 발각되어 죽임을 당하였어요. 무신 정권기에는 만적의 난 외에 망이·망소이의 난, 김사미·효심의 난 등 많은 봉기가 일어났어요.

① 묘청의 서경 천도 운동은 1135년으로, 무신 정권기 이전이에요.
② 쌍기가 과거제 시행을 건의한 것은 고려 광종 때로, 무신 정권기 이전이에요.
③ 이자겸의 난은 고려 인종 때인 1126년으로, 무신 정권기 이전이에요.
④ 정중부가 반란을 일으킨 무신 정변은 1170년으로, 최충헌 집권 이전이에요.
⑤ 최충헌의 아들 최우는 1225년에 정방을 설치하여 인사권을 장악하였고, 이후 몽골이 침입하자 강화 천도를 단행하였어요.

24 고려 문벌 사회의 동요 정답 ④

키워드 문제분석
- 보현원, 이고 등이 문신을 살해함, 정중부
  = (가) 무신 정변(1170)
- 이자겸과 척준경이 왕을 위협함
  = (나) 이자겸의 난(1126)
- 묘청이 서경에서 반란을 일으킴
  = (다) 묘청의 난(1135)

(나) 고려 건국 이후 국가 체제를 정비하는 과정에서 문벌이 형성되었어요. 특히, 인종 때 두 딸을 왕에게 시집보낸 경원 이씨 가문의 이자겸은 막강한 권력을 행사하였고, 스스로 왕이 되고자 반란을 일으켰어요(이자겸의 난, 1126).

(다) 이자겸의 난은 진압되었지만, 그 영향으로 왕권이 약해졌고 지배층 사이의 분열과 갈등은 심화되었어요. 이에 인종은 승려 묘청과 정지상 등 서경 세력을 이용하여 개혁 정치를 추진하였어요. 이 과정에서 묘청을 비롯한 서경 세력이 서경 천도를 주장하였으나 이루어지지 않자 반란을 일으켰어요(묘청의 난, 1135).

(가) 묘청의 난은 김부식이 이끄는 관군에 의해 진압되었어요. 이후 문벌 지배 체제의 모순이 더욱 심화되는 가운데 의종 때 문신에 비해 차별을 받던 정중부, 이의방 등의 무신이 보현원에서 정변을 일으켜 많은 문신을 살해하고 정권을 장악한 후 의종을 폐위하였어요(무신 정변, 1170).

④ (나) 이자겸의 난(1126) → (다) 묘청의 난(1135) → (가) 무신 정변(1170)

25 고려 현종 재위 시기의 사실 정답 ②

키워드 문제분석
강조의 정변을 구실로 침입한 거란군이 서경까지 이르자 강감찬이 왕에게 남쪽으로 피란할 것을 권유함
+ 나주에 도착한 왕이 거란군이 물러간다는 소식을 듣고 안도함 = 고려 현종

고려는 정종 때 거란의 침입에 대비하여 광군을 창설하였어요. 그 뒤 성종 때 거란의 1차 침입이 일어났어요. 이때 서희는 외교 담판을 통해 전쟁 없이 거란군을 물러가게 하고 강동 6주를 획득하였어요. 이후 현종 때 강조의 정변을 구실로 거란의 2차 침입이 일어났어요. 당시 개경이 함락되고 현종이 나주로 피난하는 등 위기를 겪는 가운데 양규는 거란군을 기습 공격해 많은 고려 사람들을 구하였어요.

① 태조 때 거란이 고려에 사신을 보내면서 낙타를 선물하였는데, 태조는 낙타를 만부교 아래 묶어 두어 굶어 죽게 하였어요. 이를 만부교 사건이라고 하며, 이로써 고려와 거란의 외교 관계는 단절되었어요.
② 현종 때 거란의 침입 상황에서 부처의 힘을 빌려 외적의 침입을 물리치고자 하는 염원을 담아 초조대장경을 만들었어요.

③ 고종 때 사신으로 고려에 왔던 저고여가 귀국길에 피살되면서 몽골의 침략이 시작되었어요.
④ 무신 집권기 명종 때 공주 명학소에서 망이, 망소이 등이 가혹한 수탈에 저항하여 명학소에서 봉기를 일으켰어요(망이·망소이의 난, 1176).
⑤ 공민왕은 전민변정도감을 설치하고 신돈을 책임자로 임명하여 권문세족이 빼앗은 토지를 본래 주인에게 돌려주고, 억울하게 노비가 된 이들을 양민으로 회복시켰어요.

② 1019년 현종 때 강감찬이 이끄는 고려군은 강동 6주의 반환 등을 요구하며 거란의 3차 침입이 일어나자 귀주에서 거란군을 크게 물리쳤어요(귀주 대첩).
③ 1377년 우왕 때 최무선의 건의로 화통도감이 설치되어 화약과 화포가 제작되었어요.
④ 1232년 고종 때 일어난 몽골의 2차 침입 당시 김윤후는 처인성에서 몽골 장수 살리타를 사살하고 몽골군을 격퇴하였어요.
⑤ 1388년 우왕 때 최영은 명이 철령위 설치를 통보하자 이에 반발해 요동 정벌을 추진하여 이성계와 군대를 파견하였어요.

26 고려와 거란의 관계   정답 ②

키워드 문제분석
- 광군 창설 = (가) 거란 침입 전(정종, 947)
- 강감찬의 귀주 대첩 = (나) 거란의 3차 침입(현종, 1019)
- 서희의 외교 담판 = (다) 거란의 1차 침입(성종, 993)

(가) 고려는 정종 때 거란의 침입에 대비하여 일종의 예비군인 광군을 조직하였고, 이를 감독하기 위한 기구로 광군사를 만들었어요.
(다) 거란의 1차 침입 때 고려는 서희의 외교 담판으로 송과의 관계를 끊을 것을 약속하고 강동 6주를 획득하였어요. 하지만 거란은 고려가 송과의 관계를 유지하자 강조의 정변을 구실로 다시 침입하였어요.
(나) 2차 침입 이후 거란은 강동 6주의 반환을 요구하며 3차 침입을 일으켰어요. 이때 강감찬이 귀주에서 거란군을 크게 물리쳤어요.

② (가) 거란 침입 전(정종, 947) → (다) 거란의 1차 침입(성종, 993) → (나) 거란의 3차 침입(현종, 1019)

27 고려와 거란의 관계   정답 ①

키워드 문제분석
- 거란에서 보낸 낙타를 만부교 아래에서 굶어 죽게 함 = (가) 만부교 사건(942)
- 양규가 적들을 급습하여 모조리 죽임 = (나) 거란의 2차 침입 당시 양규의 활약(1010)

고려는 건국 초기부터 발해를 멸망시킨 거란과 사이가 좋지 않았어요. 거란이 고려에 사신을 보내면서 낙타를 선물하였는데, 태조는 낙타를 만부교 아래 묶어 두어 굶어 죽게 하였어요. 이를 만부교 사건이라고 하는데, 이로써 고려와 거란의 외교 관계는 단절되었어요. 현종 때 강조의 정변을 구실로 거란의 2차 침입이 일어났어요. 당시 개경이 함락되고 현종이 나주로 피난하는 등 위기를 겪는 가운데 양규는 거란군을 기습 공격하여 많은 고려 사람들을 구하였어요.
따라서, '만부교 사건(942)'과 '거란의 2차 침입(1010)' 사이의 시기에 일어난 일을 골라야 해요.

① 947년 정종 때 거란의 침입에 대비하여 광군을 조직하였고, 이를 감독하기 위한 기구로 광군사를 만들었어요.

28 거란의 침입과 고려의 대응   정답 ③

키워드 문제분석
- 김치양, 강조 = 강조의 정변(1009)
- 귀주, 강감찬 = 귀주 대첩(1019)

거란의 1차 침입(993) 이후 강조는 국정을 농단하던 김치양 일파를 제거하고 목종을 폐위시켰어요(강조의 정변, 1009). 이 사건을 계기로 거란이 고려를 침략하였으나 양규 등의 활약으로 거란의 공격을 물리쳤어요(거란의 2차 침입, 1010). 이후 거란의 소손녕이 군대를 이끌고 고려를 침략하였어요(거란의 3차 침입, 1018). 그러자 강감찬이 귀주에서 거란의 공격을 물리쳤어요(귀주 대첩, 1019).
따라서 강조의 정변이 일어난 1009년과 귀주 대첩이 일어난 1019년 사이 시기의 사실을 골라야 해요.

① 1377년, 고려 우왕 때 최무선의 건의로 화통도감이 설치되어 화약과 화포가 제작되었어요.
② 1366년, 고려 공민왕은 권문세족을 견제하기 위해 신돈의 건의를 받아들여 전민변정도감을 설치하였어요.
③ 1010년, 강조의 정변이 구실이 되어 거란의 2차 침입이 일어나자 현종은 나주까지 피난하였지만, 양규 등의 활약으로 거란의 공격을 물리쳤어요.
④ 956년, 고려 광종은 왕권을 강화하고 재정을 확충하기 위해 노비안검법을 실시하였어요.
⑤ 1104년, 고려 숙종 때 윤관의 건의로 여진의 침입에 대비하기 위해 별무반이 조직되었어요.

29 거란의 침입과 고려의 대응   정답 ③

키워드 문제분석
현종 + 왕의 피란 + 대장경판 = 거란

고려가 북진 정책과 친송 정책을 추진하자 거란은 고려를 여러 차례 침입하였어요. 거란의 1차 침입(993) 때는 서희가 거란의 소손녕과 외교 담판을 벌여 강동 6주를 확보하였어요. 이후 강조의 정변이 일어나자 거란은 이를 빌미로 고려를 침략하였지요(2차 침입, 1010). 거란의 공격으로 개경이 함락되고 현종이 나주로 피란하였으나, 양규 등이 활약하여 결국 거란군을 물리쳤어요. 현종은 부처의 힘을 빌려 거란군을 격퇴하고자 초조대장경을 간행하였어요.

정답과 해설

① 몽골의 2차 침입 때 김윤후가 처인성에서 몽골 장수 살리타를 사살하였어요.
② 고려 창왕 때 박위가 왜구의 근거지인 쓰시마섬을 정벌하였어요.
③ 고려는 거란의 침입 이후 국경에 천리장성을 쌓고, 개경을 방어하기 위해 나성을 쌓았어요.
④ 조선은 일본이 침입한 임진왜란 도중 유성룡의 건의로 포수, 살수, 사수의 삼수병으로 구성된 훈련도감을 설치하였어요.
⑤ 몽골의 침입 당시 고려의 실권자 최우는 강화도로 도읍을 옮겨 장기 항전을 준비하였어요.

30 고려 숙종의 정책   정답 ③

키워드 문제분석   별무반 창설 = 고려 숙종

고려 숙종은 여진의 침입이 이어지자 윤관의 건의를 받아들여 별무반을 설치하였어요. 별무반은 여진 정벌을 목표로 기병을 강화하여 신기군, 신보군, 항마군으로 조직된 부대예요. 이후 윤관은 별무반을 이끌고 여진을 정벌하여 동북 9성을 축조하였어요.

① 태조는 《정계》와 《계백료서》를 짓고, '천수'라는 연호를 사용하였어요.
② 예종은 관학을 진흥하기 위하여 일종의 장학 재단인 양현고를 설치하고, 청연각과 보문각을 세웠어요.
③ 숙종은 의천의 건의로 주전도감을 설치하여 해동통보, 삼한통보 등의 화폐를 발행하였어요.
④ 광종은 노비안검법을 실시하여 호족 세력을 견제하였고, 쌍기의 건의를 받아들여 과거제를 실시해 신진 관료를 등용하려 하였어요.
⑤ 공민왕은 왕권 강화를 위해 정방을 폐지하고, 국자감을 성균관으로 개칭하여 유학 교육을 장려하였어요.

31 몽골의 침입과 고려의 대응   정답 ③

키워드 문제분석   고려가 강화도로 천도함 = 몽골

몽골은 고려에 보낸 사신 저고여의 피살 사건을 구실로 1231년에 고려를 침략하였어요. 최씨 무신 정권을 이끌던 최우는 일단 강화를 요청하여 몽골군을 물러나게 하고, 도읍을 강화도로 옮겨 장기 항전을 준비하였어요.

ㄱ. 현종 때 강조의 정변을 구실로 거란의 2차 침입이 일어났어요. 당시 개경이 함락되고 현종이 나주로 피란하는 등 위기를 겪는 가운데 양규는 무로대에서 거란군을 기습 공격해 많은 고려 사람들을 구하였어요.
ㄴ. 김윤후는 몽골의 침입 때 활약한 승려로, 몽골의 2차 침입 때 처인성에서 처인 부곡민들을 이끌고 싸워 몽골 장수 살리타를 사살하는 등 몽골의 침입을 막아 냈어요. 몽골의 5차 침입 때는 충주성에서 주민과 노비들을 지휘하여 몽골군을 물리쳤어요.
ㄷ. 송문주는 몽골의 3차 침입 때 죽주성에서 몽골군을 격퇴하였어요.
ㄹ. 숙종 때 윤관은 여진을 정벌하기 위해 별무반 편성을 건의하였고, 예종 때 별무반을 이끌고 여진을 정벌한 후 동북 9성을 축조하였어요.

32 몽골의 침입과 고려의 대응   정답 ④

키워드 문제분석   박서 + 우별초 = 몽골의 침략

몽골의 1차 침략(1231) 당시 박서와 김경손은 고려군을 이끌고 귀주성에서 몽골군을 격퇴하였어요. 몽골이 고려와 강화를 맺고 돌아간 이후에도 고려의 내정을 간섭하고 침략할 조짐을 보이자, 당시 실권자였던 최우는 수전에 약한 몽골군에 대항하기 위해 강화도로 수도를 옮겼어요. 실권자가 된 최우는 집권 초기인 1220년대에 사병 집단인 야별초를 만들었어요. 삼별초는 야별초를 나눈 좌별초, 우별초와 몽골에 포로로 잡혔다가 탈출한 신의군으로 구성된 군사 조직이에요. 삼별초는 최씨 무신 정권의 군사적 기반으로, 개경 환도 이후 고려를 침략한 몽골에게 끝까지 항전하였어요.

① 조선 세종은 김종서를 파견하여 여진을 정벌하고 6진을 개척하였어요.
② 고려 성종 때 거란의 소손녕이 군대를 이끌고 고려를 침략하자 서희는 소손녕과 외교 담판을 벌여 강동 6주를 획득하였어요(거란의 1차 침입).
③ 고려 시대에 윤관은 별무반을 편성하여 여진을 정벌하고 그들의 근거지에 동북 9성을 축조하였어요.
④ 몽골이 고려를 재차 침략하려고 하자 최우는 1232년에 강화도로 천도하여 장기 항전을 준비하였어요.
⑤ 고려 말 최무선은 화통도감에서 제작한 화약과 화포를 사용하여 진포 앞바다에서 왜구를 크게 무찔렀어요(진포 대첩).

33 묘청의 서경 천도 운동   정답 ④

키워드 문제분석
- 윤관이 성을 쌓고 북계 9성이라 함 = (가) 동북 9성 축조(1107)
- 처인 부곡에서 화살로 살리타를 쏘아 죽임 = (나) 처인성 전투(1232)

윤관은 숙종 때 여진을 정벌하기 위해 별무반 편성을 건의하였고, 이후 예종 때 별무반을 이끌고 동북 지방의 여진을 정복한 후 동북 9성을 축조하였어요. 하지만 고려는 여진이 조공을 약속하며 끈질기게 반환을 요청하자 1년 만에 돌려주었어요. 몽골의 2차 침입 당시 승려 김윤후는 처인성에서 몽골 장수 살리타를 사살하고 몽골군

을 격퇴하였어요. 이후 처인 부곡은 몽골의 침입을 막아 낸 공을 인정받아 처인현으로 승격되었어요.
따라서, '동북 9성 축조(1107)'와 '처인성 전투(1232)' 사이의 시기에 일어난 일을 골라야 해요.

① 947년, 정종 때 거란의 침입에 대비하여 일종의 예비군인 광군을 조직하고, 이를 감독하기 위한 기구로 광군사를 만들었어요. (가) 이전의 사실이에요.
② 993년, 성종 때 거란의 1차 침입이 일어났는데, 서희는 외교 담판을 벌여 전쟁 없이 거란군을 물러가게 하고 강동 6주를 획득하였어요. (가) 이전의 사실이에요.
③ 14세기 전반 이제현은 충선왕이 원의 연경에 세운 독서당인 만권당에서 원의 유학자들과 교유하며 성리학을 연구하였어요. (나) 이후의 사실이에요.
④ 1135년, 인종 때 묘청 등은 금국 정벌과 서경 천도 등을 주장하였지만 자신들의 뜻이 받아들여지지 않자 서경에서 반란을 일으켰어요. 난은 김부식이 이끄는 관군에 의해 진압되었어요.
⑤ 11세기 초, 현종 때 거란을 비롯한 북방 세력의 침입에 대비하기 위해 개경 주위에는 나성을 쌓았고, 이후 고려는 국경 지대인 압록강에서 도련포까지 천리장성을 축조하였어요. (가) 이전의 사실이에요.

34 삼별초   정답 ④

키워드 문제분석: 최우 + 야별초 + 신의군 = 삼별초

삼별초는 최우가 치안 유지를 위해 설치한 야별초에서 비롯된 부대로 좌별초, 우별초, 신의군으로 구성되었으며, 최씨 무신 정권의 군사적 기반이었어요.

① 고려 정종 때 거란의 침입에 대비해 광군이 창설되었고, 이를 감독하기 위한 기구인 광군사가 만들어졌어요.
② 일본은 1907년 헤이그 특사 파견을 구실로 고종을 강제로 퇴위시키고 순종이 즉위하자마자 정미 7조약(한·일 신협약)을 맺어 통감의 권한을 강화하였으며, 부수 비밀 각서를 작성하여 대한제국의 군대를 해산하였어요.
③ 조선 세종은 최윤덕과 김종서를 북방으로 파견하여 여진을 몰아내고 4군 6진을 개척하였어요.
④ 최씨 무신 정권이 무너진 후 고려 정부는 몽골과 강화를 맺고 개경 환도를 결정하였어요. 삼별초는 이에 반발하여 강화도, 진도, 제주도로 근거지를 옮겨 가며 대몽 항쟁을 이어 갔지만, 결국 고려와 몽골 연합군에 의해 진압되었어요.
⑤ 조선 시대의 잡색군, 속오군 등이 유사시에 소집되는 예비군의 성격을 가진 군사 조직이었어요.

35 삼별초의 항쟁   정답 ③

키워드 문제분석: 송경(개경) 환도 + 승화후 옹립 + 신의군 = 삼별초의 항쟁

고려는 몽골의 침략으로 강화도로 천도하였지만, 전쟁이 길어지자 결국 몽골과의 강화를 결정하고 1270년 개경으로 환도하였어요. 하지만 최씨 무신 정권의 사병 집단인 삼별초는 이에 반발하여 항쟁을 이어 나갔어요. 배중손 등이 왕족 승화후 '온'을 왕으로 추대하여 진도, 제주도로 근거지를 옮기며 투쟁하였지만 결국 여·몽 연합군에 의해 진압되었어요.

① 김윤후는 몽골의 2차 침입(1232) 때 처인성에서 몽골군을 격퇴하였어요.
② 고려 인종 때인 1135년, 묘청 세력은 칭제 건원과 금국 정벌, 서경 천도를 주장하다 받아들여지지 않자 서경에서 반란을 일으켰어요.
③ 개경 환도 이후인 1273년에 김방경은 탐라(제주도)에서 대몽 항쟁을 전개하던 삼별초를 진압하였어요.
④ 고려 명종 때인 1196년, 최충헌은 일종의 사회 개혁책인 봉사 10조를 올렸어요.
⑤ 무신 정변 이후 무신 간의 권력 쟁탈이 일어났는데, 1179년에 경대승이 정중부 등을 제거하고 권력을 장악하였어요.

36 원 간섭기의 사실   정답 ②

키워드 문제분석: 일본 정벌에 필요한 전함을 건조하는 데 장정들이 모두 징발됨 = 원 간섭기

고려는 몽골의 침입을 받은 이후 강화도로 도읍을 옮기고 항전하는 등 노력하였으나 결국 몽골과 강화를 맺고 개경으로 환도하였어요. 이후 '원'으로 나라 이름을 바꾼 몽골은 본격적으로 고려의 내정을 간섭하기 시작하였어요. 원 간섭기에 원의 세력을 등에 업은 기철 등 친원 세력이 권력을 독점하고 부를 축적하였어요. 한편, 원은 일본 정벌을 위한 기구로 정동행성을 고려에 설치하고 전쟁 물자뿐만 아니라 고려의 백성까지 강제 동원하여 일본 원정을 두 차례 추진하였으나 모두 실패하였어요. 이후 원은 정동행성을 그대로 남겨 두어 고려의 내정을 간섭하는 기구로 이용하였어요.

① 조선 시대에 병자호란이 일어나자 인조와 신하들은 남한산성으로 피신하여 항전하였어요. 그러나 결국 삼전도에서 항복하였고, 청은 승리를 기념하기 위해 조선에 삼전도비를 세웠어요.
② 원 간섭기 충렬왕 때 원은 일본 정벌을 위해 개경에 정동행성을 설치하였고, 일본 정벌이 실패한 후에도 계속 두어 고려에 대한 내정 간섭 기구로 이용하였어요.
③ 고려 태조는 호족 견제 정책으로 지방 출신의 중앙 고위 관리를 사심관으로 임명하여 출신 지역을 관리하게 하고, 만약 그 지역에서 문제가 발생하면 사심관에게 책임을 지게 한 사심관 제도

를 시행하였어요. 태조는 고려에 투항한 신라의 경순왕 김부를 처음으로 경주 지역의 사심관으로 임명하였어요.
④ 무신 집권기 서경 유수였던 조위총은 무신 정변을 일으킨 정중부, 이의방 등을 제거하기 위해 난을 일으켰으나 실패로 끝났어요.
⑤ 고려의 지눌은 무신 집권기에 순천 송광사에서 불교 개혁 운동인 수선사 개혁 운동을 펼치며 승려 본연의 모습으로 돌아가 수행에 힘쓸 것을 강조하였고, 이를 위해 〈권수정혜결사문〉을 작성하였어요.

③ (가) 이전인 1225년, 몽골 사신 저고여가 귀국길에 피살되면서 몽골의 침략이 시작되었어요. 고려는 항전 끝에 몽골과 강화를 맺었어요.
④ (나) 이후인 1387년, 명이 요동에 철령위를 설치하자 고려 우왕은 요동 정벌을 추진하였어요. 이성계는 4불가론을 내세워 이에 반대했으나 받아들여지지 않자 위화도 회군을 단행하였어요.
⑤ (가) 이전인 993년, 서희는 거란의 장수 소손녕과 외교 담판을 벌여 강동 6주를 획득하였어요(거란의 1차 침입).

37 원 간섭기의 모습   정답 ③

키워드 문제분석   공녀로 원에 끌려감 = 원 간섭기

원 간섭기에 고려의 왕실 호칭과 관제는 격하되었으며, 백성은 인적·물적 수탈에 시달렸어요. 특히 원은 고려에서 강제로 공녀를 데리고 갔는데 일반 백성뿐 아니라 귀족의 딸까지도 데려갔어요. 이로 인해 조혼의 풍습이 생기기도 하였어요.

① 조선 세종 때 정초, 변효문 등이 이를 바탕으로 우리 풍토에 맞는 농법을 정리한 《농사직설》을 편찬하였어요.
② 고려 현종 때 거란의 침입 상황에서 부처의 힘을 빌려 외적의 침입을 물리치고자 하는 염원을 담아 초조대장경을 만들었어요.
③ 원 간섭기 충렬왕 때 원은 일본 정벌을 위해 개경에 정동행성을 설치하였어요. 일본 정벌이 실패한 후에도 계속 두어 내정 간섭 기구로 역할이 바뀌었어요.
④ 조선 세종 때 우리나라와 중국의 모범이 될만한 충신·효자 등의 행실을 모아 《삼강행실도》를 만들었어요.
⑤ 백운동 서원은 조선 중종 때 주세붕이 세운 우리나라 최초의 서원으로, 나중에 사액되면서 소수 서원으로 이름이 바뀌었어요.

38 원 간섭기의 사실   정답 ②

키워드 문제분석
- 몽골, 쌍성총관부 설치 = (가) 쌍성총관부 설치(1258)
- 유인우, 쌍성 함락 = (나) 쌍성총관부 탈환(1356)

몽골에 항전하고 있던 1258년, 조휘와 탁청이 화주의 고려 관리를 살해하고 몽골(원)에 항복하자 몽골은 쌍성총관부를 설치하였어요. 이후 1270년에 몽골과 강화하면서 원 간섭기가 시작되었어요. 1356년, 고려 공민왕은 반원 자주 정책을 펼치면서 유인우, 이인임 등을 통해 쌍성총관부 지역을 수복하였어요.

① (나) 이후인 조선 세종 때 최윤덕이 4군, 김종서가 6진을 개척하였어요.
② 원 간섭기인 1280년, 몽골은 일본 원정을 위해 고려에 정동행성을 설치하였고, 일본 원정 이후에도 이 기구를 통해 고려의 내정에 간섭하였어요.

39 고려 공민왕의 반원 자주 정책   정답 ⑤

키워드 문제분석   변발과 호복 + 일본 원정 = 원 간섭기

13세기 들어 세력을 키운 몽골은 여러 차례 고려를 침입하였어요. 몽골의 침입에 오랫동안 대항하던 고려는 결국 몽골과 강화를 맺었고, 이후 고려는 원의 간섭을 받게 되었어요. 원 간섭기에 지배층을 중심으로 원의 풍속인 변발과 호복 등이 유행하였어요. 원은 일본 원정을 위해 고려에 설치한 정동행성을 내정 간섭 기구로 이용하였어요. 원 간섭기에 고려의 왕실 호칭과 관제는 격하되었으며, 백성은 인적·물적 수탈에 시달렸어요. 또한, 원은 쌍성총관부를 설치하여 철령 이북의 영토를 직속령으로 편입하고 서경에 동녕부, 제주도에 탐라총관부를 설치하는 등 고려의 영토를 침범하였어요.

① 태조는 빈민 구제를 위한 흑창을 설치하여 백성들에게 곡식을 빌려주고 추수기에 갚도록 하였어요. 흑창은 성종 때 의창으로 개칭되었어요.
② 무신 집권기 명종 때 공주 명학소에서 망이, 망소이 등이 가혹한 수탈에 저항하여 봉기하였어요(망이·망소이의 난, 1176).
③ 인종 때 김부식은 왕명을 받아 유교적 합리주의 사관에 입각하여 《삼국사기》를 편찬하였어요.
④ 무신 집권기 명종 때 동계 지역에서 김보당은 무신 정권의 집권자였던 정중부와 이의방을 제거하고 전왕인 의종을 다시 세우려고 난을 일으켰어요(김보당의 난, 1173).
⑤ 공민왕은 유인우, 이자춘 등을 보내 쌍성총관부를 공격하여 원이 빼앗아간 철령 이북의 영토를 수복하였어요.

40 원 간섭기의 사회 모습   정답 ⑤

키워드 문제분석   제국 공주 + 겁령구 = 원 간섭기

제국 공주는 충렬왕의 왕비이자 원의 공주이며, 겁령구는 원의 공주를 따라온 원나라 사람을 말해요. 원 간섭기의 고려 국왕은 원의 공주와 결혼하여 원 황실의 부마가 되었고, 중서문하성과 상서성이 첨의부로 개편되는 등 고려 왕실의 호칭과 정치 조직의 격도 낮춰야 하였어요. 또한 원은 다루가치, 정동행성 등을 통해 고려의 내정에 간섭하였어요.

① 고려 중기의 문신 최충은 지공거 출신으로 문종 때 9재 학당을 설립하였는데, 이곳은 문헌공도라고 불리기도 하였어요.
② 고려 태조는 빈민 구제를 위해 흑창을 설치하였고, 이곳은 성종 때 의창으로 개칭되었어요.
③ 고려의 승려 의천은 숙종 때 해동 천태종을 창시하였고, 불교 경전에 대한 주석서를 모아 《교장》을 편찬하였어요.
④ 사노비였던 만적은 무신 정권기인 1198년 개경에서 신분 해방을 도모하여 봉기를 계획하였으나 실패하였어요.
⑤ 원 간섭기에는 고려 지배층을 중심으로 변발과 호복 등 몽골풍이 유행하였어요.

41 고려 공민왕 재위 시기의 사실 정답 ④

키워드 문제분석 : 기철 숙청 + 정동행성 이문소 철폐 = 고려 공민왕

고려 공민왕은 원나라의 세력이 약해지자 원의 간섭에서 벗어나기 위해 반원 자주 정책을 펼쳤어요. 우선 기철 등 친원 세력을 숙청하고 쌍성총관부를 수복하였어요. 그리고 원나라가 고려의 내정을 간섭하던 정동행성 이문소를 폐지하고, 격하되었던 관제를 복구하였어요.

① 고려 말인 공양왕 때 이성계와 신진 사대부 세력의 주도로 과전법이 실시됐고, 과전법은 조선 세조가 직전법을 실시하기 전까지 시행되었어요.
② 우왕 때 정지는 관음포에서 왜구를 상대로 승리를 거두었어요.
③ 무신 정권기인 희종 때 최충헌은 교정도감을 설치하여 국정을 총괄하였고, 수장인 교정별감의 자리에 앉았어요.
④ 공민왕은 신돈을 중심으로 전민변정도감을 설치하여 권문세족이 빼앗은 토지를 본래 주인에게 돌려주고, 억울하게 노비가 된 이들을 양민으로 회복시켰어요.
⑤ 충선왕은 아들 충숙왕에게 왕위를 물려주고 원의 연경에 만권당을 설치하였어요. 이곳에서 이제현 등 고려의 학자가 원의 학자와 교유하였어요.

42 고려 말 요동 정벌 추진 정답 ③

키워드 문제분석 : 명 황제가 철령을 따라 이어진 지역에 거주하는 사람들을 요동에 소속시키라고 함 + 왕이 최영과 함께 요동을 공격하기로 계책을 결정함
= 고려 말 요동 정벌 추진(1388)

고려 우왕 때 명은 공민왕이 수복한 쌍성총관부 지역이 원래 원의 영토였다는 이유를 들어 그 지역에 철령위를 설치하여 직접 다스리겠다고 하였어요. 명에서 철령위 설치를 통보하자 우왕과 최영은 이성계에게 요동 정벌을 명령하였어요.

고려 말 홍건적과 왜구를 격퇴하는 과정에서 이성계 등 신흥 무인 세력이 성장하였어요. 1376년에 최영은 충청남도 홍산에서 왜구를 크게 물리쳤고(홍산 대첩), 1380년에 이성계는 전라도 지리산 근방 황산에서 왜구를 격퇴하였어요(황산 대첩). 이후 우왕 때 최영은 명이 철령 이북의 땅을 요구하자 이에 반발해 요동 정벌을 추진하여 이성계와 군대를 파견하였어요. 이성계는 위화도에서 군대를 멈추고 4불가론을 내세워 회군 명령을 요청하였고, 받아들여지지 않자 회군하여 개경으로 돌아와 우왕과 최영을 몰아내고 정권을 장악하였어요. 정권을 잡은 이성계는 1391년에 조준 등 일부 신진 사대부와 함께 과전법을 실시하는 등 개혁을 추진하였어요.
따라서, 고려 말 요동 정벌 추진 시기(1388)는 '황산 대첩(1380)'과 '과전법 실시(1391)' 사이의 시기인 (다)예요.

43 요동 정벌 추진 이후의 사실 정답 ③

키워드 문제분석 : 왕이 최영에게 요동 정벌을 명함 + 명이 철령 이북을 명의 영토로 귀속시키려 함
= 고려 우왕과 최영의 요동 정벌 추진(14세기 후반)

14세기 후반 고려 우왕 때 명은 공민왕이 수복한 쌍성총관부 지역(철령 이북)이 원래 원의 영토였다는 이유를 들어 이 지역에 철령위를 설치하여 직접 다스리겠다고 통보하였어요. 이에 우왕과 최영은 이성계에게 요동 정벌에 나설 것을 명령하였어요. 이성계는 4불가론을 들어 요동 정벌에 반대하였지만 결국 왕의 명령에 따라 군대를 이끌고 나섰어요.

① 12세기 초 예종 때 윤관은 별무반을 이끌고 여진을 정벌한 후 동북 9성을 축조하였어요.
② 10세기 말 성종 때 거란의 1차 침입이 일어났는데, 서희는 외교 담판을 벌여 전쟁 없이 거란군을 물러가게 하고 강동 6주를 획득하였어요.
③ 14세기 후반 우왕 때 요동 정벌을 위해 출병하였던 이성계는 압록강 부근의 위화도에서 군사를 돌려 개경으로 진격한 후 최영을 제거하고 정권을 장악하였어요(위화도 회군, 1388).
④ 13세기에 고려 정부가 몽골과 화의를 체결하여 개경 환도를 결정하자 삼별초는 이에 반발하여 배중손을 중심으로 대몽 항쟁을 계속하였고, 강화도가 함락되자 진도로 근거지를 옮겨 용장산성에서 항쟁을 이어 갔어요.
⑤ 13세기 무신 집권기 고종 때 몽골이 침략하자 당시 최고 집권자였던 최우는 일단 몽골과 강화를 맺은 후 수도를 강화도로 옮겨 장기 항전에 대비하였어요.

정답과 해설

44 고려의 대외 관계 정답 ②

키워드 문제분석
- 금, 이자겸 = (가) 금의 사대 요구(1126)
- 최무선, 왜구, 진포 = (나) 진포 대첩(1380)
- 몽골군, 충주성, 김윤후 = (다) 충주성 전투(1253)

(가) 여진이 성장하여 금을 세우고 고려에 사대를 요구하자, 1126년 고려의 이자겸은 이를 수락해야 한다고 주장하며 사대 요구를 받아들였어요.
(다) 몽골의 5차 침입 당시 김윤후는 1253년에 관노들과 함께 몽골군의 공격으로부터 충주성을 지켰어요.
(나) 고려 후기에 왜구가 창궐하자 우왕 때 최무선의 건의로 화통도감을 설치하고 1380년에 나세, 최무선 등이 화포를 사용하여 진포에서 왜구를 크게 물리쳤어요.

② (가) 금(여진)의 사대 요구 수용(1126) → (다) 몽골의 5차 침입(충주성 전투, 1253) → (나) 진포 대첩(1380)

45 고려의 경제 정답 ①

키워드 문제분석 국사·왕사 제도 = 고려

고려 광종은 승려 가운데 학문과 덕행이 뛰어난 사람을 왕의 스승인 왕사로, 나라의 스승인 국사로 삼았어요.

① 고려는 숙종 때 의천의 건의로 주전도감이 설치되어 삼한통보, 해동통보, 은병(활구) 등 화폐가 발행되었으나 널리 유통되지는 못하였어요.
② 발해는 목축이 발달하였는데, 특히 솔빈부의 말이 특산물로 유명하였어요.
③ 조선 후기에 의주를 중심으로 활동하던 사상인 만상은 대청 무역으로 부를 축적하였어요.
④ 신라 지증왕은 수도에 시장인 동시를 설치하고 동시를 감독하기 위한 관청으로 동시전을 설치하였어요.
⑤ 조선 후기에 물주의 자금을 받아 전문적으로 광산을 경영하는 덕대가 등장하였어요.

46 고려의 경제 상황 정답 ②

키워드 문제분석 예성강 하구 + 벽란도 = 고려

고려는 주변 국가들과 활발하게 무역을 하였는데, 개경과 거리가 가까웠던 예성강 하구의 벽란도는 국제 무역항으로 번성하였어요. 벽란도에는 송과 아라비아 상인들까지도 왕래하였어요.

① 조선 후기에 송상은 개성을 중심으로 청과의 무역으로 부를 축적하였어요. 송상은 전국 주요 지역에 송방이라는 지점을 설치해 운영하였어요.
② 고려 숙종 때 주전도감을 설치하여 은병(활구), 해동통보 등을 발행하였으나 널리 유통되지는 못하였어요.
③ 신라 지증왕은 수도에 시장인 동시를 설치하고 동시를 감독하기 위한 관청으로 동시전을 설치하였어요.
④ 조선 후기에 담배, 면화, 생강, 인삼, 고추 등 상품 작물의 재배가 확대되었어요.
⑤ 조선 세종은 이종무를 보내 왜구의 근거지인 쓰시마섬을 정벌하고 교역을 중단하였는데, 이후 일본이 교역을 간청하자 부산포, 염포, 제포의 3개 항구를 일본에 열어주었어요.

47 고려의 경제 상황 정답 ⑤

키워드 문제분석 원의 간섭 + 이암 = 고려 시대

고려 시대 원 간섭기 때 이암은 목화 재배와 양잠 등 중국 화북 지방의 농법을 소개하는 《농상집요》를 우리나라에 들여왔어요.

① 조선 후기에는 수리 시설의 확충으로 모내기법이 전국으로 확산되었어요.
② 조선 후기에는 초량 왜관을 통해 일본과 무역하였는데, 임진왜란 이후 부산 두모포에 왜관이 신설되었다가 숙종 때 초량으로 옮겨졌어요.
③ 조선 후기에는 감자, 고구마 등의 구황 작물이 전래되어 재배되기 시작하였어요.
④ 조선 후기에는 물주로부터 자금을 조달받아 광산을 전문적으로 경영하는 덕대가 활동하였어요.
⑤ 고려 문종 때 시전의 상행위를 감독하는 경시서를 설치하여 운영하였어요. 경시서는 조선 전기까지 운영되다가 세조 때 평시서로 개칭되었어요.

48 고려의 경제 상황 정답 ①

키워드 문제분석 주전도감 = 고려

고려 시대에는 성종 때의 건원중보 등 다양한 금속 화폐가 만들어졌어요. 고려 문종의 아들이자 숙종의 동생인 의천은 화폐 사용의 필요성을 주장하였어요. 이에 숙종은 주전도감을 설치하고 해동통보, 삼한통보 등의 금속 화폐를 발행하였어요.

① 고려 시대에는 건원중보, 삼한통보, 해동통보, 은병(활구) 등의 금속 화폐가 발행되었으나 널리 유통되지는 못하였어요.
② 솔빈부의 말은 목축이 발달했던 발해의 특산품 중 하나였어요.
③ 조선 후기에 송상은 전국 주요 지역에 송방을 설치하여 운영하였어요.

038 시대별 기출문제집 심화

④ 신라 말 장보고는 완도에 청해진을 설치하여 해상 무역을 전개하였어요.
⑤ 신라 지증왕은 수도인 금성(경주)에 시장인 동시를 열고 이를 감독하는 동시전을 설치하였어요.

49 고려의 사회 시책   정답 ⑤

키워드 문제분석 구제도감 + 의창 = 고려

고려는 서민들의 질병 치료를 위한 임시 관청인 구제도감, 재난 구호를 담당한 임시 관청인 구급도감을 설치하여 빈민을 구제하였어요. 개경의 동쪽과 서쪽에는 국립 의료 기관인 동·서 대비원을 두었고, 서민들에게 약을 제공하는 혜민국을 설치하였어요. 고려는 의창을 두어 평상시에 곡식을 저장해두었다가 흉년이 들었을 때 빈민에게 식량을 나누어 주었어요. 또한 개경과 서경, 12목에 상평창을 설치하여 물가 조절을 통해 농민 생활의 안정을 도모하였어요.

① 조선은 유랑민들의 구제와 치료를 맡았던 관청인 활인서를 두었어요.
② 고구려 고국천왕은 을파소의 건의를 받아들여 춘궁기에 곡식을 빌려주었다가 수확한 뒤에 갚게 하는 진대법을 실시하였어요.
③ 조선 세종은 국산 약재(향약)와 치료법을 소개한 의학서인 《향약집성방》을 편찬하였어요.
④ 조선 명종은 흉년에 대비하는 방법을 담은 《구황촬요》를 간행하여 보급했어요.
⑤ 고려 광종은 기금을 조성하여 그 이자로 빈민을 구제하는 제위보를 운영하였어요.

50 고려의 국가 기틀 마련   정답 ④

키워드 문제분석
- 처음 전시과 제정 = (가) 고려 경종
- 역분전 = (나) 고려 태조
- 쌍기, 과거 = (다) 고려 광종
- 12목 = (라) 고려 성종

(나) 고려 태조는 후삼국 통일에 공을 세운 사람들에게 인품과 공로를 기준으로 하여 역분전을 지급하였어요.
(다) 고려 광종은 쌍기의 건의로 과거제를 시행하여 유교적 소양을 갖춘 인재를 선발하고자 하였어요.
(가) 고려 경종은 관직과 인품을 기준으로 전·현직 관료에게 토지의 수조권을 지급하는 시정 전시과를 시행하였어요.
(라) 고려 성종은 최승로의 시무 28조를 받아들여 전국에 12목을 설치하고 지방관을 파견하였어요.

④ (나) 역분전(고려 태조) → (다) 과거제 시행(고려 광종) → (가) 시정 전시과 제정(고려 경종) → (라) 12목 설치(고려 성종)

51 고려의 교육 기관   정답 ④

키워드 문제분석 국자학, 태학, 사문학 = 국자감

고려는 최고 관립 교육 기관으로 국자감을 설치하였어요. 국자감의 입학 자격은 신분에 따라 제한을 받았는데, 유학부의 국자학은 문·무관 3품 이상, 태학은 5품 이상, 사문학은 7품 이상의 자손이 입학할 수 있도록 규정되었어요. 그리고 기술학부에는 8품 이하의 관리나 서민의 자제가 입학하도록 규정되었어요.

① 고려 문종 때 최충은 사립 교육 기관으로 문헌공도라고 불리기도 한 9재 학당을 설립하여 유학 교육에 힘썼어요.
② 향교는 조선의 지방 관립 교육 기관으로, 중앙에서 파견된 교수나 훈도가 지도하였어요.
③ 향교는 전국의 부·목·군·현에 하나씩 설치되어 교육을 담당하였어요.
④ 고려 예종은 사학의 융성으로 위축된 관학을 진흥시키기 위해 국자감에 장학 재단인 양현고를 설립하였어요.
⑤ 조선 세종은 집현전 관리를 대상으로 휴가를 주어 집에서 독서와 연구에만 전념할 수 있도록 하는 사가독서제를 시행하였어요.

52 고려의 관학 진흥책   정답 ④

키워드 문제분석 서적포 + 7재 = 고려의 관학 진흥책

고려 시대에는 최충이 9재 학당(문헌공도)을 설립한 이후 사학에서 많은 과거 합격자를 배출하여 사학 12도가 융성하였고, 상대적으로 관학이 위축되었어요. 이에 고려는 숙종 때 국자감에 출판을 담당하는 서적포를 두었고, 예종 때 국자감에 전문 강좌인 7재를 개설하고 장학 재단을 설치하는 등 관학을 진흥시키기 위해 노력하였어요.

① 신라 원성왕은 국학 학생들을 대상으로 유교 경전에 대한 이해 수준의 정도를 평가하여 관리 임용에 참고하는 독서삼품과를 시행하였어요.
② 서원은 조선 시대에 설립된 사립 교육 기관이에요. 왕으로부터 현판을 하사받은 사액 서원에는 서적과 노비도 지급되었어요.
③ 조선은 수도 한성에 4부 학당을 설치하고 유교 경전을 교육하였어요.
④ 고려 예종은 관학을 진흥하기 위해 장학 재단인 양현고를 설치하여 장학 기금을 마련하였어요.
⑤ 조선 정조는 젊은 문신들을 선발해 재교육하는 초계문신제를 실시하여 자신의 정책을 뒷받침할 인재를 육성하였어요.

정답과 해설

53 고려의 문화유산   정답 ③

키워드 문제분석
관촉사에서 열린 법회에 참여하고 그곳에서 본 불상
= 논산 관촉사 석조 미륵보살 입상

논산 관촉사 석조 미륵보살 입상은 논산 관촉사에 있는 돌로 만들어진 서 있는 모습의 미륵보살상으로, 개성 있는 지방 문화를 보여주고 있어요. 고려 시대 불상 가운데 가장 큰 불상으로, 은진 미륵이라고도 불려요.

① 고려 전기에 제작된 거대 불상인 파주 용미리 마애 이불 입상이에요.
② 통일 신라 시기에 조성된 것으로 추정되는 경산 팔공산 관봉 석조 여래 좌상이에요.
③ 고려 전기에 제작된 거대 불상인 논산 관촉사 석조 미륵보살 입상이에요.
④ 백제의 서산 용현리 마애 여래 삼존상으로, '백제의 미소'라고 불려요.
⑤ 고려 전기에 제작된 거대 불상인 안동 이천동 마애 여래 입상이에요.

54 고려의 문화유산   정답 ①

키워드 문제분석
강원도 평창군 + 고려 시대 다각 다층 석탑
= 평창 월정사 8각 9층 석탑

통일 신라에서는 사각형의 3층으로 된 석탑이 주로 만들어졌지만 고려 시대에 들어와서는 다각형으로 3층보다 높이 쌓은 다각 다층 석탑이 많이 만들어졌어요. 평창 월정사 8각 9층 석탑은 대표적인 다각 다층 석탑으로, 이 탑의 옆에는 탑을 향해 공양하는 듯한 모습의 석조 보살 좌상이 있어요.

① 고려 전기에 건립된 대표적인 다각 다층 석탑인 평창 월정사 8각 9층 석탑이에요.
② 통일 신라 시기에 건립된 경주 정혜사지 13층 석탑이에요.
③ 고려 시대에 건립된 개성 경천사지 10층 석탑으로, 원의 영향을 받아 대리석으로 만들어졌어요.
④ 발해의 영광탑으로, 벽돌로 만든 전탑이에요.
⑤ 고려 시대에 건립된 정선 정암사 수마노탑이에요.

55 고려의 문화유산   정답 ③

키워드 문제분석
《직지심체요절》+ <천산대렵도> = 고려

《직지심체요절》은 고려 시대 백운화상이라는 승려가 부처의 말씀이 담긴 책에서 중요한 것만 뽑아 해설을 붙여 편찬한 책을 청주 흥덕사에서 금속 활자로 인쇄한 것이에요. 현재 남아 있는 금속 활자 인쇄본 중 세계에서 가장 오래된 것이지요. <천산대렵도>는 사냥하는 모습을 그린 그림으로 공민왕이 그렸다고 전해지고 있어요. 고려 시대에는 고구려의 전통과 몽골의 영향으로 수렵도가 다수 제작되었음을 짐작할 수 있어요.

① 백제의 문화유산으로 신선, 봉황, 연꽃 등 도교와 불교의 상징이 정교하게 묘사되어 있어요.
② 신라 고분에서 나온 고구려의 문화유산으로, 당시 고구려와 신라의 관계를 짐작할 수 있어요.
③ 고려의 문화유산으로 상감법이라는 고려의 독창적인 기법으로 제작된 상감 청자예요.
④ 발해의 문화유산으로 고구려의 영향을 받아 만들어졌어요.
⑤ 조선 후기의 화가인 겸재 정선이 그린 진경 산수화 <인왕제색도>예요.

56 고려의 문화유산   정답 ②

키워드 문제분석
상감 청자 = 고려

상감 청자는 겉 부분을 파낸 후 그 자리에 백토나 흑토를 메우면서 무늬를 만드는 방식인 상감 기법이라는 고려의 독창적인 기법으로 제작된 청자로, 12세기 후반부터 많이 만들어졌어요.

ㄱ. 고려 시대의 나전 칠기인 나전 국화 넝쿨무늬 자합이에요.
ㄴ. 백제 무령왕릉에서 발견된 석수예요.
ㄷ. 고려 시대의 불화인 <수월관음도>예요.
ㄹ. 신라 금관총에서 발견된 금관이에요.

57 고려의 문화유산   정답 ⑤

키워드 문제분석
부석사에 있는 소조 불상 + 고려 시대
= 영주 부석사 소조 여래 좌상

고려 시대의 영주 부석사 소조 여래 좌상은 진흙으로 만들어진 앉아 있는 모습의 부처상으로, 영주 부석사 무량수전에 있어요. 신라 이래의 전통 양식을 계승하였으며, 소조 불상 중에서 가장 크고 오래되었어요.

① 통일 신라 시기에 만들어진 경주 석굴암 본존불상으로, 완벽한 조형미를 이루고 있어요.
② 고려 후기에서 조선 초기에 만들어진 것으로 추정되는 금동 관음보살 좌상이에요.
③ 고려 시대의 대형 철불인 하남 하사창동 철조 석가여래 좌상이에요.
④ 삼국 시대에 만들어진 금동 미륵보살 반가 사유상이에요. 미륵보살이 반만 가부좌를 틀고 명상에 잠겨 있는 모습이에요.

⑤ 고려 시대에 만들어진 영주 부석사 소조 여래 좌상이에요. 불상 뒤의 정교한 무늬와 불꽃 모양이 조각된 광배가 특징이에요.

58 고려의 불상   정답 ②

키워드 문제분석   대형 철불 유행 + 논산 관촉사 석조 미륵보살 입상 = 고려

① 고려의 불상인 하남 하사창동 철조 석가여래 좌상이에요.
② 통일 신라의 불상인 경주 석굴암 본존불이에요.
③ 고려의 불상인 안동 이천동 마애여래 입상이에요.
④ 고려의 불상인 영주 부석사 소조 여래 좌상이에요.
⑤ 고려의 불상인 하남 교산동 마애약사여래 좌상이에요.

59 고려의 문화유산   정답 ③

키워드 문제분석   순청자 + 상감 청자 = 고려청자

고려의 도자기는 신라와 발해의 전통과 기술을 토대로 송의 도자기 기술을 받아들여 11세기부터 크게 발전하기 시작하였어요. 가장 유명한 것은 비취색이 나는 청자예요. 초기에는 아무 무늬가 없는 순청자가 주로 만들어지다가 12세기에는 고려만의 독창적 상감 기법이 쓰인 상감 청자가 유행하였어요. 그러나 원 간섭기에 점차 쇠퇴하였고, 주류는 분청사기로 바뀌어 갔어요.

① 통일 신라 때 만들어진 도기 연유인화문 항아리예요.
② 고려의 청동 병인 청동 은입사 포류수금문 정병이에요.
③ 청자 상감 운학문 매병은 상감 기법으로 제작된 대표적인 고려청자예요.
④ 조선 전기에 만들어진 백자 청화 매죽문 항아리예요.
⑤ 조선 전기에 만들어진 분청사기 상감 구름 용무늬 항아리예요.

60 고려의 문화유산   정답 ②

키워드 문제분석   청주 흥덕사에서 인쇄함 + 현재 하권만 프랑스에 남아 있음 = 《직지심체요절》

고려 시대인 14세기 후반에 인쇄된 《직지심체요절》은 현존하는 세계에서 가장 오래된 금속 활자본이에요. 상·하 2권으로 구성된 《직지심체요절》은 청주 흥덕사에서 간행된 것으로 백운화상이라는 승려가 부처의 말씀이 담긴 책에서 중요한 것만 뽑아 해설을 붙여 편찬한 책을 금속 활자로 인쇄한 것이에요. 현재 하권만 유일하게 프랑스에 남아 있어요.

① 신미양요 당시 어재연이 이끄는 조선의 수비대는 광성보에서 끝까지 항전하였으나 결국 패하였고, 어재연의 수(帥)자기를 빼앗기는 등 큰 피해를 입었어요.
② 고려 우왕 때 청주 흥덕사에서 간행된 《직지심체요절》은 현존하는 세계 최고(最古)의 금속 활자본이에요.
③ 고려 현종 때 거란이 고려를 침입하자 현종은 부처의 힘을 빌려 외적의 침입을 물리치고자 하는 염원을 담아 초조대장경을 제작하였어요.
④ 조선 세종 때 장영실, 이천 등을 왕명을 받아 금속 활자인 갑인자를 제작하였어요. 갑인자로 인쇄한 대표적인 문화유산으로는 《석보상절》, 〈월인천강지곡〉 등이 있어요.
⑤ 통일 신라의 경주 불국사 3층 석탑을 보수하는 과정에서 세계에서 가장 오래된 목판 인쇄본인 《무구정광대다라니경》이 발견되었어요.

61 고려의 문화유산   정답 ①

키워드 문제분석   몽골의 침략을 받음 = 고려

몽골은 고려에 보낸 사신 저고여의 피살 사건을 구실로 1231년에 고려를 침략하였어요. 최씨 무신 정권을 이끌던 최우는 일단 강화를 요청하여 몽골군을 물러나게 하고, 도읍을 강화도로 옮겨 장기 항전을 준비하였어요.

① 백제 금동 대향로로 신선, 봉황, 연꽃 등 도교와 불교의 상징이 정교하게 묘사되어 있어요.
② 고려의 논산 관촉사 석조 미륵보살 입상으로, 은진 미륵이라고도 불려요.
③ 고려의 청자 투각 칠보무늬 향로예요.
④ 고려의 평창 월정사 8각 9층 석탑으로, 고려 전기에 만들어진 대표적인 다각 다층 석탑이에요.
⑤ 고려의 청동 은입사 포류수금문 정병으로, 은입사 기술로 만든 목이 긴 형태의 물병이에요.

62 고려의 역사서   정답 ②

키워드 문제분석   일연 + 불교사 중심, 민간 설화 수록 = 《삼국유사》

《삼국유사》는 고려의 승려 일연이 편찬한 역사서예요. 고려 충렬왕 때 편찬된 《삼국유사》에는 불교사를 중심으로 민간 설화 등이 수록되어 있어요. 그리고 단군왕검의 고조선 건국 이야기와 삼국의 건국 설화를 담고 있습니다.

① 연대 순서에 따라 기록하는 방식인 편년체로 서술된 역사서로는 《조선왕조실록》 등이 있어요.

정답과 해설

② 《삼국유사》에는 단군왕검의 고조선 건국 이야기가 수록되어 있어요.
③ 조선 후기 실학자 유득공은 《발해고》에서 '남북국'이라는 용어를 처음 사용하여 통일 신라와 발해를 서술하였어요.
④ 고려 시대에 각훈은 고승들의 전기를 기록한 《해동고승전》을 저술하였어요.
⑤ 고려 시대에 이규보는 〈동명왕편〉에서 고구려 건국 시조인 주몽의 일대기를 서사시로 표현하여 고구려 계승 의식을 반영하였어요.

63 고려의 역사서   정답 ①

키워드 문제분석   일연이 저술 = 《삼국유사》

원 간섭기인 고려 충렬왕 때 일연이 저술한 《삼국유사》는 불교사를 비롯하여 삼국의 건국 설화, 민간 설화 등을 담고 있어요.

① 《삼국유사》는 《제왕운기》와 함께 단군의 고조선 건국 이야기를 수록한 역사서예요.
② 《조선왕조실록》은 사초, 시정기 등을 바탕으로 편년체로 편찬되었어요.
③ 각훈의 《해동고승전》은 왕명에 의해 고승들의 전기를 기록한 책이예요.
④ 고려 인종 때 김부식이 왕명을 받아 편찬한 《삼국사기》는 기전체 형식으로 서술된 대표적인 역사서로 본기, 연표, 지, 열전 등으로 구성되었어요.
⑤ 이규보의 〈동명왕편〉은 고구려의 건국 서사시로 고구려 계승 의식이 반영되었으며, 《동국이상국집》에 실려 있어요.

64 고려의 역사서   정답 ①

키워드 문제분석   건국 영웅의 일대기 + 이규보 = 〈동명왕편〉

고려 무신 집권기에는 몽골의 침략을 겪으면서 민족의 전통과 유구함을 강조하는 역사서가 등장하였어요. 각훈은 《해동고승전》에서 승려들의 전기를 정리하였고, 이승휴는 《제왕운기》를 지어 우리 역사의 독자성을 강조하였으며, 이규보는 〈동명왕편〉을 지어 고구려 건국 시조인 동명왕(주몽)의 일대기를 찬양하였지요. 〈동명왕편〉은 이규보의 문집인 《동국이상국집》에 수록된 것으로, 고구려 계승 의식이 반영된 것이 특징이에요.

① 이규보는 〈동명왕편〉에서 동명왕(주몽)의 이야기가 설화가 아니라 우리 역사임을 강조하였어요. 이를 통해 고구려 계승 의식이 반영되었음을 알 수 있어요.
② 조선의 실학자 유득공은 《발해고》에서 발해를 우리 역사로 본격적으로 다루며 '남북국'이라는 용어를 처음 사용하였어요.

③ 《조선왕조실록》은 사초, 시정기 등을 바탕으로 실록청에서 편찬되었어요.
④ 고려 시대의 역사서인 일연의 《삼국유사》와 이승휴의 《제왕운기》, 조선 시대에 쓰인 《동국통감》 등에는 단군의 고조선 건국 이야기가 실려 있어요.
⑤ 고려 인종 때 김부식이 왕명을 받들어 기전체 형식으로 쓴 《삼국사기》는 현재 전해지는 것 중 우리나라에서 가장 오래된 역사서예요.

65 고려의 역사서   정답 ④

(가) 이제현의 《사략》은 성리학적 유교 사관을 담고 있어요.
(나) 김부식의 《삼국사기》는 왕명을 받아 기전체로 쓰여졌으며 현존하는 우리나라 최고(最古)의 역사서예요.
(다) 일연의 《삼국유사》는 불교사를 중심으로 민간 설화, 단군의 고조선 건국 이야기 등을 수록하였어요.
(라) 이승휴의 《제왕운기》는 우리나라와 중국의 역사를 서사시로 서술하였어요.
(마) 각훈의 《해동고승전》은 왕명을 받아 우리나라 고승들의 전기를 수록하였어요.

① 불교사를 중심으로 민간 설화를 수록한 역사서는 《삼국유사》예요.
② 사초, 시정기 등을 바탕으로 편찬된 역사서는 《조선왕조실록》이에요.
③ 유교 사관에 입각하여 본기, 지, 연표, 열전 등 기전체 형식으로 구성된 역사서는 《삼국사기》예요.
④ 이승휴가 저술한 《제왕운기》는 단군부터 충렬왕까지의 역사가 서사시로 서술되어 있고, 단군의 고조선 건국 이야기가 수록되었어요.
⑤ 강목체로 고려 왕조의 역사를 정리한 역사서는 《본국편년강목》이에요.

66 이색의 활동   정답 ⑤

키워드 문제분석   목은 + 성리학 보급에 노력 = 이색

'목은'은 이색의 호예요. 이색은 원의 과거에 합격하여 관리로 일하였고, 고려로 돌아온 후에는 성균관 대사성에 임명되어 성균관의 학칙을 새로 만들고 정몽주, 이숭인 등과 함께 성리학 발전에 기여하였어요.

① 이제현은 충선왕이 원의 연경에 세운 독서당인 만권당에서 원의 학자와 교류하며 성리학을 연구하였고, 《역옹패설》과 《사략》을 저술하였어요.
② 김부식은 인종의 명을 받아 유교적 합리주의 사관에 입각하여 《삼국사기》를 편찬하였어요.
③ 최충은 문종 때 사립 교육 기관으로 문헌공도라고 불리기도 한 9재 학당을 설립하여 유학 교육에 힘썼어요.

042 시대별 기출문제집 심화

④ 지눌은 독경과 참선, 노동에 고루 힘써야 한다고 주장하며 수선사 결사를 제창하였고, 수행 방법으로 정혜쌍수와 돈오점수를 주장하였어요.
⑤ 이색은 성균관의 대사성이 되어 정몽주, 김구용, 이숭인 등을 학관으로 채용해 신유학의 보급과 발전에 공헌하였어요.

67 고려의 유학자   정답 ③

키워드 문제분석: 최승로 = 시무 28조 작성

고려 성종 때 최승로는 시무 28조에서 유교 이념을 바탕으로 국가를 운영할 것을 주장하였어요. 성종은 이를 받아들여 2성 6부의 중앙 관제를 마련하고, 전국에 12목을 설치하여 지방관을 파견하였어요. 또한 성종은 국자감을 정비하여 유학 교육을 장려하였습니다.

① 정도전은 《불씨잡변》을 지어 불교의 폐단을 비판하였어요.
② 조선 성종 때 조광조는 신진 인사 등용을 위해 현량과 실시를 제안하였어요.
③ 고려의 유학자 최승로는 성종에게 시무 28조를 올려 대규모 불교 행사를 철폐하고 유교 이념을 바탕으로 국가를 운영할 것을 제시하였어요.
④ 조선의 유학자 최익현은 1876년에 조선 정부가 일본과 강화도 조약을 맺으려 하자, 〈지부복궐척화의소〉를 올려 왜양일체론을 주장하며 개항에 반대하였어요.
⑤ 조선의 유학자 이이는 황해도 관찰사 시절 해주 향약을 만들어 향촌 교화를 위해 노력하였어요.

68 이제현의 활동   정답 ⑤

키워드 문제분석: 역옹패설을 저술함 = 이제현

충렬왕 때 안향이 원으로부터 성리학을 들여와 고려에 소개하였고, 이후 이제현은 충선왕이 원에 설립한 만권당에서 원의 학자들과 교류하며 성리학을 연구하였어요. 이후 성리학은 이제현의 제자 이색을 거쳐 정몽주와 정도전에게 계승되며 발전하였어요. 한편 이제현은 《역옹패설》, 《사략》 등을 저술하였어요.

① 정도전은 《불씨잡변》을 지어 불교의 폐단을 비판하였어요.
② 지눌은 독경과 참선, 노동에 고루 힘써야 한다고 주장하며 수선사 결사를 제창하였고, 수행 방법으로 정혜쌍수와 돈오점수를 주장하였어요.
③ 강수는 신라의 외교 문서를 작성하는 데 큰 역할을 하였는데, 당이 인질로 잡고 있던 무열왕의 아들 김인문의 석방을 요구하는 글인 〈청방인문표〉를 지어 보냈어요.
④ 이규보는 고구려의 건국 시조인 동명왕의 일대기를 서사시로 표현한 〈동명왕편〉을 지어 고구려 계승 의식을 강조하였어요.
⑤ 이제현은 충선왕이 원의 연경에 세운 독서당인 만권당에서 조맹부, 요수 등의 문인들과 교유하며 성리학을 연구하였어요.

69 지눌의 활동   정답 ①

키워드 문제분석: 보조국사 + 송광사, 신앙 결사 운동 = 지눌

고려의 승려 보조국사 지눌은 오늘날 순천 송광사에서 승려 본연의 자세로 돌아갈 것을 강조한 불교 개혁 운동인 수선사 결사 운동을 펼쳤으며, 수행 방법으로 정혜쌍수와 돈오점수를 주장하였어요.

① 지눌은 단번에 깨우치되 점진적으로 수행을 계속해야 한다는 돈오점수를 주장하였으며, 이를 위한 수행 방법으로 참선과 교리 공부를 함께하는 정혜쌍수를 내세웠어요.
② 의천은 당시 분열되어 있던 불교 교단을 교종을 중심으로 통합하고자 국청사를 중심으로 해동 천태종을 창시하였어요.
③ 혜심은 유불 일치설을 주장하며 심성의 도야를 강조하였는데, 이는 장차 성리학을 받아들이는 사상적 토대가 되었어요.
④ 각훈은 왕명을 받아 우리나라 역대 승려들의 전기를 정리한 역사서인 《해동고승전》을 편찬하였어요.
⑤ 균여는 《보현십원가》 등 불교 교리를 담은 향가를 지어 대중에게 불교 교리를 전파하는 데 힘썼어요.

70 의천의 활동   정답 ①

키워드 문제분석: 문종의 아들 + 《신편제종교장총록》 간행 = 의천

고려 문종의 넷째 아들이었던 의천은 송에 유학하여 화엄종 등을 공부하고 돌아와 흥왕사에 교장도감을 설치하고 《신편제종교장총록》을 간행하였어요. 또한, 불교 통합을 추진하면서 수행 방법으로 교관겸수를 제시하였어요.

① 고려의 의천은 당시 분열되어 있던 불교 교단을 교종을 중심으로 통합하고자 국청사를 중심으로 해동 천태종을 창시하였어요.
② 고려의 지눌은 승려 본연의 자세로 돌아가 독경과 참선, 노동에 고루 힘써야 한다고 주장하며 수선사 결사를 제창하였고, 수행 방법으로 정혜쌍수와 돈오점수를 주장하였어요.
③ 고려의 혜심은 《선문염송집》을 편찬하고 유불 일치설을 주장하며 심성의 도야를 강조하였는데, 이는 장차 성리학을 받아들이는 사상적 토대가 되었어요.
④ 고려의 일연은 불교사를 중심으로 고대의 민간 설화 등을 수록한 《삼국유사》를 집필하였어요.
⑤ 신라의 혜초는 인도와 중앙아시아를 여행한 후 이 지역의 풍속, 종교, 문화 등을 정리한 《왕오천축국전》을 저술하였어요.

정답과 해설

71 혜심의 활동 정답 ③

키워드 문제분석: 지눌의 제자 + 수선사의 제2대 사주가 됨 = 혜심

고려 후기의 승려인 혜심은 지눌의 제자로, 지눌이 죽은 후 수선사의 제2대 사주가 되었어요. 혜심은 당시 집권자였던 최우와 직접적인 관계를 맺고 있었어요. 최우는 두 아들을 혜심에게 출가시켰고, 수선사에 경제적인 지원을 해주기도 하였어요.

① 신라의 의상은 화엄 사상의 요지를 정리한 《화엄일승법계도》를 저술하였어요.
② 고려의 의천은 당시 분열되어 있던 불교 교단을 교종을 중심으로 통합하고자 하였으며, 국청사를 중심으로 해동 천태종을 개창하였어요.
③ 고려의 혜심은 《선문염송집》을 편찬하고 유불 일치설을 주장하며 심성의 도야를 강조하였는데, 이는 장차 성리학을 받아들이는 사상적 토대가 되었어요.
④ 고려의 지눌은 오늘날 순천 송광사에서 불교 개혁 운동인 수선사 결사 운동을 펼쳤어요. 수행 방법으로 〈권수정혜결사문〉을 작성하여 정혜쌍수를 강조하였으며, 돈오점수를 주장하였어요.
⑤ 고려의 균여는 《보현십원가》 등 불교 교리를 담은 향가를 지어 대중에게 불교 교리를 전파하는 데 힘썼어요.

72 최무선의 활동 정답 ②

키워드 문제분석: 화약 제조 기술 습득 + 진포에서 왜구 격퇴 = 최무선

고려 말 왜구의 침략으로 백성들은 고통을 받았어요. 이 무렵 최무선은 각고의 노력 끝에 화약과 화포를 개발하였고, 조정에 화통도감 설치를 건의하여 화약 무기를 제작하였어요. 최무선은 화통도감에서 만든 화약과 화포를 이용하여 나세, 심덕부 등과 함께 진포 대첩에서 왜구를 격퇴하였어요.

① 조선 세종 때 고려 말 최무선이 만든 화기를 개량해 신기전과 화차가 개발되었어요.
② 고려 우왕 때 최무선은 화통도감의 설치를 건의하였고, 이곳에서 생산한 화약과 화포 등을 이용하여 진포에 침입한 왜구를 격퇴하였어요.
③ 조선 선조 때 임진왜란이 일어났는데, 화포인 불랑기포를 활용한 조선군은 명의 군대와 연합해 일본군에 빼앗겼던 평양성을 탈환하였어요.
④ 조선 효종 때 청의 요청에 따라 변급, 신류 등이 조총 부대를 이끌고 나선(러시아) 정벌에 참여하였어요.
⑤ 조선 선조 때 화포장이었던 이장손이 발화 장치를 활용한 포탄인 비격진천뢰를 발명하였어요. 임진왜란 당시 조선군은 비격진천뢰를 써서 많은 성과를 올렸어요.

PART 4. 조선 전기 P. 088~102

01	02	03	04	05
②	①	④	③	①
06 ④	07 ⑤	08 ③	09 ⑤	10 ③
11 ③	12 ⑤	13 ②	14 ⑤	15 ④
16 ③	17 ①	18 ①	19 ⑤	20 ⑤
21 ①	22 ④	23 ③	24 ④	25 ⑤
26 ①	27 ④	28 ④	29 ①	30 ⑤
31 ④	32 ④	33 ①	34 ③	35 ④
36 ⑤	37 ①	38 ⑤	39 ③	40 ④
41 ②	42 ①	43 ②	44 ②	45 ④
46 ④	47 ④	48 ⑤	49 ①	50 ⑤
51 ①	52 ①	53 ④	54 ⑤	55 ④
56 ①	57 ⑤	58 ①	59 ⑤	60 ③

01 정몽주 죽음 이후의 사실 정답 ②

키워드 문제분석: 이방원이 정몽주를 죽임 = 조선 건국 직전의 상황(1392)

고려 우왕 때 명이 철령 이북의 땅을 고려에 요구하자, 우왕과 최영은 요동 정벌을 추진하여 이성계에게 출병하도록 하였어요. 요동 정벌에 반대하였던 이성계는 4불가론을 조정에 올렸으나 받아들여지지 않았어요. 이에 이성계는 압록강 부근의 위화도에서 군사를 돌려 개경으로 진격한 후 최영을 제거하고 실권을 장악하였어요(위화도 회군, 1388). 이후 이성계와 정도전, 조준 등의 급진 개혁파 신진 사대부는 이방원 세력에 의해 고려 왕조 교체에 반대하던 온건파 신진 사대부인 정몽주가 제거되자 조선을 건국하였어요(1392). 태조 이성계는 1394년에 도읍을 한양으로 옮기고 새 도읍을 건설하는 일을 정도전에게 맡겼어요.

① 고려 성종은 982년에 최승로가 올린 시무 28조를 채택하여 유교 정치 이념을 바탕으로 통치 체제를 정비하였어요.
② 조선 정종 시기인 1400년에 이방원은 권근 등의 건의로 사병을 혁파하여 왕권을 강화하였고, 이해 11월에 태종으로 즉위하였어요.
③ 고려 공민왕 시기인 1359년과 1361년에 홍건적이 침입하자 안우, 이방실 등이 홍건적을 격파하였어요.
④ 고려 무신 집권기 명종 때인 1176년에 공주 명학소에서 망이, 망소이 등이 가혹한 수탈에 저항하여 봉기하였어요(망이 · 망소이의 난).
⑤ 고려 광종은 958년에 쌍기의 건의를 수용해 과거제를 시행하여 유교적 소양을 갖춘 인재를 선발하고자 하였어요.

02 고려의 멸망과 조선의 건국 정답 ①

키워드 문제분석
- 요동 공격, 최영
 = (가) 고려 말 요동 정벌 추진(1388. 4.)
- 위화도, 이성계 = (나) 위화도 회군(1388. 5.)
- 과전 = (다) 과전법 제정(1391)

(가) 고려 말 홍건적과 왜구를 격퇴하는 과정에서 이성계 등 신흥 무인 세력이 성장하였어요. 우왕 때 명이 철령 이북의 영토를 요구하자 최영은 이에 반발해 요동 정벌을 추진하였어요. 이성계는 4불가론을 내세워 요동 정벌에 반대하였으나 우왕과 최영의 강력한 주장으로 요동 정벌을 위해 파견되었어요.

(나) 요동 정벌에 나선 군사들이 다수 도망치고 큰 비 때문에 압록강을 건너기 어려워지자 이성계는 위화도에서 군대를 멈추고 회군 명령을 요청하였어요. 그러나 주장은 받아들여지지 않았고, 이성계는 회군하여 개경으로 돌아와 우왕과 최영을 몰아내고 정권을 장악하였어요(위화도 회군).

(다) 정권을 잡은 이성계는 조준 등 일부 신진 사대부와 함께 과전법을 제정하고 개혁을 추진하였어요. 이후 이성계 일파는 고려 왕조 유지를 주장하는 정몽주 등을 제거하고 조선을 건국하였어요.

① (가) 고려 말 요동 정벌 추진(1388. 4.) → (나) 위화도 회군(1388. 5.) → (다) 과전법 제정(1391)

03 조선 태종 재위 시기의 사실 정답 ④

키워드 문제분석
왕자의 난으로 즉위 = 조선 태종

조선 태조의 다섯째 왕자인 이방원은 두 차례 왕자의 난을 통해 정도전 등 반대 세력을 제거하고 정권을 장악하였어요. 이방원은 정종의 뒤를 이어 조선의 제3대 왕에 올랐어요.

① 고려 우왕 때 화통도감이 설치되어 화포가 만들어졌어요.
② 《경국대전》 편찬 작업은 조선 세조 때 시작하여 성종 때 완성·반포되었어요.
③ 조선 중종 때 일어난 3포 왜란을 계기로 국방 문제를 논의하기 위한 비변사가 임시로 설치되었고, 명종 때 일어난 을묘왜란을 계기로 비변사가 상설 기구가 되었어요.
④ 조선 태종 때 현존하는 동양에서 가장 오래된 세계 지도인 〈혼일강리역대국도지도〉가 제작되었어요.
⑤ 조선 세종 때 최초로 한양을 기준으로 천체 운동을 계산한 역법서인 《칠정산》이 간행되었어요.

04 조선 태종의 정책 정답 ③

키워드 문제분석
신문고 설치 + 문하부 낭사를 사간원으로 독립
 = 조선 태종

두 차례 왕자의 난으로 왕위에 오른 조선 태종은 국왕 중심의 통치 체제를 정비하였어요. 문하부 낭사를 사간원으로 독립시켜 신하들을 견제하였으며 사병을 없앴어요. 그리고 억울한 백성들을 위해 신문고를 설치하기도 하였습니다.

① 숙종은 임진왜란 때 지원군을 파견한 명 황제 신종의 은혜를 추모하기 위해 창덕궁 후원에 대보단을 설치하였어요.
② 세종 때 당시 중국과 조선의 최신 의학 이론을 집대성한 《의방유취》가 편찬되었고, 국산 약재와 치료 방법을 집대성한 《향약집성방》이 편찬되었어요.
③ 태종은 6조 직계제를 실시하여 의정부의 힘을 약화시키고, 왕권을 강화하였어요.
④ 성종은 세조 때 편찬하기 시작한 《경국대전》을 완성하여 반포하였어요.
⑤ 영조는 홍봉한 등에게 왕명을 내려 역대 문물을 정리한 《동국문헌비고》를 편찬하게 하고, 법전인 《속대전》을 편찬하였어요.

05 조선 세종 재위 시기의 사실 정답 ①

키워드 문제분석
집현전 학사인 신숙주, 최항, 박팽년 등이 《동국정운》을 편찬함 = 조선 세종

세종은 학문과 정책 연구를 위해 궁궐 안에 집현전을 설치하였어요. 성종은 세조 때 폐지된 집현전을 계승한 홍문관을 설치하여 국왕의 자문과 경연을 담당하도록 하였어요. 한편, 신숙주와 박팽년은 세종 때 과거에 합격한 후 집현전 학사가 되어 훈민정음을 창제할 때 많은 일을 하였어요. 그러나 세종의 큰 신임을 받았던 신숙주는 세종이 죽은 뒤 문종, 단종으로 이어지며 왕권이 약해진 시기에 훗날 세조가 되는 수양 대군의 편에 섰고, 수양 대군이 계유정난을 일으켰을 때 많은 일을 하면서 공신으로 책봉되었어요.

① 세종은 장영실 등을 통해 금속 활자인 갑인자를 제작하였어요.
② 숙종은 수도 방어를 담당하는 금위영을 설치하였어요. 금위영의 설치로 조선 후기 5군영 체제가 완비되었어요.
③ 정조 때 무예 훈련 교범인 《무예도보통지》, 왕조의 통치 규범을 재정비한 《대전통편》, 외교 문서를 정리한 《동문휘고》, 호조의 사례를 정리한 《탁지지》 등이 편찬되었어요.
④ 세조 때부터 편찬하기 시작한 《경국대전》은 성종 때 완성·반포되었어요.
⑤ 중종 때 조광조가 신진 인사를 등용하기 위해 제안한 현량과가 실시되었어요.

정답과 해설

06 조선 세종의 업적   정답 ④

키워드 문제분석: 정초 + 《농사직설》 = 세종

조선 세종은 농업을 진흥시키려고 농서를 간행하도록 하였어요. 이에 정초와 변효문 등은 왕명에 따라 농민들의 실제 경험을 종합하여 우리 풍토에 맞는 농업 기술 서적인 《농사직설》을 편찬하였어요.

① 조선의 유학자 김장생은 선조 때 《가례집람》을 저술하여 예학을 정리했어요. 《가례집람》은 이후 숙종 때 간행되었어요.
② 성종 때 국가의 통치 규범인 《경국대전》, 국가 주요 행사의 예법과 절차를 정리한 《국조오례의》 등이 완성되었어요.
③ 중종 때 박세무는 아동용 윤리·역사 교재인 《동몽선습》을 간행하였어요.
④ 세종 때 우리나라와 중국의 충신, 효자, 열녀 등의 사례를 글과 그림으로 제시한 《삼강행실도》가 편찬되었어요.
⑤ 선조 때 이이는 군주가 수양해야 할 덕목을 제시한 《성학집요》와 다양한 개혁 방안을 담은 《동호문답》을 집필하였어요.

07 조선 세종의 정책   정답 ⑤

키워드 문제분석: 박연 + 여민락 = 조선 세종

박연은 조선 초기에 궁중 음악을 정리한 음악가로, 세종의 명령을 받아 악보와 악곡을 정리하였으며, 악기를 개량하고 발명하였어요. '백성과 더불어 즐기자'는 뜻의 이름을 지닌 여민락은 조선 세종 때 만들어진 음악이에요.

① 태종은 백성들의 억울한 일을 해결해 주기 위해 신문고를 처음 설치하였어요. 신문고는 연산군 때 폐지되었다가 영조 때 다시 설치되었어요.
② 선조는 임진왜란 중에 유성룡의 건의를 받아 포수, 사수, 살수의 삼수병으로 구성된 훈련도감을 설치하였어요. 훈련도감은 급료를 받는 상비군이 주축을 이루었어요.
③ 영조는 붕당 정치의 폐단을 극복하고 경계하고자 탕평책을 실시하였고, 이를 널리 알리려고 성균관 앞에 탕평비를 세웠어요.
④ 정조는 통치 체제를 정비하기 위해 《경국대전》과 《속대전》 등을 통합·보완하여 《대전통편》을 간행하였어요.
⑤ 세종은 백성에게 유교 윤리를 보급하려고 중국과 우리나라의 충신과 효자 등의 이야기를 담은 《삼강행실도》를 편찬하였어요.

08 단종 복위 운동의 배경   정답 ③

키워드 문제분석: 성삼문 등이 상왕도 모의에 참여하였다고 인정 + 상왕을 노산군으로 낮춤 = 단종 복위 운동

문종이 죽은 후 어린 나이의 단종이 왕위에 오르자 수양 대군(세조)은 계유정난을 일으켜 권력을 장악하고 양위를 통해 왕위에 올랐어요. 이후 성삼문, 박팽년 등 집현전 출신 문신들과 몇몇 무신들이 세조를 제거하고 상왕으로 밀려난 단종을 복위시킬 계획을 세웠으나 사전에 발각되어 실패하였어요.

① 광해군 때 서인은 중립 외교, 영창 대군 살해와 인목 대비 폐위 등을 구실로 반정을 일으켰고, 이로 인해 인조가 즉위하면서 서인이 정권을 잡고 북인 세력이 몰락하였어요.
② 숙종 때 희빈 장씨 소생의 원자 책봉 문제가 원인이 되어 기사환국이 일어나 서인이 축출되고 남인이 정권을 장악하였으며, 인현 왕후가 폐위되고 희빈 장씨가 왕비로 책봉되었어요.
③ 단종 때 수양 대군(세조)은 한명회, 권람 등의 조력으로 난을 일으켜 단종을 보좌하던 김종서, 황보인 등을 제거하고 권력을 장악하였어요. 이 사건은 계유년에 일어났다고 해서 계유정난이라고 해요. 권력을 빼앗긴 단종은 수양 대군에게 양위하고 상왕으로 물러났어요.
④ 영조 때 이인좌를 중심으로 한 소론 세력이 영조와 노론 세력을 제거하기 위해 반란을 일으켰으나 진압되었어요.
⑤ 연산군 때 폐비 윤씨 사사 사건의 전말이 알려지면서 김굉필 등 훈구와 사림이 모두 화를 입은 갑자사화가 일어났어요.

09 조선 세조 재위 시기의 사실   정답 ⑤

키워드 문제분석: 6조 직계제 부활 + 계유년 + 황보인 제거 = 조선 세조

조선 세조는 수양 대군 시절에 어린 조카 단종이 즉위하고 김종서·황보인 등 재상이 권력을 장악하자, 계유정난을 일으켜 김종서 등을 제거하고 정권을 장악한 후 세조로 즉위하였어요. 세조는 왕권을 강화하기 위해 6조 직계제를 부활시키고, 집현전과 경연을 폐지하였어요.

① 태종은 주자소를 설치하여 구리 활자인 계미자를 주조하였어요.
② 연산군 때 김종직이 저술한 〈조의제문〉을 사관 김일손이 사초에 올린 것이 발단이 되어 무오사화(1498)가 일어났어요.
③ 고종 때 흥선 대원군의 주도로 조선의 역대 법전을 집대성한 《대전회통》을 편찬하였어요.
④ 세종 때 조선과 일본 사이에 제한된 범위의 무역을 허용한 계해약조(1443)가 체결되었어요.
⑤ 세조 때 현직 관리에게만 수조지를 지급하는 직전법을 시행하고, 수신전과 휼양전을 폐지하였어요.

10 조선 성종 재위 시기의 사실   정답 ③

키워드 문제분석: 《경국대전》 완성·반포 = 조선 성종

성종은 세조 때부터 편찬하기 시작한 《경국대전》을 완성·반포하고 유교적 법치 국가의 근간을 마련하였어요. 성종 재위 시기에는 국가 의례를 정리한 《국조오례의》, 지리서인 《동국여지승람》, 시문집인 《동문선》, 음악 이론을 집대성한 《악학궤범》 등이 편찬되었어요.

① 태종은 문하부 낭사를 사간원으로 독립시켜 신하들을 견제하였어요.
② 세조 때 중앙 집권 체제를 강화하기 위해 북도 출신 수령의 임명을 줄이고 서울에서 직접 관리를 파견하였어요. 이에 불만을 품은 함길도 토착 세력인 이시애가 길주를 근거지로 난을 일으켰으나 진압되었어요.
③ 성종은 도서와 문서의 보관 및 관리 역할만 하던 홍문관에 집현전의 역할을 부여하여 경연을 주관하고 왕에게 자문하는 일을 맡도록 하였어요.
④ 세종은 집현전 관리를 대상으로 휴가를 주어 집에서 독서와 연구에만 전념할 수 있도록 하는 사가독서제를 시행하였어요.
⑤ 영조는 붕당 정치의 폐해를 경계하고자 탕평책을 실시하였고, 이를 널리 알리려고 성균관 앞에 탕평비를 건립하였어요.

11 조선 성종 재위 시기의 사실   정답 ③

키워드 문제분석 《팔도지리지》+《동문선》= 조선 성종

《팔도지리지》는 세조의 명을 받아 양성지가 편찬을 시작하여 성종 때 완성한 지리서로, 전국의 지리 정보를 정리하였어요. 《동문선》은 성종의 명을 받아 서거정 등이 우리나라의 역대 문학 작품을 선별하여 수록한 책이에요.

① 선조 때 김장생은 예학을 정리한 《가례집람》을 저술하였고, 이후 숙종 때 간행되었어요.
② 정조 때 정창순 등이 외교 문서를 집대성한 《동문휘고》를 편찬하였어요.
③ 성종 때 신숙주와 정척 등이 왕명을 받아 국가의 의례를 그림을 곁들여 정비한 《국조오례의》를 완성하였어요.
④ 광해군 때 허준이 우리나라와 중국의 의서를 망라하여 전통 한의학을 체계적으로 정리한 《동의보감》을 간행하였어요.
⑤ 영조 때 홍봉한 등이 역대 문물제도를 정리한 《동국문헌비고》를 편찬하였어요.

12 조선 성종의 업적   정답 ⑤

키워드 문제분석 《악학궤범》= 조선 성종

성종 때 성현 등이 궁중 음악, 당악, 향악 등의 음악 이론을 집대성한 《악학궤범》을 간행하였어요.

① 태종은 활자를 만드는 관청인 주자소를 설치하여 구리 활자인 계미자를 주조하였어요.
② 광해군 때 허준은 우리나라와 중국의 의서를 망라하여 전통 한의학을 체계적으로 정리한 《동의보감》을 완성하였어요.
③ 영조는 《경국대전》 반포 이후 법령이 증가하여 법 집행에 혼란이 생기자 이를 정리하여 통일된 법전으로 《속대전》을 간행하였어요.
④ 세종 때 이순지 등이 최초로 한양을 기준으로 천체 운동을 계산한 역법서인 《칠정산》을 제작하였어요.
⑤ 성종 때 각 지역의 지리, 풍속, 역사 등을 기록한 지리서인 《동국여지승람》이 편찬되었어요.

13 사화의 전개   정답 ②

키워드 문제분석 김종직의 <조의제문> = 무오사화(1498)

조선 성종 때 중앙 정계에 진출하기 시작한 사림은 훈구 세력을 비판하면서 대립하였어요. 성종에 이어 즉위한 연산군은 사림이 언론 활동으로 왕권을 견제하려 하자 사림을 탄압하였어요. 이때 훈구 세력은 사관 김일손이 스승인 김종직의 <조의제문>을 사초에 실은 일을 문제 삼아 많은 사림을 축출하였어요(무오사화). <조의제문>은 항우에게 죽임을 당한 중국 초나라 의제를 애도한 글이지만, 수양 대군(세조)의 왕위 찬탈을 비난하였다고 해석되었어요.

② 성종에 이어 즉위한 연산군 때 무오사화(1498)가 일어난 후 연산군이 어머니 윤씨의 폐위와 관련된 훈구와 사림 세력을 제거한 갑자사화가 일어났어요(1504). 연산군은 중종반정으로 폐위되었고, 반정에 공을 세운 신하들이 정권을 장악하자 중종은 이를 견제하고자 조광조를 비롯한 사림들을 등용하였어요. 조광조는 위훈 삭제, 소격서 폐지, 현량과 설치 등을 주장하는 등 급진적인 개혁을 추진하였고, 이에 훈구 세력의 반발과 중종의 반감이 커져 조광조를 비롯한 많은 사림이 제거되는 기묘사화가 일어났어요(1519). 중종과 인종에 이어 명종이 즉위한 후 외척 윤임(대윤)과 윤원형(소윤)의 권력 다툼으로 을사사화가 일어나 사림이 피해를 입었어요(1545).
따라서 무오사화가 일어난 시기는 '연산군 즉위'와 '중종반정' 사이의 시기인 (나)예요.

14 갑자사화   정답 ⑤

키워드 문제분석
- 김종직의 <조의제문> = (가) 무오사화(1498)
- 조광조, 김정 등이 요직을 차지하자 조사하여 밝히라고 함 = (나) 기묘사화(1519)

성종 때 중앙 정계에 진출하기 시작한 사림은 훈구 세력을 비판하면서 대립하였어요. 성종에 이어 즉위한 연산군 때 훈구 세력은 사

정답과 해설

관 김일손이 스승인 김종직의 〈조의제문〉을 사초에 실은 일을 문제 삼아 많은 사림을 축출하였어요(무오사화). 중종반정 이후 훈구 세력이 정권을 장악하자 중종은 이를 견제하기 위해 조광조를 비롯한 사림들을 등용하였어요. 조광조는 위훈 삭제, 소격서 폐지, 현량과 실시 등의 급진적인 개혁을 추진하였고, 이에 훈구 세력이 반발하여 조광조를 비롯한 많은 사림이 제거되는 기묘사화가 일어났어요. 따라서 '무오사화(1498)'와 '기묘사화(1519)' 사이의 시기에 일어난 일을 골라야 해요.

① 1589년 선조 때 정여립 모반 사건을 계기로 기축옥사가 발생하여 동인이 피해를 입었어요. (나) 이후의 사실이에요.
② 1545년 명종 때 윤임 일파와 윤원형 일파의 대립으로 을사사화가 일어나 윤임 일파가 제거되었어요. (나) 이후의 사실이에요.
③ 현종 때 효종과 효종비가 죽자 서인과 남인 사이에 효종의 어머니인 자의 대비의 복상 문제로 1659년에 기해예송과 1674년에 갑인예송이 전개되었어요. (나) 이후의 사실이에요.
④ 1689년 숙종 때 희빈 장씨 소생의 왕자를 원자로 책봉하는 것에 반대한 서인이 실각하고 남인이 집권하는 기사환국이 발생하였어요. (나) 이후의 사실이에요.
⑤ 1504년 연산군 때 폐비 윤씨 사사 사건의 전말이 알려지자 갑자사화가 일어나 김굉필 등 훈구와 사림이 처형당하였어요.

15 조선 중종 재위 시기의 사실   정답 ④

키워드 문제분석: 반정으로 연산군이 폐위된 후 즉위 + 삼포에서 왜인들이 난을 일으킴(삼포 왜란) = 조선 중종

연산군 때 무오사화(1498)와 갑자사화(1504)가 일어났어요. 이후 연산군은 폭정을 하다가 결국 1506년에 반정(중종반정)으로 폐위되었고, 이어 중종이 즉위하였어요. 중종은 반정에 공을 세운 훈구 세력이 정권을 장악하자 조광조를 비롯한 사림을 등용하여 이들을 견제하고자 하였어요. 조선은 세종 때 일본의 요청을 받아들여 부산포, 제포(진해), 염포(울산)의 삼포를 개항하고, 계해약조를 체결하여 일본에게 제한된 범위의 무역을 허용하였어요. 이후 삼포에서의 교역 규모가 커지자 일본은 무역량을 확대해 달라고 요구하였지만, 조선은 이를 엄격히 통제하였어요. 이에 불만을 품은 일본인들이 중종 때 삼포에서 폭동을 일으켰어요(삼포 왜란).

① 인조 때 이괄이 인조반정의 공신 책봉에 불만을 품고 반란을 일으켜 도성인 한양을 점령하였어요.
② 숙종 때 남인의 수장이었던 허적은 무단으로 왕실의 비품인 기름 먹인 장막(유악)을 사용하였고, 이를 알게 된 숙종이 허적과 윤휴 등 남인을 대거 축출하였어요(경신환국, 1680).
③ 선조 때 정여립 모반 사건을 계기로 기축옥사가 일어나 동인이 피해를 입었어요.
④ 중종 때 조광조가 현량과 실시, 소격서 폐지, 위훈 삭제 등 급진적인 개혁을 추진하자 훈구 세력이 이에 반발하여 기묘사화를 일으켰고 조광조 일파가 제거되었어요.

⑤ 연산군 때 훈구 세력이 사초에 실린 김종직의 〈조의제문〉을 문제 삼으면서 김일손 등이 화를 입은 무오사화가 일어났어요.

16 조선 명종 재위 시기의 사실   정답 ②

키워드 문제분석: 벽서 + 양재역 = 양재역 벽서 사건(조선 명종 때)

조선 명종 때는 윤임(대윤)과 윤원형(소윤)을 대표로 하는 외척 세력 간의 갈등이 심하였는데, 이는 결국 을사사화로 이어졌어요. 이후 윤원형 일파가 남은 윤임 일파를 몰아내기 위해 양재역 벽서 사건을 확대하여 이언적 등이 화를 입었어요.

① 선조 때 척신 정치의 잔재 청산 문제와 이조 전랑 임명을 둘러싸고 사림이 동인과 서인으로 나뉘었어요.
② 명종 때 인종의 외척인 윤임(대윤)과 윤원형(소윤)의 권력 다툼으로 을사사화가 일어났어요.
③ 광해군 때 서인이 광해군과 북인을 몰아내고 인조를 왕으로 세워 정권을 장악하였어요(인조반정).
④ 성종 때부터 훈구 세력 견제를 위해 3사의 언관직을 중심으로 사림이 중앙 정계에 진출하기 시작하였어요.
⑤ 무오사화 이후 연산군이 어머니 윤씨의 폐위와 관련된 사건을 알게 되면서 김굉필 등 훈구와 사림 세력을 제거한 갑자사화가 일어났어요.

17 사화와 붕당 정치   정답 ①

키워드 문제분석:
- 반정 + 삭훈 = 조광조의 위훈 삭제 주장(1519)
- 김효원 + 심의겸 + 붕당 = 동인과 서인 분당(1575)

(가) 조선 중종 때 조광조는 중종반정 과정에서 공이 없는데도 공신으로 책정된 이들을 공신 목록에서 삭제(위훈 삭제)할 것을 건의하다가 1519년 기묘사화로 제거되었어요.
(나) 조선 선조 때인 1575년, 사림은 김효원의 동인과 심의겸의 서인으로 나뉘었어요.

따라서 조광조가 위훈 삭제를 주장한 1519년부터 동인과 서인이 분당된 1575년 이전까지의 사실을 골라야 해요.

① 명종 때인 1545년, 외척 간의 대립으로 을사사화가 발생하여 윤임 일파가 제거되었어요.
② 연산군 때인 1498년에 김종직의 〈조의제문〉이 발단이 되어 김일손 등 사림이 화를 입었어요(무오사화).
③ 영조는 1742년에 붕당의 폐해를 경계하기 위해 탕평비를 건립하였어요.
④ 숙종 때인 1689년, 희빈 장씨 소생의 원자 책봉 문제로 기사환국이 발생하여 서인 세력이 축출되었어요.
⑤ 연산군 때인 1504년, 폐비 윤씨 사사 사건의 전말이 알려져 훈구와 사림 모두 피해를 입은 갑자사화가 발생하였어요.

18 조선의 중앙 정치 조직   정답 ①

키워드 문제분석: 은대 + 승지 = 승정원

승정원은 은대, 정원, 후원, 대언사 등으로 불리기도 하였어요. 승정원에는 6명의 승지가 있어 각각 6조의 일을 나누어 맡게 하였는데, 왕명으로 각 승지의 업무는 수시로 변경되었어요.

① 승정원은 왕의 비서 기관으로 왕명 출납을 담당하였는데, 매일매일 처리한 문서와 사건을 일기 형식으로 기록해 둔 《승정원일기》를 남겼어요.
② 홍문관은 사간원, 사헌부와 함께 3사로 불리며 언론 기능을 담당하였어요.
③ 고려 말부터 조선 초까지 천문 연구, 기상 관측 등의 일을 맡아 하던 서운관은 세조 때 관상감이라는 이름으로 개칭되었어요.
④ 춘추관은 실록 등 역사서를 편찬·보관하고 관리하는 일을 담당하였어요. 왕이 죽으면 실록청을 설치하여 춘추관 관원들이 실록을 편찬하였어요.
⑤ 의금부는 국왕 직속의 특별 사법 기구로, 강상죄, 반역죄 등 중범죄를 처결하였어요.

19 조선의 중앙 정치 기구   정답 ⑤

키워드 문제분석: 언론 활동, 풍속 교정, 백관에 대한 규찰 + 대사헌 = 사헌부

조선 시대 감찰 기관이었던 사헌부는 사간원, 홍문관과 함께 3사라 불렸어요. 3사는 권력의 독점을 경계하는 언론 기능을 담당하였어요. 또한, 사간원과 함께 대간이라 불리며 5품 이하 관리의 임명 과정에서 서경권을 행사하였어요. 사헌부의 수장을 대사헌이라고 불렀어요.

① 조선 정조 때 설치된 규장각에서는 소관 업무 일지와 일반 정사 등의 내용을 담은 내각일력을 작성하였어요.
② 고려의 삼사는 화폐와 곡식의 출납 및 회계를 담당하던 기관으로, 조선 시대에는 호조가 비슷한 역할을 하였어요.
③ 승정원은 왕의 비서 기관으로 왕명 출납을 담당하였는데 은대, 후원, 대언사 등으로 불리기도 하였어요.
④ 비변사는 3포 왜란을 계기로 외적의 침입에 대비하여 임시로 설치되었고, 을묘왜변을 계기로 상설 기구가 되었어요. 이후 임진왜란을 거치면서 국정 최고 기구로 성장하였어요.
⑤ 사헌부와 사간원의 소속 관원인 대간은 5품 이하의 관리 임명에 대한 서경권을 행사하였어요.

20 홍문관   정답 ②

키워드 문제분석: 대제학 + 궁중 서적·문서 관리 + 옥당 = 홍문관

홍문관은 조선 시대에 궁중의 서적과 문서 관리 및 왕의 각종 자문에 응하는 일을 담당하였던 기구예요. 옥당, 옥서 등의 별칭이 있었고 최고 관직으로 대제학을 두었어요.

① 한성부는 조선 시대에 수도 한양의 행정과 치안을 맡았어요.
② 홍문관은 사헌부, 사간원과 함께 3사로 불리며 언론 기능을 담당하였어요.
③ 중종 때의 3포 왜란을 계기로 설치된 비변사는 명종 때의 을묘왜변을 계기로 상설 기구화되었어요. 이후 임진왜란을 거치며 국정 전반의 일을 맡았어요.
④ 승정원은 왕의 비서 기관으로 왕명의 출납을 담당하였어요.
⑤ 의금부는 국왕 직속 사법 기구로, 반역죄, 강상죄 등을 저지른 중죄인을 처결하였어요.

21 조선의 중앙 정치 기구   정답 ①

키워드 문제분석: 왕명에 따라 중죄인 추국 + 반역죄 등 처결 = 의금부

의금부는 반역죄·강상죄 등을 저지른 국가의 큰 죄인을 처벌하는 국왕 직속의 사법 기구였어요. 《추안급국안》은 조선 시대 의금부에서 중죄인을 조사하고 판결한 내용을 기록한 책이에요.

① 의금부는 조선 시대 국왕 직속의 사법 기구로, 왕명을 받들어 중죄인을 추국하는 일을 관장하였어요.
② 소격서는 하늘에 제사 지내는 일을 담당하였던 조선 시대의 관청으로, 조선 중종 때 조광조의 건의로 폐지되었어요.
③ 홍문관은 사헌부, 사간원과 함께 언론 기능을 담당하여 3사로 불리었어요.
④ 조선 시대에는 양사(사헌부·사간원)의 소속 관원인 대간이 5품 이하의 관원에 대한 서경권을 행사하였어요.
⑤ 조선 정조 때 박제가, 유득공, 이덕무 등 서얼 출신의 학자들이 규장각의 검서관으로 기용되었어요.

22 승정원   정답 ④

키워드 문제분석: 은대 + 도승지가 총괄함 = 승정원

조선 시대 승정원은 왕명의 출납을 담당하던 기구로, 왕의 비서 기관이었어요. 승정원에는 6명의 승지가 있어 각각 6조의 일을 나누어 맡았고, 최고 관직으로 도승지를 두었어요. 승정원은 은대, 정원, 후원으로 불리기도 하였어요.

정답과 해설

① 한성부는 수도 한성의 행정과 치안을 맡아 보았어요.
② 의정부는 재상들이 합의하여 국정을 총괄하였고, 의정부 아래에서 6조가 정책 집행을 담당하였어요.
③ 의금부는 국왕 직속의 특별 사법 기구로 반역죄, 강상죄 등을 범한 중죄인을 다스렸어요.
④ 승정원은 왕의 비서 기관으로 왕명 출납을 담당하였는데, 매일매일 처리한 문서와 사건을 일기 형식으로 기록해 둔 《승정원일기》를 남겼어요.
⑤ 비변사는 중종 때 3포 왜란이 일어나자 왜구나 여진 등 외적의 침입에 대비하기 위한 임시 기구로 처음 설치되었어요.

23 사간원   정답 ③

키워드 문제분석   미원 + 간쟁과 논박 = 사간원

사간원은 조선 시대에 간쟁과 논박을 담당한 기구로 간원, 미원이라고도 불렸어요. 소속 관원은 간관이라고 하였는데, 사헌부의 관원인 대관과 함께 대간이라고 불렸어요. 대간은 5품 이하 관리의 임명 과정에서 서경권을 행사하였어요.

① 승정원은 왕명 출납을 관장한 왕의 비서 기관이었어요.
② 한성부는 수도 한성의 행정과 치안을 담당하였어요.
③ 사간원은 사헌부, 홍문관과 함께 3사라고 불렸으며 언론 기능을 담당하였어요.
④ 춘추관은 실록을 보관하고 관리하는 업무를 관장하였어요.
⑤ 의금부는 반역죄, 강상죄 등의 중범죄를 처결하는 국왕 직속 사법 기구였어요.

24 관찰사   정답 ④

키워드 문제분석   감사 또는 방백 = 관찰사

관찰사는 조선 시대 8도에 파견된 지방관으로 지방 통치의 최고 책임자였어요.

① 조선 시대 사간원의 관리는 간관으로서 사헌부의 관리인 대관과 함께 대간으로 불리며 간쟁과 봉박, 서경을 담당하였어요.
② 조선 시대 의정부는 재상들의 합의로 운영되는 최고 기구로, 6조 직계제의 실시로 권한이 약화되었어요.
③ 조선 시대 향리는 호장, 기관, 장교, 통인 등으로 분류되었어요.
④ 8도에 파견된 관찰사는 관할 고을의 수령을 감독하고 근무 성적을 평가하였어요.
⑤ 조선 시대 중앙의 고위 관리들은 출신지의 경재소를 관리 · 감독하며 그 지역에 설치된 유향소를 통제하고 정부와 출신 지역 간의 여러 가지 일을 주선하였어요.

25 조선의 지방관   정답 ④

키워드 문제분석   단안 + 지방 행정 실무 = 향리

향리는 고려 시대와 조선 시대에 지방 관청의 행정 실무를 처리하던 하급 관리예요. 중앙 정부에서 지방으로 파견되었던 수령들은 해당 지방의 사정을 잘 모르기 때문에, 그 지방 관청에 속해 있으면서 수령을 도와 지방 행정을 담당하는 향리들이 필요하였지요. 향리는 대대로 직역을 세습하였으며, '단안'이라는 명부에 등재되었어요. 《연조귀감》은 향리에 대한 기록과 뛰어난 향리의 전기를 모아 엮은 책이에요.

① 상피제는 고려 시대와 조선 시대에 관리를 임명할 때 친척과 관련된 관청이나 연고가 있는 지역에 부임하지 못하게 했던 제도예요. 향리는 상피제 적용 대상이 아니었고, 관찰사 · 수령 등이 적용 대상이었어요.
② 향리는 주로 직역을 세습하였어요. 기술관이 잡과를 통해 선발되었어요.
③ 조선 시대에 각 도에 파견되었던 지방 장관인 관찰사는 '감사' 또는 '방백'이라고도 불렸어요.
④ 조선 시대의 관아는 이 · 호 · 예 · 병 · 형 · 공으로 이루어진 6방 체제로 운영되었어요. 향리들은 6방으로 구성되어 지방 행정 실무를 담당하였어요.
⑤ 고려의 5품 이상의 관료들은 나라로부터 받은 공음전을 경제적 기반으로 삼았어요.

26 김종서의 활동   정답 ①

키워드 문제분석   《고려사절요》를 찬술함 + 계유정난 때 살해됨 = 김종서

김종서는 조선 세종 때 함길도 도관찰사가 되어 두만강과 압록강 일대에 출몰하는 여진을 정벌하고 6진을 개척하여 압록강부터 두만강에 이르는 국경선을 확정하였어요. 이후 함길도 병마도절제사를 겸직하면서 확장된 영토에 조선 사람들을 정착시켰고 북방의 경계와 수비를 맡았어요. 또한, 1452년에는 《고려사절요》의 편찬을 감수하여 간행하였어요. 한편, 김종서는 세종의 뒤를 이은 문종이 재위 2년 만에 죽자 좌의정으로서 문종의 마지막 명을 받아 12세의 어린 단종을 보필하였어요. 김종서는 훗날 세조가 되는 수양 대군이 계유정난을 일으켰을 때 첫 번째로 살해당하였어요.

① 김종서는 세종의 명을 받아 두만강과 압록강 일대에 출몰하는 여진을 정벌하고 6진을 개척하였어요.
② 정도전은 《불씨잡변》을 지어 불교의 폐단을 비판하였어요. 또한 《조선경국전》, 《경제문감》 등을 저술하여 민본주의와 재상 중심의 정치를 주장하였어요.
③ 조광조는 중종반정의 공신을 조사하여 자격이 없는 사람의 공훈을 없애는 위훈 삭제를 주장하였어요.

④ 이종무는 세종의 명을 받아 군사를 이끌고 왜구의 근거지인 쓰시마섬(대마도)을 정벌하였어요.
⑤ 대동법은 광해군 때 이원익의 건의로 경기도에 한해서 처음 실시되었고, 효종 때 김육의 건의로 충청도까지 확대되었으며, 숙종 때 전국적으로 실시되었어요.

27 조선 전기의 대외 관계 정답 ④

키워드 문제분석: 계해약조 = 일본

조선은 세종 때 일본의 요청을 받아들여 부산포·제포(진해)·염포(울산)의 3포를 개항하고, 계해약조를 체결하여 일본에게 제한된 범위의 무역을 허용하였어요. 개항 이후 일본인의 무역 요구는 늘어났지만 조선 정부의 통제는 강해졌기 때문에, 3포에 출입하던 일본인들은 3포 왜란과 을묘왜변을 일으키기도 하였어요.

① 조선은 명, 청에 신년 인사를 전하는 하정사, 중국 황제와 황후의 생일을 축하하는 성절사 등의 사신을 파견하였어요.
② 조선은 여진을 회유하고 그들과 교역하기 위해 경성과 경원에 무역소를 설치하였어요.
③ 고려 정종은 일종의 예비군인 광군을 조직하여 거란의 침입에 대비하였어요.
④ 조선은 부산포, 제포(진해), 염포(울산)의 3포를 개항하여 이곳에서만 일본인들의 교역을 허용하였어요.
⑤ 조선은 여진 사신을 접대하기 위해 한양에 북평관을 개설하였어요.

28 임진왜란 정답 ④

키워드 문제분석: 동래 부사 송상현과 관민의 항전 + 《징비록》 = 임진왜란

임진왜란 발발 직후 부산진성 전투에서 정발이 전사하였고, 이어 동래성 전투에서 송상현이 전사하였어요. 이후 일본군은 한양을 향해 빠르게 진격하였어요. '징비'란 전에 저질렀던 잘못과 비리를 미리 경계하여 대비한다는 뜻이에요. 《징비록》은 선조 때 영의정을 지낸 유성룡이 임진왜란의 원인과 전쟁의 상황 등을 기록한 책으로, 전쟁이 끝난 뒤 유성룡이 벼슬에서 물러난 이후 저술하였어요.

① 병자호란 당시 김상용은 왕족과 종묘의 위패를 가지고 강화도로 피난을 갔다가 순절하였어요.
② 서인이 주도하여 광해군을 몰아낸 인조반정 이후 반정의 공신 책봉에 불만을 품은 이괄이 난을 일으켰어요. 이괄의 난이 구실이 되어 정묘호란이 일어났어요.
③ 정묘호란 당시 정봉수와 이립이 의병을 이끌고 용골산성에서 항전하였어요.

④ 임진왜란 당시 김시민은 진주성에서 일본군을 크게 물리쳤어요. 진주 대첩은 한산도 대첩, 행주 대첩과 함께 임진왜란의 3대첩으로 꼽혀요.
⑤ 세종 때 왜구의 침입으로 백성들이 피해를 입자 이종무가 군사를 이끌고 가 왜구의 근거지인 쓰시마섬(대마도)을 정벌하였어요.

29 조선의 대일본 정책 정답 ①

키워드 문제분석: 기유약조 + 초량 = 일본

조선은 일본이 임진왜란을 일으키자 국교를 단절하였다가 에도 막부의 요청을 받아들여 다시 국교를 맺었어요. 17세기 후반부터는 부산의 초량에 설치된 왜관을 통해 일본과 무역을 하였어요.

ㄱ. 통신사는 에도 막부의 요청에 따라 조선이 일본에 보낸 공식 외교 사절이에요.
ㄴ. 동평관은 조선 전기에 일본 사신이 와서 머물던 숙소예요.
ㄷ. 조선 정부는 하정사, 성절사, 동지사라는 이름의 사절단을 중국에 파견하였어요.
ㄹ. 조선 정부는 중국(청)과의 국경 무역 문제를 처리하기 위해 어윤중을 서북 경략사로 임명하였어요.

30 임진왜란의 전개과정 정답 ③

키워드 문제분석: 권율 + 행주산 = 행주 대첩(1593. 2.)

전쟁 준비가 부족하였던 조선은 임진왜란 초기 일본군을 효과적으로 막지 못하였어요. 이에 선조는 의주로 피난하고 전쟁 발발 20일 만에 한성을 빼앗겼어요. 그러나 조선은 이순신이 이끄는 수군과 전국 각지 의병들의 활약 덕분에 전세 역전의 발판을 마련할 수 있었어요. 이후 재정비한 관군은 일본군 공격에 다시 나섰고, 명의 지원군과 함께 일본군에 빼앗겼던 평양성을 탈환하였어요.
평양성에서의 패배로 사기가 떨어진 채 한양에 머무르고 있던 일본군은 마침 전라감사였던 권율이 한양을 되찾기 위하여 북진하던 중 행주산성에 머무르고 있다는 소식을 듣고, 일시에 공격하였어요. 권율이 지휘한 조선군은 격전 끝에 일본군을 물리치고 큰 승리를 거두었어요(행주 대첩).

① 1376년 고려 말 우왕 때 최영은 홍산에서 왜구를 크게 물리쳤어요(홍산 대첩).
② 1592년 7월 임진왜란을 일으킨 일본군이 한성을 함락한 이후 이순신이 이끄는 수군이 한산도에서 일본군을 크게 물리쳤어요(한산도 대첩).
③ 조·명 연합군의 평양성 탈환과 권율의 행주 대첩 이후 일본은 명과 휴전 회담을 진행하였어요. 그러나 회담이 결렬되자 일본이 1597년에 조선을 다시 공격하면서 정유재란이 시작되었어요.

정답과 해설

④ 1419년 조선 세종 때 이종무가 군사를 이끌고 왜구의 근거지인 쓰시마섬(대마도)을 정벌하였어요.
⑤ 1592년 4월 임진왜란 발발 직후 부산 동래성을 함락한 일본군이 북진하자 신립이 충주의 탄금대에서 배수의 진을 치고 항전하였지만 패배하고 말았어요(탄금대 전투). 북진을 거듭한 일본군이 한양에 근접하자 선조는 광해군을 세자로 책봉하고 평양을 거쳐 의주로 피난하였어요.

31 임진왜란의 전개 정답 ④

키워드 문제분석 | 신립 = **임진왜란**

신립은 임진왜란 초반에 충주 탄금대에서 일본군과 맞서 싸운 장수예요. 도요토미 히데요시는 일본을 통일한 후 지방 영주들의 관심을 밖으로 돌리고자 조선을 침략하였어요(임진왜란, 1592~1598). 부산진성과 동래성이 함락되고, 신립마저 탄금대 전투에서 패하자 선조는 의주로 피난하여 명에 지원군을 요청하였어요. 이후 이순신이 이끈 조선 수군이 옥포, 한산도 등지에서 승리하며 남해의 제해권을 장악하였고, 육지에서는 조헌, 곽재우 등의 의병이 활약하였어요. 또한 진주성에서는 김시민이 적군을 크게 물리쳤고 관군과 명군이 함께 평양성을 탈환하였으며, 권율이 행주산성에서 승리하며 전세가 역전되었어요.

① 병자호란 당시 김상용은 왕족과 종묘의 위패를 가지고 강화도로 피난을 갔다가 순절하였어요.
② 병자호란 당시 임경업은 청의 침입에 맞서 백마산성에서 항전하였어요.
③ 고려 말 왜구가 고려를 침입해 행패를 부리자 최영이 홍산에서 왜구를 크게 무찔렀어요.
④ 곽재우는 임진왜란 당시 의병장으로 의령, 진주 등에서 활약하였어요. 이 외에도 조헌, 고경명 등이 의병으로 활약하였어요.
⑤ 조선 효종 때 청의 요청에 따라 나선 정벌을 위해 조총 부대를 파견하였어요. 신류, 변급이 이끈 조총 부대는 흑룡강 일대에서 청군과 함께 러시아군에 맞서 싸웠어요.

32 임진왜란의 전개 정답 ④

키워드 문제분석 | 신립 + 탄금대 = **탄금대 전투(1592. 4.)**

1592년 4월, 조선을 침략한 일본군은 부산진성을 시작으로 동래성까지 함락하였어요. 이에 조선 정부는 신립을 충주에 파견하여 일본군을 저지하고자 하였지만 탄금대에서 신립이 패하면서 실패로 돌아갔고, 선조는 의주로 피난하여 명에 원군을 요청하였어요.

① 1592년 10월, 김시민은 진주성에서 일본군을 크게 격퇴하였어요(진주 대첩).
② 1593년 1월, 조·명 연합군이 평양성을 일본군으로부터 탈환하였어요.
③ 1592년 7월, 이순신이 한산도에서 일본 수군을 대파하였어요(한산도 대첩).
④ 탄금대 전투 이전인 1592년 4월, 송상현은 동래성에서 일본군과 싸우다가 순절하였어요.
⑤ 1593년 2월, 권율과 백성들이 행주산성에서 일본군을 크게 물리쳤어요(행주 대첩).

33 정유재란 정답 ①

키워드 문제분석 | 조·명 연합군 + 평양성 탈환 = **평양성 탈환 이후(1593년 이후)**

임진왜란 초기 조선은 수세에 몰렸으나 수군과 의병의 활약, 관군의 재정비, 명군의 지원 등으로 전세를 역전시켰어요. 조·명 연합군은 평양성을 탈환하고 일본군을 몰아내기 시작하였고, 불리해진 일본은 휴전을 제의하였어요. 3년여에 걸쳐 휴전 협상이 진행되었으나 결렬되었고, 일본이 다시 조선을 침략하여 정유재란이 일어났어요.

① 정유재란이 일어나자 이순신이 명량에서 일본 수군을 대파하여 일본군의 서해 진출을 차단하였어요.
② 고려 말에 최무선은 화포를 사용하여 진포에서 왜구를 격퇴하였어요.
③ 조·명 연합군의 평양성 탈환 이전의 일로, 임진왜란 초기 부산진과 동래성이 함락된 후 신립이 충주 탄금대에서 배수의 진을 치고 일본군에 맞서 싸웠으나 패배하였어요.
④ 조선 세종 때 김종서가 여진을 몰아내고 6진을 개척하여 영토를 확장하였어요.
⑤ 고려 정부가 몽골과 강화를 체결하고 개경 환도를 결정하자 이에 반발하여 배중손이 삼별초를 이끌고 강화도에서 봉기하였어요. 이후 삼별초는 진도, 제주도로 이동하여 대몽 항쟁을 이어갔어요.

34 병자호란 정답 ③

키워드 문제분석 | 김상용이 왕실 사람들을 호종하여 강화도로 피난하였다가 순절함 = **병자호란**

병자호란이 일어나자 김상용은 세자빈과 봉림대군 등 왕실 사람들을 인도하여 강화도로 피난하였어요. 인조와 소현 세자도 강화도로 피난하려고 하였으나 청군에 의해 길이 막혀 남한산성으로 피신하였어요. 인조는 신하들과 함께 남한산성에서 청에 항전하였지만, 결국 삼전도에서 항복하였어요.

① 임진왜란 당시 조선군은 명의 군대와 연합해 일본군에 빼앗겼던 평양성을 탈환하였어요.
② 광해군 때 후금과 전쟁을 치르고 있던 명의 요청을 받아 지원군으로 파견된 강홍립 부대가 사르후 전투에 참전하였어요.
③ 병자호란 때 김준룡은 근왕병을 이끌고 오늘날 경기도 용인의 광교산 일대에서 청의 군대와 싸워 승리하였어요.
④ 세종 때 김종서가 두만강 일대의 여진을 정벌하고 6진을 개척하였어요.
⑤ 임진왜란 때 곽재우, 김천일 등이 의병장으로 활약하였는데, 이 중 의령에서 의병을 일으킨 곽재우는 붉은 옷을 입고 많은 일본군을 무찔러 '홍의 장군'이라고 불렸어요.

35 병자호란 정답 ④

키워드 문제분석: 남한산성으로 피란 = 병자호란

병자호란(1636)이 일어나자 인조와 신하들은 남한산성으로 피신하여 항전하였으나 결국 삼전도에서 항복하였어요. 이후 조선은 청과 군신 관계를 맺고 봉림 대군과 소현 세자를 청에 볼모로 보냈어요.

① 임진왜란 당시 정문부가 함경북도 길주에서 의병을 이끌었어요.
② 광해군 때 후금과 전쟁을 치르고 있던 명의 요청을 받아 지원군으로 파견된 강홍립 부대가 사르후 전투에 참전하였어요.
③ 임진왜란 당시 김시민은 진주성에서 일본군을 크게 물리쳤어요. 진주 대첩은 한산도 대첩, 행주 대첩과 함께 임진왜란의 3대첩으로 꼽혀요.
④ 병자호란 당시 임경업은 백마산성에서 청군의 진로를 차단하는 등 침입에 대비하였어요.
⑤ 세종 때 최윤덕은 여진의 이만주 부대가 국경을 넘어 침략해 오자 올라산성에서 정벌하고 4군을 설치하였어요.

36 병자호란 정답 ⑤

키워드 문제분석:
- 역적 이괄이 군사를 일으킴 = (가) 이괄의 난(1624)
- 소현 세자가 심양에 들어온 지 이미 5년이 됨 = (나) 병자호란(1636) 이후

인조 즉위 후 이괄은 인조반정 때 자신의 공로가 낮게 평가되자 불만을 품고 난을 일으켰어요(이괄의 난, 1624). 난은 진압되었지만 이괄의 잔당이 후금으로 도망가 인조가 부당하게 즉위하였다고 전하였어요. 이에 후금은 광해군의 원수를 갚는다는 명분으로 조선을 침략하였어요(정묘호란, 1627).
후금이 나라 이름을 청으로 바꾸고 군신 관계를 강요하며 다시 침략하였어요. 인조는 남한산성에서 항전하였지만 결국 삼전도에서 항복하고 청과 군신 관계를 맺었어요(병자호란, 1636). 이후 조선은 청과 군신 관계를 맺고 소현 세자와 봉림 대군을 청에 볼모로 보냈어요.

따라서 '이괄의 난(1624)'과 '병자호란(1636) 이후' 사이에 일어난 일을 골라야 해요.

① 임진왜란 중인 1592년에 정문부가 함경북도 길주에서 의병을 이끌었어요. (가) 이전의 사실이에요.
② 임진왜란 중인 1593년에 유성룡의 건의에 따라 포수·살수·사수의 삼수병으로 구성된 훈련도감이 설치되었다. (가) 이전의 사실이에요.
③ 광해군은 선조의 뒤를 이어 왕위에 올랐으나 이 과정에서 이복동생인 영창 대군의 존재로 갈등을 겪었어요. 광해군과 북인 세력은 영창 대군이 역모에 연루되었다는 이유를 들어 1614년에 영창 대군을 살해하고, 1618년에 영창 대군의 생모인 인목 대비를 유폐하였어요. (가) 이전의 사실이에요.
④ 이덕형은 임진왜란 중인 1592년에 구원병 요청을 위해 명에 청원사로 파견되었어요. (가) 이전의 사실이에요.
⑤ 1636년에 병자호란이 일어나자 인조와 일부 신하들은 남한산성에서 항전하였어요. 이때 조정에서는 청과 화친하여 훗날을 도모해야 한다는 주화파와 청은 오랑캐이며 오랑캐와 화친해서는 안 된다는 척화파(주전파)로 나뉘어 대립하였어요. 주화파의 대표 인물로는 최명길이, 척화파의 대표 인물로는 김상헌과 윤집이 있었어요.

37 호란의 전개 과정 정답 ①

키워드 문제분석:
- 이괄이 난을 일으킴 = (가) 이괄의 난(1624)
- 최명길이 강화 요청, 남한산성 = (나) 병자호란(1636)

인조반정(1623) 이후 서인 세력과 인조는 친명배금 정책을 추진하고 후금을 배척하였어요. 이듬해에 인조반정의 공신 책봉에 불만을 품은 이괄이 반란을 일으켰는데, 이때 패한 잔당들이 후금에 투항하여 인조반정의 부당함을 고발하였어요. 이러한 조선의 불안한 정세가 후금에 알려지며 1627년에 정묘호란이 일어났고, 후금은 조선과 형제 관계를 맺고 돌아갔어요. 이후 후금은 국호를 청으로 고치고, 조선에 군신 관계를 맺을 것을 요구하면서 다시 대군을 이끌고 침입해 왔어요(병자호란, 1636). 인조는 남한산성으로 피란하여 청군에 맞섰지만 결국 청에 굴복하고 말았어요.
따라서 '이괄의 난(1624)'과 '병자호란(1636)' 사이의 시기에 일어난 일을 골라야 해요.

① 정묘호란(1627) 당시 정봉수와 이립이 의병을 이끌고 철산의 용골산성에서 항전하였어요.
② 이순신이 명량에서 일본 수군을 크게 격파(명량 대첩, 1597)한 것은 정유재란 때로, (가) 이전의 사실이에요.
③ 권율이 행주산성에서 일본군을 크게 격퇴(행주 대첩, 1593)한 것은 임진왜란 때로, (가) 이전의 사실이에요.
④ 서인 세력이 반정을 일으켜 광해군을 몰아내고 인조를 옹립(인조반정, 1623)한 것은 (가) 이전의 사실이에요.

정답과 해설

⑤ 정여립 모반 사건을 계기로 기축옥사(1589)가 발생하여 동인이 피해를 입은 것은 조선 선조 때로 (가) 이전의 사실이에요.

38 조선의 토지 제도 변화   정답 ⑤

키워드 문제분석
- 과전을 주는 법
  = (가) 과전법 실시(고려 공양왕, 1391년)
- 관에서 거두어 관에서 주면
  = (나) 관수 관급제 실시(조선 성종, 1470년)

(가) 고려 말 공양왕 때 위화도 회군으로 권력을 장악한 이성계와 급진 개혁파 신진 사대부는 과전법을 실시하였어요. 과전법은 관직에 복무한 대가로 관리의 등급에 따라 토지의 수조권을 지급하는 제도였어요. 전·현직 관리에게 경기 지역에 한정해 토지(과전)를 지급하였으며, 원칙적으로 세습할 수 없었어요.

(나) 현직 관리에게만 토지의 수조권을 지급하는 직전법 시행 이후 관리들이 조세를 과하게 거두는 경우가 생기자, 이러한 부정을 막기 위해 성종은 관청이 직접 수확량을 조사해 조세를 걷은 후 토지 수조권을 가진 관리에게 나누어 주는 관수 관급제를 시행하였어요.

① 백성에게 정전을 지급한 것은 신라 성덕왕 때로, (가) 이전의 사실이에요.
② 양전 사업을 실시하여 지계를 발급한 것은 대한 제국이 추진한 광무개혁 때로, (나) 이후의 사실이에요.
③ 관등에 따라 관리에게 전지와 시지를 지급한 제도는 고려 시대의 전시과로, (가) 이전의 사실이에요. 전시과는 경종 때 처음 제정되어 목종과 문종 때 개정되었어요.
④ 개국 공신에게 역분전을 지급한 것은 고려 태조 때로, (가) 이전의 사실이에요.
⑤ 조선 세조 때 직전법을 실시하면서 기존의 과전법에 따라 수신전, 휼양전 등의 명목으로 세습되던 토지를 폐지하였어요.

39 직전법   정답 ③

키워드 문제분석
세조께서 과전을 없애고 만듦 = **직전법**

과전법 체제에서는 관리에게 지급된 토지의 세습을 원칙적으로 금지하였어요. 그러나 수신전, 휼양전 등의 명목으로 세습되는 경우가 많았어요. 이로 인해 새로 관리가 된 사람들에게 지급해야 할 토지가 부족해지자 세조는 현직 관리에게만 토지의 수조권을 지급하는 직전법을 실시하였어요.

① 고려 경종 때 관리에게 등급에 따라 전지와 시지를 지급하는 전시과 제도가 마련되었어요.
② 조선 인조 때 풍흉에 관계없이 토지 1결당 4~6두의 전세를 부과하는 영정법이 시행되었어요.
③ 조선 세조는 현직 관리에게만 토지의 수조권을 지급하는 직전법을 시행하였고, 수신전과 휼양전을 폐지하였어요.
④ 조선 명종 때부터 관리에게 녹봉만 지급되었고, 수조권을 지급하는 제도는 사실상 폐지되었어요.
⑤ 고려 태조 때 역분전 제도가 실시되어 건국에 공을 세운 공신에게 인품과 공로를 기준으로 토지가 지급되었어요.

40 조선 시대 농업 서적   정답 ③

(가) 《구황촬요》는 조선 명종 때 기근에 대비하는 방법을 담은 책이에요.
(나) 《금양잡록》은 조선 성종 때 강희맹이 직접 농사지은 경험을 담은 농서예요.
(다) 《농사직설》은 조선 세종 때 국왕의 명에 따라 우리 풍토에 맞는 농법을 농민들로부터 듣고 연구하여 편찬한 농서예요.
(라) 《산림경제》는 조선 숙종 때 홍만선이 농업과 농촌의 일상을 기술한 농서예요.
(마) 《임원경제지》는 19세기에 서유구가 저술한 실학적 농촌 경제 정책을 담은 책이에요.

① 목화 재배와 양잠 등 중국 화북 지방의 농법을 담은 《농상집요》는 고려 후기 이암이 소개한 책이에요.
② 인삼, 고추 등의 상품 작물 재배법과 원예 기술을 수록한 농서는 조선 후기 홍만선의 《산림경제》예요.
③ 조선 세종의 명에 따라 정초, 변효문 등이 우리 풍토에 맞는 농법을 정리한 농서는 《농사직설》이에요.
④ 농촌 생활을 위한 백과사전으로 서유구가 저술한 농서는 《임원경제지》예요.
⑤ 강희맹이 오늘날 시흥 지역에서 손수 농사를 지은 경험과 견문을 종합하여 저술한 농서는 《금양잡록》이에요.

41 서원   정답 ②

키워드 문제분석
주세붕 + 흥선대원군에 의해 정리 + 유네스코 세계 유산 = **서원**

서원은 조선 시대에 설립된 사립 교육 기관이에요. 중종 때 주세붕이 세운 백운동 서원은 우리나라 최초의 서원으로, 나중에 사액되면서 소수 서원으로 이름이 바뀌었어요. 사액 서원은 경제적 지원과 더불어 면세의 혜택을 받았어요. 이후 서원이 점차 혈연이나 당파 등과 연결되어 문제가 발생하고 백성을 수탈하여 원성을 사는 등 폐단이 날로 심해지자 흥선 대원군은 전국 600여 개의 서원 중 47개소만 남기고 모두 철폐하였어요.

① 조선 시대에는 전국의 부·목·군·현에 향교가 하나씩 설치되었어요.

② 서원은 유학 교육과 함께 선현에 대한 제사를 담당하였어요.
③ 고려 예종 때 관학 진흥을 위해 국자감에 전문 강좌인 7재가 설치되었어요.
④ 조선 정부는 지방의 향교에 교수나 훈도를 교관으로 파견하였어요.
⑤ 조선의 최고 교육 기관인 성균관은 소과에 합격한 생원, 진사에게 입학 자격을 부여하였어요.

③ 조선의 지방 교육 기관인 향교에는 중앙에서 교수나 훈도가 교관으로 파견되었어요.
④ 성균관과 향교는 성현에 제사를 지내는 대성전과 강학 공간인 명륜당 등으로 구성되었어요.
⑤ 고종 때 흥선 대원군은 47개의 서원을 제외한 나머지를 철폐하였어요.

42 조선의 지방 행정 기구   정답 ①

키워드 문제분석   아전 억제 + 향촌 풍속 유지 = 유향소

조선 초기 지방 양반은 향촌 자치를 실현하기 위해 유향소를 설치하였어요. 유향소에서는 좌수와 별감을 선출하여 자율적으로 규약을 만들고, 향회를 소집하여 여론을 수렴하였으며, 수령을 보좌하고 향리를 감찰하여 향촌 사회의 풍속을 교화하였어요. 그러나 유향소의 영향력이 수령의 권한을 뛰어넘는 폐단이 생겨났고, 이에 정부는 경재소를 두어 현직 관료에게 연고지의 유향소를 통제하게 하였어요.

① 유향소에서는 좌수와 별감을 선출하여 자율적으로 규약을 만들고, 수시로 향회를 소집하였어요.
② 조선 시대의 수령은 8도의 부·목·군·현에 파견되는 지방관을 총칭하여 부르는 말이에요. 이들은 왕을 대신하여 지방의 행정·사법·군사권을 행사하였어요.
③ 조선 시대에는 대간에게 5품 이하 관원의 임명에 대한 서경권을 부여하였어요.
④ 조선 중종 때 조광조를 비롯한 사림의 건의로 도교의 제사 의식인 초제를 주관한 소격서가 혁파되었어요.
⑤ 조선 시대의 관립 지방 교육 기관인 향교에는 중앙에서 교수나 훈도가 파견되어 학생들을 교육하였어요.

44 유향소   정답 ②

키워드 문제분석   향리들의 불법을 규찰하게 함 + 이시애의 난 이후 혁파됨 = 유향소

유향소는 수령의 자문, 향리의 비리 감시, 풍속 교정 등을 위해 지방의 유력자들로 구성된 조선 시대의 자치 기구예요. 이들은 좌수와 별감을 선출하여 자율적으로 규약을 만들고 향회를 소집하여 여론을 수렴하기도 하였어요. 이들의 영향력이 커져 수령의 권한을 뛰어넘는 폐단이 있자 태종 때 혁파되었다가 세종 때 부활하였고, 이후 세조 때 이시애의 난을 계기로 다시 혁파되었어요.

① 소격서는 하늘에 제사 지내는 일을 담당하였던 조선 시대의 관청으로, 중종 때 조광조 일파의 건의로 폐지되었어요.
② 유향소는 지방 사족 가운데 좌수와 별감을 선발하여 이들을 중심으로 운영하였어요.
③ 백운동 서원은 조선 중종 때 주세붕이 세운 우리나라 최초의 서원으로, 나중에 사액되면서 소수 서원으로 이름이 바뀌었어요.
④ 조선 건국 초기 성균관은 고려 시대의 직제를 이어받아 대사성을 수장으로 좨주, 악정, 직강 등의 관직을 두었어요.
⑤ 고려 시대에 등장하였던 향도는 조선 전기에는 매향 활동을 하던 불교의 신앙 조직이었으나 조선 후기에 이르러 마을 공동체 생활을 주도하는 농민 조직으로 발전하였어요.

43 유향소   정답 ②

키워드 문제분석   경재소에서 선택 + 향리 규찰 + 향임 = 유향소

조선의 지방 양반은 향촌 자치를 실현하기 위해 유향소를 설치하였어요. 유향소는 향회를 소집하여 여론을 수렴하였으며, 향리를 감찰하여 향촌 사회의 풍속을 교화하였어요. 정부는 경재소를 두어 현직 관료에게 연고지의 유향소를 통제하게 하였어요.

① 풍기 군수 주세붕이 안향을 추모하기 위해 백운동 서원을 세운 것이 서원의 시초예요.
② 유향소는 좌수와 별감을 선발하여 자율적으로 규약을 만들어 운영하였어요.

45 향약   정답 ④

키워드 문제분석   도약정, 부약정 등을 선출함 + 율곡 = 향약

향약은 향촌의 자치 규약으로, 조선 중종 때 조광조의 건의로 시작하여 이황과 이이에 의해 널리 보급되었어요. 도약정과 부약정 등을 선출하여 운영하였으며, 상호 부조와 유교 윤리를 실천하였어요. 향약은 덕업상권, 과실상규, 예속상교, 환난상휼 등의 덕목을 내세웠어요. 향약의 주요 직임은 지방의 사족들이 담당하였으며, 향약은 서원과 함께 사림 세력의 기반이 되었어요. 율곡 이이는 퇴계 이황과 함께 조선의 성리학을 집대성한 학자예요. 이이는 향촌 사회의 풍속 교화를 위하여 해주 향약을 만들어 시행하였어요.

① 고려 예종은 관학 진흥책으로 국자감에 전문 강좌인 7재를 두어 운영하였어요.

정답과 해설

② 옥당이라고 불렸던 조선의 홍문관은 3사 중 하나로, 궁중의 서적을 관리하고 집현전의 학문 연구 기능을 계승하여 경연을 담당하였어요.
③ 향교는 조선의 지방 국립 교육 기관으로 전국의 부·목·군·현에 하나씩 설립되었고, 중앙에서 파견된 교수나 훈도가 지도하였어요.
④ 향약은 풍속 교화와 향촌 자치, 지방 사림의 농민 지배 강화 등의 역할을 하였어요.
⑤ 고려 시대에 등장하였던 향도는 전기에는 매향 활동을 하던 불교 신앙 조직이었으나 후기에 이르러 마을 공동체 생활을 주도하는 농민 조직으로 발전하였어요.

46 성균관 정답 ④

키워드 문제분석 세자가 입학 + 대성전 + 명륜당 = 성균관

왕세자의 성균관 입학례는 조선이 유교 국가임을 천명하는 상징적 의미의 행사였어요. 조선 시대 최고 교육 기관인 성균관에서는 공자를 비롯한 유교의 성현에 대한 제사를 지냈고, 수준 높은 유학 교육이 이루어졌어요.

① 고려 예종은 관학을 진흥하기 위해 국자감에 전문 강좌인 7재를 운영하였어요.
② 조선 시대 향교는 전국의 부·목·군·현에 하나씩 세워져 유학 교육을 담당하였어요.
③ 조선 시대 향교에는 중앙에서 교수나 훈도가 파견되어 학생들을 교육하였어요.
④ 소과의 생원시나 진사시에 합격한 사람에게 성균관의 입학 자격이 주어졌어요.
⑤ 조선 시대 사역원은 외국어 통역과 번역뿐만 아니라 한어, 왜어, 여진어 등 외국어 교육도 담당하였어요.

47 향교 정답 ④

키워드 문제분석 조선 시대 지방 교육 기관 + 대성전 + 명륜당 + 동재와 서재 = 향교

향교는 조선의 지방 국립 교육 기관으로, 조선 정부는 유학 교육을 위해 전국의 부·목·군·현에 하나씩 설립하였어요.

① 고려 예종 때 국자감에 전문 강좌인 7재가 운영되었어요.
② 풍기 군수 주세붕은 우리나라 최초의 서원인 백운동 서원을 세웠어요. 백운동 서원은 이후 이황의 건의로 국왕으로부터 '소수 서원'이라는 현판을 받아 사액 서원이 되었어요.
③ 소과에 합격한 생원과 진사에게는 조선의 최고 교육 기관인 성균관에 입학할 수 있는 자격이 주어졌어요.
④ 향교에는 중앙에서 교육을 담당할 교수나 훈도가 파견되기도 하였어요.
⑤ 고려의 최고 교육 기관인 국자감에는 국자학, 태학, 사문학을 교육하는 유학부와 율학, 서학, 산학을 교육하는 기술학부가 있었어요.

48 고려사 정답 ⑤

키워드 문제분석 범례는 사마천의 《사기》를 따름 + 가짜 왕인 신씨들(신우, 신창)을 세가에 넣지 않음 = 《고려사》

《고려사》는 고려 시대의 정치, 경제, 사회, 문화, 인물 등을 세가, 지, 열전, 표로 나누어 기전체로 정리한 역사서예요. 조선 건국을 합리화하려는 정치적 목적뿐만 아니라 이전 왕조인 고려의 무신 정권기에서 우왕·창왕 재위 시기까지의 혼란을 경계하고 교훈을 찾고자 하는 목적에서 편찬되었어요.

① 조선 후기에 유득공은 《발해고》를 저술하여 우리 역사를 체계화하였고, 처음으로 통일 신라와 발해를 '남북국'이라고 칭하였어요.
② 고려 시대에 이규보는 〈동명왕편〉에서 고구려 건국 시조인 동명왕(주몽)의 일대기를 서사시로 표현하여 고구려 계승 의식을 반영하였어요.
③ 고려 후기에 일연은 불교사를 중심으로 고대의 민간 설화 등을 수록한 《삼국유사》를 편찬하였어요. 《삼국유사》는 편년체로 서술되었으며, 단군의 건국 이야기를 수록하였어요.
④ 조선 성종 때 서거정 등은 고조선부터 고려까지의 역사를 연대순으로 기록하는 방식인 편년체로 정리한 《동국통감》을 편찬하였어요.
⑤ 조선 문종 때 완성된 《고려사》는 조선 건국을 정당화하는 입장에서 고려의 역사를 정리하였어요.

49 조선 전기의 문화유산 정답 ①

키워드 문제분석 안견이 안평 대군의 꿈 이야기를 듣고 그림 = 〈몽유도원도〉

조선 전기에 안견은 안평 대군의 꿈 이야기를 듣고 몽유도원도를 그렸어요. 안견의 화풍은 후대에 영향을 미쳐 안견의 화풍을 추종한 많은 화가들을 안견파라고 부르기도 해요. 이들의 화풍은 일본 수묵화에도 큰 영향을 주었어요.

① 안견이 그린 〈몽유도원도〉로, 왼쪽에는 현실 세계를, 오른쪽에는 꿈에서 본 이상 세계를 표현하였어요.
② 조선 후기에 김정희가 그린 〈세한도〉로, 김정희가 유배 중인 자신을 잊지 않고 챙겨 준 제자 이상적에게 그려 준 그림이에요.

③ 조선 후기에 김홍도가 단양의 명승지인 옥순봉을 그린 〈옥순봉도〉예요.
④ 조선 전기에 강희안이 그린 〈고사관수도〉예요.
⑤ 조선 후기에 겸재 정선이 그린 진경 산수화인 〈인왕제색도〉로, 비온 후의 인왕산의 모습을 사실적으로 묘사하였어요.

50 조선 세종 재위 시기 과학 기술의 발달 정답 ⑤

키워드 문제분석 장영실 + 자격루 + 황희 = 조선 세종 재위 시기

자격루는 자동으로 시간을 알려 주는 물시계로 세종 때 장영실 등이 처음 만들었어요. 세종은 백성의 안정된 생활을 위해 농업을 장려하고 측우기, 간의, 앙부일구 등의 과학 기구를 만들게 하여 이를 뒷받침하였어요.

① 태종 때 주자소가 설치되어 구리 활자인 계미자가 주조되었어요.
② 정조 때 훈련 교범인 《무예도보통지》가 간행되었어요.
③ 선조 때 일어난 임진왜란 중에 포수, 사수, 살수의 삼수병으로 구성된 훈련도감이 설치되었어요.
④ 광해군 때 허준이 우리나라와 중국의 의서를 망라하여 전통 한의학을 집대성한 《동의보감》을 완성하였어요.
⑤ 세종은 정초, 변효문 등에게 명하여 우리 풍토에 맞는 농법을 정리한 《농사직설》을 편찬하게 하였어요.

51 조선 전기의 과학 기술 정답 ①

키워드 문제분석 앙부일구 + 신기전과 화차 = 조선 전기

① 조선 후기인 정조 때 정약용은 《기기도설》을 참고하여 거중기를 설계하였어요. 거중기는 수원 화성 건설에 활용되었어요.
② 세종 때 국산 약재와 치료법을 소개한 《향약집성방》이 편찬되었어요.
③ 세종 때 이순지 등이 왕명을 받아 한양을 기준으로 한 역법서인 《칠정산》 내·외편을 편찬하였어요.
④ 태종 때 주자소가 설치되어 계미자가 주조되었고, 세종 때는 갑인자가 주조되어 활판 인쇄술이 발전하였어요.
⑤ 세종 때 정초 등이 왕명을 받아 우리나라 실정에 맞는 농법을 소개한 《농사직설》을 편찬하였어요.

52 서울 원각사지 10층 석탑 정답 ①

키워드 문제분석 세조 때 축조 + 대리석 = 서울 원각사지 10층 석탑

 서울 원각사지 10층 석탑은 대리석 석재를 비롯하여 전체적인 형태와 구조, 탑 표면에 장식된 화려한 조각 등이 원 간섭기에 만들어진 고려의 개성 경천사지 10층 석탑과 비슷해요.
② 백제의 익산 미륵사지 석탑이에요.
③ 신라의 경주 불국사 다보탑이에요.
④ 백제의 부여 정림사지 5층 석탑이에요.
⑤ 발해의 영광탑으로, 벽돌로 세운 전탑이에요.

53 분청사기 정답 ④

키워드 문제분석 조선 전기 + 회색 태토 위에 백토로 표면 분장 = 분청사기

고려 후기부터 만들어진 분청사기는 조선 전기에 많이 제작되었으며, 백자가 본격적으로 생산되면서 쇠퇴하였어요.

① 고려 시대에 만들어진 상감 청자인 청자 상감 운학문 매병이에요.
② 조선 시대에 만들어진 청화 백자인 백자 청화 매죽문 항아리예요.
③ 고려 시대에 제작된 순청자인 청자 참외 모양 병이에요.
 조선 전기에 만들어진 분청사기 음각어문 편병이에요.
⑤ 발해의 삼채 도기인 삼채 향로예요.

54 이이의 활동 정답 ⑤

키워드 문제분석 해주 향약 + 《동호문답》 + 《격몽요결》 = 이이

신사임당을 어머니로 둔 율곡 이이는 퇴계 이황과 함께 조선의 성리학을 집대성한 대학자예요. 이이는 향촌 풍속 교화를 위하여 해주 향약을 만들어 시행하였어요. 이이는 선조에게 왕도 정치에 대한 이상을 문답체로 서술한 《동호문답》을 바쳐 다양한 개혁 방안을 제시하였어요. 이이는 학문을 시작하는 어린이들을 가르치기 위해 《격몽요결》을 저술하였어요.

① 송시열은 명에 대한 의리를 내세우고 청에 대한 복수를 주장하는 상소인 기축봉사를 효종에게 올렸어요.
② 조선 효종 때 김육은 청으로부터 24절기의 시각과 하루의 시각을 정밀하게 계산하여 만든 역법인 시헌력을 도입하자고 건의하였어요.
③ 박지원은 〈양반전〉, 〈호질〉 등의 한문 소설을 저술하여 양반의 허례와 무능을 풍자하였어요.
④ 조선 중기의 학자 김장생은 예학을 조선의 현실에 맞게 정리한 《가례집람》을 지었어요.
⑤ 이이는 군주가 수행해야 할 덕목과 지식을 담은 《성학집요》를 집필하였는데, 이 책에서 이이는 현명한 신하가 왕의 수양을 도와야 한다고 주장하였어요.

정답과 해설

55 정도전의 활동   정답 ④

키워드 문제분석
불씨잡변을 지어 불교를 비판함 + 새 궁궐의 이름을 경복궁이라고 지음 + 제1차 왕자의 난 때 이방원에게 죽임을 당함 = 정도전

정도전은 《불씨잡변》을 지어 불교의 폐단을 비판하였어요. 또한 《조선경국전》, 《경제문감》 등을 저술하여 민본주의와 재상 중심의 정치를 주장하였어요. 경복궁은 태조 이성계가 조선 건국 이후 한양으로 천도하면서 건립한 조선의 첫 번째 궁궐로, 정도전이 궁궐과 주요 전각의 명칭을 정하였어요. 하지만 정도전은 조선 태조의 다섯째 왕자인 이방원이 일으킨 제차 왕자의 난 때 죽임을 당하였어요. 반대 세력을 제거하고 정권을 장악한 이방원은 정종의 뒤를 이어 조선의 제3대 왕인 태종으로 즉위하였어요.

① 주세붕은 중종 때 우리나라 최초의 서원인 백운동 서원을 세웠고, 이후 사액되면서 소수 서원으로 이름이 바뀌었어요.
② 신숙주는 세종 때 일본을 다녀온 후 일본의 정치, 사회, 지리, 외교 등을 종합적으로 정리한 《해동제국기》를 편찬하였어요.
③ 이황은 《성학십도》에서 군주가 스스로 인격과 학식을 수양하기 위해 노력해야 함을 강조하면서 군주의 도를 도식으로 표현하였어요.
④ 정도전은 《조선경국전》을 저술하여 조선의 통치 제도 정비에 기여하였어요.
⑤ 정약용은 정치 개혁과 관련하여 《목민심서》, 《경세유표》, 《흠흠신서》를 저술하였어요. 이 중 《경세유표》에서는 중앙 행정의 개혁 방안에 대해 제시하였어요.

56 조식의 활동   정답 ①

키워드 문제분석
조선 중기 경상우도의 대표적인 성리학자 + 경(敬)과 의(義)를 강조하며 학문의 실천성을 강조함 = 조식

조선 중기의 대표적인 성리학자인 조식은 평생을 학문과 후진 양성에 힘썼어요. 경상우도의 특징적인 학풍을 이루었으며, 퇴계 이황의 경상좌도 학풍과 더불어 영남 성리학의 양대 산맥을 이루었어요. 조식은 성리학적 토대 위에서 실천궁행을 강조하였으며, 실천적 의미를 더욱 부여하기 위해 경(敬)과 더불어 의(義)를 강조하였어요.

① 조식은 곽재우, 정인홍 등의 제자를 배출하였고 이들은 임진왜란 때 의병 활동에 적극적으로 참여하였어요.
② 정약용은 《기기도설》에 실린 도르래의 원리를 활용하여 거중기를 설계하였어요.
③ 조광조는 중종반정의 공신을 조사하여 자격이 없는 사람의 공훈을 없애는 위훈 삭제를 주장하여 훈구 세력의 반발을 샀어요.
④ 박제가는 《북학의》에서 재물을 우물에 비유하여 절약보다 적절한 소비를 권장하였으며, 청의 선진 문물 수용을 강조하였어요.
⑤ 정제두는 양명학을 연구하여 강화도를 중심으로 강화학파를 형성하였어요.

57 신숙주의 활동   정답 ⑤

키워드 문제분석
훈민정음 창제에 참여 + 계유정난으로 공신 책봉 = 신숙주

신숙주는 세종 때 과거에 합격한 후 집현전 학사가 되어 훈민정음을 창제할 때 많은 일을 하였어요. 신숙주는 세종의 큰 신임을 받았어요. 그러나 세종이 죽은 뒤 문종, 단종으로 이어지며 왕권이 약해진 시기에 훗날 세조가 되는 수양 대군의 편에 섰고, 수양 대군이 계유정난을 일으켰을 때 많은 일을 하면서 공신으로 책봉되었어요.

① 서인의 수장이었던 송시열은 효종이 사망한 후 기해예송(1차 예송)이 일어나자 왕실도 사대부의 예를 따라야 한다며 효종을 차남으로 대우하여 자의 대비의 기년설(1년복)을 주장하였어요.
② 조광조는 중종반정의 공신을 조사하여 자격이 없는 사람의 공훈을 없애는, 위훈 삭제를 건의하였어요.
③ 이황은 경상북도 안동 예안 지역에서 시행하기 위해 예안 향약을 만들었어요.
④ 조선 후기 영조 때 정상기는 최초로 100리 척 축척본을 사용해 〈동국지도〉를 제작하였어요.
⑤ 신숙주는 세종 때 일본을 다녀온 후 일본의 정치, 사회, 지리, 외교 등을 종합적으로 정리한 《해동제국기》를 저술하였어요.

58 이황의 활동   정답 ①

키워드 문제분석
《성학십도》 + 도산 서당 = 이황

《성학십도》는 조선을 대표하는 성리학자인 이황의 저서예요. 이황은 《성학십도》에서 군주가 스스로 인격과 학식을 수양하기 위해 노력해야 함을 강조하면서 군주의 도를 도식으로 표현하였어요. 그의 사상은 일본으로 전해져 일본의 성리학 발전에 큰 영향을 끼쳤어요. 도산 서당은 이황이 머무르면서 제자들을 가르치던 곳으로, 이황 사후 그 주변에 도산 서원이 지어졌어요.

① 이황은 기대승과의 사단칠정 논쟁을 통해 성리학의 이해를 심화하였어요.
② 신숙주는 일본에 다녀온 경험을 바탕으로 일본과의 외교 관계 등을 정리한 《해동제국기》를 편찬하였어요.
③ 정제두는 양명학을 연구하여 강화도를 중심으로 강화학파를 형성하였어요.
④ 송시열은 조선 효종 때 기축봉사를 올려 명에 대한 의리를 강조하고 북벌을 주장하였어요.
⑤ 김종직이 쓴 〈조의제문〉은 세조의 왕위 찬탈을 비판하였다고 해석되어 무오사화의 배경이 되었어요.

59 조선의 기록 문화 정답 ⑤

① 조보는 국왕의 비서 기관인 승정원에서 발행한 관보예요. 유네스코 세계 기록 유산으로 등재되지 않았어요.
② 《일성록》은 정조가 세손 시절부터 기록한 개인 일기에서 비롯되었는데, 정조 즉위 후에는 규장각 관원들이 작성을 담당하여 국정 공식 기록 문서로 전환되었어요.
③ 《비변사등록》은 조선 중기 이후 국정의 핵심 사항을 의결하던 비변사의 활동에 대한 기록물이에요.
④ 《승정원일기》는 국왕의 비서 기관인 승정원에서 매일매일 취급한 문서와 사건을 기록한 일지예요.
⑤ 《조선왕조실록》은 태조부터 철종까지의 역사를 편년체로 기록한 역사서예요. 왕이 승하하면 임시로 실록청이 설치되어 전 왕대의 실록을 편찬하는데, 춘추관 관원들이 실록청의 구성원으로 참여하였어요.

60 조선 성종 재위 시기의 편찬 사업 정답 ③

키워드 문제분석: 경국대전 완성 = 조선 성종 재위 시기

성종은 조선의 기본 법전인 《경국대전》을 완성·반포하여 성문법에 바탕을 둔 유교적 통치 체제의 정비를 마무리하였어요. 이 외에도 성종 재위 시기에는 각종 도서의 편찬 사업이 활발하게 이루어져 국가의 의례를 정비한 《국조오례의》, 각 지역의 지리, 역사, 산물, 풍속 등을 기록한 《동국여지승람》 등이 간행되었어요.

① 영조는 탕평책에 대한 의지를 알리기 위해 성균관에 탕평비를 건립하였어요.
② 숙종 때부터 상평통보가 법화로 주조되어 널리 통용되었어요.
③ 성종 때 음악 이론 등을 집대성한 《악학궤범》이 간행되었어요.
④ 선조 때 일어난 임진왜란 중에 삼수병으로 구성된 훈련도감이 설치되었어요.
⑤ 정조는 능력 있는 젊은 문신들을 뽑아 재교육하는 초계문신제를 시행하였어요.

PART 5. 조선 후기 P. 112~128

01	②	02	③	03	③	04	②	05	①
06	④	07	②	08	②	09	③	10	④
11	②	12	③	13	⑤	14	①	15	①
16	④	17	④	18	④	19	④	20	③
21	②	22	⑤	23	①	24	③	25	②
26	③	27	⑤	28	⑤	29	①	30	②
31	①	32	⑤	33	③	34	⑤	35	②
36	②	37	⑤	38	⑤	39	④	40	①
41	①	42	④	43	③	44	⑤	45	②
46	⑤	47	①	48	⑤	49	②	50	④
51	②	52	④	53	④	54	③	55	④
56	②	57	④	58	③	59	③	60	①
61	④	62	⑤	63	③	64	⑤	65	②
66	②	67	③	68	④				

01 붕당 정치의 전개 정답 ②

키워드 문제분석: 정여립 토벌 = 정여립 모반 사건(1589)

조선 선조 때인 1589년, 동인이었던 정여립이 역모를 꾀하였다는 고변을 계기로 기축옥사가 일어나 동인 세력이 피해를 입었어요. 이후 서인이었던 정철이 광해군을 왕세자로 책봉할 것을 건의하자 선조가 이에 반발하는 사건(정철의 건저의 사건)이 일어나 동인이 집권하게 되었어요. 이 과정에서 동인은 서인에 대한 처리 문제를 두고 남인(온건파)과 북인(강경파)으로 분화되었어요.

① 세조 때인 1467년, 이시애가 함경도 길주를 근거지로 난을 일으켰어요.
② 정여립 모반 사건을 계기로 1589년에 기축옥사가 발생하였고, 이발 등 동인 세력이 다수 제거되었어요.
③ 명종 때인 1547년, 윤원형 일파는 양재역 벽서 사건을 빌미로 자신의 정적들을 제거하였는데, 이때 이언적 등이 화를 입었어요.
④ 1453년에 수양 대군이 김종서 등을 살해하여 권력을 장악한 계유정난을 일으켰고, 이후 수양 대군은 세조로 즉위하였어요.
⑤ 선조 때인 1575년에 사림이 척신 정치의 잔재 처리 문제와 이조 전랑 임명 등을 둘러싸고 김효원 중심의 동인과 심의겸 중심의 서인으로 나뉘었어요.

02 광해군의 중립 외교 정답 ③

키워드 문제분석: 명에서 정벌을 결정하고 군사 징발을 요구함 + 강홍립을 도원수로 삼음 = 광해군이 명에 강홍립이 이끄는 부대를 파견함(1618)

정답과 해설

왜란 이후 명의 국력이 약해진 틈을 타 여진이 세력을 확장하며 후금을 세웠어요. 광해군은 중국의 한족 왕조인 명과 이민족 왕조인 후금 사이에서 실리를 지키려는 중립 외교를 펼쳤어요. 명이 후금과의 전투에 지원군을 요청하자, 광해군은 명의 요청을 수용하여 강홍립이 이끄는 부대를 파견하면서도 강성해진 후금을 자극하지 않기 위해 강홍립에게 상황에 따라 적절히 대처하라는 지시를 내렸어요.

③ 1592년에 조총으로 무장한 일본군이 조선을 침략해 임진왜란이 일어났어요. 전쟁 초기 수세에 몰렸던 조선은 이순신이 이끄는 수군을 비롯한 의병의 활약, 명군의 지원으로 전세를 역전시켰어요. 이후 명과 일본 사이에 휴전 협상이 진행되었으나 결렬되었고, 일본군이 다시 쳐들어오면서 정유재란이 일어났어요(1597). 이순신이 이끄는 수군의 활약으로 전세가 불리해진 일본군이 도요토미 히데요시가 병으로 죽자 본국으로 철수하면서 전쟁은 끝이 났어요. 왜란 이후 명의 국력 약화를 틈타 여진이 세력을 확장하며 후금을 세웠어요. 선조에 이어 왕위에 오른 광해군은 명과 후금 사이에서 실리를 지키려는 중립 외교를 펼쳤어요. 광해군은 명이 후금과의 전투를 위해 지원군을 요청하자 강홍립이 이끄는 군대를 파견하는 동시에 강홍립에게 상황에 따라 적절히 대처하라는 지시를 내려 강성해진 후금을 자극하지 않으려고 하였어요. 이에 강홍립은 조·명 연합군이 사르후 전투에서 대패하자, 남은 군사를 이끌고 후금군에 투항하였어요. 이후 서인이 반정을 일으켜 광해군을 몰아내고 인조를 왕위에 올렸어요(인조반정). 조선은 인조반정 이후 서인 정권이 친명배금 정책을 펼치면서 후금과 후금을 이은 청의 공격을 받았는데, 이 전쟁이 정묘호란(1627)과 병자호란(1636)이에요.
따라서, 광해군이 명에 강홍립이 이끄는 부대를 파견한 시기는 '정유재란(1597)'과 '정묘호란(1627)' 사이의 시기인 (다)예요.

03 조선 광해군의 정책 정답 ③

키워드 문제분석
영창 대군을 죽이고 인목 대비를 폐위함
+ 후금과의 관계 악화를 피하려 한 외교 정책
= 조선 광해군

인목 대비는 광해군의 아버지인 선조의 두 번째 왕비로, 광해군은 이복 동생인 영창 대군을 죽이고 어머니 인목 대비를 폐위하여 경운궁(덕수궁)에 유폐하였어요. 이에 서인은 반정을 일으켰고, 인조가 즉위하면서 서인이 정권을 잡고 북인 세력이 몰락하였어요. 왜란 이후 명의 국력이 약해진 틈을 타 여진이 세력을 확장하며 후금을 세웠어요. 광해군은 중국의 한족 왕조인 명과 이민족 왕조인 후금 사이에서 실리를 지키려는 중립 외교를 펼쳤어요. 명이 후금과의 전투에 지원군을 요청하자, 광해군은 명의 요청을 수용하여 강홍립이 이끄는 부대를 파견하면서도 강성해진 후금을 자극하지 않기 위해 강홍립에게 상황에 따라 적절히 대처하라는 지시를 내렸어요.

① 태종은 6조 직계제를 처음으로 실시하여 의정부의 힘을 약화시키고, 왕권을 강화하였어요.
② 세종은 학문 연구 기관으로 집현전을 두어 정책 연구와 경연을 담당하도록 하였어요.
③ 광해군 때 허준이 우리나라와 중국의 의서를 망라하여 전통 한의학을 체계적으로 정리한 《동의보감》을 간행하였어요.
④ 영조 때 홍봉한 등이 역대 문물제도를 정리한 《동국문헌비고》를 편찬하였어요.
⑤ 정조는 육의전을 제외한 시전 상인의 금난전권을 폐지하는 신해통공을 단행하였고, 이로써 상업 활동이 자유로워지면서 사상이 성장하게 되었어요.

04 인조반정 정답 ②

키워드 문제분석
• 영창 대군 옹립 시도 = (가) 조선 광해군 때(1613)
• 이괄의 난 = (나) 조선 인조 때(1624)

(가) 조선 광해군 때인 1613년에 광해군의 이복동생인 영창 대군이 역모에 연루되어 이듬해 사사되었어요.
(나) 인조반정 이후인 1624년에 공신 책봉 문제로 불만을 품은 이괄이 난을 일으켰어요.
따라서 광해군 때 영창 대군이 역모에 연루된 1613년 이후부터 인조 때 이괄의 난이 일어난 1624년 이전까지의 사실을 골라야 해요.

① 장용영이 조직된 것은 조선 정조 때로, (나) 이후의 사실이에요.
② 1623년에 서인은 광해군의 중립 외교 정책과 폐모살제(인목 대비 유폐, 영창 대군 살해) 등을 빌미로 인조반정을 일으켜 광해군과 북인을 몰아냈어요.
③ 정여립 모반 사건으로 기축옥사가 발생한 것은 조선 선조 때인 1589년으로, (가) 이전의 사실이에요.
④ 허적과 윤휴 등 남인들이 축출된 경신환국은 조선 숙종 때인 1680년으로, (나) 이후의 사실이에요.
⑤ 자의 대비의 복상 문제로 서인과 남인 사이에 예송이 전개된 것은 조선 현종 때인 1659년과 1674년으로, (나) 이후의 사실이에요.

05 조선 효종의 정책 정답 ①

병자호란으로 청에 볼모로 끌려갔다가 돌아온 후 즉위한 효종은 송시열 등 서인 세력과 함께 북벌을 계획하여 준비하였으나 실행에 옮기지는 못하였어요. 한편, 효종은 청의 요청에 따라 나선(러시아) 정벌을 위해 조총 부대를 파견하였어요.

① 조선 효종은 북벌을 추진하는 과정에서 인조 때 설치한 군대인 어영청을 강화하였어요.
② 고려 우왕 때 요동 정벌을 위해 출병한 이성계는 위화도 회군을 단행하여 개경으로 돌아온 후 최영을 제거하고 실권을 잡았어요.

이후 공양왕 때 이성계와 신진 사대부 세력의 주도로 과전법이 시행되었어요.
③ 조선 정조는 젊은 문신들을 선발해 재교육하는 초계문신제를 실시하여 자신의 정책을 뒷받침할 인재를 육성하였어요.
④ 간도 지역에서 조선과 청 백성 사이에 갈등이 빈번하게 발생하자, 숙종 때 백두산정계비를 세워 국경을 정하였어요.
⑤ 조선은 임진왜란으로 일본과 교류하지 않다가 광해군 때 일본의 요청에 따라 기유약조를 체결하여 무역을 재개하였어요.

06 예송   정답 ④

> **키워드 문제분석**
> 송준길이 둘째 아들이 왕통을 계승하였더라도 3년 복을 입어서는 안 된다고 함 + 허목이 장자를 위해 3년 복을 입어야 한다고 함
> = **1차 예송(기해예송, 1659)**

현종 때 효종과 효종비가 죽자 서인과 남인 사이에 효종의 어머니인 자의 대비의 복상(상복을 입는 기간) 문제를 두고 기해예송(1659)과 갑인예송(1674)이 전개되었어요.

④ 광해군은 선조의 뒤를 이어 왕위에 올랐으나 이 과정에서 이복동생인 영창 대군의 존재로 갈등을 겪었어요. 광해군과 북인 세력은 영창 대군이 역모에 연루되었다는 이유를 들어 영창 대군을 살해하고, 영창 대군의 생모인 인목 대비를 폐위하였어요. 그러자 그동안 광해군의 중립 외교를 비판하던 서인 세력이 유교 윤리를 저버렸다는 구실을 내세워 광해군을 왕위에서 몰아내고 인조를 왕위에 올리는 반정을 일으켰어요(인조반정, 1623). 이후 현종 때 효종과 효종비가 죽자 효종의 어머니인 자의 대비의 상복을 입는 기간을 두고 서인과 남인이 대립하는 예송이 전개되었어요. 효종이 사망한 후 일어난 예송에서 송시열, 송준길 등의 서인 세력은 효종을 차남으로 대우하여 자의 대비의 기년복(1년복)을 주장하였어요. 반면에 허목 등을 중심으로 한 남인 세력은 효종에게 장자의 예를 적용하여 자의 대비의 3년복을 주장하였어요. 이때에는 서인의 주장이 받아들여져 서인이 권력을 잡았어요(기해예송, 1659). 이후 효종비가 사망한 후 일어난 예송을 통해 다시 남인 세력이 정권을 장악하였어요(갑인예송, 1674). 현종의 뒤를 이어 숙종이 즉위하면서 남인이 정권을 잡았는데, 이때 남인의 영수 허적이 무단으로 왕실의 물건은 유악을 사용한 것이 계기가 되어 환국이 일어나면서 서인이 정권을 잡았어요(경신환국, 1680). 이어 희빈 장씨 소생의 원자 책봉 문제를 두고 기사환국(1689)이 발생하여 남인이 다시 정권을 잡게 되지만 결국 갑술환국(1694)으로 남인은 정계에서 축출되었어요.
따라서, 기해예송(1659)이 일어난 시기는 '인조반정(1623)'과 '경신환국(1680)' 사이의 시기인 (라)예요.

07 환국의 전개   정답 ②

> **키워드 문제분석**
> • 기름 먹인 장막, 허적 = **(가) 경신환국(1680)**
> • 왕비 복위, 희빈 장씨 = **(나) 갑술환국(1694)**
> • 송시열, 원자 책봉 반대 = **(다) 기사환국(1689)**

(가) 남인의 수장이었던 허적은 무단으로 왕실의 비품인 기름 먹인 장막(유악)을 사용하였고, 이를 알게 된 숙종은 허적과 윤휴 등 남인을 대거 축출하였어요. 이 사건을 경신환국이라고 해요.
(다) 숙종은 인현 왕후에게 후사가 생기지 않자 후궁 장씨의 소생을 원자로 삼아 정호할 것을 명령하였어요. 이에 서인은 반대하였고, 남인은 찬성하였는데, 이 과정에서 후궁 장씨가 희빈에 오르고, 격렬하게 반대한 서인의 영수 송시열이 축출되면서 권력에서 밀려났던 남인이 다시 정권을 장악하였어요. 이 사건을 기사환국이라고 해요.
(나) 숙종은 인현 왕후를 복위시키고 희빈 장씨를 폐위하였어요. 이로써 남인이 몰락하고 노론과 소론의 서인이 다시 정국을 주도하였어요. 이 사건을 갑술환국이라고 해요.

② (가) 경신환국(1680) → (다) 기사환국(1689) → (나) 갑술환국(1694)

08 환국의 전개   정답 ②

> **키워드 문제분석**
> • 허적에게 사약 = **경신환국(1680)**
> • 중전(인현 왕후) 복위 = **갑술환국(1694)**

(가) 조선 숙종 때 남인의 영수 허적이 왕실의 물건(천막)을 함부로 사용한 것과 허적의 아들 허견이 역모를 꾸몄다는 서인의 고발이 원인이 되어 남인이 축출되었어요(경신환국, 1680).
(나) 기사환국으로 폐위된 인현 왕후가 복위하고 희빈 장씨가 강등되면서 남인이 축출되고 서인이 다시 권력을 잡았어요(갑술환국, 1694).
따라서 경신환국이 일어난 1680년 이후부터 갑술환국이 일어난 1694년 이전까지의 사실을 골라야 해요.

① 양재역 벽서 사건은 조선 명종 때인 1547년에 윤원형 세력이 반대파를 숙청하기 위해 일으킨 사건으로, (가) 이전의 사실이에요.
② 1689년의 기사환국 당시 서인의 송시열은 희빈 장씨 소생 왕자의 원자 책봉을 반대하다가 축출되었고, 이후 남인이 집권하게 되었어요.
③ 자의 대비 복상 문제로 예송이 전개된 것은 조선 현종 때인 1659년과 1674년으로, (가) 이전의 사실이에요.
④ 정여립 모반 사건으로 기축옥사가 일어난 것은 조선 선조 때인 1589년으로, (가) 이전의 사실이에요.
⑤ 탕평비가 세워진 것은 조선 영조 때인 1742년으로, (나) 이후의 사실이에요.

정답과 해설

09 조선 영조의 업적   정답 ③

키워드 문제분석: 탕평 군주 + 청계천 준설 + 균역법 = 조선 영조

영조는 붕당 정치의 폐단을 극복하기 위해 탕평파를 중심으로 탕평책을 시행하고, 이를 널리 알리기 위해 성균관 앞에 탕평비를 세웠어요. 영조는 홍수에 대비하기 위해 준천사를 설치하고 청계천을 정비하였어요. 영조는 백성의 군역 부담을 줄여 주기 위해 군포를 1년에 1필만 납부하게 하는 균역법을 실시하였어요. 균역법 시행으로 줄어든 재정 수입은 결작, 어장세, 염전세, 선박세, 선무군관포 등으로 보충하였어요.

① 세종은 학문 연구 기관으로 집현전을 두어 정책 연구와 경연을 담당하도록 하였어요.
② 선조 때 임진왜란이 일어나자 유성룡의 건의에 따라 포수, 사수, 살수의 삼수병으로 구성된 훈련도감이 설치되었어요. 훈련도감은 급료를 받는 직업 군인이 주축을 이루었어요.
③ 영조는 《경국대전》 반포 이후 법령이 증가하여 법 집행에 혼란이 생기자 이를 정리하여 통일된 법전으로 《속대전》을 편찬하였어요.
④ 성종 때 성현 등이 궁중 음악, 당악, 향악 등의 음악 이론을 집대성한 《악학궤범》을 간행하였어요.
⑤ 정조는 육의전을 제외한 시전 상인의 금난전권을 폐지하는 신해통공을 단행하였고, 이로써 상업 활동이 자유로워지면서 사상이 성장하게 되었어요.

10 조선 영조 재위 시기의 사실   정답 ④

키워드 문제분석:
- 왕세제와 노론이 곤경에 처함 = 조선 경종 때
- 세자의 시호 사도 = 조선 영조 때

조선 경종 즉위 후, 노론의 기세가 약해지고 소론의 힘이 강해지자 목호룡이 노론을 중심으로 경종을 시해하려는 모의가 있었다고 알렸어요(목호룡의 고변). 이를 기회로 소론은 노론을 축출하여 정권을 장악하였어요. 이로 인해 당시 노론의 지지를 받았던 왕세제인 이금(훗날 영조)이 곤란한 입장에 처했지만 얼마 후 경종이 갑자기 죽으며 왕위에 올랐고, 목호룡의 고변은 무고한 일로 결론 지어졌어요. 영조가 당쟁을 해소하기 위해 탕평책을 실시하였지만 붕당 간의 갈등은 끝나지 않았어요. 결국 붕당 간의 다툼 속에 영조의 아들 사도 세자가 뒤주에 갇혀 죽음을 맞이었어요. 영조는 죽은 세자에게 '죽은 아들을 생각하고 슬퍼한다.'는 뜻의 '사도'라는 시호를 내렸습니다.

① 서인이 주도하여 광해군을 몰아낸 인조반정 이후 반정의 공신 책봉에 불만을 품은 이괄이 난을 일으켰어요.
② 조선 현종 때 효종과 효종비가 죽자 서인과 남인 사이에 효종의 어머니인 자의 대비가 상복을 입는 기간을 두고 기해예송(1659)과 갑인예송(1674)이 전개되었어요.
③ 조선 건국 초, 태조 이성계의 왕자들 사이에서 왕위 계승권을 둘러싸고 왕자의 난이 발생하였어요.
④ 조선 영조 즉위 초 이인좌를 중심으로 한 일부 남인과 소론 세력은 영조와 노론이 경종의 죽음에 관계되었다고 주장하며 난을 일으켰어요(이인좌의 난, 무신란). 영조는 난을 진압하고 붕당을 없앨 것을 내세우며 온건하고 타협적인 탕평파를 중심으로 정국을 운영하였어요.
⑤ 조선 숙종 때 희빈 장씨 소생의 왕자를 원자로 책봉하는 것에 반대한 서인이 실각하고 남인이 집권하는 기사환국이 발생하였어요.

11 조선 영조의 업적   정답 ②

키워드 문제분석: 세손 + 균역법 = 조선 영조

영조는 숙종 재위기를 거치며 심화된 붕당 간의 갈등을 완화하고자 탕평책을 추진하였어요. 이를 위해 탕평파를 중심으로 정국을 운영하고, 산림의 존재를 부정하였으며, 붕당의 근거지인 서원을 대폭 정리하였어요. 또한 민생 안정을 위해 균역법을 시행하고, 가혹한 형벌을 폐지하였으며, 『속대전』을 편찬하여 법전 체계를 정리하였어요.

① 성종은 세조 때부터 편찬을 시작한 『경국대전』을 완성·반포하였어요.
② 영조는 붕당의 폐해를 경계하고 탕평 정치를 실현하고자 하는 의지를 나타내기 위해 성균관 입구에 탕평비를 건립하였어요.
③ 정조는 육의전을 제외한 시전 상인의 금난전권을 폐지하는 신행통공을 단행하였어요.
④ 인조는 풍흉에 관계없이 전세를 1결당 4~6두로 고정하는 영정법을 제정하였어요.
⑤ 순조는 궁궐과 관서 소속의 공노비를 해방시켜 양민으로 삼도록 하고 노비 문서를 돈화문 밖에서 불태우도록 하였어요.

12 조선 정조 재위 시기의 사실   정답 ③

키워드 문제분석: 화성능행도 + 혜경궁 홍씨를 모시고 현륭원에 다녀 옴 = 조선 정조

정조는 자신의 정치적 이상과 개혁 의지를 실현하고자 수원에 화성을 건설하고 정치·군사·상업 기능을 부여하였어요. 행궁은 왕이 궁궐 밖을 행차할 때 임시로 머무는 궁궐로, 화성 행궁은 수원 화성 안에 건립되었으며 정조가 현륭원에 행차할 때 임시 거처로 사용하였어요.

① 현종 때 효종과 효종비가 죽자 서인과 남인 사이에 효종의 어머니인 자의 대비의 복상(상복을 입는 기간) 문제를 두고 기해예송(1659)과 갑인예송(1674)이 전개되었어요.

062 시대별 기출문제집 심화

② 숙종 때 임진왜란 당시 조선을 도와준 명의 신종을 제사 지내는 만동묘가 설치되었어요.
③ 정조는 자신의 개혁 정책을 뒷받침할 인재를 양성하기 위해 초계문신제를 실시하여 젊고 능력 있는 문신들을 재교육하였어요.
④ 영조는 붕당 정치의 폐해를 경계하고자 탕평책을 실시하였고, 이를 널리 알리려고 성균관 앞에 탕평비를 세웠어요.
⑤ 고종 때 흥선 대원군은 왕권을 강화하기 위해 비변사를 혁파하고 의정부와 삼군부의 기능을 부활시켰어요.

③ 세종은 이순지 등에게 명을 내려 한양을 기준으로 한 역법서인 《칠정산》을 편찬하게 하였어요.
④ 고종 때 흥선 대원군은 《대전회통》을 편찬하여 통치 체제를 정비하였어요. 《대전회통》은 조선 시대 마지막 통일 법전이에요.
⑤ 세조는 직전법을 제정하여 현직 관리에게만 수조권을 지급하고, 수신전과 휼양전을 폐지하였어요.

13 조선 정조의 업적 정답 ⑤

키워드 문제분석 ― 화성 행궁 + 아버지가 사도 세자 = 조선 정조

사도 세자의 아들인 정조는 자신의 정치적 이상과 개혁 의지를 실현하고자 수원에 신도시 화성을 건설하고 정치·군사·상업 기능을 부여하였어요. 행궁은 왕이 궁궐 밖을 행차할 때 임시로 머무는 궁궐로, 화성 행궁은 수원 화성 안에 건립되었으며 정조가 현륭원에 행차할 때 임시 거처로 사용하였어요.

① 숙종 때 간도 지역에서 조선과 청 백성 사이에 갈등이 빈번하게 발생하자 양국의 관리가 백두산 일대를 답사한 후 백두산정계비를 세워 국경을 정하였어요.
② 영조는 《경국대전》 반포 이후 법령이 증가하여 법 집행에 혼란이 생기자 이를 정리하여 통일된 법전으로 《속대전》을 편찬하였어요.
③ 고종 때 흥선 대원군은 왕실의 위엄을 높이기 위해 임진왜란 때 불타 없어진 경복궁을 중건하였어요.
④ 철종은 임술 농민 봉기가 발생하자 암행어사를 파견하고 삼정이정청을 설치하여 삼정의 문란을 바로잡고자 하였어요.
⑤ 정조는 육의전을 제외한 시전 상인의 금난전권을 폐지하는 신해통공을 단행하였어요.

14 조선 정조의 정책 정답 ①

키워드 문제분석 ― 초계문신제 = 조선 정조

조선 정조는 자신의 이상을 실현할 계획도시로 수원 화성을 건설하였으며, 젊고 유능한 관리들을 재교육하여 개혁 정책을 뒷받침하고자 초계문신제를 실시하였어요. 그리고 육의전을 제외한 시전 상인의 금난전권을 철폐하는 신해통공을 단행하고, 왕조의 통치 규범을 재정비한 《대전통편》을 편찬하였어요.

① 정조는 왕의 친위 부대인 장용영을 설치하여 왕권을 뒷받침하게 하였고, 장용영 외영을 수원 화성에 두었어요.
② 광해군은 경기도에 한해서 대동법을 처음 실시하였어요. 대동법은 효종 때 김육의 건의로 충청도로 확대되었고, 숙종 때 전국적으로 시행되었어요.

15 조선 정조 재위 시기의 사실 정답 ①

키워드 문제분석 ― 《대전통편》 완성 = 조선 정조

정조는 통치 체제를 정비하기 위해 《경국대전》과 《속대전》 등을 통합·보완하여 《대전통편》을 편찬하였어요. 또한, 자신의 이상을 실현할 계획도시로 수원 화성을 건설하였고, 육의전을 제외한 시전 상인의 금난전권을 폐지하는 신해통공을 단행하였어요.

① 정조는 자신의 개혁 정책을 뒷받침할 인재를 양성하기 위해 초계문신제를 실시하여 젊고 능력 있는 문신들을 재교육하였어요.
② 순조 때 홍경래, 우군칙 등이 서북민에 대한 차별과 지배층의 수탈에 반발하여 평안도 지역에서 봉기를 일으켰고 정주성을 점령하였어요(홍경래의 난, 1811).
③ 현종 때 효종과 효종비가 죽자 서인과 남인 사이에 효종의 어머니인 자의 대비가 상복을 입는 기간을 두고 기해예송(1659)과 갑인예송(1674)이 전개되었어요.
④ 영조 때 이인좌 등 강경파 소론 세력은 경종의 죽음에 영조와 노론이 관계되었다고 주장하며 난을 일으켰어요.
⑤ 효종 때 청의 요청에 따라 나선(러시아) 정벌을 위해 조총 부대를 파견하였어요. 신류, 변급이 이끈 조총 부대는 흑룡강 일대에서 청군과 함께 러시아군에 맞서 싸웠어요.

16 조선 영조와 정조의 업적 정답 ④

키워드 문제분석
- 《속대전》 = (가) 조선 영조
- 《대전통편》 = (나) 조선 정조

(가) 조선 영조는 통치 체제를 정비하기 위해서 《속대전》을 편찬하였고, 우리나라의 역대 문물을 정리하기 위하여 홍봉한 등에게 명해 《동국문헌비고》를 편찬하였어요.
(나) 조선 정조는 왕조의 통치 규범을 재정비한 《대전통편》을 편찬하였고, 훈련 교범인 《무예도보통지》를 편찬하였어요.

① 숙종은 백두산정계비를 세워 청과의 국경을 확정하였어요.
② 고종 때 흥선 대원군의 주도로 경복궁이 중건되었어요.
③ 세종 때 이종무를 파견하여 대마도(쓰시마섬)를 정벌하였어요.
④ 정조는 왕권 강화를 위해 친위 부대인 장용영을 설치하였어요.

정답과 해설

⑤ 효종은 청의 요청에 따라 두 차례의 나선 정벌에 조총 부대를 파견하였어요.

17 조선의 군사 기구 정답 ④

키워드 문제분석: 임진왜란 중 류성룡의 건의로 편성 + 상비군 = 훈련도감

훈련도감은 임진왜란 중인 1593년에 유성룡의 건의로 설치되었어요. 포수·살수·사수의 삼수병으로 조직되었으며, 훈련도감의 군인들은 급료를 받는 상비군으로 대부분 서울과 그 인근 거주민으로 구성되었지요.

① 응양군과 용호군으로 구성된 2군은 고려의 중앙군 중 하나로, 국왕의 친위 부대였어요.
② 고려의 삼별초는 강화도에서 진도로 근거지를 옮겨 몽골과 고려 연합군에 항전하였어요.
③ 고려의 주진군은 상비군으로서 북계와 동계에 배치되었어요.
④ 훈련도감은 조선 후기 중앙군 체제인 5군영 중에서 가장 먼저 만들어졌어요. 이들은 포수·살수·사수의 삼수병으로 편제되었어요.
⑤ 장용영은 조선 정조가 창설한 국왕의 호위 부대로, 수원 화성에 외영을 두었어요.

18 조선의 군사 기구 정답 ④

키워드 문제분석: 5군영 중 가장 먼저 설치 + 상비군 = 훈련도감

훈련도감은 임진왜란 중인 1593년에 유성룡의 건의로 설치되었어요. 훈련도감은 조선 후기 중앙군인 5군영 중 가장 먼저 설치된 부대로, 군사 훈련·국왕 호위·궁성과 서울의 방위 등을 담당하였어요.

① 조선 정조가 설치한 장용영은 내영과 외영으로 나뉘었는데 도성에 내영을, 수원에 외영을 두었어요.
② 응양군은 고려의 중앙군인 2군 중 하나로, 용호군과 함께 궁성을 호위하였어요.
③ 조선 인조는 후금의 침입에 대비하고자 5군영 중 하나인 어영청을 창설하였어요. 이후 효종 때 어영청을 중심으로 북벌이 추진되었어요.
④ 훈련도감은 조선 후기 중앙군인 5군영 중 하나로, 포수·사수·살수의 삼수병으로 조직되었어요. 훈련도감의 군인들은 대부분 급료를 받는 상비군(직업 군인)이었어요.
⑤ 별기군은 1881년에 개화 정책의 하나로 설치된 신식 군대로, 일본인 교관으로부터 군사 훈련을 받았어요.

19 조선의 정치 기구 정답 ④

키워드 문제분석: 3포 왜란을 계기로 설치 + 을묘왜변 이후 상설화, 양 난 이후 국정 총괄 = 비변사

비변사는 1510년의 3포 왜란을 계기로 국방에 관한 문제를 논의하기 위해 설치된 임시 기구였어요. 비변사는 을묘왜변을 겪으면서 상설 기구가 되었고, 임진왜란과 호란을 거치며 국정을 총괄하는 최고 권력 기구가 되었어요. 이후 세도 정치 시기에는 세도 가문의 권력 기반이 되기도 하였어요.

① 《내각일력》은 규장각의 업무와 사업에 관련된 것을 기록한 일지예요.
② 홍문관은 집현전의 학문 연구 기능을 계승한 기구로, 경연을 주관하고 왕의 자문 역할을 담당하였으며 사헌부·사간원과 함께 3사로 불렸어요.
③ 승정원은 '은대'라고도 불렸으며, 소속 관원은 은대 학사라고도 칭해졌어요. 승정원은 조선 시대에 왕명의 출납을 담당하였어요.
④ 조선 고종 때 흥선 대원군은 세도 정치의 기반이었던 비변사를 혁파시키고, 의정부와 삼군부의 기능을 부활시켰어요.
⑤ 의금부는 조선 시대 국왕 직속 사법 기구로 강상죄, 반역죄 등을 저지른 중죄인을 다스렸어요.

20 조선 후기의 군사 조직 정답 ③

키워드 문제분석:
- 총융청 설치 = (가) 1624년(인조)
- 훈련도감 조직 = (나) 1593년(선조)
- 금위영 창설 = (다) 1682년(숙종)

(나) 훈련도감은 임진왜란 중인 1593년에 유성룡의 건의로 설치되었어요. 포수·살수·사수의 삼수병으로 조직되었으며, 훈련도감의 군인들은 급료를 받는 상비군으로 대부분 서울과 그 인근 거주민으로 구성되었어요.
(가) 인조는 이괄의 난을 계기로 수도의 외곽 방어를 강화하기 위해 총융청을 설치하였어요.
(다) 숙종은 국왕의 호위와 수도 방어를 담당하는 금위영을 창설하였어요. 금위영의 창설로 조선 후기 5군영 체제가 완비되었어요.

③ (나) 1593년(선조) → (가) 1624년(인조) → (다) 1682년(숙종)

21 비변사 정답 ②

키워드 문제분석: 변방의 국방 문제에 대해 논의하고 대비하기 위한 임시 기구 = 비변사

조선 성종 때 여진과 왜구의 침입을 대비하기 위해 재상과 변방의 사정에 밝은 인물(지변사 재상) 등이 모여 군사 대책을 논의하는 협의체가 만들어졌어요. 중종 때 3포 왜란이 일어나자 이 협의체를 고쳐 비변사라는 임시 기구를 만들었어요. 비변사는 명종 때 을묘왜변을 겪으면서 상설 기구가 되었고, 임진왜란 이후 국정을 총괄하는 최고 정치 기구가 되었어요. 그러나 조선 후기에 비변사가 권력을 장악하면서 왕권이 약해졌고, 의정부와 6조 중심의 행정 체제는 유명무실해졌어요.

① 한성부는 수도 한성의 행정과 치안을 담당하였어요.
② 흥선 대원군은 왕권을 제약하던 비변사의 기능을 축소·폐지하고, 의정부와 삼군부의 기능을 부활시켜 각각 정치와 군사를 담당하도록 하였어요.
③ 의금부는 국왕 직속의 특별 사법 기구로, 강상죄, 반역죄 등 중범죄를 처결하였어요.
④ 사헌부와 사간원의 소속 관원인 대간은 5품 이하의 관리 임명에 대한 서경권을 행사하였어요.
⑤ 승정원은 왕명의 출납을 담당하던 기구로, 왕의 비서 기관이었어요. 승정원에는 6명의 승지가 있어 각각 6조의 일을 나누어 맡았고, 최고 관직으로 도승지를 두었어요.

22 조선과 청의 관계 정답 ②

키워드 문제분석: 연경 + 만상 = 청

연경은 청의 수도예요. 만상은 의주에 근거지를 둔 상인으로 조선 후기에 대청 무역에 종사하며 성장하였어요.
호란을 겪은 이후 왕이 된 효종은 서인 세력과 함께 임진왜란 때 조선을 도운 명에 대한 의리를 지키고 청에 복수하자는 북벌 운동을 전개하였어요. 하지만 청이 점점 강성해지고 늘어나는 군비로 재정난이 가중되면서 북벌 계획은 중단되었어요. 한편 일부 실학자들은 연행사로 청에 다녀와 청의 선진 문물 수용을 주장하는 북학론을 내세웠어요.

① 고려 우왕 때 박위가 왜구의 근거지인 대마도(쓰시마섬)를 토벌하였어요.
② 간도 지역에서 조선과 청 백성 사이에 갈등이 빈번하게 발생하자, 조선 숙종 때 양국의 관리가 백두산을 답사하고 백두산정계비를 세워 국경을 정하였어요(1712).
③ 조선은 한성에 동평관을 두어 일본 사신을 머무르게 하고 이곳에서의 공식적인 무역을 허용하였어요.
④ 고려 공민왕은 쌍성총관부를 공격하여 원이 빼앗아간 철령 이북의 영토를 수복하였어요.
⑤ 조선은 임진왜란 이후 단절된 국교를 회복하기를 원하는 일본의 요청에 따라 승려 유정을 회답 겸 쇄환사로 파견하였어요.

23 조선의 대청 정책 정답 ①

키워드 문제분석: 나선 정벌 + 조총 부대 = 청의 요청

조선 효종은 청이 요청하자 러시아군과의 전투에 두 차례 조총 부대를 파견하였어요. 이를 나선 정벌이라고 해요. 효종은 대군 시절 호란을 겪고 청에 인질로 끌려갔다 왔어요. 그는 이후 왕이 되자 청을 정벌하여 청에 당한 수치를 갚자는 북벌 운동을 펼쳤습니다.

① 두 차례의 호란을 겪고 결국 조선은 청에 굴복하였어요. 이후 왕이 된 효종은 청에 대한 복수를 내세우면서 북벌을 추진하였어요.
② 조선은 한성에 동평관을 두어 일본 사신을 머무르게 했고, 왜관을 설치하여 일본과 교역하였어요.
③ 조선은 미국과 조·미 수호 통상 조약을 체결한 이후 미국 공사 부임에 대한 답례로 1883년 미국에 보빙사를 보냈어요.
④ 고려는 원 간섭기 때 결혼도감을 설치하여 원에 보낼 공녀를 뽑았어요.
⑤ 조선은 임진왜란 직후 일본으로 끌려간 조선인을 데려오기 위해 승려 유정 등을 회답 겸 쇄환사로 일본에 파견하였어요.

24 인조의 정책 정답 ③

키워드 문제분석: 광해를 폐하여 군으로 봉하다 = 조선 인조 때

광해군이 펼친 중립 외교는 명에 대한 의리를 중시한 서인 세력의 반발을 샀어요. 결국 서인 세력은 광해군이 영창 대군을 살해하고 인목 대비를 폐위한 일 등을 구실로 반정을 일으켜 광해군을 폐하고 인조를 왕위에 올렸어요(인조반정).

① 세조는 함경도 지역의 토착 세력인 이시애가 일으킨 난을 진압하고 유향소를 폐지하였어요.
② 정조는 젊고 재능 있는 문신을 규장각에서 재교육하는 초계문신제를 실시하였어요.
③ 친명배금 정책을 취한 인조와 서인 세력은 후금과의 관계가 악화되는 가운데 총융청과 수어청을 설치하여 도성의 방비를 강화하였어요.
④ 세종은 조세 제도의 개편을 위해 전제상정소를 설립하고 전분 6등법과 연분9등법을 제정하였어요.
⑤ 효종은 청의 요청에 따라 변급, 신류 등을 파견하여 나선 정벌을 단행하였어요.

25 조선 후기의 경제 상황 정답 ②

키워드 문제분석: 담배를 파종함 + 이앙 = 조선 후기

정답과 해설

조선 후기에는 농사짓는 기술의 발달로 농업 경영 방식이 변화되었어요. 이앙법(모내기법)이 발달하면서 노동력은 줄어들고 생산량은 늘어나면서 광작이 성행하였고, 쌀보다 수익이 높은 상품 작물의 재배가 확대되었어요. 이 시기에 재배된 대표적인 상품 작물로는 인삼, 담배, 목화, 고추 등이 있어요.

① 상평통보는 숙종 때 허적의 제안에 따라 다시 발행되기 시작하였어요. 조선 후기에 상공업 발달과 대동법 실시 등으로 상평통보가 전국적으로 유통되었어요.
② 신라 지증왕은 수도인 금성(경주)에 시장인 동시를 열고 이를 감독·관리하기 위한 동시전을 설치하였어요.
③ 조선 후기에 대동법이 시행되면서 관청에서 공가를 받고 필요한 물품을 마련하여 궁궐과 관청에 납품하는 공인이 등장하였어요. 공인의 활동은 상공업이 발달하고 상품 화폐 경제가 발달하는 데 기여하였어요.
④ 조선 후기에는 상업이 발달하면서 전국적으로 장시가 개설 및 활성화되었고, 이에 따라 전국의 장시를 돌아다니며 상업 활동을 하는 보부상이 활약하였어요.
⑤ 조선 후기에는 청과의 무역이 활발해지면서 국경을 중심으로 개시 무역(공무역)과 후시 무역(사무역)이 이루어졌어요.

26 조선 후기의 경제 상황   정답 ③

키워드 문제분석: 초량 왜관 + 기유약조 = 조선 후기

조선 광해군 때인 1609년에 기유약조를 체결하여 임진왜란으로 단절되었던 일본과의 국교를 회복하였어요. 이후 두모포에 왜관을 설치했다가 숙종 때 초량 왜관으로 이전하였어요.

① 고려는 성종 때 주조된 금속 화폐 건원중보를 시작으로 삼한통보, 해동통보, 해동중보 등의 화폐가 주조되었어요.
② 솔빈부의 말은 발해의 대표적인 특산물이에요.
③ 조선 후기에는 담배, 면화, 고추 등의 상품 작물이 재배되었고 청과의 무역이 활발해지면서 국경을 중심으로 공무역(개시)과 사무역(후시)이 이루어지기도 하였어요.
④ 통일 신라 시기에는 당항성과 영암, 울산항 등이 국제 무역항으로 번성하여 아라비아 상인이 왕래하기도 하였어요.
⑤ 고려 시대와 조선 초에는 경시서를 설치하여 시전을 감독하였고, 세조 때 평시서로 개칭되었어요.

27 조선 후기의 경제 상황   정답 ⑤

키워드 문제분석: 수레 + 박제가 = 조선 후기

조선 후기에 상공업 중심의 개혁을 주장한 실학자에는 유수원, 홍대용, 박지원, 박제가 등이 있어요. 특히 박지원과 박제가는 수레와 선박의 이용, 화폐 유통의 필요성을 주장하였어요. 박제가는 상공업 진흥을 주장하며 《북학의》에서 재물을 우물에 비유하여 절약보다 적절한 소비를 권장하였어요.

① 신라 성덕왕은 백성에게 정전을 지급하였어요.
② 고려는 개경, 서경 등 대도시에 관청의 수공업장에서 생산한 물품을 판매하는 서적점, 다점 등 관영 상점을 설치하였어요.
③ 고려 성종 때 건원중보가 주조되었지만 널리 유통되지는 못하였어요.
④ 벽란도는 고려 시대에 번성한 국제 무역항으로, 송의 상인은 물론 아라비아 상인도 드나들었어요.
⑤ 조선 후기에 인삼, 담배, 면화, 고추 등 상품 작물의 재배가 확대되었어요.

28 조선 후기의 경제 상황   정답 ⑤

키워드 문제분석: 광산 채굴을 허락하고 세금을 거둠 = 조선 후기

조선 후기에는 민영 수공업이 발달하고 청과의 무역으로 은의 수요가 늘어나면서 광산 개발이 활발해졌어요. 17세기 이후 정부가 민간에 세금을 받고 광산 채굴을 허락한 설점수세제를 시행하면서 광산 개발이 촉진되었어요. 18세기 말에 대규모 광산 개발은 경영 전문가인 덕대가 상인 물주로부터 자금을 받아 채굴업자와 노동자를 고용하는 형태로 운영되기도 하였어요.

① 발해는 인재를 양성하기 위해 유학 교육 기관으로 주자감을 두었어요.
② 고려 현종 때 거란의 2차 침입이 일어나자 고려는 부처의 힘을 빌려 외적의 침입을 물리치고자 하는 염원을 담아 초조대장경을 조판하였어요.
③ 신라 말에 골품제의 한계를 느낀 6두품의 당 유학이 늘어났는데, 이들은 빈공과에 응시하여 당의 관리가 되어 출세를 도모하기도 하였어요. 이들 중 일부는 귀국하여 호족과 손을 잡고 사회 개혁을 추진하였어요.
④ 고려 말인 공양왕 때 이성계와 신진 사대부 세력의 주도로 과전법이 실시되었어요. 과전법은 조선 세조가 직전법을 실시하기 전까지 시행되었어요.
⑤ 조선 후기에 인삼, 고추, 담배 등 상품 작물의 재배가 확대되었어요.

29 조선 후기의 경제   정답 ①

키워드 문제분석: 금난전권 철폐 = 조선 후기

조선은 시전 상인에게 세금을 내게 하고, 왕실이나 관청에 물품을 공급하도록 하는 대신 특정 상품에 대한 독점 판매권인 금난전권을

부여하였어요. 그러나 시전 상인의 독점 판매에 대한 비판 여론이 높아지자 정조는 신해통공을 발표하여 육의전을 제외한 시전 상인의 금난전권을 폐지하였어요(1791).

① 은병(활구)은 고려 시대에 주조되었던 고액 화폐예요.
② 조선 후기에는 담배, 면화, 고추 등 수익성이 높은 농작물이 상품 작물로 재배되었어요.
③ 조선 후기에는 대동법 실시를 계기로 공인이 등장하여 상업 발달을 주도하였어요.
④ 조선 후기에 개성의 송상과 의주의 만상은 청과의 무역을 주도하였어요.
⑤ 조선 후기에는 민간의 광산 개발이 활발해져 광산 경영 전문가인 덕대가 등장하였고, 이들은 물주로부터 자본을 지원받아 광산을 개발하였어요.

30 조선 후기의 경제와 사회   정답 ②

키워드 문제분석: 만상, 송상 + 책문 후시 = 조선 후기

조선 후기에는 송상, 만상, 내상 등의 거상들이 국내 상업과 대외 무역에서 활약하였어요. 또한 17세기 중엽부터 청과 무역이 활발해지면서 중강, 책문 등에서 국경을 중심으로 개시(공무역)와 후시(사무역)가 이루어졌어요.

① 조선 후기에는 서민 문화가 발달하면서 한글 소설이 크게 유행하였고, 이에 따라 장시 등에서 돈을 받고 책을 읽어 주는 전기수라는 직업이 등장하였어요.
② 예성강 하구에 위치한 벽란도는 고려 시대에 국제 무역항으로 번성하였어요.
③ 조선 후기에 중인들은 시사(詩社)를 조직하고 문집을 내는 등의 활동을 전개하였어요.
④ 공인은 조선 후기에 대동법 실시를 계기로 등장하였어요.
⑤ 조선 후기에는 광산 경영 전문가인 덕대가 자본가인 물주로부터 자금을 받아서 광산을 운영하였어요.

31 균역법   정답 ①

키워드 문제분석: 군포를 2필에서 1필 + 군역 = 조선 인조 때

영조는 백성들의 군포 부담을 줄이기 위해 군포를 1년에 2필에서 1필만 납부하게 한 균역법을 시행하였어요.

① 영조 때 균역법의 시행으로 군포 징수량이 감소함에 따라 부족해지는 재정을 보충하기 위해 지주에게 결작을 징수하고, 일부 부유한 양민에게 선무군관이라는 명예직을 주어 1년에 1필씩 군포를 거두었어요. 또 어·염세, 선박세 등을 국가 재정으로 귀속시켰어요.

② 세종은 전세를 풍흉에 따라 9등급으로 나누어 차등 과세하는 연분9등법을 제정하였어요.
③ 고구려 고국천왕은 재상 을파소의 건의를 받아들여 백성들에게 곡식을 빌려주는 진대법을 시행하였어요.
④ 세조는 직전법을 실시하여 수신전, 휼양전 등의 명목으로 세습되는 토지를 폐지하고 현직 관리에게만 수조지를 지급하였어요.
⑤ 고려 시대에 기금을 모아 그 이자로 빈민을 구호하고 질병을 치료하는 재단 형식의 제위보가 운영되었어요.

32 대동법   정답 ⑤

키워드 문제분석: 광해군 때 이원익이 방납의 폐단을 혁파하고자 선혜청을 두고 실시 건의 + 맨 먼저 경기도에서 실시 = 대동법

광해군은 방납으로 인한 폐단이 심화되자 이원익의 건의를 받아들여 소유한 토지를 기준으로 공납을 부과하여 쌀이나 베, 동전 등으로 납부하게 하는 대동법을 경기도에서 처음 시행하였어요. 이후 효종 때 김육의 건의로 충청도에서도 대동법이 실시되었고, 숙종 때 전국적으로 실시되었어요. 선혜청은 대동법이 시행되면서 설치된 관청이에요.

① 고종 때 흥선 대원군은 민생 안정을 위해 양반에게도 군포를 부과하는 호포제를 실시하였어요.
② 세조는 새로 등용한 관리에게 지급할 수조지가 부족해지자 수신전, 휼양전 등의 명목으로 세습되는 토지를 폐지하고 현직 관리에게만 수조지를 지급하는 직전법을 시행하였어요.
③ 대한 제국 시기에 고종은 광무개혁을 추진하는 과정에서 양전 사업을 시행하여 근대적 토지 소유 증명서인 지계를 발급하였어요.
④ 세종 때 전세를 풍흉에 따라 9등급으로 나누어 차등 과세하는 연분9등법이 실시되었어요.
⑤ 대동법이 시행되면서 관청에서 공가를 받고 필요한 물품을 마련하여 궁궐과 관청에 납품하는 공인이 등장하였어요. 공인의 활동은 조선 후기 상공업과 상품 화폐 경제가 발달하는 계기가 되었어요.

33 황사영 백서 사건   정답 ③

키워드 문제분석: 사학 죄인 황사영은 사술에 미혹됨이 심한 자였음 + 북경의 천주당에 전하려고 한 백서를 찾음 = 황사영 백서 사건(1801)

1801년에 황사영은 이승훈 등 수많은 천주교도들이 처형된 신유박해가 일어나자 당시 베이징 교구의 주교에게 외국 군대의 출병을 요청하는 백서를 보내려 하다가 발각되었어요(황사영 백서 사건).

정답과 해설

③ 천주교는 17세기경 청에 다녀온 사신들에 의해 서양의 학문, 즉 서학으로 조선에 소개되었어요. 이후 18세기 후반 남인 계열의 일부 실학자들에 의해 신앙으로 받아들여졌고, 인간 평등사상과 내세 신앙 등을 내세워 하층민과 부녀자 사이에서 교세가 빠르게 확산되었어요. 정조 때 천주교도 윤지충은 어머니의 상을 당하였지만 제사를 지내지 않고 권상연과 함께 신주를 불태워 관에 고발되었어요. 윤지충과 권상연은 끝까지 신앙을 고수하여 참수되었는데, 이 사건이 조선 시대 최초의 천주교 박해인 신해박해(1791)예요. 이후 1801년 순조 때 이승훈이 처형되고, 정약용이 유배당하는 신유박해가 일어났어요. 신유박해가 일어나자 천주교도였던 황사영은 당시 베이징 교구의 주교에게 외국 군대의 출병을 요청하는 백서를 보내려 하였는데, 백서가 발각되면서 황사영은 처형당하였어요(황사영 백서 사건). 이렇게 사회 혼란이 심화되는 가운데 1811년에 홍경래 등이 평안도민에 대한 차별과 탐관오리의 수탈에 반발하여 영세 농민, 중소 상인, 광산 노동자 등을 규합하여 난을 일으켰어요(홍경래의 난).

따라서, 황사영 백서 사건이 일어난 시기(1801)는 '신해박해(1791)'와 '홍경래의 난(1811)' 사이의 시기인 (다)예요.

34 조선 시대 천주교 박해   정답 ⑤

키워드 문제분석
- 윤지충, 권상연 = (가) 신해박해(1791)
- 남종삼, 서양인 효수 = (나) 병인박해(1866)

정조 때 천주교도 윤지충은 어머니의 상을 당하였지만 제사를 지내지 않고 권상연과 함께 신주를 불태워 관에 고발되었어요. 윤지충과 권상연은 끝까지 신앙을 고수하여 참수되었는데, 이 사건이 조선 시대 최초의 천주교 박해인 신해박해예요. 고종 즉위 후 정권을 잡은 흥선 대원군은 국경을 접한 러시아 세력의 팽창에 위기의식을 가졌어요. 이때 남종삼은 프랑스와 조약을 맺어 러시아를 막을 수 있다고 주장하고 조선에 들어와 있는 프랑스인 주교를 만나 볼 것을 흥선 대원군에게 건의하였어요. 흥선 대원군은 프랑스 주교와의 만남이 지연되고 천주교 금지의 여론이 커지자 천주교 박해령을 내렸어요. 이로 인해 최대 규모의 천주교 박해인 병인박해가 일어났어요.

따라서 '신해박해(1791)'와 '병인박해(1866)' 사이의 시기에 일어난 일을 골라야 해요.

① 1911년 북간도에서 대종교 계열의 중광단이 결성되었어요.
② 1913년 한용운은 불교 개혁을 위하여 《조선불교유신론》을 간행하였어요.
③ 1893년 3월과 4월 동학교도가 충청북도 보은에서 '척왜양창의'를 내걸고 교조 최제우의 신원을 요구하는 집회를 열었어요.
④ 광해군 때 이수광은 일종의 백과사전인 《지봉유설》을 저술하여 천주교 교리서인 《천주실의》를 소개하였어요.
⑤ 1801년 황사영은 신유박해가 일어나자 당시 베이징 교구의 주교에게 외국 군대의 출병을 요청하는 백서를 작성해 보내려 하였어요.

35 신해박해   정답 ②

키워드 문제분석
윤지충 + 사학 = 신해박해(1791)

조선 정조 때인 1791년에 전라도 진산의 천주교도 윤지충은 모친상을 당하자 천주교식으로 어머니의 장례를 치렀어요(진산 사건). 이에 조정은 윤지충을 사회 질서를 어지럽힌 죄인으로 보아 고문하고 배교할 것을 강요하였지만, 윤지충은 이를 거부하여 끝내 참수되었어요. 이 사건을 신해박해라고 해요.

② 신해박해는 조선 정조 때인 1791년에 발생한 천주교 박해 사건이에요. 정조의 뒤를 이어 즉위한 순조 때인 1801년에는 다수의 천주교도가 처형되고 귀양 간 신유박해가 일어났고, 같은 해 국가 재정 확충을 위해 공노비가 해방되었어요.

따라서 신해박해가 일어난 시기는 '정조 즉위'와 '공노비 해방' 사이의 시기인 (나)예요.

36 동학   정답 ②

키워드 문제분석
교조 최제우 = 동학

동학은 몰락 양반 출신인 최제우가 1860년에 유교·불교·도교와 민간 신앙을 종합하여 창시한 종교예요. 동학은 '인내천'을 강조한 평등사상을 내세워 조선의 신분제 질서를 부정하였어요. 그로 인해 동학은 정부로부터 탄압을 받았고, 교조인 최제우는 '혹세무민'의 죄목으로 처형되었어요. 그러나 제2대 교주 최시형의 노력에 힘입어 교세가 크게 확장되었고, 동학교도들은 교조 신원 운동을 전개하여 최제우의 복권과 동학에 대한 탄압 중지를 호소하였어요.

① 고려의 승려 지눌은 불교계의 개혁을 위해 수선사 결사를 조직하고 수행 방법으로 정혜쌍수와 돈오점수를 주장하였어요.
② 동학은 포접제를 바탕으로 광범위한 조직을 갖추게 되었어요.
③ 원불교는 박중빈을 중심으로 새생활 운동을 전개하였어요.
④ 대종교는 일제에 국권을 빼앗기자 교단을 간도로 옮겨 중광단을 조직하고 항일 무장 투쟁을 전개하였어요.
⑤ 천주교는 유교식 제사 의식을 거부하였기 때문에 제사와 신주를 모시는 문제로 조선 정부의 탄압을 받았어요.

37 조선 후기의 사회 모습   정답 ⑤

키워드 문제분석
만상 임상옥이 인삼 무역으로 큰 수익을 거둠 + 연행사 = 조선 후기

조선 후기 정조 때 신해통공으로 육의전을 제외한 시전 상인의 금난전권이 폐지되자 사상의 활동이 활발해졌어요. 의주의 만상은 청과의 무역으로, 개성의 송상은 청과 일본 사이에서 중계 무역으로,

동래의 내상은 일본과의 무역으로 큰 부를 축적하였어요. 연행사는 조선 후기에 청에 보낸 사절단이에요. 조선 후기에 중국을 왕래하던 사신들을 통해 서양 문물이 전래되었어요.

① 조선 후기에 인삼, 담배, 면화, 고추 등 상품 작물의 재배가 확대되었어요.
② 조선 후기에 대동법이 시행되면서 관청에서 공가를 받고 필요한 물품을 마련하여 궁궐과 관청에 납품하는 공인이 등장하였어요. 공인의 활동은 상공업이 발달하고 상품 유통이 활발해지는 데 기여하였어요.
③ 조선 후기에는 역관 등의 중인들이 시사를 조직하여 문예 활동을 전개하였어요.
④ 조선 후기에는 사람이 많이 모이는 장시에서 노래와 사설로 이야기를 표현하는 판소리 공연이 성행하였어요.
⑤ 발해는 당, 일본, 신라 등과 교역하였으며, 목축이 발달하여 솔빈부의 말이 특산물로 유명하였어요.

38 조선 후기의 사회 모습 정답 ⑤

키워드 문제분석 민화의 높은 인기 = **조선 후기**

조선 후기에는 해, 달, 나무, 동물 등을 주제로 건강과 장수 등을 기원하는 소망을 표현한 민화가 왕실과 사대부뿐만 아니라 서민들에게도 큰 인기를 끌었어요.

① 조선 후기에는 사람이 많이 모이는 장시에서 노래와 사설로 이야기를 표현하는 판소리 공연이 성행하였어요.
② 조선 후기에는 장시 등에서 양반과 승려의 부패를 풍자하는 탈춤 공연이 성행하였어요.
③ 조선 후기에는 상업이 발달하면서 전국적으로 장시가 개설 및 활성화되었고, 이에 따라 전국의 장시를 돌아다니며 상업 활동을 하는 보부상이 활약하였어요.
④ 조선 후기에 서민 문화가 발달하면서 《홍길동전》, 《춘향전》, 《심청전》 등 한글 소설이 유행하였고, 이에 따라 장시 등 사람이 많이 모이는 곳에서 돈을 받고 책을 읽어 주는 전기수라는 새로운 직업이 등장하였어요.
⑤ 벽란도는 고려 시대에 번성한 국제 무역항으로, 송의 상인은 물론 아라비아 상인도 드나들었어요.

39 조선 후기의 사회 상황 정답 ③

첫 번째 그림은 서학이 큰 화를 가져올 것이라고 하여 이를 따르는 이가환, 이승훈, 정약용 등의 처벌을 건의하는 내용으로 보아 순조 재위 시기에 일어난 신유박해(1801)에 대한 내용임을 알 수 있어요. 두 번째 그림은 동학을 창시한 최제우를 처형해야 한다는 주장을 통해 고종 즉위 직후의 상황임을 알 수 있어요.

따라서 '신유박해(1801)'와 '고종 즉위 직후' 사이의 시기에 일어난 일을 골라야 해요.

① 인조반정에서 공을 세운 이괄이 자신의 공로가 낮게 평가된 것에 불만을 품고 반란을 일으키자 인조는 도성을 떠나 공산성으로 피란하였어요.
② 고종 때 독일 상인 오페르트가 통상 수교 협상에 이용하기 위해 흥선 대원군의 아버지인 남연군 묘를 도굴하려다가 실패하였어요.
③ 순조 때 평안도(서북 지역)에 대한 차별과 지배층의 수탈에 저항하여 홍경래 등이 난을 일으켜 정주성을 점령하기도 하였으나 결국 관군에 의해 진압되었어요.
④ 고종 때 동학교도들이 교조 최제우의 신원을 요구하며 삼례 집회를 개최하였어요.
⑤ 영조 때 이인좌를 중심으로 한 소론 세력이 왕과 노론 세력을 제거할 목적으로 반란을 일으켰어요.

40 홍경래의 난 정답 ①

키워드 문제분석 세도 정치기 + 서북 지방민 차별 = **홍경래의 난**

19세기, 세도 정치에 대한 농민들의 불만이 계속해서 커지자 농민들은 봉기를 일으켰는데, 대표적인 것이 1811년에 일어난 홍경래의 난이에요. 홍경래의 난은 서북인, 즉 평안도 사람들에 대한 차별 대우 등이 원인이 되어 홍경래가 주도하여 일으켰어요. 이들은 한때 청천강 이북 지역을 거의 장악하였으나, 관군에 의해 정주성에서 진압되었어요.

① 홍경래, 우군칙 등은 세도 정치와 서북 지역 차별에 반발하여 홍경래의 난을 주도했어요.
② 임오군란과 동학 농민 운동 등을 계기로 청군이 파병되었어요.
③ 임오군란을 계기로 조선과 일본은 일본 공사관의 경비병 주둔을 인정하는 제물포 조약을 맺었어요.
④ 동학 농민 운동은 고부 군수 조병갑의 탐학이 계기가 되어 일어난 고부 농민 봉기로 시작되었어요. 이후 정부가 파견한 관리가 고부 농민 봉기를 수습하는 과정에서 농민군에게 탄압을 가하였고, 이후 동학 농민군은 보국안민과 제폭구민을 기치로 내걸고 무장에서 재차 봉기하였어요.
⑤ 임술 농민 봉기가 진주에서 시작해 전국으로 확산되자, 조선 정부는 봉기의 수습을 위해 박규수를 안핵사로 파견하고 삼정이정청을 설치하였어요.

41 세도 정치 시기의 사실

키워드 문제분석 안동 김씨 + 비변사를 중심으로 권력 독점 = **세도 정치 시기**

정답과 해설 069

정답과 해설

정조 사후 나이 어린 순조가 즉위하면서 왕권이 약화되고 왕실과 혼인 관계를 맺은 외척 가문이 정권을 장악하였어요. 이러한 상황은 순조, 헌종, 철종 대에 이르는 60여 년간 계속되었어요.

① 명종 때 외척 세력인 대윤(윤임 일파)과 소윤(윤원형 일파)의 대립으로 을사사화가 일어났어요.
② 순조 때 홍경래 등이 서북 지역민에 대한 차별에 반발하여 평안도에서 난을 일으켰어요.
③ 철종 때 삼정의 문란과 탐관오리의 횡포에 저항하여 전국 각지에서 농민 봉기가 잇달아 일어나자 박규수의 건의에 따라 삼정이정청이 설치되었어요.
④ 철종 때 최제우가 민간 신앙과 유교·불교·도교를 융합하여 동학을 창시하였어요.
⑤ 18세기 후반부터 이양선이라고 불린 서양의 배가 조선의 연안에 자주 나타나 통상을 요구하였어요.

42 조선 후기의 경제와 사회   정답 ④

키워드 문제분석: 도고의 폐단 = 조선 후기

조선 후기에는 대동법의 시행으로 공인이 등장하였고, 상업의 발달로 사상이 성장하였어요. 공인과 사상은 자본의 운용과 축적을 통해 상업 자본가인 도고로 성장하였어요.

① 조선 후기에 서얼은 청요직 진출을 요구하며 통청 운동을 전개하였어요. 그 결과 정조 때에는 박제가, 이덕무, 유득공 등이 규장각 검서관에 등용되었어요.
② 조선 후기에는 《홍길동전》, 《춘향전》 등의 한글 소설이 널리 읽혔어요.
③ 조선 영조 때 홍봉한 등은 역대 문물을 정리한 《동국문헌비고》를 간행하였어요.
④ 일본이 염포의 왜관에서 교역을 전개하던 것은 조선 전기에 있었던 3포 왜란(1510)이 일어나기 전의 사실이에요. 염포의 왜관은 3포 왜란이 일어난 이후 폐쇄되었어요. 임진왜란 이후 국교가 개선되며 부산 두모포에 왜관이 신설되었다가 숙종 때 초량으로 옮겨졌어요.
⑤ 조선 후기에는 사람이 많이 모이는 장시에서 판소리, 탈춤 공연이 성행하였어요.

43 임술 농민 봉기   정답 ③

키워드 문제분석: 진주 안핵사 박규수 + 진주의 일 = 임술 농민 봉기

① 홍경래의 난은 조선 순조 때 홍경래, 우군칙 등이 서북민에 대한 차별과 지배층의 수탈에 반발하여 평안도 지역에서 일으킨 반란이에요.
② 일본군이 경복궁을 무력으로 점령하자 동학 농민 운동의 제2차 봉기가 일어났어요. 전봉준 중심의 남접과 손병희 중심의 북접이 연합하여 공주 우금치 전투에서 일본군에 맞서 싸웠지만 크게 패하였어요.
③ 조선 철종 때 임술 농민 봉기가 발생하자 봉기를 수습하기 위해 박규수를 안핵사로 파견하고 삼정이정청을 설치하였으나, 농민 봉기의 근본적인 원인을 해결하지는 못하였어요.
④ 1884년에 김옥균 등 급진 개화파는 우정총국 개국 축하연을 이용하여 갑신정변을 일으키고 개화당 정부를 수립하였지만 청군의 개입으로 3일 만에 실패로 끝났어요.
⑤ 조선 명종 때 을사사화를 계기로 윤원형 일파가 정국을 주도하였고, 이 시기에 임꺽정의 난이 발생하였어요.

44 임술 농민 봉기   정답 ⑤

키워드 문제분석: 박규수를 안핵사로 파견함 + 삼정이정청을 설치함 = 임술 농민 봉기를 수습하기 위한 정부의 대책

1862년 진주에서 유계춘을 중심으로 경상 우병사 백낙신의 부정부패에 항의하는 농민 봉기가 일어났어요. 이러한 진주 농민 봉기를 거치면서 농민 봉기가 전국으로 확산되었는데, 이를 임술 농민 봉기라고 해요. 조선 정부는 봉기를 수습하기 위해 박규수를 안핵사로 파견하고 삼정이정청을 설치하였으나, 농민 봉기의 근본적인 원인을 해결하지는 못하였어요.

① 1881년에 이만손 등은 국내에 《조선책략》이 유포되자 고종에게 정부의 개화 정책을 반대한다는 내용의 영남 만인소를 올렸어요.
② 1875년에 일본의 군함 운요호가 허락 없이 강화도로 접근하여 영종도를 공격하였어요(운요호 사건). 이 사건을 계기로 조선은 일본과 강화도 조약(조·일 수호 조규)을 체결하였어요.
③ 1892년에 동학의 교조인 최제우의 신원을 요구하는 삼례 집회가 열렸고, 1894년에 고부 농민 봉기를 시작으로 본격적인 동학 농민 운동이 전개되었어요.
④ 1801년에 황사영은 신유박해가 일어나자 당시 베이징 교구의 주교에게 외국 군대의 출병을 요청하는 백서를 작성해 보내려 하였으나 발각되면서 처형당하였어요.
⑤ 1862년에 경상남도 진주의 백성들이 경상 우병사 백낙신의 수탈에 반발해 봉기를 일으켰어요.

45 조선 후기의 사회 모습   정답 ②

키워드 문제분석: 주상께서 각 궁방과 중앙 관청에 소속된 노비를 모두 양민으로 삼음 = 조선 후기(순조 재위 시기)

조선 후기에 노비들이 군공과 납속 등을 통해 신분이 상승하거나 도망치는 노비가 증가하면서 노비 수가 줄어들었어요. 이에 조선

정부는 양인의 수를 늘려 국가 재정을 확보하기 위해 아버지가 노비라도 어머니가 양인이면 그 자식을 양인으로 여기는 노비종모법을 실시하였고, 1801년 순조 때에는 6만 6천여 명의 공노비를 해방하였어요.

① 조선 후기에 인삼, 담배, 면화, 고추 등 상품 작물의 재배가 확대되었어요.
② 조선 전기에 세종은 이종무를 보내 왜구의 근거지인 쓰시마섬(대마도)을 정벌하고 교역을 중단하였는데, 이후 일본이 교역을 간청하자 부산포, 염포, 제포의 3개 항구를 일본에 열어주었어요.
③ 조선 후기에 서민들은 〈춘향전〉 등의 한글 소설을 즐겼어요. 그러자 장시 등 사람들이 모이는 곳에서 돈을 받고 책을 읽어 주는 전기수의 활동이 두드러졌어요.
④ 조선 후기에 대동법이 시행되면서 관청에서 공가를 받고 필요한 물품을 마련하여 궁궐과 관청에 납품하는 공인이 등장하였어요. 공인의 활동은 상공업이 발달하고 상품 유통이 활발해지는 데 기여하였어요.
⑤ 조선 후기에 장시가 발달하고 사람이 많이 모이는 곳에서 탈놀이 등의 공연이 성행하였어요. 송파 산대놀이는 서울과 경기 지방에서 전승되는 탈놀이예요.

46 19세기의 봉기 정답 ⑤

키워드 문제분석: 진주에서 백성들이 난을 일으킴 + 백낙신의 탐학과 향리들의 횡포에 맞서 유계춘이 주도함 = **진주 농민 봉기(1862)**

1862년에 진주에서 유계춘을 중심으로 경상 우병사 백낙신의 부정부패에 항의하는 농민 봉기가 일어났어요. 이러한 진주 농민 봉기를 거치면서 농민 봉기가 전국으로 확산되었는데, 이를 임술 농민 봉기라고 해요. 조선 정부는 봉기를 수습하기 위해 박규수를 안핵사로 파견하고 삼정이정청을 설치하였으나, 농민 봉기의 근본적인 원인을 해결하지는 못하였어요.

① 10세기 초에 고려 태조는 빈민 구제 기관인 흑창을 설치하여 곡식을 빌려주고 추수기에 갚도록 하였어요. 흑창은 성종 때 의창으로 개칭되었어요.
② 9세기 신라 말 진성 여왕 때 중앙 정부의 지방 통제력이 약화되고 귀족의 수탈이 더욱 심해져 원종과 애노의 난(사벌주), 적고적의 난 등 곳곳에서 농민 봉기가 일어났어요.
③ 14세기 중반 고려 공민왕 시기에 홍건적이 침입하여 개경이 함락되기도 하였어요.
④ 13세기에서 14세기 중반 원 간섭기에 고려에서는 지배층을 중심으로 변발과 호복 등의 몽골풍 복장이 유행하였어요.
⑤ 19세기에 조선에서는 안동 김씨 등의 세도 정치로 매관매직이 성행하는 등 관리들의 부정부패가 심하였어요.

47 조선 후기의 문화 정답 ①

키워드 문제분석: 한글 소설과 함께 판소리가 유행함 = **조선 후기**

조선 후기에 서민 문화가 발달하면서 《홍길동전》, 《춘향전》, 《심청전》 등 한글 소설이 유행하였고, 이에 따라 장시 등 사람이 많이 모이는 곳에서 돈을 받고 책을 읽어 주는 전기수라는 새로운 직업이 등장하였어요. 또한, 사람이 많이 모이는 장시에서 노래와 사설로 이야기를 표현하는 판소리 공연이 성행하였어요.

① 조선 태종은 활자를 만드는 관청인 주자소를 설치하여 구리 활자인 계미자를 주조하였어요.
② 조선 후기에 장시가 발달하고 사람이 많이 모이는 곳에서 탈놀이 등의 공연이 성행하였어요. 송파 산대놀이는 서울과 경기 지방에서 전승되는 탈놀이예요.
③ 조선 후기에 상업이 발달하면서 대규모 자본으로 물품을 구매하는 독점적 도매상인인 도고가 등장하였어요.
④ 조선 후기에는 역관 등의 중인들이 시사를 조직하여 문학 활동을 전개하였어요.
⑤ 조선 후기에는 인삼, 담배, 면화, 고추 등의 상품 작물이 재배되었고, 청과의 무역이 활발해지면서 국경을 중심으로 공무역(개시)과 사무역(후시)이 이루어지기도 하였어요.

48 조선 후기의 문화 정답 ②

키워드 문제분석: 김홍도의 풍속화 = **조선 후기**

조선 후기에는 당시 사람들의 생활 모습을 담은 풍속화가 유행하였어요. 단원 김홍도는 조선 후기의 대표적인 풍속화가로, 서민들의 일상생활 모습을 생생하고 익살스럽게 표현하였어요.

① 조선 후기에는 우리의 산천을 사실적으로 묘사한 진경 산수화가 발달하였어요. 대표적인 화가로 〈인왕제색도〉, 〈금강전도〉 등을 그린 겸재 정선이 있어요.
② 고려 후기 새로운 역법으로 원의 수시력이 도입되었어요.
③ 조선 후기에는 장시 등에서 양반 사회와 승려의 부패를 풍자하는 탈춤 공연이 성행하였어요.
④ 조선 후기에는 사람이 많이 모이는 장시에서 노래와 사설로 이야기를 표현하는 판소리 공연이 성행하였어요.
⑤ 조선 후기에 《홍길동전》, 《춘향전》, 《박씨전》, 《심청전》 등 한글 소설이 유행하였고, 이에 따라 사람이 많이 모이는 곳에서 돈을 받고 책을 읽어 주는 전기수라는 새로운 직업이 등장하였어요.

49 조선 후기의 문화 정답 ②

키워드 문제분석: 단원 + 풍속화 = **김홍도**

정답과 해설

조선 후기에는 당시 사람들의 생활 모습을 담은 풍속화가 유행하였어요. 단원 김홍도는 조선 후기의 대표적인 풍속화가로, 서민의 일상 생활 모습을 소탈하고 익살스럽게 표현하였어요.

① 조선 후기의 대표적 진경 산수화인 정선의 〈인왕제색도〉예요.
②조선 후기 풍속화가인 김홍도의 〈타작〉이에요.
③ 조선 후기 풍속화가인 신윤복의 〈단오풍정〉이에요.
④ 조선 후기에 서양 화법을 사용하여 그린 강세황의 〈영통동구도〉예요.
⑤ 조선 후기 김정희가 제주도 유배 중일 때 변함없는 의리를 지켜 준 제자 이상적에게 고마운 마음을 담아 그려 준 〈세한도〉예요.

50 조선 후기의 문화   정답 ④

키워드 문제분석 김득신의 풍속화 = 조선 후기

① 조선 후기에는 역관 등의 중인들이 시사를 조직하여 문예 활동을 전개하였어요.
② 조선 후기에는 서민 문화가 발달하여 장시 등 사람들이 모여드는 곳에서 양반의 위선을 풍자한 탈춤이 공연되었어요.
③ 조선 후기에는 춘향가, 흥보가, 심청가 등의 판소리가 유행하였어요.
④고려 시대인 1377년에 청주 흥덕사에서 간행된 《직지심체요절》은 현존하는 세계 최고(最古)의 금속 활자본이에요.
⑤ 조선 후기에는 《홍길동전》, 《박씨전》 등의 한글 소설이 유행하여 책을 전문적으로 읽어 주는 전기수의 활동이 활발하였어요.

51 조선 후기의 문화   정답 ②

키워드 문제분석 한글 소설 유행 + 전기수 = 조선 후기

조선 후기에는 농업과 상공업이 발달하면서 서민 문화가 발달하였어요. 중인들은 시사를 조직하여 문예 활동을 전개하였고, 상민들은 〈춘향전〉 등의 한글 소설과 판소리, 탈춤 등을 즐겼어요. 조선 후기에 한글 소설이 널리 읽히자 장시 등 사람들이 모이는 곳에서 돈을 받고 책을 읽어 주는 전기수의 활동이 두드러졌어요.

① 조선 세조 때 건립된 서울 원각사지 10층 석탑은 고려 시대의 개성 경천사지 10층 석탑의 영향을 받았어요.
②조선 후기에는 우리의 산천을 사실적으로 묘사한 진경 산수화가 발달하였어요. 대표적인 화가로는 〈인왕제색도〉, 〈금강전도〉 등을 그린 겸재 정선이 있어요.
③ 조선 태종 때 주자소가 설치되어 계미자가 주조되었고, 세계 지도인 〈혼일강리역대국도지도〉가 제작되었어요.
④ 조선 전기에는 분청사기가 유행하였으나 16세기 이후에는 백자가 본격적으로 생산되면서 그 생산이 줄었어요.

⑤ 고려 시대에 청주 흥덕사에서 간행된 《직지심체요절》은 현존하는 세계 최고(最古)의 금속 활자본이에요.

52 수원 화성   정답 ④

키워드 문제분석 정조의 정치적 이상 + 행궁 = 수원 화성

정조는 자신의 정치적 이상과 개혁 의지를 실현하고자 수원에 화성을 건설하고 정치·군사·상업 기능을 부여하였어요. 행궁은 왕이 궁궐 밖을 행차할 때 임시로 머무는 궁궐을 말해요. 수원 화성 행궁은 화성 안에 지어진 행궁으로 다른 행궁에 비해 규모가 매우 큰 편이에요.

ㄱ. 고종은 아관 파천 이후 경운궁(덕수궁)으로 환궁해 스스로 황제의 자리에 오른 후 대한 제국 수립을 선포하였어요.
ㄴ. 정조는 수원 화성에 포루, 공심돈 등 방어 시설을 갖추어 군사 기능을 부여하였어요.
ㄷ. 흥선 대원군은 임진왜란 때 불타 없어진 경복궁을 다시 세우기 위해 당백전을 발행하고 원납전을 징수하는 등 각종 정책을 펼쳤는데, 이로 인해 백성들의 불만이 많아졌어요.
ㄹ. 수원 화성은 정약용이 고안한 거중기 등을 이용하여 공사 기간과 공사비를 줄였어요.

53 조선 후기의 회화   정답 ④

키워드 문제분석 조선 후기 풍속화가 + 혜원 + 〈미인도〉 = 신윤복

조선 후기에는 우리의 자연을 사실적으로 묘사한 진경 산수화가 발달하였고, 생활 모습을 표현한 풍속화가 유행하였어요. 대표적인 풍속화가로는 단원 김홍도와 혜원 신윤복이 있어요. 김홍도는 서민들의 일상생활을 주된 소재로 삼은 반면, 신윤복은 양반들의 풍류와 남녀 사이의 애정을 많이 묘사하였어요.

① 조선 후기의 화가 김홍도의 〈씨름〉이에요.
② 조선 전기의 화가 강희안의 〈고사관수도〉예요.
③ 조선 후기의 화가 김득신의 〈파적도(야묘도추)〉예요.
④신윤복의 〈월하정인〉으로, 젊은 남녀의 분위기를 묘사하고 있어요.
⑤ 조선 후기의 화가 강세황이 그린 진경 산수화인 〈영통동구도〉예요.

54 조선의 문화유산   정답 ③

키워드 문제분석 한성부 도심 + 4대문 = 한양 도성

072 시대별 기출문제집 심화

한양 도성은 조선 태조 때 한성부 도심의 경계를 표시하고 수도 방어를 위해 축조된 성곽이에요. 성곽에는 동쪽 흥인지문(동대문), 서쪽 돈의문(서대문), 남쪽 숭례문(남대문), 북쪽 숙정문(북대문)의 4대문과 북동쪽 혜화문, 남동쪽 광희문, 북서쪽 창의문, 남서쪽 소의문의 4소문을 냈어요.

① 정도전은 태조의 명을 받아 성터를 조사하여 한양 도성을 설계하였어요.
② 태조는 경복궁과 종묘의 공사가 마무리되자, 도성조축도감이라는 임시 관청을 설치하여 한양 도성 축조를 관장하도록 하였어요.
③ 정봉수는 정묘호란 당시 평안북도 지역의 용골산성에서 후금의 침입에 항전하여 많은 백성을 구하였어요.
④ 한양 도성은 태조, 세종, 숙종 때의 공사를 거쳐 오늘에 이르렀는데, 세 시기에 만들어진 성벽 돌의 모양과 돌을 쌓은 모양을 살펴보면 점차 축성 기술이 발전하였음을 알 수 있어요.
⑤ 1915년에 일제는 도시 정비 계획이라는 구실로 한양 도성의 일부 성문과 성벽을 무너뜨리는 등 크게 훼손하였어요.

55 박제가와 정약용의 활동 정답 ④

키워드 문제분석
- 《북학의》를 저술함 = (가) 박제가
- 《경세유표》를 저술함 = (나) 정약용

조선 후기에 상공업 중심의 개혁을 주장한 실학자에는 유수원, 홍대용, 박지원, 박제가 등이 있어요. 특히, 박제가는 상공업 진흥을 주장하며 《북학의》에서 재물을 우물에 비유하며 절약보다 적절한 소비를 권장하였어요. 조선 후기 농업 중심의 개혁론을 제시한 실학자들에는 유형원, 이익, 정약용 등이 있어요. 그중 정약용은 토지 제도의 개혁론으로 일종의 공동 농장 제도인 여전론과 정전제를 주장하였어요. 또한 귀양살이를 하면서 《목민심서》, 《경세유표》, 《흠흠신서》, 《마과회통》 등 다양한 저술을 남겼어요. 정약용은 과학 기술에도 관심이 많아 중국의 《기기도설》을 참고해 거중기를 만들기도 하였어요.

① 정상기는 최초로 100리 척 축척본을 사용하여 동국지도를 제작하였어요.
② 이익은 《곽우록》에서 생계에 필요한 최소한의 토지를 영업전으로 정하고 영업전의 매매를 제한하는 한전론을 토지 개혁 방법으로 제시하였어요.
③ 홍대용은 《의산문답》에서 어느 곳이든 세계의 중심이 될 수 있다고 주장하며 중국 중심의 세계관을 비판하였어요.
④ 정약용은 마을 단위의 공동 경작을 제시한 여전론을 주장하였고, 이후 현실적인 여건을 고려한 정전제를 주장하였어요.
⑤ 정제두는 양명학을 본격적으로 연구하여 강화학파를 형성하였어요.

56 홍대용의 활동 정답 ②

키워드 문제분석 실학자 + 연행사, 《을병연행록》 = 홍대용

조선 후기의 실학자 홍대용은 《의산문답》에서 지구가 회전한다는 지전설을 주장하여 중국 중심의 세계관을 비판하였어요. 〈연행록〉은 연행사의 일원으로 청을 다녀온 사신이나 수행원이 남긴 기록을 말해요. 홍대용은 청에서 보고 듣고 느낀 점을 날짜별로 정리한 《을병연행록》을 저술하였어요. 이외에도 박지원, 박제가 등이 〈연행록〉을 남겼어요.

① 이수광은 《지봉유설》을 통해 천주교 교리서인 《천주실의》를 소개하였어요.
② 홍대용은 《의산문답》에서 무한우주론과 지전설을 통해 어느 곳이든 세상의 중심이 될 수 있다고 주장하여 중국 중심의 세계관을 비판하였어요.
③ 박지원은 〈양반전〉, 〈호질〉 등의 한문 소설을 지어 양반의 허례와 무능을 풍자하였어요.
④ 박제가는 《북학의》에서 재물을 우물에 비유하여 절약보다 적절한 소비를 권장하였으며, 청의 선진 문물 수용을 강조하였어요.
⑤ 이제마는 사람의 체질을 연구하여 《동의수세보원》을 저술하고 체질에 따라 치료를 달리하는 사상 의학을 정립하였어요.

57 이익의 활동 정답 ④

키워드 문제분석 《성호사설》 = 이익

'성호'는 이익의 호로, 《성호사설》은 이익이 평소에 학문을 연구하여 기록해 둔 글과 제자들의 질문에 답한 내용을 정리한 백과사전류의 책이에요. 이 책에서 이익은 나라를 좀먹는 여섯 가지 폐단(6가지 좀)으로 노비 제도, 과거제, 양반 문벌제도, 사치와 미신, 승려, 게으름을 지적하였어요.

① 정약용은 홍역에 관한 국내외 자료를 참고하여 의학서인 《마과회통》을 저술하였어요.
② 홍대용은 《의산문답》에서 어느 곳이든 세계의 중심이 될 수 있다고 주장하며 중국 중심의 세계관을 비판하였어요.
③ 유득공은 《발해고》에서 '남북국'이라는 용어를 처음 사용하여 통일 신라와 발해를 서술하였어요.
④ 이익은 《곽우록》에서 생계에 필요한 최소한의 토지를 영업전으로 정하고 영업전의 매매를 제한하는 한전론을 토지 개혁 방법으로 제시하였어요.
⑤ 김정희는 《금석과안록》에서 북한산비가 신라 진흥왕 순수비임을 처음으로 고증하였어요.

정답과 해설

58 김정희의 활동　　　　　　　　　　　　정답 ③

키워드 문제분석　　〈세한도〉 + 완당 = **김정희**

완당 김정희는 고증학의 영향을 받아 금석학에 조예가 깊었으며, 예술적 능력도 뛰어나 〈세한도〉, 〈모질도〉 등의 그림을 남겼어요. 또한 김정희는 추사체라는 독특한 서체를 남겼어요.

---

① 유득공은 《발해고》를 저술하여 처음으로 통일 신라와 발해를 '남북국'이라고 불렀어요.
② 정약용은 《기기도설》에 실린 도르래의 원리를 활용하여 거중기를 설계하였어요.
③ 김정희는 《금석과안록》에서 북한산비가 신라 진흥왕 순수비임을 처음으로 고증하였어요.
④ 정제두는 양명학을 본격적으로 연구하여 강화학파를 형성하였어요.
⑤ 조선 전기 안견은 안평 대군의 꿈을 소재로 한 〈몽유도원도〉를 그렸어요.

59 정약용의 활동　　　　　　　　　　　　정답 ⑤

키워드 문제분석　　《목민심서》, 《경세유표》 집필 + 다산초당 = **정약용**

조선 후기 농업 중심의 개혁론을 제시한 실학자인 정약용은 토지 제도의 개혁론으로 공동 소유와 공동 경작을 내세운 여전론과 정전제를 주장하였어요. 또한, 강진에서 귀양살이를 하며 지방 행정의 개혁에 관한 《목민심서》와 중앙 행정의 개혁에 관한 《경세유표》, 형법에 관한 《흠흠신서》 등 다양한 저술을 남겼어요. '다산'은 정약용의 호로, 다산초당은 정약용이 전라남도 강진에서 유배 생활을 하던 시기에 머물렀던 집이에요.

---

① 신숙주는 세종 때 일본을 다녀온 후 일본의 정치, 사회, 지리, 외교 등을 종합적으로 정리한 《해동제국기》를 편찬하였어요.
② 주세붕은 중종 때 우리나라 최초의 서원인 백운동 서원을 세웠고, 이후 사액되면서 소수 서원으로 이름이 바뀌었어요.
③ 김정희는 《금석과안록》에서 북한산비가 신라 진흥왕 순수비임을 처음으로 고증하였어요.
④ 정제두는 양명학을 연구하여 강화도를 중심으로 강화학파를 형성하였어요.
⑤ 정약용은 《기기도설》에 실린 도르래의 원리를 활용하여 거중기를 설계하였어요.

60 유득공의 활동　　　　　　　　　　　　정답 ①

키워드 문제분석　　《발해고》 = **유득공**

유득공은 조선 후기의 실학자이자 문신으로, 《발해고》를 저술하였어요. 그는 《발해고》에서 신라와 발해를 '남북국'이라는 용어로 처음 서술하였지요. 또한 발해를 고구려의 계승자로 보고 본격적으로 연구하여 조선 역사의 체계 안에 포함시켜야 한다고 주장하였어요.

---

① 유득공은 서얼 출신이었지만 이덕무, 박제가 등과 함께 규장각 검서관으로 등용되어 활동하였어요.
② 정제두는 양명학을 연구하여 강화도를 중심으로 강화학파를 형성하였어요.
③ 홍대용은 《의산문답》에서 무한우주론과 지전설 등을 주장하며 중국 중심의 세계관을 비판하였고, 《담헌서》를 통해 과거제 폐지를 주장하였어요.
④ 김정희는 《금석과안록》에서 북한산비가 신라 진흥왕 순수비임을 처음으로 밝혀냈어요.
⑤ 이제마는 사람의 체질을 연구하여 《동의수세보원》을 저술하고 체질에 따라 치료를 달리하는 사상 의학을 확립하였어요.

61 중상학파 실학자　　　　　　　　　　　정답 ④

키워드 문제분석
- 땅이 하루 동안 한 바퀴를 돈다(지전설)
  = 《의산문답》(홍대용)
- 허생 = 〈허생전〉(박지원)

홍대용은 《의산문답》에서 지구가 회전한다는 지전설을 주장하여 중국 중심의 세계관을 비판하였어요. 〈허생전〉은 박지원이 청을 다녀온 뒤 저술한 책인 《열하일기》에 들어 있어요. 박지원은 〈허생전〉에서 글만 읽는 무능한 양반들을 비판하고, 수레와 선박을 이용하여 상업과 공업을 발전시켜야 한다고 주장하였어요.

---

① 조선 숙종이 인현 왕후를 복위시키고 희빈 장씨를 내쫓으면서 남인이 정계에서 축출되고 서인이 집권하였어요(갑술환국).
② 양명학을 본격적으로 연구해 강화학파를 형성한 인물은 정제두예요. 정제두는 성리학의 절대화를 비판하며 실천을 중시하였어요.
③ 정조는 서얼 출신 학자들을 규장각 검서관으로 기용하기도 하였는데, 박제가, 유득공, 이덕무 등이 대표적인 인물이에요.
④ 연행록은 청을 다녀온 사신이나 수행원이 남긴 기록을 말해요. 연행사의 일원으로 청에 다녀와 연행록을 남긴 인물은 홍대용, 박지원, 박제가 등이에요.
⑤ 농민 생활의 안정을 위해 화폐 사용을 반대한 인물은 이익이에요.

62 정약용의 활동　　　　　　　　　　　　정답 ⑤

키워드 문제분석　　《흠흠신서》 + 《마과회통》 = **정약용**

조선 후기 농업 중심의 개혁론을 제시한 실학자들은 농촌 사회의

안정을 꾀하기 위해 각종 제도의 개혁을 추구했어요. 그중 정약용은 토지 제도의 개혁론으로 일종의 공동 농장 제도인 여전론과 정전제를 주장했어요. 또한 귀양살이를 하면서 지방 행정의 개혁에 관한 《목민심서》와 중앙 행정의 개혁에 관한 《경세유표》, 형법에 관한 《흠흠신서》, 마진(홍역)에 관한 의학서 《마과회통》 등 다양한 저술을 남겼어요. 정약용은 과학 기술에도 관심이 많아 중국의 《기기도설》을 참고해 거중기를 만들기도 했어요.

① 이익은 《성호사설》에서 사회 폐단을 6가지 좀으로 규정하고, 한전론을 제시하였어요.
② 박지원은 〈양반전〉과 〈호질〉 등 한문 소설을 통해 양반의 허례와 무능을 지적하였어요.
③ 홍대용은 《의산문답》에서 무한우주론과 지전설을 통해 어느 곳이든 세상의 중심이 될 수 있다고 주장하여 중국 중심의 세계관을 비판하였어요.
④ 박제가는 《북학의》에서 재물을 우물에 비유하여 절약보다 적절한 소비를 권장하였어요.
⑤ 정약용은 《경세유표》에서 기존 정치 제도의 모순을 지적하고 부국강병을 이루기 위한 개혁 방향을 제시하였어요.

63 조선 후기 실학자　　　　　　　　　　정답 ③

① 《의산문답》에서 무한우주론과 지전설을 주장하여 중국 중심의 세계관을 비판한 학자는 홍대용이에요.
② 《목민심서》에서 지방 행정의 개혁안을 제시한 학자는 정약용이에요. 정약용은 《기기도설》을 참고하여 거중기를 고안하기도 하였어요.
③ 박지원은 청에 다녀온 뒤 《열하일기》를 지어 수레의 사용뿐만 아니라 도로 시설의 중요성 등을 이야기하였어요.
④ 《성호사설》에서 양반 문벌제도, 노비 제도, 과거 제도 등의 사회 폐단을 여섯 가지 좀으로 규정한 학자는 이익이에요. 이익은 토지 제도 개혁론으로 한전론을 주장하였어요.
⑤ 《북학의》에서 절약보다 적절한 소비를 권장한 학자는 박제가예요.

64 박세당의 활동　　　　　　　　　　　정답 ⑤

키워드 문제분석　색경 + 사문난적 = **박세당**

박세당은 조선 후기의 학자로 실리를 추구하였으며 민생 안정을 위한 개혁을 주장하였어요.

① 김육은 효종 때 청에서 사용하던 시헌력의 도입을 건의하였어요.
② 정약용은 《기기도설》을 참고하여 거중기를 제작하고 이를 수원화성 축조에 이용하였어요.
③ 김종직은 세조의 왕위 찬탈을 비판하는 것으로 해석된 〈조의제문〉을 작성하였어요. 연산군 때 김일손이 김종직의 〈조의제문〉을 사초에 실은 것이 빌미가 되어 무오사화가 일어났어요.
④ 이천, 장영실 등은 세종 때 천문 관측 기구인 혼천의를 제작하였어요. 혼천의는 이후에도 여러 차례 제작되었어요.
⑤ 박세당은 《사변록》에서 유학 경전을 주자와 달리 해석하였는데, 이러한 이유로 송시열 등 노론에 의해 사문난적으로 몰려 학계에서 배척되었어요.

65 김정호의 활동　　　　　　　　　　　정답 ②

키워드 문제분석　김정호 + 10리마다 눈금 = **〈대동여지도〉**

조선 후기의 지리학자 김정호는 전국 지도인 〈대동여지도〉를 제작하였어요. 김정호는 지도의 도로에 10리마다 눈금을 표시하여 거리를 알 수 있게 하였어요.

① 최초로 100리 척이 적용된 지도는 조선 후기에 정상기가 만든 〈동국지도〉예요.
② 〈대동여지도〉는 22첩의 병풍식 전국 지도로, 목판에 새겨 대량으로 제작될 수 있게 하였어요.
③ 우리나라에서 제작된 현존 최고(最古)의 지도는 조선 태종 때 제작된 세계 지도인 〈혼일강리역대국도지도〉예요.
④ 각 지방의 연혁, 산천, 풍속 등이 자세히 나타나 있는 지리서는 조선 후기 이중환이 저술한 《택리지》예요.
⑤ 전국의 지리 정보에 주요 인물과 역사적 사실을 병기한 지도는 조선 후기에 김수홍이 만든 〈조선팔도고금총람도〉예요.

66 김정희의 활동　　　　　　　　　　　정답 ②

키워드 문제분석　독창적인 서체로 유명함 + 세한도를 그림 = **김정희**

제주도로 유배되어 홀로 지내던 김정희가 새로운 서적을 구할 수 없는 상황에 처하였을 때 제자인 이상적이 중국에서 새로운 책을 구해다 김정희에게 보내 주었어요. 김정희가 자신을 잊지 않고 변함없는 의리를 지켜 준 이상적에게 고마운 마음을 담아 그려 준 작품이 세한도예요. 한편, 김정희는 여러 서체를 연구하여 자신만의 개성이 넘치는 글씨체인 추사체를 창안하였어요. 추사체는 파격적인 조형미를 보여 주는 글씨체예요.

① 이황은 기대승과의 사단칠정 논쟁을 통해 성리학의 이해를 심화하였어요.
② 김정희는 《금석과안록》에서 북한산비가 신라 진흥왕 순수비임을 처음으로 고증하였어요.
③ 정제두는 양명학을 연구하여 강화도를 중심으로 강화학파를 형성하였어요.

정답과 해설

④ 김육은 청으로부터 24절기의 시각과 하루의 시각을 정밀하게 계산하여 만든 역법인 시헌력을 도입하자고 건의하였어요.
⑤ 박지원은 《열하일기》에서 수레와 선박의 사용, 화폐 유통의 필요성을 강조하였어요.

67 박제가의 활동 정답 ③

키워드 문제분석: 연행사 + 서얼 출신 + 규장각 검서관 + 소비 촉진 = 박제가

박제가는 상공업 중심의 개혁론을 강조한 북학파 실학자로, 서얼 출신으로 규장각 검서관에 발탁되었으며, 재화를 우물물에 비유하며 소비 촉진을 통한 생산력의 증대를 주장하였어요.

① 정약용은 《기기도설》을 참고하여 거중기를 설계해 수원 화성 건설에 이용하였어요.
② 정제두는 양명학을 체계적으로 연구하여 강화학파를 형성하였어요.
③ 박제가는 《북학의》를 저술하여 수레와 배의 이용을 권장하였어요. 또한, 소비를 통한 생산력 증대를 강조하고 청과의 통상 확대 등을 주장하였어요.
④ 박지원은 청에 다녀온 후 《열하일기》를 저술하고 화폐 유통의 필요성을 강조하였어요.
⑤ 유수원은 《우서》에서 상공업을 진흥시키기 위해서는 사농공상의 직업적 평등과 전문화가 이루어져야 한다고 주장하였어요.

68 박제가의 활동 정답 ④

키워드 문제분석: 북학의를 저술함 = 박제가

조선 후기에 상공업 중심의 개혁을 주장한 실학자에는 유수원, 홍대용, 박지원, 박제가 등이 있어요. 특히, 박제가는 상공업 진흥을 주장하며 《북학의》에서 재물을 우물에 비유하며 절약보다 적절한 소비를 권장하였어요.

① 최한기는 우주의 천체, 기상 등 서양의 과학 기술을 정리한 《지구요요》를 저술하였어요.
② 홍대용은 《의산문답》에서 무한우주론과 지전설을 통해 어느 곳이든 세상의 중심이 될 수 있다고 주장하여 중국 중심의 세계관을 비판하였어요.
③ 정약용은 《기기도설》에 실린 도르래의 원리를 활용하여 거중기를 설계하였어요.
④ 정조는 서얼 출신 학자들을 규장각 검서관으로 기용하기도 하였는데 박제가, 유득공, 이덕무 등이 대표적인 인물이에요.
⑤ 박지원은 〈양반전〉, 〈호질〉 등의 한문 소설을 지어 양반의 허례와 무능을 풍자하였어요.

PART 6. 개항기 P. 138~160

01	③	02	④	03	①	04	④	05	③
06	⑤	07	④	08	④	09	①	10	④
11	②	12	③	13	②	14	⑤	15	②
16	①	17	⑤	18	④	19	④	20	③
21	④	22	⑤	23	①	24	⑤	25	③
26	③	27	①	28	①	29	①	30	④
31	④	32	③	33	⑤	34	③	35	①
36	③	37	④	38	②	39	⑤	40	①
41	③	42	③	43	⑤	44	①	45	③
46	③	47	⑤	48	⑤	49	⑤	50	④
51	①	52	⑤	53	④	54	②	55	⑤
56	①	57	⑤	58	⑤	59	③	60	⑤
61	①	62	③	63	③	64	②	65	③
66	②	67	③	68	②	69	⑤	70	①
71	⑤	72	②	73	①	74	③	75	③
76	③	77	④	78	⑤	79	②	80	①
81	⑤	82	③	83	③	84	④	85	⑤
86	③	87	②	88	①	89	⑤	90	③

01 조선 후기 정치 기강의 문란 정답 ③

키워드 문제분석: 의정부와 6조의 기능 상실 + 변방의 방비를 담당 = 비변사

'변방의 방비를 담당하는 기구'라는 뜻의 비변사는 중종 때 일어난 3포 왜란을 계기로 외적의 침입에 대비하여 임시로 설치되어, 명종 때 일어난 을묘왜변을 계기로 상설 기구가 되었어요. 이후 임진왜란을 거치면서 국정 전반에 걸쳐 영향력을 행사하는 국정 최고 기구로 성장하였어요.

① 홍문관은 사헌부, 사간원과 함께 3사로 불렸으며, 3사는 왕의 권력 독점을 견제하는 언론 기능을 담당하였어요.
② 정조 때 서얼 출신 학자인 박제가, 유득공, 이덕무 등이 규장각 검서관에 등용되었어요.
③ 고종 때 흥선 대원군은 왕권을 제약하던 비변사의 기능을 축소·폐지하고, 의정부와 삼군부의 기능을 부활시켜 각각 정치와 군사를 담당하도록 하였어요.
④ 정조는 국왕의 친위 부대로 장용영을 설치하고, 수원 화성에 장용영의 외영을 두어 주둔하게 하였어요.
⑤ 조선 개국 초기 성균관은 고려 시대의 직제를 이어받아 대사성을 수장으로 좨주, 악정, 직강 등의 관직을 두었어요.

02 흥선 대원군 집권 시기의 사실   정답 ④

키워드 문제분석
- 흥선 대원군과 부대부인의 봉작을 내림 = (가) 고종 즉위(1863)
- 서양과의 통상 수교 거부 의지가 담긴 비석을 종로에 세움 = (나) 척화비 건립(1871)

철종이 후사 없이 죽자 왕족 중 이하응의 둘째 아들이 왕위에 올랐고, 이하응은 임금의 아버지로서 흥선 대원군에 봉해졌어요. 흥선 대원군은 어린 나이에 왕이 된 고종을 대신하여 국정을 운영하였고, 민생 안정과 왕권 강화를 위하여 노력하였어요. 흥선 대원군은 병인양요, 신미양요와 같은 서양 세력의 침략을 겪은 후 서양과의 통상 수교 거부 의지를 널리 알리기 위해 종로와 전국 각지에 척화비를 세웠어요.
따라서, '고종 즉위(1863)'와 '척화비 건립(1871)' 사이의 시기에 일어난 일을 골라야 해요.

① 1885년에 영국은 러시아의 남하를 견제한다는 구실로 거문도를 불법으로 점령하였어요. (나) 이후의 사실이에요.
② 1875년에 일본의 군함 운요호가 허락 없이 강화도로 접근하여 영종도를 공격하였고(운요호 사건), 이후 강화도 조약(조·일 수호 조규)이 체결되었어요. (나) 이후의 사실이에요.
③ 아관 파천 이후 대한 제국에 대한 영향력을 확대한 러시아는 1903년에 용암포를 점령하고 조차를 요구하였어요. (나) 이후의 사실이에요.
④ 1868년에 독일 상인 오페르트가 통상 협정에 이용하기 위해 흥선 대원군의 아버지인 남연군의 묘를 도굴하려 하였으나 실패하였어요.
⑤ 조·미 수호 통상 조약 체결 이듬해인 1883년에 미국은 조선에 푸트 공사를 파견하였어요. (나) 이후의 사실이에요. 이에 대한 답례로 조선은 민영익 등을 보빙사로 미국에 파견하였어요.

03 통상 수교 거부 정책과 양요   정답 ①

키워드 문제분석
프랑스 주교, 선교사, 천주교 신자 처형 = 병인박해

조선 고종 때, 러시아가 남하하여 국경을 마주하게 되자 당시 실권자였던 흥선 대원군은 프랑스를 끌어들여 이를 저지하려다 무산되었어요. 그러자 흥선 대원군은 1866년에 9명의 프랑스 선교사를 포함하여 천주교 신자들을 처형하였어요(병인박해). 프랑스는 이 사건을 구실로 같은 해에 조선을 침략하였는데, 이를 병인양요라고 해요.

① 고종이 즉위하고 정권을 잡은 흥선 대원군은 1866년에 프랑스 신부를 포함하여 수천 명의 천주교도를 처형하였어요(병인박해). 같은 해에 미국 상선 제너럴셔먼호가 평양에서 통상을 요구하며 행패를 부리자 평양 관민들이 배를 불태워 침몰시켰어요(제너럴셔먼호 사건). 이후 병인박해가 원인이 되어 프랑스군이 침입하였으나 한성근과 양헌수 등의 활약으로 프랑스 군대는 물러갔고, 대신 퇴각 과정에서 강화도 외규장각에 있는 각종 문화유산을 약탈해 갔어요(병인양요, 1866). 1868년에 오페르트 도굴 미수 사건이 일어나고, 1871년에는 앞서 발생한 제너럴셔먼호 사건을 빌미로 미군이 침략했다가 물러갔어요(신미양요). 흥선 대원군은 신미양요 직후 통상 수교 거부 의지를 나타낸 척화비를 세웠지요.
따라서 병인박해가 일어난 시기는 고종 즉위(1863)와 오페르트 도굴 사건(1868) 사이의 시기인 (가)예요.

04 흥선 대원군의 집권 시기   정답 ④

키워드 문제분석
만동묘 철거 + 서원 철폐 = 흥선 대원군 집권기

흥선 대원군은 어린 고종을 대신하여 정치적 실권을 장악하고, 세도 정치의 폐단을 정리하여 조선의 전통적 질서를 회복하고자 하였어요. 이에 세도 가문의 권력 기반인 비변사의 기능을 약화시키고, 안동 김씨 세력을 일부 축출하였지요. 또한 민생 안정을 위해 호포제와 사창제를 실시하는 한편 만동묘 철폐를 시작으로 서원을 정리하였어요.

① 효종은 청의 요청에 따라 나선(러시아) 정벌에 조총 부대를 두 차례 파견하였어요.
② 철종은 임술 농민 봉기(1862)가 발생하자 이를 수습하기 위해 박규수를 안핵사로 파견하고 삼정이정청을 설치하였어요.
③ 순조 때 평안도(서북 지역)에 대한 차별과 지배층의 수탈에 반발하여 홍경래가 다양한 계층을 이끌고 봉기하였어요(홍경래의 난, 1811).
④ 흥선 대원군 집권기에 미국은 제너럴셔먼호 사건(1866)을 구실로 조선을 침략하였어요(신미양요, 1871).
⑤ 정조는 육의전을 제외한 시전 상인의 특권을 축소한 신해통공을 단행하였어요.

05 흥선 대원군 집권 시기의 사실   정답 ③

키워드 문제분석
경복궁 중건 = 흥선 대원군 집권 시기

경복궁 중건은 조선 고종 때 흥선 대원군이 집권하던 시기인 1865년부터 1868년에 추진되었어요.

ㄱ. 비변사는 조선 중종 때 3포 왜란을 계기로 처음 설치되었어요. 이후 국정 최고 기구의 역할을 하였다가 흥선 대원군 집권 시기에 철폐되었어요.
ㄴ. 흥선 대원군은 환곡의 폐단을 시정하고자 사창제를 전국적으로 실시하였어요.
ㄷ. 흥선 대원군은 경복궁 중건 비용을 마련하기 위해 기부금이라는 명목으로 원납전을 징수하였어요.
ㄹ. 《대전통편》은 이전에 편찬된 법령집을 통합하여 조선 정조 때 편찬되었어요.

정답과 해설

06 천주교   정답 ⑤

키워드 문제분석   병인박해 = 흥선 대원군 집권기의 천주교 박해

천주교는 유교식 제사 의식을 거부하고 평등사상을 내세웠기 때문에 유교를 국가의 통치 이념으로 삼은 조선 정부와 마찰을 빚을 수밖에 없었어요. 정조 때 신해박해(1791), 순조 때 신유박해(1801)가 일어났고, 흥선 대원군이 집권한 시기인 1866년에는 대대적인 천주교 박해인 병인박해가 일어났어요. 흥선 대원군이 프랑스 선교사를 이용하여 러시아의 남하를 저지하려고 한 시도가 무산되고 양반들의 천주교 금지 요구가 거세지자 9명의 프랑스 선교사를 포함한 수많은 천주교도가 처형되었어요. 병인박해는 이후 프랑스군이 강화도를 침략하는 병인양요(1866)의 원인이 되었지요.

① 조선 후기에 유행한 미륵 신앙은 미륵불이 세상을 구원한다고 예언하였어요.
② 동학은 《동경대전》과 《용담유사》를 경전으로 삼았어요.
③ 박중빈이 1910년대에 창시한 원불교는 간척 사업을 추진하고 허례허식 폐지, 근검절약 등의 새생활 운동을 전개하였어요.
④ 나철 등이 세운 대종교는 단군을 숭배의 대상으로 삼았어요.
⑤ 천주교는 17세기에 중국을 왕래하던 사신들에 의해 서학으로 소개되었어요. 그러다 일부 남인 계열 학자를 중심으로 종교로 받아들여졌어요.

07 병인양요   정답 ④

키워드 문제분석   프랑스군이 강화도 침략 + 외규장각 도서 약탈 = 병인양요

병인양요는 1866년에 병인박해가 일어나자 이를 구실로 같은 해에 프랑스군이 조선을 침략한 사건이에요. 이때 한성근 부대는 문수산성에서 프랑스군을 격퇴하였고, 양헌수 부대는 정족산성에서 활약하였어요. 프랑스군은 상황이 불리함을 깨닫고 철군하였으나, 퇴각 과정에서 외규장각에 보관 중이던 도서와 각종 문화유산을 약탈하였어요.

① 임오군란 때 조선 정부가 청에 도움을 요청하자 청이 군대를 파견해 난을 진압하였어요. 이후 갑신정변 때도 청군이 개화당 정부를 진압하면서 정변이 3일 만에 실패로 끝났어요.
② 임오군란의 결과 조선과 일본 사이에 제물포 조약이 체결되어 일본 공사관에 경비병이 주둔하게 되었어요.
③ 독일 상인인 오페르트가 통상 요구를 거절당하자 흥선 대원군의 아버지인 남연군의 묘를 도굴하려고 하였어요. 이 도굴 미수 사건은 두 차례의 양요와 함께 척화비가 건립되는 계기가 되었어요.
④ 병인양요 당시 양헌수가 이끄는 조선군은 정족산성에서 프랑스군을 물리쳤어요.
⑤ 갑신정변 이후인 1885년에 영국은 러시아의 남하 견제를 구실로 거문도를 불법 점령하였어요.

08 신미양요   정답 ④

키워드 문제분석   이양선 + 평양 감사 박규수가 관민을 이끌고 공격하여 불태움 = 제너럴셔먼호 사건

1866년에 무장을 갖춘 미국의 상선 제너럴셔먼호가 대동강을 거슬러 평양까지 들어와 통상을 요구하였어요. 조선 정부가 통상 요구를 거부하자 미국 선원들이 관리를 납치하고 약탈을 일삼는 등 횡포를 부렸어요. 이에 평양 감사 박규수의 지휘 아래 평양 관민들이 제너럴셔먼호를 불태워 침몰시켰는데, 이 사건을 제너럴셔먼호 사건이라고 해요.

① 1894년 1월에 전봉준 등은 고부 군수 조병갑의 수탈에 반발하여 전봉준의 주도로 농민들이 봉기하여 만석보를 파괴하였는데, 이를 고부 농민 봉기라고 해요. 이에 조선 정부가 사태 수습에 나서면서 농민군은 해산하였고, 이용태가 안핵사로 파견되었어요.
② 1608년 광해군 때 이원익의 건의로 경기도에 한해서 대동법을 처음 시행하였어요. 대동법은 효종 때 김육의 건의로 충청도로 확대되었고, 숙종 때 전국적으로 시행되었어요.
③ 1801년 순조 때 신유박해가 일어나 정약종, 이승훈 등 수많은 천주교도들이 처형되었어요.
④ 1871년에 미국은 제너럴셔먼호 사건을 구실로 로저스 제독이 이끄는 군함을 파견하여 강화도를 침략하였어요. 어재연이 이끄는 조선의 수비대는 광성보에서 끝까지 항전하였으나 결국 패하였어요(신미양요).
⑤ 1801년에 황사영은 신유박해가 일어나자 당시 베이징 교구의 주교에게 외국 군대의 출병을 요청하는 백서를 작성해 보내려 하다가 발각되었어요.

09 신미양요   정답 ①

키워드 문제분석   어재연 + 광성보 = 신미양요(1871)

1871년에 미국은 제너럴셔먼호 사건(1866)을 구실로 군함을 파견하여 강화도를 침략하였어요. 어재연이 이끄는 조선의 수비대는 광성보에서 끝까지 항전하였으나 결국 패하였고 어재연의 수(帥)자기를 빼앗기는 등 큰 피해를 입었지만 조선군의 거센 저항은 계속되었어요. 조선을 개항시키는 것이 쉽지 않다고 판단한 미국은 결국 물러났어요. 이 사건을 신미양요라고 해요.

① 1871년 신미양요 직후 흥선 대원군은 종로와 전국 각지에 척화비를 세워 통상 수교 거부 정책의 의지를 널리 알렸어요.
② 1866년에 대동강을 거슬러 평양에 들어온 미국 상선 제너럴셔먼호의 선원들이 약탈과 인명 살상 행위를 일삼자 박규수를 비롯한 평양 관민이 제너럴셔먼호를 불태워 침몰시켰어요(제너럴셔먼호 사건). 이 사건을 구실로 미국은 신미양요를 일으켰어요.
③ 1866년 병인양요 때 한성근 부대가 문수산성에서, 양헌수 부대가 정족산성에서 프랑스군을 격퇴하였어요.

④ 1801년 조선 순조 때 신유박해가 일어나 이승훈 등 수많은 천주교도들이 처형되었어요.
⑤ 1868년 독일 상인 오페르트가 통상 협정에 이용하기 위해 흥선 대원군의 아버지인 남연군의 묘를 도굴하려 하였으나 실패하였어요.

10 신미양요   정답 ④

| 키워드 문제분석 | 강화도 광성보 + 미군의 침입 + 어재연 = 신미양요(1871) |

미국은 1866년에 대동강에서 일어난 제너럴셔먼호 사건을 빌미로 조선에 배상금 지불과 개항을 요구하였어요. 흥선 대원군이 이를 거부하자 미국은 1871년에 강화도를 침입하는 신미양요를 일으켰어요. 미군이 초지진을 함락하고 광성보를 공격해 오자 어재연이 조선 수비대를 이끌고 항전을 벌였지만 패하고 말았어요. 미군은 강화도를 점령하였으나 조선의 항전이 계속되고 통상 요구에 대한 조선 정부의 입장이 변하지 않자, 조선을 개항하기 쉽지 않다고 판단해 물러났어요.

1866년 병인박해를 구실로 프랑스가 강화도를 침입한 병인양요 이후 조선 정부는 외세의 침입에 대비하여 국방력을 강화하였어요. 그러던 중 독일 상인 오페르트가 흥선 대원군의 아버지인 남연군의 묘를 도굴하여 협상에 이용하려다가 실패하는 사건이 일어나기도 하였어요. 이후 미국이 제너럴셔먼호 사건을 구실로 강화도를 침입하는 신미양요를 일으켰어요. 어재연을 비롯한 조선군의 항전 끝에 미군이 물러간 뒤 흥선 대원군은 서양의 통상 요구에 대한 거부 의지를 널리 알리기 위해 전국 각지에 척화비를 세웠어요.
따라서 신미양요(1871)가 일어난 시기는 '오페르트 도굴 사건(1868)'과 '척화비 건립(1871)' 사이의 시기인 (라)예요.

11 제너럴셔먼호 사건   정답 ②

| 키워드 문제분석 | 평양 군민들이 대동강에서 이양선을 격침함 = 제너럴셔먼호 사건 |

고종이 즉위하고 정권을 잡은 흥선 대원군은 1866년에 프랑스 신부를 포함하여 수천 명의 천주교도를 처형하였어요(병인박해). 같은 해에 미국 상선 제너럴셔먼호가 평양에서 통상을 요구하며 행패를 부리자 박규수를 비롯한 평양 관민들이 배를 불태워 침몰시켰는데, 이 사건을 제너럴셔먼호 사건이라고 해요.

① 1801년에 황사영은 수많은 천주교도들이 처형되는 신유박해가 일어나자 당시 베이징 교구의 주교에게 외국 군대의 출병을 요청하는 백서를 보내려 하다가 발각되었어요(황사영 백서 사건).

② 미국은 1866년에 일어난 제너럴셔먼호 사건을 빌미로 조선에 개항을 요구하였어요. 그러나 흥선 대원군이 이를 거부하자 1871년에 강화도를 침입하는 신미양요를 일으켰어요.
③ 1894년 동학 농민 운동 과정에서 전주성을 점령한 농민군은 외세의 개입을 막기 위해 조선 정부와 전주 화약을 체결하였어요.
④ 1866년 병인양요 당시 프랑스군은 퇴각하면서 외규장각에 보관하고 있던 《의궤》 등 수많은 외규장각 도서를 약탈해 갔어요.
⑤ 1868년에 독일 상인인 오페르트가 흥선 대원군의 아버지인 남연군의 묘를 도굴하려고 하였어요. 이 도굴 미수 사건은 두 차례의 양요와 함께 척화비 건립의 계기가 되었어요.

12 흥선 대원군의 정책   정답 ③

| 키워드 문제분석 | • 만동묘 철폐 = (가) 만동묘 철폐(1865)
 • 최익현 대원군 탄핵 = (나) 흥선 대원군 탄핵(1873) |

(가) 만동묘는 임진왜란 때 조선을 도와준 명의 신종을 제사 지내는 사당이에요. 조선 고종 때 흥선 대원군은 1865년에 만동묘를 철폐하고 서원은 47개소만 남기고 정리하였어요.
(나) 최익현은 1873년에 계유상소를 올려 흥선 대원군의 개혁을 비판하였어요. 최익현의 상소는 친정을 원했던 고종의 뜻과도 일치해 흥선 대원군의 하야에 영향을 주었어요.
따라서 만동묘가 철폐된 1865년 이후부터 최익현이 계유상소를 올린 1873년 이전까지의 사실을 골라야 해요.

① 별기군은 개화 정책의 일환으로 (나) 이후인 1881년에 창설된 신식 군대예요.
② 독립신문은 (나) 이후인 1896년에 서재필이 창간한 우리나라 최초의 민간 신문으로, 독립 협회에서 발간하였어요.
흥선 대원군은 신미양요 이후 1871년에 전국 각지에 척화비를 건립하여 통상 수교 거부 의지를 널리 알렸어요.
④ 김옥균 등의 급진 개화파는 (나) 이후인 1884년에 우정총국 개국 축하연을 기회로 삼아 갑신정변을 일으켰어요.
⑤ (나) 이후인 1882년에 임오군란의 영향으로 조선과 청 사이에 조·청 상민 수륙 무역 장정이 체결되었어요.

13 개항과 조약   정답 ②

| 키워드 문제분석 | • 조선은 자주 국가, 조선 사건을 일본국 관원이 판결 = (가) 강화도 조약(1876)
 • 조선, 미국, 세금 = (나) 조·미 수호 통상 조약(1882) |

1876년에 조선은 운요호 사건을 계기로 일본과 강화도 조약(조·일 수호 조규)을 체결하고 개항하였어요. 강화도 조약은 우리나라가 외국과 맺은 최초의 근대적 조약이었으나 일본에게 조선의 해안 측량권, 영사 재판권 등을 인정한 불평등 조약이었어요. 또한, 일본은 청의 간섭을 배제하려는 목적으로 조선을 자주 국가라고 명시하였어

정답과 해설

요. 1882년에 조선은 청의 알선과 《조선책략》의 영향을 받아 미국과 조·미 수호 통상 조약을 체결하였어요. 이 조약에는 거중 조정, 최혜국 대우, 낮은 세율의 관세 부과, 영사 재판권 등의 조항이 규정되었어요.

따라서 '강화도 조약(1876)'과 '조·미 수호 통상 조약(1882)' 사이의 시기에 일어난 일을 골라야 해요.

① 1894년 제1차 갑오개혁 때 공사 노비법이 혁파되면서 공식적으로 신분제가 폐지되었어요.
②⃝ 1880년에 조선은 개화 정책을 추진하기 위해 총괄 기구로 통리기무아문을 설치하였어요.
③ 1898년에 대한 제국 황실과 미국인이 공동 출자하여 우리나라 최초의 전기 회사인 한성 전기 회사가 설립되었어요.
④ 1895년 을미개혁 시기에 '건양' 연호 제정, 태양력 채택, 단발령 시행, 종두법 시행, 소학교 설치 등의 개혁이 추진되었어요.
⑤ 1895년 제2차 갑오개혁 때 지방 행정 구역을 8도에서 23부로 개편하였어요.

14 강화도 조약   정답 ⑤

키워드 문제분석   조·일 수호 조규 + 1876년 = 강화도 조약

강화도 조약은 1876년에 일본과 맺은 조약으로, 조·일 수호 조규라고도 해요. 강화도 조약은 운요호 사건과 통상 개화론의 확산을 배경으로 체결되었어요. 이 조약으로 조선은 부산 외 2개 항구를 개항하고, 일본의 영사 재판권과 해안 측량권을 인정하였어요. 강화도 조약은 조선이 외국과 맺은 최초의 근대적 조약이자 일본에 유리한 불평등 조약이었어요.

① 조·미 수호 통상 조약(1882)은 조선이 맺은 조약 중 최혜국 대우를 최초로 규정한 조약이며, 거중 조정 등의 내용이 포함되었어요.
② 을사늑약(1905)의 체결로 통감부가 설치되고 대한 제국의 외교권이 강탈되었어요.
③ 조·프 수호 통상 조약(1886)은 천주교 포교의 근거가 됐어요.
④ 임오군란을 계기로 조선과 일본 사이에 체결된 제물포 조약(1882)에서 일본 경비병의 공사관 주둔이 명시되었어요.
⑤⃝ 강화도 조약으로 부산과 인천, 원산에 개항장이 설치되었어요.

15 개화 정책의 추진   정답 ②

키워드 문제분석
- 수신사 김기수 = (가) 제1차 수신사(1876)
- 어윤중, 일본 염탐 = (나) 조사 시찰단(1881)

(가) 조선 정부는 강화도 조약 체결 이후 일본의 요청에 따라 1876년에 김기수를 제1차 수신사로 파견하였어요.

(나) 1881년에 박정양, 어윤중 등은 조사 시찰단의 일원으로 일본에 파견되었어요. 조사 시찰단은 당시 부정적인 여론을 의식하여 암행어사의 형태로 비밀리에 파견되었어요.

따라서 제1차 수신사가 파견된 1876년 이후부터 조사 시찰단이 파견된 1881년 이전까지의 사실을 골라야 해요.

① 조선은 조·미 수호 통상 조약 체결 이후 미국 공사의 부임에 대한 답례로 (나) 이후인 1883년 미국에 보빙사를 파견하였어요.
②⃝ 조선 정부는 1880년에 개화 정책 추진을 총괄하는 통리기무아문과 산하 기구인 12사를 신설하였어요.
③ 일본은 (가) 이전인 1875년에 군함 운요호를 파견하여 강화도와 영종도를 공격하였어요(운요호 사건).
④ 조선 정부는 (나) 이후인 1895년에 교원 양성을 위한 한성 사범학교를 설립하였어요.
⑤ 조선은 (나) 이후인 1886년에 프랑스와 조·프 수호 통상 조약을 체결하여 천주교 포교를 허용하였어요.

16 영선사   정답 ①

키워드 문제분석   청에 파견 + 김윤식 = 영선사

조선 정부는 1881년에 영선사 김윤식을 대표로 유학생, 기술자를 청에 파견하였어요. 이들은 청의 기기국에서 근대식 무기 제조 기술을 습득하고 돌아왔어요.

①⃝ 영선사 파견을 계기로 근대식 무기 제조 공장인 기기창이 설립되었어요.
② 회답 겸 쇄환사는 임진왜란 때 일본으로 끌려간 조선인을 데려오기 위해 조선에서 파견한 사절단이에요.
③ 1880년에 제2차 수신사로 일본에 파견되었던 김홍집은 《조선책략》을 국내에 들여와 소개하였어요.
④ 민영익, 홍영식, 서광범 등은 미국 공사 부임에 대한 답방으로 1883년에 보빙사로 미국에 파견되었어요.
⑤ 조사 시찰단은 문물 시찰을 위해 1881년 일본에 비밀리에 파견되었어요.

17 임오군란   정답 ⑤

키워드 문제분석   구식 군인들에 대한 차별 대우로 발생 = 임오군란

1882년에 일어난 임오군란은 신식 군대인 별기군에 비해 차별 대우를 받던 구식 군인들의 불만이 폭발하여 일어난 사건이에요. 구식 군인들은 민태호와 민겸호 등 민씨 일파와 일본 공사관 등을 공격하였어요. 그러나 민씨 일파의 요청으로 파견된 청군에 의해 난은 진압되었어요.

 시대별 기출문제집 심화

① 갑신정변 당시 급진 개화파는 입헌 군주제를 표방한 근대 국가를 수립하고자 하였으며 이후 독립 협회, 헌정 연구회 등의 단체가 입헌 군주제 수립을 목표로 하였어요.
② 임오군란은 청 군대에 의해 진압되었어요. 조선 총독부는 1910년 국권 피탈 이후에 설치되었어요.
③ 김옥균 등 급진 개화파는 우정총국 개국 축하연 자리를 이용하여 갑신정변을 일으키고 개화당 정부를 수립하였지만, 청군의 개입으로 3일 만에 실패로 끝났어요.
④ 제2차 갑오개혁 과정에서 고종은 개혁의 기본 방향을 밝힌 홍범 14조를 반포하였어요.
⑤ 임오군란 이후 조선 정부는 일본과 제물포 조약을 체결하여 일본에 배상금을 지불하고, 일본 공사관 경비를 위한 일본군의 주둔을 허용하였어요.

18 임오군란 정답 ④

키워드 문제분석 공사관, 민태호와 민겸호 습격 + 일본인 교관 피해 = 임오군란

1882년에 일어난 임오군란은 신식 군대인 별기군에 비해 차별 대우를 받던 구식 군인들의 불만이 폭발하여 일어난 사건이에요. 구식 군인들은 민태호와 민겸호 등 민씨 일파와 일본 공사관 등을 공격하였어요. 그러나 민씨 일파의 요청으로 파견된 청군에 의해 난은 진압되었어요.

① 1894년 동학 농민 운동 과정에서 전주성을 점령한 농민군은 외세의 개입을 막기 위해 조선 정부와 전주 화약을 체결하였어요.
② 독립 협회는 관민 공동회를 개최하여 헌의 6조를 결의하는 등 입헌 군주제 수립을 목표로 활동하였어요.
③ 1876년 강화도 조약(조·일 수호 조규) 체결 직후 조선 정부는 김기수를 일본에 수신사로 파견하였어요.
④ 1882년 신식 군대인 별기군에 비해 처우가 매우 열악하였던 구식 군인들은 차별 대우에 불만이 폭발하여 난을 일으켰는데, 이 사건이 임오군란이에요.
⑤ 1884년에 급진 개화파는 우정총국 개국 축하연에서 갑신정변을 일으켰어요. 그러나 정변은 청군이 개입하면서 3일 만에 실패로 끝났어요. 이후 정변을 주도하였던 김옥균, 박영효 등은 일본으로 망명하였어요.

19 임오군란 정답 ④

키워드 문제분석 구식 군인 차별 대우 = 임오군란

조선 정부는 1881년에 신식 군대인 별기군을 창설하였어요. 구식 군대의 군인들은 신식 군대인 별기군에 비하여 차별 대우를 받자 분개하여 폭동을 일으켰어요(임오군란, 1882). 청은 군대를 파견하여 난을 진압하였고, 사건의 책임을 물어 흥선 대원군을 청으로 압송하였어요.

① 조선 정부는 임술 농민 봉기(진주 농민 봉기, 1862)를 계기로 삼정의 문란을 바로잡기 위해 삼정이정청을 설치하였어요.
② 신미양요(1871) 당시 어재연 부대는 광성보에서 미군의 강화도 침략에 끝까지 항전하였어요.
③ 신미양요(1871) 직후 흥선 대원군은 전국 각지에 척화비를 세워 통상 수교 거부 의지를 널리 알렸어요.
④ 청은 임오군란(1882)을 진압한 이후 조선과 조·청 상민 수륙 무역 장정을 체결하여 청 상인의 이권을 인정받았어요.
⑤ 일본은 조선을 강제로 개항시키기 위하여 운요호 사건(1875)을 일으켰어요. 이후 강화도 조약이 체결되었어요.

20 조·미 수호 통상 조약 정답 ③

키워드 문제분석 청의 알선으로 서양과 맺은 최초의 조약 = 조·미 수호 통상 조약

조·미 수호 통상 조약은 조선이 청의 알선과 《조선책략》의 영향을 받아 서양과 맺은 최초의 조약이에요. 제2차 수신사로 일본에 파견된 김홍집이 가져온 《조선책략》의 내용이 국내에 유포되고, 조선 정부 내에서도 미국에 우호적인 여론이 형성되어 1882년에 조·미 수호 통상 조약이 체결되었어요.

① 일본과 맺은 강화도 조약(조·일 수호 조규)에 따라 부산, 원산, 인천 항구가 차례대로 개항되었어요.
② 제2차 수신사로 일본에 파견된 김홍집은 귀국길에 황준헌(황쭌셴)이 지은 《조선책략》을 가지고 들어왔어요. 황준헌은 《조선책략》에서 러시아를 막기 위해서는 조선이 중국, 일본, 미국과 손잡아야 한다고 주장하였어요. 《조선책략》의 내용이 국내에 유포되자 이만손 등 영남 유생들이 미국과의 수교에 반대하는 영남 만인소를 올렸어요. 하지만 조선 정부는 이들을 탄압하고 조·미 수호 통상 조약을 체결하였어요.
③ 조선은 조·미 수호 통상 조약 체결 이후 미국의 공사 파견에 대한 답례로 민영익, 홍영식, 서광범, 유길준 등을 보빙사로 미국에 파견하였어요.
④ 1875년에 일본의 군함 운요호가 허락 없이 강화도로 접근하여 영종도를 공격하였어요(운요호 사건). 이 사건을 계기로 조선은 일본과 강화도 조약(조·일 수호 조규)을 체결하였어요.
⑤ 개항 이후 조선은 개화 정책을 추진하기 위해 총괄 기구로 통리기무아문을 설치하였어요.

21 조·미 수호 통상 조약 정답

키워드 문제분석 최혜국 대우 + 미국 + 서양 국가와 최초 체결 = 조·미 수호 통상 조약

강화도 조약 체결 이후 김홍집이 일본에서 가져온 《조선책략》이 유

정답과 해설 081

정답과 해설

포되면서 미국에 대한 관심이 커졌어요. 이에 조선은 청의 알선으로 1882년에 미국과 조·미 수호 통상 조약을 체결하였어요.

① 1866년 병인박해를 계기로 병인양요가 일어났어요.
② 1884년 갑신정변을 계기로 한성 조약, 톈진 조약이 체결되었어요.
③ 1905년 을사늑약을 계기로 1906년 통감부가 설치되었어요.
④ 조·미 수호 통상 조약에는 거중 조정 조항과 더불어 영사 재판권, 최혜국 대우 조항도 포함되었어요.
⑤ 1904년 체결된 제1차 한·일 협약을 근거로 대한 제국의 재정 고문으로 메가타가, 외교 고문으로 스티븐스가 부임하였어요.

22 보빙사   정답 ⑤

키워드 문제분석   미국 공사 부임에 대한 답례로 파견 = 보빙사

조선은 조·미 수호 통상 조약 체결 이후 미국 공사 내한에 대한 답례로 1883년에 전권대신 민영익 등을 보빙사로 미국에 파견하였어요.

① 조선은 강화도 조약 체결 이후 일본에 제1차 수신사로 김기수, 제2차 수신사로 김홍집을 파견하였어요.
② 제2차 수신사로 일본에 파견되었던 김홍집은 《조선책략》을 들여왔어요.
③ 조선은 청에 김윤식을 영선사로 파견해 무기 제조 기술을 배워 오게 한 후 근대식 무기 제조 공장인 기기창을 설치하였어요.
④ 조선은 일본에 박정양을 중심으로 한 조사 시찰단을 암행어사 형태로 비밀리에 파견하였어요.
⑤ 조선 정부는 미국 공사 부임에 대한 답례로 1883년에 민영익 등을 보빙사로 미국에 파견하였어요.

23 갑신정변   정답 ①

키워드 문제분석   우정국 옆에서 불이 일어남 + 어젯밤의 사변에 따라 독립당이 정권을 획득함 + 박영효, 김옥균, 서광범 = 갑신정변(1884)

1884년에 김옥균, 박영효, 서광범 등 급진 개화파는 우정총국 개국 축하연을 이용하여 정변을 일으키고 개화당 정부를 수립한 후 근대 국가 수립을 위한 개혁 정강을 발표하였어요(갑신정변). 개화당 정부는 청과의 사대 관계 청산, 호조로의 재정 일원화, 지조법 개혁, 문벌 폐지, 인민 평등권 마련, 능력에 따른 인재 등용 등의 내용을 담은 개혁안을 발표하고 개혁을 추진하려 하였으나 청군의 개입으로 3일 만에 실패하였어요.

1884년 갑신정변 이후 조선과 일본 사이에 일본 공사관 증축 비용과 배상금 지불 등을 약속한 한성 조약이 체결되었어요.

② 개항 후인 1881년에 조선 정부는 개화 정책 중 하나로 신식 군대인 별기군을 창설하고, 5군영을 무위영과 장어영의 2영으로 통합하였어요.
③ 1881년에 김윤식이 이끄는 유학생들이 청에 영선사로 파견되었어요. 이들은 청의 근대식 무기 제조 공장인 기기국에서 무기 제조 기술을 배우고 돌아왔어요.
④ 1875년에 일본의 군함 운요호가 허락 없이 강화도로 접근하여 영종도를 공격하였어요(운요호 사건). 이 사건을 계기로 조선은 일본과 강화도 조약(조·일 수호 조규)을 체결하였어요.
⑤ 1880년에 조선은 개화 정책을 추진하기 위해 총괄 기구로 통리기무아문을 설치하였어요.

24 갑신정변 이후의 사실   정답 ⑤

키워드 문제분석   우정국 개국 축하연 = 갑신정변

1884년에 김옥균, 박영효, 홍영식, 서광범 등의 급진 개화파가 우정총국 개국 축하연에서 정변을 일으켰어요(갑신정변). 이들은 일본의 메이지 유신을 본보기로 삼아 급진적 개혁을 추진하였어요. 개화당 정부를 세우고, 청에 대한 사대 관계 폐지, 인민 평등권 확립, 호조로의 재정 일원화 등의 내용을 담은 14개조 개혁 정강을 반포하였지요. 하지만 갑신정변은 청군의 빠른 개입으로 3일 만에 실패로 돌아갔어요.

① 1876년에 조선은 강화도 조약 체결 이후 김기수를 일본에 제1차 수신사로 파견하였어요.
② 1866년에 대동강을 거슬러 올라온 제너럴셔먼호가 통상을 요구하다 거절당한 후 약탈과 난동을 부리자 평양 관민이 제너럴셔먼호를 불태웠어요.
③ 1875년에 일본은 군함 운요호를 보내 강화도를 불법 침입하였어요. 그러자 조선군은 운요호에 방어 사격을 하였고, 일본군은 초지진 포대를 무너뜨린 뒤 영종도에서 약탈을 자행하였어요. 일본은 조선군이 공격하였다는 것을 구실 삼아 조선에 개항을 요구하였어요.
④ 1862년에 경상남도 진주의 백성들이 경상 우병사 백낙신의 수탈에 반발해 봉기를 일으켰어요. 사태 수습을 위해 안핵사로 파견된 박규수는 민란의 원인이 삼정의 문란에 있다고 보아 이를 시정하기 위한 삼정이정청 설치를 정부에 건의하였어요.
갑신정변의 결과, 조선과 일본 사이에는 한성 조약(1884), 청과 일본 사이에는 톈진 조약(1885)이 체결되었어요. 톈진 조약을 통해 청과 일본은 조선에서 군대를 철수하고 어느 한쪽이 군대를 파견하면 그 사실을 상대측에게 알리도록 하였어요.

25 갑신정변   정답 ⑤

키워드 문제분석   우정총국 개국 연회 = 갑신정변(1884)

082 시대별 기출문제집 심화

갑신정변은 1884년에 급진 개화파가 우정총국 개국 축하연을 이용하여 일으킨 정변이에요. 김옥균, 박영효, 홍영식, 서광범 등 급진 개화파는 일본의 메이지 유신을 본보기로 삼아 청의 간섭에서 벗어나 문명개화와 부국강병을 추진하기 위해 정변을 일으켰어요. 그러나 청군이 개입하면서 정변은 3일 만에 실패하였고, 한성 조약과 톈진 조약이 체결되었어요. 갑신정변을 주도한 김옥균은 일본으로 망명하였어요.

① 1882년에 임오군란이 일어나자 정권을 다시 장악한 흥선 대원군은 개화 정책의 일환으로 설치된 별기군을 폐지하고 5군영을 부활시켰어요.
② 강화도 조약 체결 이후인 1876년, 조선은 김기수를 제1차 수신사로 일본에 파견하였어요.
③ 1860년대에 이항로와 기정진은 척화주전론을 주장하며 흥선 대원군의 통상 수교 거부 정책을 뒷받침하였어요.
④ 1882년에 임오군란이 일어나자 명성 황후는 장호원으로 피신하였고, 흥선 대원군이 일시적으로 정권을 다시 장악하였어요.
⑤ 김옥균 등 급진 개화파는 1884년에 갑신정변을 일으켜 개화당 정부를 수립한 후 14개조 개혁 정강을 발표하였으나 청군의 개입으로 3일 만에 실패하였어요.

26 거문도 사건 정답 ③

> **키워드 문제분석**
> 영국군이 점령 + 러시아 남진 저지 구실
> = 거문도 사건

갑신정변 이후 청의 내정 간섭이 더욱 심해지자, 고종이 러시아와 비밀 협약을 추진하였어요. 이에 영국은 러시아의 남진을 막는다는 명분을 내세워 1885년에 거문도를 불법 점령하였어요. 이후 영국은 청의 중재로 조선의 영토를 점령하지 않겠다는 러시아의 약속을 받고 1887년에 거문도에서 철수하였어요.

갑신정변(1884) 이후 영국은 러시아의 남진을 막는다는 명분을 내세워 동양 함대를 파견하여 1885년부터 1887년까지 거문도를 불법 점령하였으므로, 대화의 상황이 나타난 시기는 (다)예요.

27 개화 정책의 추진과 위정척사 운동 정답 ①

> **키워드 문제분석**
> • 최익현의 개항 반대 = (가) 1876년
> • 영남 만인소 = (나) 1881년

(가) 최익현은 1876년에 일본과 교역하게 될 경우 조선에게 불리한 점을 언급하며 개항에 반대하는 〈지부복궐척화의소〉를 올렸어요.
(나) 제2차 수신사로 일본에 다녀온 김홍집이 가져온 《조선책략》이 국내에 유포되자 이에 반발하며 1881년에 영남 지방의 유생들이 만인소를 올렸어요.

따라서 최익현의 〈지부복궐척화의소〉를 올린 1876년 이후부터 영남 만인소가 올라간 1881년 이전까지의 사실을 골라야 해요.

① 김기수는 강화도 조약이 체결된 직후인 1876년에 제1차 수신사로 일본에 다녀왔어요.
② 영국은 러시아의 남하를 견제한다는 구실로 1885년부터 1887년까지 거문도를 불법으로 점령하였어요(거문도 사건).
③ 평양 관민이 대동강을 거슬러 올라와 통상을 요구하며 약탈을 자행한 제너럴셔먼호를 불태운 것은 1866년의 사실이에요.
④ 1882년에 거중 조정이 포함된 조·미 수호 통상 조약이 체결되었어요.
⑤ 양헌수 부대가 정족산성에서 프랑스군을 격퇴한 것은 1866년 병인양요 때의 사실이에요.

28 동학 농민 운동 정답 ①

> **키워드 문제분석**
> 전주성 점령 → (가) 전주 화약 → 청·일 전쟁 발발
> → 일본의 경복궁 점령 → 논산 집결 → 우금치 전투

전주성을 점령한 동학 농민군은 청과 일본의 개입을 막기 위해 서둘러 정부와 전주 화약을 맺고 해산한 뒤, 집강소를 설치하여 폐정 개혁을 추진해 나갔어요. 한편, 일본은 조선 정부의 철수 요청에 응하지 않고 경복궁을 점령하고 조선의 내정에 간섭하였어요. 이에 동학 농민군은 일본군 타도를 기치로 재봉기하였어요. 동학의 남접과 북접이 논산에 모여 연합 부대를 결성하고 서울로 북상하였으나, 공주 우금치에서 일본군과 관군의 연합 부대를 만나 패배하였어요.
따라서 '동학 농민군의 전주성 점령(1894. 4.)'과 '우금치 전투(1894. 11.)' 사이 시기의 일을 골라야 해요.

일본군이 경복궁을 점령하자 1894년 10월에 동학 농민군은 논산에 집결하여 북상하였어요.
② 동학 농민군이 황토현에서 관군을 격파한 것은 1894년 4월로, 전주성 점령 이전의 사실이에요.
③ 동학 농민군이 백산에 모여 4대 강령과 격문을 선포한 것은 1894년 3월로, 고부 민란 이후의 사실이에요.
④ 최시형이 동학의 제2대 교주가 된 것은 1863년으로, 고부 민란 이전의 사실이에요.
⑤ 동학의 교조인 최제우의 신원을 요구한 삼례 집회가 열린 것은 1892년으로, 고부 민란 이전의 사실이에요.

29 동학 농민 운동 정답 ①

> **키워드 문제분석**
> 전주성을 점령한 동학 농민군이 정부와 화약을 체결함
> = 동학 농민군의 1차 봉기(1894. 5.)

고부 농민 봉기 이후 안핵사로 파견된 이용태가 봉기 참여자를 동학 교도로 몰아 탄압하였어요. 이에 전봉준 등 동학 지도자들은 농민

정답과 해설 083

군을 조직하고 백산에서 보국안민과 제폭구민을 내세우며 봉기하였어요. 동학 농민군은 관군과 벌인 황토현 전투와 황룡촌 전투에서 거듭 승리하며 세력을 키웠고, 전주성을 공격하여 점령하였어요. 이후 동학 농민군은 청군과 일본군이 조선에 들어오자 외세의 개입을 막기 위해 서둘러 조선 정부와 전주 화약을 체결한 후 스스로 해산하였어요.

① 동학 농민군의 2차 봉기 때인 1894년 10월에 전봉준이 이끈 남접과 손병희가 이끈 북접은 논산에 집결해 연합 부대를 결성하였어요.
② 동학 농민군의 1차 봉기 때인 1894년 4월에 동학 농민군은 황룡촌 전투에서 관군에 승리하였어요.
③ 1893년 3월에 교조 신원과 동학교도에 대한 탄압 중지, 외세 척결, 탐관오리 척결 등을 요구하는 보은 집회가 개최되었어요.
④ 1894년 3월에 고부 농민 봉기 사태 수습을 위해 이용태가 안핵사로 파견되었으나 오히려 봉기에 참여한 농민군을 탄압하자 전봉준을 비롯한 농민들과 동학교도가 백산에서 다시 봉기하였어요.
⑤ 1894년 1월에 고부 군수 조병갑의 수탈에 반발하여 전봉준이 농민들을 이끌고 고부 관아를 습격하였는데, 이를 고부 농민 봉기라고 해요. 이에 조선 정부가 사태 수습에 나서면서 농민군은 해산하였고, 이용태가 안핵사로 파견되었어요.

30 동학 농민 운동   정답 ④

키워드 문제분석
- 보은 집회를 개최함
  = (가) 교조 신원 운동(보은 집회, 1893)
- 동학 농민군, 황토현 = (나) 황토현 전투(1894. 4.)

1860년에 동학을 창시한 최제우는 세상을 어지럽히고 백성을 속인다는 혹세무민의 죄목으로 처형되었어요. 이후 동학의 제2대 교주 최시형은 교조 최제우의 누명을 풀어 줄 것을 요구하는 교조 신원 운동을 이끌었어요. 동학교도들은 1892년에 삼례에서, 1893년에 보은에서 집회를 열었어요. 고부 농민 봉기 이후 안핵사로 파견된 이용태가 봉기 참여자를 동학교도로 몰아 탄압하였어요. 이에 동학 지도자들은 농민군을 조직하고 백산에서 보국안민과 제폭구민을 내세우며 봉기하였어요. 동학 농민군은 관군과 벌인 황토현 전투와 황룡촌 전투에서 거듭 승리하였고, 전주성을 공격하여 점령하였어요. 따라서, '교조 신원 운동(보은 집회, 1893)'과 '황토현 전투(1894. 4.)' 사이의 시기에 일어난 일을 골라야 해요.

① 동학 농민군의 2차 봉기 때인 1894년 10월에 전봉준이 이끈 남접과 손병희가 이끈 북접은 논산에 집결해 연합 부대를 결성하였어요. (나) 이후의 사실이에요.
② 전주 화약 체결 이후인 1894년 6월, 조선 정부는 개혁을 추진하기 위한 기구로 교정청을 설치하고 청·일 양국 군대의 철병을 요구하였어요. (나) 이후의 사실이에요.
③ 전주 화약 체결 이후 조선 정부의 철병 요청에 응하지 않은 일본군이 경복궁을 무력으로 점령하자 동학 농민군은 일본군 타도를 기치로 다시 봉기하였어요. (나) 이후의 사실이에요.
④ 1894년 1월에 고부 군수 조병갑의 수탈에 맞서 전봉준의 주도로 농민들이 봉기하여 만석보를 파괴하였는데, 이를 고부 농민 봉기라고 해요.
⑤ 동학 농민군의 2차 봉기 때인 1894년 11월에 남접과 북접의 연합 부대가 공주 우금치에서 관군과 일본군에 맞서 싸웠지만 크게 패하였어요. (나) 이후의 사실이에요.

31 제1차 갑오개혁   정답 ④

키워드 문제분석
군국기무처에서 개혁안 발표 = 제1차 갑오개혁

1894년에 일본의 강요로 구성된 김홍집 내각은 최고 정책 결정 기관으로 군국기무처를 설치하고 제1차 갑오개혁을 추진하였어요. 군국기무처는 과거제 폐지, 연좌제 금지, 공·사 노비법(신분제) 폐지, 과부의 재가 허용 등을 결정하였고 개국 기년 사용, 궁내부 설치, 6조를 80문으로 개편, 탁지아문으로의 재정 일원화, 은 본위제 채택, 조세의 금납화, 조혼 금지 등의 개혁을 추진하였어요. 그러나 청·일 전쟁에서 승기를 잡은 일본이 조선에 적극적으로 간섭하면서 군국기무처는 폐지되었고, 새로 구성된 김홍집과 박영효의 연립 내각이 제2차 갑오개혁을 추진하였어요.

ㄱ. 을미개혁 때 '건양' 연호 제정, 태양력 채택, 단발령 실시, 종두법 시행, 소학교 설치 등의 개혁이 이루어졌어요.
ㄴ. 제1차 갑오개혁 때 재정에 관한 모든 사무를 탁지아문으로 일원화하였어요.
ㄷ. 대한 제국은 광무개혁 당시 양전 사업을 실시하여 근대적 토지 소유 증명서인 지계를 발급하였어요.
ㄹ. 제1차 갑오개혁 때 조혼을 금지하고 과부의 재가를 허용하였어요.

32 제1차 갑오개혁   정답 ③

키워드 문제분석
군국기무처의 개혁 추진 = 제1차 갑오개혁

① 대한 제국이 실시한 광무개혁 시기에 황제 직속의 군 통수 기관인 원수부가 설치되었어요.
② 제2차 갑오개혁 시기에 재판소가 설치되면서 사법권의 독립이 이루어졌어요.
③ 제1차 갑오개혁 시기에 은 본위제를 채택하였어요.
④ 을미개혁 시기에 태양력을 공식 채택하였어요. 또한, '양력을 세운다.'는 뜻을 가진 '건양' 연호를 제정하였고, 단발령 시행, 종두법 시행, 소학교 설치 등의 개혁이 추진되었어요.

084 시대별 기출문제집 심화

⑤ 조선 정부는 개항 후인 1881년에 개화 정책 중 하나로 신식 군대인 별기군을 창설하였고, 5군영을 무위영과 장어영의 2영으로 통합하였어요.

33 갑오개혁과 을미개혁   정답 ⑤

키워드 문제분석
김홍집과 박영효 내각 + 재판소 설치
= 제2차 갑오개혁

청·일 전쟁에서 승기를 잡은 일본은 조선의 내정에 적극적으로 개입하여 김홍집·박영효 연립 내각을 출범시켰어요. 이에 따라 군국기무처가 폐지되고 제2차 갑오개혁이 추진되었어요. 제2차 갑오개혁이 추진되면서 재판소 설치, 지방 행정 구역의 23부 개편, 교육입국 조서 반포 등이 이루어졌어요. 고종은 이런 개혁을 추진하기에 앞서 개혁의 기본 방침을 담은 홍범 14조를 반포하였지요.

① 고종은 구본신참을 원칙으로 한 광무개혁의 추진 과정에서 대한국 국제를 반포하고, 황제 직속의 원수부를 설치하였어요.
② 조선 정부는 개화 정책을 추진하는 과정에서 1881년에 영선사 김윤식과 유학생, 기술자를 청에 파견하였고, 귀국 후 이들의 경험을 바탕으로 근대식 무기 제조 공장인 기기창을 설립하였어요.
③ 제1차 갑오개혁 때 공사 노비법(신분 제도)이 혁파되고 과거 제도가 폐지되었어요.
④ 을미개혁을 통해 태양력이 채택되고 '건양'이라는 연호가 제정되었어요.
⑤ 제2차 갑오개혁 때 교육입국 조서가 반포되어 근대식 교육 제도의 기반이 마련되었고, 이에 따라 한성 사범 학교 관제 등이 제정되었어요.

34 을미개혁   정답 ③

키워드 문제분석
태양력 도입 = 을미개혁

청·일 전쟁에서 승리한 일본은 청으로부터 막대한 배상금과 함께 랴오둥반도와 타이완을 할양받았어요. 그러자 동아시아에서 세력 확대를 꾀하던 러시아가 프랑스와 독일을 끌어들여 일본이 랴오둥반도를 청에 반환하도록 하였어요(삼국 간섭, 1895). 이러한 정세 변화를 지켜본 조선 정부가 러시아에 접근하자, 위기의식을 느낀 일본은 친러 정책의 핵심 인물이 명성 황후라고 판단하고 경복궁에 침입하여 명성 황후를 시해하였어요(을미사변, 1895). 을미사변으로 조선 정부를 장악한 일본은 김홍집 내각을 구성하고 을미개혁을 추진하였어요.

① 대한 제국은 광무개혁 과정에서 지계 사업 시행을 위해 지계아문을 설립하였어요.

② 고종은 광무개혁의 일환으로 대한국 국제를 반포하여 대한 제국이 전제 군주국임을 천명하였어요.
③ 을미개혁으로 태양력이 도입되었을 뿐만 아니라 기존의 개국 연호를 대신할 '건양'이라는 연호를 사용하게 되었어요.
④ 조선 정부는 동학 농민군과 전주 화약을 체결한 후 교정청을 설치하고 개혁을 추진하고자 하였어요.
⑤ 조선 정부는 1880년대 개화 정책 추진 과정에서 구식 군대인 5군영을 2영(무위영·장어영)으로 통합·축소하고 신식 군대인 별기군을 창설하였어요.

35 아관파천   정답 ①

키워드 문제분석
러시아 공사관으로 피신 = 아관 파천

을미사변(1895)으로 신변의 위협을 느낀 고종은 일본군이 의병 진압을 위해 지방으로 파견된 틈을 타 러시아 공사관으로 거처를 옮겼어요(아관 파천, 1896). 이후 조선 정부에서는 친러 성향의 내각이 수립되었고, 러시아의 정치적 간섭이 심화되었어요.

① 명성 황후가 일본을 견제하기 위해 친러 정책을 추진하자, 일본은 명성 황후를 시해하는 만행을 저질렀고(을미사변, 1895), 이 사건은 아관 파천(1896)의 배경이 되었어요.
② 1899년, 대한 제국 시기에 황제 직속의 군 통수 기관인 원수부가 설치되었어요.
③ 1904년에 한반도와 만주에서의 이권을 놓고 러시아와 일본 간의 전쟁(러·일 전쟁)이 발발하였어요.
④ 1907년에 각 부처에 일본인 차관을 두는 한·일 신협약(정미 7조약)이 체결되었어요.
⑤ 1903년에 러시아가 용암포 일대를 불법으로 점령하고 이권을 요구한 용암포 사건이 발생하였어요.

36 독립 협회의 활동   정답 ③

키워드 문제분석
러시아의 절영도 조차 요구에 대한 정부의 입장을 밝히라고 요구함 = 독립 협회

독립 협회는 아관 파천 이후 열강의 이권 침탈이 심화되는 가운데 이권 수호 운동을 전개하였어요. 민중 집회인 만민 공동회를 개최하여 러시아의 절영도 조차 요구를 저지하고, 한·러 은행 폐쇄를 이끌어 내기도 하였어요.

① 6·10 만세 운동을 통해 민족 운동 세력 간 연대의 필요성을 절감한 가운데 사회주의 세력은 1926년에 정우회 선언을 발표하여 비타협적 민족주의 세력과의 제휴를 주장하였어요. 이후 1927년에 좌우 합작의 항일 단체인 신간회가 창립되었어요.
② 천도교 세력은 기관지로 만세보를 발행하여 민족의식을 고취하였어요.

정답과 해설

③ 독립 협회는 박정양 내각과 함께 관민 공동회를 개최하여 헌의 6조를 결의하고 중추원 개편을 통한 의회 설립을 추진하였어요.
④ 천도교 세력은 방정환을 중심으로 천도교 소년회를 창립하여 '어린이날'을 제정하고, 잡지 《어린이》를 간행하는 등 소년 운동을 전개하였어요.
⑤ 신민회는 평양에 대성 학교, 정주에 오산 학교를 설립하여 민족 교육을 실시하였어요. 또한, 태극 서관을 운영하여 계몽 서적 등을 보급하였고 자기 회사를 운영하는 등 민족 산업 육성에도 힘썼어요.

37 독립 협회의 활동 정답 ④

키워드 문제분석 독립문 건립 + 러시아의 절영도 조차 요구 규탄 = 독립 협회

독립 협회는 갑신정변 이후 미국으로 망명하였다가 돌아온 서재필의 주도로 설립되어 독립문과 독립관을 건립하였어요. 독립 협회는 민중 집회인 만민 공동회를 개최하여 러시아의 절영도 조차 요구 등 열강의 이권 침탈을 규탄하고 이를 저지하는 활동을 벌였어요.

① 신민회는 평양에 대성 학교, 정주에 오산 학교를 설립하여 민족 교육을 실시하였어요. 또한 태극 서관과 자기 회사를 운영하는 등 민족 산업 육성에도 힘썼어요.
② 대한 자강회는 고종의 강제 퇴위에 반대하는 시위를 주도하여 전개하였어요.
③ 동학 농민 운동 당시 동학 농민군은 전주성을 점령하고 정부와 전주 화약을 체결한 후 스스로 해산하였어요. 그리고 집강소를 설치하고 폐정 개혁안을 실천하였어요.
④ 독립 협회는 박정양 내각과 함께 관민 공동회를 개최하여 헌의 6조를 결의하고 중추원 개편을 통한 의회 설립을 추진하였어요.
⑤ 제2차 갑오개혁 과정에서 고종은 개혁의 기본 방향을 밝힌 홍범 14조를 반포하였어요.

38 독립 협회의 활동 정답 ②

키워드 문제분석 관민 공동회 = 독립 협회

독립 협회는 민중 집회인 만민 공동회를 개최하여 러시아 등 열강의 이권 침탈을 규탄하고 이를 저지하는 활동을 벌였어요. 또한, 대한 제국의 정부 대신이 참여한 관민 공동회에서 국정 개혁안인 헌의 6조를 채택하여 고종의 재가를 받았어요.

① 보안회는 일제가 황무지 개간권을 요구하자 반대 운동에 나서 이를 저지하였어요.
② 독립 협회는 대한 제국 정부와 협상하여 새로운 중추원 관제를 반포하도록 하고, 중추원 개편을 통한 의회 설립을 추진하였어요.

③ 동아일보는 1930년대에 '배우자 가르치자 다 함께 브나로드'를 구호로 내세우며 농촌 계몽을 위한 브나로드 운동을 전개하였어요.
④ 대한민국 임시 정부는 외교 활동을 펼치기 위해 미국 워싱턴에 구미 위원부를 설치하였어요.
⑤ 서울 북촌의 양반 여성들은 정치, 교육 등 다양한 분야에서 여성의 평등한 권리를 주장하는 여권통문을 발표하였어요.

39 독립 협회의 활동 정답 ⑤

키워드 문제분석 서재필 + 독립문 건설 = 독립 협회

서재필의 주도로 설립된 독립 협회는 독립문을 건설하고 독립신문을 간행하였으며, 토론회와 강연회를 개최하여 민권 의식과 자주 의식을 고취하였어요. 또한 러시아의 이권 침탈에 반대하며 만민 공동회를 개최하고, 관민 공동회에서 헌의 6조를 결의하고 의회 설립 운동을 추진하기도 했습니다.

① 만세보는 천도교에서 창간한 신문이에요.
② 대한 자강회는 고종의 강제 퇴위 반대 운동을 전개하였다가 통감부에 의해 강제 해산되었어요.
③ 서울 북촌의 양반 여성들은 1898년에 한국 최초의 여성 권리 선언서인 여권통문을 발표하였어요.
④ 대한민국 임시 정부는 독립 공채를 발행하여 독립운동 자금을 마련하고자 하였어요.
⑤ 독립 협회는 만민 공동회를 개최하여 러시아를 비롯한 열강의 이권 침탈을 저지하였어요.

40 광무개혁 정답 ①

키워드 문제분석 원수부를 설치함 = 광무개혁

아관 파천 이후 경운궁(덕수궁)으로 환궁한 고종은 1897년에 연호를 '광무'로 바꾸고, 환구단에서 황제 즉위식을 거행한 후 대한 제국의 수립을 선포하였어요. 이후 대한 제국은 광무개혁을 추진하고 대한국 국제를 제정하여 황제권의 무한함과 대한 제국이 자주독립 국가임을 규정하였어요. 또한 군주권을 강화하기 위해 궁내부를 확대하였으며, 원수부를 설치하여 황제의 군 통수권을 강화하였어요. 그리고 각종 실업 학교와 회사, 은행을 설립하는 등 식산흥업 정책을 추진하였어요.

① 대한 제국 시기에 고종은 광무개혁을 추진하는 과정에서 양전 사업을 시행하여 근대적 토지 소유 증명서인 지계를 발급하였어요.
② 1894년에 일본의 강요로 구성된 김홍집 내각은 최고 정책 결정 기관으로 군국기무처를 창설하고 제1차 갑오개혁을 추진하였어요.

③ 개항 후 조선 정부는 1881년에 개화 정책 중 하나로 신식 군대인 별기군을 창설하였고, 5군영을 무위영과 장어영의 2영으로 통합하였어요.
④ 1895년 제2차 갑오개혁 때 교육입국 조서가 반포되어 근대식 교육 제도의 기반이 마련되었고, 이에 따라 한성 사범 학교 등이 설립되었어요.
⑤ 을미개혁 때 '건양' 연호 제정, 태양력 채택, 단발령 실시, 종두법 시행, 소학교 설치 등의 개혁이 이루어졌어요.

41 아관 파천 이후의 사실 정답 ③

키워드 문제분석: 러시아 공사관으로 거처를 옮기고 해가 바뀜 + 환궁 요구 = 아관 파천(1896) 이듬해 고종의 환궁을 요구하는 상소

을미사변으로 신변에 위협을 느낀 고종은 1896년에 러시아 공사관으로 거처를 옮기는 아관 파천을 단행하였어요. 아관 파천 이후 열강의 이권 침탈이 심화되는 가운데 독립 협회를 비롯한 많은 인사들이 고종의 환궁을 요구하였어요.

① 1881년에 영선사 김윤식이 이끄는 유학생이 청에 파견되었고, 이들은 청의 근대식 무기 제조 공장인 기기국에서 무기 제조 기술을 배우고 돌아왔어요.
② 1894년에 일본의 강요로 구성된 김홍집 내각은 최고 정책 결정 기관으로 군국기무처를 설치하고 제1차 갑오개혁을 추진하였어요.
③ 1899년 대한 제국 시기 고종은 대한국 국제를 반포하여 대한 제국이 전제 군주국임을 알렸어요.
④ 1866년에 대동강을 거슬러 평양에 들어온 미국 상선 제너럴셔먼호의 선원들이 약탈과 살상 행위를 일삼자 박규수를 비롯한 평양 관민이 제너럴셔먼호를 불태워 침몰시켰어요(제너럴셔먼호 사건). 이 사건을 구실로 미국은 신미양요를 일으켰어요.
⑤ 1882년 임오군란 직후 조·청 상민 수륙 무역 장정이 체결되면서 청 상인의 내지 통상이 허용되었어요.

42 광무개혁 정답 ③

키워드 문제분석: 황제로 즉위한 뒤 개혁 + 대한 제국 = 광무개혁

대한 제국은 구본신참을 원칙으로 하여 전제 군주제를 기반으로 자주적 근대화를 이루기 위해 광무개혁을 추진하였어요.

① 을미개혁 때 '건양' 연호 제정, 태양력 채택, 단발령 실시, 종두법 시행, 소학교 설치 등의 개혁이 이루어졌어요.
② 개항 후 조선은 개화 정책 중 하나로 신식 군대인 별기군을 창설하였어요.

③ 대한 제국은 국내외의 각종 의학 기술을 교육하기 위해 의학교 관제를 공포하고 관립 의학교인 경성 의학교를 설립하였고, 이후 질병 치료를 목적으로 국립 병원인 광제원을 설립하였어요.
④ 개항 후 조선은 개화 정책 중 하나로 박문국을 설치하여 우리나라 최초의 근대 신문인 한성순보를 발간하였어요.
⑤ 대한민국 임시 정부는 임시 사료 편찬회를 두고 우리 민족의 독립운동과 관련된 사료를 수집·정리하여 《한·일 관계 사료집》을 편찬하고 군자금 모금을 위해 독립 공채를 발행하였어요.

43 대한 제국 시기의 사실 정답 ⑤

키워드 문제분석: 환구단 + 황제 즉위 = 대한 제국

아관 파천 이후 경운궁(덕수궁)으로 환궁한 고종은 1897년에 연호를 '광무'로 바꾸고, 환구단에서 황제 즉위식을 거행하며 대한 제국 수립을 선포하였어요. 이후 고종은 대한국 국제를 제정하여 황제권의 무한함과 대한 제국이 자주독립 국가임을 규정하였어요. 한편 군주권을 강화하기 위해 궁내부를 확대하였으며, 원수부를 설치하여 황제가 군사 지휘권을 직접 장악하였지요. 또한 각종 실업 학교, 회사, 은행을 설립하는 등 식산흥업 정책도 추진하였어요.

① 대한 제국 시기 고종은 1899년에 대한국 국제를 반포하여 대한 제국이 전제 군주국임을 알렸어요.
② 대한 제국 시기 고종은 1899년에 황제의 군 통수권을 강화하기 위해 원수부를 설치하였어요.
③ 1903년, 대한 제국은 이범윤을 간도 관리사로 임명 후 파견하였어요.
④ 대한 제국은 광무개혁 당시 양전 사업을 시행하여 근대적 토지 소유 증명서인 지계를 발급하였어요.
⑤ 동문학은 통역관 양성을 목적으로 1883년에 조선 정부가 설립한 외국어 교육 기관이에요.

44 대한 제국 시기의 모습 정답 ①

키워드 문제분석: 고종 황제 즉위 이후 = 대한 제국 시기

고종은 1897년에 환구단에서 황제 즉위식을 거행하고 대한 제국의 수립을 선포하였으며, 독자적인 연호인 '광무'를 사용하였어요.

① 대한 제국 정부는 1903년에 이범윤을 간도 관리사로 임명하였어요.
② 나운규가 제작한 영화 '아리랑'은 1926년에 개봉하였어요.
③ 정부가 양반층 자제를 중심으로 근대 교육을 실시하기 위해 설립한 육영 공원은 최초의 근대식 관립 교육 기관으로, 1886년부터 1894년까지 운영되었어요.
④ 평양 관민이 대동강을 거슬러 올라와 약탈을 자행한 제너럴셔먼호를 불태운 사건(제너럴셔먼호 사건)은 1866년에 일어났어요.
⑤ 조사 시찰단은 일본의 문물을 파악하기 위해 1881년에 비밀에 파견되었어요.

정답과 해설

45 대한 제국 시기의 모습   정답 ④

키워드 문제분석: 황제로 즉위한 고종 = 1897년 이후

아관 파천으로 거처를 옮겼던 고종은 1897년에 경운궁으로 돌아왔어요. 그리고 황제 즉위식을 거행하고 국호를 '대한 제국'으로 변경하였어요. 이후 고종은 대한국 국제를 반포하고 원수부를 설치하여 황제권을 강화하기 위해 노력하는 등 다양한 개혁을 추진하였어요.

① 영선사 김윤식이 이끄는 유학생이 1881년에 청에 파견되었고, 이들은 청의 근대식 무기 제조 공장인 기기국에서 무기 제조 기술을 배우고 돌아왔어요.
② 우리나라 최초의 서양식 관립 교육 기관인 육영 공원은 1886년에 설립되어 1894년에 폐교되었어요.
③ 영국은 러시아의 남하를 견제한다는 구실로 1885년부터 1887년까지 거문도를 불법 점령하였어요.
④ 고종은 대한 제국 수립 이후 양전 사업을 실시하고 지계를 발급하여 근대적 토지 제도를 수립하고자 하였어요.
⑤ 동학교도들은 1893년에 교조 최제우의 신원과 척왜양창의를 주장하는 보은 집회를 개최하였어요.

46 러·일 전쟁 중의 사실   정답 ④

키워드 문제분석: 포츠머스 조약으로 전쟁이 종결됨 = 러·일 전쟁

한반도와 만주를 둘러싼 일본과 러시아 간의 대립은 1904년에 러·일 전쟁으로 이어졌어요. 전쟁에서 승기를 잡은 일본은 미국과는 가쓰라·태프트 밀약을 체결하고, 영국과는 제2차 영·일 동맹을 맺었어요. 결국 전쟁은 일본의 승리로 끝났고, 일본은 1905년 9월에 전쟁 마무리를 위해 미국의 중재로 러시아와 포츠머스 조약을 맺었어요. 이러한 조약을 통해 일본은 열강으로부터 사실상 대한 제국에 대한 독점적 지배권을 인정받았고, 곧이어 일본은 대한 제국의 외교권을 빼앗는 을사늑약을 체결하였어요. 이에 따라 통감부가 설치되었고, 이토 히로부미가 초대 통감으로 대한 제국에 들어와 내정 전반을 간섭하였어요.

① 러·일 전쟁 중이었던 1905년에 일본은 독도를 무인도로 규정하고 자국 영토인 시마네현으로 불법 편입하였어요.
② 러·일 전쟁 중이었던 1905년 7월에 일본과 미국은 대한 제국과 필리핀에 대한 서로의 지배를 인정한 가쓰라·태프트 밀약을 체결하였어요.
③ 1904년 제1차 한·일 협약 체결에 따라 대한 제국의 재정 고문으로 메가타가, 외교 고문으로 스티븐스가 초빙되었어요. 한편, 1905년부터 메가타의 주도로 화폐 정리 사업이 실시되었어요.
④ 1909년에 기유각서가 일제의 강압에 의해 조인되면서 대한 제국의 사법권이 일본으로 넘어갔어요.

⑤ 러·일 전쟁 발발 직후인 1904년 2월에 일본이 한국 내에서 군사 전략상 필요한 지역을 임의로 사용할 수 있는 한·일 의정서가 체결되었어요.

47 제1차 한·일 협약   정답 ①

키워드 문제분석: 스티븐스가 대한 제국의 외교 고문에 임명 = 제1차 한·일 협약(1904)

1904년 8월, 대한 제국은 러·일 전쟁에서 승기를 잡은 일본의 강요로 제1차 한·일 협약을 체결하였어요. 이후 일본은 일본인과 외국인 각 1명을 대한 제국의 재정 고문과 외교 고문으로 추천한다는 조항에 따라 재정 고문으로 일본인 메가타, 외교 고문으로 미국인 스티븐스를 파견하였어요.

① 제1차 한·일 협약 이후 외교 고문으로 대한 제국에 파견된 미국인 스티븐스는 한국인에게 온갖 잔인한 일을 저질렀어요. 이에 장인환과 전명운은 미국 샌프란시스코에서 스티븐스를 처단하였어요.
② 청·일 전쟁에서 승리한 일본은 청으로부터 랴오둥반도 등을 할양받았어요. 이에 일본의 세력 확대를 견제하려고 한 러시아가 프랑스, 독일과 함께 일본에 압력을 넣자 일본은 랴오둥반도를 청에 돌려주었는데, 이 사건을 삼국 간섭이라고 해요. 이 사건의 영향으로 조선에서 친러 정책이 추진되자 위기를 느낀 일본은 명성 황후를 시해한 을미사변을 일으켰어요.
③ 국내에서 비밀 결사 형태로 조직된 신민회는 일제가 조작한 105인 사건으로 조직이 드러나 해체되었어요.
④ 갑신정변 이후 청의 간섭이 심해지자 고종은 러시아와 비밀 협약을 추진하였어요. 이에 1885년 영국은 러시아의 남하를 견제한다는 명분을 내세워 거문도를 불법 점령하였어요.
⑤ 을미사변 이후 신변에 위협을 느낀 고종은 러시아 공사관으로 거처를 옮기는 아관 파천을 단행하였어요.

48 1905년 이후의 모습   정답 ⑤

키워드 문제분석: 강화 조약 + 러시아 + 일본 = 러·일 전쟁 이후 포츠머스 조약(1905)

한반도와 만주를 둘러싼 일본과 러시아 간의 대립은 러·일 전쟁(1904)으로 이어졌고, 결국 전쟁은 일본의 승리로 끝났어요. 1905년 일본은 러시아와 포츠머스 조약을 맺어 대한 제국에 대한 배타적 권리를 승인받았고, 이후 을사늑약 체결을 강행하였어요.

① 1904년의 제1차 한·일 협약을 계기로 일본은 대한 제국에 재정 고문으로 메가타를, 외교 고문으로 스티븐스를 파견하였어요.
② 을미사변으로 신변의 위협을 느낀 고종은 1896년에 러시아 공사관으로 거처를 옮겼어요(아관 파천).

088 시대별 기출문제집 심화

③ 베델과 양기탁은 1904년에 대한매일신보를 창간하였고, 이 신문은 국채 보상 운동의 확산에 기여하였어요.
④ 독립 협회는 1898년에 정부 관리와 함께 관민 공동회를 개최하고 헌의 6조를 결의하였어요.
⑤ 민종식은 을사늑약이 체결된 다음 해인 1906년에 의병을 일으켜 홍주성을 점령하였어요.

49 을사늑약   정답 ⑤

키워드 문제분석
- 두 달 전 체결된 협약에 따라 메가타가 탁지부의 재정 고문으로 옴 = (가) 제1차 한·일 협약(1904. 8.)
- 군대를 해산한다는 조칙이 발표됨 = (나) 한·일 신협약(정미7조약, 1907. 7.)

1904년 8월에 대한 제국은 러·일 전쟁에서 승기를 잡은 일본의 강요로 제1차 한·일 협약을 체결하였어요. 이후 일본은 일본인과 외국인 각 1명을 대한 제국의 재정 고문과 외교 고문으로 추천한다는 조항에 따라 재정 고문으로 일본인 메가타, 외교 고문으로 미국인 스티븐스를 파견하였어요. 1907년에 고종이 을사늑약의 부당함을 알리기 위해 헤이그에서 열린 만국 평화 회의에 특사를 파견하자, 일본은 이를 구실로 고종을 강제로 퇴위시키고 한·일 신협약을 체결하였어요. 그리고 부수 비밀 각서를 통해 대한 제국의 군대를 해산시켰어요.

① 1910년에 한·일 병합 조약으로 국권이 피탈되면서 데라우치가 초대 조선 총독으로 부임하였어요. (나) 이후의 사실이에요.
② 1907년 정미의병 당시 해산된 군인들이 의병에 가담하여 의병 부대의 전투력이 강화되었고, 의병 전쟁을 위한 13도 창의군이 결성되었어요. 이들은 서울을 탈환할 목적으로 서울 진공 작전을 전개하였지만 실패하였어요. (나) 이후의 사실이에요.
③ 1909년에 일제의 강압에 의해 기유각서가 체결되면서 일제에 사법권을 박탈당하였어요. (나) 이후의 사실이에요.
④ 1898년에 서울의 시전 상인들은 황국 중앙 총상회를 조직하여 상권 수호 운동을 전개하였어요. (가) 이전의 사실이에요.
⑤ 1907년 6월에 고종은 을사늑약의 부당함을 고발하고자 네덜란드 헤이그에서 열린 만국 평화 회의에 이상설, 이준, 이위종을 특사로 보냈지만 일본의 방해로 실패하였어요.

50 을사늑약 체결 이후의 사실   정답 ④

키워드 문제분석
조약서가 폐하의 인준과 참정의 인가를 받은 것이 아니니 = 을사늑약

자료의 상소는 을사늑약 체결을 규탄하는 내용이에요. 러·일 전쟁에서 승리한 일본은 대한 제국의 외교권을 빼앗는 을사늑약 체결을 강요하였어요. 고종과 일부 대신들이 강력히 반대하였으나, 일본은 군대를 동원하여 고종의 서명 없이 외부대신 박제순 등 다섯 명의 친일 대신들의 찬성만으로 을사늑약을 체결하였어요(1905).

① 1902년에 영국과 일본은 만주와 한반도로 남하하는 러시아를 공동의 적으로 삼아 견제하기 위해 제1차 영·일 동맹을 맺었어요.
② 1898년에 일본이 미국 상인 모스로부터 경인선 부설권을 인수하였어요. 경인선은 1899년에 제물포-노량진 구간이 개통되었어요.
③ 1882년 임오군란 후 청은 묄렌도르프를 외교 고문으로 파견하였어요.
④ 을사늑약의 체결로 대한 제국은 일본에 외교권을 빼앗겼고, 통감부가 설치되어 이토 히로부미가 초대 통감으로 부임하였어요.
⑤ 아관 파천 이후 대한 제국에 대한 영향력을 확대한 러시아는 1903년에 용암포를 점령하고 조차를 요구하였어요.

51 한·일 신협약(정미 7조약)   정답 ①

키워드 문제분석
병대 해산 = 일본의 대한 제국 군대 강제 해산(1907)

대한 제국은 을사늑약(1905)으로 일본에 외교권을 강탈당하였어요. 고종은 국제 사회에 지원을 요청하는 한편, 만국 평화 회의가 열리는 네덜란드 헤이그에 이상설, 이준, 이위종을 특사로 보내 을사늑약의 부당함을 고발하고자 하였지만 일본의 방해로 실패하였어요. 일본은 헤이그 특사 파견을 문제 삼아 고종 황제를 강제로 퇴위시켰지요(1907). 1907년에는 일본의 강압으로 한·일 신협약(정미 7조약)이 체결되고, 대한 제국의 군대가 해산됨으로써 대한 제국은 일본의 침략에 군사적 대응을 할 수 없게 되었어요.

① 일제는 1907년에 한·일 신협약(정미 7조약)을 강제로 체결하여 각 부처에 일본인 차관을 임명하였고, 부수 비밀 각서를 체결하여 대한 제국의 군대를 해산하였어요.
② 1911년에 일제는 독립운동가들을 색출하기 위해 105인 사건을 조작하였고, 이 사건으로 신민회가 큰 타격을 입어 해체되었어요.
③ 한·일 병합 조약으로 국권이 피탈된 1910년에 데라우치 마사다케가 초대 조선 총독으로 부임하였어요.
④ 1909년에 기유각서가 일제의 강압에 의해 조인되어 대한 제국의 사법 및 감옥 사무가 일본에 넘어갔어요.
⑤ 1909년에 일진회는 한·일 합방을 촉구하는 성명을 발표하는 등 친일 여론을 책동하였어요.

52 국권 피탈 과정   정답 ⑤

키워드 문제분석
군대 해산 + 박승환 자결 = 1907년

1907년에 고종이 을사늑약이 무효임을 알리기 위해 헤이그에서 열린 만국 평화 회의에 특사를 파견하자, 일본은 이를 구실로 고종을

정답과 해설

강제로 퇴위시키고 한·일 신협약(정미 7조약)을 체결하였어요. 그리고 부수 비밀 각서를 통해 대한 제국의 군대를 해산시켰어요. 하지만 해산 조치에 반발한 대대장 박승환이 자결하자, 시위대 소속 군인들은 적극적으로 저항하였어요. 해산 군인들이 의병에 가담하여 의병 부대의 전투력이 강화하였고, 의병 전쟁을 위한 13도 창의군이 결성되었어요(정미의병).

⑤ 1894년에 일어난 청·일 전쟁에서 승리한 일본은 만주와 한반도를 두고 러시아와 경쟁하였고, 결국 1904년에 러·일 전쟁이 발발하였어요. 일본은 한국에서 우위를 점하기 위해 한·일 의정서, 제1차 한·일 협약 등을 체결하였고, 1905년에는 러·일 전쟁이 끝나자 을사늑약을 체결하여 외교권을 강탈하였어요. 고종은 을사늑약의 무효성을 알리기 위해 1907년 헤이그에 특사를 파견하였다가 강제 퇴위되었고, 같은 해 한·일 신협약이 체결되어 그 부수 비밀 각서를 통해 대한 제국의 군대가 해산되었어요. 결국 1910년에 국권이 피탈되고 조선 총독부가 설치되었어요.
따라서 대한 제국의 군대 해산이 일어난 시기는 '을사늑약(1905)'과 '국권 피탈(1910)' 사이의 시기인 (마)예요.

53 국권 피탈 과정   정답 ④

키워드 문제분석 사실상 황제께서 퇴위당함 = 고종의 강제 퇴위(1907)

1907년에 고종이 을사늑약이 무효임을 알리기 위해 헤이그에서 열린 만국 평화 회의에 특사를 파견하자, 일본은 이를 구실로 고종을 강제로 퇴위시키고 한·일 신협약(정미 7조약)을 체결하였어요. 그리고 부수 비밀 각서를 통해 대한 제국의 군대를 해산시켰어요.

① 1881년에 조선 정부는 개화 정책 중 하나로 신식 군대인 별기군을 창설하고, 5군영을 무위영과 장어영의 2영으로 통합하였어요.
② 1882년 임오군란 후 청은 묄렌도르프를 외교 고문으로 파견하였어요.
③ 1905년에 일제는 대한 제국의 외교권을 빼앗는 을사늑약을 체결하였어요. 이에 따라 통감부가 설치되었고, 이토 히로부미가 초대 통감으로 대한 제국에 들어와 내정 전반을 간섭하였어요.
④ 1909년에 일제의 강압에 의해 기유각서가 체결되면서 일제에 사법권을 박탈당하였어요.
⑤ 1898년에 독립 협회는 정부 관리와 함께 관민 공동회를 개최하고 헌의 6조를 결의하였어요.

54 보안회   정답 ②

키워드 문제분석 일본 공사가 우리 외부에 공문을 보내어 황무지에 대한 권리를 청구함 + 일본인들의 침략을 막고 우리 강토를 보전하도록 힘써 달라고 함 = 보안회의 황무지 개간권 반대 운동

1904년에 러·일 전쟁을 일으킨 일본은 전세가 유리하게 전개되자 대한 제국의 황무지 개간권을 일본인에게 넘겨줄 것을 요구하였어요. 이 사실이 국내에 알려지자 유생 및 관리들이 반대 상소를 올렸고, 언론도 이에 반대하는 논설을 실어 적극 항의하였어요. 일본이 물러서지 않자 지속적인 반대 운동을 벌이기 위해 송수만, 심상진 등이 중심이 되어 서울에서 보안회를 결성하고, 이를 중심으로 황무지 개간권 요구에 반대하는 집회를 열었어요.

① 독립 협회는 갑신정변 이후 미국으로 망명하였다가 돌아와 독립신문을 발행한 서재필의 주도로 설립되었어요. 독립 협회는 영은문이 있던 자리 부근에 독립문을 건립하였어요.
② 보안회는 일본의 황무지 개간권 요구에 반대하는 운동을 전개하여 저지하는 데 성공하였어요.
③ 조·일 통상 장정에는 일본 상품에 관세를 매기는 규정과 방곡령 규정 등이 마련되었어요. 이후 일본으로의 쌀 유출로 쌀값이 폭등하자 1889년에 함경도 관찰사 조병식이 방곡령을 선포하였어요. 그러나 일본은 1개월 전 문서 통보 규정을 내세워 방곡령을 철회시키고 배상금까지 받아갔어요.
④ 화폐 정리 사업은 제1차 한·일 협약에 따라 대한 제국의 재정 고문이 된 메가타가 1905년부터 추진한 사업이에요. 이 사업으로 인해 대한 제국의 재정이 일본에 예속되었어요.
⑤ 청, 일본 등 외국 상인들의 상권 침탈이 심화되자 1898년에 서울의 시전 상인들은 황국 중앙 총상회를 조직하여 상권 수호 운동을 전개하였어요.

55 헤이그 특사   정답 ⑤

키워드 문제분석 네덜란드에서 한국인 3명이 평화 회의의 위원 대우를 받고자 진력함 = 헤이그 특사(1907)

⑤ 1894년에 일어난 청·일 전쟁에서 승리한 일본은 만주와 한반도를 두고 러시아와 경쟁하였고, 결국 1904년에 러·일 전쟁이 발발하였어요. 일본은 한국에서 우위를 점하기 위해 한·일 의정서, 제1차 한·일 협약 등을 체결하였고, 1905년에 러·일 전쟁이 끝나자 을사늑약을 체결하여 대한 제국의 외교권을 강탈하였어요. 고종은 을사늑약의 무효성을 알리기 위해 1907년에 헤이그에 특사를 파견하였다가 강제 퇴위되었고, 같은 해 한·일 신협약이 체결되어 그 부수 비밀 각서를 통해 대한 제국의 군대가 해산되었어요. 결국 1910년에 국권이 피탈되고 조선 총독부가 설치되었어요.
따라서, 헤이그에 특사가 파견된 시기는 '러·일 전쟁(1904)'과 '국권 피탈(1910)' 사이의 시기인 (마)예요.

56 을미의병 정답 ①

키워드 문제분석
대군주 폐하께서 외국 공사관에 파천함
+ 의병을 일으켜 대군주 폐하를 환궁하시게 함
= 을미의병

1895년 을미개혁이 추진되면서 전국에 단발령을 내린 고종은 솔선하여 상투를 자르고 백성에게도 단발을 강요하였어요. 명성 황후가 시해 당한 을미사변 이후 일본에 대한 적대감이 극에 달한 상태에서 단발령까지 실시되자 유생층이 중심이 된 을미의병이 일어났어요. 결국 아관 파천으로 친일 내각이 무너지고 고종이 단발을 자유 의사에 맡기겠다고 발표하면서 의병 해산을 권고하는 조칙을 내리자 의병들은 스스로 해산하였어요.

① 을미사변과 단발령 실시가 원인이 되어 을미의병이 일어난 가운데, 고종은 러시아 공사관으로 거처를 옮긴 아관 파천을 단행하였어요.
② 1905년에 민종식, 최익현 등 양반 유생층이 중심이 되어 을사늑약 체결에 반발하는 을사의병을 일으켰어요. 이때는 신돌석 등 평민 의병장이 등장하는 등 의병에 참여하는 계층이 확대되었어요.
③ 1903년에 러시아는 용암포 지역을 강제 점령하고 조차를 요구하였어요. 이를 계기로 대한 제국을 둘러싼 러시아와 일본의 대립은 더욱 심화되었고, 결국 1904년에 러·일 전쟁이 일어나게 되었어요.
④ 1907년에 고종이 을사늑약이 무효임을 알리기 위해 헤이그에서 열린 만국 평화 회의에 특사를 파견하자, 일본은 이를 구실로 고종을 강제로 퇴위시키고 한·일 신협약(정미7조약)을 체결하였으며, 부수 비밀 각서를 통해 대한 제국의 군대를 해산하였어요.
⑤ 1907년에 고종의 강제 퇴위와 대한 제국의 군대 해산에 반발하여 정미의병이 일어났어요. 해산된 군인들이 의병에 가담하면서 의병 부대의 전투력이 강화되었고, 의병 전쟁을 위한 13도 연합 의병 부대(13도 창의군)가 결성되었어요.

57 13도 연합 의병 부대(13도 창의군) 정답 ⑤

키워드 문제분석
총대장 이인영, 군사장 허위 + 서울로 진군
= 13도 연합 의병 부대(13도 창의군)

정미의병 당시 이인영을 총대장, 허위를 군사장으로 하는 의병 연합 부대인 13도 연합 의병 부대가 결성되었어요. 이들은 서울을 탈환할 목적으로 서울 진공 작전을 전개하였지만 실패하였어요.

① 의열단은 신채호가 작성한 〈조선 혁명 선언〉을 활동 지침으로 삼아 일제의 중요 기관을 파괴하고 주요 인물을 처단하였어요.
② 이만손 등 영남 유생들은 《조선책략》의 내용이 국내에 유포되자 미국과의 수교에 반대하는 영남 만인소를 올렸어요. 하지만 조선 정부는 이들을 탄압하고 조·미 수호 통상 조약을 체결하였어요.
③ 대한 광복회는 박상진 등이 중심이 되어 조직한 국내 비밀 결사 단체로, 공화정 수립을 지향하였으며, 군대식 조직을 갖추고 상덕태상회, 대동 상회 등을 통해 군자금을 모집하였어요.
④ 독립 의군부는 일본 총리와 조선 총독에게 국권 반환 요구서를 제출하고자 하였으나 사전에 조직이 발각되어 실현하지 못하였어요.
⑤ 일제는 헤이그 특사 파견을 구실로 고종을 강제로 퇴위시키고 한·일 신협약의 부수 비밀 각서를 통해 대한 제국의 군대를 해산시켰어요. 이후 일부 해산된 군인들이 의병에 가담하면서 의병 부대의 전투력이 강화되었고, 의병 전쟁을 위한 13도 연합 의병 부대가 결성되었는데, 이를 정미의병이라고 해요.

58 정미의병 정답 ⑤

키워드 문제분석
고종의 강제 퇴위와 군대 해산에 반발하여 일어남
= 정미의병

1907년에 고종이 을사늑약이 무효임을 알리기 위해 헤이그에서 열린 만국 평화 회의에 특사를 파견하자, 일본은 이를 구실로 고종을 강제로 퇴위시키고 한·일 신협약(정미 7조약)을 체결하였어요. 그리고 부수 비밀 각서를 통해 대한 제국의 군대를 해산시켰지요. 하지만 해산 조치에 반발한 대대장 박승환이 자결하자, 시위대 소속 군인들은 적극적으로 저항하였어요. 해산 군인들이 의병에 가담하여 의병 부대의 전투력이 강화하였고, 의병 전쟁을 위한 13도 창의군이 결성되었어요(정미의병).

① 을사의병 당시 최익현은 을사늑약 체결에 반대하여 태인에서 궐기하였어요.
② 을미사변과 단발령 실시를 계기로 을미의병이 일어나자 고종은 단발을 자유의사에 맡기겠다고 발표하면서 의병 해산을 권고하는 조칙을 내렸어요. 이후 의병들은 스스로 해산하였어요.
③ 을사의병 당시 민종식은 을사늑약 체결에 반대하여 의병을 일으켜 홍주성을 점령하였어요.
④ 1912년에 임병찬 등은 독립 의군부를 조직하여 조선 총독에게 국권 반환 요구서 제출을 계획하였어요.
⑤ 정미의병 당시 각지의 의병 부대는 이인영을 총대장으로 의병 연합 부대인 13도 창의군을 결성하였어요. 이들은 서울을 탈환할 목적으로 서울 진공 작전을 전개하였지만 실패하였어요.

59 항일 의병 운동의 전개 정답 ③

키워드 문제분석
- 을사늑약 체결에 반발 = (가) 을사의병
- 을미사변과 단발령에 반발 = (나) 을미의병
- 13도 창의군, 서울 진공 작전 = (다) 정미의병

정답과 해설

(나) 1895년, 을미사변과 단발령 시행에 반발하여 유인석, 이소응 등 유생들이 을미의병을 일으켰어요.
(가) 1905년, 을사늑약이 체결되자 민종식, 최익현, 신돌석 등은 이에 반발하여 을사의병을 일으켰어요.
(다) 1907년, 일본이 고종을 강제로 퇴위시키고 대한 제국의 군대를 강제로 해산하자 의병 투쟁이 전국적으로 확산되었고, 해산 군인이 의병에 가담하였어요. 이들은 13도 창의군을 결성하여 1908년 서울 진공 작전을 전개하였어요.

③ (나) 을미의병(1895) → (가) 을사의병(1905) → (다) 정미의병(1907)

60 신민회의 활동 정답 ⑤

키워드 문제분석: 비밀 결사 + 105인 사건 + 대성 학교 = **신민회**

신민회는 안창호, 양기탁 등이 비밀 결사 형태로 조직한 단체예요. 공화 정체의 국가 건설을 목표로 활동하였으며, 대성 학교와 오산 학교를 세워 민족 교육을 실시하였어요. 일제가 조작한 105인 사건으로 신민회 조직의 실체가 드러나면서 와해되었어요.

① 민족주의 세력과의 제휴를 밝힌 사회주의 세력의 정우회 선언을 계기로 좌우 합작의 항일 단체인 신간회가 결성되었어요.
② 김원봉이 조직한 의열단은 신채호가 작성한 〈조선 혁명 선언〉을 활동 지침으로 삼았어요.
③ 보안회는 일제가 황무지 개간권을 요구하자 반대 운동에 나서 이를 저지하였어요.
④ 독립 협회는 대한 제국 정부와 협상하여 새로운 중추원 관제를 반포하도록 하고, 중추원 개편을 통해 의회 설립을 추진하였어요.
⑤ 신민회는 서적 출판과 보급을 위한 태극 서관과 상공업 발전을 위한 자기 회사를 운영하는 등 민족 산업 육성에 힘썼어요.

61 나철의 활동 정답 ①

키워드 문제분석: 오기호 + 대종교 창시 = **나철**

나철은 1905년에 을사늑약이 체결되자 오기호와 함께 자신회를 결성하여 을사 5적을 암살하려 했으나 실패하였어요. 1909년에는 단군을 숭배하는 대종교를 창시하였고, 국권을 빼앗긴 후에는 일제의 탄압을 피해 간도로 교단을 옮겨 활동하였어요. 이때 대종교는 중광단을 결성하여 무장 투쟁을 전개하였어요.

① 나철은 1907년에 오기호와 함께 자신회를 조직하여 을사늑약 체결에 앞장선 을사 5적을 처단하려 하였어요.
② 이재명은 1909년에 명동 성당 앞에서 이완용을 습격했어요.
③ 안중근은 1909년에 하얼빈에서 초대 통감이었던 이토 히로부미를 사살하고 감옥에서 《동양 평화론》을 저술했어요.
④ 조명하는 1928년에 타이완에서 일본 육군 대장의 암살을 시도하였어요.
⑤ 의열단원인 나석주는 1926년에 조선 식산 은행과 동양 척식 주식회사에 폭탄을 던졌어요.

62 최익현의 활동 정답 ③

키워드 문제분석: 흥선 대원군의 하야를 요구하는 상소를 올림 + 지부복궐척화의소를 올려 왜양일체론을 주장함 = **최익현**

최익현은 어린 고종이 성장하여 친정(親政)이 가능한 나이가 되었음에도 흥선 대원군이 계속 실권을 쥐고 있자, 흥선 대원군의 정치를 비판하며 흥선 대원군이 정치에서 물러날 것을 촉구하는 내용의 상소를 올렸어요. 이를 계기로 흥선 대원군이 물러나고 고종의 친정이 이루어지게 되었어요. 1876년에 최익현은 조선 정부가 일본과 강화도 조약을 맺고 개항하려고 하자, 〈지부복궐척화의소〉를 올려 왜양일체론을 주장하며 개항에 반대하였어요.

① 박상진은 1910년대에 국내에서 비밀 결사 형태로 대한 광복회를 조직하여 친일파 처단, 군자금 모금 등의 활동을 하였어요.
② 박은식은 국혼의 중요성을 강조하고 일제의 국권 침탈 과정을 폭로한 《한국통사》를 집필하였어요.
③ 최익현은 을사늑약 체결에 반대하여 태인에서 의병을 일으켰어요.
④ 이인영, 허위는 정미의병 당시 13도 창의군을 지휘하여 서울 진공 작전을 전개하였으나 실패하였어요.
⑤ 동학 농민군의 2차 봉기 때 전봉준 중심의 남접과 손병희 중심의 북접이 연합하여 공주 우금치 전투에서 일본군 및 관군에 맞서 싸웠지만 크게 패하였어요.

63 안중근의 활동 정답 ③

키워드 문제분석: 《동양 평화론》 + 뤼순 감옥 = **안중근**

안중근은 1909년에 만주 하얼빈역에서 을사늑약 체결을 강요한 초대 통감 이토 히로부미를 사살하였어요. 이후 체포된 안중근은 뤼순 감옥에 투옥되었고, 1910년에 순국하였어요. 안중근은 뤼순 감옥에서 《동양 평화론》을 집필하였어요.

① 홍범도 등은 봉오동 전투에서 일본군을 격파하였어요.
② 양기탁은 영국인 베델과 함께 대한매일신보를 발간하였어요.
③ 안중근은 만주 하얼빈역에서 을사늑약 체결을 강요하였던 초대 통감 이토 히로부미를 사살하였어요.
④ 이상설 등은 북간도 용정에 서전서숙을 설립하였어요.
⑤ 임병찬은 고종의 밀지를 받고 독립 의군부를 조직하였어요.

64 안중근 정답 ②

키워드 문제분석: 동양 평화론을 집필함 = **안중근**

1909년에 안중근은 만주 하얼빈에서 을사늑약 체결에 핵심적 역할을 한 이토 히로부미를 사살하였어요. 안중근은 뤼순 감옥에서 수감 중에 《동양 평화론》을 저술하였어요.

① 이재명은 1909년에 명동 성당 앞에서 을사늑약 체결을 주도한 을사오적 중 한 명인 이완용을 습격하여 중상을 입혔어요.
② 안중근은 1909년에 하얼빈에서 초대 통감이었던 이토 히로부미를 사살하였어요.
③ 조명하는 1928년에 타이중(타이완)에서 일본 육군 대장을 저격하였어요.
④ 장인환과 전명운은 제1차 한·일 협약으로 대한 제국의 외교 고문이 된 친일 인사 스티븐스를 1908년에 미국 샌프란시스코에서 사살하였어요.
⑤ 강우규는 1919년에 서울 남대문역에서 제3대 총독으로 부임하는 사이토 마코토가 탄 마차에 폭탄을 투척하였어요.

65 개항기의 경제 침탈 정답 ③

키워드 문제분석:
- 중국 상인이 조선의 양화진과 서울에 들어가 영업소를 개설한 경우를 제외하고 상점을 차리고 파는 것을 허가하지 않음 = **(가) 조·청 상민 수륙 무역 장정**
- 쌀 수출을 금지하려고 할 때에는 1개월 전에 지방관이 일본 영사관에 통지함 = **(나) 조·일 통상 장정**

1882년에 조선은 임오군란 직후 청과 조·청 상민 수륙 무역 장정을 체결하였어요. 그 결과 청 상인의 내지 무역이 가능해져 객주, 여각 등 국내 중개 상인과 보부상이 큰 타격을 입었으며, 서울 상인들의 상권도 크게 위협을 받았어요. 1883년에 조선은 일본과 조·일 통상 장정을 체결하여 관세 조항을 설정하고 방곡령을 선포할 수 있는 조항을 넣었으나, 일본의 요구로 최혜국 대우 조항도 추가하였어요. 이로 인해 일본인도 조선의 내륙에서 상업 활동을 할 수 있게 되었어요.

① 1905년에 을사늑약이 체결되면서 대한 제국의 외교권이 강탈되고 통감부가 설치되었어요.
② 1882년에 조선이 미국과 체결한 조·미 수호 통상 조약에는 관세 설정 조항이 처음으로 포함되었는데, 이는 조선의 관세 자주권을 최초로 인정한 것이에요.
③ 1883년에 체결된 조·일 통상 장정을 통해 일본 상품에 대한 관세 조항과 방곡령 선포 조항을 설정하였지만, 일본의 요구로 최혜국 대우를 규정한 조항도 담게 되었어요.
④ 1882년 임오군란의 결과 조선과 일본 사이에 체결된 제물포 조약에서 일본 공사관의 경비병 주둔이 명시되었어요.
⑤ 1884년 갑신정변의 결과 조선과 일본 사이에 일본 공사관 증축 비용과 배상금 지불 등을 약속한 한성 조약이 체결되었어요. 또한 청과 일본은 조선에서의 양국 군대 동시 철수, 파병 시 상호 통보 등을 규정한 톈진 조약을 체결하였어요.

66 조·일 통상 장정 정답 ②

키워드 문제분석: 관세권 일정 부분 회복 + 일본에 최혜국 대우 인정 = **조·일 통상 장정**

개항 후 일본에 일방적으로 유리한 무역이 이루어지고 대량의 곡물이 일본으로 유출되자 조선 정부는 이를 개선하려는 노력을 벌여 1883년에 조·일 통상 장정을 체결하였어요.

① 갑신정변 후 조선은 일본과 한성 조약을 체결하였어요.
② 조선 정부는 1883년에 조·일 통상 장정을 체결하여 관세 조항을 설정하고 방곡령에 관한 규정을 두었어요. 이에 따라 함경도, 황해도 등 각지의 지방관이 방곡령을 선포할 수 있게 되었어요. 그러나 일본에 최혜국 대우를 인정하는 조항도 추가되었어요.
③ 임오군란 후 조선 정부는 일본과 제물포 조약을 체결하여 일본 공사관에 경비병의 주둔을 허용하였어요.
④ 러·일 전쟁 중에 체결된 제1차 한·일 협약에 일본이 추천하는 일본인 1명을 대한 제국의 재정 고문으로 삼는다는 조항이 담겼어요. 이에 따라 일본인 메가타가 재정 고문으로 부임하였어요.
⑤ 강화도 조약에 부산 외 2개 항구를 개항한다는 내용이 포함됨에 따라 원산, 인천에 개항장이 설치되었어요.

67 조·미 수호 통상 조약과 조·일 통상 장정 정답 ②

키워드 문제분석:
- 미국 상인과 상선이 조선에 와서 무역 = **(가) 조·미 수호 통상 조약**
- 일시 쌀 수출을 금지 + 1개월 전에 일본 영사관에 통지 = **(가) 조·일 통상 장정**

(가)는 1882년에 체결된 조·미 수호 통상 조약으로 조선이 서양 국가와 최초로 맺은 조약이에요. (나)는 1883년에 체결된 조·일 통상 장정이에요. 강화도 조약의 부속 조약으로 맺은 조·일 무역 규칙을 개정하여 만든 조약이에요.

ㄱ. 조·미 수호 통상 조약에는 최혜국 대우 허용, 관세 규정 조항, 거중 조정 조항이 처음으로 포함되었어요.
ㄴ. 갑신정변 후 조선 정부는 일본에 배상금 지불과 일본 공사관 건축 비용 및 부지 제공 등을 약속하는 한성 조약을 체결하였어요.
ㄷ. 조·일 통상 장정에는 일본 상품에 대한 관세 규정을 두었고, 조선에서 천재지변과 변란으로 인한 식량 부족의 우려가 있을 때 방곡령을 선포할 수 있다는 규정을 추가하였어요.

정답과 해설

ㄹ. 제1차 한·일 협약에 일본이 추천하는 재정 고문과 외교 고문을 두도록 하는 조항이 담겼어요. 이에 따라 재정 고문으로 일본인 메가타, 외교 고문으로 미국인 스티븐스가 부임하였어요.

68 화폐 정리 사업   정답 ②

키워드 문제분석: 백동화 교환 + 폐제 개혁 = 화폐 정리 사업

화폐 정리 사업은 제1차 한·일 협약에 따라 대한 제국의 재정 고문이 된 메가타가 1905년부터 추진한 사업이에요. 이 사업으로 인해 대한 제국의 백동화와 구화폐는 일본의 제일 은행권으로 교환되었고 대한 제국의 재정은 일본에 예속되었습니다.

① 독립 협회는 만민 공동회를 열어 러시아의 절영도 조차 요구 등 열강의 이권 침탈을 저지하였어요.
② 제1차 한·일 협약 체결 이후 대한 제국의 재정 고문으로 온 메가타는 화폐 정리 사업을 추진하여 대한 제국의 재정을 일본에 예속시키려고 하였어요.
③ 일제는 대한 제국의 토지와 자원을 수탈하고, 대한 제국의 토지를 일본인에게 싼값에 판매하기 위해 1908년에 동양 척식 주식회사를 설립하였어요.
④ 은 본위제는 1894년의 제1차 갑오개혁을 통해 처음 실시되었어요.
⑤ 강화도 조약 체결 이후 일본으로의 쌀 유출로 쌀값이 폭등하자 함경도와 황해도의 지방관이 조·일 통상 장정에 명시된 방곡령을 선포하였는데, 1889년에 함경도 관찰사 조병식이 선포한 방곡령이 대표적이에요. 하지만 일본은 1개월 전 문서 통보 규정을 내세워 방곡령을 철회시키고 배상금까지 받아갔어요.

69 화폐 정리 사업   정답 ⑤

키워드 문제분석: 메가타 다네타로의 주도 + 백동화와 엽전을 일본 제일은행권으로 교환하는 사업 = 화폐 정리 사업

제1차 한·일 협약에 따라 일본에서 파견된 재정 고문 메가타의 주도로 화폐 정리 사업이 실시되었어요. 일제는 상평통보, 백동화와 같은 대한 제국 화폐를 일본 화폐인 제일은행권으로 교체하는 사업을 전개하면서 대한 제국의 경제를 장악하고자 하였어요. 백동화는 상태에 따라 교환 여부를 결정하였는데, 이로 인해 백동화의 가치가 하락하면서 국내 상인과 민간 은행이 큰 타격을 입었고, 화폐 정리 사업에 필요한 자금을 일본에서 강제로 빌리게 함으로써 대한 제국은 큰 빚을 지게 되었어요.

① 1894년에 일본의 강요로 구성된 김홍집 내각은 최고 정책 결정 기관으로 군국기무처를 설치하고 제1차 갑오개혁을 추진하였어요. 군국기무처는 과거제 폐지, 연좌제 금지, 공사 노비법(신분제도) 폐지, 과부의 재가 허용 등을 결정하였고, 개국 기년 사용, 궁내부 설치, 6조를 8아문으로 개편, 탁지아문으로의 재정 일원화, 은 본위제 채택, 조세의 금납화, 조혼 금지 등의 개혁을 추진하였어요.
② 조선 정부는 개항에 따른 각종 경비 충당과 임오군란과 갑신정변에 따른 배상금 문제 등을 해결하기 위해 1883년에 전환국을 설치하여 당오전을 발행하였어요.
③ 청·일 전쟁에서 승리한 일본은 청으로부터 랴오둥반도 등을 할양받았어요. 이에 일본의 세력 확대를 견제하려고 한 러시아가 프랑스, 독일과 함께 일본에 압력을 넣자 일본은 랴오둥반도를 청에 돌려주었는데, 이 사건을 삼국 간섭이라고 해요. 이 사건의 영향으로 조선에서 친러 정책이 추진되자 위기를 느낀 일본은 명성 황후를 시해한 을미사변을 일으켰어요.
④ 대한 광복회는 1915년에 대구에서 박상진, 김한종 등이 중심이 되어 조직한 국내 비밀 결사 단체예요. 공화정 수립을 지향하였고, 군자금을 모금하여 만주에 무관 학교를 세우고자 하였으며, 친일파 처단 등의 활동을 벌였어요.
⑤ 1904년 제1차 한·일 협약 체결 이후 대한 제국의 재정 고문으로 온 메가타는 화폐 정리 사업을 추진하여 대한 제국의 재정을 일본에 예속시키려고 하였어요.

70 일본의 경제 침탈에 대한 저항   정답 ①

키워드 문제분석:
- 황국 중앙 총상회 창립 = (가) 1898년
- 보안회 조직 = (나) 1904년
- 국채 보상 운동 시작 = (다) 1907년

(가) 청, 일본 등 외국 상인들의 상권 침탈이 심화되자 1898년에 서울의 시전 상인은 황국 중앙 총상회를 조직하여 상권 수호 운동을 전개하였어요.
(나) 1904년에 러·일 전쟁을 일으킨 일본은 전세가 유리하게 전개되자 대한 제국의 황무지 개간권을 일본인에게 넘겨줄 것을 요구하였어요. 이에 반발하여 전직 관료와 유생들이 중심이 되어 서울에서 보안회를 결성하였어요. 보안회는 일본의 황무지 개간권 요구에 반대하는 운동을 전개하여 저지하는 데 성공하였어요.
(다) 일본은 을사늑약 이후 대한 제국에 강제로 차관을 제공하였는데, 그 액수가 1,300만 원에 달하였어요. 이에 1907년에 국민들 사이에서 성금을 모아 나라가 진 빚을 갚자는 운동이 일어났어요. 이 운동은 서상돈, 김광제 등을 중심으로 대구에서 시작되었어요. 국채 보상 기성회가 조직되어 국민들은 금주와 금연, 비녀와 반지를 내놓는 방법 등으로 참여하였고, 국외에서도 의연금을 보내 왔어요.

 (가) 황국 중앙 총상회 창립(1898) → (나) 보안회 조직(1904) → (다) 국채 보상 운동 시작(1907)

71 국채 보상 운동　　　　　　　　　　정답 ⑤

키워드 문제분석　외채 + 의연금 + 채무 상환 = 국채 보상 운동

일본은 을사늑약 이후 대한 제국에 강제로 차관을 제공하였는데, 그 액수가 1,300만 원에 달하였어요. 이에 국민들 사이에서 성금을 모아 나라가 진 빚을 갚는 운동이 일어났어요. 이 운동은 서상돈, 김광제 등을 중심으로 대구에서 시작되었어요. 국채 보상 기성회가 조직되어 국민들은 금주와 금연, 비녀와 반지를 내놓는 방법 등으로 참여하였고, 국외에서도 의연금을 보내 왔어요.

① 1925년에 일제는 반정부, 반체제 사상을 단속하기 위해 치안 유지법을 공포하였는데, 이를 한국에도 그대로 적용하여 독립운동가 및 사회주의 세력을 탄압하는 데 이용하였어요.
② 1923년에 백정들은 경상남도 진주에서 조선 형평사를 조직하고 백정에 대한 사회적 차별 철폐를 요구하는 형평 운동을 전개하였어요.
③ 독립 협회는 영은문이 있던 자리 부근에 독립문을 건립하려고 모금 활동을 전개하였어요.
④ 물산 장려 운동은 학생들이 중심이 된 자작회, 토산 애용 부인회 등의 단체들이 활발히 참여하면서 전국으로 확대되었어요.
⑤ 대한매일신보, 황성신문 등 당시 언론은 국채 보상 운동을 적극적으로 지원하였어요. 이로 인해 국채 보상 운동은 전국적으로 확산될 수 있었어요.

72 국채 보상 운동　　　　　　　　　　정답 ②

키워드 문제분석　담배를 끊어 나라의 빚을 갚자는 논의가 시작됨 = 국채 보상 운동(1907)

일본은 을사늑약 이후 대한 제국에 강제로 차관을 제공하였는데, 그 액수가 1,300만 원에 달하였어요. 이에 국민들 사이에서 성금을 모아 나라가 진 빚을 갚는 운동이 일어났어요. 이 운동은 서상돈, 김광제 등을 중심으로 대구에서 시작되었어요. 국채 보상 기성회가 조직되어 국민들은 금주와 금연, 비녀와 반지를 내놓는 방법 등으로 참여하였고, 국외에서도 의연금을 보내 왔어요.

① 1910년에 국권을 강탈한 일제는 경복궁 안에 식민지 통치 기관인 조선 총독부 건물을 세우고 한반도를 다스렸어요. 조선 총독부의 탄압과 방해로 실패한 대표적인 민족 운동에는 민립 대학 설립 운동이 있어요.
② 대한매일신보는 국채 보상 운동에 적극적으로 참여하여 국채 보상 운동을 확산시키는 데 기여하였어요.
③ 1919년에 일어난 3·1 운동의 영향으로 대한민국 임시 정부가 수립되었어요.
④ 1923년에 백정들은 경상남도 진주에서 조선 형평사를 조직하고 백정에 대한 사회적 차별 철폐를 요구하는 형평 운동을 전개하였어요.
⑤ 1923년에 조선 민립 대학 설립 기성회가 창립되어 이상재의 주도로 민족 교육을 위한 민립 대학 설립 운동이 전개되었어요.

73 동학　　　　　　　　　　정답 ①

키워드 문제분석　교조 최제우 + 사형을 선고한 판사 중 고부 학정의 원흉 조병갑이 있었음 = 동학

동학은 경주 출신의 몰락 양반 최제우가 창시한 종교로, 유교·불교·도교와 민간 신앙의 요소가 융합된 민족 종교예요. 동학은 '시천주'와 '인내천'을 기본으로 삼아 인간 평등을 강조하면서 백성으로부터 큰 호응을 얻어 교세가 빠르게 확장되었어요. 그러나 정부는 동학이 유교적 사회 질서를 어지럽힌다고 하여 최제우를 혹세무민의 죄목으로 처형하였어요. 이후 최시형이 동학의 제2대 교주가 되어 교세를 확장시켰어요. 동학 농민 운동은 고부 군수 조병갑의 탐학이 계기가 되어 일어난 고부 농민 봉기로부터 시작되었어요. 이후 정부가 사건 수습을 위해 파견한 관리가 농민 봉기 가담자들을 동학교도로 몰아 탄압하였어요. 이후 동학 농민군은 보국안민과 제폭구민을 기치로 내걸고 백산 등지에서 봉기하였어요.

① 동학의 제2대 교주였던 최시형은 《동경대전》과 《용담유사》를 경전으로 삼고 교단을 정비하였어요.
② 대종교 세력은 단군 숭배 사상을 통해 민족의식을 높였어요. 국권 피탈 후에는 북간도로 넘어가 항일 무장 단체인 중광단을 결성하여 무장 투쟁을 전개하였어요.
③ 원불교는 창시자 박중빈을 중심으로 간척 사업을 진행하고 허례허식 폐지 등 새 생활 운동을 펼쳤어요.
④ 개신교는 아펜젤러가 배재 학당을 세우고 스크랜턴이 이화 학당을 세우는 등 신학문 보급에 앞장섰어요.
⑤ 천주교는 1886년 조·프 수호 통상 조약을 통해 포교가 허용되었어요.

74 제2차 갑오개혁 이후의 사실　　　　　　정답 ③

키워드 문제분석　한성 사범 학교 = 제2차 갑오개혁 이후

제2차 갑오개혁이 시작된 1894년 12월에 홍범 14조가 제정되었고, 1895년 1월에 고종이 종묘에 나가 독립 서고문을 바친 후 홍범 14조를 반포하였어요. 이를 계기로 재판소가 설치되었고, 탁지부 산하에 관세사와 징세서가 설치되었어요. 또한, 고종은 개혁 추진 과정에서 교육입국 조서를 반포하였고, 이후 정부는 한성 사범 학교 관제, 소학교 관제, 외국어 학교 관제 등을 제정하여 근대 교육 제도를 마련하였어요. 이에 따라 한성 사범 학교 등 근대 학교가 세워졌어요.

① 1886년에 설립된 육영 공원은 정부가 양반층 자제에게 서양식 근대 교육을 실시하기 위해 설립한 우리나라 최초의 서양식 관립 교육 기관으로 헐버트, 길모어 등 외국인 교사를 초빙하기도 하였어요.

정답과 해설

② 1883년에 설립된 동문학은 정부가 통역관 양성을 목적으로 설립한 외국어 교육 기관이에요.
③ 1907년에 신민회 소속이었던 이승훈은 민족 교육을 실시하여 인재를 양성하기 위해 정주에 오산 학교를 세웠어요.
④ 1883년에 함경남도 덕원 지방의 관민들이 주도하여 우리나라 최초의 근대식 학교인 원산 학사를 세웠어요. 원산 학사에서는 외국어를 비롯한 근대 학문과 무예를 가르쳤어요.
⑤ 1895년에 제2차 갑오개혁을 추진하는 과정에서 고종은 교육의 기본 방향을 제시한 교육입국 조서를 반포하였어요.

75 개항기의 모습   정답 ⑤

키워드 문제분석 서대문 정거장에서 철도 개통식이 열림 = 개항기(1899)

철도는 열강들의 이권 침탈 경쟁 속에서 부설되었어요. 1899년 일제에 의해 우리나라 최초의 철도인 경인선이 개통되었고, 이후 경부선, 경의선 등이 차례로 개통되었어요. 한편, 철도는 근대화의 상징으로 중요한 교통수단이 되었지만 일제가 대륙 침략의 발판으로 삼으면서 민중의 반감이 컸어요.

① 1930년대 후반 이후인 1943년에 일제는 학도 지원병제·지원병제·징병제 등을 실시하여 한국의 청년들을 전쟁터로 끌고 갔어요.
② 1791년에 조선 정조는 육의전을 제외한 시전 상인의 금난전권을 폐지하는 신해통공을 단행하였어요.
③ 927년에 신간회의 자매단체인 근우회가 창립되어 강연회 개최 등 다양한 활동을 전개하였어요.
④ 강화도 조약 이후인 1878년에 부산 두모포에서 조선 정부와 일본 상인이 관세 문제를 둘러싸고 충돌이 일어났어요.
⑤ 1895년 제2차 갑오개혁 당시 교육입국 조서가 반포되어 근대식 교육 제도의 기반이 마련되었고, 이에 따라 한성 사범 학교 등이 설립되었어요.

76 근대 문물의 도입   정답 ②

키워드 문제분석 전차 운행 = 1899년 이후

1898년에 설립된 한성 전기 회사에 의해 이듬해인 1899년, 서대문에서 청량리 구간의 전차가 처음으로 개통되었어요. 따라서 1899년 이후의 사실을 골라야 해요.

① 조선 정부는 조·미 수호 통상 조약 체결 이후 미국 공사의 부임에 대한 답례로 1883년 미국에 보빙사를 파견하였어요.
② 양기탁과 영국인 베델은 1904년에 대한매일신보를 창간하였어요.
③ 이만손 등은 국내에 《조선책략》이 유포되자 1881년에 고종에게 영남 만인소를 올렸어요.

④ 조선 정부는 개화 정책을 추진하면서 1881년에 신식 군대인 별기군을 창설하고 일본인 교관을 임명하였어요.
⑤ 조선 정부는 1880년에 개화 정책 추진을 총괄하는 통리기무아문과 산하 기구인 12사를 설치하여 개혁을 추진하였어요.

77 근대 문물의 수용   정답 ④

키워드 문제분석 한성 전기 회사 설립 = 1898년

한성 전기 회사는 1898년에 미국의 기술을 도입하여 한성(서울)에 설립된 우리나라 최초의 전기 회사예요. 한성에 전등과 전차 설치를 희망하던 고종이 알렌의 추천으로 콜브란과 접촉하여 설립하였어요.

① 광혜원은 정부의 지원을 받은 알렌이 1885년에 세운 우리나라 최초의 서양식 병원이에요.
② 한성순보는 우리나라 최초의 근대식 신문으로, 1883년부터 1884년까지 박문국에서 발행되었어요.
③ 영선사와 기술자들이 청에서 배워 온 근대식 무기 제조법을 바탕으로 1883년에 기기창이 설립되었어요.
④ 경부선은 일본에 의해 1905년에 개통되었어요.
⑤ 우정총국은 1884년에 처음 설치되었으나, 그해 개국 축하연에서 갑신정변이 일어나 폐지되었어요.

78 근대 문물의 수용   정답 ⑤

키워드 문제분석 경복궁 + 최초의 전등 가설 = 1887년

경복궁 건청궁에 최초로 전등이 가설된 시기는 1887년이에요.

① 알렌의 건의로 광혜원이 세워진 것은 1885년이에요.
② 박문국에서 한성순보가 발행된 것은 1883년이에요.
③ 근대식 무기 제조 공장인 기기창이 설립된 것은 1883년이에요.
④ 정부가 외국어 교육 기관인 동문학을 세운 것은 1883년이에요.
⑤ 노량진(서울)과 제물포(인천)를 잇는 경인선이 개통된 것은 1899년이에요.

79 근대 문물의 수용   정답 ②

키워드 문제분석 전차 개통 = 1899년

서대문과 청량리 사이를 운행하는 전차는 한성 전기 회사의 주도로 1899년에 개통되었어요.

① 박문국은 1883년에 설립된 최초의 근대식 인쇄소로 한성순보, 한성주보를 발간하였어요.
② 경성(서울)과 부산을 잇는 경부선은 일본에 의해 1904년에 완공되어 1905년에 개통되었어요.
③ 기기창은 영선사 복귀 이후 근대식 무기를 제조하기 위해 1883년에 설치되었어요.
④ 한성주보는 한성순보를 계승하여 1886년부터 1888년까지 발행되었으며, 최초로 상업 광고를 게재하였어요.
⑤ 육영 공원은 조선 정부가 양반층 자제를 중심으로 근대식 교육을 실시하기 위해 1886년에 설립한 학교예요.

80 근대 문물의 수용   정답 ①

키워드 문제분석: 최초의 근대식 병원 + 알렌 = 광혜원

광혜원은 1885년에 조선 정부가 설립한 우리나라 최초의 근대식 병원이에요. 미국인 선교사인 알렌이 갑신정변 당시 중상을 입은 민영익을 서양 의술로 살린 것이 설립의 계기가 되었어요. 설립 직후 제중원으로 명칭이 변경되었어요.

① 배재 학당은 1885년에 미국인 선교사 아펜젤러가 서울시 중구 정동에 세운 근대식 중등 교육 기관이에요.
② 조선이 청에 영선사를 파견하였던 시기는 1881~1882년이에요.
③ 갑신정변이 일어난 우정총국 개국 축하연이 열린 시기는 1884년이에요.
④ 강화도 연무당에서 일본과 강화도 조약이 체결되었던 시기는 1876년이에요.
⑤ 미국 상선 제너럴셔먼호가 통상을 요구하며 행패를 부리자 박규수가 평양 관민과 함께 제너럴셔먼호를 불태웠던 시기는 1866년이에요.

81 육영 공원   정답 ⑤

키워드 문제분석: 신학문을 가르치는 관립 교육 기관 + 명문가의 자제를 선발함 + 주요 과목으로 영어, 산학, 지리 등이 있었음 = 육영 공원

1886년에 설립된 육영 공원은 정부가 양반층 자제에게 서양식 근대 교육을 실시하기 위해 설립한 우리나라 최초의 서양식 관립 교육 기관이에요. 외국인 교사를 초빙하여 학생들에게 영어, 수학, 지리학, 정치학 등 근대 학문을 가르쳤어요.

① 고려 예종 때 관학을 진흥시키기 위해 국자감에 전문 강좌인 7재가 개설되었고, 장학 재단인 양현고가 설치되었어요.
② 신민회 소속의 안창호가 민족 교육 실시를 위해 평양에 세운 대성 학교는 조선 총독부의 탄압으로 1912년에 폐교되었어요.

③ 고종이 1895년에 교육입국 조서를 반포한 이후 한성 사범 학교 등이 세워졌어요.
④ 조선 시대의 국립 교육 기관인 성균관과 향교에는 대성전과 명륜당이 있었으며, 이곳에서 성현에 대한 제사와 함께 교육이 이루어졌어요.
⑤ 육영 공원은 정부가 양반층 자제에게 서양식 근대 교육을 실시하기 위해 설립한 학교로 헐버트, 길모어 등 외국인 교사를 초빙하기도 하였어요.

82 한성순보   정답 ⑤

키워드 문제분석: 1883년 박문국에서 창간된 근대 신문 + 정부의 개화 정책을 홍보함 = 한성순보

개화기에 근대 의식을 높이는 데 언론이 중요한 역할을 한다는 인식이 확산되면서 많은 신문이 발행되었어요. 한성순보는 박문국에서 열흘에 한 번씩 발행한 우리나라 최초의 신문으로, '순'은 열흘을 뜻해요. 한성순보는 정부의 개화 정책을 홍보하는 관보의 성격을 가지고 있었어요.

① 황성신문과 독립신문은 서울 북촌의 양반 여성들이 정치, 교육 등 다양한 분야에서 여성의 평등한 권리를 주장하는 여권통문을 발표하자 처음 보도하였어요.
② 대한매일신보는 국채 보상 운동에 적극적으로 참여하여 국채 보상 운동을 확산시키는 데 기여하였어요.
③ 대한매일신보는 영국인 베델이 발행인으로 참여하였기 때문에 일본의 사전 검열을 거의 받지 않고 박은식과 신채호 등이 작성한 항일 논설과 의병 투쟁에 호의적인 기사를 실을 수 있었어요.
④ 독립신문은 서재필이 주도하여 창간한 우리나라 최초의 민간 신문으로, 한글판과 함께 영문판이 발행되어 외국인에게도 국내 상황을 알릴 수 있었어요.
⑤ 한성순보는 순 한문 신문으로 열흘마다 한 번씩 발행한 우리나라 최초의 신문이에요.

83 대한매일신보   정답 ③

키워드 문제분석: 양기탁과 베델이 창간 = 대한매일신보

1904년에 창간된 대한매일신보는 영국인 베델이 발행인으로 참여하였기 때문에 일본의 사전 검열을 거의 받지 않고 박은식과 신채호 등의 항일 논설을 게재하였으며, 의병 투쟁에 호의적인 기사 등을 실을 수 있었어요.

① 한성주보는 한성순보의 복간 형식으로 박문국에서 발행되었으며, 처음으로 상업 광고를 실었어요.
② 천도교는 기관지로 만세보를 발행하여 민중 계몽에 힘썼어요.

정답과 해설

③ 대한매일신보는 국채 보상 운동에 적극적으로 참여하여 국채 보상 운동을 확산시키는 데 기여하였어요.
④ 조선중앙일보와 동아일보는 1936년 베를린 올림픽 대회의 마라톤 우승자 손기정의 사진을 게재하면서 그의 운동복에 달려 있던 일장기를 삭제하였어요.
⑤ 한성순보는 순 한문 신문으로 박문국에서 열흘에 한 번씩 발행한 우리나라 최초의 근대 신문이에요.

84 독립신문 정답 ④

키워드 문제분석: 서재필 창간 + 한글판·영문판 = **독립신문**

미국에서 돌아온 서재필은 정부로부터 지원을 받아 1896년에 독립신문을 창간하였어요. 독립신문은 한글판과 영문판 두 종류로 발행되었으며, 정부 고위 관리들의 부정부패를 고발하고 열강의 이권 침탈을 비판하였어요.

① 해조신문은 1908년에 최봉준 등이 연해주의 블라디보스토크에서 창간한 교민 신문이에요.
② 제국신문은 1898년에 이종일이 창간한 신문으로, 순 한글로 발행되어 서민층과 부녀자에게 큰 호응을 얻었어요.
③ 한성순보는 1883년부터 1884년까지 박문국에서 발행된 우리나라 최초의 근대 신문이에요.
④ 독립신문은 갑신정변 실패 후 미국으로 망명하였던 서재필이 귀국한 후 창간한 신문으로, 우리나라 최초의 민간 신문이에요.
⑤ 황성신문은 1898년에 남궁억 등이 중심이 되어 창간한 신문으로, 을사늑약 직후 장지연의 〈시일야방성대곡〉을 게재하였어요.

85 박정양의 활동 정답 ⑤

키워드 문제분석: 초대 주미 공사 + 미국에서 외교 활동을 펼친 후 귀국하여 《미속습유》를 집필함 = **박정양**

1882년에 조·미 수호 통상 조약이 체결된 후 미국이 공사를 파견하자 조선 정부는 답례차 1883년에 미국에 보빙사를 파견하였어요. 이후 고종은 1887년에 청의 내정 간섭을 견제하고 자주 외교를 펼치기 위해 박정양을 초대 주미 공사로 임명·파견하였어요. 미국에서 돌아온 박정양은 자신이 미국에서 보고 들은 내용을 정리하여 《미속습유》를 집필하였어요.

① 안창호는 국권 피탈 이후 미국으로 건너가 샌프란시스코에서 흥사단을 결성하였어요.
② 제2차 수신사로 일본에 파견된 김홍집은 귀국길에 황준헌이 지은 《조선책략》을 가지고 들어왔어요. 《조선책략》의 내용이 국내에 유포되자 이만손 등 영남 유생들이 미국과의 수교에 반대하는 영남 만인소를 올렸어요. 하지만 조선 정부는 이들을 탄압하고 조·미 수호 통상 조약을 체결하였어요.
③ 신민회 소속이었던 이승훈은 정주에 오산 학교를 설립하여 민족 교육을 실시하였어요.
④ 주시경은 대한 제국 정부가 세운 국문 연구소에서 연구위원으로 활동하며 한글의 문자 체계를 정리하였어요.
⑤ 박정양은 독립 협회가 주관한 관민 공동회에 정부 관료로 참여하였고, 독립 협회의 제안을 받아들여 중추원 관제 개편을 추진하였어요.

86 박규수의 활동 정답 ③

키워드 문제분석: 박지원의 손자 + 진주 농민 봉기, 안핵사 + 개화사상 = **박규수**

박규수는 《열하일기》를 저술한 조선 후기의 실학자 연암 박지원의 손자예요. 1862년 진주 농민 봉기가 일어나자 조선 정부는 박규수를 안핵사로 보내 사태를 파악하도록 하였어요. 박규수는 당시 전국으로 확산된 농민 봉기의 주요 원인이 삼정의 문란에 있다고 보고 이를 바로잡기 위해 정부에 삼정이정청의 설치를 건의하였어요. 조선 후기의 실학을 계승한 박규수는 개화사상 형성에 큰 역할을 하였어요. 박규수의 사상은 김옥균, 박영효, 김윤식 등 젊은 지식인들에게 큰 자극을 주었고 이후 이들은 개화파를 형성하여 개화 운동을 전개하였어요.

① 유길준은 갑신정변 이후 〈중립론〉을 저술하여 조선 중립화론을 건의하였어요.
② 양기탁은 영국인 베델과 함께 대한매일신보를 창간하여 항일 언론 활동을 전개하였어요.
③ 박규수는 미국 상선 제너럴셔먼호가 평양에서 통상을 요구하며 살인과 약탈을 자행하자 평양 관민과 함께 제너럴셔먼호를 불태워 침몰시켰어요.
④ 조선 말 최한기는 우주의 천체, 기상 등 서양의 과학 기술을 정리한 《지구전요》를 저술하였어요.
⑤ 조선 정부를 대표하여 강화도 조약 체결에 참여하였던 신헌은 강화도 조약 체결의 전말을 기록한 《심행일기》를 남겼어요.

87 헐버트의 활동 정답 ②

키워드 문제분석: 육영 공원 교사 + 고종의 특사 = **헐버트**

헐버트는 1886년에 선교사로 조선에 들어온 미국인으로, 우리나라 최초의 근대식 교육 기관인 육영 공원에서 영어를 가르쳤어요. 헐버트는 을사늑약 체결 직전 고종의 밀서를 가지고 미국에 가서 국무 장관과 대통령을 면담하려 하였지만 성공하지 못하였어요. 이후 1905년에 을사늑약이 체결되자 고종의 특사로 만국 평화 회의가 열리는 네덜란드 헤이그를 방문하여 여러 활동을 하면서 대한 제국의 국권 회복을 위해 노력하였어요.

098 시대별 기출문제집 심화

① 메가타는 제1차 한·일 협약으로 대한 제국의 재정 고문이 되었고, 이후 화폐 정리 사업을 주도하였어요. 이는 대한 제국의 화폐를 일본 제일 은행권으로 교체하는 사업이었는데, 일제는 이 사업을 통해 대한 제국의 재정과 금융권을 장악하고자 하였어요.
②헐버트는 육영 공원에서 수업을 하기 위해 한글을 배우기 시작하였어요. 이후 한글로 된 최초의 지리 교과서인 《사민필지》를 집필하여 교재로 사용하였어요.
③ 개신교 선교사였던 스크랜튼은 우리나라 최초의 여성 교육 기관인 이화 학당을 설립하였어요.
④ 장인환과 전명운은 제1차 한·일 협약으로 대한 제국의 외교 고문이 된 친일 인사 스티븐스를 샌프란시스코에서 사살하였어요.
⑤ 신채호는 황성신문에 논설 〈단연보국채(담배를 끊어 나라의 빚을 갚자)〉를 써서 국채 보상 운동에 적극 참여하였어요.

88 주시경의 활동　　　　　　　　　　　정답 ①

키워드 문제분석　　국어 연구 + 한힌샘 = 주시경

주시경은 대한 제국 시기에 활동한 국어학자로, 우리말과 한글을 전문적으로 연구하고 후진을 양성하여 한글 대중화에 기여하였어요. 주요 저서로는 《국어문법》, 《말의 소리》 등이 있으며, '한힌샘' 등 순우리말 호를 쓰기도 하였어요.

①주시경은 대한 제국 정부가 세운 국문 연구소에서 연구위원으로 활동하며 한글의 문자 체계를 정리하였어요.
② 1942년 조선어 학회는 《우리말 큰사전》 편찬을 준비하다가 일제가 조작한 이른바 조선어 학회 사건으로 최현배, 이극로 등 회원들이 검거·투옥되어 조직이 와해되었어요.
③ 박은식은 국혼의 중요성을 강조하고 일제의 국권 침탈 과정을 폭로한 《한국통사》를 집필하였어요.
④ 육영 공원의 교사였던 미국인 헐버트는 한글로 된 최초의 지리 교과서인 《사민필지》를 저술하여 교재로 사용하였어요.
⑤ 민족주의 사학을 계승한 정인보, 안재홍 등은 민족의 얼을 강조하고 조선학 운동을 전개하였으며, 《여유당전서》를 간행하였어요.

89 박은식의 활동　　　　　　　　　　　정답 ⑤

키워드 문제분석　　국혼 강조 + 《한국통사》 = 박은식

박은식은 민족주의 사학자이자 독립운동가예요. 그는 일본의 침략 과정을 서술한 《한국통사》와 우리 민족의 독립 투쟁 과정을 정리한 《한국독립운동지혈사》를 저술하였어요. 이승만 탄핵 이후 1925년에 대한민국 임시 정부의 제2대 대통령으로 추대되기도 하였어요.

① 손진태, 이병도는 1934년에 진단 학회를 창립하고 《진단학보》를 발행하였어요.

② 정인보, 안재홍, 문일평은 정약용의 문집인 《여유당전서》를 간행하고 조선학 운동을 전개하였어요.
③ 이상설, 이준, 이위종은 1907년에 네덜란드 헤이그에서 열린 만국 평화 회의에 특사로 파견되어 을사늑약의 부당함을 국제 사회에 호소하고자 하였어요.
④ 조만식 등은 1920년에 평양에서 조선 물산 장려회를 조직하고 물산 장려 운동을 추진하였어요.
⑤박은식은 실천적 유교 정신을 통해 유교계의 개혁을 주장하는 논문인 〈유교 구신론〉을 저술하였어요.

90 한용운의 활동　　　　　　　　　　　정답 ③

키워드 문제분석　　《님의 침묵》 = 한용운

한용운은 독립운동가이자 승려, 시인이에요. 1910년에 《조선 불교 유신론》을 저술하여 불교의 개혁과 현실 참여를 주장하였는데, 이 책은 1913년에 간행되었어요. 1926년에는 시집 《님의 침묵》을 발간하여 저항 문학에 앞장섰어요.

① 최현배, 이윤재 등을 중심으로 1931년에 결성된 조선어 학회는 《우리말(조선말) 큰사전》 편찬을 준비하였고, 한글 맞춤법 통일안과 표준어를 제정하였어요.
② 박은식은 독립운동가이자 민족주의 사학자로, 유교계의 개혁을 촉구하는 〈유교 구신론〉을 발표하였어요.
③한용운은 1918년에 불교의 대중화와 민족의식 고취를 위해 불교 잡지인 《유심》을 발간하였어요.
④ 손진태, 이병도 등은 1934년에 진단 학회를 창립하고, 《진단학보》를 발간하는 등 실증주의 사학을 발전시켰어요.
⑤ 신채호는 독립운동가이자 민족주의 사학자로, 〈독사신론〉·《조선상고사》·《조선사연구초》 등을 저술하여 민족주의 사학의 토대를 마련하였어요.

정답과 해설

PART 7. 일제 강점기   P. 170~186

01	③	02	④	03	②	04	①	05	②
06	②	07	④	08	④	09	②	10	④
11	⑤	12	④	13	⑤	14	②	15	②
16	⑤	17	④	18	②	19	②	20	②
21	③	22	③	23	③	24	④	25	⑤
26	⑤	27	②	28	①	29	①	30	⑤
31	④	32	③	33	②	34	③	35	⑤
36	⑤	37	②	38	②	39	①	40	①
41	③	42	②	43	④	44	①	45	②
46	④	47	②	48	③	49	④	50	①
51	②	52	②	53	①	54	⑤	55	①
56	②	57	②	58	④	59	③	60	④
61	③	62	①	63	③	64	④	65	②
66	③	67	⑤								

01 회사령   정답 ③

키워드 문제분석: 회사를 설립할 때 조선 총독의 허가를 받도록 하는 법령 = 회사령(1910)

1910년에 대한 제국의 국권을 강탈한 일제는 민족 자본의 성장을 억제하기 위해 한국인의 기업 설립을 제한하는 회사령을 제정하여 회사 설립 시 총독의 허가를 받도록 하였어요. 회사령은 1920년에 폐지되었어요.

① 1907년에 일제는 신문지법을 공포하여 정간·폐간 등을 통해 민족 언론을 탄압하였어요.
② 1925년에 일제는 만주 지역에서 활동하는 독립군을 탄압하기 위해 만주 지역의 중국 군벌과 미쓰야 협정을 체결하였어요.
③ 1910년대에 일제는 식민 통치의 경제 기반을 마련하기 위해 토지 조사 사업에 관한 법령으로 토지 조사령을 제정하여 토지 조사 사업을 실시하였어요.
④ 1924년에 일제는 우리 민족의 민립 대학 설립 운동을 탄압하고 이를 무마할 목적으로 경성 제국 대학을 설립하였어요.
⑤ 1941년에 일제는 독립운동가들을 재판 없이 구금할 수 있는 조선 사상범 예방 구금령을 시행하여 독립운동가들을 탄압하였어요.

02 1910년대 무단 통치   정답 ④

키워드 문제분석: 조선 태형령 = 1910년대

일제는 1910년대 무단 통치를 실시하여 한국인을 억압하였어요. 교원에게 제복을 입고 칼을 차도록 하였으며, 헌병에게 일반 경찰 업무는 물론 일반 행정 업무까지 수행하게 하였어요. 당시 헌병 경찰은 범죄 즉결례에 따라 즉결 처분권을 가져 한국인들을 재판 없이 처벌할 수 있었어요. 1912년에 일제는 조선 태형령을 제정하여 한국인에 한해 태형 제도를 적용하기도 하였어요.

① 1899년 대한 제국 시기에 고종은 황제의 군 통수권 장악을 위해 원수부를 설치하였어요.
② 1927년에 민족 유일당 운동의 일환으로 비타협적 민족주의 세력과 사회주의 세력이 연합하여 좌우 합작의 항일 단체인 신간회가 창립되었어요.
③ 1925년에 일제는 반정부, 반체제 사상을 단속하기 위해 일본 내 치안 유지법을 공포하였는데, 이를 한국에도 그대로 적용하여 독립운동가 및 사회주의 세력을 탄압하는 데 이용하였어요.
④ 1910년대 일제는 헌병이 일반 경찰의 업무까지 관여하도록 하는 헌병 경찰제를 실시하였어요.
⑤ 1908년에 일제는 대한 제국의 토지와 자원을 수탈하고, 대한 제국의 토지를 일본인에게 싼값에 팔기 위해 동양 척식 주식회사를 설립하였어요.

03 1910년대 무단 통치   정답 ②

키워드 문제분석: 교원이 제복을 입고 칼을 차고 수업 + 3·1 운동 이전 = 1910년대 무단 통치 시기

① 민족 말살 통치 시기인 1938년, 일제는 한국인의 생활을 감시하고 통제하고자 애국반을 조직하였어요.
② 1910년, 일제는 한국인의 기업 설립을 제한하기 위해 회사 설립 시 조선 총독의 허가를 받도록 하는 회사령을 제정하였어요.
③ 1925년, 일제는 치안 유지법을 제정하여 사회주의 사상과 독립 운동을 탄압하였어요.
④ 민족 말살 통치 시기인 1930년대 후반, 침략 전쟁을 확대하던 일제는 전쟁에 필요한 물자를 원활하게 동원하기 위해 국가 총동원법을 공포하고 미곡 공출, 금속 공출 등을 실시하였어요.
⑤ 민족 말살 통치 시기인 1938년, 일제는 전쟁 수행에 필요한 인적·물적 수탈을 강화하기 위해 국가 총동원법을 공포하였어요.

04 1920년대 문화 통치   정답 ①

키워드 문제분석: 총독 임용 범위 확장 + 문화적 정치 + 조선인을 기만 = 1920년대 문화 통치

3·1 운동(1919) 이후 일제는 1920년대에 이른바 '문화 통치'를 표방하였어요. 일제는 한국인을 위한 통치라면서 문관 총독 임용, 보통 경찰제 실시, 언론 활동 허용 등 유화책을 실시하였지요. 그러나 실제로 문관 총독은 임명되지 않았고, 경찰 수와 예산은 큰 폭으로 증가하였으며, 언론에 대한 검열과 탄압이 이어졌어요. 또한 적극적으로 각계각층에서 친일파를 육성하여 민족 분열을 꾀하였어요.

① 3·1 운동(1919)에 충격을 받은 일제는 통치 방식을 무단 통치에서 이른바 '문화 통치'로 변경하였어요.
② 독립운동을 탄압하기 위한 조선 사상범 예방 구금령은 1941년에 제정되었어요.
③ 1930년대 초에 전개된 문맹 퇴치 운동인 브나로드 운동은 동아일보를 중심으로 추진되었어요.
④ 농민 운동과 노동 운동의 연합으로 1924년에 조선 노농 총동맹이 설립되었어요. 그러나 일제의 탄압과 내부의 분열로 인해 상황이 어려워지자 노동운동과 농민 운동을 분리하여 1927년에 조선 노동 총동맹과 조선 농민 총동맹을 설립하였어요.
⑤ 일제는 중·일 전쟁을 일으킨 1937년 이후 한국인의 정체성을 말살하기 위해 황국 신민 서사 암송 강요, 신사 참배 강요 등 황국 신민화 정책을 추진하였어요.

05 1920년대 일제의 경제 침탈   정답 ②

키워드 문제분석
조선 관세령 폐지 = 1923년

제1차 세계 대전을 거치며 경제적으로 크게 성장한 일본은 본격적으로 일본 자본을 한반도에 진출시키기 위해 1920년에 회사령을 폐지하고 신고제로 전환하였으며, 1923년에는 관세까지 폐지하였어요.

① 동양 척식 주식회사가 설립된 시기는 일제 강점기 이전인 1908년이에요.
② 한·일 간 관세 철폐 움직임이 나타나 일본의 자본과 상품이 한반도에 밀려 들어올 조짐이 보이자 1920년대 조만식, 이상재 등은 국산품 애용을 통한 민족 산업 육성을 목표로 물산 장려 운동을 전개하였어요.
③ 대한 제국의 재정 고문인 메가타의 주도로 화폐 정리 사업이 시작된 시기는 일제 강점기 이전인 1905년이에요.
④ 회사 설립을 허가제로 하는 회사령이 공포된 시기는 1910년이에요.
⑤ 시전 상인들이 황국 중앙 총상회를 조직하여 상권 수호 운동을 전개한 시기는 일제 강점기 이전인 1898년이에요.

06 1910년대 무단 통치   정답 ②

키워드 문제분석
• 조선 총독부 설치 = (가) 1910년
• 총독 임용 범위 확장 + 경찰 제도 개정 = (나) 1920년대

(가) 일제는 한국을 강제 병합(1910)한 직후 식민 통치의 중추 기구로 조선 총독부를 설치하였어요.
(나) 1919년에 사이토 마코토가 조선 총독으로 취임하면서 '시정방침 훈시'를 발표하였어요. 이는 기존의 폭력적인 무단 통치 방식 대신 이른바 '문화 통치'로 통치 방식을 바꾸겠다는 내용이었지만, 사실상 친일파를 양성하여 우리 민족을 분열시키려는 기만적인 통치 방침에 대한 것이었어요.

① 미곡 공출제는 민족 말살 통치 시기인 1939년에 실시되었어요.
② 한국인을 대상으로 한 조선 태형령은 1912년에 제정되어 1920년에 폐지되었어요.
③ 국민 징용령은 민족 말살 통치 시기인 1939년에 제정되었어요.
④ 일제는 1924년에 경성 제국 대학을 설립하여 우리 민족의 대학 설립을 억제하였어요.
⑤ 황국 신민 서사 암송은 민족 말살 통치 시기인 1937년 이후부터 강요되었어요.

07 1930년대 후반 이후 민족 말살 통치   정답 ④

키워드 문제분석
일제는 조선 민사령을 개정하여 일본식 씨명을 사용하도록 강요함(창씨개명) = 1930년대 후반 이후

일제는 1937년에 중·일 전쟁을 일으키고 침략 전쟁을 확대하는 과정에서 한국인을 전쟁에 쉽게 동원하기 위해 내선일체, 일선동조론 등을 내세워 민족 말살 정책을 본격화하였어요. 일왕에 대한 충성 맹세문인 황국 신민 서사를 제정하여 강제로 암송하게 하고, 신사 참배와 궁성 요배를 강요하였어요. 그뿐만 아니라 우리의 성과 이름도 일본식으로 바꾸도록 강요하였어요. 한편, 일제는 1938년에 국가 총동원법을 제정하여 전쟁에 필요한 자원을 본격적으로 수탈하였어요. 공출제와 식량 배급 제도 등을 통해 전쟁에 필요한 물자를 강제로 가져갔으며 지원병제, 학도 지원병제, 징병제, 국민 징용령을 실시하여 한국인들을 전쟁터와 전쟁 시설로 끌고 갔어요.

① 1905년에 일제는 강제로 을사늑약을 체결하면서 대한 제국의 외교권을 강탈하고 통감부를 설치하였어요.
② 1910년대 일제는 조선 태형령을 시행하여 한국인에게만 태형을 가하였어요. 조선 태형령은 1920년대 일제가 이른바 '문화 통치'를 표방하면서 폐지되었어요.
③ 1910년대 일제는 헌병이 일반 경찰의 업무까지 관여하도록 하는 헌병 경찰 제도를 실시하였어요.
④ 1930년대 후반 이후 일제는 여자 정신 근로령을 공포하여 여성들을 군수 공장에서 강제로 일하게 하였어요.
⑤ 1908년에 일제는 대한 제국의 토지와 자원을 수탈하고, 대한 제국의 토지를 일본인에게 싼값에 팔기 위해 동양 척식 주식회사를 설립하였어요.

08 1930년대 후반 이후 민족 말살 통치   정답 ④

키워드 문제분석
중·일 전쟁 시작 + 황국 신민 서사 = 1930년대 후반 이후

정답과 해설

1937년에 중·일 전쟁을 일으킨 일제는 한국인의 민족의식을 없애기 위해 내선일체를 강조하고 황국 신민 서사 암송과 신사 참배를 강요하는 등의 민족 말살 정책을 실시하였어요. 또한, 일제는 전쟁이 확대되자 1938년에 국가 총동원령을 내려 미곡·금속 공출을 실시하였으며, 국민 징용령을 실시하고 일본군 '위안부'를 강제 동원하는 등 물적·인적 자원을 수탈하였어요.

① 1929년에 원산 지역에서 노동 조건의 개선을 요구하는 노동자 총파업이 전개되었어요. 이 소식이 해외로 알려지면서 일본, 프랑스 등의 노동 단체들이 총파업을 격려하는 전문을 보냈어요.
② 1925년에 일제는 만주 지역에서 활동하는 독립군을 탄압하기 위해 만주 지역의 중국 군벌과 미쓰야 협정을 체결하였어요.
③ 1923년에 경상남도 진주의 백정들은 조선 형평사를 조직하고 백정에 대한 차별을 철폐하기 위한 형평 운동을 전개하였어요.
④ 1938년에 일제는 전쟁 수행에 필요한 인적·물적 자원 수탈을 강화하기 위해 국가 총동원법을 시행하였어요.
⑤ 1910년에 일제는 식민 지배에 필요한 재정 마련을 위해 조선 총독부 산하에 임시 토지 조사국을 설립하여 토지 조사 사업을 실시하였어요.

09 1930년대 후반 이후 민족 말살 통치   정답 ②

키워드 문제분석
태평양 전쟁 발발 후 일제의 전시 동원 체제가 강화된 시기 = 1930년대 후반 이후

일제는 1937년 중·일 전쟁 이후 태평양 전쟁을 일으키는 등 침략 전쟁을 확대하면서 우리 민족을 전쟁에 쉽게 동원하기 위해 내선일체, 일선동조론을 내세우고 민족 말살 정책을 본격화하였어요. 또한 지원병제, 학도 지원병제, 징병제 등을 실시하여 한국의 청년들을 전쟁터로 끌고 갔고, 국민 징용령을 공포하여 한국인을 광산 채굴과 전쟁 시설 건설 등에 강제로 동원하였으며, 각종 금속류와 쌀 등을 공출이라는 명목 하에 거두어 갔어요. 전쟁 막바지인 1944년에는 여자 정신 근로령을 만들어 여성들도 군수 공장에서 강제로 일하게 하였어요.

① 1948년에 반국가 활동을 규제하기 위한 목적으로 국가 보안법이 제정되었어요.
② 1938년부터 일제는 한국인의 일상생활을 감시하고 통제하기 위해 애국반을 조직하였어요. 일제는 전시 동원 체제를 강화하면서 애국반을 통해 남성에게는 국민복을, 여성에게는 몸뻬 착용을 강요하였어요.
③ 1905년에 일본에 의해 서울과 부산을 연결하는 경부선이 개통되었어요.
④ 1923년에 백정들은 경상남도 진주에서 조선 형평사를 조직하고 백정에 대한 사회적 차별 철폐를 요구하는 형평 운동을 전개하였어요.

⑤ 1910년대 일제는 조선 태형령을 제정하여 한국인에게만 태형을 가하였어요. 조선 태형령은 1920년대 일제가 이른바 '문화 통치'를 표방하면서 폐지되었어요.

10 1930년대 후반 이후 민족 말살 통치   정답 ④

키워드 문제분석
강제 동원 + 중·일 전쟁 이후
= 1930년대 후반 이후 민족 말살 통치 시기

일제는 1937년에 중·일 전쟁을 일으켜 침략 전쟁을 확대하면서 국가 총동원법을 제정하는 등 전시 동원 체제를 구축하였어요. 이에 따라 한국인을 침략 전쟁에 본격적으로 동원하고자 내선일체, 일선동조론 등을 내세워 민족 말살 정책을 실시하였어요.

① 일제는 1925년에 국가 통치 체제나 사유 재산 제도를 부정하는 반정부, 반체제 사상을 단속하기 위해 치안 유지법을 공포하였는데, 이를 한국에도 그대로 적용하여 독립운동가 및 사회주의 세력을 탄압하는 데 이용하였어요.
② 일제는 1912년에 식민 통치의 경제 기반을 마련하기 위해 토지 조사 사업에 관한 법령으로 토지 조사령을 제정하여 토지 조사 사업을 실시하였어요.
③ 일제는 1910년대에 헌병이 일반 경찰의 업무까지 관여하도록 하는 헌병 경찰 제도를 실시하였어요.
④ 일제는 1939년에 군인들의 식량을 확보하기 위해 미곡 배급 통제법 등을 제정하여 식량 배급 및 미곡 공출제를 시행하였어요.
⑤ 일제는 1911년에 제1차 조선 교육령을 발표하여 보통학교의 수업 연한을 6년에서 4년으로 정하고, 한국인 우민화와 노동력 착취를 위한 실업·기술 교육 위주의 교육 방침을 채택하였어요.

11 1930년대 후반 이후 민족 말살 통치   정답 ⑤

키워드 문제분석
중·일 전쟁 이후 + 황국 신민 = 민족 말살 통치

1937년에 중·일 전쟁을 일으킨 일제는 한국인의 민족의식을 없애기 위해 내선일체를 강조하고 황국 신민 서사 암송과 신사 참배를 강요하는 등 민족 말살 정책을 실시하였어요. 또한 일제는 전쟁이 확대되자 1938년에 국가 총동원령을 내려 미곡·금속 공출을 실시하였으며, 국민 징용령을 내리고 일본군 '위안부'를 강제 동원하는 등 물적·인적 자원을 수탈하기도 하였어요.

① 일제는 1910년에 회사 설립 시 조선 총독의 허가를 받도록 하는 회사령을 제정하였어요.
② 일제는 1925년에 만주 군벌과 미쓰야 협정을 체결하여 만주 지역의 독립군을 탄압하였어요.
③ 일제는 민립 대학 설립 운동을 탄압하고 이를 무마할 목적으로 1924년에 경성 제국 대학을 설립하였어요.

④ 일제는 근대적 토지 소유권을 확립한다는 명분으로 1910년부터 1918년까지 토지 조사 사업을 실시하였어요.
⑤ 일제는 조선 사상범 보호 관찰령에 이어 1941년에 독립운동가들을 재판 없이 구금할 수 있는 조선 사상범 예방 구금령을 시행하여 독립운동가들을 탄압하였어요.

12 1930년대 후반 이후 민족 말살 통치   정답 ④

키워드 문제분석
중·일 전쟁 이후 + 일본군 '위안부'
= 1930년대 후반 이후 민족 말살 통치

중·일 전쟁을 일으킨 일제는 전쟁에 필요한 인력과 물자를 한반도에서 효율적으로 동원하기 위해 1938년에 국가 총동원법을 제정하고 본격적으로 수탈을 자행하였어요. 일제는 약 20여만 명으로 추정되는 여성들을 중국, 동남아시아, 태평양 제도 등의 전선에 강제로 동원하여 일본군 '위안부'로 삼았어요.

① 한국인에 한하여 태형을 적용하는 조선 태형령은 1912년에 제정되어, 3·1 운동 이후인 1920년에 폐지되었어요.
② 문평 라이징 선 석유 회사의 일본인 감독이 한국인 노동자를 구타한 사건이 계기가 되어 원산 총파업(1929)이 발생하였어요.
③ 회사령은 1910년에 공포되어 1920년에 폐지되며 신고제로 전환되었어요.
④ 1930년대 후반 이후 민족 말살 통치 시기 일제는 한국인의 정체성을 말살하기 위한 황국 신민화 정책을 추진하였어요.
⑤ 전남 신안 암태도 소작 쟁의는 지주 문재철의 횡포와 고액의 소작료에 반발하여 1923~1924년에 일어났어요.

13 독립 의군부의 활동   정답 ⑤

키워드 문제분석
임병찬 + 복벽주의 = 독립 의군부

독립 의군부는 1912년에 고종의 밀지를 받은 임병찬이 의병과 유생을 규합하여 조직한 독립운동 단체예요. 독립 의군부는 국권 회복 이후 고종을 복위시킨다는 복벽주의 입장에서 의병 전쟁을 계획하였어요. 조선 총독부에 보낼 국권 반환 요구서를 작성하고 의병을 조직하다가 일제에 발각되어 조직이 해체되었어요.

① 1919년 도쿄에서 재일 한인 유학생을 중심으로 결성된 조선 청년 독립단은 2·8 독립 선언서를 발표하였어요.
② 치안 유지법은 1925년에 사회주의자와 독립운동자를 탄압하기 위해 제정되었어요.
③ 신민회 회원들을 중심으로 서간도에 신흥 강습소가 설립되었고, 이는 1919년에 신흥 무관 학교로 발전하였어요.
④ 대한민국 임시 정부는 국내와의 비밀 연락을 위해 이륭양행에 교통국을 설치하고, 독립운동 자금을 모으기 위해 독립 공채를 발행하였어요.
⑤ 독립 의군부는 일본 총리와 조선 총독에게 제출하기 위한 국권 반환 요구서를 작성하였으나 조직이 발각되어 해체되었어요.

14 대한 광복회   정답 ②

키워드 문제분석
박상진, 김한종이 구한국의 국권 회복을 명분으로 조직함 = 대한 광복회

대한 광복회는 1915년에 대구에서 박상진, 김한종 등이 중심이 되어 조직한 국내 비밀 결사 단체예요. 공화정 수립을 지향하였고, 군자금을 모금하여 만주에 무관 학교를 세우고자 하였으며, 친일파 처단 등의 활동을 벌였어요.

① 일제는 1937년에 중·일 전쟁을 일으켜 침략 전쟁을 확대하였어요. 1938년에 조선 민족 전선 연맹은 김원봉, 윤세주 등의 주도로 중국 국민당 정부의 지원을 받아 조선 의용대를 창설하였는데, 이는 중국 관내에서 창설된 최초의 한인 무장 부대였어요.
② 대한 광복회는 국내에서 비밀 결사 형태로 조직되어 군대식 조직을 갖추고 친일파 처단, 군자금 모금 등의 활동을 하였어요.
③ 1918년에 상하이에서 조직된 신한 청년당은 김규식을 파리 강화 회의에 대표로 파견하였어요. 이후 대한민국 임시 정부는 프랑스 파리에서 활동하고 있던 김규식을 전권 대사로 임명하여 파리 강화 회의에 독립 청원서를 제출하였어요.
④ 1911년에 일제는 독립운동가들을 색출하기 위해 105인 사건을 조작하였고, 이 사건으로 비밀 결사 단체였던 신민회가 드러나면서 조직이 와해되었어요.
⑤ 독립 협회는 민중 집회인 만민 공동회를 열어 러시아 등 열강의 이권 침탈을 규탄하고 이를 저지하는 활동을 벌였어요.

15 대한 광복회의 활동   정답 ②

키워드 문제분석
박상진 + 군자금 모금, 친일파 처단 = 대한 광복회

대한 광복회는 박상진, 김좌진 등이 중심이 되어 조직한 국내 비밀 결사 단체예요. 공화정 수립을 지향하였으며, 군대식 조직을 갖추고 군자금 모금, 친일파 처단 등의 활동을 수행하였어요.

① 대한 자강회는 고종의 강제 퇴위에 반대하는 운동을 주도하여 전개하였어요.
② 대한 광복회는 총사령 박상진이 이끌었으며, 공화정체의 국민 국가 수립을 목표로 삼은 비밀 결사였어요.
③ 대한민국 임시 정부는 프랑스 파리에서 활동하고 있던 김규식을 전권 대사로 임명하여 파리 강화 회의에 독립 청원서를 제출하였어요.
④ 대한민국 임시 정부 산하의 정규군인 한국광복군은 미국 전략 정보국(OSS)의 지원을 받아 미군과 연합하여 국내 진공 작전을 계획하였으나 일제의 항복으로 실행에 옮기지는 못하였어요.

정답과 해설

⑤ 독립 협회는 민중 집회인 만민 공동회를 개최하여 민권 신장을 추구하고, 러시아 등 열강의 이권 침탈을 규탄해 이를 저지하는 활동을 벌였어요.

16 하와이 지역의 독립운동   정답 ⑤

키워드 문제분석   사탕수수 농장 + 호놀룰루 = **하와이**

1900년대 초 미주 하와이로 이주한 한인들은 열악한 조건 아래 사탕수수 농장이나 철도 건설 현장, 개간 사업장 등에서 일하며 삶을 일구어 나갔어요. 이들은 어려운 생활 속에서도 한인 사회를 형성하고 민족 운동 단체를 결성하였으며, 독립운동 자금을 모아 대한민국 임시 정부 및 독립운동 단체를 지원하였어요.

① 대종교는 일제에 국권을 빼앗긴 후 간도로 교단을 옮겨 적극적인 무장 투쟁을 전개하였어요. 중광단은 북간도에서 대종교 인사들을 중심으로 조직된 항일 무장 독립 단체로, 이후 북로 군정서로 개편되었어요.
② 연해주 지역 한인들이 러시아 블라디보스토크에서 조직한 권업회는 권업신문을 발간하여 민족의식을 고취하는 데 힘썼어요.
③ 한인 사회당은 이동휘가 러시아 하바롭스크에서 결성한 사회주의 민족운동 단체예요.
④ 신민회 회원들이 서간도 지역에 설립한 신흥 강습소는 1919년에 신흥 무관 학교로 발전하였어요.
⑤ 하와이에서는 박용만을 중심으로 대조선 국민군단이 조직되어 무장 투쟁을 준비하였어요.

17 1910년대 국외 독립운동   정답 ④

키워드 문제분석   명동 학교 + 서전서숙 + 용정촌 = **북간도**

1910년대 북간도에는 용정촌, 명동촌 등 한인 집단촌이 형성되었어요. 이상설 등은 서전서숙을, 김약연 등은 명동 학교를 세워 민족 교육을 실시하였고 대종교 세력은 무장 독립운동 단체인 중광단을 조직하여 무장 투쟁을 준비하였어요.

① 연해주에서는 권업회가 조직되어 권업신문을 발간하였으며, 이상설 등이 대한 광복군 정부를 결성하였어요.
② 1931년에 김구가 조직한 한인 애국단 소속의 이봉창은 1932년에 일본 도쿄에서 일왕의 행렬을 향해 폭탄을 투척하였어요.
③ 하와이에서는 박용만의 주도로 대조선 국민군단이 창설되어 무장 투쟁을 위한 준비를 하였어요.
④ 북로 군정서는 북간도 지역으로 거점을 옮긴 대종교 세력의 주도로 조직된 중광단에서 개편된 군대예요. 김좌진이 지휘한 북로 군정서는 청산리 대첩 등 독립 전쟁을 전개하였어요.

⑤ 1919년 일본 도쿄의 한인 유학생들이 중심이 되어 2·8 독립 선언서를 발표하였어요.

18 멕시코 지역의 독립운동   정답 ②

키워드 문제분석   이민자 + 에네켄 농장 = **멕시코**

한인들은 1905년에 멕시코로 이주하였어요. 멕시코 한인의 다수는 유카탄반도의 특산물인 용설란, 즉 '에네켄'을 재배하는 농장에서 가혹한 노동에 시달렸어요. 에네켄을 현지인들의 발음 그대로 표기하여 '애니깽'이라고도 하는데, 동명의 영화가 제작되어 멕시코 이민 1세대를 현실적으로 그려냈어요. 한인들은 열악한 노동 환경 속에서도 성금을 모아 독립운동을 지원하였어요.

① 러시아 블라디보스토크(연해주)에 설립된 한인 자치 단체인 권업회는 기관지로 권업신문을 발간하였어요.
② 이근영은 멕시코에서 숭무 학교를 설립하여 독립군을 양성하였어요.
③ 북간도에서 대종교도 중심의 무장 독립운동 단체인 중광단이 조직되었고 북로 군정서로 조직이 확대되었어요.
④ 1917년에 신규식 등은 중국 상하이에서 주권 재민을 천명한 대동단결 선언서를 발표하였어요.
⑤ 1919년 일본 도쿄의 한인 유학생들이 중심이 되어 2·8 독립 선언서를 발표하였어요.

19 연해주 지역의 독립운동   정답 ②

키워드 문제분석   대한 국민 의회 + 대한 광복군 정부 = **연해주**

연해주는 19세기 후반부터 우리 민족이 이주하여 살기 시작한 지역이에요. 일제가 국권을 침탈한 이후 연해주 지역으로 이주한 한인들은 블라디보스토크 교외에 신한촌을 건설하였고, 권업회를 조직하였어요. 1914년에는 권업회를 토대로 이상설, 이동휘를 정·부통령으로 하는 대한 광복군 정부가 조직되어 무장 독립 투쟁을 준비하기도 하였어요. 또한, 3·1 운동을 계기로 연해주에서는 임시 정부 성격의 단체인 대한 국민 의회가 결성되었어요.

① 신민회 회원들은 서간도 지역에 독립군 양성을 위한 신흥 강습소를 세웠어요.
② 연해주 지역으로 이주한 한인들은 자치 단체인 권업회를 만들고 권업신문을 발행하였어요.
③ 멕시코로 이주한 한인 동포는 독립군 양성을 위해 숭무 학교를 설립하여 무장 투쟁을 준비하였어요.
④ 대한민국 임시 정부는 미국에 독립군 비행사 양성을 위한 한인 비행 학교를 설립하였어요.
⑤ 중국 화북 지역에서 활동하던 사회주의자들은 대일 항전을 준비하기 위해 옌안에서 조선 독립 동맹을 결성하였어요.

20 서간도 지역의 독립운동　　　　정답 ②

키워드 문제분석　삼원보 + 서로 군정서 = 서간도

(가) 지역은 남만주의 서간도예요. 일제가 국권을 침탈하고 가혹한 무단 통치를 펴자 국내에서의 민족 운동이 어려워진 애국지사들은 만주, 연해주 등 국외로 이동하여 장기적인 무장 투쟁을 위한 독립운동 기지를 건설하였어요.

① 러시아 블라디보스토크에서 한인들이 해조신문을 발간하였어요. 이 신문은 해외 한인들이 발간한 최초의 한글 신문이에요.
② 서간도로 이주한 신민회의 이회영, 이상룡 등은 삼원보에 자치 기관인 경학사를 만들고, 신흥 강습소를 설립하여 독립군을 양성하였어요. 신흥 강습소는 이후 신흥 무관 학교로 바뀌었어요.
③ 미국 샌프란시스코에서 안창호 등이 대한인 국민회를 조직하여 독립을 위한 외교 활동을 벌이는 한편, 대한민국 임시 정부에 독립운동 자금을 지원하였어요.
④ 미국 하와이에서 박용만 등이 대조선 국민군단을 창설하여 군사 훈련을 하였어요.
⑤ 민족 자결주의에 영향을 받은 일본의 한국인 유학생들이 도쿄에서 2·8 독립 선언서를 발표하였어요.

21 일본 지역에서의 민족 운동　　　　정답 ③

키워드 문제분석　1923년에 발생한 지진 당시 희생된 조선인을 위로하기 위해 세운 추도비 + 지진이 일어나자 유언비어가 퍼져 수많은 조선인이 학살됨 = 일본

1923년에 일본의 관동 지방에서 대지진이 일어나 조선인을 포함한 수많은 사람들이 죽었어요. 계엄령을 선포하고 사태 수습에 나선 일본 정부는 혼란이 더욱 심해지자, 국민의 불만을 다른 곳으로 돌리기 위해 조선인과 일부 사회주의 세력이 폭동을 일으키려 한다는 유언비어를 조직적으로 퍼뜨렸어요. 이에 격분한 일본인들이 자경단 등을 조직하여 수많은 조선인을 무조건 구타·학살하였어요.

① 서간도(남만주)의 삼원보 지역으로 이주한 신민회 회원들은 경학사를 조직하고 신흥 강습소(이후 신흥 무관 학교)를 설립하였어요.
② 북간도에는 용정촌, 명동촌 등 한인 집단촌이 형성되었어요. 이상설 등은 서전서숙을, 김약연 등은 명동 학교를 세워 민족 교육을 실시하였어요.
③ 1919년에 일본 도쿄에서는 한인 유학생들이 2·8 독립 선언서를 발표하였고, 국내에서도 독립 선언의 움직임이 일어났어요.
④ 하와이에서는 박용만 등이 대조선 국민군단을 창설하여 군사 훈련을 실시하였어요.
⑤ 연해주에서는 권업회가 조직되어 권업신문을 발행하였으며, 권업회를 바탕으로 이상설 등이 대한 광복군 정부를 결성하였어요.

22 3·1 운동　　　　정답 ③

키워드 문제분석　독립 선언서 + 제암리 학살 사건 = 3·1 운동

1919년에 윌슨의 민족 자결주의, 국외 독립 선언, 고종의 갑작스러운 죽음 등을 배경으로 3·1 운동이 일어났어요. 3월 1일, 민족 대표 33인이 독립 선언서를 낭독하였고, 같은 시각 탑골 공원에 모인 학생과 시민들도 만세 시위를 전개하였어요. 이후 만세 시위는 전국은 물론 해외까지 확산되었어요. 1919년 4월, 일제는 경기도 화성 제암리에서 만세 운동이 일어나자 제암리 주민을 교회당 안으로 몰아넣어 총격을 가하고 불을 질러 잔인하게 학살하는 만행을 저질렀는데, 이 사건을 제암리 학살 사건이라고 해요.

① 신간회는 광주 학생 항일 운동의 진상 규명을 위한 진상 조사단을 파견하여 지원하였어요.
② 6·10 만세 운동은 순종의 인산일을 기회로 일어났으며, 민족 유일당 운동의 계기가 되었어요.
③ 3·1 운동을 계기로 일제는 무단 통치에서 이른바 문화 통치로 식민 통치 방식을 전환하였어요.
④ 광주 학생 항일 운동은 통학 열차 안에서 한국인 학생과 일본인 학생 간의 충돌에서 비롯되었어요.
⑤ 6·10 만세 운동의 준비 과정에서 계획이 사전에 발각되어 사회주의 세력이 검거되자 학생들의 주도로 만세 운동이 전개되었어요.

23 3·1 운동　　　　정답 ③

키워드 문제분석　고종 인산일 + 만세 운동 + 탑골 공원 = 3·1 운동

3·1 운동은 일제의 무단 통치에 대항하여 일어난 우리 민족 최대 규모의 만세 운동으로, 1919년에 윌슨의 민족 자결주의 선언, 국외 독립 선언, 고종의 갑작스러운 죽음 등에 영향을 받아 일어났어요. 민족 대표 33인이 태화관에서 독립 선언서를 발표한 것을 시작으로 탑골 공원(파고다 공원)에서도 독립 선언서가 낭독되었고, 비슷한 시기에 전국 주요 도시로 확산되었어요. 이후 농촌과 산골까지 시위가 확산되었는데, 초기에는 비폭력 평화 시위의 원칙을 표방하였으나, 제암리 학살로 대변되는 일제의 잔인한 탄압으로 인해 농촌 지역으로의 시위 확대 이후에는 폭력 투쟁으로 변모하였어요.

① 통감부는 1910년에 조선 총독부가 설치되며 폐지되었어요. 국채 보상 운동이 통감부의 탄압으로 중단된 대표적인 민족 운동이에요.
② 독립 협회는 만민 공동회를 개최하여 러시아의 절영도 조차 요구를 저지하였어요.
③ 3·1 운동 당시 민족 대표 33인은 서울 태화관에서 독립 선언서를 발표한 후 자진 체포되었어요.
④ 국채 보상 운동은 대한매일신보 등 언론의 후원을 받아 전국으로 확산되었어요.

정답과 해설

⑤ 광주 학생 항일 운동(1929)은 한·일 학생 간의 충돌에서 비롯되었어요.

④ 조선어 학회는 휴간되었던 잡지 《한글》을 다시 발행하고 한글 맞춤법 통일안과 표준어를 제정하였어요.
⑤ 대한민국 임시 정부는 충칭에 정착하여 한국광복군을 창설한 후 조소앙의 삼균주의를 기초로 작성한 건국 강령을 선포하였어요.

24 대한민국 임시 정부의 활동   정답 ④

키워드 문제분석   독립 공채 판매 = 대한민국 임시 정부

3·1 운동을 계기로 독립운동을 체계적으로 이끌 지도부의 필요성이 높아지면서 상하이에서 대한민국 임시 정부가 수립되었어요. 대한민국 임시 정부는 임시 의정원, 국무원, 법원의 삼권 분립에 기초한 민주 공화제 정부였어요. 연통제와 교통국을 두어 독립운동 자금을 모금하고 국내와 연락을 취하고자 하였으며, 독립신문을 간행하여 임시 정부의 활동과 국내외에 독립운동 상황을 알렸어요. 또한, 독립운동 자금을 마련하기 위해 독립 공채를 발행하였고, 임시 사료 편찬 위원회를 두어 《한·일 관계 사료집》을 편찬하였어요.

① 대종교 세력은 1911년에 북간도 지역에서 항일 무장 단체인 중광단을 조직하였고, 중광단은 이후 북로 군정서로 발전하였어요.
② 1910년대 북간도에는 용정촌, 명동촌 등 한인 집단촌이 형성되었는데 이상설, 이동녕 등은 서전서숙을, 김약연 등은 명동 학교를 세워 민족 교육을 실시하였어요.
③ 이회영 등 신민회 회원들을 중심으로 서간도에 신흥 강습소가 설립되었고, 이후 신흥 강습소는 신흥 무관 학교로 발전하여 항일 무장 투쟁을 준비하였어요.
④ 대한민국 임시 정부는 외교 활동을 펼치기 위해 미국 워싱턴에 구미 위원부를 설치하였어요.
⑤ 동아일보는 1930년대에 '배우자 가르치자 다 함께 브나로드'를 내세우며 농촌 계몽을 위한 브나로드 운동을 전개하였어요.

25 대한민국 임시 정부의 활동   정답 ⑤

키워드 문제분석   충칭 + 대일 선전 성명서 = 대한민국 임시 정부

대한민국 임시 정부는 1940년 충칭에 정착한 후 개헌을 통해 주석 중심의 지도 체제를 구축하고 한국광복군을 창설하였어요. 이후 대일 선전 성명서를 발표하여 일제와의 전쟁을 공식화하였어요.

① 광복 후 열린 모스크바 3국 외상 회의로 인해 좌우익의 대립이 심화되고, 제1차 미·소 공동 위원회가 결렬된 후 이승만의 정읍 발언으로 한반도에 분단 위기가 커지자 여운형과 김규식 등이 좌우 합작 위원회를 조직하고 좌우 합작 7원칙을 발표하였어요.
② 신민회는 1910년대 서간도 삼원보 지역으로 이주하여 경학사를 조직하고 신흥 강습소(이후 신흥 무관 학교)를 설립하였어요.
③ 의열단은 신채호가 민중의 직접 혁명을 강조하며 작성한 〈조선 혁명 선언〉을 활동 지침으로 삼아 의열 투쟁을 전개하였어요.

26 대한민국 임시 정부의 활동   정답 ⑤

키워드 문제분석   이동녕 + 임시 의정원 + 삼권 분립에 기초한 헌법 = 대한민국 임시 정부

이동녕은 이상설 등과 함께 서전서숙을 설립하였으며, 서간도 지역에서 경학사와 신흥 강습소를 설립하고 초대 소장으로 취임하기도 하였어요. 또한, 연해주에서 권업회를 조직하고 권업신문을 발간하는 데 참여하기도 하였어요. 이후 대한민국 임시 정부의 입법 기관에 해당하는 임시 의정원의 초대 의장을 맡았어요.

ㄱ. 천도교는 기관지로 만세보를 발행하여 민중 계몽에 힘썼어요.
ㄴ. 서간도의 삼원보로 이주한 이동녕 등 신민회 회원들은 신흥 강습소(이후 신흥 무관 학교)를 세워 독립군 양성을 위해 노력하였어요.
ㄷ. 대한민국 임시 정부는 외교 활동을 전개하기 위해 미국 워싱턴에 구미 위원부를 조직하였어요.
ㄹ. 조지 루이스 쇼는 중국에서 무역 회사인 이륭양행을 운영하며 이곳에 대한민국 임시 정부의 교통국을 설치하도록 지원하는 등 우리나라 독립운동에 기여하였어요.

27 대한민국 임시 정부의 변천   정답 ②

키워드 문제분석
· 국무령에 이상룡 취임 = (가) 1925년
· 대일 선전 성명서 발표 = (나) 1941년
· 광저우로 청사 이전 = (다) 1938년

(가) 1919년에 수립된 대한민국 임시 정부는 1925년에 헌법을 개정하여 국무령 중심의 내각 책임제를 채택하고, 이상룡을 초대 국무령으로 선출하였어요.
(다) 1932년에 일제가 상하이를 점령하고 윤봉길의 상하이 훙커우 공원 의거로 임시 정부에 대한 일제의 탄압이 심화되자 임시 정부는 상하이를 떠나 항저우에 정착하였어요. 이후 전장, 창사로 청사를 옮겼고, 1938년에는 광저우로 청사를 이전하였어요.
(나) 광저우에서 류저우와 치장을 거쳐 1940년에 충칭에 정착한 임시 정부는 정규군으로 한국광복군을 창설하였어요. 1941년에는 대일 선전 성명서를 발표하고 연합군의 일원으로 태평양 전쟁에 참전하였어요.

② (가) 이상룡의 국무령 취임(1925) → (다) 광저우로 청사 이전(1938) → (나) 대일 선전 성명서 발표(1941)

28 국민 대표 회의 정답 ①

키워드 문제분석
민중의 공의를 지키는 국민적 대회합 회의
+ 삼일 운동으로써 우리 민족의 정신적 통일이 표명됨
= 국민 대표 회의

대한민국 임시 정부 수립 이후 외교 중심의 임시 정부 활동이 한계를 드러내자 대한민국 임시 정부는 1923년에 새로운 독립운동의 방향을 모색하고자 국민 대표 회의를 개최하였어요.

① 국민 대표 회의는 임시 정부를 해체하고 새로운 정부를 수립해야 한다는 창조파와 임시 정부를 유지한 채 조직만 개편하자는 개조파의 대립으로 결렬되었어요. 이후 많은 독립운동가들이 임시 정부에서 이탈하였어요.
② 대한민국 임시 정부는 1940년에 충칭에 정착한 후 일제가 태평양 전쟁을 벌이자 대일 선전 성명서를 공표하여 일제와의 전쟁을 공식화하였어요.
③ 대한민국 임시 정부는 한국광복군을 창설한 후 조소앙의 삼균주의를 기초로 작성한 건국 강령을 발표하였어요.
④ 신한 청년당은 김규식을 파리 강화 회의에 대표로 파견하였어요. 이후 대한민국 임시 정부는 프랑스 파리에서 활동하고 있던 김규식을 전권 대사로 임명하여 파리 강화 회의에 독립 청원서를 제출하였어요.
⑤ 대한민국 임시 정부는 충칭에 정착한 후 지청천을 총사령관으로 하여 정규군인 한국광복군을 조직하였어요.

29 국민 대표 회의 정답 ①

키워드 문제분석
임시 정부 침체 해결 모색 + 창조파와 개조파
= 국민 대표 회의(1923)

1920년대 초 비밀 연락망인 연통제와 교통국이 일제에 발각되고, 외교 활동이 성과를 거두지 못하자 독립운동의 방법을 둘러싸고 대한민국 임시 정부 내에서 갈등이 발생하였어요. 이에 새로운 활로를 모색하고자 중국 상하이에서 국민 대표 회의가 열렸어요. 회의는 대한민국 임시 정부를 해산하고 새로운 정부를 세우자는 창조파(신채호 · 김규식 등)와 대한민국 임시 정부를 개혁하여 존속시키자는 개조파(안창호 · 이동휘 등)로 나뉘어 대립하다가 별다른 성과를 거두지 못하고 끝이 났어요.

① 1919년 대한민국 임시 정부 수립 이후 대한민국 임시 정부의 침체를 극복하고자 한 국민 대표 회의는 1923년에 개최되었지만 별다른 성과를 내지 못하고 결렬되었어요. 1925년에는 1919년에 임시 정부의 초대 대통령인 이승만이 국제 연맹에 한국의 위임 통치를 청원하는 문서를 보낸 사실이 문제가 되어 탄핵당하였어요. 그리고 박은식이 임시 정부의 제2대 대통령으로 선출되어 국무령 중심제 개헌을 추진하였어요.

따라서 국민 대표 회의가 개최된 시기는 '대한민국 임시 정부 수립(1919)'과 '박은식 대통령 취임(1925)' 사이의 시기인 (가)예요.

30 청산리 대첩 정답 ⑤

키워드 문제분석
백운평, 어랑촌 + 북로 군정서 = 청산리 대첩

1920년 10월, 김좌진이 이끄는 북로 군정서와 홍범도의 대한 독립군 등 독립군 연합 부대는 청산리 일대인 백운평, 어랑촌, 고동하 등지에서 일본군을 크게 격퇴하였어요(청산리 대첩).

① 한국 독립군은 1930년대 초 만주에서 중국 호로군과 연합하여 쌍성보, 사도하자, 대전자령 등지에서 일본군을 격파하였어요.
② 한국광복군은 미국 전략 정보국(OSS)의 지원을 받아 국내 진공 작전을 추진하였어요.
③ 3 · 1 운동은 대한민국 임시 정부 수립의 계기가 되었어요.
④ 조국 광복회의 지원으로 전개된 대표적인 전투는 보천보 전투(1937)예요.
⑤ 봉오동 전투 이후 전개된 청산리 대첩에는 북로 군정서 이외에 대한 독립군, 대한 국민군 등이 연합하여 참여하였어요.

31 1920년대 무장 독립운동 정답 ④

키워드 문제분석
- 3부 성립 = (가) 1923~1925년
- 대한 독립군, 봉오동 = (나) 봉오동 전투(1920. 6.)
- 북로 군정서, 청산리 = (다) 청산리 대첩(1920. 10.)

3 · 1 운동 이후 만주 지역을 중심으로 무장 독립 투쟁이 본격적으로 전개되었어요. 1920년에는 봉오동 전투와 청산리 대첩에서 독립군이 일본군을 격파하였어요. 일제는 이에 대한 보복으로 같은 해 간도 지역의 한인을 무참히 학살하였어요(간도 참변). 독립군은 밀산에서 집결하여 전열을 가다듬고 소련 영내의 자유시로 이동하였지만, 소련 적색군의 무장 해제 요구를 거부하여 많은 독립군이 희생되었어요(자유시 참변, 1921). 큰 시련을 겪은 독립군은 만주로 돌아와 조직을 재정비하였고, 그 결과 참의부 · 정의부 · 신민부가 조직되었어요.

(나) 봉오동 전투(1920. 6.) → (다) 청산리 대첩(1920. 10.) → (가) 3부 성립(1923~1925)

32 간도 참변의 배경 정답 ②

키워드 문제분석
일본군이 대학살 + 경신참변 = 간도 참변

정답과 해설

간도 참변은 1920년에 일제가 독립군을 토벌한다는 명목으로 간도의 한국인을 학살한 사건이에요. 일본군은 봉오동 전투와 청산리 대첩에서 독립군에게 패배하자, 이에 대한 보복으로 간도에 거주하던 한국인을 무차별 학살하였어요. 간도 참변 이후 만주의 독립군은 밀산에서 집결하여 자유시로 이동하였으나 자유시 참변을 당하였어요. 간도 참변은 경신년(1920년)에 일어나 '경신 참변'이라고 불리기도 해요.

---

① 김원봉이 창설한 조선 의용대는 1940년대 초 둘로 분화되어 대원 일부는 한국광복군에 합류하였고, 일부는 화북 지역으로 이동하여 조선 의용대 화북 지대를 결성하였어요. 조선 의용대 화북 지대는 1941년에 중국 팔로군과 함께 호가장에서 일본군을 격퇴하였어요.

②홍범도가 이끄는 대한 독립군 등이 1920년에 봉오동에서 일본군을 격파하고 북로 군정서 등이 청산리 대첩에서 승리하자, 일본군은 이에 대한 보복으로 간도의 한국인을 학살하였어요.

③ 양세봉이 이끄는 조선 혁명군은 1932년에 영릉가에서 중국 의용군과 연합 작전을 펼쳐 일본군에 승리를 거두었어요.

④ 지청천이 이끄는 한국 독립군은 1933년에 대전자령에서 중국 호로군과 연합 작전을 펼쳐 일본군을 격파하였어요.

⑤ 1923년에 대한민국 임시 정부 직할 부대인 참의부가 결성되었고, 이후 차례로 정의부와 신민부가 결성되어 3부가 성립되었어요.

33 물산 장려 운동   정답 ②

키워드 문제분석 평양에서 조만식 등의 주도 + '조선 사람 조선 것' = 물산 장려 운동

1920년에 회사 설립이 신고제로 바뀌고(회사령 폐지) 일본 상품에 대한 관세가 철폐된다는 소식이 전해지자 일본의 자본 투자와 상품 유입이 확대될 것을 우려한 위기의식이 높아졌어요. 이에 조만식 등은 평양에서 조선 물산 장려회를 결성하여 토산품 애용 등을 내세운 물산 장려 운동을 전개하였어요. '조선 사람 조선 것' 등의 구호를 내세운 물산 장려 운동은 학생들이 중심이 된 자작회, 토산 애용 부인회 등의 단체들이 활발히 참여하면서 전국으로 확대되었어요.

---

① 1910년에 일제가 대한 제국의 국권을 강탈하고 조선 총독부를 설치하면서 통감부는 폐지되었어요. 통감부의 탄압으로 중단된 대표적인 운동으로는 국채 보상 운동이 있어요.

②1920년에 일제가 회사령 폐지에 이어 조선 관세령까지 폐지하면서 일본 상품의 유입이 확대되자 물산 장려 운동이 확산되었어요.

③ 대한 제국 시기에 외국 상인의 상권 침탈이 심해지자 한성의 시전 상인들은 상권 수호를 위해 황국 중앙 총상회를 조직하였어요.

④ 개항 이후인 1890년대 후반 일본 금융 기관의 국내 침투에 대응하여 조선 정부와 상인들은 민족 자본으로 한성 은행, 대한 천일 은행 등을 설립하였어요.

⑤ 1929년에 원산 총파업이 일어나자 일본, 프랑스 등 해외의 노동 단체에서 격려 전문을 보내 지지하였어요.

34 물산 장려 운동   정답 ③

키워드 문제분석 우리가 만든 것 우리가 쓰자 = 물산 장려 운동

일제는 1920년에 일본 자본의 한국 침투를 원활하게 하기 위해 회사령을 폐지하였고, 이어서 한·일 양국 간의 관세를 철폐하려고 하였어요. 이에 조만식 등은 1920년에 민족 기업 육성과 토산품 애용을 목표로 평양에서 조선 물산 장려회를 조직하고 물산 장려 운동을 추진하였어요. 이들은 '우리가 만든 것 우리가 쓰자.', '내 살림 내 것으로' 등의 구호를 외치며 운동을 전개하였지요.

---

① 통감부는 1910년에 해체되었어요. 통감부의 탄압으로 중단된 대표적인 운동은 국채 보상 운동이에요.

② 국채 보상 기성회는 1907년에 대구에서 시작되어 전국으로 확대된 국채 보상 운동을 주도했던 단체예요.

③물산 장려 운동은 전국으로 확대되어 서울에서도 조선 물산 장려회가 조직되고 자작회, 토산 애용 부인회 등이 조직되었어요.

④ 개항 이후 일본 은행이 국내에 활발하게 진출하자 조선 정부와 상인들이 민족 자본으로 한성 은행, 대한 천일 은행 등을 설립하였어요. 이 두 은행은 1890년대 후반에 설립되었지요.

⑤ 1929년에 원산 총파업이 일어나자 해외의 노동 단체들은 파업에 참여한 이들에게 격려 전문을 보냈어요.

35 제2차 조선 교육령 발표 이후의 사실   정답 ⑤

키워드 문제분석 보통학교의 수업 연한을 6년으로 함 = 제2차 조선 교육령(1922)

일제는 3·1 운동을 계기로 무단 통치의 한계를 인식하고 이른바 '문화 통치'로 통치 방식을 바꾸었어요. 이에 따라 무관 출신만 임명하던 조선 총독에 문관도 임명이 가능하도록 하고 헌병 경찰 제도를 보통 경찰 제도로 바꾸었어요. 또한, 조선일보와 동아일보 등 한글 신문의 발행도 허용하였어요. 그러나 실상은 우리나라가 광복을 맞이할 때까지 문관 출신 총독은 한 번도 임명되지 않았으며 경찰서나 경찰의 수는 오히려 늘어났어요. 한글 신문은 검열을 통해 삭제 및 정간 조치를 당하였어요. 또한, 일제는 교육 분야에서도 1922년에 제2차 조선 교육령을 발표하여 형식상으로는 학제를 일본과 동일하게 개편하였지만, 실상은 일본식 교육을 강화한 정책에 지나지 않았어요.

---

① 1918년에 일제는 개량 서당이 확산되자 서당 교육을 통제하기 위해 서당 규칙을 제정하여 이를 탄압하였어요.

② 1919년에 일본 도쿄에서는 한인 유학생들이 2·8 독립 선언서를 발표하였어요. 이는 국내에서 3·1 운동이 일어나는 배경 중 하나가 되었어요.
③ 1921년에 우리말과 글을 연구하기 위한 조선어 연구회가 결성되었어요.
④ 1920년에 차미리사의 주도로 여성 계몽 교육 단체인 조선 여자 교육회가 조직되었어요.
⑤ 1923년에 조선 민립 대학 설립 기성회가 창립되어 이상재의 주도로 민족 교육을 위한 민립 대학 설립 운동이 전개되었어요.

36 6·10 만세 운동 정답 ⑤

키워드 문제분석 순종 인산일 + 독립운동 = 6·10 만세 운동

1926년, 순종이 승하하자 천도교 중심의 민족주의 계열과 조선 공산당 중심의 사회주의 계열은 인산일에 만세 시위를 계획하였어요. 계획이 사전에 발각되어 큰 타격을 받았지만, 시위 당일인 6월 10일에 학생들은 격문을 뿌리고 만세 시위를 주도적으로 전개하였어요.

① 1907년에 고종이 강제로 퇴위당하고 군대가 해산되자, 의병들은 13도 창의군을 결성하고 이듬해 서울 진공 작전을 전개하였어요.
② 임병찬은 1912년에 고종의 밀지에 따라 복벽주의를 내세운 독립 의군부를 조직하였어요.
③ 대한 제국이 일본으로부터 도입한 차관을 갚지 못하여 경제적으로 예속되자 1907년에 김광제, 서상돈 등의 국채 보상 운동이 일어났어요.
④ 두 번의 양요를 겪은 흥선 대원군은 1871년에 척화비를 세워 통상 수교 거부 의지를 밝혔어요.
⑤ 6·10 만세 운동의 준비 과정에서 민족주의 진영과 사회주의 진영이 협력하면서 신간회 결성의 토대가 마련되었어요.

37 신간회 정답 ②

키워드 문제분석 광주 학생 항일 운동을 전국적 시위 운동으로 확산시키기 위한 민중 대회 개최 추진 + 사건 진상 보고 = 신간회

1929년에 광주의 한·일 학생 간 충돌이 발단이 되어 광주 학생 항일 운동이 일어났어요. 학생들은 민족 차별 중지, 식민지 교육 제도 철폐 등을 주장하며 대규모 시위를 벌였고, 시위는 점차 전국적으로 확산되어 3·1 운동 이후 최대 규모의 항일 운동으로 발전하였어요. 신간회는 광주 학생 항일 운동에 진상 조사단을 파견하였고, 민중 대회를 개최하려고 하였지만 사전에 발각되어 집행부가 대부분 구속되는 등 타격을 입었어요.

① 암태도 소작 쟁의는 신간회 창립 이전인 1923년에 일어났어요. 암태도 소작 쟁의를 지원한 대표적인 단체로 조선 노농 총동맹이 있어요.
② 조선 민흥회 발기와 정우회 선언을 계기로 자치론에 반대하는 비타협적 민족주의 세력과 사회주의 세력이 연대하여 1927년에 민족 협동 전선으로 신간회가 결성되었어요.
③ 1945년에 대한 애국 청년당 단원들은 일제의 탄압에 반발하기 위해 부민관에서 폭탄 의거를 일으켰어요.
④ 1919년에 결성된 의열단은 신채호가 작성한 〈조선 혁명 선언〉을 활동 지침으로 삼아 일제의 중요 기관을 파괴하고 주요 인물을 처단하였어요.
⑤ 1920년대 천도교 세력은 방정환을 중심으로 천도교 소년회를 창립하여 '어린이날'을 제정하고, 잡지 《어린이》를 간행하는 등 소년 운동을 전개하였어요.

38 광주 학생 항일 운동 정답 ②

키워드 문제분석 1929년 한·일 학생 간의 충돌을 계기로 시작됨 + 민족 차별에 분노한 광주 지역 학생들이 대규모 시위를 전개함 = 광주 학생 항일 운동

1929년 10월, 광주-나주 간 통학 열차를 이용하던 한·일 학생들의 충돌 사건에 대해 일본 경찰이 일본인 학생에게 유리하게 처리하는 등 편파적인 태도를 보이면서 한국인 학생들의 불만이 높아졌어요. 이에 분노한 광주 지역의 학생들은 민족 차별 금지, 식민지 교육 제도 철폐 등을 주장하며 대규모 시위를 벌였어요. 11월에 광주에서 시작된 시위는 전국으로 확대되어 전국 320여 개 학교에서 수만 명의 학생이 참여하였으며, 다음 해 3월까지 전국에서 시위와 동맹 휴학이 계속되었어요.

ㄱ. 광주 학생 항일 운동 당시 광주 지역의 학생들은 조선인 본위의 교육 제도 확립, 식민지 교육 제도 철폐 등을 요구하였어요.
ㄴ. 대한매일신보는 국채 보상 운동에 적극적으로 참여하여 국채 보상 운동을 확산시키는 데 기여하였어요.
ㄷ. 신간회는 광주 학생 항일 운동이 일어나자 사건의 진상을 규명하기 위해 조사단을 파견하는 등 지원하였어요.
ㄹ. 1919년에 일어난 3·1 운동을 계기로 대한민국 임시 정부가 수립되었고, 일제는 이른바 '문화 통치'로 통치 방식을 바꾸었어요.

39 민족 유일당 운동 정답 ①

키워드 문제분석
- 정우회 선언서 발표 = (가) 정우회 선언(1926)
- 신간회, 해소 = (나) 신간회 해소(1931)

6·10 만세 운동을 통해 민족 운동 세력 간 연대의 필요성을 절감한 가운데 사회주의 세력은 1926년 정우회 선언을 발표하여 비타협적 민족주의 세력과의 제휴를 주장하였어요. 이후 좌우 합작 항일

정답과 해설

단체인 신간회가 창립되었어요. 1927년 창립 당시부터 좌우익 간의 갈등으로 분란이 계속되던 신간회는 1931년에 해소 대회를 열고 해산을 결의함으로써 창립된 지 4년 만에 막을 내렸어요.
따라서 '정우회 선언(1926)'과 '신간회 해소(1931)' 사이의 시기에 일어난 일을 골라야 해요.

① 1929년에 한·일 학생 간의 충돌을 계기로 광주 학생 항일 운동이 일어났어요. 신간회는 광주 학생 항일 운동이 일어나자 진상 조사단을 파견하여 지원하였어요.
② 1912년에 임병찬은 고종의 밀지를 받아 국내에서 비밀리에 독립 의군부를 조직하였어요.
③ 1920년에 홍범도가 이끄는 대한 독립군은 대한 국민회군 등과 연합하여 봉오동에서 일본군을 상대로 큰 승리를 거두었어요.
④ 1919년에 일본 도쿄에서 한인 유학생들이 2·8 독립 선언서를 발표하였고, 국내에서도 독립 선언의 움직임이 일어났어요.
⑤ 1938년에 김원봉의 주도로 중국 국민당 정부의 지원을 받아 조선 민족 전선 연맹 산하의 군사 조직으로 조선 의용대가 창설되었어요.

40 1920년대 민족 운동   정답 ①

키워드 문제분석
- 이척(순종)의 죽음 + 해방 투쟁에 바침
  = (가) 6·10 만세 운동(1926)
- 신간회가 강령을 발표함 = (나) 신간회 성립(1927)
- 광주 학생의 석방을 요구함
  = (다) 광주 학생 항일 운동(1929)

(가) 1926년에 사회주의 계열과 천도교 계열, 학생들은 순종의 인산일을 기회로 만세 시위를 계획하였어요. 사회주의 계열과 천도교 계열의 계획은 사전에 발각되었지만, 학생들의 주도로 만세 시위가 진행되었어요. 이를 계기로 민족 유일당을 결성할 수 있다는 공감대가 형성되었어요.
(나) 6·10 만세 운동을 통해 민족 운동 세력 간 연대의 필요성을 절감한 가운데 사회주의 세력은 1926년 정우회 선언을 발표하여 비타협적 민족주의 세력과의 제휴를 주장하였어요. 이후 1927년에 좌우 합작의 항일 단체인 신간회가 창립되었어요. 신간회는 일제 강점기 최대 규모의 민족 운동 단체로 성장하였어요.
(다) 1929년에 광주의 한·일 학생 간 충돌이 발단이 되어 광주 학생 항일 운동이 일어났어요. 학생들은 민족 차별 중지, 식민지 교육 제도 철폐 등을 주장하며 대규모 시위를 벌였고, 시위는 점차 전국적으로 확산되어 3·1 운동 이후 최대 규모의 항일 운동으로 발전하였어요. 신간회는 광주 학생 항일 운동에 진상 조사단을 파견하였고, 민중 대회를 개최하려고 하였지만 사전에 발각되어 집행부가 대부분 구속되는 등 타격을 입었어요.

① (가) 6·10 만세 운동(1926) → (나) 신간회 성립(1927) → (다) 광주 학생 항일 운동(1929)

41 의열단   정답 ③

키워드 문제분석
김상옥, 안홍한 등이 조선 독립자금을 강탈할 목적으로 권총, 불온문서 등을 가지고 조선에 오는 것을 앎 + 단장 김원봉의 지휘 하에 조선 내 관리를 암살하고 주요 관아·공서를 폭파함 = 의열단

1919년에 김원봉 등이 결성한 의열단은 신채호가 작성한 〈조선 혁명 선언〉을 활동 지침으로 삼아 일제의 중요 기관을 파괴하고 주요 인물을 처단하였어요. 박재혁은 부산 경찰서에, 김익상은 조선 총독부에, 김상옥은 종로 경찰서에, 나석주는 조선 식산 은행과 동양 척식 주식회사에 폭탄을 던졌어요. 이후 일부 단원들은 황푸 군관 학교에 입교하여 체계적인 군사 교육을 받았고, 1932년에는 조선 혁명 간부 학교를 세워 독립군 간부를 양성하였어요.

① 보안회는 일제가 황무지 개간권을 요구하자 반대 운동에 나서 이를 저지하였어요.
② 신민회는 1911년에 일제가 조작한 105인 사건으로 조직이 드러나 해체되었어요.
③ 의열단원인 나석주는 1926년에 조선 식산 은행과 동양 척식 주식회사에 폭탄을 던졌어요.
④ 독립 의군부는 일본 총리와 조선 총독에게 국권 반환 요구서를 제출하고자 하였으나 조직이 발각되어 해체되었어요.
⑤ 대한민국 임시 정부는 조지 루이스 쇼가 중국에서 운영하는 무역 회사인 이륭양행에 교통국을 설치하여 국내와 연락을 취하였어요.

42 의열단   정답 ③

키워드 문제분석
김지섭 + 동경 궁성 이중교 앞에서 일어난 폭탄 투척 사건 + 단장 김원봉 = 의열단

의열단은 김원봉이 신흥 무관 학교 출신들을 모아 중국에서 조직한 의열 투쟁 단체예요. 박재혁은 부산 경찰서에, 김익상은 조선 총독부에, 김상옥은 종로 경찰서에, 나석주는 조선 식산 은행과 동양 척식 주식회사에 폭탄을 던졌어요. 한편, 김지섭은 일본 도쿄에서 열리는 제국 의회에 폭탄을 투척하고자 하였으나 휴회되면서 실행하지 못하였어요. 이후 일본 왕궁에 폭탄을 던지고 체포되어 옥고를 치르던 중 죽음을 맞이하였어요.

① 1931년에 김구가 대한민국 임시 정부의 침체를 극복하기 위해 의열 투쟁 단체인 한인 애국단을 조직하였어요. 이봉창과 윤봉길은 한인 애국단 소속으로 의거를 실행하였어요.
② 1919년에 상하이에서 수립된 대한민국 임시 정부는 연통제와 교통국을 두어 독립운동 자금을 모금하고 국내와 연락을 취하고자 노력하였어요.
③ 1919년에 조직된 의열단은 신채호가 작성한 〈조선 혁명 선언〉을 활동 지침으로 삼아 활동하였어요.

④ 1910년대 서간도(남만주)의 삼원보 지역으로 이주한 이회영 등 신민회 회원들은 1911년에 경학사를 조직하고 신흥 강습소(이후 신흥 무관 학교)를 설립하여 무장 투쟁을 준비하였어요.
⑤ 1912년에 임병찬 등은 독립 의군부를 조직하여 조선 총독에게 국권 반환 요구서 제출을 계획하였어요.

43 근우회 정답 ④

키워드 문제분석: 신간회의 자매단체 = 근우회

비타협적 민족주의 계열과 사회주의 계열의 여성 인사들은 1927년 신간회 결성에 자극을 받아 근우회를 결성하였어요.

① 대동단결 선언은 1917년에 중국 상하이에서 신규식, 신채호, 조소앙 등 발표한 선언으로, 임시 정부 수립을 주장하였어요.
② 1904년에 조직된 보안회는 일제의 황무지 개간권 요구를 저지하였어요.
③ 미국인 개신교 선교사인 캠벨은 1898년에 배화 학당을 설립하였어요.
④ 근우회는 '조선 여자의 공고한 단결 도모', '조선 여자의 지위 향상' 등을 목표로 활동하였어요.
⑤ 방정환이 이끌었던 천도교 소년회는 어린이날을 제정하고 잡지 《어린이》를 발간하는 등 소년 운동을 주도하였어요.

44 형평 운동 정답 ①

키워드 문제분석: 백정들이 신분제가 폐지되었음에도 끊임없이 차별받음 + 저울처럼 평등한 세상을 만들기 위한 운동 = 형평 운동

1894년 제1차 갑오개혁으로 법적인 신분 제도가 사라졌지만 백정에 대한 사회적 편견과 차별은 일제 강점기에도 계속되었어요. 이에 백정들은 1923년에 경상남도 진주에서 조선 형평사를 조직하고 신분 해방 운동인 형평 운동을 전개하였어요. 형평 운동은 백정들이 사용하는 저울처럼 공평하고 평등한 사회를 만들겠다는 신념 아래 전개되었어요.

① 1923년에 백정들은 자신들에 대한 사회적 차별과 멸시를 철폐하기 위해 진주에서 조선 형평사를 조직하고 형평 운동을 전개하였어요.
② 1907년에 일어난 국채 보상 운동은 대한매일신보 등 언론의 적극적인 지원을 받아 확대되었어요.
③ 1920년대에 조만식 등은 민족 기업 육성과 토산품 애용을 목표로 평양에서 조선 물산 장려회를 조직하고 물산 장려 운동을 추진하였어요. 이후 전국으로 확대되어 서울에서도 조선 물산 장려회가 조직되었고 자작회, 토산 애용 부인회 등이 활동하였어요.

④ 1926년에 순종의 인산일을 기해 일어난 6·10 만세 운동은 이후 민족 유일당 운동의 계기가 되었어요.
⑤ 1929년에 함경남도 덕원군의 문평 라이징선 석유 회사의 일본인 감독관이 한국인 노동자를 구타한 사건이 발단이 되어 노동 운동인 원산 총파업이 시작되었어요. 원산 총파업이 일어나자 일본, 프랑스 등지의 노동 단체에서 격려 전문을 보내기도 하였어요.

45 형평 운동 정답 ②

키워드 문제분석: 진주 + 백정 권익 보호 = 형평 운동

1894년 제1차 갑오개혁으로 법적인 신분 제도는 폐지되었으나 백정에 대한 사회적 편견이나 차별은 여전하였어요. 이에 백정들은 신분 차별과 멸시를 타파하고자 경상남도 진주에서 조선 형평사를 조직하여(1923) 형평 운동을 전개하였어요. 그 후 조선 형평사는 전국으로 조직을 확대하고, 다른 사회 운동 단체와 연대하여 파업과 소작 쟁의에도 참여하였어요.

① 방정환은 천도교 소년회를 중심으로 어린이날을 정하고 잡지 《어린이》를 발간하는 등 소년 운동을 전개하였어요.
② 백정들은 진주에서 조선 형평사를 조직하고 형평 운동을 전개하였어요.
③ 태극 서관은 이승훈 등이 서적 출판과 공급을 목적으로 설립한 서점으로, 신민회의 산하 기관으로 활용되었어요.
④ 3·1 운동(1919)을 계기로 일제는 통치 방식을 무단 통치에서 이른바 '문화 통치'로 바꾸었어요.
⑤ 1929년에 문평 라이징 선 석유 회사의 일본인 감독이 조선인 노동자를 구타한 사건이 계기가 되어 원산 총파업이 발생하였어요.

46 소년 운동 정답 ④

키워드 문제분석: 《개벽》,《별건곤》 발행 = 천도교

천도교는 방정환을 중심으로 천도교 소년회를 조직하고 어린이날을 제정하는 등 소년 운동에 힘을 기울였어요. 한편 잡지 《개벽》, 《별건곤》, 《신여성》 등을 발행하여 민중 계몽에 힘쓰기도 하였어요.

① 박중빈이 창시한 원불교는 허례허식 폐지, 근검절약 등을 통해 경제적 자립을 이루어 내자는 새생활 운동을 펼쳤어요.
② 대종교 인사들은 국권 피탈 이후 간도로 교단을 옮기고 중광단을 조직하여 무장 투쟁을 전개하였어요.
③ 1885년에 미국인 선교사 아펜젤러는 배재 학당을 세웠어요.
④ 천도교 소년회는 어린이날을 제정하고 소년 운동을 추진하였어요.
⑤ 천주교는 경향신문을 발행하여 민중 계몽을 위해 노력하였고, 만주에서 무장 부대인 의민단을 조직하였어요.

정답과 해설

47 천도교 정답 ②

키워드 문제분석: 동학을 계승한 종교 + 방정환 등이 잡지《어린이》를 발간함 = 천도교

천도교는 제3대 교주인 손병희에 의해 1905년에 동학에서 천도교로 개칭되었어요. 천도교는 어린이를 하나의 인격체로 대우하자는 소년 운동에 주력하였어요. 방정환, 김기전 등이 주도한 천도교 소년회는 천도교의 교리인 인내천 사상을 바탕으로 어린이도 어른과 마찬가지로 존중받아야 할 사람이라고 주장하였으며, '어린이날'을 제정하고《어린이》라는 잡지도 발간하였어요.

① 불교계는 일제가 1911년에 사찰령을 제정하자 한용운을 중심으로 사찰령 폐지 운동을 전개하고 조선 불교 유신회를 조직하였어요.
② 천도교는 기관지로 만세보를 발행하여 민중 계몽에 힘썼어요.
③ 박중빈이 창시한 원불교는 간척 사업을 진행하고 허례허식 폐지 등 새생활 운동을 펼쳤어요.
④ 개신교는 아펜젤러가 배재 학당을 세우고, 스크랜턴이 이화 학당을 세우는 등 신학문 보급에 기여하였어요.
⑤ 천주교는 만주에 의민단을 조직하여 항일 무장 투쟁을 전개하였어요.

48 종교계의 독립운동 정답 ③

① 대종교 세력은 단군 숭배 사상을 통해 민족의식을 높였어요. 국권 피탈 후에는 간도로 넘어가 중광단을 결성해 무장 투쟁을 전개하였어요.
② 천주교는 만주에 의민단을 조직하여 항일 무장 투쟁을 전개하였어요.
③ 박중빈이 창시한 원불교는 간척 사업을 진행하고 허례허식 폐지 등 새생활 운동을 펼쳤어요.
④ 개신교는 스크랜턴이 이화 학당을 세우고 아펜젤러가 배재 학당을 세우는 등 신학문 보급에 기여하였어요.
⑤ 천도교 세력은 방정환을 중심으로 천도교 소년회를 창립하여 '어린이날'을 제정하고, 잡지《어린이》를 간행하는 등 소년 운동을 전개하였어요.

49 암태도 소작 쟁의 정답 ④

키워드 문제분석: 전남 신안 암태도 소작 쟁의 = 1923~1924년

일제 강점기 시기의 농민들은 1920년대부터 소작료 인하, 소작권 이전 반대 등의 권리를 주장하며 쟁의를 일으켰는데, 특히 1923년 전남 신안의 암태도 소작 쟁의는 1년여 동안 투쟁을 벌여 소작료를 낮추는 성과를 거둔 농민 운동이에요.

① 일제는 1910년에 회사 설립의 허가제를 규정한 회사령을 제정하였어요.
② 농광 회사는 1904년에 설립되어 자국민 스스로의 개간 사업을 추진하였어요.
③ 토지 조사 사업은 1910년부터 1918년까지 진행되었어요.
④ 조선 노농 총동맹이 분리되어 1927년에는 조선 농민 총동맹이 결성되었어요.
⑤ 1889년에 함경도에서 방곡령이 선포되었어요.

50 천도교의 활동 정답 ①

키워드 문제분석: 동학에서 시작 + 방정환 = 천도교

천도교는 제3대 교주인 손병희에 의해 1905년에 동학에서 천도교로 개칭되었어요. 천도교는 소년 운동에 주력하여 방정환을 중심으로 천도교 소년회를 조직하였어요. 그리고 어린이날을 제정하고 잡지《어린이》를 발간하였어요.

① 천도교는 1906년부터 1907년까지 기관지로 만세보를 발행하였어요.
② 대종교는 1911년에 북간도 지역에서 항일 무장 단체인 중광단을 조직하였고, 중광단은 이후 북로 군정서로 발전하였어요.
③ 개신교 선교사인 아펜젤러는 1885년에 배재 학당을 세웠어요.
④ 일제 강점기에 원불교는 박중빈을 중심으로 저축, 개간, 금연·금주, 허례허식 폐지를 통한 새생활 운동을 전개하였어요.
⑤ 불교계는 일제가 1911년에 사찰령을 제정하자 한용운을 중심으로 사찰령 폐지 운동을 전개하고 조선 불교 유신회를 조직하였어요.

51 대종교 정답 ③

키워드 문제분석: 나철 + 오적 처단 모의 = 대종교

나철은 을사늑약 체결 직후에 자신회를 조직하여 을사오적 암살을 시도하였어요. 1909년에는 단군을 모시는 단군교를 창시하였고, 이후 교명을 대종교로 개칭하였어요.

① 불교계는 사찰령 폐지 운동을 추진하여 일제의 불교 탄압에 저항하였어요.
② 천도교는《개벽》,《신여성》등의 잡지를 발간하였어요.
③ 대종교는 북간도에서 서일을 단장으로 하는 중광단을 조직(1911)하여 무장 투쟁을 전개하였어요.
④ 개신교 선교사들은 배재 학당, 이화 학당 등을 세워 신학문 보급에 기여하였어요.
⑤ 박중빈이 창시한 원불교는 허례허식 폐지, 금연, 절약 등을 통한 새생활 운동을 추진하였어요.

112 시대별 기출문제집 심화

52 원산 총파업 정답 ②

키워드 문제분석: 라이징 선 석유 주식회사의 문평 공장에서 일본인 감독이 조선인 노동자를 구타한 일 = **원산 총파업(1929)**

원산 총파업은 1929년에 함경남도 덕원군의 문평 라이징 선 석유회사의 일본인 감독관이 한국인 노동자를 구타한 사건이 발단이 되어 시작된 노동 운동으로, 임금 인상과 노동 조건의 개선을 요구하였어요. 원산 총파업이 일어나자 일본, 프랑스 등지의 노동 단체에서 격려 전문을 보내기도 하였어요.

① 1908년에 일제는 대한 제국의 토지와 자원을 수탈하고, 대한 제국의 토지를 일본인에게 싼값에 팔기 위해 동양 척식 주식회사를 설립하였어요.
②1931년에 평양 을밀대 지붕에서 평원 고무공장의 여공이었던 강주룡이 임금 삭감 등에 반대하며 고공 농성을 벌였어요.
③ 1899년에 조선 정부와 상인들은 일본 금융 기관의 국내 침투에 대응하여 민족 자본으로 대한 천일 은행, 한성 은행 등을 설립하였어요.
④ 1924년에 농민 운동과 노동 운동의 연합으로 조선 노농 총동맹이 설립되었고, 이후 노동 운동과 농민 운동을 분리하여 1927년에 조선 노동 총동맹과 조선 농민 총동맹이 설립되었어요.
⑤ 1923년에 전라남도 목포 근해의 섬인 신안 암태도의 농민들은 고율의 소작료를 징수하는 지주 문재철에 맞서 소작 쟁의를 일으켰고, 그 결과 소작료를 낮추는 성과를 거두었어요.

53 1920년대 사회·문화 정답 ①

키워드 문제분석: 단성사 = **나운규의 영화 '아리랑' 개봉**

단성사는 전통 연희를 위한 공연장으로 사용되다가, 이후 영화관으로 활용되었어요. 1926년 10월에 단성사에서 나운규의 무성 영화 '아리랑'이 개봉되었어요.

①단성사에서 나운규의 무성 영화 '아리랑'이 개봉되었어요.
② 서울시 종로구에 위치하였던 보성사에서 기미 독립 선언서가 인쇄되었어요.
③ 경상남도 진주시 대안동의 진주 청년 회관에서 조선 형평사 창립 대회가 개최되었어요.
④ 서울시 성북구에 위치한 간송 미술관에는 전형필이 수집한 문화재가 전시되어 있어요.
⑤ 강우규는 1919년에 서울 남대문 일대에서 제3대 조선 총독으로 부임하는 사이토 마코토가 탄 마차에 폭탄을 던졌어요.

54 한국 독립군 정답 ⑤

키워드 문제분석: 대전자령은 적을 공격하기에 알맞은 곳임 + 한·중 연합군이 매복·대기하여 일본군 습격 준비를 마침 = **한국 독립군**

일제가 1931년에 만주를 침략하고 이듬해 만주국을 세우자 중국 내에서 항일 감정이 고조되었어요. 이러한 가운데 만주의 독립군 부대와 항일 중국군의 연합 작전이 전개되었어요. 남만주 지역에서는 조선 혁명당 산하의 군사 조직으로 창설되어 총사령관 양세봉의 지휘 아래 움직인 조선 혁명군과 중국 의용군이 한·중 연합 작전을 전개하였고, 북만주 지역에서는 한국 독립당 산하의 군사 조직으로 창설되어 총사령관 지청천의 지휘 아래 움직인 한국 독립군과 중국 호로군이 한·중 연합 작전을 전개하여 쌍성보·사도하자·대전자령 전투 등에서 일본군을 격퇴하였어요.

① 한국광복군은 1940년에 충칭에서 대한민국 임시 정부의 정규군으로 창설되었어요. 태평양 전쟁 발발 이후 영국군의 요청에 따라 인도·미얀마 전선에 일부 대원을 파견하여 선전 활동, 정보 수집 등을 담당하였어요.
② 간도 참변 이후 만주 지역의 독립군 부대들은 러시아 혁명군의 지원 약속을 믿고 자유시로 이동하였으나 자유시 참변을 당하여 큰 피해를 입었어요.
③ 조선 의용대는 1938년에 중국 국민당 정부의 지원을 받은 김원봉의 주도로 조선 민족 전선 연맹의 군사 조직으로 창설되었는데, 이는 중국 관내에서 결성된 최초의 한인 무장 부대였어요.
④ 김좌진이 이끈 북로 군정서는 홍범도가 이끈 대한 독립군 등과 연합하여 청산리 일대에서 일본군을 격퇴하였어요.
⑤한국 독립군은 1930년대 한국 독립당 산하의 군사 조직으로 창설되어 총사령관 지청천의 지휘 아래 북만주 지역에서 활약하였어요.

55 조선 혁명군 정답 ①

키워드 문제분석: 양세봉 + 영릉가 전투 = **조선 혁명군**

1930년대 전반, 일제의 만주 침략(만주 사변, 1931)을 계기로 중국 내 항일 감정이 고조되면서 한·중 연합 작전이 전개되었어요. 양세봉이 이끈 조선 혁명군은 중국 의용군과 함께 남만주의 영릉가와 흥경성 등지에서 일본군을 격파하였어요.

①조선 혁명군은 남만주의 영릉가와 흥경성 등지에서 일본군을 격파하였어요.
② 서일이 이끈 대한 독립군단 등 만주의 독립군 부대들은 일제의 공격을 피해 소련 영내의 자유시로 이동하였으나, 소련 적색군과의 갈등으로 큰 희생을 치렀어요(자유시 참변).
③ 조선 의용대 화북 지대는 1942년에 조선 의용군으로 개편되어 중국 팔로군에 편성되었어요.

정답과 해설 113

정답과 해설

④ 한국광복군은 영국군의 요청에 따라 인도·미얀마 전선에서 포로 심문, 전단 살포 등의 활동을 전개하였어요.
⑤ 지청천이 이끈 한국 독립군은 한국 독립당의 산하 부대로, 쌍성보·사도하자·대전자령 전투 등에서 일본군을 격파하였어요.

56 조선 혁명군의 활동　　　　　　　　　정답 ②

키워드 문제분석

총사령 양세봉 + 중국 의용군, 남만주
= 조선 혁명군

일제가 1931년 만주를 침략하고 이듬해 만주국을 세우자 중국 내에서 항일 감정이 고조되었어요. 이러한 가운데 만주의 독립군 부대와 항일 중국군의 연합 작전이 전개되었어요. 남만주 지역에서는 조선 혁명당 산하의 군사 조직으로 창설되어 총사령 양세봉의 지휘 아래 움직인 조선 혁명군과 중국 의용군이, 북만주 지역에서는 한국 독립당 산하의 군사 조직으로 창설되어 총사령 지청천의 지휘 아래 움직인 한국 독립군과 중국 호로군이 한·중 연합 작전을 전개하였어요.

① 간도 참변 이후 만주 지역의 독립군 부대들은 러시아 혁명군의 지원 약속을 믿고 자유시로 이동하였으나 자유시 참변을 당하여 큰 피해를 입었어요.
②조선 혁명군은 중국 의용군과 연합하여 영릉가 전투, 흥경성 전투 등에서 일본군과 싸워 크게 승리하였어요.
③ 중국 화북 지역에서 사회주의 세력이 중심이 되어 결성한 조선 독립 동맹은 화북 지역으로 이동해 온 일부 조선 의용대를 기반으로 조선 의용군을 편성하여 대일 항전을 전개하였어요.
④ 한국광복군은 1940년에 중국 충칭에서 대한민국 임시 정부의 정규군으로 창설되었어요. 태평양 전쟁 발발 이후 영국군의 요청에 따라 인도·미얀마 전선에 일부 대원을 파견하여 선전 활동, 정보 수집 등을 담당하였어요.
⑤ 조선 의용대는 1938년에 중국 국민당 정부의 지원을 받은 김원봉의 주도로 조선 민족 전선 연맹의 군사 조직으로 창설되었는데, 이는 중국 관내에서 결성된 최초의 한인 무장 부대였어요.

57 1930년대 이후 독립운동　　　　　　　정답 ③

키워드 문제분석

- 조선 혁명군 총사령관 = (가) 양세봉
- 한국 독립군·한국광복군 총사령관 = (나) 지청천

(가) 양세봉은 1930년대 초에 조선 혁명당 산하의 독립군 부대인 조선 혁명군을 이끌고 중국 의용군과 연합 작전을 전개하여 영릉가 전투, 흥경성 전투 등에서 일본군을 격퇴하였어요.
(나) 지청천은 1930년대 초에 한국 독립당 산하의 독립군 부대인 한국 독립군을 이끌고 중국 호로군과 연합 작전을 전개하여 쌍성보 전투, 대전자령 전투, 사도하자 전투 등에서 일본군을 격퇴

하였어요. 이후 대한민국 임시 정부 산하의 군사 조직인 한국광복군의 총사령관을 맡아 항일 투쟁을 전개하였어요.

① 1920년대 의열단의 김원봉은 중국 국민당 정부의 지원을 받아 조선 혁명 간부 학교를 세워 독립군 간부를 양성하였어요.
② 박상진은 1910년대 국내에서 비밀 결사 형태로 대한 광복회를 조직하여 친일파 처단, 군자금 모금 등의 활동을 하였어요.
③한국 독립군의 지청천은 북만주 지역에서 중국 호로군과 연합 작전을 벌여 대전자령 전투에서 일본군에 대승을 거두었어요.
④ 서일 등 대종교도는 북로 군정서라는 독립군 부대를 조직하여 청산리 대첩 등에서 일본군을 크게 물리쳤어요.
⑤ 1920년대 의열단의 일부 단원이 중국의 황푸 군관 학교에 입학하여 군사 훈련을 받았어요.

58 조선 의용대　　　　　　　　　　　　　정답 ④

키워드 문제분석

조선 민족 혁명당 + 한국광복군에 편입
= 조선 의용대

조선 민족 혁명당은 중국 국민당 정부의 지원을 받아 김원봉 등의 주도로 조선 의용대를 편성하였어요. 이들은 일본군에 대한 심리전, 포로 심문, 정보 수집 등 중국군을 지원하는 활동을 수행하였어요. 이후 조선 의용대는 분화되어 일부는 화북 지역으로 이동해 조선 의용대 화북 지대를 결성하여 호가장 전투 등에 참여하였어요. 김원봉 등 화북 지역으로 이동하지 않은 세력은 한국광복군에 합류하였어요.

① 간도 참변 이후 만주 지역의 독립군 부대들은 러시아 혁명군의 지원 약속을 믿고 자유시로 이동하였으나 자유시 참변을 당하여 큰 피해를 입었어요.
② 지청천의 한국 독립군은 1930년대 북만주에서 중국 호로군과 연합 작전을 벌여 쌍성보, 대전자령 등에서 일본군을 격퇴하였어요.
③ 동북 인민 혁명군은 동북 항일 연군으로 개편되어 유격대 활동을 하였어요.
④조선 의용대는 1938년에 김원봉, 윤세주 등의 주도로 중국 국민당 정부의 지원을 받아 창설되었는데, 이는 중국 관내에서 창설된 최초의 한인 무장 부대였어요.
⑤ 김좌진이 이끈 북로 군정서는 홍범도 부대 등과 연합하여 청산리 일대에서 일본군을 격퇴하였어요.

59 조선 의용대　　　　　　　　　　　　　정답 ③

키워드 문제분석

중국 관내 최초의 한인 무장 조직 = 조선 의용대

114 시대별 기출문제집 심화

조선 의용대는 1938년에 김원봉의 주도로 중국 우한에서 창설되었어요. 이후 분화되어 일부는 화북 지역으로 이동하여 중국 공산당과 연합 작전(호가장 전투, 반소탕전)을 전개하였으며, 김원봉을 중심으로 한 일부 세력은 한국광복군에 편입되었어요.

① 홍범도는 대한 독립군 총사령관으로 봉오동 전투에서 일본군을 물리쳤어요.
② 조선 혁명군은 양세봉을 총사령관으로 하여 영릉가, 흥경성 등지에서 일본군을 격퇴하였어요.
③ 김원봉을 중심으로 한 조선 의용대 일부 세력은 훗날 한국광복군에 편입되었어요.
④ 1919년에 일본 도쿄에서 재일 한인 유학생을 중심으로 결성된 조선 청년 독립단이 2·8 독립 선언을 발표하였어요.
⑤ 1917년에 신규식과 박은식 등은 중국 상하이에서 국민 주권 원칙을 천명한 대동단결 선언을 발표하였어요.

60 조선 의용대 화북 지대   정답 ④

키워드 문제분석
중국 우한에서 창설된 한인 무장 부대 + 조선 의용대 일부가 화북으로 이동, 호가장 전투
= **조선 의용대 화북 지대**

조선 의용대는 1938년에 김원봉이 중국 우한에서 결성한 부대로, 중국 관내에서 결성된 최초의 한인 무장 단체예요. 조선 의용대는 1940년대 초에 분화되어 김원봉을 중심으로 한 일부 세력은 한국광복군에 편입되었고, 일부는 보다 적극적인 항일 투쟁을 벌이기 위해 화북 지역으로 이동하였어요. 화북으로 이동한 세력은 조선 의용대 화북 지대로 개편되어 호가장 전투 등에서 활약하였어요.

① 홍범도가 이끈 대한 독립군은 국민회군 등 다른 독립군 부대와 연합하여 봉오동에서 일본군을 격파하였어요.
② 조선 혁명군은 양세봉의 지휘 아래 남만주에서 중국 의용군과 연합하여 영릉가 전투, 흥경성 전투 등에서 일본군에 승리하였어요.
③ 대한민국 임시 정부의 정규군인 한국광복군은 미군과 연계하여 국내 정진군을 조직하고 국내 진공 작전을 계획하였어요.
④ 1942년, 조선 의용대 화북 지대는 김두봉을 위원장으로 하는 조선 독립 동맹의 군사 조직인 조선 의용군으로 개편되었어요.
⑤ 만주 지역의 독립군들은 1920년 간도 참변 이후 중국과 러시아의 접경 지역에 있는 밀산에 모여 대한 독립군단을 조직하고 자유시로 이동하였어요.

61 백남운의 활동   정답 ③

키워드 문제분석
조선사회경제사 출판 + 우리 역사의 전개 과정을 세계사의 보편적인 발전 법칙에 따라 파악함 = **백남운**

일제 강점기에 사회 경제 사학은 유물 사관의 입장에서 한국사를 이해하고자 하였어요. 백남운은 《조선사회경제사》를 저술하여 우리 역사도 세계사의 보편적 발전 법칙에 따라 발전하였다고 주장하며 일제가 주장한 식민 사관의 정체성론에 반박하였어요.

① 이병도 등은 진단 학회를 조직하고 학술지로 《진단 학보》를 발행하였어요.
② 박은식은 일본의 침략 과정을 담은 《한국통사》, 우리 민족의 독립 투쟁 과정을 서술한 《한국독립운동지혈사》를 저술하였어요.
③ 백남운은 《조선사회경제사》에서 유물 사관을 토대로 식민 사학의 정체성론을 반박하였어요.
④ 최윤배, 이윤재 등은 조선어 학회에서 한글 맞춤법 통일안 제정에 참여하였으며, 《우리말 큰사전》 편찬 작업을 추진하는 등 한글 보급을 위해 노력하였어요.
⑤ 정인보, 안재홍 등은 민족의 얼을 강조하고 조선학 운동을 전개하였으며, 《여유당전서》를 간행하였어요.

62 민족 문화 수호 운동   정답 ①

① 1930년대에 정인보, 안재홍 등은 민족의 얼을 강조하고 조선학 운동을 전개하였으며, 《여유당전서》를 간행하였어요.
② 1905년에 장지연은 을사늑약이 체결되자 '이날을 목 놓아 통곡하다'라는 뜻의 제목을 붙인 논설 〈시일야방성대곡〉을 황성신문에 실어 을사늑약의 부당함을 비판하였어요.
③ 1895년에 유길준은 미국과 유럽을 돌아보고 〈서유견문〉을 집필하여 서양 근대 문물을 국내에 소개하였어요.
④ 1876년에 최익현은 조선 정부가 일본과 강화도 조약을 맺으려 하자 〈지부복궐척화의소〉를 올려 왜양일체론을 주장하며 개항에 반대하였어요.
⑤ 조선 정부를 대표하여 강화도 조약 체결에 참여하였던 신헌은 1876년에 강화도 조약 체결의 전말을 기록한 《심행일기》를 남겼어요.

63 한인 애국단의 활동   정답 ③

키워드 문제분석
김구가 일제 요인을 제거하기 위해 조직 = **한인 애국단**

국민대표 회의가 결렬된 이후 대한민국 임시 정부의 침체 상태가 계속되자 김구는 의열 투쟁 단체인 한인 애국단을 조직하여 임시 정부에 활력을 불어넣고자 하였어요. 한인 애국단의 의거를 계기로 대한민국 임시 정부는 중국 국민당 정부의 지원을 받게 되었어요.

① 한인 애국단은 중·일 전쟁 이전인 1931년에 조직되었어요. 중·일 전쟁은 1937년에 발발하였어요.
② 의열단의 김원봉은 중국 국민당의 지원을 받아 독립군 간부 양성 기관인 조선 혁명 간부 학교를 설립하였어요.

정답과 해설

③ 이봉창과 윤봉길은 한인 애국단 소속으로 각각 도쿄, 상하이에서 의거를 시도하였어요.
④ 지청천이 이끈 한국 독립군은 북만주 일대의 쌍성보, 사도하자, 대전자령 등에서 일본군을 격퇴하였어요.
⑤ 신민회는 1911년에 일제가 조작한 105인 사건으로 조직이 드러나 해체되었어요.

64 조선어 학회의 활동   정답 ④

키워드 문제분석   최현배, 이극로 +《조선말 큰사전》= **조선어 학회**

1931년에 최현배, 이극로, 이윤재 등을 중심으로 조직된 조선어 학회는 조선어 연구회를 계승하여 우리말을 연구하였어요. 조선어 학회는 《조선말(우리말) 큰사전》 편찬 작업을 진행하였어요. 하지만 조선어 학회 사건(1942)으로 일제가 원고를 압수하였고 최현배, 이극로 등 회원들이 검거·투옥되어 조직이 와해되며 사전 편찬을 완수하지 못하였어요. 광복 이후 일제에 압수되었던 원고가 서울역 창고에서 발견되면서 사전 편찬 작업이 재개되었어요.

① 이종일은 1898년에 제국신문을 창간하였어요. 한글 신문이었기 때문에 주로 일반 서민층과 부녀자 독자가 많았어요.
② 신민회는 서적 출판 및 보급을 위한 태극 서관과 상공업 발전을 위한 자기 회사를 운영하는 등 민족 산업 육성에 힘썼어요.
③ 대한민국 임시 정부는 김규식을 전권 대사로 임명하여 파리 강화 회의에 독립 청원서를 제출하였어요.
④ 조선어 학회는 휴간되었던 잡지 《한글》을 다시 발행하고 한글 맞춤법 통일안과 표준어 사정안을 제정하였어요.
⑤ 대한 제국 정부는 국문 연구소를 세웠고, 주시경과 지석영 등은 이곳에서 한글의 문자 체계와 맞춤법 등을 연구하였어요.

65 한국광복군의 활동   정답 ②

키워드 문제분석   인도 전선 + 영국군과 협조 = **한국광복군**

1940년, 충칭에 정착한 대한민국 임시 정부는 지청천을 총사령관으로 하여 정규군인 한국광복군을 창설하였어요. 일제가 태평양 전쟁을 벌이자 임시 정부는 일제에 선전 포고하고 한국광복군을 연합국의 일원으로 참전시켰어요. 한국광복군은 영국군의 협조 요청에 따라 인도, 미얀마 전선에 파견되어 선전 활동과 포로 심문 등을 담당하였어요.

① 북로 군정서, 대한 독립군 등이 참여한 독립군 연합 부대는 청산리 대첩(1920)에서 일본군에 승리하였어요. 이후 일본군은 보복을 위해 간도 참변을 일으켰어요.
② 대한민국 임시 정부의 정규군인 한국광복군은 미국 전략 정보국(OSS)과 협력하여 국내 진공 작전을 추진하였어요.
③ 지청천이 이끄는 한국 독립군은 쌍성보 전투에서 중국 호로군과 함께 한·중 연합 작전을 전개하였어요.
④ 양세봉이 이끄는 조선 혁명군은 중국 의용군과 함께 연합하여 흥경성에서 일본군을 무찔렀어요.
⑤ 동북 인민 혁명군은 1936년에 동북 항일 연군으로 확대·개편되었어요.

66 한국광복군의 활동   정답 ③

키워드 문제분석   총사령관 지청천 + 충칭에서 창립 = **한국광복군**

1940년, 충칭에 정착한 대한민국 임시 정부는 한국광복군을 창설하여 본격적인 항일 무장 투쟁을 준비하였어요. 일제가 태평양 전쟁을 벌이자 임시 정부는 일제에 선전 포고하고 한국광복군을 연합국의 일원으로 참전시켰어요. 한국광복군은 영국군의 요청에 따라 인도·미얀마 전선에 파견되어 합동 작전을 전개하였어요. 또한 미국과 연합하여 국내 진공 작전을 계획하였어요.

① 1930년대 초 양세봉이 이끈 조선 혁명군은 중국 의용군과 함께 영릉가, 흥경성 등에서 일본군에게 승리하였어요.
② 조선 독립 동맹 산하의 조선 의용군은 중국 팔로군에 편제되어 항일 투쟁에 참여하였어요.
③ 한국광복군은 미국 전략 정보국(OSS)과 협력하여 국내 진공 작전을 추진하였으나 일본의 갑작스런 항복으로 실행에 옮기지는 못하였어요.
④ 1938년에 김원봉이 중국 우한에서 창설한 조선 의용대는 중국 관내에서 결성된 최초의 한인 무장 부대예요.
⑤ 간도 참변 이후 만주 지역의 독립군 주력 부대는 밀산에 집결하여 대한 독립군단을 조직하고 자유시로 이동했어요.

67 대한민국 임시 정부   정답 ⑤

키워드 문제분석   주석 김구 + 외무부장 조소앙 = **대한민국 임시 정부**

3·1 운동을 계기로 1919년에 중국 상하이에 대한민국 임시 정부가 수립되었어요. 1940년 충칭에 정착한 대한민국 임시 정부는 헌법을 개정하여 김구 주석 중심의 단일 지도 체제를 마련하였고, 정규군인 한국광복군을 창설하여 본격적인 항일 전쟁을 준비하였어요.

① 광복 이후 여운형, 김규식을 중심으로 좌우 합작 위원회가 조직되었고, 위원회는 좌우 합작 7원칙을 발표하였어요.
② 천도교는 《개벽》, 《신여성》, 《어린이》 등의 잡지를 발행하였어요.
③ 의열단은 신채호가 작성한 〈조선 혁명 선언〉을 활동 지침으로 삼아 일제 요인 암살과 식민 통치 기관 파괴에 주력하였어요.
④ 조선어 연구회를 계승한 조선어 학회는 한글 맞춤법 통일안과 표준어 및 외래어 표기법을 제정하였어요.
⑤ 대한민국 임시 정부는 1941년에 조소앙의 삼균주의를 기초로 하는 건국 강령을 발표하였어요.

PART 8. 현대   P. 196~210

01	④	02	④	03	⑤	04	⑤	05	③
06	③	07	⑤	08	⑤	09	③	10	⑤
11	③	12	①	13	⑤	14	④	15	②
16	①	17	④	18	⑤	19	⑤	20	②
21	②	22	②	23	②	24	①	25	③
26	⑤	27	④	28	④	29	①	30	⑤
31	⑤	32	⑤	33	⑤	34	②	35	①
36	②	37	④	38	⑤	39	⑤	40	⑤
41	④	42	⑤	43	④	44	⑤	45	①
46	④	47	⑤	48	⑤	49	⑤	50	④
51	④	52	③	53	①	54	③	55	③
56	③	57	⑤	58	③				

01 미군정기   정답 ④

키워드 문제분석: 군정청 + 김규식, 여운형 등 인사 = 미군정기(1945년 9월 ~ 1948년 8월)

1945년 광복 직후 여운형이 조선 건국 동맹을 기반으로 조직한 조선 건국 준비 위원회는 미군의 한반도 진주를 앞두고 이들이 들어왔을 때 대등한 입장에서 교섭하기 위해 조선 인민 공화국의 수립을 선포하였어요. 그러나 미군정은 조선 인민 공화국은 물론 대한민국 임시 정부조차도 인정하지 않고, 군정청을 설치하여 38도선 이남 지역에 대한 직접 통치를 선포하였어요. 이후 1948년에 대한민국 정부가 공식적으로 수립되면서 미군정은 종료되었어요.

① 1953년 이승만 정부 시기에 6·25 전쟁의 정전 협정이 체결된 이후 한·미 상호 방위 조약이 체결되었어요.
② 1960년대 박정희 정부 시기에 제1차 경제 개발 5개년 계획이 추진되었어요.
③ 대한민국 정부가 수립된 이후 1948년 이승만 정부 시기에 제헌 국회에서 반민족 행위 특별 조사 위원회가 설치되었어요.
④ 1946년 미군정기에 일본이 남긴 귀속 재산 처리를 위한 신한 공사가 설립되었어요.
⑤ 1958년 이승만 정부 시기에 여당이 국회에서 야당 의원들을 폭력적으로 몰아내고 국가 보안법을 통과시킨 보안법 파동이 일어났어요.

02 좌우 합작 위원회   정답 ④

키워드 문제분석:
- 정읍에서 이승만이 단독 정부 수립을 시사하는 발언을 함 = 이승만의 정읍 발언(1946)
- 미국과 소련이 제1차 미·소 공동 위원회 때와 같은 주장을 함 = 제2차 미·소 공동 위원회(1947)

제1차 미·소 공동 위원회가 무기 휴회되어 임시 정부 수립이 점점 늦어지자, 이승만은 1946년 6월 정읍에서 전국을 아우르는 정부를 구성할 수 없다면 남한만이라도 단독 정부를 수립하자고 주장하였어요. 이에 중도 성향의 여운형과 김규식 등이 미군정의 지원을 받아 좌우 합작 위원회를 조직하였어요. 좌우 합작 위원회는 좌우 합작 7원칙을 발표하고 통일 정부 수립을 위해 노력하였으나, 미군정이 지지를 철회하고 여운형이 암살되면서 좌우 합작 운동은 실패하였어요. 1947년에 제2차 미·소 공동 위원회가 개최되었으나 미국과 소련이 다시 대립하면서 성과 없이 끝났어요. 이후 미국은 한반도 문제를 국제 연합(UN)으로 넘겼어요.
따라서, '이승만의 정읍 발언(1946)'과 '제2차 미·소 공동 위원회(1947)' 사이의 시기에 일어난 일을 골라야 해요.

① 1948년 10월에 제주 4·3 사건 진압을 위해 여수에 주둔하고 있던 부대 내의 일부 좌익 세력이 무장 봉기한 여수·순천 10·19 사건이 일어났어요.
② 1948년 1월에 유엔 총회의 결정에 따라 총선거의 공정한 감시를 위해 유엔 한국 임시 위원단이 서울에 도착하였어요.
③ 광복 직후인 1945년 9월에 송진우, 김성수 등 민족주의 계열은 한국 민주당을 창당하였어요.
1946년 7월에 여운형, 김규식 등의 주도로 좌우 합작 위원회가 발족되어 좌우 합작 운동이 전개되었어요.
⑤ 광복 직후인 1945년 9월에 여운형이 조직한 조선 건국 준비 위원회는 미군이 한반도에 들어왔을 때 대등한 입장에서 교섭하기 위해 조선 인민 공화국의 수립을 선포하였어요.

03 통일 정부 수립 노력   정답 ⑤

키워드 문제분석: 유엔 한국 임시 위원단 설치 = 제2차 미소 공동 위원회 결렬 이후

유엔 한국 임시 위원단을 설치하여 한국에 주재케 한다는 내용 등을 통해 1947년 11월에 유엔 총회에서 채택된 남북한 총선거 실시 결의안임을 알 수 있어요.

⑤ 광복 후 두 차례의 미·소 공동 위원회가 결렬되면서 미국은 한반도 문제를 유엔에 이관하였고 1947년에 유엔 총회에서 남북한 총선거 실시가 의결되었어요. 그러나 소련이 유엔 한국 임시 위원단의 입북을 거부하자 유엔 소총회에서 선거 가능 지역, 즉 남한에서만 총선거를 실시할 것을 결의하였고, 1948년 5월 10일에 총선거가 실시되어 제헌 국회의원이 선출되었어요. 이들로 구성된 제헌 국회에서 초대 대통령으로 뽑힌 이승만 대통령이 1948년 8월 15일에 대한민국 정부 수립을 선포하였어요.
따라서 유엔 총회에서 남북한 총선거 실시가 의결된 시기는 '제2차 미·소 공동 위원회(1947. 5.)'와 '대한민국 정부 수립(1948. 8.)' 사이의 시기인 (마)예요.

정답과 해설

04 남북 협상   정답 ⑤

키워드 문제분석 제 정당의 대표 회담을 소집함 = 남북 협상(1948)

광복 이후 좌우 합작 운동이 실패로 돌아가고 결국 유엔 소총회에서 선거가 가능한 지역, 즉 사실상 남한만의 총선거가 결의되었어요. 이에 김구와 김규식은 통일 정부 수립을 위해 북측 지도자에게 남북 협상을 제의하였어요. 평양에 모인 남북 지도자들은 단독 정부 수립 반대, 외국 군대 즉시 철수를 요구하는 결의문을 채택하였지만 실질적인 효력을 발휘하지는 못하였어요.

⑤ 미 · 소 공동 위원회가 미국과 소련의 대립으로 무산되자, 미국은 한반도 문제를 유엔으로 넘겼어요. 1947년에 열린 유엔 총회에서 유엔 감시하에 인구 비례에 따른 남북한 총선거 실시를 결정하였어요(유엔 총회 남북한 총선거 결정, 1947). 이에 유엔 한국 임시 위원단이 파견되었는데, 소련은 한반도 문제를 유엔에서 처리하는 것에 반대한다는 구실로 임시 위원단의 입북을 거부하였어요. 이후 다시 열린 유엔 소총회에서 선거가 가능한 지역, 즉 사실상 남한만의 총선거가 결의되었어요. 이에 김구와 김규식은 통일 정부 수립을 위해 북측 지도자에게 남북 협상을 제의하였어요. 평양에 모인 남북 지도자들은 단독 정부 수립 반대, 외국 군대 즉시 철수를 요구하는 결의문을 채택하였지만 실질적인 효력을 발휘하지는 못하였어요(남북 협상, 1948). 결국 1948년에 실시된 5 · 10 총선거로 제헌 국회가 구성되었어요(제헌 국회 구성, 1948). 제헌 국회에서 제정한 제헌 헌법에 따라 초대 대통령으로 선출된 이승만이 행정부를 조직하여 1948년 8월 15일에 대한민국 정부의 수립을 선포하였어요.

따라서, 남북 협상이 이루어진 시기(1948)는 '유엔 총회 남북한 총선거 결정(1947)'과 '제헌 국회 구성(1948)' 사이의 시기인 (마)예요.

05 남북협상   정답 ③

키워드 문제분석 김구 + 김규식 + 남북 정치 협상 = 남북 협상

제1차 미 · 소 공동 위원회의 결렬과 이승만의 정읍 발언으로 분단에 대한 우려가 커지자, 이를 극복하기 위하여 좌우 합작 운동이 전개되었어요. 하지만 좌우 합작 운동은 좌 · 우익 모두에게 지지를 얻지 못하면서 실패로 돌아갔고, 한반도 문제의 결정권은 유엔으로 이관되었어요. 유엔 총회에서 인구 비례에 의한 남북한 총선거가 의결되었지만, 소련이 유엔 한국 임시 위원단의 입북을 거부하여 유엔 소총회에서 선거가 가능한 지역, 즉 사실상 남한만의 총선거가 결의되었어요. 이에 김구와 김규식은 통일 정부 수립을 위해 북측 지도자에게 남북 협상을 제의하였어요. 평양에 모인 남북 지도자들은 단독 정부 수립 반대, 외국 군대 즉시 철수를 요구하는 결의문을 채택하였지만 실질적인 효력을 발휘하지는 못하였어요.

① 1960년 4 · 19 혁명 직후 수립된 허정 과도 정부는 내각 책임제와 양원제를 골자로 하는 3차 헌법 개정을 단행하였어요.
② 박정희 정부 시기인 1972년 유신 헌법에 의해 통일 주체 국민 회의가 처음 구성되었고, 이 회의에서 1980년까지 대통령이 선출되었어요.
③ 1948년 2월 유엔 소총회에서 남한만의 단독 총선거가 결의되자 김구와 김규식은 남북 협상을 추진하였어요.
④ 유상 매수, 유상 분배 원칙의 농지 개혁법은 1949년에 제헌 국회에서 제정되었어요.
⑤ 이승만 정부 시기인 1958년에 여당(자유당)이 국회에서 야당 의원들을 폭력적으로 몰아내고 국가 보안법 개정안을 통과시킨 이른바 '보안법 파동'이 일어났어요.

06 제주 4·3 사건   정답 ③

키워드 문제분석 제주도 + 무력 충돌 + 수많은 사람이 희생됨 = 제주 4·3 사건

1948년 4월, 제주도에서 좌익 세력이 '남한 단독 선거 반대, 미군 철수'를 내세우며 무장 봉기를 일으켰어요. 미군정이 군대와 경찰을 동원하여 무력으로 진압하는 과정에서 많은 제주도민이 희생되었는데, 이를 제주 4 · 3 사건이라고 해요. 이 사건으로 1948년 5 · 10 총선거를 통해 구성된 제헌 국회는 제주도 일부 지역에서 국회 의원이 선출되지 못한 채 출범하였어요.

① 1972년에 박정희 정부가 유신 헌법을 공포하며 독재 정치를 펼치자 유신 헌법의 철폐를 요구하며 개헌 청원 100만 인 서명 운동(1973), 3 · 1 민주 구국 선언(1976) 등이 일어났어요.
② 박정희 정부가 유신 헌법을 공포한 후 통일 주체 국민 회의가 설치되었고, 여기에서 박정희를 제8대 대통령으로 선출하였어요.
③ 제주 4 · 3 사건 희생자들의 명예 회복을 위한 특별법이 2000년에 제정되었어요.
④ 전두환 정부 때 '4 · 13 호헌 철폐'와 '독재 타도' 등의 구호를 내세우며 6월 민주 항쟁이 일어났어요.
⑤ 미군정은 광복 직후인 1946년 일제가 떠나면서 남기고 간 귀속 재산을 처리하기 위해 신한 공사를 설립하였어요.

07 5·10 총선거   정답 ⑤

키워드 문제분석 우리나라 첫 번째 총선거 = 5·10 총선거

광복 후 두 차례의 미 · 소 공동 위원회가 결렬되면서 미국은 한반도 문제를 유엔에 이관하였고 1947년 유엔 총회에서 남북한 총선거 실시가 결정되었어요. 그러나 소련이 유엔 한국 임시 위원단의 입북을 거부하자 유엔 소총회에서 선거 가능 지역, 즉 남한에서만 총선거를 실시할 것을 결정하였고, 이후 1948년 5월 10일에 총선거가 실시되었어요.

ㄱ. 1946년에 좌우 합작 위원회는 여운형·김규식 등을 중심으로 출범하여 좌우 합작 운동을 전개하였어요.
ㄴ. 1960년 4·19 혁명으로 이승만 대통령이 하야하고 허정 과도 정부가 수립되어 내각 책임제와 양원제 국회 구성을 골자로 한 3차 개헌이 이루어졌어요. 새로 구성된 국회는 윤보선을 대통령으로 선출하였고, 윤보선이 지명한 장면이 국무총리에 취임하여 내각을 이끌었어요.
ⓒ 1948년 4월 3일에 제주도에서 남한만의 단독 정부 수립에 반대하는 무장 봉기가 일어나 미군정이 이를 탄압하는 사건이 일어났어요(제주 4·3 사건). 이후 5월 10일에 실시된 5·10 총선거에서 제주도의 3개 선거구 중 2개 구에서 투표수가 과반에 미달하여 무효 처리되었어요.
ⓡ 5·10 총선거로 제주도 두 곳을 제외한 선거구에서 198명의 임기 2년의 제헌 국회 의원이 선출되었어요. 제헌 국회에서 제정한 제헌 헌법에 따라 초대 대통령으로 선출된 이승만은 행정부를 조직하여 1948년 8월 15일에 대한민국 정부의 수립을 선포하였어요.

08 대한민국 정부 수립 과정 정답 ⑤

키워드 문제분석
- 단독 정부 절대 반대
  = (가) 김구의 단독 정부 수립 반대 성명(1947. 12.)
- 제주도 사건 진압 + 여수, 반란
  = (나) 여수·순천 10·19 사건(1948. 10.)

(가) 1947년 12월, 김구는 5·10 총선거를 감독하기 위한 유엔 한국 임시 위원단의 방문을 앞두고 단독 선거에 반대한다는 성명을 발표하였어요.
(나) 이승만 정부가 여수에 주둔하던 국방 경비대를 제주로 파견하여 제주 4·3 사건을 진압하려 하자, 1948년 10월 여수 주둔 병력 내의 좌익 세력이 제주 출동 반대와 통일 정부 수립을 주장하며 무장봉기를 일으켰어요.
따라서 '1947년 12월'과 '1948년 10월' 사이의 사실을 골라야 해요.

① 1946년 3월 제1차 미·소 공동 위원회가 서울에서 개최되었으나, 임시 정부 수립 참가 단체를 둘러싼 미·소 간의 입장 차이로 약 2개월 만에 결렬되었어요. (가) 이전의 일이에요.
② 1945년 12월 미국·영국·소련은 한반도 문제를 처리하기 위해 모스크바 3국 외상 회의를 개최하였어요. (가) 이전의 일이에요.
③ 1946년 10월 좌우 합작 위원회가 좌우 합작 7원칙을 발표하였어요. (가) 이전의 일이에요.
④ 1949년 6월 제헌 국회에서 유상 매수·유상 분배 원칙의 농지 개혁법이 제정되었고, 이듬해부터 본격 시행되었어요. (나) 이후의 일이에요.
⑤ 1947년 11월 유엔 총회는 남북한 총선거를 통한 정부 수립을 결의하였으나 소련이 이를 거부하자, 다시 소총회를 열어 선거 감시가 가능한 지역(남한)에서만 선거를 실시할 것을 결의하였어요. 이에 따라 1948년 5월, 우리나라 최초의 보통 선거인 5·10 총선거가 실시되었어요.

09 제헌 국회의 활동 정답 ③

키워드 문제분석
최초로 실시된 총선거 + 임기 2년 = 제헌 국회

광복 후 두 차례의 미·소 공동 위원회가 결렬되면서 미국은 한반도 문제를 유엔에 이관하였고 1947년 유엔 총회에서 남북한 총선거 실시가 의결되었어요. 그러나 소련이 유엔 한국 임시 위원단의 입북을 거부하자 유엔 소총회에서 선거 가능 지역, 즉 남한에서만 총선거를 실시할 것을 결의하였고, 1948년 5월 10일에 총선거가 실시되었어요. 5·10 총선거는 우리나라 최초로 실시된 민주 선거로, 21세 이상의 모든 국민에게 투표권이 부여되었으며, 보통·직접·평등·비밀 선거 원칙에 따라 실시되었어요. 그 결과 제주 4·3 사건의 영향으로 제주도 2곳을 제외한 선거구에서 임기 2년의 제헌 국회 의원이 선출되었어요.

① 제헌 국회는 반민족 행위 처벌법을 제정하고 반민족 행위 특별 조사 위원회(반민특위)를 설치하여 친일파 청산에 나섰어요.
② 5·10 총선거로 구성된 제헌 국회의 간접 선거를 통해 대한민국의 제1대 대통령으로 이승만이 선출되었어요.
③ 1960년 4·19 혁명 후 3차 개헌이 이루어지고, 새 헌법에 따라 국회가 민의원과 참의원의 양원제로 운영되었어요. 국회는 윤보선을 대통령으로 선출하였고, 윤보선이 지명한 장면이 국회의 동의를 얻어 국무총리에 취임하여 내각을 이끌었어요.
④ 1948년 4월 3일 제주도에서 좌익 세력과 일부 주민이 단독 정부 수립에 반대하는 무장 봉기를 일으켰어요. 이 사건의 영향으로 제주도에서는 5·10 총선거가 실시되지 못하다가 일 년 뒤에 치러져 제헌 국회 의원이 선출되었어요.
⑤ 1946년에 미군정이 귀속 재산 처리를 위해 신한 공사를 설립하였고, 1949년에 제헌 국회에서 귀속 재산 처리법을 만들었어요.

10 이승만 정부 시기의 사실 정답 ⑤

키워드 문제분석
제헌 헌법으로 출범 + 농지 개혁법 + 정전 협정
= 이승만 정부 시기

제헌 헌법에 따라 국회는 대통령으로 이승만을 선출하였고, 이어 1948년 8월 15일에 대한민국 정부 수립이 선포되면서 이승만 정부가 출범하였어요. 제헌 국회는 1948년에 반민족 행위 처벌법을 제정하였고, 1949년에는 유상 매수, 유상 분배를 규정한 농지 개혁법을 제정하였어요. 한편, 광복 이후 격화된 좌우 이념 대립은 남북한에 각각 정부가 수립되는 결과를 가져왔고, 정부 수립 이후에도 갈등 상황이 이어져 38도선 부근에서 무력 충돌이 자주 일어났어요. 결국 1950년 6월 25일에 북한의 남침으로 6·25 전쟁이 발발하였

정답과 해설

요. 전쟁 발발 이후 3년여 만인 1953년 7월 27일에 판문점에서 정전 협정이 체결되면서 전쟁은 마무리되었어요.

① 전두환 등 신군부 세력은 사회 정화를 명목으로 삼청 교육대를 설치하였어요.
② 박정희 정부는 농촌 환경 개선과 소득 증대를 내세우며 새마을 운동을 추진하였어요.
③ 박정희 정부는 한·일 국교 정상화를 추진하여 1965년에 한·일 기본 조약을 비준하였어요.
④ 김영삼 정부 시기에 지방 자치제가 전면 실시되면서 주민들이 지방 자치 단체장을 직접 선출하게 되었어요.
⑤ 제헌 국회는 1948년에 친일파 청산을 위한 반민족 행위 처벌법을 제정하였고, 이에 따라 반민족 행위 특별 조사 위원회가 설치되었어요.

11 6·25 전쟁   정답 ③

키워드 문제분석 유엔군이 중국군의 남하를 지연시키기 위해 철교를 파괴함 = 6·25 전쟁(1950~1953)

1950년 6월에 6·25 전쟁이 발발하자 유엔 안전 보장 이사회는 유엔군을 파병하였고, 낙동강 지역까지 밀렸던 국군과 유엔군은 반격을 시도하였어요. 국군과 유엔군은 인천 상륙 작전을 전개하여 서울을 탈환하고, 여세를 몰아 38도선을 돌파하여 압록강 일대까지 진격하였어요. 그러나 중국군이 참전하면서 국군과 유엔군은 후퇴하였고, 1951년 1월에는 서울을 다시 빼앗겼어요(1·4 후퇴). 국군과 유엔군은 전열을 가다듬어 서울을 재탈환하였지만 이후 38도선 일대에서 공방전이 지속되었고, 1953년 7월 27일에 정전 협정이 체결되었어요.

ㄱ. 6·25 전쟁 발발 이전인 1950년 1월에 한반도를 미국의 태평양 방위선에서 제외한 애치슨 라인이 발표되었어요.
ㄴ. 1950년 9월에 국군과 유엔군은 인천 상륙 작전에 성공하면서 서울을 수복하였고, 이후 압록강 일대까지 진격하였어요.
ㄷ. 6·25 전쟁 중이던 1952년에 이승만 정부는 임시 수도 부산에 계엄령을 선포하고 발췌 개헌안을 통과시켰어요(1차 개헌).
ㄹ. 1945년 12월에 모스크바 3국 외상 회의가 열려 한반도에 임시 민주 정부 수립, 미국·영국·소련·중국에 의해 최대 5년간 신탁 통치 실시 등을 결정하였어요.

12 6·25 전쟁   정답 ①

키워드 문제분석 유엔군과 국군이 서울에서 퇴각하고 한강 이북의 부대를 철수시키기로 결정함 = 6·25 전쟁 중 1·4 후퇴 시기(1951)

1950년에 6·25 전쟁이 일어나 서울을 빼앗긴 후 낙동강 전선까지 물러났던 국군과 유엔군은 인천 상륙 작전을 전개하여 서울을 탈환하고, 여세를 몰아 38도선을 넘어 압록강 일대까지 진격하였어요. 그러나 중국군이 참전하면서 공세에 밀려 후퇴하여 1951년 1월 4일에 다시 서울을 북한군에 빼앗겼어요(1·4 후퇴). 이로 인해 서울 시민은 또다시 피난길에 나서야 하였고, 많은 이산가족이 발생하였어요. 국군과 유엔군이 다시 서울을 수복한 후 정전 협정이 맺어질 때까지 38도선 부근에서 공방전이 계속되었어요.

① 6·25 전쟁의 정전 협정이 체결된 이후인 1953년 10월에 한·미 상호 방위 조약이 체결되었어요.
② 1950년 11월 말부터 12월 초까지 벌어진 장진호 전투에서 중국군은 유엔군을 포위하였고, 유엔군은 이를 벗어나기 위해 치열한 전투를 전개하였어요.
③ 1948년 10월에 구성된 반민족 행위 특별 조사 위원회는 1949년 6월에 경찰의 습격을 받아 활동에 제약을 받았어요.
④ 1950년 1월 이승만 정부 시기에 한반도를 미국의 태평양 방위선에서 제외한 애치슨 라인이 발표되었고, 이후 6·25 전쟁이 일어났어요.
⑤ 1948년 5월 10일에 유엔 한국 임시 위원단의 감시 아래 우리나라 최초의 보통 선거인 5·10 총선거가 실시되었어요.

13 6·25 전쟁   정답 ⑤

키워드 문제분석 국민 보도 연맹 사건 + 좌우 대립 = 6·25 전쟁(1950. 6.~1953. 7.)

1949년에 이승만 정부는 좌익 활동을 하였던 사람들을 전향시킨다는 목적으로 국민 보도 연맹을 결성하였어요. 6·25 전쟁이 발발하자 정부는 남쪽으로 후퇴하면서 국민 보도 연맹원이 북한에 동조할 우려가 있다는 이유로 곳곳에서 집단 학살을 자행하였어요. 이를 국민 보도 연맹 사건이라고 해요.

① 1964년 박정희 정부 시기에 김종필·오히라 각서의 내용이 알려지면서 국민들이 굴욕적인 한·일 회담에 반대하는 6·3 시위를 전개하였어요.
② 1950년 1월 이승만 정부 시기에 한반도를 미국의 태평양 방위선에서 제외한 애치슨 선언이 발표되었고, 이후 6·25 전쟁이 일어났어요.
③ 1966년 박정희 정부 시기 미국 정부는 한국의 베트남 추가 파병 대가로 미국이 한국에게 군사적·경제적으로 지원할 것을 약속하는 브라운 각서를 체결하였어요.
④ 1979년 박정희 정부 시기에서 YH 무역 사건으로 야당(신민당) 총재 김영삼이 국회에서 제명되자 부산과 마산에서 '독재 타도, 유신 철폐'를 외치며 민주 항쟁이 일어났어요(부·마 민주 항쟁).
⑤ 1950년 6·25 전쟁 발발 직후 북한군은 3일 만에 서울을 함락하고 낙동강 방어선까지 진출하였어요. 국군과 유엔군은 인천

상륙 작전에 성공하면서 서울을 수복하였고, 이후 압록강 근처까지 다다랐어요.

14 6·25 전쟁　　　　　　　　　　　　정답 ④

키워드 문제분석　정전 협정 + 부산에서의 피란살이 = 6·25 전쟁

1950년에 미국 국무 장관 애치슨이 미국의 태평양 방위선에서 한반도를 제외한다는 애치슨 선언을 발표하자, 북한은 1950년 6월 25일에 남한을 침략하였어요(6·25 전쟁). 전쟁이 일어난 지 3개월 만에 경상도 일부 지역을 제외한 모든 지역이 점령되었고, 이 과정에서 부산이 임시 수도가 되었어요. 이후 국군과 유엔군이 인천 상륙 작전을 통해 서울을 수복하고 압록강 유역까지 진격했지만, 중국군의 개입으로 후퇴하였어요. 이어 지금의 군사 분계선 일대에서 대치하다가 1953년 정전 협정이 체결되면서 전쟁이 중단되었어요.

① 6·25 전쟁 후인 1953년 10월, 한·미 상호 방위 조약이 체결되었어요.
② 6·25 전쟁 전인 1949년 10월, 반민족 행위 특별 조사 위원회는 이승만 정부의 방해로 활동에 제약을 받아 해체되었어요.
③ 6·25 전쟁 후인 1972년, 박정희 정부 때 유신 헌법을 계기로 통일 주체 국민 회의가 발족되어 이곳에서 대통령이 선출되었어요.
6·25 전쟁 중인 1952년, 이승만 정부는 부산에서 비상계엄을 선포하고 대통령 직선제로의 변경을 주요 내용으로 하는 발췌 개헌안을 통과시켰어요.
⑤ 6·25 전쟁 후인 1958년에 여당인 자유당이 단독으로 국가 보안법 개정안을 통과시킨 보안법 파동이 일어났어요.

15 6·25 전쟁　　　　　　　　　　　　정답 ②

키워드 문제분석
- 낙동강 방어선 + 다부동 = (가) 다부동 전투(1950. 8.)
- 정전 회담 시작 = (나) 1951년 7월

(가) 1950년 8월에 국군은 다부동 일대의 전투에서 낙동강 방어선을 성공적으로 방어하였어요.
(나) 흥남 철수 작전 이후인 1951년 서울을 다시 북한군에게 빼앗겼으나 국군과 유엔군은 전열을 가다듬어 서울을 다시 탈환하였어요. 이후 북위 38도선 부근에서 공방전이 지속되었어요. 이러한 가운데 1951년 7월에 첫 번째 정전 회담이 시작되었고, 1953년 7월 27일에 정전 협정이 조인되었어요.
따라서 다부동 전투가 일어난 1950년 8월과 첫 번째 정전 회담이 시작된 1951년 7월 사이의 사실을 골라야 해요.

① 미국의 국무 장관 애치슨은 1950년 1월에 미국의 태평양 방어선에서 한반도를 제외한다는 애치슨 선언을 발표하였어요. (가) 이전의 일이에요.
② 1950년 12월 중국군의 반격에 밀린 국군과 유엔군은 흥남 철수 작전을 전개하였어요.
③ 여수 지역 군 내의 좌익 세력이 1948년 10월에 이승만 정부의 제주 4·3 사건 진압 명령을 거부하면서 여수·순천 10·19 사건이 발생하였어요. (가) 이전의 일이에요.
④ 1953년 10월에 한·미 상호 방위 조약이 체결되었어요. (나) 이후의 일이에요.
⑤ 6·25 전쟁이 일어나면서 임시 수도가 된 부산에서 1952년 7월에 대통령 직선제를 골자로 하는 발췌 개헌안이 통과되었어요. (나) 이후의 일이에요.

16 발췌 개헌　　　　　　　　　　　　정답 ①

키워드 문제분석　발췌 조항 + 기립 표결 = 발췌 개헌(1952)

정권 연장에 위기감을 느낀 이승만 정부는 6·25 전쟁 중인 1952년, 정부가 마련한 개헌안을 통과시키기 위해 임시 수도인 부산에 계엄령을 선포하고 부산 정치 파동을 일으켜 공포 분위기를 조성하였어요. 그 결과 대통령 직선제와 양원제 국회를 골자로 하는 개헌안이 국회에서 기립 표결로 통과되었어요. 정부가 제출한 개헌안과 국회에서 제출한 개헌안의 일부를 발췌하여 만들었기 때문에 이 개헌을 발췌 개헌(1차 개헌)이라고도 해요.

① 1948년 5·10 총선거로 대한민국 정부가 수립되고, 간접 선거에 의해 초대 대통령으로 이승만 대통령이 선출되었어요. 하지만 이승만 정부는 국회 간선제를 통해 다음 선거에서 재선에 성공하기 어려울 것으로 예상되자, 6·25 전쟁 중이던 1952년에 임시 수도 부산에 계엄령을 선포하고 공포 분위기를 조성하여 기립 표결로 직선제를 골자로 하는 개헌안을 통과시켰어요(발췌 개헌). 이후 이승만은 제2대 대통령으로 당선되었고, 1953년에 6·25 전쟁의 정전 협정이 체결되었어요.
따라서 발췌 개헌이 일어난 시기는 '5·10 총선거(1948)'와 '정전 협정 체결(1953)' 사이 시기인 (가)예요.

17 이승만 정부 시기의 사실　　　　　정답 ④

키워드 문제분석
- 국회는 민의원과 참의원으로써 구성+대통령과 부통령을 국민의 직접 투표에 의하여 각각 선거 + 임기는 4년 = (가) 1차 개헌(발췌 개헌)
- 이 헌법 공포 당시의 대통령에 대하여는 제55조 제1항 단서의 제한을 적용하지 아니한다.
= 2차 개헌(사사오입 개헌)

(가) 정권 연장에 위기감을 느낀 이승만 정부는 6·25 전쟁 중인 1952년에 대통령 직선제와 양원제 국회를 골자로 하는 개헌을

정답과 해설

기립 표결로 통과시켰어요. 정부가 제출한 개헌안과 국회에서 제출한 개헌안의 일부를 발췌하여 만들었기 때문에 이 개헌을 발췌 개헌(1차 개헌)이라고도 해요.

(나) 1954년에 이승만 정부와 자유당은 장기 집권을 위해 개헌 당시 대통령, 즉 초대 대통령에 한하여 중임 제한을 철폐한다는 부칙을 추가한 개헌안을 발의하고 헌법 개정을 추진하였어요. 재적 의원 203명 중 3분의 2에서 1명이 부족한 135명의 동의로 부결된 개헌안을 자유당이 '사사오입(반올림)' 논리를 억지로 적용하여 통과시켰어요.

따라서 발췌개헌이 단행된 1952년 7월과 사사오입 개헌이 단행된 1954년 11월 사이의 일을 골라야 해요.

① 북방 외교의 일환으로 중화 인민 공화국(중국)과 국교를 수립한 것은 노태우 정부 시기인 1992년이에요.
② 경제 협력 개발 기구(OECD)에 가입한 것은 김영삼 정부 시기인 1996년이에요.
③ 미국의 요청에 따라 베트남 파병이 시작된 것은 박정희 정부 시기인 1964년이에요.
④ 판문점에서 6·25 전쟁 정전 협정이 조인된 것은 1953년 7월의 사실이에요.
⑤ 미국과 한·미 상호 방위 원조 협정이 체결된 것은 1950년의 사실이에요.

18 사사오입 개헌   정답 ⑤

키워드 문제분석

자유당이 대통령의 장기 집권을 위해
헌법 개정안을 제출함 + 사사오입의 논리를 내세워
개헌안 가결을 선포함 = **사사오입 개헌(2차 개헌)**

1954년에 이승만 정부와 자유당은 장기 집권을 위해 개헌 당시 대통령, 즉 초대 대통령에 한하여 중임 제한을 철폐한다는 부칙을 추가한 개헌안을 발의하고 헌법 개정을 추진하였어요. 국회에서 개헌안 통과를 위해서는 재적 의원 203명 중 3분의 2인 136명의 동의가 필요하였는데, 투표 결과 1명이 부족한 135명이 동의하여 부결이 선언되었어요. 그러나 이틀 후 자유당은 수학의 '사사오입(반올림)' 논리를 억지로 적용하여 개헌안이 통과되었다고 다시 선언하였어요.

① 박정희 정부는 1972년에 7차 개헌을 통해 유신 헌법을 제정하여 통일 주체 국민 회의에서 대통령을 선출하도록 하였어요.
② 6월 민주 항쟁으로 대통령 직선제를 수용한다는 6·29 민주화 선언이 발표되었고, 이에 따라 5년 단임의 대통령 직선제를 주요 내용으로 하는 9차 개헌이 이루어졌어요. 1987년에 직선제로 실시된 대통령 선거에서 여당 후보인 노태우가 당선되었어요.
③ 박정희 정부는 7차 개헌을 통해 유신 헌법을 제정하여 대통령에게 국회 해산권, 국회의원 3분의 1 추천권, 긴급 조치권 등의 막강한 권한을 부여하였어요.
④ 1948년에 실시된 5·10 총선거로 제헌 국회가 구성되었고, 이 곳에서 간접 선거를 통해 대한민국의 제1대 대통령으로 이승만이 선출되었어요.
⑤ 사사오입 개헌으로 개헌 당시의 대통령인 이승만에 한하여 중임 제한이 철폐되었어요.

19 이승만 정부 시기의 사실   정답 ⑤

키워드 문제분석

2·28 민주 운동 + 3·15 의거
= **4·19 혁명(이승만 정부)**

2·28 민주 운동은 이승만 정부가 야당 부통령 후보 장면의 선거 유세장에 가지 못하도록 일요일에도 등교할 것을 지시하자 대구 시내 고등학생들이 시위를 벌인 사건이에요. 자유당 정부는 1960년 제4대 대통령 선거에서 부통령 자리에 자유당의 이기붕을 앉히기 위해 온갖 부정행위를 저질렀는데, 이 사건을 3·15 부정 선거라고 해요. 선거 결과 대통령 이승만, 부통령 이기붕이 선출되자 마산을 비롯한 전국에서 3·15 부정 선거를 규탄하는 시위가 일어났어요(4·19 혁명).

① 전두환 정부는 강압 정책에 대한 불만을 무마하기 위해 프로 야구단 창단, 야간 통행금지 해제 등 유화 정책을 추진하였어요.
② 박정희 정부 시기 YH 무역 노동자들이 회사의 일방적인 폐업 조치에 항의하여 농성을 벌이자 경찰이 강경 진압하였어요.
③ 전두환 등의 신군부는 사회 정화를 명분으로 삼청 교육대를 설치하여 혹독한 군사 훈련과 강제 노역을 실시하였어요.
④ 박정희 정부 시기 국가 전복 계획 혐의로 유신 체제에 반대하는 다수의 인사들을 체포하였어요(인민 혁명당 재건위 사건).
⑤ 이승만 정부는 조봉암이 진보당을 창당하자 조봉암에게 국가 보안법 위반과 간첩 혐의를 씌워 구속하였어요.

20 진보당 사건   정답 ②

키워드 문제분석

조봉암 + 진보당 + 사형 = **진보당 사건(1958)**

진보당 사건은 1958년에 이승만 정부가 진보당 당수 조봉암을 비롯한 진보당 간부들을 국가 변란, 간첩 혐의로 체포한 후 1959년에 조봉암을 사형시키고 진보당을 해체한 사건이에요. 당시 이승만 정부는 1956년 제3대 대통령 선거에서 돌풍을 일으켰던 조봉암을 중심으로 결성된 진보당 세력이 국민들의 지지를 얻자 위협을 느껴 진보당 사건을 일으켰어요. 시간이 흘러 2011년에 대법원은 이 사건에 대해 무죄를 선고하였어요.

② 1948년 대한민국 정부가 수립되고 초대 대통령이 된 이승만은 장기 집권을 위해 1952년에 발췌 개헌, 1954년에 사사오입 개헌을 단행하였어요. 이후 1956년 선거에서 무소속이었던 조봉암이 선전하고 진보당을 창당하자, 이승만 정부는 위기를 느껴 1958년에 진보당을 탄압하고 이듬해 조봉암을 간첩 혐의로 처형하였어요. 이후 이승만 정부는 1960년에 4·19 혁명이 일어

나 물러났어요. 따라서 진보당 사건이 일어난 시기는 '사사오입 개헌(1954)'과 '4·19 혁명(1960)' 사이의 시기인 (나)예요.

④ 이승만 정부는 1960년 제4대 정·부통령 선거에서 여당 부통령 후보였던 이기붕을 당선시키기 위해 3·15 부정 선거를 자행하였어요.
⑤ 이승만 정부는 1949년 반민족 행위 특별 조사 위원회(반민특위)의 국회 의원들에게 간첩 혐의를 씌워 체포하였어요.

21 이승만 정부 시기의 사실　　　정답 ②

키워드 문제분석
현 대통령의 3선 + 이승만 + 조봉암
= 제3대 대통령 선거(1956)

1954년 자유당은 장기 집권을 위한 2차 개헌, 이른바 '사사오입 개헌'을 통해 초대 대통령에 한해 중임 제한을 철폐하였어요. 1956년에 치러진 제3대 대통령 선거에서 이승만이 당선되어 3선에 성공하였으나 무소속으로 출마했던 조봉암이 많은 표를 획득해 이승만 정부에게 위협적인 존재로 떠올랐어요.

① 1951년에 국민 방위군의 간부들이 예산을 부정 착복한 결과 많은 병력이 병사한 사건이에요. 같은 해 국회에서 국민 방위군 사건이 폭로되었지요.
② 이승만 정부는 1958년에 조봉암이 창당한 진보당을 해체시키고, 이듬해 그에게 간첩 혐의를 씌워 사형시켰어요(진보당 사건).
③ 1948년에 구성된 반민족 행위 특별 조사 위원회는 1949년 6월에 경찰의 습격을 받아 활동에 제약을 받았어요.
④ 조선 건국 준비 위원회가 조선 인민 공화국을 수립하고 전국 각 지역에 인민 위원회를 조직한 시기는 대한민국 정부 수립 이전이에요.
⑤ 초대 대통령에 한해 중임 제한을 철폐한 것은 사사오입 개헌으로, 1954년의 사실이에요.

22 이승만 정부 시기의 사실　　　정답 ②

키워드 문제분석
보안법 + 부산 정치 파동 = 이승만 정부

1956년 제3대 정·부통령 선거에서 민주당의 장면이 부통령에 당선되고, 조봉암이 평화 통일을 외치며 돌풍을 일으키자, 이승만 정부는 조봉암에게 국가 보안법 위반과 간첩 혐의를 씌워 처형하였어요. 한편 여당 단독으로 국가 보안법을 개정하고, 정부에 비판적이던 경향신문을 폐간하는 등 언론을 탄압하였어요.

① 이승만 정부는 1958년에 평화 통일론을 주장한 진보당의 조봉암에게 국가 보안법 위반과 간첩 혐의를 씌워 이듬해 사형시켰어요(진보당 사건).
② 박정희 정부는 1974년에 인민 혁명당 재건위 사건을 조작한 후, 이듬해 1975년에 인민 혁명당이라는 간첩단을 조직하였다는 누명을 쓴 사람들을 사형시켰어요(제2차 인민 혁명당 사건).
③ 이승만 정부는 1959년에 내란선동 혐의 등으로 경향신문을 폐간시켰어요.

23 4·19 혁명　　　정답 ②

키워드 문제분석
3·15 부정 선거에 대한 분노 + 마산에서 일어난 규탄 대회에서 김주열 군이 최루탄에 눈 부분을 맞고 마산 앞바다에 죽은 채 떠올랐다는 소문 = 4·19 혁명

이승만 정부가 정권 유지를 위해 1960년에 3·15 부정 선거를 저지르자 이에 저항하는 시위가 일어났어요. 마산에서 경찰의 무자비한 진압으로 희생된 김주열의 시신이 마산 앞바다에서 발견되자 시위는 전국으로 확산되었어요. 4월 19일 경무대로 향하는 시위대를 향해 경찰이 발포하여 사상자가 발생하였고, 이에 대학교수단도 시국 선언을 발표하고 대통령 퇴진을 요구하며 시위에 나섰어요. 결국 이승만이 하야 성명을 발표하고 대통령직에서 물러났어요.

① 5·18 민주화 운동 과정에서 일부 시민들은 계엄군의 무력 진압에 대항하여 시민군을 조직하여 저항하였어요.
② 4·19 혁명으로 이승만 대통령이 하야하고 허정 과도 정부가 출범하였어요.
③ 6월 민주 항쟁 과정에서 수많은 시민들이 '호헌 철폐, 독재 타도' 등의 구호를 내세우며 시위를 벌였어요.
④ 1969년에 박정희 정부가 대통령의 3회 연임을 허용하는 3선 개헌안을 통과시키려고 하자 3선 개헌 반대 범국민 투쟁 위원회가 조직되어 3선 개헌 반대 투쟁을 전개하였어요.
⑤ 박정희 정부 시기에 유신 반대 운동 과정에서 재야 인사들이 중심이 되어 긴급 조치 철폐 등을 요구하는 3·1 민주 구국 선언을 발표하였어요.

24 4·19 혁명　　　정답 ①

키워드 문제분석
경무대 앞 경찰의 발포 + 교수단 시위 = 4·19 혁명

1960년에 시민들은 3·15 부정 선거에 반대하는 시위를 벌였어요. 이 가운데 마산에서 경찰의 진압으로 희생된 김주열의 시신이 발견되자 시위는 전국적으로 확산되었어요. 시민들은 경무대로 향하였고 경찰은 시민들을 향해 무차별 총격을 가했어요. 4월 25일에는 대학교수단이 시위를 벌이는 등 국민의 저항이 더욱 거세지자 이승만 대통령은 하야하였어요.

① 4·19 혁명 이후 의원 내각제와 양원제를 골자로 하는 3차 개헌이 진행되었고, 장면 내각이 출범하였어요.

정답과 해설

② 1979년에 10·26 사태로 박정희 대통령이 사망하여 유신 체제는 붕괴되었어요.
③ 박정희 정부 시기인 1964년, 한·일 국교 정상화에 반대하여 6·3 시위가 일어났어요.
④ 1980년 신군부의 비상계엄 확대에 반발하여 5·18 민주화 운동이 시작되었어요.
⑤ 1987년 6월 민주 항쟁에서 시위대는 4·13 호헌 조치에 반발하여 '호헌 철폐'와 '독재 타도' 등의 구호를 내세웠어요.

25 4·19 혁명   정답 ③

키워드 문제분석   2·28 민주 운동 + 3·8 민주 의거 = 4·19 혁명

1960년 이승만 정부는 여당(자유당) 부통령 후보인 이기붕을 당선시키기 위해 부정 선거를 자행하였어요. 이에 학생들을 중심으로 부정 선거 반대 운동이 전개되어 2월 28일 대구에서 민주 운동이 일어났고, 이어서 3월 8일 대전, 3월 15일 마산에서도 민주 의거가 일어났어요. 이러한 민주화 시위는 4·19 혁명이 전국적으로 확산되는 계기가 되었어요.

① 전두환 정부 시기인 1987년에 일어난 6월 민주 항쟁 과정에서 대학생 이한열이 최루탄에 맞아 희생되었어요.
② 1980년 5·18 민주화 운동 당시 신군부가 시위대를 무자비하게 진압하자, 이에 일부 광주 시민이 시민군을 조직하여 맞섰어요.
③ 이승만 정부 시기인 1960년에 일어난 4·19 혁명으로 이승만 대통령이 하야하고 허정 과도 정부가 수립되어 내각 책임제와 양원제 국회 구성을 골자로 한 3차 개헌이 이루어졌어요.
④ 1987년 전두환 정부 시기에 일어난 6월 민주 항쟁으로 6·29 민주화 선언이 발표되었고, 이에 따라 5년 단임의 대통령 직선제 개헌이 이루어졌어요.
⑤ 1979년 야당(신민당) 총재 김영삼이 YH 무역 사건을 강경 진압한 유신 정권을 강하게 비판하자 여당은 김영삼을 국회에서 제명하였고, 이를 계기로 부·마 민주 항쟁이 일어났어요.

26 장면 내각 시기의 사회 모습   정답 ⑤

키워드 문제분석   내각 책임제 + 부정 선거 원흉의 처단 = 장면 내각

1960년에 일어난 4·19 혁명 이후 허정 과도 정부 시기에 3차 개헌으로 내각 책임제와 양원제가 채택되었고, 새 헌법에 따라 장면 내각이 출범하였어요.

① 박정희 정부 시기인 1968년에 국민 교육 헌장이 공포되었어요.
② 노태우 정부 시기인 1988년에 서울 올림픽이 개최되었어요.
③ 노무현 정부 시기인 2003년에 개성 공단 착공식이 이루어졌어요.

④ 박정희 정부 시기인 1976년에 전라남도 함평 농민들이 정부를 상대로 고구마 피해 보상 투쟁을 전개하였는데, 이 사건을 함평 고구마 사건이라고 해요.
⑤ 장면 내각 시기에는 내각 책임제와 더불어 민의원과 참의원의 양원제로 운영되었어요.

27 박정희 정부   정답 ④

키워드 문제분석   민청학련 사건 = 박정희 정부

1972년에 박정희 정부가 유신 헌법을 공포하며 독재 정치를 펼치자 1973년에 유신 헌법의 철폐를 요구하며 개헌 청원 100만 인 서명 운동이 일어났어요. 박정희 정부는 사태 수습을 위해 긴급 조치를 발표하고 민주화 운동을 탄압하였어요. 이 과정에서 박정희 정부는 전국 민주 청년 학생 총연맹을 불법 단체로 규정하고 관련자를 포함하여 총 180명을 구속·기소하였는데, 이를 민청학련 사건이라고 해요.

① 1959년에 이승만 정부는 정부에 대해 비판적인 기사를 게재하던 경향신문을 폐간하였어요.
② 1960년 이승만 정부 시기에 일어난 4·19 혁명으로 이승만 대통령이 하야하고 허정 과도 정부가 수립되었어요.
③ 1991년 노태우 정부 시기에 강경대는 민주화 시위 도중에 경찰의 폭력적인 진압으로 희생되었어요.
④ 1976년 박정희 정부 시기에 김대중과 일부 재야 인사들은 긴급 조치 철폐 등을 요구하는 3·1 민주 구국 선언을 발표하였어요.
⑤ 1987년에 전두환 정부는 국민의 대통령 직선제 개헌 요구를 무시하고 기존 헌법을 고수하겠다는 4·13 호헌 조치를 발표하였고, 이후 6월 민주 항쟁이 일어났어요.

28 박정희 정부 시기의 개헌   정답 ④

키워드 문제분석
- 대통령의 계속 재임은 3기 = (가) 6차 개헌(3선 개헌, 1969)
- 통일 주체 국민 회의, 대통령 국회 해산 가능 = (나) 7차 개헌(유신 헌법, 1972)

1969년 장기 집권을 꾀한 박정희 정부는 국가 안보 강화와 지속적인 경제 발전을 명분으로 내세워 대통령의 3회 연임을 허용하는 내용의 3선 개헌안을 국회에서 통과시켰어요. 1972년에 박정희 정부는 유신 체제를 선언하며 대통령에게 헌법을 초월하는 긴급 조치권과 국회 해산권, 법관 인사권, 국회 의원 3분의 1 추천권 등 막강한 권한을 부여하는 개헌을 단행하였어요(유신 헌법). 또한 통일 주체 국민 회의를 설치하여 대통령 선출을 위한 정치적 수단으로 이용하였어요.

① 김영삼 정부는 지방 자치제를 전면 시행하여 지역 주민이 직접 지방 자치 단체장을 선출하게 하였어요.
② 이승만 정부 시기인 1948년 10월 19일, 여수·순천에 주둔한 군인들에게 제주 4·3 사건의 진압 명령을 내렸지만, 군대 내 좌익 세력이 명령을 거부하고 봉기를 일으켰어요.
③ 장면 내각 시기인 1961년에 박정희 등 군인 세력은 5·16 군사 정변을 일으켜 권력을 장악한 후 국가 재건 최고 회의를 설치하였어요.
④ 박정희 정부 시기에 남북한은 자주·평화·민족 대단결의 평화 통일 3대 원칙에 합의한 7·4 남북 공동 성명을 발표하였어요.
⑤ 박정희 정부의 굴욕적인 한·일 국교 정상화에 반대하여 1964년에 6·3 시위가 일어났어요.

29 박정희 정부 시기의 사실   정답 ①

키워드 문제분석: 전태일 분신 사건 = 박정희 정부

박정희 정부는 수출 경쟁력 확보를 위해 저임금 정책을 실시하며 노동자의 희생을 강요하였어요. 이러한 노동자의 처우에 저항하여 평화 시장에서 재단사로 일하던 전태일은 1970년에 노동자의 근무 환경 개선과 근로 기준법 준수를 요구하며 분신하였어요. 이후 많은 사람이 노동 문제에 관심을 기울이면서 노동 운동이 본격화되었어요.

① 박정희 정부 시기에 전라남도 함평 농민들이 정부를 상대로 고구마 피해 보상 투쟁을 전개하였는데, 이 사건을 함평 고구마 사건이라고 해요.
② 전두환 정부 시기에 우리나라는 저유가·저금리·저달러의 영향으로 물가가 안정되고 수출이 증가하는 호황을 누렸어요(3저 호황).
③ 노무현 정부 시기에 한·미 자유 무역 협정(FTA)이 체결되었고, 이명박 정부 시기에 발효되었어요.
④ 우리나라는 김영삼 정부 시기에 경제 협력 개발 기구(OECD)에 가입하여 회원국이 되었어요.
⑤ 전두환 정부 시기에 최저 임금 결정을 위한 최저 임금 위원회가 설치되었어요.

30 박정희 정부   정답 ⑤

키워드 문제분석: 포항 제철소 + 100억 불 수출 = 박정희 정부

박정희 정부는 1960년대 제1·2차 경제 개발 5개년 계획에 이어 1970년대에는 제3·4차 경제 개발 5개년 계획을 추진하여 포항 제철소를 건설하는 등 철강, 화학, 조선과 같은 중화학 공업 위주의 성장을 꾀하였어요. 이러한 경제 정책 추진으로 1977년에 수출 100억 달러를 달성하였어요.

① 전두환 정부 시기에 최저 임금 결정을 위해 최저 임금법이 제정되었어요.
② 김영삼 정부 시기에 대통령의 긴급 명령으로 금융 실명제가 실시되었어요.
③ 노무현 정부 시기에 한국과 칠레의 자유 무역 협정이 비준되었어요.
④ 김영삼 정부 시기에 전국 민주 노동조합 총연맹이 창립되었어요.
⑤ 박정희 정부 시기에 빈민가 철거민 이주 사업의 일환으로 많은 사람들을 경기도 광주 지역으로 이주시켜 광주 대단지 사건이 발생하였어요.

31 박정희 정부 시기의 사실   정답 ⑤

키워드 문제분석: 3선 개헌 추진 = 1969년(박정희 정부)

1969년 박정희 정부는 경제 발전과 국가 안보 강화를 구실로 대통령의 3회 연임을 허용하는 3선 개헌안을 야당의 반대를 무릅쓰고 통과시켰어요. 이후 1971년 대통령 선거에서 박정희는 야당의 김대중 후보를 힘겹게 누르고 당선되었어요.

① 1960년 이승만 정부 때 발생한 4·19 혁명 직후 구성된 허정 과도 정부 시기에 내각 책임제와 양원제 국회 구성을 골자로 한 3차 개헌이 이루어졌어요. 이에 따라 내각 책임제 형태의 정부가 출범하였어요.
② 1959년에 이승만 정부는 정부에 대해 비판적인 기사를 게재하던 경향신문을 폐간하였어요.
③ 1961년 5·16 군사 정변을 일으킨 박정희 등 군부 세력은 정권을 장악한 후 국가 재건 최고 회의를 구성해 군정을 실시하였어요.
④ 1958년에 이승만 정부는 진보당의 조봉암과 간부들을 간첩죄로 몰아 구속하였어요.
⑤ 1972년 박정희 정부 시기에 국회 해산, 헌법의 일부 효력 정지 등을 담은 등 유신 헌법이 선포되었어요.

32 유신 헌법   정답 ③

키워드 문제분석:
- 헌법 개정의 발의권이 대통령에게만 속해 = 유신 헌법
- 헌법 개정 요구, 100만 인 청원 운동 = 유신 반대 운동

박정희 정부는 1972년에 10월 유신을 단행하여 유신 헌법을 공포하고 대통령에게 초헌법적인 권한을 부여하였어요. 하지만 이는 국민의 반발을 불러일으켰지요. 1973년에 장준하, 백기완, 함석헌 등은 유신 헌법 개정을 요구하는 개헌 청원 100만인 서명 운동을 벌였어요. 이후에도 1976년에 재야 인사들을 주축으로 긴급 조치 철폐를 요구한 3·1 민주 구국 선언이 발표되는 등 유신 반대 운동은 계속되었습니다.

정답과 해설

① 4·19 혁명 이후 허정 과도 정부 시기에 3차 개헌으로 내각 책임제와 양원제가 채택되었고, 새 헌법에 따라 장면 내각이 출범하였어요.
② 박정희 정부는 1969년, 3선 개헌을 단행하여 대통령의 3선 연임을 허용하였어요.
③ 1972년에 제정된 유신 헌법에서는 대통령에게 국회 해산권, 국회의원 3분의 1 추천권, 긴급 조치권 등의 권한을 부여하였어요.
④ 1980년의 8차 개헌을 통해 대통령의 임기를 7년 단임제로 정하였고, 1981년에 전두환 대통령이 당선되었어요.
⑤ 4·19 혁명 이후 1960년의 3차 개헌을 통해 양원제 국회가 구성되었어요.

33 박정희 정부 시기의 민주화 운동   정답 ③

키워드 문제분석 유신 헌법 = 박정희 정부

1972년 10월, 박정희 정부는 전국에 비상계엄을 선포하고 대통령에게 절대적 권한을 부여하는 유신 헌법을 발표하였어요. 그러자 개헌 청원 100만 인 서명 운동, 3·1 민주 구국 선언 등 유신 반대 운동이 계속되었어요. 이후 1979년에 부·마 민주 항쟁이 일어나자 박정희 정부 내부에서 대책을 놓고 갈등이 심화되었고, 박정희 대통령이 피살되면서 유신 체제는 막을 내렸어요(10·26 사태).

① 박정희 정부 때인 1979년에 YH 무역 노동자들이 회사의 일방적 폐업 조치에 항의하여 야당인 신민당사에서 농성하자 정부는 이를 강경 진압하였고, 이에 대한 저항으로 부·마 민주 항쟁이 일어났어요.
② 박정희 정부 때인 1973년에 장준하 등의 주도로 유신 헌법에 반대하는 개헌 청원 100만 인 서명 운동이 전개되었어요.
③ 전두환 정부 때인 1987년에 '호헌 철폐'와 '독재 타도'를 내세운 6·10 국민 대회가 개최되었고, 결국 대통령 직선제 개헌을 주요 내용으로 하는 6·29 민주화 선언이 발표되었어요.
④ 박정희 정부 때인 1979년에 유신 정권의 YH 무역 사건 강경 진압을 비판한 신민당 총재 김영삼이 국회 의원직에서 제명되자 부·마 민주 항쟁이 일어났어요.
⑤ 박정희 정부 때인 1976년에 김대중과 일부 재야 인사들은 긴급 조치 철폐를 요구하는 3·1 민주 구국 선언을 발표하였어요.

34 박정희 정부 시기의 사실   정답 ②

키워드 문제분석 개헌 청원 100만 인 서명 운동 + 긴급 조치 = 박정희 정부

박정희 정부의 3선 개헌과 유신 헌법 제정은 국민의 반발을 불러일으켰어요. 유신 반대 운동은 1973년에 중앙정보부가 일본에서 유신 체제를 비판하던 김대중을 납치한 사건을 계기로 활발해져, 개헌 청원 100만 인 서명 운동과 3·1 민주 구국 선언 등으로 이어졌어요. 박정희 정부는 긴급 조치를 발표하여 이를 억압하였으나, 야당과 종교계, 학생들의 유신 반대 운동은 계속되었어요.

① 김대중 정부 시기인 2002년에 한·일 월드컵 축구 대회가 개최되었어요.
② 박정희 정부는 1970년부터 도시와 농촌 간 균형 발전을 목표로 '근면, 자조, 협동'이라는 구호를 내걸고 새마을 운동을 추진하였어요.
③ 김대중 정부 시기에 외환 위기 극복을 위한 금 모으기 운동이 전개되었어요.
④ 김영삼 정부는 1993년에 금융 거래에 실명을 사용하게 하는 금융 실명제를 전격 실시하였어요.
⑤ 노무현 정부 시기에 한·미 자유 무역 협정(FTA) 체결에 반대하는 시위가 전개되었어요.

35 유신 체제의 붕괴   정답 ①

키워드 문제분석 YH 무역 사건 = 박정희 정부

YH 무역 노동자들은 1979년에 사측의 일방적인 폐업 조치에 맞서 야당인 신민당사에서 농성을 벌였어요. 박정희 정부는 경찰을 동원하여 농성을 강제 진압하였고, 야당인 신민당 총재 김영삼을 국회에서 제명시켰어요. 이에 부산과 마산, 창원 등에서 유신 철폐와 독재 체제를 반대하는 시위가 격렬하게 전개되었어요(부·마 민주 항쟁). 부·마 민주 항쟁에 대한 해결 방안을 놓고 박정희 정부 내부에서 갈등이 벌어졌고, 이 과정에서 박정희가 피살되면서 박정희 유신 체제는 막을 내렸어요(10·26 사태).

① YH 무역 사건에 대한 박정희 정부의 폭력적인 대응에 불만을 품은 부산과 마산 일대의 시민들은 유신 철폐와 독재 체제 타도를 요구하는 시위를 전개하였어요(부·마 민주 항쟁).
② 1976년 3월에 일부 재야 정치인들과 신부, 목사, 교수 등이 유신 체제에 반대하는 '민주 구국 선언문'을 발표하였어요.
③ 1960년 4·19 혁명 이후의 3차 개헌을 통해 양원제 국회가 출범하였어요.
④ 1964년에 박정희 정부의 한·일 국교 정상화 추진에 반대하여 6·3 시위가 일어났어요.
⑤ 1970년에 서울 평화 시장의 노동자 전태일이 근로 기준법 준수를 요구하며 분신하였어요.

36 전두환 정부 시기의 사실   정답 ②

키워드 문제분석 보도 지침 + 박종철 고문치사 사건 = 전두환 정부

1979년 12·12 사태로 정권을 장악한 전두환 등 신군부 세력은

1980년 광주에서 일어난 5·18 민주화 운동을 무력으로 진압하였어요. 이후 들어선 전두환 정부는 민주화 운동과 노동 운동을 탄압하고 언론 통제를 강화하는 등 강압적인 정책을 펼쳤어요. 특히, 매일 각 언론사에 기사 보도를 제한하는 보도 지침을 내려 보내 언론을 통제하였어요. 전두환 정부 시기에는 민주화에 대한 국민의 열망이 높아지고 있었는데, 이때 서울대 학생 박종철이 경찰의 고문으로 죽음에 이른 사건(박종철 고문치사 사건)이 세상에 알려져 국민의 분노를 자아냈어요. 국민들은 대통령 직선제를 요구하였지만 전두환 정부는 4·13 호헌 조치로 이를 받아들이지 않았고, 이는 대대적인 민주화 운동으로 이어져 6·10 국민 대회가 열렸어요(6월 민주 항쟁, 1987).

① 박정희 정부 때인 1979년 YH 무역 사건 당시 유신 정부의 강경 진압을 비판한 신민당 총재 김영삼이 국회 의원직에서 제명되자 부·마 민주 항쟁이 일어났어요.
② 전두환 정부 시기에 일어난 6월 민주 항쟁의 결과 대통령 직선제를 수용한다는 6·29 민주화 선언이 발표되었고, 이에 따라 5년 단임의 대통령 직선제 개헌이 이루어졌어요.
③ 1961년 5·16 군사 정변 직후에 박정희 등 군부 세력은 정권을 장악한 후 국가 재건 최고 회의를 구성해 군정을 실시하였어요.
④ 이승만 정부는 조봉암이 진보당을 창당하자 조봉암에게 국가 보안법 위반과 간첩 혐의를 씌워 구속한 후 처형하였어요.
⑤ 박정희 정부 때인 1976년에 김대중과 일부 재야 인사들은 긴급 조치 철폐를 요구하는 3·1 민주 구국 선언을 발표하였어요.

37 5·18 민주화 운동   정답 ④

키워드 문제분석 계엄군에 맞선 시민군 + 광주 = 5·18 민주화 운동

1980년에 일어난 5·18 민주화 운동은 12·12 사태를 일으켜 불법적으로 정권을 탈취한 신군부의 비상계엄 확대가 원인이 되어 일어났어요. 신군부는 공수 부대, 계엄군을 동원하여 시위대를 무자비하게 진압하였고 이에 맞서 광주 시민들은 시민군을 조직하여 대항하였는데, 이 과정에서 수많은 광주 시민들이 희생되었어요. 5·18 민주화 운동의 발생과 탄압에서부터 진상 조사 활동과 보상에 이르기까지의 관련 기록물은 그 의미와 가치를 인정받아 유네스코 세계 기록 유산으로 등재되었어요.

① 6월 민주 항쟁 과정에서 대학생 이한열이 최루탄에 맞아 희생되었어요.
② 4·19 혁명 과정에서 경무대로 향하던 시위대가 경찰의 총격을 받았어요.
③ 1987년 1월에 서울대학교 학생인 박종철이 경찰에 연행되어 조사를 받던 중 경찰의 고문으로 사망하는 사건이 발생하였어요(박종철 고문치사 사건). 정부는 이 사실을 은폐하려고 하였으나, 결국 세상에 드러나게 되면서 6월 민주 항쟁이 일어나는 도화선이 되었어요. 시민들은 6월 민주 항쟁 과정에서 박종철 고문치사 사건의 진상 규명을 요구하였어요.
④ 신군부가 국민들의 민주화 요구를 억누르기 위해 비상계엄을 전국으로 확대하자, 전라남도 광주에서 5·18 민주화 운동이 일어나 신군부의 비상계엄 확대와 무력 진압에 저항하였어요.
⑤ 일부 재야 인사와 가톨릭 신부, 대학교수 등이 박정희 정부의 장기 독재와 유신 체제에 반발하여 3·1 민주 구국 선언을 발표하였어요.

38 5·18 민주화 운동   정답 ⑤

키워드 문제분석 광주 + 공수 부대를 투입하여 시민과 학생을 살육 = 5·18 민주화 운동

1980년 5월 18일, 광주에서 신군부 퇴진과 비상계엄 철폐를 요구하는 시위가 일어나자 신군부는 공수 부대까지 동원하여 시위대를 무자비하게 진압하였어요. 분노한 시민들이 대규모 집회를 개최하자 계엄군은 시위대를 향해 발포하였고, 이 과정에서 수많은 광주 시민이 희생당하였어요. 이에 일부 시민이 시민군을 조직하여 맞서는 상황에 이르자 신군부는 광주 시민을 폭도로 몰고 광주를 고립시켰어요.

① 4·19 혁명으로 이승만 대통령이 하야하고 허정 과도 정부가 출범하였어요.
② 박정희 정부 시기에 굴욕적인 한·일 국교 정상화에 반대하여 6·3 시위가 전개되었어요.
③ 전두환 정부 시기에 일어난 6월 민주 항쟁에서 시민들은 '호헌 철폐, 독재 타도' 등의 구호를 외쳤어요.
④ 이승만 정부 시기에 3·15 부정 선거에 대한 항의에서 시작된 4·19 혁명으로 이승만 정부가 붕괴되었어요.
⑤ 5·18 민주화 운동 관련 기록물은 그 의미와 가치를 인정받아 유네스코 세계 기록 유산으로 등재되었어요.

39 전두환 정부 시기의 사회 모습   정답 ④

키워드 문제분석 야간 통행 금지를 해제함 + 프로 야구와 프로 축구가 출범함 + 사람들이 삼청 교육대에 끌려 감 = 전두환 정부

전두환 정부는 민주화 탄압 등 강압 정책에 대한 시민들의 불만을 무마하기 위해 야간 통행금지 해제, 프로 야구와 프로 축구 출범 등 유화 정책을 추진하였어요. 또한, 사회 정화를 명분으로 삼청 교육대를 설치하여 혹독한 군사 훈련과 강제 노역을 실시하였어요.

① 김대중 정부 시기에 금강산 해로 관광이 시작되었고, 금강산 육로 관광은 시범 운영되었어요. 노무현 정부 시기에 금강산 육로 관광이 정식으로 시작되었어요.

정답과 해설

② 노태우 정부 시기에 서울 올림픽 대회가 개최되었어요.
③ 김영삼 정부 시기에 삼풍 백화점 붕괴 사고가 발생하여 수많은 사람이 희생되었어요.
④ 전두환 정부 시기에 정부는 매일 각 언론사에 기사 보도를 제한하는 보도 지침을 내려 보내 언론을 통제하였어요.
⑤ 노무현 정부 시기에 양성평등의 실현을 위해 호주제가 폐지되었어요.

40 6월 민주 항쟁   정답 ⑤

키워드 문제분석: 박종철 + 6·10 국민 대회 = 6월 민주 항쟁

전두환 정부 시기에는 민주화에 대한 국민의 열망이 높아지고 있었는데, 이때 서울대 학생 박종철이 경찰의 고문으로 죽음에 이른 사건(박종철 고문치사 사건)이 세상에 알려져 국민의 분노를 자아냈어요. 국민들은 대통령 직선제를 요구하였지만 전두환 정부는 4·13 호헌 조치로 이를 받아들이지 않았고, 이는 대대적인 민주화 운동으로 이어져 6·10 국민 대회가 열렸어요(6월 민주 항쟁, 1987). 결국 6·29 민주화 선언이 발표되어 5년 단임의 대통령 직선제로 개헌되었어요.

① 신군부의 비상계엄 확대는 5·18 민주화 운동이 일어난 원인 중 하나였어요.
② 5·18 민주화 운동 관련 기록물은 유네스코 세계 기록 유산으로 등재되었어요.
③ 4·19 혁명 당시 시위대는 경무대로 행진하여 3·15 부정 선거에 항의하였어요.
④ 박정희 정부 시기에 재야 인사들은 유신 체제에 저항하여 3·1 민주 구국 선언을 발표하였어요.
⑤ 6월 민주 항쟁에 참여한 시민들은 '호헌 철폐'와 '독재 타도', '민주 헌법 쟁취' 등의 구호를 내세워 시위를 전개하였어요.

41 4·19 혁명과 6월 민주 항쟁   정답 ③

키워드 문제분석:
- 대학교수들이 3·15 부정 선거를 규탄함 = (가) 4·19 혁명(1960)
- 시민들이 호헌 철폐, 독재 타도를 외치며 시위를 전개함 = (나) 6월 민주 항쟁(1987)

1960년 자유당 정부는 제4대 대통령 선거에서 온갖 부정행위를 저질렀는데, 이 사건을 3·15 부정 선거라고 해요. 선거 결과 대통령 이승만, 부통령 이기붕이 선출되자 마산을 비롯한 전국에서 3·15 부정 선거를 규탄하는 시위가 일어났는데, 이 사건을 4·19 혁명이라고 해요. 1987년 전두환 정부에서 4·13 호헌 조치를 발표하자 시위가 확산되는 가운데 박종철 고문치사 사건이 은폐·조작되었다는 사실이 폭로되고, 이어 대학생 이한열이 시위 도중 경찰이 쏜 최루탄에 피격되는 사건이 일어났어요. 이에 분노한 수많은 학생과 시민들은 '호헌 철폐, 독재 타도'를 외치며 시위에 나섰는데, 이 사건을 6월 민주 항쟁이라고 해요.

① 1964년 박정희 정부 시기에 굴욕적인 한·일 국교 정상화에 반대하는 6·3 시위가 전개되었어요.
② 5·18 민주화 운동 당시 광주의 시민과 학생들은 신군부 세력의 퇴진과 계엄령 철폐 등을 요구하며 시위를 벌였어요.
③ 6월 민주 항쟁으로 6·29 민주화 선언이 발표되었고, 이에 따라 5년 단임의 대통령 직선제 개헌이 이루어졌어요.
④ 1980년 5·18 민주화 운동 당시 신군부가 시위대를 무자비하게 진압하였는데, 이에 일부 시민이 시민군을 조직하여 맞섰어요.
⑤ 4·19 혁명으로 이승만 대통령이 하야하고 허정 과도 정부가 수립되었어요.

42 노무현 정부 시기의 사실   정답 ⑤

키워드 문제분석: 대통령 탄핵 소추 기각 = 노무현 정부

2004년에 국회에서 노무현 대통령에 대한 탄핵 소추안이 통과되었어요. 이때 대통령의 직무가 정지되었으나, 같은 해 탄핵 소추안이 기각되어 노무현 대통령은 다시 대통령 직무에 복귀하였어요.

① 노태우 정부 때 서울 올림픽 대회가 개최되었어요.
② 김대중 정부 때 국민 기초 생활 보장법이 제정되고 국가 인권 위원회가 설립되었어요.
③ 김영삼 정부 때 금융 실명제가 전격 실시되고 전국 민주 노동조합 총연맹이 창립되었어요.
④ 한·중 자유 무역 협정(FTA)은 박근혜 정부 때인 2015년에 체결되었어요.
⑤ 노무현 정부는 친일 반민족 행위 진상 규명 위원회와 진실·화해를 위한 과거사 정리 위원회를 조직하여 과거사 정리에 주력하였어요.

43 박정희 정부 시기의 경제   정답 ②

키워드 문제분석: 제2차 경제 개발 5개년 계획 착수 = 1967년

박정희 정부 시기인 1962년부터 5년 단위로 정부 주도의 경제 개발 계획이 추진되었어요. 제1차 경제 개발 5개년 계획은 1962년부터 1966년까지 이루어졌고, 제2차 경제 개발 5개년 계획은 1967년부터 1971년까지 이루어졌어요.

② 박정희 정부는 1962년부터 1971년까지 경공업 육성이 중심이 된 제1·2차 경제 개발 5개년 계획을 추진하였어요. 1962년부터 1966년까지 이루어진 제1차 경제 개발 5개년 계획 시기에는 신발, 가발 등 노동 집약적 경공업 제품의 수출에 집중하였어

요. 이 시기 박정희 정부는 경제 개발 자금을 마련하려고 일본과 국교 정상화를 추진하여 한·일 협정을 체결하였어요. 1967년부터 1971년까지 추진된 제2차 경제 개발 5개년 계획 시기에는 시멘트, 정유 등 기간산업 육성과 경부 고속 국도 건설 등 사회 간접 자본 확충에 중점을 두었어요. 1970년대에는 제3·4차 경제 개발 5개년 계획을 추진하여 중화학 공업 육성을 강화하였어요. 이 시기에 포항 종합 제철 준공, 100억 달러 수출 달성 등이 이루어졌어요.

따라서, 제2차 경제 개발 5개년 계획이 착수된 시기는 '한·일 협정 체결(1965)'과 '100억 달러 수출 달성(1977)' 사이의 시기인 (나)예요.

44 박정희 정부 시기의 경제   정답 ⑤

키워드 문제분석: 포항 종합 제철 준공 + 경부 고속 도로 준공 = 박정희 정부 시기

박정희 정부는 1960년대에는 경공업 중심의 제1·2차 경제 개발 5개년 계획, 1970년대에는 중화학 공업 중심의 제3·4차 경제 개발 5개년 계획을 추진하였어요. 이 과정에서 1970년에 경부 고속 도로가 준공되었고, 1973년에는 포항 종합 제철이 준공되었지요. 이후 1977년에는 수출액 100억 달러를 달성하기도 하였어요.

① 한·미 무역 협정(FTA)은 노무현 정부 때 체결되어 이명박 정부 때 발효되었어요.
② 전두환 정부 시기인 1980년대 중반에 한국 경제는 3저 호황을 누렸어요.
③ 이승만 정부 시기에는 미국의 원조 물자를 가공하는 제분·제당·면방직의 삼백 산업이 발달하였어요.
④ 김영삼 정부는 1993년에 대통령 긴급 명령으로 금융 실명제를 전격 실시하였어요.
⑤ 박정희 정부는 1970년부터 도시와 농촌 간의 균형 있는 발전을 목표로 하여 근면·자조·협동을 구호로 내건 새마을 운동을 추진하였어요.

45 박정희 정부 시기의 경제 상황   정답 ①

키워드 문제분석: 경기도 광주 대단지 주민들이 대규모 시위를 벌임 = 박정희 정부

광주 대단지는 박정희 정부 시기에 서울시의 철거민 대책으로 조성된 정착지로, 현재 경기도 성남 지역이에요. 1969년부터 철거민의 이주가 이루어져 1971년에는 주민이 10만 명이 넘었어요. 그러나 서울시가 처음 내건 이주 조건과 달리, 당시 이들이 이주한 광주는 상하수도와 도로 등의 기반 시설이 제대로 갖추어지지 않은 상태였어요. 게다가 서울시가 처음 약속한 것보다 몇 배나 인상된 토지 대금을 청구하자 이에 분노한 광주 대단지 주민들이 기반 시설 조성과 토지 대금 가격 인하 등을 요구하며 시위를 벌였어요.

① 박정희 정부 시기인 1970년에 경부 고속 도로가 개통되었어요.
② 김영삼 정부 시기인 1996년에 우리나라는 경제 협력 개발 기구(OECD)에 가입하였어요.
③ 이승만 정부 시기에 미국의 원조 물자를 가공하는 제분·제당·면방직의 삼백 산업이 발달하였어요.
④ 전두환 정부 시기인 1980년대 중반에 우리나라의 경제는 3저 호황을 누렸어요.
⑤ 김대중 정부 시기인 1998년에 대통령 직속 자문 기구인 노사정 위원회가 구성되었어요.

46 김영삼 정부 시기의 경제 상황   정답 ④

키워드 문제분석: 금융·외환 시장의 어려움을 극복하기 위해 국제 통화 기금(IMF)에 유동성 자금을 지원해 줄 것을 요청함 = 김영삼 정부

김영삼 정부는 1997년 외환 위기로 인해 국제 통화 기금(IMF)에 구제 금융 지원을 요청하였어요.

④ 노태우 정부는 1980년대 후반 미국과 소련 간 화해 분위기 조성, 전두환 정부 때 유치한 서울 올림픽 개최 등의 상황을 배경으로 소련, 중국, 동유럽의 사회주의 국가들과의 관계 개선에 적극적으로 나섰어요. 김영삼 정부는 금융 실명제와 지방 자치제를 실시하였으며, 역사 바로 세우기 운동을 추진하여 전두환·노태우 두 전직 대통령을 구속하기도 하였어요. 한편, 이 시기에 우리나라는 경제 협력 개발 기구(OECD)에 가입하였으나 1997년에 외환 위기가 발생하여 국제 통화 기금(IMF)에 구제 금융 지원을 요청하였어요. 김대중 정부는 외환 위기 극복을 위해 노사정 위원회 구성, 부실 기업 정리 등의 노력을 하였고, 국민들의 금 모으기 운동이 더해지면서 외환 위기를 조기에 극복할 수 있었어요.

따라서, 외환 위기가 발생한 시기는 '서울 올림픽 개최(1988)'와 '노사정 위원회 구성(1998)' 사이의 시기인 (라)예요.

47 김영삼 정부 시기의 경제 상황   정답 ②

키워드 문제분석: OECD 회원국 = 김영삼 정부

김영삼 정부는 자유 무역 추세가 확대되자 시장 개방 정책을 추진하고 1996년에 경제 협력 개발 기구(OECD)에 가입하였어요.

① 박정희 정부 시기에 경제 개발 5개년 계획 등을 추진하여 처음으로 수출액 100억 달러를 달성하였어요.

정답과 해설

② 김영삼 정부 시기에 금융 거래의 투명성을 확보하기 위해 대통령 긴급 명령으로 금융 실명제가 실시되었어요.
③ 김대중 정부 시기에 남북한은 개성 공단 건설에 합의하였고, 이후 노무현 정부 시기에 공단이 완공되어 남북 간 경제 교류가 이루어졌어요.
④ 노무현 정부 시기에 한·미 자유 무역 협정이 체결되었고, 이명박 정부 시기에 발효되었어요.
⑤ 김대중 정부 시기에 국민 기초 생활 보장법을 시행하여 경제적 취약 계층에게 생계비, 주거비, 의료비 등을 보조하였어요.

48 장면 내각 시기의 통일 운동   정답 ③

키워드 문제분석: 남북 학생 회담 요구 + 남북 총선거에 의한 평화 통일 = 장면 내각 시기

장면 내각 시기에는 이승만의 반공 정책으로 억압되었던 통일 운동이 활기를 띠었어요. 진보 세력인 혁신계는 남북 협상과 중립화 통일론을 주장하였고, 학생들은 남북 학생 회담을 요구하였으며, 민간 차원에서 남북 회담이 추진되기도 하였어요. 남북 학생 회담 요구 집회에서는 '가자 북으로, 오라 남으로'라는 구호가 사용되기도 하였어요.

 장면 내각은 4·19 혁명 직후인 1960년에 출범하였고, 남북 학생 회담 요구 집회는 1961년에 열렸어요. 6·3 시위는 박정희 정부 시기에 한·일 국교 정상화 추진에 반대해 일어난 시위예요. 따라서 남북 학생 회담 요구 집회가 열린 시기는 '4·19 혁명(1960)'과 '6·3 시위(1964)' 사이의 시기인 (다)예요.

49 전두환 정부의 통일 정책   정답 ⑤

키워드 문제분석:
- 남북 조절 위원회가 정식으로 발족함 = (가) 박정희 정부
- 남북 기본 합의서를 채택함 = (나) 노태우 정부

박정희 정부 시기에 남북한은 7·4 남북 공동 성명을 발표하고 남북 조절 위원회를 구성하여 통일 방안을 논의하였어요. 노태우 정부는 1991년에 '남북한 사이의 화해와 불가침 및 교류 협력에 관한 합의서(남북 기본 합의서)'를 채택하고 북한과 유엔에 동시 가입하였어요.
따라서, '박정희 정부'와 '노태우 정부' 사이의 시기에 일어난 일을 골라야 해요.

① 김대중 정부 시기에 금강산 해로 관광이 시작되었고, 금강산 육로 관광은 시범 운영되었어요. 노무현 정부 시기에 금강산 육로 관광이 정식으로 시작되었어요.
② 김대중 정부는 최초로 남북 정상 회담을 개최하고, 6·15 남북 공동 선언을 발표하였어요.

③ 문재인 정부 시기에 평창 동계 올림픽이 개최되어 남북 단일팀이 참가하였어요.
④ 김대중 정부 시기에 6·15 남북 공동 선언에 따라 남북이 개성 공업 지구 조성에 합의하였고, 이후 노무현 정부 시기에 개성 공업 지구가 조성되었어요.
⑤ 전두환 정부 시기에 남북 이산가족 고향 방문과 예술 공연단 교환이 최초로 성사되었어요.

50 노태우 정부의 통일 노력   정답 ④

키워드 문제분석: 소련, 중국 등 사회주의 국가들과 관계 개선 = 노태우 정부

노태우 정부는 1980년대 후반 미국과 소련 간 화해 분위기와 88 서울 올림픽 개최 등의 상황을 배경으로 소련, 중국, 동유럽의 사회주의 국가들과의 관계 개선에 적극적으로 나섰어요.

① 박정희 정부 시기 남북한은 7·4 남북 공동 성명을 발표하였고, 이에 따라 남북 조절 위원회를 구성하였어요.
② 김대중 정부 시기에 채택된 6·15 남북 공동 선언에 따라 남북한은 개성 공업 지구 건설에 합의하였고, 이후 노무현 정부 시기에 착공하였어요.
③ 노무현 정부는 제2차 남북 정상 회담을 개최하고, 6·15 남북 공동 선언을 계승한 10·4 남북 정상 선언을 채택하였어요.
 노태우 정부 시기 남북한은 국제 연합(UN)에 동시 가입하였어요.
⑤ 전두환 정부 시기 최초의 이산가족 고향 방문과 예술 공연단 교환이 실현되었어요.

51 노태우 정부 시기의 사실   정답 ④

키워드 문제분석: 남북 사이의 화해와 불가침 및 교류 협력에 관한 합의서 = 노태우 정부 시기

노태우 정부는 1991년에 '남북한 사이의 화해와 불가침 및 교류 협력에 관한 합의서(남북 기본 합의서)'를 채택하고 북한과 유엔에 동시 가입하였어요.

① 노무현 정부 시기에 제2차 남북 정상 회담이 개최되고, 10·4 남북 공동 선언이 채택되었어요.
② 김영삼 정부 시기에 우리나라는 경제 협력 개발 기구(OECD)에 가입하였어요.
③ 박정희 정부 시기에 남북한은 7·4 남북 공동 성명에 따라 남북 조절 위원회를 설치하여 통일 방안을 논의하였어요.
④ 노태우 정부는 북방 외교를 추진하여 소련, 중국 및 동유럽의 사회주의 국가와 수교하였어요.

⑤ 김대중 정부 시기에 남북한은 제1차 남북 정상 회담을 통해 채택된 6·15 남북 공동 선언에 따라 개성 공업 지구 건설에 합의하였어요. 개성 공업 지구 착공은 노무현 정부 때 이루어졌어요.

52 김대중, 노무현 정부의 통일 노력 정답 ③

키워드 문제분석
- 6·15 남북 공동 선언 = (가) 최초의 남북 정상 회담 (김대중 정부 때, 2000)
- 10·4 남북 정상 선언 = (나) 제2차 남북 정상 회담 (노무현 정부 때, 2007)

김대중 정부는 최초로 남북 정상 회담을 개최하고, 6·15 남북 공동 선언을 발표하였어요. 노무현 정부는 제2차 남북 정상 회담을 개최하고, 10·4 남북 공동 선언을 발표하였어요.
따라서 '김대중 정부'와 '노무현 정부' 사이의 시기에 일어난 일을 골라야 해요.

① 박정희 정부 시기에 남북한은 7·4 남북 공동 성명에 따라 남북 조절 위원회를 구성하여 통일 방안을 논의하였어요.
② 박정희 정부 시기에 남북한은 자주, 평화, 민족 대단결의 3대 원칙을 포함한 7·4 남북 공동 성명을 발표하였어요.
③ 김대중 정부 시기에 남북한은 개성 공업 지구 건설에 합의하였고, 노무현 정부 시기에 개성 공업 지구 건설이 착공되었어요.
④ 노태우 정부 시기에 남북한은 한반도 비핵화 공동 선언을 채택하였어요.
⑤ 전두환 정부 시기에 남북 이산가족 고향 방문단의 교환 방문과 예술 공연단의 교환이 최초로 성사되었어요.

53 김대중 정부의 통일 노력 정답 ①

키워드 문제분석
김정일 국방 위원장과 분단 이후 처음 정상 회담 개최 = 김대중 정부

김대중 정부는 남북 관계 개선을 위한 대북 화해 협력 정책(햇볕 정책)을 적극 추진하였어요. 김대중 정부는 2000년에 처음으로 남북 정상 회담을 개최하고 6·15 남북 공동 선언을 발표하였어요. 이에 따라 남북한 교류 협력을 위한 개성 공단 조성 사업이 합의되었고, 경의선 복원 사업도 추진되었어요.

 2000년 김대중 정부 시기에 남북한은 제1차 남북 정상 회담을 열고 6·15 남북 공동 선언을 채택하였어요. 이에 따라 남북한은 개성 공업 지구 조성에 합의하였고, 이후 노무현 정부 때 개성 공업 지구 착공이 이루어졌어요.
② 1973년 박정희 정부는 평화 통일 외교 정책에 관한 6·23 특별 성명을 발표하였어요.
③ 1991년 노태우 정부는 남북 사이의 화해와 불가침 및 교류·협력에 관한 합의서(남북 기본 합의서)를 채택하고 북한과 유엔에 동시 가입하였어요.

④ 2007년 노무현 정부는 제2차 남북 정상 회담을 개최하고 6·15 남북 공동 선언을 계승한 10·4 남북 정상 선언에 서명하였어요.
⑤ 1972년 박정희 정부 시기 남북한은 7·4 남북 공동 성명을 발표하였고, 이에 따라 남북 조절 위원회를 구성하였어요.

54 김대중 정부의 통일 노력 정답 ③

키워드 문제분석
정주영 소 떼 방북 + 금강산 관광 사업 시작 = 김대중 정부

김대중 정부는 '햇볕 정책'이라고 불리는 대북 화해 협력 정책을 추진하였어요. 이러한 분위기 속에서 기업인 정주영이 소 떼를 몰고 북한을 방문하였고, 해로를 통한 금강산 관광이 시작되었어요. 그리고 2000년 최초의 남북 정상 회담이 개최되고 6·15 남북 공동 선언이 발표되었어요. 이후 개성 공단 조성이 추진되고 경의선이 복구되었으며, 이산가족 상봉과 금강산 육로 관광도 추진되었어요.

① 박정희 정부 시기에 남북한은 7·4 남북 공동 성명에 따라 남북 조절 위원회를 구성하여 통일 방안을 논의하였어요.
② 노태우 정부 시기에 남북한이 유엔에 동시 가입하였어요.
 김대중 정부는 최초로 남북 정상 회담을 개최하고, 6·15 남북 공동 선언을 채택하였어요.
④ 노태우 정부 시기에 남북한은 유엔에 가입한 직후 남북 기본 합의서를 채택하고 한반도 비핵화 공동 선언을 발표하였어요.
⑤ 전두환 정부 시기에 남북 이산가족의 교환 방문과 예술 공연단의 교환이 최초로 실현되었어요.

55 김대중 정부의 통일 노력 정답 ③

키워드 문제분석
경의선 복원 사업 = 김대중 정부

김대중 정부는 남북 관계 개선을 위한 대북 화해 협력 정책(햇볕 정책)을 적극 추진하였어요. 김대중 정부는 2000년에 처음으로 남북 정상 회담을 개최하고 6·15 남북 공동 선언을 발표하였어요. 이에 따라 남북한 교류 협력을 위한 개성 공단 조성 사업이 합의되었고, 경의선 복원 사업도 추진되었지요.

① 노태우 정부는 1988년 7월 7일에 민족 자존과 통일 번영의 시대를 열어 나갈 것을 천명하는 선언문(7·7 선언)을 발표하였어요.
② 전두환 정부 시기에 이산가족 고향 방문이 최초로 실현되었어요.
③ 김대중 정부는 제1차 남북 정상 회담을 개최하고 6·15 남북 공동 선언을 채택하였어요.
④ 박정희 정부는 7·4 남북 공동 성명을 실천하기 위해 남북 조절 위원회를 설치하여 통일 방안을 논의하였어요.
⑤ 노태우 정부는 1991년에 남북 사이의 화해와 불가침 및 교류·협력에 관한 합의서(남북 기본 합의서)를 북한과 교환하였어요.

정답과 해설

56 김대중 정부 시기의 통일 정책   정답 ③

키워드 문제분석: 북한과 역사적인 남북 정상 회담을 가짐 + 햇볕 정책 = **김대중 정부**

햇볕 정책은 이솝 우화에 나그네가 외투를 벗게 만드는 것은 차갑고 강한 바람이 아니라 따뜻한 햇볕이라는 내용에서 인용된 용어로, 김대중 정부의 대북 화해 협력 정책을 지칭하는 말이에요. 김대중 정부는 2000년 6월에 최초의 남북 정상 회담을 개최하였고 이후 개성 공단 조성, 경의선 복구, 이산가족 상봉, 금강산 육로 관광 등을 추진하였어요. 그 결과 2000년에 한국인 최초로 노벨 평화상을 수상하였어요.

① 노태우 정부 시기인 1991년에 '남북한 사이의 화해와 불가침 및 교류 협력에 관한 합의서(남북 기본 합의서)'를 채택하고 북한과 유엔에 동시 가입하였어요.
② 박정희 정부 시기인 1972년에 남북한은 자주, 평화, 민족 대단결의 3대 원칙을 포함한 7·4 남북 공동 성명을 발표하고 실천을 위해 남북 조절 위원회를 구성하였어요.
③ 김대중 정부는 2000년에 최초로 남북 정상 회담을 개최하고, 6·15 남북 공동 선언을 발표하였어요.
④ 노태우 정부 시기인 1991년에 남북한은 한반도 비핵화 공동 선언에 합의하였어요.
⑤ 전두환 정부 시기인 1985년에 남북 이산가족 고향 방문단과 예술 공연단 교환이 최초로 성사되었어요.

57 노무현 정부의 통일 정책   정답 ⑤

키워드 문제분석: 참여 정부 + 개성 공단 방문 = **노무현 정부**

김대중 정부 시기에 이루어진 남북 합의를 바탕으로 참여 정부를 표방한 노무현 정부 시기에 개성 공단 건설 사업이 실현되었어요. 개성 공단 조성을 위한 공사는 2003년 6월에 시작되어 2004년 6월에 시범 단지 조성이 완료되었어요.

① 노태우 정부 시기인 1991년에 남북한은 국제 연합(UN)에 동시 가입하였어요.
② 노태우 정부는 1988년 7월 7일에 민족 자존과 통일 번영의 시대를 열어 나갈 것을 천명하는 7·7 선언을 발표하였어요.
③ 전두환 정부 시기인 1985년에 남북 이산가족 고향 방문단과 예술 공연단 교환이 최초로 성사되었어요.
④ 박정희 정부 시기인 1972년에 남북한은 자주, 평화, 민족 대단결의 3대 원칙을 포함한 7·4 남북 공동 성명을 발표하고 실천을 위해 남북 조절 위원회를 구성하였어요.
⑤ 노무현 정부 시기인 2007년에 제2차 남북 정상 회담이 개최되었고, 이 자리에서 김대중 정부 시기에 발표된 6·15 남북 공동 선언을 계승한 10·4 남북 정상 선언이 발표되었어요.

58 역대 정부의 통일 노력   정답 ③

키워드 문제분석:
- 7·7 선언 = (가) **노태우 정부**
- 이산가족 최초 상봉 = (나) **전두환 정부**
- 개성 공단 조성 합의 = (다) **김대중 정부**

(나) 전두환 정부 시기인 1985년에 최초의 남북 이산가족 상봉과 예술 방문단 교환이 이루어졌어요.
(가) 7·7 선언은 1988년에 노태우 대통령이 통일 외교 정책의 기본 방향을 담아 발표한 것으로, 남북 간 교류 확대, 이산가족 문제 해결 등의 내용이 담겨 있어요.
(다) 김대중 정부 시기인 2000년에 남북한은 6·15 남북 공동 선언에 따라 개성 공단 조성에 합의하였어요.

③ (나) 전두환 정부 → (가) 노태우 정부 → (다) 김대중 정부

통합주제										P. 214~231
01	①	02	③	03	②	04	③	05	④
06	①	07	④	08	④	09	③	10	⑤
11	②	12	②	13	③	14	④	15	②
16	⑤	17	③	18	③	19	①	20	⑤
21	②	22	①	23	①	24	②	25	②
26	③	27	⑤	28	⑤	29	④	30	①
31	④	32	③	33	②	34	①	35	③
36	④	37	③	38	①	39	④	40	⑤
41	②	42	③	43	①	44	④	45	③
46	②	47	④	48	⑤	49	⑤	50	②
51	②	52	③	53	④	54	⑤	55	①
56	⑤	57	②	58	④	59	②	60	④
61	④	62	④	63	⑤				

01 강릉의 역사   정답 ①

키워드 문제분석: 경포대 + 선교장 + 굴산사지 = **강릉**

경포대는 고려 후기에 박숙정이 세운 누각으로, 조선 숙종과 율곡 이이가 직접 지은 시가 있어요. 선교장은 이내번이 처음으로 살기 시작하여 대대로 후손들이 거처하는 집으로, 양반의 주거 생활을 엿볼 수 있어요. 굴산사는 신라 말에 형성된 9산 선문 가운데 사굴산문의 본거지로, 현재는 터만 남아 있어요.

① 강원도 강릉에 있는 오죽헌은 율곡 이이가 태어난 집이에요.
② 충청남도 공주에 있는 무령왕릉은 백제 무령왕과 왕비의 무덤이에요.

③ 인천광역시 강화도에 있는 광성보는 신미양요 당시 미군에 맞서 어재연 장군이 조선군을 이끌고 결사 항전한 곳이에요.
④ 경상남도 합천에 있는 해인사 장경판전에는 고려 시대에 만들어진 팔만대장경판이 보관되어 있어요.
⑤ 제주도에 있는 항파두리 항몽 유적은 고려 시대에 제주도에서 대몽 항쟁을 전개하였던 삼별초의 마지막 보루였던 곳이에요.

02 전주의 역사   정답 ③

키워드 문제분석
전라 감영 + 경기전 + 후백제의 왕성으로 알려진 동고산성 = 전주

전라 감영은 조선 시대에 전라도의 행정과 사법을 담당하던 관찰사가 근무하던 곳으로 전주에 위치하였어요. 경기전에는 태조 이성계의 어진이 봉안되어 있어요. 동고산성은 전주에 있는 통일 신라 시기의 성곽으로, 견훤이 세운 후백제와의 관련성을 짐작하게 해 주는 수막새 등이 출토되었어요.

① 조선 후기에 유형원은 전라북도 부안에서 통치 제도에 대한 개혁안을 중심으로 한 《반계수록》을 저술하였어요.
② 후백제의 견훤은 왕위 계승에 불만을 품은 큰아들 신검에 의해 전라북도 김제에 있는 금산사에 유폐되었어요.
③ 동학 농민군은 1차 봉기 때 전주성까지 점령하였고, 이후 외세의 개입을 막기 위해 조선 정부와 전주 화약을 맺은 후 스스로 해산하였어요.
④ 조선 중종 때 조광조는 기묘사화로 인해 능주(오늘날 전라남도 화순)에 유배되었고 그곳에서 사사되었어요.
⑤ 임병찬은 을사늑약이 체결되자 태인(오늘날 전라북도 정읍)의 무성 서원에서 의병을 일으켰어요.

03 공주의 역사   정답 ②

키워드 문제분석
고구려 장수왕의 공격으로 백제의 수도 한성 파괴 + 문주왕이 도읍을 옮김 = 웅진(공주)

고구려 장수왕은 427년에 수도를 국내성에서 평양성으로 옮기고 본격적으로 남진 정책을 추진하였어요. 고구려의 남진은 백제와 신라를 위협하였기 때문에 백제 비유왕과 신라 눌지 마립간은 군사 동맹을 체결하였어요(나·제 동맹, 433). 이후 장수왕의 공격으로 백제 개로왕이 전사하고 수도 한성이 함락되자 문주왕은 웅진으로 천도하였어요. 이후 백제 동성왕은 신라와의 관계를 보다 굳건히 하고자 신라와 혼인 동맹을 맺었어요(493).

① 백제 무왕은 오늘날 전라북도 익산 지역인 금마저에 미륵사를 창건하였어요.
 백제 무령왕은 웅진이 도읍이던 시기에 왕위에 올랐으며 중국 남조의 양과 활발히 교류하였어요. 충청남도 공주에 있는 무령왕릉은 중국 남조의 영향을 받아 벽돌무덤 양식으로 축조되었어요.
③ 백제 성왕은 신라 진흥왕과 연합하여 고구려를 공격해 한강 하류 지역을 되찾았으나, 곧이어 진흥왕의 공격을 받아 다시 빼앗겼어요. 분노한 성왕은 신라 공격에 나섰다가 오늘날 충청북도 옥천 지역에서 벌어진 관산성 전투에서 전사하였어요.
④ 백제 의자왕은 윤충에게 명하여 오늘날 경상남도 합천 지역에 있었던 신라의 대야성을 공격하여 함락시켰어요.
⑤ 나·당 연합군이 백제를 공격하자 백제의 계백은 결사대를 이끌고 오늘날 충청남도 논산 지역인 황산벌에서 신라군에 맞서 싸웠는데, 이를 황산벌 전투라고 해요.

04 안동의 역사   정답 ③

키워드 문제분석
고창 전투 + 봉정사 극락전 + 도산 서원 + 임청각 = 안동

930년에 고려 태조 왕건은 고창 전투에서 승리하면서 후백제와의 경쟁에서 우위를 차지하게 되었고, 이후 936년에 신검이 이끈 후백제군을 물리치고 후삼국을 통일하였어요. 고려 시대에는 주심포 양식에 배흘림기둥으로 된 건물이 많이 지어졌는데, 그중 안동 봉정사 극락전은 우리나라에서 현존하는 가장 오래된 목조 건축물로 알려져 있어요. 안동에 있는 도산 서원은 조선 시대 대표적인 성리학자인 이황이 세상을 떠난 후 그의 제자들에 의하여 건립되었어요. 안동에 있는 임청각은 독립운동가 이상룡의 생가로, 이상룡은 대한민국 임시 정부 초대 국무령을 역임하였어요.

① 신라 말 헌덕왕 때 오늘날 충청남도 공주 지역인 웅천주에서 도독 김헌창이 아버지 김주원이 왕위에 오르지 못한 것에 불만을 품고 난을 일으켰어요.
② 일제 강점기인 1931년에 고무공장의 노동자 강주룡은 임금 삭감에 저항하여 평양 을밀대 지붕에 올라가 고공 시위를 전개하였어요.
③ 고려 공민왕 때 홍건적이 침입하여 개경을 향해 오자 공민왕은 오늘날 경상북도 안동 지역인 복주로 피난하였어요.
④ 조선 시대인 1592년 임진왜란 발발 직후 부산 동래성을 함락한 일본군이 북진하자 신립이 충주의 탄금대에서 배수의 진을 치고 항전하였지만 패하고 말았어요(탄금대 전투).
⑤ 무신 집권 초기에 김사미가 오늘날 경상북도 청도 지역인 운문에서 지배층의 가혹한 수탈에 저항하여 봉기를 일으켰어요.

05 개성의 역사   정답

키워드 문제분석
송악 = 개성

① 왕건은 신하들의 추대를 받아 후고구려를 세운 궁예의 뒤를 이어 왕으로 즉위하였어요. 이어 국호를 '고려'로 하고 송악(개성)으로 천도하였어요.
② 고려 시대에 건립된 개성 경천사지 10층 석탑은 원의 영향을 받아 대리석으로 축조되었어요.
③ 조선 후기에 송상은 개성을 근거지로 삼아 전국적으로 활동하였으며, 청과의 무역으로 부를 축적하였어요.
④ 일제 강점기인 1931년에 고무공장의 노동자 강주룡은 임금 삭감에 저항하여 평양 을밀대 지붕에 올라가 고공 시위를 전개하였어요.
⑤ 개성은 광복 이후 북위 38도선 아래에 위치하여 남한에 속하였다가 6·25 전쟁으로 정전 협정이 체결되면서 북한 지역이 되었어요.

06 서울의 역사   정답 ①

① 정묘호란 당시 정봉수가 후금군을 맞아 큰 전과를 거둔 곳은 평안북도의 용골산성이에요. 행주산성은 임진왜란 당시 권율이 일본군을 상대로 승리를 거둔 곳입니다.
② 흥선 대원군은 프랑스 선교사를 통해 프랑스를 끌어들여 러시아의 남하를 저지하려던 계획이 무산되자, 절두산에서 프랑스 선교사 9명과 조선인 천주교 신자들을 처형하였어요(병인박해, 1866).
③ 6·25 전쟁 중 희생된 국군 장병을 안장하기 위해 국군 묘지가 설치되었어요. 이후 국군 묘지는 국가와 민족을 위해 순국한 분들을 안장하는 국립 묘지가 되었고, 국립서울현충원으로 명칭이 변경되었어요.
④ 판축 기법은 사각형의 틀을 짠 후 틀 안에 일정한 두께의 흙을 교대로 쌓아 올린 토목 기법이에요. 판축 기법을 활용하여 쌓은 풍납동 토성은 현재 남아 있는 우리나라 토성 중 가장 규모가 큰 토성이에요.
⑤ 서울 암사동 유적은 20여 기의 집터가 발견되고 빗살무늬 토기, 갈돌과 갈판 등의 유물이 출토된 신석기 시대의 유적이에요.

07 전주의 역사   정답 ④

키워드 문제분석 후백제 + 전라 감영 + 전동 성당 = 전주

동고산성은 전주에 있는 통일 신라 시기의 성곽으로, 견훤이 세운 후백제와의 관련성을 짐작하게 해 주는 수막새 등이 출토되었어요. 전라 감영은 조선 시대에 전라도의 행정과 사법을 담당하던 관찰사가 근무하던 곳으로 전주에 위치하였어요. 전동 성당은 전주에 있는 성당으로 윤지충, 권상연 등 호남 지역의 많은 천주교 신자가 순교하던 자리에 세워졌어요.

① 조선 정조는 국왕의 친위 부대로 장용영을 설치하고 장용영의 내영은 도성을 중심으로, 외영은 수원 화성을 중심으로 활동하게 하였어요.
② 홍경래는 세도 정치기의 수탈과 서북인에 대한 차별에 반발하여 평안도에서 반란을 일으켰고 정주성을 점령하였어요(홍경래의 난, 1811).
③ 조선 인조는 청이 조선에 쳐들어오자 왕족을 강화도로 피난시켰어요. 인조가 뒤를 이어 피난하고자 했을 때는 강화도로 가는 길이 청군에 막히는 바람에 남한산성으로 피신하였어요.
④ 경기전은 태조 이성계의 어진을 모신 건물로, 전주에 있어요.
⑤ 몰락 양반 유계춘은 경상 우병사 백낙신의 수탈에 맞서 봉기하였고 진주성을 점령하였어요(진주 농민 봉기, 1862).

08 제주의 역사   정답 ④

키워드 문제분석 항파두리 항몽 유적 = 제주

항파두리 항몽 유적은 고려 시대에 제주도에서 대몽 항쟁을 전개했던 삼별초의 마지막 보루였던 곳이에요. 알뜨르 비행장, 셋알 오름의 고사포 진지, 송악산의 해안 동굴 진지는 일제가 중·일 전쟁과 태평양 전쟁 시기에 전초 기지로 활용한 곳들이에요.

① 정약전은 흑산도 유배 중 《자산어보》를 저술하였어요.
② 병인양요 당시 프랑스군은 《의궤》를 비롯한 강화도 외규장각의 문화유산을 약탈하였어요.
③ 일제 강점기에 신안 암태도의 농민들은 지주 문재철에 맞서 소작 쟁의를 전개하였어요.
④ 1948년에 일어난 제주 4·3 사건으로 많은 제주도민이 희생되었고, 2000년에 이들의 명예 회복을 위한 특별법이 제정되었어요.
⑤ 러시아는 1897년에 저탄소 설치를 위해 부산의 영도(절영도) 조차를 요구하였어요. 이는 독립 협회의 이권 수호 운동으로 저지되었어요.

09 충주의 역사   정답 ③

키워드 문제분석 신립 + 탄금대 = 충주

충주는 충청북도 북부에 있는 시로, 통일 신라 시기에는 중원경이라 불렸어요. 임진왜란 당시 일본군이 부산을 함락하고 한양으로 진격해오자, 신립이 충주 탄금대에서 배수진을 치고 맞서 싸웠지만 패배하였어요.

① 조선 인조는 이괄의 난이 일어나자 충청남도 공주의 공산성으로 피란하였어요.
② 견훤은 완산주(전라북도 전주)를 도읍으로 정하고 후백제를 건국하였어요.

③ 고려의 장군 김윤후는 몽골의 5차 침입 당시 관노들과 함께 충주성에서 몽골군에 항전하였어요.
④ 평원 고무공장의 여공이었던 강주룡은 1931년 평양 을밀대 지붕에서 임금 삭감 등에 반대하며 고공 농성을 벌였어요.
⑤ 의열단원이었던 박재혁은 1920년, 부산 경찰서에서 폭탄을 터뜨리는 의거를 일으켰어요.

③ 고려 시대 몽골의 침략으로 경주 황룡사 9층 목탑이 소실되었어요.
④ 고려 시대에 청주 흥덕사에서 간행된 《직지심체요절》은 현존하는 세계에서 가장 오래된 금속 활자본이에요.
⑤ 고려 시대의 문인이었던 정서는 부산에서 유배 중에 〈정과정〉이라는 고려 가요를 지었어요.

10 나주의 역사 정답 ⑤

키워드 문제분석
전라도의 어원 + 광주 학생 항일 운동의 도화선 = 나주

'전라'는 전주와 나주의 앞 글자를 합하여 만든 말로, 고려 현종 때의 전라주도에서 비롯되었어요. 나주는 본래 마한과 백제의 영역이었는데, 견훤이 후백제를 건국한 뒤에는 후백제에 속했으나, 한때 왕건의 공격을 받아 후고구려에 점령되기도 하였지요. 당시 왕건에 협력하였던 나주의 호족들은 훗날 고려 건국에 크게 공헌하였어요. 광주 학생 항일 운동(1929)은 나주역 통학 열차 개찰구에서 일본 남학생이 한국 여학생을 희롱한 사건이 계기가 되어 일어났어요.

① 병자호란 때 청이 조선을 침략하자 인조는 남한산성으로 피신하여 항전하였어요.
② 유인석은 을미의병 당시 충청도와 강원도 일대에서 의병 투쟁을 전개하였어요.
③ 정문부는 임진왜란 때 조선군을 이끌고 함경도 일대에서 왜군을 격퇴하여 북관 지역(함경도 북부)을 수복하였어요(북관 대첩).
④ 김광제, 서상돈 등을 중심으로 대구에서 국채 보상 운동이 시작되었어요.
⑤ 왕건은 나주 지역 호족들의 협력을 받아 후백제의 영향 아래 있던 나주를 차지하였어요.

11 평양의 역사 정답 ②

키워드 문제분석
유수 조위총이 반란을 일으킴 + 동녕부가 설치됨 = 서경(평양)

서경(평양) 유수였던 조위총은 무신 정변을 일으킨 후 의종을 폐위하고 문신을 죽이며 전횡을 일삼던 정중부, 이의방 등을 타도하기 위해 평양에서 난을 일으켰으나 실패하였어요. 원 간섭기에 원은 서경(평양)에 동녕부를 설치하여 고려를 다스리고자 하였어요.

① 공양왕 때 정몽주는 위화도 회군 이후 이성계 세력이 주도한 조선 건국에 반대하였고, 결국 개경(개성)에서 이방원 세력에 의해 살해되었어요.
② 인종 때 묘청을 비롯한 서경 세력은 국호를 '대위', 연호를 '천개'로 정하고 서경(평양)에서 난을 일으켰어요.

12 독도의 역사 정답 ②

키워드 문제분석
우리나라 동쪽 끝에 있는 섬 = 독도

독도는 울릉도에 부속된 섬으로 삼국 시대부터 우리나라의 고유 영토였어요. 조선 숙종 때 일본 어민들이 독도를 무단으로 자주 침입하자, 안용복은 일본으로 건너가 일본인들의 불법 침입에 대해 항의하며 독도가 조선의 영토임을 주장하였어요. 그리고 일본으로부터 울릉도와 독도가 조선 땅이라는 것을 공식적으로 인정받고 돌아왔지요. 이후 대한 제국은 1900년에 칙령 제41호를 반포하여 독도를 관할 영토로 명시하였어요. 그러나 일본은 러·일 전쟁 중에 독도를 무인도로 규정하고 자국 영토인 시마네현으로 불법 편입하였어요.

① 조선 숙종 때의 어부 안용복은 일본에 건너가 독도가 조선의 영토임을 주장하였어요.
② 1885년에 영국은 러시아의 남하를 견제한다는 구실로 조선의 영토인 거문도를 불법 점령하였어요.
③ 일본은 러·일 전쟁 중에 독도를 무인도로 규정하고, 불법 점령하였어요.
④ 대한 제국은 칙령 제41호를 반포하여 독도를 울릉 군수의 관할 영토로 명시하였어요.
⑤ 1877년에 일본의 최고 행정 기관이었던 태정관은 울릉도와 독도가 일본과 무관한 지역임을 공식 문서에 명시하였어요.

13 세시 풍속 정답 ③

키워드 문제분석
음력 3월 3일 + 화전 + 노랑나비 날리기 = 삼짇날

삼짇날은 음력 3월 3일을 가리키는 말이에요. 삼짇날에는 활터에 모여 편을 짜 활쏘기 대회를 열었으며, 화전이나 쑥떡을 만들어 먹었어요. 이날 호랑나비나 노랑나비를 보면 그해 운수가 좋다고 여겼으나, 흰나비를 보면 그해에 상복을 입게 된다고 하여 불길하다고 생각하였어요.

① 칠석날은 음력 7월 7일로, 견우와 직녀가 1년에 한 번 오작교에서 만난다는 이야기가 전해지는 날이에요.
② 한식은 동지로부터 105일째 되는 날로, 이날에는 불을 사용하지 않은 찬 음식을 먹는 풍습이 있었어요.

정답과 해설

③ 삼짇날은 음력 3월 3일로, 답청절 · 상사일 · 삼진일 등이라고도 불려요.
④ 동지는 양력 12월 22~23일경으로, 팥죽을 쑤어 먹는 풍습이 있어요.
⑤ 단오날은 음력 5월 5일로, 이날에는 그네를 타거나 씨름을 즐겼어요.

14 세시 풍속   정답 ④

키워드 문제분석   음력 5월 5일+창포물에 머리 감기 = 단오

① 한식은 동지에서 105일째 되는 날로, 성묘, 그네뛰기, 개사초(산소 손질) 등의 풍속이 있었어요. 이날은 불을 사용하지 않고 찬 음식을 먹었어요.
② 백중은 음력 7월 15일로, 머슴날이라고도 한 농민들의 여름 축제예요. 씨름, 호미씻이(호미걸이, 술맥이, 질먹기, 풋굿), 들돌들기 등의 풍속을 즐기며 음식과 술을 나누어 먹었어요.
③ 추석은 음력 8월 15일로, 한가위 · 중추절 · 가배라고도 해요. 조상께 가을철 풍성한 수확에 대해 감사를 전하는 날로, 성묘, 차례, 줄다리기, 강강술래, 씨름, 가마싸움 등의 풍속이 있었어요. 송편, 시루떡, 토란국 등을 먹었어요.
④ 단오는 음력 5월 5일로, 수릿날 · 천중절 · 중오절이라고도 해요. 창포물에 머리 감기, 그네뛰기, 씨름, 봉산 탈춤 등의 풍속이 있었고, 임금이 신하들에게 부채를 나누어 주기도 하였어요. 수리취떡, 쑥떡 등을 먹었어요.
⑤ 정월 대보름은 음력 1월(정월) 15일로, 달맞이, 달집태우기, 쥐불놀이, 지신밟기, 고싸움, 줄다리기, 밤 · 호두 · 잣 등 부럼 깨기 등의 풍속이 있었어요. 오곡밥, 부럼, 귀밝이술(마시면 귀가 잘 들리고 좋은 소식만 듣게 된다는 의미의 술), 묵은 나물 등을 먹었어요.

15 세시 풍속   정답 ②

키워드 문제분석   견우와 직녀 + 음력 7월 7일 = 칠석

칠석은 견우와 직녀가 오작교에서 만나는 날이라 전해지는 음력 7월 7일에 행해지는 세시 풍속이에요.

① 단오는 음력 5월 5일로 수릿날이라고도 불렸어요. 이날에는 창포 삶은 물로 머리를 감고 씨름, 그네뛰기 등을 하였어요.
② 여성들은 음력 7월 7일인 칠석에 별을 보며 바느질 솜씨가 좋아지기를 빌기도 하였어요.
③ 백중은 음력 7월 15일로 백종, 망혼일이라고도 해요.
④ 동지는 양력 12월 22일~23일경으로 일 년 중 밤이 가장 긴 날이에요. 이날에는 팥죽을 쑤어 먹는 풍습이 있어요.
⑤ 한식은 동지에서 105일째 되는 날로 불을 사용하지 않고 찬 음식을 먹는 풍습이 있어요.

16 조선의 궁궐   정답 ⑤

키워드 문제분석   유네스코 세계 유산에 등재된 조선의 궁궐 = 창덕궁

창덕궁은 조선 왕조의 독특한 궁궐 건축과 정원 문화를 대표하는 궁궐이에요. 태종이 한양으로 도읍을 다시 옮기며 지었으며, 광해군 때 임진왜란 당시 소실된 궁궐 중 가장 먼저 복구되어 고종 때까지 왕이 정사를 본 정궁의 역할을 하였어요. 조선 시대에 지어진 궁궐 중 유일하게 유네스코 세계 유산에 등재되었어요.

① 창경궁은 일제에 의해 내부에 동물원과 식물원이 설치되고 창경원으로 명칭이 격하되었어요.
② 경희궁은 광해군 때 지어졌으며, 경복궁의 서쪽에 위치해 서궐이라고 불렸어요.
③ 인목 대비는 광해군의 아버지인 선조의 두 번째 왕비예요. 인목 대비는 광해군에 의해 대비의 자리에서 쫓겨나 경운궁(덕수궁)에 유폐되었어요.
④ 경복궁은 태조 이성계가 조선 건국 이후 한양으로 천도하면서 건립한 조선의 첫 번째 궁궐로, 정도전이 궁궐과 주요 전각의 명칭을 정하였어요.
⑤ 창덕궁은 태종이 도읍을 개성에서 한양으로 다시 옮기며 건립하였어요.

17 5·18 민주화 운동 기록물   정답 ③

(가) 민주화 운동은 1980년에 일어난 5·18 민주화 운동이에요. 12·12 사태로 정권을 장악한 신군부의 비상계엄 확대에 광주 시민들이 반발하여 시위를 전개하자 신군부는 공수 부대를 투입하여 무자비하게 시위를 진압하였고, 이 과정에서 많은 시민이 희생되었어요. 5·18 민주화 운동을 무력 진압한 신군부는 국가 보위 비상 대책 위원회를 설치하였어요.

① 박종철과 이한열의 희생으로 확산된 민주화 운동은 6월 민주 항쟁이에요.
② 호헌 철폐와 독재 타도 등의 구호를 내세웠던 민주화 운동은 6월 민주 항쟁이에요.
③ 5·18 민주화 운동의 발생과 탄압에서부터 진상 조사 활동과 보상에 이르기까지의 관련 기록은 가치를 인정받아 유네스코 세계 기록 유산으로 등재되었어요.
④ 4·19 혁명을 계기로 이루어진 개헌에 따라 대통령 중심제가 의원 내각제로 바뀌었어요.
⑤ 4·19 혁명 당시 대통령 하야를 요구하는 대학교수단의 시위 행진이 있었어요.

18 부여의 문화유산 정답 ③

키워드 문제분석: 성왕이 도읍으로 정한 이 지역 = 부여

백제의 세 번째 수도인 사비(오늘날 부여)는 성왕이 도읍으로 정한 지역이에요. 부여의 백제 역사 유적은 공주와 익산의 백제 역사 유적과 함께 유네스코 세계 유산으로 등재되었어요.

① 부여에 있는 정림사지 5층 석탑은 목탑 양식이 남아 있는 백제의 탑이에요.
② 부여 능산리 고분군은 백제의 무덤군으로 부여 왕릉원이라고도 해요.
③ 관촉사 석조 미륵보살 입상은 충청남도 논산에 있어요. 고려 시대에 만들어진 대형 석불로, 은진 미륵이라고 불리기도 해요.
④ 부여 관북리 유적은 백제의 마지막 도성인 사비의 왕궁지로 추정되는 유적이에요.
⑤ 부여 부소산성은 백제가 사비로 천도한 후 수도 방어를 위해 축조한 것으로 보여요.

19 여운형의 활동 정답 ①

키워드 문제분석: 몽양 + 중국에서 신한 청년당을 조직하고 해방 후 좌우 합작 운동을 추진함 = 여운형

'몽양'은 여운형의 호예요. 1918년에 중국 상하이에서 신한 청년당을 조직한 여운형은 파리 강화 회의에 김규식을 대표로 파견하여 한국의 독립을 주장하였어요. 광복 후 여운형은 김규식 등과 좌우 합작 위원회를 구성하고 통일 정부 수립을 위한 노력을 펼쳤어요. 그러나 처음에 좌우 합작 운동을 지지하였던 미군정이 지지를 철회하고 여운형이 암살되면서 좌우 합작 운동은 실패하였어요.

① 여운형은 1944년에 일제의 패망과 광복에 대비하여 비밀리에 조선 건국 동맹을 결성하였어요.
② 박은식은 일본의 침략 과정을 담은 《한국통사》, 우리 민족의 독립 투쟁 과정을 서술한 《한국독립운동지혈사》를 저술하였어요.
③ 최재형은 1910년대 연해주 지역에서 조직된 권업회의 초대 회장을 지냈으며, 권업회의 기관지 역할을 한 권업신문 발간에도 참여하였어요.
④ 박상진은 1915년에 국내에서 비밀 결사 형태로 대한 광복회를 조직하여 친일파 처단, 군자금 모금 등의 활동을 하였어요.
⑤ 안희제는 1914년에 백산 상회를 설립하여 독립운동 자금을 마련하였어요.

20 신채호의 활동 정답 ⑤

키워드 문제분석: 《이순신전》, 《을지문덕전》 + 《조선상고사》 = 신채호

독립운동가이자 역사학자였던 신채호는 〈독사신론〉을 집필하여 민족주의 사학의 기초를 다졌고, 민족의식을 고취하기 위해 《을지문덕전》, 《이순신전》 등의 위인전을 저술하였어요. 일제 강점기에 신채호는 일제의 식민 사관을 극복하기 위해 고대사 연구를 바탕으로 한 《조선상고사》, 《조선사연구초》 등을 저술하였어요.

① 안재홍과 정인보 등은 정약용의 문집인 《여유당전서》를 간행하고 조선학 운동을 전개하였어요.
② 박은식은 실천적인 유교 정신을 바탕으로 유교계의 개혁을 주장하는 〈유교 구신론〉을 제창하였어요.
③ 조선사 편수회는 일제가 우리 역사를 왜곡하기 위해 설치한 기관이에요. 이병도 등은 조선사 편수회에서 《조선사》 편찬에 참여하였어요.
④ 백남운은 《조선사회경제사》에서 유물 사관을 토대로 식민 사학의 정체성론을 반박하였어요.
⑤ 신채호는 의열단의 활동 지침이 된 〈조선 혁명 선언〉을 작성하였어요.

21 이육사의 활동 정답 ②

키워드 문제분석: 〈청포도〉 + 본명은 이원록 + 조선은행 대구 지점 폭탄 의거에 연루되어 투옥됨 = 이육사

이육사는 〈청포도〉, 〈절정〉, 〈광야〉 등의 저항시를 지은 일제 강점기의 시인이자 독립운동가예요. 1927년 조선은행 대구 지점 폭파 사건에 연루되어 옥고를 치렀는데, 이때 수감번호인 264번을 따서 호를 '육사'라고 지었어요. 1932년에 중국으로 건너가 김원봉이 세운 조선 혁명 간부 학교의 제1기생으로 입교하여 독립운동에 힘썼어요.

① 심훈은 브나로드 운동을 소재로 일제 강점기 농촌을 배경으로 한 소설 《상록수》를 동아일보에 연재하여 민중의 큰 호응을 얻었어요. 이외에도 저항시 〈그날이 오면〉을 발표하였어요.
② 이육사는 〈광야〉, 〈절정〉 등의 저항시를 발표하여 민족의식을 일깨우고 일제에 저항하였어요.
③ 조명하는 1928년에 타이완에서 일본 육군 대장 구니히코를 저격하였어요.
④ 조소앙은 개인과 개인, 민족과 민족, 국가와 국가 간의 완전한 균등을 표방하고 이의 실현을 위한 정치·경제·교육의 균등을 강조한 삼균주의를 제창하였어요. 삼균주의는 대한민국 건국 강령에 반영되었으며, 대한민국 임시 정부 임시 헌장의 이론적 기초가 되었어요.
⑤ 정인보, 안재홍 등은 조선학 운동을 전개하고, 《여유당전서》를 간행하였어요.

정답과 해설

22 최현배의 활동   정답 ①

'외솔'이라는 호를 쓴 최현배는 주시경으로부터 한글과 문법 등을 배웠어요. 일제 강점기에 일제의 민족 말살 정책에 맞서 우리말과 글을 지키기 위해 노력하였어요. 조선어 학회 창립에 주도적인 역할을 하였으며, 한글 맞춤법 통일안 제정에도 참여하였어요. 광복 이후 조선어 학회를 개칭한 한글 학회의 이사장을 역임하였어요.

① 최현배는 1942년에 일어난 조선어 학회 사건으로 이극로, 이윤재 등과 함께 일제에 구속되어 옥고를 치렀어요.
② 대한민국 임시 정부는 프랑스 파리에서 활동하고 있던 김규식을 전권 대사로 임명하여 파리 강화 회의에 독립 청원서를 제출하였어요.
③ 임병찬은 1912년에 독립 의군부를 조직하고 복벽주의를 내세워 고종의 복위를 도모하였고, 조선 총독에게 국권 반환 요구서를 보낼 것을 계획하였으나 일제에 발각되면서 체포되었어요.
④ 민족주의 사학자 박은식은 국혼의 중요성을 강조하고 일제의 국권 침탈 과정을 폭로한 《한국통사》를 저술하였어요.
⑤ 1911년에 일제는 데라우치 총독의 암살을 모의하였다는 누명을 씌워 수많은 독립운동가를 체포하였어요. 이 중 105인이 유죄 판결을 받아 투옥되었는데, 이들 대부분이 신민회 회원이었어요.

23 이윤재의 활동   정답 ①

키워드 문제분석   조선어 연구회에 가입하여 한글 보급에 앞장섬 + 조선어 학회 사건으로 고문을 받음 = 이윤재

1931년 이윤재, 최현배, 이극로 등을 중심으로 조직된 조선어 학회는 조선어 연구회를 계승하여 우리말을 연구하였어요. '환산', '한뫼'라는 호를 사용한 이윤재는 조선어 연구회와 조선어 학회에서 활동하였으며 진단 학회의 창립에도 참여하였어요. 조선어 학회는 《우리말 큰사전》 편찬 작업을 진행하였는데, 조선어 학회 사건(1942)으로 일제가 원고를 압수하고 회원들이 검거·투옥되면서 조직이 와해되어 사전 편찬을 완수하지 못하였어요. 일제에 압수되었던 원고가 광복 이후 서울역 창고에서 발견되면서 사전 편찬 작업이 재개되었어요.

① 이윤재는 조선어 학회에서 한글 맞춤법 통일안 제정에 참여하였으며, 《우리말 큰사전》 편찬 작업을 추진하는 등 한글 보급을 위해 노력하였어요.
② 유길준은 미국과 유럽을 돌아보고 《서유견문》을 집필하여 서양 근대 문물을 국내에 소개하였어요.
③ 주시경, 지석영 등은 대한 제국 정부가 세운 국문 연구소에서 한글의 문자 체계와 맞춤법 등을 연구하였어요.
④ 헐버트는 육영 공원에서 수업을 하기 위해 한글을 배우기 시작하였어요. 이후 한글로 된 최초의 지리 교과서인 《사민필지》를 집필하여 교재로 사용하였어요.

⑤ 신채호는 〈독사신론〉을 발표하여 민족주의 사학의 기초를 다졌고, 민족의식을 고취하기 위해 《을지문덕전》, 《이순신전》 등의 위인전을 저술하였어요.

24 김구와 여운형의 활동   정답 ②

키워드 문제분석
- 백범 + 대한민국 임시 정부 주석 = (가) 김구
- 몽양 + 좌우 합작 위원회 조직 = (나) 여운형

일제에 맞서 의병 활동을 벌이던 김구는 3·1 운동 이후 상하이로 건너가 대한민국 임시 정부에서 활동하였어요. 1940년에는 중국 충칭에 정착한 대한민국 임시 정부의 주석으로 선출되어 광복 직전까지 활발한 항일 무장 투쟁을 전개하였어요. 광복 후 김구는 남한만의 단독 선거에 반대하여 김규식 등과 통일 정부 수립을 위한 남북 협상을 추진하였으나 성과를 거두지는 못하였어요.
1918년 중국 상하이에서 신한 청년당을 조직한 여운형은 파리 강화 회의에 김규식을 대표로 파견하여 한국의 독립을 주장하였어요. 광복 후 여운형은 김규식 등과 좌우 합작 위원회를 구성하고 통일 정부 수립을 위한 노력을 펼쳤어요. 그러나 처음에 좌우 합작 운동을 지지하였던 미군정이 지지를 철회하고 여운형이 암살되면서 좌우 합작 운동은 실패하였어요.

ㄱ. 1931년 김구는 대한민국 임시 정부의 침체를 극복하기 위해 의열 투쟁 단체인 한인 애국단을 조직하였어요.
ㄴ. 의열단은 1920년대 후반부터 조직적인 항일 무장 투쟁으로 노선을 바꾸었고, 1932년에 김원봉이 중국 국민당 정부의 지원을 받아 조선 혁명 간부 학교를 설립하였어요.
ㄷ. 여운형은 광복 직후 조선 건국 동맹을 계승한 조선 건국 준비 위원회를 조직하여 정부 수립 준비 활동을 벌였어요.
ㄹ. 이승만은 광복 직후 독립 촉성 중앙 협의회를 이끌었어요.

25 임병찬의 활동   정답 ②

키워드 문제분석   최익현과 함께 의병 + 국권 반환 요구서 발송 = 임병찬

1905년에 을사늑약이 체결되자 임병찬은 스승인 최익현과 함께 의병을 일으켰다가 체포되어 쓰시마섬으로 유배되었어요. 임병찬은 1912년에 독립 의군부를 조직하고 복벽주의를 내세워 고종의 복위를 도모하였고, 조선 총독에게 국권 반환 요구서를 보낼 것을 계획하였으나 일제에 발각되면서 체포되었어요.

① 이재명은 명동 성당 앞에서 을사늑약 체결을 주도한 을사오적 중 한 명인 이완용을 습격하여 중상을 입혔어요.
② 국권 피탈 후 임병찬은 고종의 밀지를 받고 의병과 유생을 모아 1912년에 독립 의군부를 조직하였어요.
③ 민족주의 사학자 박은식은 국혼의 중요성을 강조하고 일제의 국권 침탈 과정을 폭로한 《한국통사》를 저술하였어요.

138 시대별 기출문제집 심화

④ 정미의병 당시 이인영은 13도 창의군의 총대장으로 서울 진공 작전을 전개하였으나 실패하였어요.
⑤ 신채호는 황성신문에 논설 〈단연보국채(담배를 끊어 나라의 빚을 갚자)〉를 써서 국채 보상 운동에 적극 참여하였어요.

26 여운형의 활동   정답 ③

키워드 문제분석   조선 건국 준비 위원회를 만듦 = 여운형

여운형은 1918년에 중국 상하이에서 신한 청년당을 결성한 후 파리 강화 회의에 김규식을 대표로 파견하여 한국의 독립을 주장하였어요. 또한 1944년에는 일제의 패망과 광복에 대비하여 비밀리에 조선 건국 동맹을 결성하였고, 광복 직후 조선 건국 동맹을 기반으로 조선 건국 준비 위원회를 조직하였어요. 조선 건국 준비 위원회는 미군의 한반도 진주를 앞두고 이들이 들어왔을 때 대등한 입장에서 교섭하기 위해 조선 인민 공화국의 수립을 선포하였어요. 그러나 미군정은 조선 인민 공화국은 물론 대한민국 임시 정부조차도 인정하지 않았고, 군정청을 설치하여 38도선 이남 지역에 대한 직접 통치를 선포하였어요.

① 안창호는 국권 피탈 이후 미국으로 건너가 샌프란시스코에서 흥사단을 결성하였어요.
② 조선어 학회는 《우리말 큰사전》 편찬을 준비하다가 일제가 조작한 이른바 조선어 학회 사건으로 최현배, 이극로 등 회원들이 구속되어 옥고를 치르면서 조직이 와해되었어요.
③ 제1차 미·소 공동 위원회가 무기 휴회되고 이승만이 남한만의 단독 정부 수립을 주장하는 정읍 발언을 한 가운데 여운형, 김규식 등 중도 세력은 좌우 합작 위원회를 조직하였어요. 좌우 합작 위원회는 좌우 합작 7원칙을 발표하는 등 좌우 합작 운동을 전개하였어요.
④ 대한민국 정부가 수립된 후 제헌 국회에서 반민족 행위 처벌법이 제정되어 반민족 행위 특별 조사 위원회(반민특위)가 구성되었어요. 김상돈, 조중현, 김상덕 등이 반민족 행위 특별 조사 위원회에서 활동하였어요.
⑤ 이승만은 광복 직후 미국에서 귀국하여 독립 촉성 중앙 협의회를 이끌었어요.

27 안창호의 활동   정답 ⑤

키워드 문제분석   대한인 국민회, 흥사단 조직 = 안창호

안창호는 대한 제국 시기와 일제 강점기에 활동한 독립운동가예요. 안창호는 1907년 신민회 조직을 주도하였고, 1908년에는 평양에 대성 학교를 설립하였어요. 국권 피탈 이후에는 미국으로 건너가 대한인 국민회, 흥사단 등의 독립운동 단체를 조직하기도 하였어요.

① 박은식은 일본의 침략 과정을 담은 《한국통사》, 독립 투쟁 과정을 서술한 《한국독립운동지혈사》를 저술하였어요.
② 정인보, 안재홍, 문일평 등은 《여유당전서》를 발간하고 조선학 운동을 전개하였어요.
③ 안희제는 1914년 부산에 백산 상회를 설립하여 독립운동 자금을 마련하였어요.
④ 장인환과 전명운은 1908년 샌프란시스코에서 제1차 한·일 협약으로 부임한 외교 고문이었던 스티븐스를 사살하였어요.
⑤ 안창호는 대한민국 임시 정부의 내무 총장 및 국무총리 대리로 활동하였고, 국민대표 회의(1923)가 열리자 개조파의 입장에서 의견을 주장하였어요.

28 윤동주의 활동   정답 ⑤

키워드 문제분석   서시 = 윤동주

윤동주는 북간도 출신으로 명동 학교를 졸업하였으며, 연희 전문학교를 졸업한 뒤 일본으로 유학을 갔어요. 1943년 귀향 직전에 항일 운동 혐의로 체포되어 2년형을 선고받았으며 옥중에서 생을 마쳤어요.

① 신채호는 고대사 연구를 바탕으로 《조선상고사》를 저술하였어요.
② 심훈은 농촌 계몽 운동을 소재로 한 소설 《상록수》를 동아일보에 연재하여 민중의 큰 호응을 얻었어요.
③ 이육사는 의열단에 가입하여 적극적으로 독립운동을 전개하는 한편, 민족의식을 일깨우기 위한 문학 활동을 전개하여 저항시 〈광야〉, 〈절정〉 등을 발표하였어요.
④ 나운규는 영화 '아리랑'의 제작 및 감독, 주연을 맡았어요. 1926년 영화 '아리랑'이 단성사에서 처음 상영되었어요.
⑤ 윤동주는 〈서시〉를 비롯하여 〈별 헤는 밤〉, 〈참회록〉 등의 시를 남겼고, 그가 죽은 뒤에 《하늘과 바람과 별과 시》라는 유고 시집이 발간되었어요.

29 여성 인물   정답 ④

키워드 문제분석   남자현 = 서로 군정서에서 활약, 사이토 총독 암살 계획

남자현은 일제 강점기의 독립운동가로 의열 투쟁과 여성 교육에 헌신하였어요. 1919년에 만주로 건너가 서로 군정서에서 활동하는 한편, 여자 권학회를 조직하여 계몽 활동을 전개하였지요. 1925년에는 국내로 잠입하여 조선 총독 사이토 마코토를 암살하겠다는 계획을 세웠으나 실행하지 못하였어요. 이후 만주로 돌아와 독립운동을 이어가다가 일본 경찰에 체포되었어요.

① 신라의 선덕 여왕은 첨성대와 황룡사 9층 목탑을 세웠어요.
② 조선 후기 여성 실학자 이빙허각은 《규합총서》를 저술하였어요.

③ 조선 후기에 활동한 상인 김만덕은 재산을 기부하는 등 제주도에서 빈민 구제 활동을 벌였어요.
④ 한국광복군의 기관지 《광복》은 지복영, 오광심 등의 여군들이 원고 작성과 번역을 담당하였어요.
⑤ 일제 강점기인 1931년, 고무공장의 노동자 강주룡은 임금 삭감에 저항하여 평양 을밀대 지붕에 올라가 농성하였어요.

30 이동녕의 활동   정답 ①

키워드 문제분석
신민회 조직 + 경학사, 신흥 강습소 설립 주도
= 이동녕

이동녕은 안창호, 양기탁 등과 함께 신민회 조직을 주도하였어요. 일제가 대한 제국의 국권을 빼앗자 이동녕은 서간도 삼원보에 정착하여 경학사 결성과 신흥 강습소 설립을 주도하였어요.

① 이동녕은 대한민국 임시 정부의 입법 기관에 해당하는 임시 의정원의 초대 의장을 맡았어요.
② 임병찬은 고종의 밀지를 받고 전국의 유생들을 모아 1912년에 독립 의군부를 조직하였어요.
③ 민족주의 사학자 박은식은 일제의 침략과 우리 민족의 독립 투쟁 과정을 담은 《한국독립운동지혈사》를 저술하였어요.
④ 여운형은 1944년에 조선 건국 동맹을 결성하여 광복에 대비하고자 하였어요.
⑤ 이상설, 이준, 이위종은 을사늑약이 무효임을 알리고 국제 사회에 지원을 요청하기 위해 1907년 네덜란드 헤이그에서 열린 만국 평화 회의에 파견되었으나, 일본의 방해로 성과를 얻지 못하였어요.

31 천문 관련 문화유산   정답 ④

① 고구려 무용총의 천장에는 해와 달, 북두칠성 등의 별자리를 그린 벽화가 있어요.
② 고려 전기에 김부식이 인종의 명을 받아 편찬한 《삼국사기》에는 일식, 월식 등 천문 현상에 관한 많은 관측 기록이 남아 있어요.
③ 고려 원 간섭기에 충선왕은 서운관(사천대)에서 천체 운행을 관측하도록 하였어요.
④ 조선 선조 때 화포장이었던 이장손이 발화 장치를 활용한 포탄인 비격진천뢰를 개발하였어요. 임진왜란 당시 조선군은 비격진천뢰를 사용하여 많은 성과를 올렸어요.
⑤ 조선 후기에 상공업 중심의 개혁을 주장한 실학자인 홍대용은 《의산문답》에서 지구가 둥글고 스스로 하루에 한 번씩 회전하고 있다는 지전설과 무한우주론을 주장하였어요. 이는 기존 중국 중심의 세계관을 비판하는 근거가 되었어요.

32 삼국 시대 사람들의 학습 활동   정답 ③

① 청동기 시대의 유적인 울주 대곡리 반구대 바위그림에는 고래 사냥 모습 등이 새겨져 있는데, 이를 통해 청동기 시대 사람들의 생활 모습을 짐작할 수 있어요.
② 고려 말에 이제현은 충선왕이 원의 연경에 세운 독서당인 만권당에서 원의 유학자들과 교유하며 성리학을 연구하였어요.
③ 고구려는 교육 기관으로 수도에 태학, 지방에 경당을 두어 인재를 양성하였는데, 경당에서는 청소년들이 책을 읽고 활쏘기를 배웠어요.
④ 조선 후기에는 사상의 활동이 활발해졌는데, 이중 개성의 송상은 청과의 무역에 종사하며 전국에 송방이라는 지점을 운영하였고, 사개치부법이라는 독특한 회계 정리 방식을 사용하였어요.
⑤ 발해의 정혜공주 묘지석에는 유교 경전과 중국 역사서의 내용이 인용되어 있어요.

33 군사 조직   정답 ②

키워드 문제분석
- 청금서당 = (가) 통일 신라
- 응양군 = (나) 고려
- 무위영 = (다) 개항기
- 금위영 = (라) 조선 후기

(가) 통일 이후 신라 신문왕은 군사 조직을 정비하여 중앙군인 9서당과 지방군인 10정을 설치하였어요. 청금서당은 옛 백제인들을 중심으로 구성된 부대예요.
(나) 고려는 2군 6위의 중앙군을 두었어요. 2군은 국왕의 친위 부대로 응양군과 용호군으로 구성되었고, 6위는 수도 경비와 국경 방어의 임무를 수행하였어요. 이들은 직업 군인으로 군인전을 지급받고 직역을 세습하였어요.
(라) 조선 후기에 숙종은 수도 방어를 담당하는 금위영을 창설하였어요. 금위영의 창설로 앞서 만들어진 훈련도감, 어영청, 총융청, 수어청과 함께 5군영 체제가 완성되었어요.
(다) 개항 후인 1881년에 조선 정부는 개화 정책 중 하나로 신식 군대인 별기군을 창설하고, 5군영을 무위영과 장어영의 2영으로 통합하였어요.

② (가) 9서당(통일 신라) → (나) 2군 6위(고려) → (라) 금위영(조선 후기) → (다) 2영(개항기)

34 신라 신문왕의 업적   정답 ①

① 신라 신문왕은 김흠돌의 반란을 진압하면서 이를 함께 도모한 진골 귀족들을 숙청하였어요.
② 신라 법흥왕은 군사 관련 업무를 담당하는 행정 기구인 병부를 설치하고 최고 관직으로 상대등을 설치하였어요.
③ 조선 효종은 청의 요청에 따라 나선(러시아) 정벌을 위해 변급, 신류 등이 이끈 조총 부대를 파견하였어요.

④ 고려 태조는 《정계》와 《계백료서》를 지어 관리가 지켜야 할 규범을 제시하였고, 훈요 10조를 남겨 후대 왕들이 나라를 다스릴 때 그 내용을 지킬 것을 당부하였어요.
⑤ 고려 공민왕은 유인우, 이자춘 등을 보내 쌍성총관부를 공격하여 원이 빼앗아간 철령 이북의 영토를 수복하였어요.

35 화폐 　　　　　　　　　　　　　　　　　정답 ③

> **키워드 문제분석**
> - 명도전 = (가) 철기 시대
> - 해동통보 = (나) 고려 시대
> - 은병 = (다) 고려 시대
> - 상평통보 = (라) 조선 후기
> - 백동화 = (마) 개항기

① 중국의 전국 시대 연에서 사용된 명도전은 표면에 '명(明)'이라는 글자가 새겨져 있는 청동으로 만든 칼[도(刀)] 모양의 화폐예요. 명도전 등이 우리나라의 철기 시대 유적에서 발견되는 것을 통해 당시 중국과 교역하였음을 짐작할 수 있어요.
② 고려 숙종은 의천의 건의로 주전도감을 설치하여 해동통보, 삼한통보 등의 화폐를 주조·발행하였어요.
③ 은병(활구)은 은 1근으로 우리나라의 지형을 본떠 만든 병 모양의 고액 화폐로, 고려 숙종 때 주조되어 유통되었어요. 조선 고종 때 흥선 대원군은 임진왜란 때 불타 없어진 경복궁을 다시 세우기 위해 당백전을 발행하고 원납전을 징수하는 등 각종 정책을 펼쳤는데, 이로 인해 백성들의 불만이 많았어요.
④ 상평통보의 '상평'은 상시평준(常時平準)의 줄인 말로, 항상 일정한 가치를 가진 화폐를 유통하려는 정부의 의도가 반영된 말이에요. 상평통보는 조선 숙종 때 유통되기 시작하였고 조선 후기에 법화로 발행되어 전국적으로 유통되었어요.
⑤ 백동화는 1892년부터 1904년까지 전환국에서 발행한 화폐로 액면가 2전 5푼의 동전이에요. 개항 이후 급증하는 재정 수요와 당면한 재정 궁핍에서 벗어나기 위해 주조·유통되었어요. 제1차 한·일 협약에 따라 대한 제국의 재정 고문으로 부임한 일본인 메가타는 대한 제국의 백동화와 구화폐를 일본의 제일 은행권으로 교체하는 화폐 정리 사업을 실시하였어요.

36 경복궁 　　　　　　　　　　　　　　　　정답 ④

> **키워드 문제분석**
> 임진왜란 때 불길 속에 휩싸임, 흥선 대원군이 국력을 기울여 중건함 + 일제가 총독부 건물을 세움 = 경복궁

경복궁은 태조 이성계가 조선 건국 이후 한양으로 천도하면서 건립한 조선의 첫 번째 궁궐이에요. 경복궁은 조선 왕조의 법궁으로, 왕들은 경복궁에 머물며 나랏일을 보았어요. 약 200년의 기간 동안 조선의 으뜸 궁궐이었던 경복궁은 임진왜란이 발생하였을 때 불타 버렸어요. 이후 경복궁은 불에 탄 모습으로 방치되어 있다가 고종 때 흥선 대원군이 왕실의 위엄을 높이기 위해 경복궁을 중건하였어요. 1910년에 국권을 강탈한 일제는 경복궁 안에 식민지 통치 기관인 조선 총독부 건물을 세우고 한반도를 다스렸어요. 조선 총독부 건물은 김영삼 정부 시기인 1995년에 역사 바로 세우기 운동의 일환으로 철거되었어요.

① 창경궁은 일제에 의해 내부에 동물원과 식물원이 설치되고 창경원으로 명칭이 격하되었어요.
② 광복 이후 덕수궁 안에 있는 석조전에서 제1차 미·소 공동 위원회가 개최되었으나 임시 정부 수립에 참여하는 단체의 범위를 두고 양국이 대립하면서 결렬되었어요.
③ 광해군 때 지어진 경희궁은 경복궁의 서쪽에 위치하여 서궐이라고 불렸어요.
④ 1915년에 일제는 경복궁의 많은 건물을 헐어서 조선 물산 공진회를 열었어요.
⑤ 창덕궁은 태종이 도읍을 개성에서 한양으로 다시 옮기며 건립하였어요. 정조는 창덕궁 후원에 왕실 도서관이자 학술 연구 및 정책 자문 기관으로 규장각을 설치하였어요.

37 노비 　　　　　　　　　　　　　　　　　정답 ③

> **키워드 문제분석**
> - 만적 등이 공·사노비를 불러 모아 모의함
>   = (가) 만적의 난(1198)
> - 노비를 안검하여 그 시비를 분별하도록 명함
>   = (나) 노비안검법(956)
> - 과부가 재가하는 것을 자신의 의사대로 하게 함, 공노비와 사노비에 관한 법을 일체 혁파함
>   = (다) 제1차 갑오개혁(1894)
> - 내노비와 시노비를 양민으로 삼도록 함
>   = (라) 공노비 해방(1801)

(나) 고려 광종은 부당하게 노비가 된 사람들을 조사하여 양민 신분으로 회복시키는 노비안검법을 실시하였어요. 이를 통해 호족의 세력을 약화하고 국가 재정을 확충하였어요.
(가) 만적의 난은 고려 무신 집권기 대표적인 하층민의 봉기로 사노비 만적이 주도하였어요. 만적의 난은 차별적 신분 질서를 극복하려는 신분 해방 운동의 성격도 있었어요.
(라) 조선 순조는 국가 재정 확보를 위해 궁방과 중앙 관서에 소속된 6만여 명의 공노비를 해방시켜 양민으로 삼도록 하고 노비 문서를 불태우도록 하였어요.
(다) 1894년에 일본의 강요로 구성된 김홍집 내각은 최고 정책 결정 기관으로 군국기무처를 설치하고 제1차 갑오개혁을 추진하였어요. 군국기무처는 과거제 폐지, 공·사 노비법(신분 제도) 폐지, 과부의 재가 허용, 개국 기년 사용, 6조를 8아문으로 개편, 탁지아문으로의 재정 일원화, 은 본위제 채택 등의 개혁을 추진하였어요.

정답과 해설

③ (나) 노비안검법(956) → (가) 만적의 난(1198) → (라) 공노비 해방(1801) → (다) 제1차 갑오개혁(1894)

38 노비 정답 ①

ㄱ. 고려 무신 집권기(최충헌)인 신종 때 개경에서 만적을 비롯한 노비들이 신분 해방을 도모하여 봉기를 계획하였으나 발각되면서 실패하였어요. 만적의 난은 무신 집권기에 발생한 대표적인 하층민의 봉기예요.

ㄴ. 노비안검법은 억울하게 노비가 된 사람들을 조사하여 양민으로 해방시킨 법이에요. 노비는 호족의 경제적·군사적 기반이었기 때문에 노비안검법의 시행으로 호족의 세력이 약화되었어요. 또한, 조세를 부담하는 양민의 수가 증가하여 국가 재정이 확충되었어요.

ㄷ. 1894년에 청·일 전쟁을 일으킨 일본의 강요로 구성된 김홍집 내각은 군국기무처를 설치하고 제1차 갑오개혁을 추진하였어요. 조선 후기 영조는 백성의 군역 부담을 줄여 주기 위한 목적으로 군포를 1년에 2필에서 1필만 납부하게 하는 균역법을 시행하였어요. 균역법 시행으로 줄어든 재정 수입은 결작, 어·염세, 선박세, 선무군관포 등으로 보충하였어요.

ㄹ. 조선 후기에 노비 제도가 점차 무너졌어요. 노비들이 도망, 군공, 납속 등으로 신분을 상승하는가 하면 정부가 양인의 수를 늘리기 위해 노비종모법을 시행하였고, 1801년에 순조는 6만 6천여 명의 공노비를 해방하였어요. 조선 후기 철종 때 진주 농민 봉기를 시작으로 임술 농민 봉기가 발생하자 정부는 봉기를 수습하기 위해 박규수를 안핵사로 파견하고 삼정이정청을 설치하였어요. 그러나 농민 봉기의 근본적인 원인을 해결하지는 못하였어요.

39 자기의 역사 정답 ③

키워드 문제분석
- 태토와 유약이 모두 백색임 = (가) 백자
- 고려인이 푸른 빛깔을 비색이라 함 = (나) 순청자
- 분장회청사기(분청사기) = (다) 분청사기
- 백자 위에 코발트로 그림을 그린 후 구운 자기 = (라) 청화 백자
- 표면에 무늬를 파고 백토와 자토를 그 자리에 넣어 구워낸 자기 = (마) 상감 청자

(가) 조선 중기부터 순백색의 바탕흙 위에 유약을 발라 구운 자기인 백자가 본격적으로 생산되었고, 이로 인해 분청사기가 쇠퇴하였어요.

(나) 고려 전기에는 무늬나 장식이 없는 푸른 빛깔의 고려청자인 순청자가 주로 만들어졌어요.

(다) 조선 초기에는 회색 계통의 바탕흙 위에 백토로 표면을 분장한 후 유약을 발라 구운 분청사기가 유행하였어요.

(라) 조선 후기에는 백자 위에 회회청 또는 토청 등의 코발트 안료를 사용하여 푸른색으로 그림을 그려 넣은 청화 백자가 유행하였어요.

(마) 고려 중기에는 그릇 표면에 무늬를 새기고 그 안을 백토나 흑토로 채우는 상감 기법을 이용하여 만든 상감 청자가 유행하였어요. 상감 기법은 고려의 독창적인 청자 기법이에요.

① 조선 시대에 만들어진 백자 달 항아리예요.
② 고려 시대에 만들어진 순청자인 청자 오리모양 연적이에요.
③ 청동기 시대에 만들어진 민무늬 토기로, 가지무늬 토기예요.
④ 조선 후기에 만들어진 청화 백자인 백자 청화 매죽문 항아리예요.
⑤ 고려 시대에 만들어진 상감 청자인 청자 상감 운학문 매병이에요.

40 역사서 정답 ⑤

키워드 문제분석
- 우리 해동 삼국도 역사가 길고 오래되어 그 사실이 책으로 기록되어야 함, 폐하께서 늙은 신하에게 명함 = (가) 김부식 《삼국사기》
- 고려가 발해사를 편찬하지 않음, 군고·신고·지리고·직관고·의장고·물산고·국어고·국서고·속국고 = (나) 유득공 《발해고》
- 역사는 '아'와 '비아'의 투쟁의 기록임 = (다) 신채호 《조선상고사》

고려 전기 김부식은 인종의 명을 받아 《삼국사기》를 편찬하였어요. 《삼국사기》는 기전체로 쓰였어요. 조선 후기에 유득공은 《발해고》를 저술하여 '남북국'이라는 용어를 처음으로 사용하였어요. 일제 강점기에 신채호는 《조선상고사》를 저술하여 민족주의 사학의 기초를 마련하였어요.

① 이제현은 고려 말 충선왕이 원의 연경에 세운 만권당에서 원의 학자들과 교유하였고, 《역옹패설》과 《사략》을 저술하였어요.
② 최충은 고려 문종 때 사립 교육 기관으로 문헌공도라고 불리기도 한 9재 학당을 설립하여 사학을 진흥시켰어요.
③ 김정희는 조선 후기에 《금석과안록》에서 북한산비가 신라 진흥왕 순수비임을 처음으로 고증하였어요.
④ 박은식은 일제 강점기에 국혼의 중요성을 강조하고, 일제의 국권 침탈 과정을 폭로한 《한국통사》를 저술하였어요.
⑤ 신채호는 의열단의 활동 지침이 된 〈조선 혁명 선언〉을 작성하여 폭력을 통한 민중의 직접 혁명을 주장하였어요.

41 역사서 정답 ②

① 고려 후기에 승려 일연은 불교사를 중심으로 고대의 민간 설화 등을 수록한 《삼국유사》를 편찬하였어요.
② 고려 시대에 김부식은 유교 사관에 입각하여 본기, 연표, 잡지, 열전 등 기전체 형식으로 서술한 《삼국사기》를 편찬하였어요.

③ 《조선왕조실록》은 각 왕대의 역사를 편년체로 기록한 역사서로, 태조부터 철종까지 편찬되었어요. 왕이 죽으면 실록청을 설치하고, 실록청에서 사초와 시정기 등을 바탕으로 편찬하였어요.
④ 고려 시대에 이규보는 〈동명왕편〉에서 고구려 건국 시조인 주몽의 일대기를 서사시로 표현하였어요.
⑤ 우리 역사의 시작을 단군 조선으로 삼은 역사서에는 대표적으로 《삼국유사》, 《제왕운기》, 《동국통감》 등이 있어요.

42 대외 관계 정답 ③

키워드 문제분석
- 살리타이, 처인성 = (가) 몽골의 2차 침입(1232)
- 평양 포위, 보장왕 항복 = (나) 고구려 멸망(668)
- 용골산성, 정봉수 = (다) 정묘호란(1627)
- 부사 송상현, 왜적 = (라) 임진왜란(1592)

(나) 고구려가 당과 대립하던 시기 신라는 백제의 공격으로 어려움에 처하여 고구려에 도움을 요청하였으나 거절당하였어요. 이후 신라는 당과 동맹을 맺어 백제를 멸망시켰고, 이어 권력 다툼으로 혼란에 빠진 고구려를 멸망시켰어요.
(가) 고려 고종 때 일어난 몽골의 2차 침입 당시 승려 김윤후는 처인성에서 몽골 장수 살리타를 사살하고 몽골군을 격퇴하였어요. 이후 몽골의 침입을 막아 낸 공을 인정받아 처인부곡은 처인현으로 승격되었어요.
(라) 임진왜란 발발 직후 부산진성 전투에서 정발이 전사하였고, 이어 동래성 전투에서 송상현이 전사하였어요. 이후 일본군은 한양을 향해 빠르게 진격하였어요.
(다) 정묘호란 당시 용골산성에서 정봉수와 이립 등이 의병을 일으켜 후금의 군대에 맞서 싸웠어요.

③ (나) 고구려 멸망(668) → (가) 몽골의 2차 침입 시기(처인성 전투, 1232) → (라) 임진왜란(1592) → (다) 정묘호란(1627)

43 부산의 역사 정답 ①

① 조선 후기에 일부 사상은 전국의 장시를 연결하는 유통망을 가지고 거대한 자본을 축적하였어요. 동래(오늘날 부산)의 내상, 의주의 만상, 개성의 송상, 한강을 기반으로 한 경강상인이 대표적인 사상이었어요.
② 신라는 고구려 멸망 이후 한반도 전체를 차지하려고 하는 당 세력을 몰아내기 위해 신라로 귀순한 안승을 오늘날 익산인 금마저에 머물게 하고 보덕국의 왕으로 임명하는 등 고구려 부흥 운동을 지원하였어요.
③ 홍경래의 난은 홍경래, 우군칙 등의 주도로 세도 정치와 지역 차별에 반발한 평안도 가산에서 일어난 봉기예요.
④ 고려 무신 집권기 때 개경에서 만적을 비롯한 노비들이 신분 해방을 도모하여 봉기를 계획하였으나 사전에 발각되었어요.

⑤ 1923년 전라남도 목포 근해의 섬인 신안 암태도의 농민들은 고율의 소작료를 징수하는 지주 문재철에 맞서 소작 쟁의를 일으켰고, 그 결과 소작료를 낮추는 성과를 거두었어요.

44 여진과의 관계 정답 ④

키워드 문제분석
윤관 + 9성 설치 = 여진

윤관은 고려 숙종 때 여진을 정벌하기 위해 별무반 편성을 건의하였고, 예종 때 별무반을 이끌고 동북 지방의 여진을 정복한 후 동북 9성을 축조하였어요.

① 신라의 외교 문서를 작성하는 데 큰 역할을 하였던 강수는 당이 인질로 잡고 있던 무열왕의 아들 김인문의 석방을 요구하는 글인 〈청방인문표〉를 지어 보냈어요.
② 고려 우왕 때 나세, 심덕부, 최무선 등은 화통도감에서 제작한 화약과 화포를 이용해 진포에서 왜구를 크게 물리쳤어요(진포 대첩).
③ 고려 창왕 때 박위는 왜구의 침입이 잦아지자 왜구의 근거지인 쓰시마섬을 토벌하였어요.
④ 조선 태종은 여진에 대한 회유책으로 국경 지대인 경성과 경원에 무역소를 설치해 무역을 허락하였어요.
⑤ 조선은 임진왜란으로 일본과 교류하지 않다가 광해군 때 일본의 요청에 따라 기유약조를 체결하여 무역을 재개하였어요.

45 관리 등용 제도 정답 ③

키워드 문제분석
- 독서삼품 = (가) 독서삼품과(통일 신라)
- 쌍기의 의견으로 처음 실시 = (나) 과거제(고려)
- 조광조, 천거 = (다) 현량과(조선)
- 시험을 거쳐 임명 = (라) 과거제 폐지(제1차 갑오개혁)

(가) 독서삼품과는 통일 신라 원성왕 때 유교 경전 시험으로 관리를 선발하였던 제도로, 진골 귀족의 반대로 큰 성과를 거두지 못하였어요.
(나) 고려 광종은 쌍기의 건의를 받아들여 최초로 시험으로 관리를 선발하는 과거제를 실시하였어요.
(다) 조선 중종 때 조광조 등 사림 세력은 자신들의 정치적 입지를 강화하기 위해 사림 세력의 천거를 통한 관리 선발 제도인 현량과 실시를 주장하였어요.
(라) 조선 말 1894년에 제1차 갑오개혁으로 과거제가 폐지되면서 신분에 관계없이 시험을 통해 인재를 등용하였어요.

ㄱ. 고려 성종은 최승로의 시무 28조를 받아들여 유교 정치 이념을 바탕으로 체제를 정비하였는데, 전국 주요 지역에 12목을 설치하여 지방관을 파견하였어요.
ㄴ. 고려 광종은 왕권 강화를 위해 노비안검법을 시행하였고, 쌍기의 건의를 받아들여 과거제를 실시하였어요.

정답과 해설

ㄷ. 조선 중종은 훈구 세력을 견제하기 위해 조광조와 같은 사림 세력을 등용하였어요. 조광조는 위훈 삭제, 소격서 폐지, 현량과 설치 등 개혁 정책을 주장하였는데, 기묘사화 때 훈구 세력에 의해 축출되었어요.

ㄹ. 조선 철종은 임술 농민 봉기를 수습하기 위해 박규수를 안핵사로 파견하고 삼정이정청을 설치하였지만 효과는 없었어요.

46 관리 등용 제도 　　정답 ②

① 고려 태조는 고려 건국과 후삼국 통일 과정에서 공을 세운 신하들에게 공로와 인품에 따라 역분전을 지급하였어요.
②고려 광종 때 과거제가 실시되어 시험 감독관인 지공거와 합격자 사이에 좌주와 문생 관계가 형성되면서 정치적 관계를 이루었어요.
③ 고려의 과거제는 문관을 뽑는 문과(제술과, 명경과), 기술관을 뽑는 잡과, 승려를 대상으로 한 승과로 구성되었어요.
④ 조선의 과거제는 문과, 무과, 잡과로 이루어졌고 문과는 소과(생진과)와 대과(문과)로 구성되었어요. 그중 대과는 초시, 복시, 전시의 3단계 시험을 거쳐 33인을 합격자로 선발하였어요. 초시는 성균관에서 실시하는 관시, 한성부에서 실시하는 한성시, 각 지방에서 실시하는 향시로 나누어졌어요.
⑤ 제2차 갑오개혁이 시작된 1894년 12월에 홍범 14조가 제정되었고, 1895년 1월에 고종이 종묘에 나가 독립 서고문을 바치고 홍범 14조를 반포하였어요. 이를 계기로 재판소가 설치되었고, 탁지부 산하에 관세사, 징세서가 설치되었어요. 또한, 고종은 개혁 추진 과정에서 교육입국 조서를 반포하였고, 이후 정부는 한성 사범 학교 관제, 소학교 관제, 외국어 학교 관제 등을 제정하여 근대 교육 제도를 마련하였어요.

47 근대 문물의 수용 　　정답 ④

① 기기창은 근대식 무기 제조 공장으로 청에 파견되었던 영선사와 유학생들의 주도로 설립되었어요. 우리나라 최초의 근대 신문인 한성순보가 간행된 곳은 박문국이에요.
② 제중원은 우리나라 최초의 서양식 근대 병원이에요. 설립 당시 이름은 광혜원이었으나 곧 제중원으로 개칭되었어요. 고종의 황제 즉위식이 거행된 장소는 경운궁(오늘날 덕수궁) 환구단이에요.
③ 박문국은 출판 업무와 신문 발행을 담당한 관청으로 한성순보, 한성주보 등의 신문을 발행하였어요. 백동화가 주조된 곳은 화폐 발행 기관이었던 전환국이에요.
④대한 제국 시기 황실 도서관으로 지어진 중명전은 경운궁에 있었어요. 1905년에 중명전에서 일제의 강요로 을사늑약이 체결되었어요.
⑤ 원각사는 우리나라 최초의 서양식 극장으로 은세계 등의 신극이 공연되었어요. 나운규의 영화 '아리랑'이 처음 상영된 곳은 단성사예요.

48 노비 　　정답 ⑤

키워드 문제분석　충주성 전투 때 신분 문서 소각 + 군국기무처, 신분 차별 폐지 요구 수용 = **노비**

고려 시대의 충주성 전투(1253)는 노비 등 하층민이 크게 활약한 전투예요. 김윤후는 몽골군이 충주성을 포위하자, 노비 문서를 불태우며 싸움에서 승리하면 신분을 가리지 않고 상을 주겠다고 독려하여 전투를 승리로 이끌었지요. 1894년 군국기무처가 주도한 제1차 갑오개혁에서 신분제와 노비제가 철폐되었어요.

① 신라의 6두품은 골품제를 통해 관등 승진뿐만 아니라 일상생활에도 제한을 받았으며, '득난'이라고도 불렸어요.
② 고려 시대에 특수 행정 구역인 향, 부곡, 소에 거주하는 양민은 과중한 세금을 부담하였고, 거주 이전의 자유도 제한받았어요.
③ 조선 시대에 봉수, 역졸의 업무를 담당한 사람들은 신량역천으로, 신분적으로는 양인에 속하였어요.
④ 조선 후기에 서얼들은 통청 운동을 전개하여 청요직 진출을 시도하였어요.
⑤조선 순조는 공노비를 해방시켜 양민으로 삼도록 하고 노비 문서를 돈화문 밖에서 불태우도록 하였어요.

49 경복궁 　　정답 ①

키워드 문제분석　맨 처음 지은 정궁 + 전란에 의해 불타버린 + 궁궐을 다시 지어 = **경복궁**

경복궁은 태조 이성계가 조선 건국 이후 한양으로 천도하면서 건립한 조선의 첫 궁궐이에요. 경복궁은 조선 왕조의 법궁으로 조선의 왕들은 경복궁에 머물며 나랏일을 보았어요. 약 200년의 기간 동안 조선의 으뜸 궁궐이었던 경복궁은 임진왜란이 발생했을 때 불타버렸어요. 이후 경복궁은 불에 탄 모습으로 방치되어 있다가 조선 고종 때 흥선 대원군이 왕실의 위엄을 높이기 위해 경복궁을 중건하였어요.

①정전은 왕이 나와서 조회를 하던 궁궐의 건물을 말해요. 경복궁의 근정전, 창덕궁의 인정전 등이 대표적인 정전이에요.
② 창경궁은 일제에 의해 내부에 동물원과 식물원이 설치되고 창경원으로 명칭이 격하되었어요.
③ 조선 정조는 창덕궁 후원에 왕실 도서관이자 학술 연구 및 정책 자문 기관으로 규장각을 설치하였어요. 규장각에는 서얼 출신의 검서관이 등용되었어요.
④ 조선 광해군 때 지어진 경희궁은 경복궁의 서쪽에 위치해 서궐이라고 불렸어요.
⑤ 인목 대비는 광해군의 아버지인 선조의 두 번째 왕비예요. 인목 대비는 광해군에 의해 대비의 자리에서 쫓겨나 경운궁(덕수궁)에 유폐되었어요.

50 역사서 정답 ②

키워드 문제분석
- 왕명으로 편찬, 삼국 역사 = (가) 《삼국사기》(고려 전기)
- 연도에 따라, 《자치통감》 = (나) 《동국통감》(조선 전기)
- 괴력난신, 기이편 수록 = (다) 《삼국유사》(고려 후기)
- 남북국 = (라) 《발해고》(조선 후기)

(가) 고려 전기 김부식은 인종의 명을 받아 《삼국사기》를 편찬하였어요. 《삼국사기》는 유교적 합리주의 사관에 따라 본기, 열전 등으로 구성된 기전체로 쓰였어요.

(다) 고려 후기 원 간섭기에 승려 일연은 《삼국유사》를 편찬하였어요. 우리 역사의 독자성과 자주성을 강조하여 우리 민족의 기원을 고조선으로 보았고, 단군의 건국 이야기가 실려 있어요. 또한 불교사를 중심으로 고대의 민간 설화가 기록되어 있어요.

(나) 조선 전기 서거정 등은 성종의 명을 받아 고조선부터 고려 말까지의 역사를 엮은 《동국통감》을 편찬하였어요. 단군 조선에서 삼한까지는 외기로 따로 분류하여 책머리에서 다루었으며, 유교 사관에 근거하여 서술하였어요.

(라) 조선 후기 유득공은 《발해고》를 통해 발해의 역사를 우리 역사의 일부로 편입하였으며, '남북국'이라는 용어를 처음으로 사용하였어요.

② (가) 《삼국사기》(고려 전기) → (다) 《삼국유사》(고려 후기) → (나) 《동국통감》(조선 전기) → (라) 《발해고》(조선 후기)

51 역사서 정답 ②

ㄱ. 고려 시대 김부식은 유교 사관에 입각하여 본기, 열전 등 기전체 형식으로 서술한 《삼국사기》를 편찬하였어요.

ㄴ. 《조선왕조실록》은 각 왕대의 역사를 편년체로 기록한 역사서로, 태조부터 철종까지 편찬되었어요. 왕이 죽으면 실록청을 설치하고, 실록청에서 사초와 시정기를 바탕으로 편찬하였어요.

ㄷ. 고려 후기에 승려 일연은 불교사를 중심으로 고대의 민간 설화 등을 수록한 《삼국유사》를 편찬하였어요. 《삼국유사》는 편년체로 서술되었으며, 단군의 건국 이야기를 수록하였어요.

ㄹ. 조선 성종 때 서거정 등은 고조선부터 고려까지의 역사를 편년체로 정리한 《동국통감》을 편찬하였어요.

52 승려들의 활동 정답 ③

키워드 문제분석
- 화엄 사상, 부석사 건립 = (가) 의상
- 귀법사, '보현십원가' = (나) 균여
- 해동 천태종 창시, 교관겸수 = (다) 의천
- 법화 신앙, 백련 결사 = (라) 요세

① 고려의 혜심은 유불 일치설을 주장하여 심성의 도야를 강조하였는데, 이는 장차 성리학 수용의 사상적 토대가 되었어요.

② 고려의 지눌은 오늘날 순천 송광사에서 불교 개혁 운동인 수선사 결사 운동을 펼쳤으며, 수행 방법으로 정혜쌍수와 돈오점수를 주장하였어요.

③ 고려의 의천은 불교 경전에 대한 주석서를 모아 《교장》을 편찬하였고, 이후 국청사를 중심으로 해동 천태종을 개창하였어요.

④ 9산 선문은 신라 말 확산된 선종 불교의 대표적인 9개 종파예요. 신라의 도의는 9산 선문 중 하나인 가지산문을 개창하였어요.

⑤ 고려 시대의 과거제는 승려를 뽑는 승과가 있었어요. 광종은 승려 가운데 학문과 덕행이 뛰어난 사람을 왕의 스승인 왕사와 나라의 스승인 국사로 삼았는데, 대표적으로 혜거와 탄문이 있어요.

53 조선의 대외 관계 정답 ④

① 《해동제국기》는 신숙주가 일본을 방문하고 조선 성종 때 작성한 기행문이에요.

② 《하멜 표류기》는 네덜란드인 하멜이 제주도에 표류 후 겪었던 일에 대해 서술한 책이에요.

③ 프랑스 파리 외방 선교회는 아시아 지역 선교를 목적으로 창설된 단체로, 조선에도 선교사를 파견했어요.

④ 〈혼일강리역대국도지도〉는 조선 태종 때 김사형, 이무, 이회 등이 제작한 세계 지도로, 우리나라에서 제작된 현존 최고(最古)의 지도예요.

⑤ 1866년에 미국 상선 제너럴셔먼호가 대동강에 나타나 통상을 요구하자 평양 관민들이 배를 불태워버린 사건을 제너럴셔먼호 사건이라고 해요. 이 사건은 1871년에 신미양요가 일어나는 원인이 되었어요.

54 외교 활동 정답 ④

① 신라의 외교 문서를 작성하는 데 큰 역할을 하였던 강수는 당이 인질로 잡고 있던 무열왕의 아들 김인문의 석방을 요구하는 글인 〈청방인문표〉를 지어 보냈어요.

② 고려의 서희는 거란의 1차 침입이 일어났을 때 외교 담판을 통해 전쟁 없이 거란군을 물러가게 하고 강동 6주를 확보하였어요.

③ 조선 세종 때 이예는 일본에 파견되어 일본에게 제한된 범위에서만 무역을 허용하는 계해약조 체결에 기여하였어요.

④ 개항 직후 조선은 미국과 조·미 수호 통상 조약을 체결하였어요. 이후 미국의 공사 파견에 대한 답례로 민영익, 유길준, 홍영식, 서광범 등을 보빙사로 미국에 파견하였어요.

⑤ 대한민국 임시 정부는 프랑스 파리에서 활동하고 있던 김규식을 전권 대사로 임명하여 파리 강화 회의에 독립 청원서를 제출하였어요.

정답과 해설

55 시대별 인쇄 문화   정답 ①

키워드 문제분석
- (가) 《무구정광대다라니경》 = **통일 신라**
- (나) 《팔만대장경》 = **고려**
- (다) 《직지심체요절》 = **고려**
- (라) 갑인자 = **조선**
- (마) 한성순보 = **개항 이후 조선**

① 통일 신라의 경주 불국사 3층 석탑(석가탑)에서 발견된 《무구정광대다라니경》은 현존하는 세계에서 가장 오래된 목판 인쇄물이에요. 주자소는 조선 태종 때 활자 주조와 인쇄 업무를 위해 설치한 기관으로 태종 때 계미자, 세종 때 갑인자가 주조되었어요.
② 고려는 부처의 힘으로 몽골의 침입을 격퇴하고자 강화도에 대장도감을 설치하고 《팔만대장경》을 간행하였어요.
③ 현존하는 최고(最古)의 금속 활자본인 《직지심체요절》은 고려 시대인 1377년에 청주 흥덕사에서 간행되었어요.
④ 조선 세종 때 장영실, 이천 등은 갑인자를 제작하였어요.
⑤ 박문국은 인쇄와 출판을 담당한 기구로 1883년에 설치되었어요. 최초의 근대 신문인 한성순보와 한성주보 등이 박문국에서 간행되었어요.

56 교육 제도   정답 ⑤

① 고구려 소수림왕은 수도에 국립 교육 기관인 태학을 설립하여 귀족 자제들을 대상으로 유학을 교육하였어요.
② 고려 시대에는 최충이 9재 학당(문헌공도)을 설립한 이후 사학에서 많은 과거 합격자를 배출하여 사학 12도가 융성하였고, 상대적으로 관학이 위축되었어요. 이에 고려 조정은 관학을 진흥시키기 위해 노력하였어요.
③ 조선 시대의 국립 교육 기관인 성균관과 향교에는 명륜당과 대성전이 있었으며, 이곳에서 교육과 함께 성현에 대한 제사가 이루어졌어요.
④ 개항 이후 조선 정부는 개화 정책의 일환으로 통역관 양성을 목적으로 한 외국어 교육 기관인 동문학을 설립하였어요. 이후 우리나라 최초의 서양식 관립 교육 기관인 육영 공원을 설립하여 근대 학문 교육을 실시하였어요.
⑤ 제2차 갑오개혁 때 교육의 기본 방향을 밝힌 교육입국 조서가 반포된 이후 한성 사범 학교 관제, 소학교 관제, 외국어 학교 관제 등이 제정되어 각종 관립 학교가 세워졌어요. 배재 학당과 이화 학당은 1880년대에 개신교 선교사들이 설립한 학교예요.

57 시대별 교육 기관   정답 ②

(가) 국학은 신라 신문왕이 설치한 최고 교육 기관으로, 《논어》와 《효경》 등 유교 경전을 교육하였어요. 국학의 수업 연한은 9년이며, 학업을 마치면 대나마, 나마라는 관등을 부여하였어요.
(나) 7재는 고려 예종이 관학 진흥을 목적으로 국자감에 설치한 전문 교육 강좌예요.
(다) 성균관은 고려와 조선의 최고 교육 기관으로 수도에 설치되었어요. 조선 시대에 성균관은 소과에 합격한 생원과 진사에게 입학 자격을 부여하였어요.
(라) 육영 공원은 정부가 양반층 자제에게 서양식 근대 교육을 실시하기 위해 설립한 학교로, 헐버트·길모어 등 외국인 교사를 초빙하기도 하였어요.

ㄱ. 국학은 신라 신문왕이 유교적 소양을 갖춘 인재를 양성하기 위해 설치한 최고 교육 기관이에요.
ㄴ. 조선 시대의 지방 국립 교육 기관인 향교는 전국의 부·목·군·현에 하나씩 설립되어 중앙에서 교수나 훈도가 파견되었어요.
ㄷ. 성균관에서는 성현을 기리는 석전대제를 거행하였어요.
ㄹ. 고종이 1895년 교육입국 조서를 반포한 이후 한성 사범 학교 등이 세워졌어요.

58 대외 관계   정답 ④

키워드 문제분석
- 이종무, 대마도
  = **(가) 이종무의 대마도 정벌(조선 세종, 1419)**
- 김방경·홀돈·홍다구가 일본 정벌, 태풍으로 전함들이 부서짐
  = **(나) 여·원 연합군의 일본 정벌(원 간섭기, 1281)**
- 진포에서 화포를 사용하여 왜구의 배를 불태움
  = **(다) 진포 대첩(고려 말, 1380)**
- 왜장이 수만 명의 군사로 진주성 포위, 진주 목사 김시민
  = **(라) 임진왜란 중 진주 대첩(조선 선조, 1592)**

④ (나) 여·원 연합군의 일본 정벌(원 간섭기, 1281) → (다) 진포 대첩(고려 말, 1380) → (가) 이종무의 대마도 정벌(조선 세종, 1419) → (라) 임진왜란 중 진주 대첩(조선 선조, 1592)

59 지방 통치 체제   정답 ②

키워드 문제분석
- 9주 = **(가) 통일 신라**
- 5도·양계 = **(나) 고려**
- 서북면, 동북면을 평안도, 영길도로 고침 = **(다) 조선**
- 23부의 행정 구역으로 나눔 = **(라) 제2차 갑오개혁**

통일을 이룬 신라는 넓어진 영토를 효율적으로 다스리기 위해 신문왕 때 9주 5소경으로 지방 통치 체제를 정비하였어요. 고려의 지방 통치 체제는 5도 양계와 경기 지역으로 정비되었어요. 조선은 태종 때 서북면(북계)과 동북면(동계)의 명칭을 평안도와 영길도(후에 함경도)로 고쳤어요. 개항 이후인 1895년에 제2차 갑오개혁이 추진되면서 지방 통치 체제가 8도에서 23부로 개편되었어요.

146 시대별 기출문제집 심화

ㄱ. 신라 신문왕은 9주 5소경으로 지방 통치 체제를 정비하였어요.
ㄴ. 고구려는 지방에 욕살(녹살), 처려근지 등의 장관을 두었어요.
ㄷ. 조선은 전국을 8도로 나누고 관찰사를 파견하였으며, 도 아래 부·목·군·현을 두어 모든 군현에 수령을 파견하였어요.
ㄹ. 대한 제국에서 실시한 광무개혁 때 제2차 갑오개혁 때의 23부를 폐지하고 13도제로 개편하였어요.

60 시대별 농민 봉기　　　　　　　정답 ④

키워드 문제분석
- 원종, 애노, 사벌주 = (가) 원종과 애노의 난
- 김사미, 효심 = (나) 김사미와 효심의 난
- 임술년, 진주 = (다) 임술 농민 봉기
- 조병갑, 전봉준 = (라) 고부 농민 봉기

원종과 애노의 난은 신라 말 진성 여왕 시기인 889년에 원종과 애노가 사벌주(오늘날 상주)에서 일으킨 난이에요. 김사미와 효심의 난은 고려 시대인 1193년에 발생한 난이에요. 임술 농민 봉기는 1862년에 진주에서 일어나 전국으로 확산된 농민 봉기예요. 고부 농민 봉기는 1894년에 고부 군수 조병갑의 수탈에 저항하여 전봉준 등이 주도해 일으킨 농민 봉기예요.

ㄱ. 삼정이정청 설치의 계기가 된 봉기는 임술 농민 봉기예요.
ㄴ. 김사미와 효심의 난은 고려 무신 집권기 때의 봉기예요.
ㄷ. 윤원형 일파가 정국을 주도한 시기는 조선 명종 때로, 이 시기에 일어난 대표적인 농민 봉기는 임꺽정의 난이에요.
ㄹ. 전봉준 등은 1894년 고부 군수 조병갑의 수탈에 저항하여 사발통문을 작성하고 고부 농민 봉기를 일으켰어요.

61 유교의 발전　　　　　　　정답 ④

키워드 문제분석
- 이가 발하고 기가 따름 = (가) 이기호발설(이황)
- 불교는 수신의 근본, 유교는 통치의 근본 = (나) 시무 28조(최승로)
- 불씨 = (다) 불씨잡변(정도전)
- 유교계의 개량 주장 = (라) 유교 구신론(박은식)

(나) 고려 시대에 최승로는 성종에게 시무 28조를 올려 유교와 불교의 기능을 구별할 것, 대규모 불교 행사를 철폐할 것, 유교 이념을 바탕으로 국가를 운영할 것 등을 건의하였어요.
(다) 고려 말에 성장한 신진 사대부의 대표적 인물인 정도전은 《불씨잡변》에서 부처를 '불씨'라고 표현하며, 불교의 폐단을 비판하였어요.
(가) 조선 중기의 유학자 이황이 주장한 이기호발설이에요. 이기호발설은 이가 발하고 나서 기가 따른다는 것으로 '기'보다 '이'를 앞선 것으로 보는 주장이에요.
(라) 박은식은 1909년에 〈유교 구신론〉에서 유교계의 폐단을 개혁하고 새로움을 구할 것을 강조하였고, 이를 위해서 양명학을 보급해야 한다고 주장하였어요.

④ (나) 시무 28조(고려 전기) → (다) 불씨잡변(조선 초기) → (가) 이기호발설(조선 중기) → (라) 유교 구신론(개항기)

62 유학자의 활동　　　　　　　정답 ④

ㄱ. 조선 후기에는 성리학을 비판하고 주자와 다른 시각에서 유학을 해석하려는 시도가 있었어요. 박세당은 실천을 강조하는 양명학과 노장사상의 영향을 받아 유학 경전을 주자와 다르게 해석하였는데, 이로 인해 사문난적으로 몰려 귀양을 갔어요. 사문난적은 당시 유교 질서와 학문을 어지럽히는 사람을 비난하는 말이에요.
ㄴ. 최승로는 시무 28조에서 유교 사상에 기반한 왕도 정치를 강조하였어요.
ㄷ. 이황은 《성학십도》, 《주자서절요》 등을 저술하고, 기대승과의 사단칠정 논쟁을 통해 성리학의 이해를 심화시켰어요. 그의 사상은 동인에게 계승되었으며 일본 성리학에도 영향을 주었어요.
ㄹ. 박은식은 양명학의 실천성에 주목하여 유교계의 개혁을 주장하였어요.

63 시대별 왕의 활동　　　　　　　정답 ⑤

① 신라 태종 무열왕은 당과 동맹을 체결하고, 이를 바탕으로 660년에 백제를 멸망시켰어요. 이후 신라는 그의 아들인 문무왕 때 당과 함께 고구려를 멸망시키고 삼국 통일을 이루었지요.
② 고려 태조는 궁예를 몰아내고 왕위에 오른 후 국호를 고려로 바꾸었으며, 후삼국을 통일하였어요.
③ 조선 정조는 영조의 뒤를 이어 적극적인 탕평책을 추진하여 왕권을 강화하였고, 이를 바탕으로 민생 안정책을 실시했어요.
④ 고려 충렬왕은 원의 제국 대장 공주와 혼인하여 원 황실의 부마가 되었어요.
⑤ 중종반정으로 폐위된 왕은 조선 연산군이에요. 광해군은 서인 세력이 주도한 인조반정으로 폐위되었어요.

정답과 해설

기출 모의고사   P. 232~245

01	③	02	②	03	④	04	②	05	③
06	⑤	07	④	08	④	09	②	10	③
11	④	12	①	13	③	14	⑤	15	⑤
16	②	17	⑤	18	⑤	19	③	20	①
21	⑤	22	⑤	23	④	24	③	25	①
26	②	27	③	28	⑤	29	①	30	②
31	①	32	⑤	33	③	34	⑤	35	①
36	⑤	37	③	38	②	39	⑤	40	④
41	⑤	42	⑤	43	①	44	①	45	③
46	⑤	47	③	48	⑤	49	⑤	50	④

01 신석기 시대의 생활 모습   정답 ③

키워드 문제분석   제주 고산리 + 이른 민무늬 토기 = **신석기 시대**

제주 고산리 유적은 부산 동삼동 유적 등과 더불어 우리나라의 대표적인 신석기 시대 유적이에요. 신석기 시대에는 이른 민무늬 토기, 빗살무늬 토기 등 토기를 만들어 사용하기 시작하였어요.

① 청동기 시대에는 고인돌, 돌널무덤 등의 무덤을 만들었어요.
② 청동기 시대와 철기 시대에는 거푸집을 이용하여 청동 검을 제작하였어요.
③ 신석기 시대부터 농경과 목축이 시작되어 한곳에 정착하여 살기 시작하였어요.
④ 구석기 시대 사람들은 주로 동굴에 살면서 사냥과 채집을 통해 식량을 얻었어요.
⑤ 철기 시대부터 쟁기, 쇠스랑 등의 철제 농기구가 농사짓는 데 사용되어 농업 생산력이 크게 늘었어요.

02 위만의 활동   정답 ②

키워드 문제분석   준왕에게 항복 + 준왕을 공격 = **위만**

위만은 중국의 연에서 무리를 이끌고 와 준왕에게 항복한 인물이에요. 준왕의 신임을 얻은 위만은 서쪽 변방의 수비를 담당하며 힘을 키워 준왕을 몰아내고 왕위에 올랐어요. 이때부터를 위만 조선이라고 하며, 위만 조선 때부터 고조선은 철기 문화를 본격적으로 수용하였어요.

① 위만의 손자인 우거왕은 한 무제가 파견한 대규모 군대에 맞서 싸웠으나 결국 패하였어요. 이로써 고조선은 멸망하였어요.
② 위만은 고조선 주변의 진번과 임둔을 복속시켜 세력을 확장하였어요.
③ 고구려 고국천왕은 빈민 구제를 위해 진대법을 실시하였어요.
④ 고구려는 지방의 여러 성에 욕살(녹살), 처려근지 등의 관리를 두어 다스렸어요.
⑤ 고조선은 기원전 3세기에 중국 연의 장수인 진개의 침략을 받아 서쪽 영토를 빼앗겼어요.

03 삼국의 대립   정답 ④

키워드 문제분석
- 온달 + 한강 이북 땅 = (가) **아단성 전투(590)**
- 백제 왕 + 평양성 공격 = (나) **고국원왕 전사(371)**
- 한성 함락 + 백제 왕 죽음 = (다) **한성 함락(475)**

(나) 371년에 백제 근초고왕은 평양성을 공격하여 고구려 고국원왕을 전사시켰어요.
(다) 고구려 장수왕은 남진 정책을 추진하였고, 475년에 백제의 수도 한성을 공격하여 백제 개로왕을 전사시켰어요.
(가) 고구려 영양왕은 신라 진흥왕에게 한강 유역을 빼앗기자 이를 되찾기 위하여 온달을 아단성 전투에 출전시켰으나, 온달은 전사하였어요.

④ (나) 고국원왕 전사(371) → (다) 한성 함락(475) → (가) 아단성 전투(590)

04 백제 무령왕의 업적   정답 ②

키워드 문제분석   22담로에 왕족 파견 = **백제 무령왕**

백제는 고구려 장수왕에게 수도 한성을 빼앗기고 문주왕 때 웅진으로 천도하였어요. 이후 무령왕은 정치적 불안을 안정시키기 위해 아버지 동성왕을 시해한 주범인 백가를 제거하고 22담로에 왕족을 파견하여 중앙 정부의 지방 통제력을 강화하였어요.

① 무왕은 익산에 미륵사를 창건하였어요.
② 무령왕은 중국 남조의 양에 사신을 파견하여 선진 문물을 받아들였어요. 그의 무덤 또한 중국 남조의 영향을 받아 벽돌로 축조되었어요.
③ 근초고왕은 고흥에게 역사서인 《서기》를 편찬하게 하였어요.
④ 침류왕은 동진의 마라난타를 통해 불교를 수용하였어요.
⑤ 성왕은 사비로 천도하고 국호를 '남부여'라고 하였어요.

05 신라 진흥왕의 업적   정답 ③

키워드 문제분석   거칠부가 《국사》 편찬 = **신라 진흥왕**

6세기 중반 신라 진흥왕은 백제 성왕과 함께 고구려를 공격하여 한강 상류 유역을 점령한 후 백제를 공격하여 한강 하류 유역까지 차

148 시대별 기출문제집 심화

지하였어요. 한편 진흥왕은 거칠부에게 명하여 《국사》를 편찬하고, 황룡사를 건립하기도 하였어요.

① 경주 불국사 3층 석탑은 통일 신라 시기인 경덕왕 때 세워진 것으로 추정되어요.
② 선덕 여왕은 천체를 관측하기 위하여 첨성대를 세웠어요.
③ 진흥왕은 대가야를 정복하여 낙동강 일대까지 진출하고 북쪽으로는 함흥평야까지 진출하였는데, 함흥평야까지 영토를 확장한 것을 기념하고자 마운령, 황초령 등에 순수비를 세웠어요.
④ 법흥왕은 532년에 금관가야를 병합하여 영토를 확대하였어요.
⑤ 지증왕은 우경을 장려하고 동시전을 설치하여 시장을 감독하였어요.

06 금관가야의 발전 정답 ⑤

키워드 문제분석 김해 대성동 + 김수로왕 = **금관가야**

김수로왕이 건국한 김해 지역의 금관가야는 전기 가야 연맹을 이끄는 맹주국이었어요. 그러나 고구려 광개토 태왕이 신라에 침입한 왜를 격퇴하면서 가야 연맹까지 공격하여 금관가야는 쇠퇴하였고, 이후 법흥왕에 의해 신라에 병합되었어요.

① 신라는 골품에 따라 관등 승진뿐만 아니라 일상생활에도 제한을 두는 골품제를 시행하였어요.
② 신라에는 만장일치제로 운영되는 귀족 회의인 화백 회의가 있었어요.
③ 부여에서는 왕이 중앙을 다스리고 마가·우가·저가·구가 등이 별도로 사출도를 주관하였어요.
④ 신라는 건국 초기에 박, 석, 김 3성이 교대로 왕위를 계승하다가 내물 마립간 때 김씨의 왕위 세습이 확립되었어요.
⑤ 금관가야에서는 질 좋은 철이 많이 생산되어 낙랑과 왜 등에 수출하며 번성하였어요.

07 신라 신문왕의 업적 정답 ④

키워드 문제분석 9주 + 소경 = **신라 신문왕**

신라 신문왕은 지방을 9주 5소경으로 편제하여 중앙 집권 체제를 강화하고, 군사 조직으로는 9서당 10정을 편성하였어요.

① 법흥왕에 의해 금관가야가 멸망하였어요.
② 지증왕은 이사부를 보내 우산국(울릉도)을 복속하였어요.
③ 진흥왕은 조세를 관장하는 품주를 설치하였어요.
④ 신문왕은 귀족 견제를 위해 관료전을 지급하고 녹읍을 폐지하였어요.
⑤ 원성왕은 유교적 소양을 갖춘 인재를 등용하기 위해 독서삼품과를 실시하였어요.

08 발해의 특징 정답 ④

키워드 문제분석 정혜 공주 + 장문휴의 등주 공격 + 인안, 대흥 = **발해**

발해는 대조영이 고구려 유민과 말갈인을 이끌고 세운 국가예요. 발해는 주변 나라와 교류할 때 고구려를 계승한 국가임을 표방하였는데, 이는 발해가 일본에 보낸 국서에서 잘 드러나요. 대조영의 뒤를 이은 제2대 왕 무왕은 장문휴를 보내 산둥반도의 등주를 공격하는 등 당과 대립하였어요. 한편 발해는 무왕 때 '인안', 문왕 때 '대흥'이라는 독자적인 연호를 사용하여 중국과 대등한 위치에 있음을 나타냈어요.

ㄱ. 고려 성종은 최초의 주조 화폐인 건원중보를 발행하였어요.
ㄴ. 솔빈부의 말은 목축이 발달하였던 발해의 대표적인 특산물이었어요.
ㄷ. 신라 문무왕은 지방관을 감찰하기 위해 사정부에 소속된 외사정을 파견하였어요.
ㄹ. 발해는 거란과의 교류에 활용한 거란도와 당과의 교류에 활용한 영주도를 비롯한 5개의 교역로를 통해 주변국과 교류하였어요.

09 후고구려의 특징 정답 ②

키워드 문제분석 철원 + 궁예 = **후고구려**

궁예는 후고구려를 세운 인물이에요. 궁예는 북원의 호족인 양길의 부하였다가 세력을 키워 양길을 몰아내고 901년에 송악을 도읍으로 하며 후고구려를 세웠어요. 이후 궁예는 국호를 마진, 태봉으로 바꾸고 도읍을 철원으로 옮겼어요.

① 신라 혜공왕 때 각간 대공의 반란이 일어났어요.
② 광평성은 궁예가 설치한 후고구려의 최고 정치 기구로, 고려 초기까지 존속하다가 중서문하성으로 바뀌었어요.
③ 후백제의 견훤은 중국의 후당과 오월에 사신을 파견하고 오월의 왕으로부터 검교태보의 직을 받았어요.
④ 고려 태조(왕건)는 고창 전투(930)에서 후백제군을 격파하면서 후삼국 간의 항쟁에서 주도권을 장악하였어요.
⑤ 발해 선왕은 전국을 5경 15부 62주로 편성하였어요.

10 묘청의 서경 천도 운동 정답 ③

키워드 문제분석 서경 천도 + 금국 정벌 + 대위국 = **묘청의 서경 천도 운동**

고려 인종 때 이자겸의 난이 진압된 이후 묘청, 정지상 등은 서경 천도와 칭제 건원, 금국 정벌 등을 주장하였으나 받아들여지지 않았어요. 그러자 묘청은 1135년에 서경에서 국호를 '대위', 연호를 '천개'라고 하여 난을 일으켰으나 1년 만에 진압되었어요.

정답과 해설

① 현종은 거란의 2차 침입 때 나주까지 피란하였어요.
② 현종은 부처의 힘으로 거란을 물리치고자 초조대장경을 간행하였어요.
③ 묘청 등은 서경에서 난을 일으켰으나 김부식이 이끄는 관군에 의해 진압되었어요.
④ 이성계는 고려 말 우왕 때인 1388년 위화도 회군을 계기로 정권을 장악하였어요.
⑤ 숙종은 여진의 침략에 대응하기 위해 윤관의 건의를 받아들여 기병을 중심으로 한 별무반을 편성하였어요. 이후 예종 때 여진을 정벌하여 동북 9성을 축조하였어요.

11 거란의 침입과 고려의 대응　　정답 ④

키워드 문제분석
- 양규 + 거란군 = (가) 거란의 2차 침입(1010)
- 광군 + 광군사 = (나) 광군 설치(947)
- 소손녕 + 서희 = (다) 거란의 1차 침입(993)
- 강감찬 + 귀주 = (라) 귀주 대첩(1019)

(나) 고려 정종은 947년에 거란의 침입에 대비하여 광군과 광군사를 설치하였어요.
(다) 고려 성종 때인 993년, 거란의 1차 침입이 일어나자 서희는 거란 장수 소손녕을 상대로 외교 담판을 벌여 강동 6주를 획득하였어요.
(가) 강조의 정변(1009)이 구실이 되어 1010년에 거란의 2차 침입이 일어나자, 양규의 활약으로 거란군을 물리쳤어요.
(라) 1018년에 거란이 3차 침입을 일으키자, 1019년에 강감찬이 귀주에서 이를 크게 물리쳤어요(귀주 대첩).

④ (나) 광군 설치(947) → (다) 거란의 1차 침입(993) → (가) 거란의 2차 침입(1010) → (라) 귀주 대첩(1019)

12 고려 공민왕의 업적　　정답 ①

키워드 문제분석
기철 처단 = 고려 공민왕

고려 공민왕은 원·명 교체기를 틈타 반원 자주 정책을 펼쳤어요. 공민왕은 기철 등 친원 세력을 숙청하고 쌍성총관부를 공격하여 철령 이북의 땅을 수복하였어요. 또한 정동행성 이문소를 폐지하였고, 격하되었던 관제를 복구하였으며, 변발과 호복을 금지하였어요.

① 공민왕은 첨의부로 격하되었던 중서문하성과 상서성을 복구하였어요.
② 충렬왕 때 고려는 원의 요청으로 일본 원정에 참여하였어요. 이때 설치된 정동행성은 원정이 실패한 이후에도 부속 기구인 이문소를 통해 고려의 내정에 간섭하였어요.
③ 공양왕 때인 1391년, 조준 등의 건의로 신진 사대부의 경제적 기반을 마련하기 위한 과전법이 제정되었어요.
④ 우왕 때 최영, 이성계 등에 의해 이인임 일파가 축출되었어요.
⑤ 광종은 쌍기의 건의로 과거제를 실시하여 신진 관료를 등용하고자 하였어요.

13 고려의 군사 제도　　정답 ③

키워드 문제분석
2군 6위 + 중방 = 고려

고려의 중앙군은 국왕 친위 부대인 2군(응양군, 용호군)과 수도 경비와 국경 방어를 담당한 6위로 구성되었어요. 그리고 중앙군 지휘관들의 합좌 기구를 중방이라 하였는데, 중방은 무신 정변 이후 최고 권력 기구로 부상하였어요.

① 발해는 관리 감찰을 위해 중앙에 중정대를 설치하였어요.
② 신라는 통일 후 신문왕 때 9주 5소경의 지방 제도를 정비하였어요.
③ 도병마사는 고려 시대에 고위 관료인 중서문하성의 재신과 중추원의 추밀이 모여 국방 문제를 논의한 합좌 기구예요.
④ 신라 원성왕 때 유교적 소양을 갖춘 인재를 등용하기 위해 독서삼품과를 시행하였어요.
⑤ 백제의 지배층은 왕족인 부여씨와 8성의 귀족으로 구성되었어요.

14 고려의 중앙 정치 조직　　정답 ⑤

키워드 문제분석
풍속 교정 + 규찰과 탄핵 업무 = 어사대

고려의 중앙 정치 기구인 어사대는 정치의 잘잘못을 논의하고 풍속을 교정하며, 백관을 규찰하고 탄핵하는 일을 담당하였어요.

① 중서문하성은 고려의 국정 총괄 기구였어요.
② 고려 무신 집권 초기에는 중방이, 최씨 무신 정권 때부터는 교정도감이 무신 정권의 최고 권력 기구로 기능하였어요.
③ 조선의 사헌부는 사간원, 홍문관과 함께 언론 기능을 담당하여 3사라 불렸어요.
④ 도평의사사는 고려 후기의 최고 정무 기구예요. 원 간섭기에 도병마사의 기능이 확대되면서 명칭이 도평의사사(도당)로 바뀌었어요.
⑤ 어사대의 관원은 중서문하성 소속의 낭사와 함께 대간으로 불리며 간쟁, 봉박, 서경 등의 임무를 수행하였어요.

15 조선 태종의 업적　　정답 ⑤

키워드 문제분석
하륜 + 6조 직계 = 조선 태종

150 시대별 기출문제집 심화

두 차례 왕자의 난 이후 왕위에 오른 태종은 왕권 강화를 위해 노력하였어요. 특히 6조 직계제를 시행하여 의정부의 힘을 약화시켰고, 사병을 없애 국왕의 친위 군사를 늘렸어요. 또한 양전 사업과 호패법을 시행하여 세금과 군역을 확보하기 위해 노력하였어요. 한편 문화 측면에서는 주자소를 설치하여 계미자를 주조하고 세계 지도인 〈혼일강리역대국도지도〉를 제작하였어요.

① 세종 때 금속 활자인 갑인자를 제작하였어요.
② 임진왜란 중인 선조 때 유성룡의 건의로 포수·사수·살수의 삼수병으로 구성된 훈련도감을 창설하였어요.
③ 정조는 인재 양성을 위하여 젊고 유능한 문신을 재교육하는 초계문신제를 시행하였어요.
④ 성종은 《경국대전》을 완성하여 통치 체제를 정비하였어요.
⑤ 태종은 문하부에 소속되어 있던 낭사를 언론 기관인 사간원으로 독립시켜 대신들을 견제하였어요.

16 조선 성종의 업적   정답 ②

키워드 문제분석 《국조오례의》+《악학궤범》= 조선 성종

조선 성종은 집현전을 계승한 홍문관을 설치하고 경연을 강화하였어요. 또한 조선의 의궤와 악보를 집대성한 《악학궤범》과 국가 의례를 정비한 《국조오례의》 등을 편찬하여 문물을 정비하였어요. 이 외에도 성종 때 서거정이 저술한 역사서 《동국통감》과 지리서 《동국여지승람》이 편찬되었어요.

① 상평통보는 인조 때 처음 주조되었다가, 숙종 때부터 본격적으로 법화로써 사용되었어요.
② 성종은 세조 때 편찬을 시작한 《경국대전》을 완성·반포하여 유교적 통치 체제를 정비하였어요.
③ 명종 때 기근에 대비하고자 《구황촬요》가 간행되었어요.
④ 정조는 인재 양성을 위해 젊고 유능한 문신을 재교육하는 초계문신제를 시행하였어요.
⑤ 영조는 홍봉한 등에게 명하여 《동국문헌비고》를 편찬해 역대 문물을 정리하였어요.

17 기묘사화   정답 ⑤

키워드 문제분석 소격서 폐지 + 현량과 실시 = 조광조

조선 중종 때의 사림인 조광조는 현량과 실시, 소격서 폐지, 위훈 삭제 등의 개혁을 추진하였어요. 조광조의 급진적 개혁 정치는 중종 및 훈구 세력과 갈등을 빚었고 결국 조광조는 1519년에 기묘사화로 제거되었어요.

① 김종직이 쓴 〈조의제문〉을 제자인 김일손이 사초에 올린 것이 원인이 되어 연산군 때 무오사화(1498)가 일어났어요.
② 서인은 인조반정(1623)을 주도하여 정권을 장악하였어요.
③ 명종 때 외척 사이에 벌어진 권력 다툼으로 을사사화(1545)가 일어나 윤원형 일파(소윤)가 윤임 일파(대윤)를 제거하였어요.
④ 세조 때 성삼문 등은 단종을 복위시키기 위한 계획을 꾸몄어요.
⑤ 조광조는 중종반정에서 공이 없는데 공신으로 책정된 사람들을 공신 목록에서 삭제(위훈 삭제)할 것을 건의하여 훈구의 반발을 샀고, 결국 조광조는 기묘사화로 제거되었어요.

18 조선 정조 재위 시기의 사실   정답 ⑤

키워드 문제분석 수원 화성 + 장용영 = 조선 정조

조선 정조는 아버지인 사도 세자를 추숭하고 수원 화성을 건설하였어요. 또한 정조는 초계문신제를 통해 젊고 유능한 관리들을 재교육하였고, 학술 연구 기관으로 규장각을 설치하였어요. 그리고 왕의 친위대 성격인 장용영을 설치하여 왕권을 군사적으로 뒷받침하였어요.

① 고려 성종은 금속 화폐인 건원중보를 주조하였어요.
② 신라 지증왕은 수도에 시장인 동시를 열고, 동시전을 설치하여 시장을 감독하였어요.
③ 통일 신라 시기에 울산항과 당항성이 무역항으로 번성하였어요.
④ 조선 영조는 백성들의 군역 부담을 줄여 주기 위하여 균역법을 제정하였어요.
⑤ 조선 정조는 신해통공을 단행하여 육의전을 제외한 시전 상인의 금난전권을 폐지하였어요.

19 조선의 중앙 정치 조직   정답 ③

키워드 문제분석 간쟁과 논박 담당 = 사간원

조선의 중앙 정치 기구인 사간원은 '간원' 또는 '미원'이라 불렸으며, 간쟁과 논박을 담당하였어요. 간쟁은 왕의 언행이나 시정에 잘못이 있을 때 이를 바로잡기 위한 것이었고, 논박은 일반 정치 활동에 대한 감시였어요.

① 승정원은 조선 시대에 왕명의 출납을 담당한 왕의 비서 기관이었어요.
② 한성부는 조선 왕조의 수도인 한성(한양)의 행정과 치안을 담당하였어요.
③ 사간원은 사헌부, 홍문관과 함께 3사로 불렸어요. 조선의 3사는 언론 기능을 담당하였고, 권력의 독점과 부정을 방지하는 역할을 하였어요.
④ 춘추관은 실록 등 역사서의 편찬·보관과 관리를 담당하였어요.
⑤ 의금부는 조선 시대 국왕 직속의 사법 기구로, 반역죄, 강상죄 등을 범한 중죄인을 다스렸어요.

정답과 해설

20 임진왜란의 전개   정답 ①

키워드 문제분석: 김시민 + 진주성 전투 + 왜군 = **임진왜란**

김시민의 진주성 전투는 임진왜란 중에 있었던 전투예요. 1592년에 일본군이 조선을 침략하여 부산진성과 동래성이 함락되자, 조선 정부는 신립을 삼도순변사로 임명하고 탄금대에서 일본군에 맞서게 하였으나 패하였어요. 일본군은 한양을 향해 진격하였고, 선조는 의주로 피란길을 떠나는 한편 명에 지원군을 요청하였어요. 이후 이순신을 비롯한 조선 수군, 의병의 활약과 김시민의 진주 대첩·권율의 행주 대첩, 조·명 연합군의 평양성 탈환으로 전세가 역전되었어요. 하지만 강화 회담이 결렬되고 정유재란이 발발하여 1598년에 전쟁이 끝났어요.

①병자호란이 일어나자 임경업은 백마산성에서 청군을 상대로 항전하였어요.
② 1593년 1월, 조·명 연합군이 일본군으로부터 평양성을 탈환하였어요.
③ 1593년 2월, 권율이 행주산성에서 일본군을 격퇴하였어요.
④ 1592년 7~8월에 조헌이 의병을 이끌고 금산에서 활약하였어요. 임진왜란 때는 조헌 외에도 곽재우, 고경명 등 많은 의병이 활약하였어요.
⑤ 1592년 7월, 이순신이 한산도에서 일본 수군을 크게 물리쳤어요(한산도 대첩).

21 병자호란의 전개   정답 ⑤

키워드 문제분석: 남한산성 피란 = **병자호란**

인조반정 이후 조선이 친명배금 정책을 추진하자 후금은 조선을 침략하였다가 일단 화의를 맺고 돌아갔어요(정묘호란, 1627). 후금은 국호를 '청'으로 고친 후 다시 침입해 왔고, 이때 인조는 남한산성으로 피란하여 항전하였지만 결국 청에 항복하였어요(병자호란, 1636).

① 5군영 중 하나인 훈련도감은 임진왜란 중인 1593년에 유성룡의 건의로 설치되었어요.
② 병인양요(1866) 때 프랑스군은 강화도 외규장각에 보관 중이던 도서와 문화유산을 약탈하였어요.
③ 곽재우는 임진왜란 당시 경상남도 의령에서 처음으로 의병을 일으켰어요. 곽재우는 붉은 옷을 입고 싸워 '홍의 장군'이라고도 불렸어요.
④ 조선 광해군은 강홍립을 명과 후금 사이에 일어난 사르후 전투에 파견하여 상황에 따라 대처하도록 하는 중립 외교 정책을 펼쳤어요.
⑤병자호란 당시 전라도 병마사 김준룡은 남한산성에 고립되어 있던 인조를 구하기 위해 광교산에서 청군과 싸워 승리하였어요. 하지만 김준룡 부대는 무기와 식량이 떨어져 수원으로 철수하였어요.

22 정약용의 활동   정답 ⑤

키워드 문제분석: 《흠흠신서》+《마과회통》= **정약용**

조선 후기 실학자인 정약용은 지방 행정 개혁에 관한 《목민심서》와 형법에 관한 《흠흠신서》, 홍역에 관한 의학 지식을 정리한 《마과회통》 등을 저술하였어요. 또한 토지 제도 개혁론으로 일종의 공동 농장 제도인 여전론과 정전제를 주장하였어요.

① 이익은 《성호사설》에서 한전론을 주장하였어요.
② 박지원은 〈양반전〉과 〈허생전〉, 〈호질〉 등의 한문 소설에서 양반의 허례와 무능을 지적하였어요.
③ 홍대용은 《의산문답》에서 무한우주론과 지전설을 주장하며 중국 중심의 세계관을 비판하였어요.
④ 박제가는 《북학의》에서 소비를 우물에 비유하며 권장하였어요.
⑤정약용은 《경세유표》에서 국가 제도의 개혁 방향을 제시하였어요.

23 무신 집권기의 반란   정답 ④

키워드 문제분석:
- 김보당 + 정중부 등 토벌 = (가) **김보당의 난(1173)**
- 만적의 난 = (나) **1198년(최충헌 집권기)**

(가) 김보당은 정중부와 이의방 등이 1170년에 정변을 일으켜 정권을 장악하고 의종을 폐하자, 이에 반발하여 1173년에 난을 일으켰어요.
(나) 최충헌 집권기인 1198년에 사노비 신분이었던 만적이 다른 노비들과 봉기를 계획하였으나 사전에 발각되었어요.
따라서 무신 정권 초기인 1173년 이후부터 최충헌 집권기인 1198년 이전까지의 사실을 골라야 해요.

① 신라의 김헌창은 아버지 김주원이 왕위에 오르지 못한 것에 반발하여 (가) 이전인 822년에 반란을 일으켰어요.
② 최충헌의 아들 최우는 (나) 이후인 1225년에 인사 행정 기구인 정방을 설치하였어요.
③ 고려 인종 때 왕실 외척으로 권력을 독점하였던 이자겸은 (가) 이전인 1126년에 자신이 왕이 되기 위해 척준경과 함께 반란을 일으켰으나, 척준경을 포섭한 인종에 의해 진압되었어요.
④최충헌은 (나) 이전인 1196년에 이의민을 제거하고 권력을 장악하였으며, 그해에 명종에게 봉사 10조를 올렸어요.
⑤ 김부식은 (가) 이전인 1135년에 묘청을 비롯한 서경의 반란군을 진압하기 위해 출정하였어요.

24 조선의 궁궐   정답 ③

키워드 문제분석 인정전 + 돈화문 = **창덕궁**

창덕궁은 1405년(태종 5)에 경복궁의 동쪽에 지어진 이궐이에요. 1592년 임진왜란으로 소실되어 선조 말부터 광해군 때 복구가 이루어졌으나 인조반정 때 대부분의 전각이 소실되었고, 이후 방치되다가 인조 때 중건되었어요. 창덕궁은 조선의 역대 왕들이 가장 많이 머물면서 경험한 다양하고 복잡한 왕실 생활이 담겨 있기 때문에 유네스코 세계 유산으로 등재되었어요.

① 경희궁은 경복궁의 서쪽에 위치하여 서궐이라 불리기도 했어요.
② 덕수궁 내의 서양식 건물인 석조전에서 두 차례의 미·소 공동 위원회가 개최되었어요.
③ 조선 정조는 창덕궁 후원 부용지 주변에 왕실 도서관인 규장각을 세웠어요.
④ 일제는 1915년에 경복궁의 일부 건물을 허물고 조선 물산 공진회를 개최하였어요.
⑤ 조선 광해군은 영창 대군을 사사하고 인목 대비를 서궁(덕수궁)에 유폐하였어요.

25 조선 효종의 정책   정답 ①

키워드 문제분석 청에 볼모 + 북벌 = **조선 효종**

조선 효종은 대군 시절에 청의 볼모로 끌려갔다 돌아왔어요. 왕으로 즉위한 이후에는 송시열 등 서인 세력과 함께 명에 대한 의리를 지키고 청에 복수하자는 북벌 운동을 펼쳤어요. 하지만 북벌은 효종의 죽음으로 큰 성과를 거두지 못한 채 중단되었어요.

① 효종은 청의 요청에 따라 두 차례의 나선 정벌에 조총 부대를 파견하였어요.
② 정조는 국왕의 친위 부대인 장용영을 설치하였어요.
③ 숙종은 청과의 국경을 정하는 백두산정계비를 세웠어요.
④ 영조 때 홍봉한 등이 왕명을 받들어 조선의 문물제도를 정리한 《동국문헌비고》를 편찬하였어요.
⑤ 세조는 직전법을 실시하여 과전법 체제에서 지급되던 수신전과 휼양전을 폐지하였어요.

26 신미양요   정답 ②

키워드 문제분석 어재연 + 광성보 = **신미양요**

미국은 제너럴셔먼호 사건(1866)을 빌미로 로저스 제독이 이끄는 함대를 강화도에 파견하여 초지진과 덕진진을 점령하고 광성보를 공격하였어요(신미양요, 1871). 조선군은 어재연을 중심으로 결사 항전하였지만, 광성보를 미군에게 점령당하였어요. 패전에도 불구하고 조선 정부는 항전의 의지를 강하게 밝혔고, 조선을 개항시키는 것이 어렵다고 판단한 미군은 퇴각하였어요.

② 1866년에 병인박해와 병인양요가 일어나고, 1868년에는 남연군 묘에 대한 오페르트 도굴 사건이 일어났어요. 1871년에는 미국이 제너럴셔먼호 사건(1866)을 구실로 강화도를 침략하였어요(신미양요). 같은 해에 흥선 대원군이 척화비를 세워 통상 거부 의지를 밝혔지만 1876년에 일본과의 강화도 조약이 체결되었어요.

27 방곡령   정답 ③

키워드 문제분석 함경도 + 곡물 유출 금지 + 1개월 전 일본에 통보 = **방곡령**

1883년에 체결된 조·일 통상 장정에서 방곡령이 규정되었는데, 함경도 등 조선의 지방관들이 방곡령을 선포하자 일본은 1개월 전 문서 통보 규정을 내세워 이를 철회시켰어요.

① 1905년의 화폐 정리 사업의 결과로 일본은 대한 제국의 금융과 재정을 장악하게 되었어요.
② 일제 강점기 산미 증식 계획에 따라 많은 쌀이 일본으로 반출되어 한국의 식량 사정이 악화되었어요.
③ 1883년에 체결된 조·일 통상 장정에는 일본 상품에 대한 관세 부과, 방곡령, 최혜국 대우 등이 규정되었어요.
④ 일제는 1910년에 임시 토지 조사국을 설치하고 1912년에 토지 조사령을 공포하여 본격적으로 토지 조사 사업을 시행하였어요.
⑤ 대한 제국은 근대적 토지 소유권 제도를 확립하고자 양지아문과 지계아문을 설치하고 양전 사업과 지계 발급을 추진하였어요.

28 갑신정변   정답 ⑤

키워드 문제분석 김옥균 + 일본 공사 + 박영효 = **갑신정변**

김옥균 등 급진 개화파는 급진적 개혁을 추구하여 일본의 지원 약속 아래 우정총국 개국 축하연을 기회로 갑신정변을 일으켰어요(1884). 급진 개화파는 새 정부를 구성한 후 14개조의 개혁 정강을 발표하였어요. 그러나 청군이 개입하면서 정변은 3일 만에 실패로 돌아가고 말았어요.

① 1881년에 조선 정부는 개화 정책의 일환으로 신식 군대인 별기군을 창설하였어요.
② 김기수는 강화도 조약 체결 직후인 1876년에 제1차 수신사로 일본에 파견되었어요.
③ 1875년에 일본 운요호가 강화도에 접근하여 무력시위를 벌였어요(운요호 사건).

④ 《조선책략》의 유포로 미국과의 수교 필요성이 대두되자 1881년에 이만손 중심의 영남 유생들이 만인소를 올려 반대하였어요.
⑤ 우정총국 개국 축하연을 기회로 김옥균, 홍영식, 박영효 등 급진 개화파가 갑신정변을 일으켰어요.

③ 조선 정부는 제1차 갑오개혁(1894) 때 행정 기구를 6조에서 8아문으로 개편하였어요.
④ 군국기무처를 중심으로 제1차 갑오개혁(1894)이 추진되었어요.
⑤ 거문도 사건(1885~1887)은 조선에 접근하는 러시아를 영국이 견제하면서 발생하였어요.

29 동학 농민 운동　　정답 ①

키워드 문제분석
백산 봉기 → (가) 황토현 전투, 황룡촌 전투 → 전주성 점령

1894년 1월에 전봉준이 고부 군수 조병갑의 학정에 대항하여 봉기를 일으키고 고부 관아를 점령하였어요(고부 농민 봉기). 이 봉기는 안핵사 이용태의 횡포로 인해 제1차 동학 농민 봉기로 확대되었으며, 농민군은 황토현과 황룡촌에서 관군을 격파하고 전주성을 점령하였어요. 농민군은 정부와 전주 화약을 체결하고 개혁을 추진하였으나, 일본군이 경복궁을 점령하고 조선 정부를 무력화하였어요. 이에 남접과 북접을 중심으로 한 농민군이 논산에서 연합하여 제2차 봉기를 일으켰지만, 공주 우금치 전투에서 관군·일본군의 연합군에게 패배하였어요.

① 동학 농민군은 제1차 봉기 때인 1894년 4월, 황토현 전투와 황룡촌 전투 등에서 승리하고 전주성을 점령하였어요.
② 동학 농민군의 남접과 북접은 전주성 점령 이후 논산에서 연합하여 재차 봉기하였어요.
③ 동학 농민군이 공주 우금치에서 패한 우금치 전투는 동학 농민군의 제2차 봉기 때로, 전주성 점령 이후예요.
④ 동학 농민군이 정부와 전주 화약을 체결하고 집강소를 설치하여 폐정 개혁안을 실천한 것은 전주성 점령 이후예요.
⑤ 전봉준이 주도한 고부 농민 봉기가 일어난 시기는 백산 봉기 이전이에요.

30 을미개혁　　정답 ②

키워드 문제분석
러·프·독 + 랴오둥 반도 반환 이후 = 삼국 간섭(1895)

일본은 청·일 전쟁에서 승리하고 랴오둥반도를 획득하였지만, 러시아·프랑스·독일의 삼국 간섭으로 청에 랴오둥반도를 반환하게 되었고, 이로 인해 러·일 간의 갈등이 본격화되었어요. 민씨 정권이 친러 정책을 펼치자 일본은 같은 해 을미사변을 일으켜 조선 정부를 장악하고 김홍집 내각을 구성하여 단발령 실시, 태양력 사용 등의 을미개혁을 추진하였어요.

① 청 상인의 내륙 진출을 허용한 조·청 상민 수륙 무역 장정은 1882년 임오군란 직후 체결되었어요.
② 조선 정부는 을미개혁으로 '건양'이라는 연호를 사용하였어요.

31 갑오·을미개혁　　정답 ①

키워드 문제분석
- 노비에 관한 법 혁파 = (가) 제1차 갑오개혁
- 청나라에 의존하는 생각 × = (나) 홍범 14조
- 짐이 머리카락을 자르니 = (다) 을미개혁

(가) 제1차 갑오개혁으로 신분 제도가 폐지되고 공사 노비법이 혁파되었어요.
(나) 1895년 1월 고종은 제2차 갑오개혁의 개혁 방향을 담은 홍범 14조를 반포하였어요.
(다) 1895년 11월 을미개혁 시기 고종은 머리카락을 자르고 신민도 잘 본받으라고 하며 단발령을 시행하였어요.

① 갑오·을미개혁은 1894년 7월부터 1896년 2월까지 추진되었던 일련의 개혁 운동이에요. 제1차 갑오개혁은 김홍집 내각에서 군국기무처의 주도로 전개되었는데, 신분제가 폐지되는 등의 성과를 거두었어요. 이후 군국기무처가 폐지되고 홍범 14조를 중심으로 재판소 제도 도입, 교육입국 조서 반포 등 제2차 갑오개혁이 진행되었어요. 1895년에는 일본이 을미사변을 일으켜 조선 정부를 장악하고 친일 내각을 구성하여 단발령 실시, 태양력 사용 등의 을미개혁을 추진하였어요.

32 대한 제국 시기의 사실　　정답 ⑤

키워드 문제분석
환구단 + 황제 즉위 + 국호 '대한' = 대한 제국

아관 파천 이후 러시아 등 열강들의 이권 침탈이 심화되자 고종의 환궁을 요구하는 상소가 이어졌어요. 이에 고종은 1년여 만에 경운궁(덕수궁)으로 환궁하였고, 환구단에서 황제 즉위식을 거행하고 대한 제국의 수립을 선포하였어요(1897). 대한 제국 시기에는 구본신참을 기본 방침으로 하는 광무개혁이 이루어졌어요.

① 전환국은 근대 화폐의 주조를 위해 1883년에 설치된 기구예요.
② 혜상공국은 1883년에 보부상을 보호하기 위해 설치된 기구예요.
③ 보빙사는 조·미 수호 통상 조약 체결 이후 미국 공사 부임에 대한 답방으로 1883년에 미국에 파견된 사절단이에요.
④ 조·청 상민 수륙 무역 장정은 1882년 임오군란 이후 조선과 청 사이에 체결된 조약이에요.
⑤ 대한 제국은 1898년부터 1904년까지 양전 사업을 추진하여 근대적 토지 제도와 지세 제도를 수립하고자 하였어요. 이 과정에서 근대적 토지 소유 증명서인 지계를 발급하였어요.

33 을사늑약 체결에 대한 저항   정답 ③

키워드 문제분석 헤이그 + 이상설 + 특사 = 헤이그 특사

일제는 1905년에 러·일 전쟁 승리 이후 무력으로 대한 제국을 압박하여 을사늑약 체결을 강요하였고, 대한 제국의 외교권을 강탈하였어요. 이에 고종은 1907년에 이준, 이상설, 이위종을 네덜란드 헤이그에서 열린 만국 평화 회의에 특사로 파견하였어요. 하지만 일제의 방해와 강대국의 외면으로 특사 파견은 실패하였고, 일제에 의해 고종이 강제로 퇴위당하고 말았어요.

① 임오군란(1882)은 조선 정부의 구식 군인에 대한 차별이 계기가 되어 발생하였어요.
② 동학 농민군은 조선 정부와 전주 화약(1894)을 체결한 후 집강소를 설치하고 개혁을 추진하였어요.
③ 고종은 을사늑약이 무효임을 알리기 위해 헤이그에 특사를 파견하였어요(1907).
④ 일제는 조선 태형령(1912)을 제정하여 한국인에 한해서만 태형을 적용하였어요.
⑤ 일제는 한·일 신협약(1907)을 맺고, 부수 비밀 각서로 대한 제국의 군대를 강제로 해산하였어요.

34 보안회의 활동   정답 ⑤

키워드 문제분석 보안회 = 일본의 황무지 개간권 요구 반대 운동

보안회는 1904년에 서울에서 조직된 애국 계몽 운동 단체예요. 러·일 전쟁 중 일본이 대한 제국 정부에 황무지 개간권을 요구하자 대중 집회를 열어 일본의 요구를 철회시켰어요.

① 시전 상인들은 외국 상인들의 내륙 진출에 대항하여 철시 투쟁을 전개하였어요.
② 김옥균 등의 급진 개화파는 일본의 지원을 약속 받아 1884년에 갑신정변을 일으켰어요.
③ 백정들은 일제 강점기인 1923년부터 형평 운동을 전개하여 백정에 대한 사회적 차별을 철폐하고자 하였어요.
④ 동아일보는 1931년~1934년에 브나로드 운동이라는 이름으로 농촌 계몽 운동을 펼쳤어요.
⑤ 보안회는 대중 집회를 열어 일본의 황무지 개간권 요구를 철회시켰어요.

35 1920년대 문화 통치   정답 ①

키워드 문제분석 총독 임용 범위 확장 + 문화적 정치
= 1920년대 이른바 '문화 통치'

3·1 운동에서 드러난 한국인의 반발에 충격을 받은 일제는 통치 방식을 무단 통치에서 이른바 '문화 통치'로 바꾸었어요. 일제는 한국인을 위한 통치를 표방하며 문관 총독 임용, 보통 경찰제 실시, 언론 활동 허용 등 유화책을 실시하였어요. 그러나 실제로 문관 총독은 임명되지 않았고, 경찰 수와 예산은 큰 폭으로 증가하였으며, 언론에 대한 검열과 탄압이 이어졌어요. 또한 일제는 적극적으로 각계각층에서 친일파를 육성하여 민족 분열을 꾀하였어요.

① 3·1 운동에 충격을 받은 일제는 통치 방식을 무단 통치에서 이른바 '문화 통치'로 변경하였어요.
② 조선 사상범 예방 구금령은 1941년에 독립운동가를 탄압하기 위해 제정되었어요.
③ 1930년대 초 전개된 문맹 퇴치 운동인 브나로드 운동은 동아일보의 주도로 추진되었어요.
④ 농민 운동과 노동 운동의 연합 단체인 조선 노농 총동맹은 일제의 탄압과 내부 분열로 활동이 어려워지자 1927년에 조선 노동 총동맹과 조선 농민 총동맹으로 단체를 분리·설립하였어요.
⑤ 일제는 1937년 중·일 전쟁을 일으킨 이후 한국인의 정체성을 말살하기 위해 황국 신민화 정책을 추진하였어요.

36 하와이 지역의 독립운동   정답 ⑤

키워드 문제분석 이민 + 사탕수수 농장 = 미국 하와이

대한 제국 시기부터 하와이, 미국 본토, 멕시코 등의 지역으로 이주가 시작되었어요. 이주민들은 사탕수수 농장, 철도 공사장 등에서 중노동을 하며 점차 한인 사회를 형성하였어요.

① 한인 애국단 소속의 이봉창은 일본 도쿄에서 일왕의 마차에 폭탄을 던졌어요.
② 최재형, 이종호 등은 연해주에서 항일 독립운동 단체인 권업회를 조직하고 기관지로 권업신문을 발간하였어요.
③ 이상설 등은 북간도 용정촌에 민족 교육 기관인 서전서숙을 설립하였어요.
④ 신민회 회원들은 서간도 삼원보에 신흥 강습소를 세웠어요.
⑤ 대한인 국민회 하와이 지방 총회는 박용만을 중심으로 대조선 국민군단을 조직하였어요.

37 광주 학생 항일 운동   정답 ⑤

키워드 문제분석 한·일 학생 간 충돌 + 광주 = 광주 학생 항일 운동

1929년에 전라남도 광주로 통학하는 열차에서 일본 남학생이 한국 여학생을 희롱한 사건을 계기로 한·일 학생 사이에 충돌이 일어났어요. 그런데 경찰과 교육 당국이 일본인 학생만 두둔하자 광주 등지의 학생들은 민족 차별 중지와 식민지 교육 제도 철폐를 요구하며 궐기하였고, 전국 규모의 항일 투쟁으로 확대되었어요.

정답과 해설 155

정답과 해설

① 조선 형평사는 백정에 대한 사회적 차별 철폐를 목표로 경남 진주에서 형평 운동을 전개하였어요.
② 1926년에 민족주의 진영, 사회주의 진영, 학생 단체가 순종의 인산일을 기회로 삼아 6·10 만세 운동을 계획하였어요.
③ 1919년 3·1 운동을 계기로 중국 상하이에 대한민국 임시 정부가 수립되었어요.
④ 6·10 만세 운동의 영향으로 국내에서 민족 유일당 운동이 추진되었어요.
⑤ 신간회는 광주 학생 항일 운동을 지원하기 위해 진상 조사단을 파견하고 민중 대회를 개최하고자 하였어요.

38 한인 애국단   정답 ②

키워드 문제분석   윤봉길 + 훙커우 의거 = 한인 애국단

대한민국 임시 정부는 1923년 국민대표 회의 결렬 이후 세력이 흩어지며 침체 상태를 면치 못하였어요. 이에 김구는 1931년에 한인 애국단을 조직하여 의열 투쟁을 전개하고 임시 정부에 활력을 불어넣고자 하였어요. 한인 애국단 소속의 윤봉길은 중국 상하이 훙커우 공원에서 열린 상하이 사변 전승 기념식 및 일왕의 생일 축하 행사에 참가한 일본 고위 관료와 장교에게 폭탄을 던졌어요.

① 김원봉의 주도로 결성된 의열 투쟁 단체인 의열단은 신채호가 작성한 〈조선 혁명 선언〉을 활동 지침으로 삼았어요.
② 김구가 1931년에 중국 상하이에서 조직한 한인 애국단은 의열 투쟁을 통해 우리 민족의 독립운동에 활력을 불어넣었어요.
③ 강우규는 1919년에 노인단 소속으로 제3대 총독으로 부임하는 사이토 마코토가 탄 마차를 향해 폭탄을 던졌어요.
④ 이상재 등은 한국인의 고등 교육 필요성을 인식하고 조선 민립 대학 기성회를 조직(1923)하여 민립 대학 설립 운동을 전개하였어요.
⑤ 신간회는 광주 학생 항일 운동(1929)이 일어나자 진상 조사단을 파견하고 민중 대회를 개최하고자 하였어요.

39 대한민국 임시 정부   정답 ⑤

키워드 문제분석   3·1 운동 영향 + 상하이에 수립 = 대한민국 임시 정부

3·1 운동을 계기로 국내외 민족 운동이 활성화되면서 각지의 임시 정부가 중국 상하이의 임시 정부로 통합되었고, 이로써 1919년에 대한민국 임시 정부가 수립되었어요.

ㄱ. 신민회는 대성 학교, 오산 학교를 설립하여 민족 교육에 힘썼어요.
ㄴ. 신간회는 광주 학생 항일 운동이 일어나자 진상 조사단을 파견하여 지원하였어요.
ㄷ. 대한민국 임시 정부는 미국에 구미 위원부를 설치하여 외교 활동을 전개하였어요.
ㄹ. 대한민국 임시 정부는 임시 사료 편찬회를 두어 한·일 관계의 역사를 통해 우리 민족의 독립을 주장하려고 《한·일 관계 사료집》을 간행하였어요.

40 한국광복군   정답 ④

키워드 문제분석   대한민국 임시 정부 산하 조직 = 한국광복군

1940년에 충칭에 정착한 대한민국 임시 정부는 정규군인 한국광복군을 창설하여 본격적인 항일 전쟁을 준비하였어요. 태평양 전쟁이 일어나자 일제에 선전 포고를 하고 한국광복군을 연합군의 일원으로 참전시켰어요. 한국광복군은 영국군의 협조 요청에 따라 인도·미얀마 전선에 파견되어 선전 활동, 포로 심문 등을 담당하였고, 미국과 연합하여 국내 진공 작전을 계획하였어요.

① 숭무 학교는 1910년에 이근영 등이 멕시코에 건립한 무관 양성 학교예요.
② 지청천이 이끌었던 한국 독립군은 중국 호로군과 함께 쌍성보 전투(1932)에서 일본군을 격퇴하였어요.
③ 조선 의용대 화북 지대는 중국 호가장에서 일본군의 습격에 맞서 싸웠어요.
④ 한국광복군은 미국 전략 정보국(OSS)과 협력하여 국내 정진군을 편성하고 국내 진공 작전을 계획하였어요.
⑤ 1938년에 우한에서 중국 관내 최초의 한인 무장 부대인 조선 의용대가 창설되었어요.

41 일제의 식민지 교육 정책   정답 ⑤

키워드 문제분석
• 보통학교 수업 연한 4년 = (가) 제1차 조선 교육령(1911)
• 경성 제국 대학 설립 = (나) 1924년

일제는 1911년에 제1차 조선 교육령을 발표하여 보통 교육과 실업 교육 위주로 편성하고, 고등 교육의 기회는 거의 제공하지 않았어요. 한국인들은 이러한 일제의 식민지 우민화 교육에 불만을 가졌고, 1923년에 이상재를 중심으로 조선 민립 대학 설립 기성회를 조직하여 모금 운동을 전개하였어요. 하지만 일제의 방해와 홍수·가뭄 등으로 모금에 실패하였고, 일제는 한국인의 불만을 무마하고자 1924년에 경성 제국 대학을 설립하였어요.

① 육영 공원은 1886년에 설립된 최초의 근대식 관립 학교예요.
② 국문 연구소는 1907년에 학부 안에 설치된 국어 연구 기관이에요.
③ 교육입국 조서는 제2차 갑오개혁 시기인 1895년에 반포되었어요.
④ 국민 교육 헌장은 박정희 정부 시기인 1968년에 발표되었어요.

⑤ 일제의 식민지 우민화 교육에 불만을 품은 한국인들은 1923년에 조선 민립 대학 기성회를 조직하고 민립 대학 설립 운동을 전개하였어요.

42 이육사의 활동　　　　　　　　　　　정답 ②

키워드 문제분석　　본명이 이원록 = 이육사

이육사는 일제 강점기에 활동한 시인이자 독립운동가예요. 의열단에 가입하여 폭탄 의거와 연루되어 투옥되었고, 이후 광주 학생 항일 운동에 연루되어 옥고를 치렀어요. 이육사는 본명인 이원록 대신 수감 번호를 자신의 이름으로 사용하였어요.

① 의열단원인 김상옥은 종로 경찰서에 폭탄 의거를 거행하였어요.
② 이육사는 〈청포도〉, 〈광야〉, 〈절정〉 등의 저항시를 남겼어요.
③ 이재명은 명동 성당 앞에서 이완용을 습격하여 중상을 입혔어요.
④ 나운규는 영화 '아리랑'을 제작하였어요.
⑤ 박은식은 《한국통사》를 저술하여 '국혼'을 강조하고 국권 상실의 과정을 담아냈어요.

43 조선어 학회　　　　　　　　　　　정답 ①

키워드 문제분석　　한글 맞춤법 통일안 + 기관지 《한글》 = 조선어 학회

조선어 연구회는 1931년에 조선어 학회로 개편되었어요. 조선어 학회는 《우리말 큰사전》 편찬을 당면 과제로 삼았고, 한글 맞춤법 통일안과 표준어, 외래어 표기법을 제정하였어요.

① 조선어 학회는 《우리말 큰사전》 편찬에 착수하였으나, 조선어 학회 사건으로 단체가 해산되어 완성하지 못하다가 광복 이후에 완성하였어요.
② 제국신문은 대한 제국 시기에 발행된 신문이에요.
③ 영국인 선교사 존 로스는 《조선어 첫걸음》에서 최초로 한글에 띄어쓰기를 도입하였어요.
④ 《언문지》는 조선 후기에 유희가 저술한 한글 연구서예요.
⑤ 대한 제국은 한글 연구를 위해 국문 연구소를 설립하였어요.

44 미군정기의 사실　　　　　　　　　　정답 ①

키워드 문제분석　　조선 인민 공화국 부정 + 미군정 = 미군정기

1945년 8월 15일, 한국이 광복을 맞자 미군은 9월 초에 한반도에 진주하여 군정청을 설치하고 북위 38도선 이남 지역에 대한 직접 통치를 선포하였어요. 그로 인해 대한민국 임시 정부는 물론 여운형이 독립 직후 만든 조선 인민 공화국 등 정부 형태의 조직은 그 어떤 자격도 인정받지 못하였어요.

① 여운형 등은 광복에 대비하기 위해 1944년에 비밀리에 조선 건국 동맹을 결성하였어요.
② 좌우 합작 위원회는 1946년 10월에 신탁 통치 문제, 토지 개혁 문제 등을 담은 좌우 합작 7원칙을 발표하였어요.
③ 유엔 총회에서 인구 비례에 의한 남북한 총선거가 결의되어 1947년 11월에 유엔 한국 임시 위원단이 설치되었어요.
④ 반민족 행위 특별 조사 위원회(반민특위)는 제헌 국회에서 제정된 반민족 행위 처벌법에 근거하여 1948년 10월에 출범하였어요.
⑤ 미군정은 일제가 남기고 간 재산, 즉 귀속 재산의 처리를 위해 1946년 3월에 신한 공사를 설립하였어요.

45 6·25 전쟁　　　　　　　　　　　정답 ③

키워드 문제분석　　인천 상륙 작전 + 서울 수복 = 1950년 9월

미국 국무 장관 애치슨은 미국의 방위선에서 한반도를 제외한다는 애치슨 선언을 발표하였는데, 북한은 이러한 국제 정세를 이용하여 1950년 6월 25일에 남한을 침략하였어요. 북한군이 3일 만에 서울을 함락하고 낙동강 부근까지 진출하였어요. 미국은 유엔 안전 보장 이사회를 소집하고 유엔군을 결성하여 참전하였고, 국군은 다부동 전투에서 승리하여 낙동강 방어선을 사수하였어요. 9월 15일에는 국군과 유엔군의 인천 상륙 작전이 성공하면서 전세가 역전되었어요. 9월 28일에는 서울을 수복하였고, 10월에는 압록강에 이르렀어요. 그러나 유엔군의 만주 진출을 우려한 중국군이 전쟁에 개입하여 전세가 역전되었어요. 결국 국군과 유엔군은 1950년 12월, 흥남 부두에서 해상으로 철수하였어요(흥남 철수).

ㄱ. 1950년 1월에 미국은 태평양 지역 방위선에서 한국과 타이완을 제외한다는 내용을 담은 애치슨 선언을 발표하였어요.
ㄴ. 중국군의 개입으로 국군과 유엔군은 1950년 12월에 흥남 부두에서 해상으로 철수하였어요.
ㄷ. 1951년에 소련의 제안으로 정전 회담이 개최되었어요.
ㄹ. 1950년 8월에 국군은 다부동에서 북한군과 치열한 전투를 벌여 그들의 공세를 방어하였어요.

46 전두환 정부 시기의 사실　　　　　　　정답 ⑤

키워드 문제분석　　프로야구 창단 + 호헌 철폐 = 전두환 정부

전두환 정부는 학원 자율화, 교복 자율화, 해외여행 자유화, 야간 통행금지 해지, 프로야구 출범 등과 같은 유화 정책을 펴는 한편, 중앙 정보부를 국가 안전 기획부로 개칭하고 민주화 운동을 강하게 탄압하였으며, 보도 지침을 통해 언론을 통제하였어요.

① 박정희 정부 시기인 1972년에 7·4 남북 공동 성명이 발표되었어요.

정답과 해설

② 노무현 정부 시기인 2003년에 개성 공단 착공식이 열렸어요.
③ 김대중 정부 시기인 1998년부터 금강산 해로 관광이 시작되었어요.
④ 노태우 정부 시기인 1991년에 남북한은 한반도 비핵화 공동 선언을 채택하였어요.
⑤ 전두환 정부 시기인 1985년에 서울과 평양에서 최초의 이산가족 상봉 행사가 열렸어요.

47 김영삼 정부의 경제 정책   정답 ③

키워드 문제분석: 금융 실명제 = 김영삼 정부

1993년에 출범한 김영삼 정부는 그해에 대통령 긴급 명령으로 금융 실명제를 전격 시행하였고, 1996년에는 경제 협력 개발 기구(OECD)에 가입하였어요. 하지만 1997년에 외환 위기가 도래하면서 국제 통화 기금(IMF)의 구제 금융을 지원받는 대신 재정 긴축, 금융권 구조 조정 등을 약속했어요.

① 박정희 정부 시기인 1970년에 경부 고속 도로가 준공되었어요.
② 박정희 정부는 1962년부터 1966년까지 제1차 경제 개발 5개년 계획을 추진하였어요.
③ 우리나라는 김영삼 정부 시기인 1996년에 경제 협력 개발 기구(OECD)에 가입하였어요.
④ 노무현 정부 시기에 한·미 자유 무역 협정(FTA)이 체결되었으나 국회 비준에 실패하였고, 이명박 정부 시기에 발효되었어요.
⑤ 미군정은 1946년에 신한 공사를 설립하여 귀속 재산을 관리하였어요.

48 5·18 민주화 운동   정답 ⑤

키워드 문제분석: 계엄군 + 시민군 + 광주 = 5·18 민주화 운동

전두환을 중심으로 한 신군부 세력은 12·12 사태(1979)로 정권을 장악한 후, 계엄령을 전국으로 확대하였어요. 이에 5월 18일 광주에서 비상계엄 확대와 휴교령에 반대하는 시위가 일어났어요. 공수 부대가 투입되어 시위 중이던 전남대 학생들을 무자비하게 진압하자 분노한 시민들이 합류하면서 시위가 확산되었어요. 이후 신군부는 진압 과정에서 시민들을 향하여 발포하였고, 이에 광주 시민들은 시민군을 조직하여 대항하였지만, 5월 27일 계엄군에 의해 진압되었어요.

① 윤보선, 김대중 등은 1976년 3월 1일에 명동 성당에서 박정희 유신 체제를 비판하는 3·1 민주 구국 선언을 발표하였어요.
② 6월 민주 항쟁에 참가한 시민들은 전두환 정부의 4·13 호헌 조치에 대한 철폐를 요구하였어요.
③ 3·15 부정 선거를 계기로 일어난 4·19 혁명을 통해 이승만이 대통령 자리에서 물러나고, 국무총리 장면을 행정 수반으로 하는 장면 내각이 수립되었어요(1960).
④ 연세대 학생 이한열은 1987년 6월에 6·10 국민 대회 출정을 위한 총궐기 대회에 참여하였다가 머리에 최루탄을 맞고 쓰러졌어요.
⑤ 5·18 민주화 운동 당시 전라남도 광주 시민들은 신군부의 비상계엄 확대와 휴교령에 반대하는 시위를 전개하였고, 신군부의 무력 진압에 시민군을 조직하여 저항하였어요.

49 김대중 정부 시기의 사실   정답 ⑤

키워드 문제분석: 국제 통화 기금에 차관 요청 = 외환 위기(1997)

외환 위기 가운데 출범한 김대중 정부는 경제 위기를 벗어나기 위해 기업 구조 조정과 부실기업 정리, 금융 개혁 등을 단행하였어요. 이 과정에서 노동자들의 지위와 처우가 열악해질 수 있기 때문에, 김대중 정부는 대통령의 직속 자문 기구로 노사정 위원회를 구성하여 각종 현안 문제의 해결 방안을 논의하였어요.

① 김영삼 정부 시기인 1995년에 전국 민주 노동조합 총연맹(민주 노총)이 창립되었어요.
② 1980년대 중·후반에 국제적으로 나타난 저금리·저유가·저달러로 인한 호황, 이른바 '3저 호황'으로 우리나라는 제2차 석유 파동을 극복하고 경제가 활성화되었어요.
③ 박정희 정부 시기인 1970년대 후반에 제2차 석유 파동이 일어나 그 여파로 경제 불황이 심화되었어요.
④ 김영삼 정부 시기에 대통령의 긴급 명령으로 금융 실명제가 전격 실시되었어요(1993).
⑤ 김대중 정부 시기에 외환 위기 극복을 위해 대통령 직속 자문 기구인 노사정 위원회가 구성되었어요(1998).

50 부산의 역사   정답 ④

키워드 문제분석: 동삼동 패총 + 백산 상회 + 임시 수도 = 부산

부산 동삼동 패총은 대표적인 신석기 시대 유적이에요. 일제 강점기인 1914년 무렵에는 안희제가 부산에 백산 상회를 설립하여 임시 정부에 독립운동 자금을 조달하였어요. 대한민국 정부가 수립된 이후 6·25 전쟁이 일어나자 이승만 정부는 북한군의 공세를 피해 부산을 임시 수도로 삼았어요.

① 이승만 정부의 독재와 3·15 부정 선거에 반발하여 1960년에 대구 지역 학생들을 중심으로 2·28 민주 운동이 전개되었어요.
② 제2차 미·소 공동 위원회는 1947년 5월에 서울의 덕수궁 석조전에서 개최되었어요.

③ 평양 평원 고무공장의 노동자였던 강주룡은 1931년에 평양 을밀대 지붕에서 공장 측의 임금 삭감에 반대하는 고공 농성을 전개하였어요.
④ 의열단원 박재혁은 1920년 부산 경찰서에 폭탄을 투척하였어요.
⑤ 전남 신안군 암태도의 농민들은 지주 문재철의 횡포에 맞서 소작 쟁의를 전개하여 소작료를 낮추는 성과를 이루었어요(신안 암태도 소작 쟁의, 1923~1924).

MEMO

한국사능력검정시험 교육 1위

127만 권 판매 돌파!
36개월 베스트셀러 1위 교재

최신 기출 경향을 완벽 분석한 교재로 가장 빠른 합격!

2주끝장

판서와 싱크 100% 강의로
2주만에 합격(심화/기본)

한권끝장

첫 한능검 응시생을 위한
확실한 개념완성 기본서(심화/기본)

시대별 기출문제집

약점 시대만 집중 공략하는
시대·주제별 기출문제집(심화)

회차별 기출1000제

합격 필수 분량
회차별 20회분 제공(심화)

1주끝장

최빈출 50개 주제로
1주만에 초단기 합격 완성(심화)

초등 한국사

비주얼씽킹을 통해
재미있게 배우는 한국사(기본)

* 에듀윌 한국사능력검정시험 시리즈 출고 기준 (2012년 5월~2025년 5월)
* 2주끝장(심화): YES24 수험서 자격증 법/인문/사회 베스트셀러 1위 (2016년 8월~2017년 4월, 6월~11월, 2018년 2월~4월, 6월, 8월~11월, 2019년 2월 월별 베스트) YES24 수험서 자격증 한국사능력검정시험 3급/4급(중급) 베스트셀러 1위 (2020년 7월~12월, 2021년 1월~2월 월별 베스트) 인터파크 도서 자격서/수험서 베스트셀러 1위 (2020년 6월~8월 월간 베스트) 기본서(기본): YES24 수험서 자격증 한국사능력검정시험 3급/4급(중급) 베스트셀러 1위 (2020년 4월 월별 베스트)

에듀윌 한국사

한능검 원패스 단기합격은
에듀윌 한국사 유튜브와 함께

한능검 물불가리기
"이제, 다음 시험 준비해야지?"

지피지기면 백전백승! 난이도를 예측해 줄게요.

한능검 오예! 모음집
"한능검 공부 시작해 보자"

5분 동안 최빈출만 짧고 굵게 예언해 줄게요.

전범위 싹! 훑기
"늦지 않았어, 한번에 정리하자!"

한 달 동안 공부할 분량을 한방에 정리해 드려요.

D-2 마무리 적중예언
"우리만 믿어~ 다 찍어 줄게!"

시험에 반드시 나오는 것만 쏙쏙 골라 드려요.

에듀윌
한국사
유튜브

여러분의 작은 소리
에듀윌은 크게 듣겠습니다.

본 교재에 대한 여러분의 목소리를 들려주세요.
공부하시면서 어려웠던 점, 궁금한 점,
칭찬하고 싶은 점, 개선할 점, 어떤 것이라도 좋습니다.

에듀윌은 여러분께서 나누어 주신 의견을
통해 끊임없이 발전하고 있습니다.

에듀윌 도서몰 book.eduwill.net
- 부가학습자료 및 정오표: 에듀윌 도서몰 → 도서자료실
- 교재 문의: 에듀윌 도서몰 → 문의하기 → 교재(내용,출간) / 주문 및 배송

2026 에듀윌 한국사능력검정시험
시대별 기출문제집 심화

발 행 일	2025년 6월 23일 초판
저 자	에듀윌 한국사교육연구소
펴 낸 이	양형남
개 발	정상욱, 김민서
펴 낸 곳	(주)에듀윌
등록번호	제25100-2002-000052호
주 소	08378 서울특별시 구로구 디지털로34길 55 코오롱싸이언스밸리 2차 3층
I S B N	979-11-360-3782-4(13910)

* 이 책의 무단 인용 · 전재 · 복제를 금합니다.

www.eduwill.net
대표전화 1600-6700

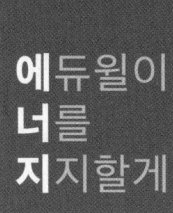

능력 때문에 성공한 사람보다
끈기 때문에 성공한 사람이 더 많습니다.

– 조정민, 『인생은 선물이다』, 두란노

49 다음 문서가 작성된 이후의 사실로 옳은 것은? (2점)

> 미셸 캉드쉬 총재 귀하
>
> 1. 첨부된 경제 계획 각서에는 향후 3년 이상 한국이 실행할 정책이 요약되어 있습니다. 이 정책은 현재의 재정적 어려움을 초래한 근본 원인을 해결하여 시장의 신뢰를 회복하며, 한국 경제를 강력하고 지속 가능한 성장의 길로 이끌 수 있을 것입니다. 이 경제 계획을 지원하기 위해 한국 정부는 향후 3년간 특별 인출권(SDR) 155억 달러 규모의 국제 통화 기금(IMF) 대기성 차관을 요청합니다.

① 전국 민주 노동조합 총연맹이 창립되었다.
② 저유가, 저금리, 저달러의 3저 호황이 있었다.
③ 제2차 석유 파동으로 경제 불황이 심화되었다.
④ 대통령 긴급 명령으로 금융 실명제가 실시되었다.
⑤ 대통령 직속 자문 기구인 노사정 위원회가 구성되었다.

50 다음 지역에서 있었던 사실로 옳은 것은? (3점)

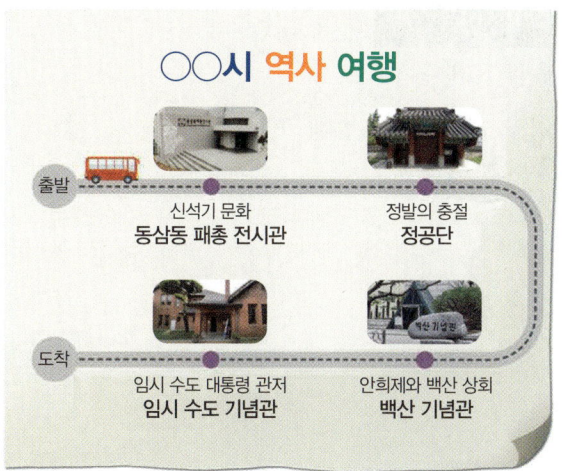

① 2·28 민주 운동이 시작되었다.
② 제2차 미소 공동 위원회가 개최되었다.
③ 강주룡이 을밀대 지붕에서 고공 농성을 전개하였다.
④ 박재혁이 경찰서에서 폭탄을 투척하는 의거를 일으켰다.
⑤ 지주 문재철의 횡포에 맞서 농민들이 소작 쟁의를 벌였다.

47 다음 담화문을 발표한 정부 시기의 경제 상황으로 옳은 것은? [1점]

> 헌법 제76조 제1항의 규정에 의거하여 「금융실명거래 및 비밀보장에 관한 대통령 긴급재정경제명령」을 반포합니다. …… 금융실명제 없이는 건강한 민주주의도, 활력이 넘치는 자본주의도 꽃피울 수가 없습니다. 정치와 경제의 선진화를 이룩할 수가 없습니다. 금융 실명제는 '신한국'의 건설을 위해서 그 어느 것보다도 중요한 제도 개혁입니다.

① 경부 고속 도로를 준공하였다.
② 제1차 경제 개발 5개년 계획이 추진되었다.
③ 경제 협력 개발 기구(OECD)에 가입하였다.
④ 미국과 자유 무역 협정(FTA)을 체결하였다.
⑤ 귀속 재산 처리를 위해 신한 공사가 설립되었다.

48 (가) 민주화 운동에 대한 설명으로 옳은 것은? [2점]

> 노래로 읽는 한국사
> **임을 위한 행진곡**
> 사랑도 명예도 이름도 남김없이
> 한평생 나가자던 뜨거운 맹세
> 동지는 간데없고 깃발만 나부껴
> 새날이 올 때까지 흔들리지 말자
> 세월은 흘러가도 산천은 안다
> 깨어나서 외치는 뜨거운 함성
> 앞서서 나가니 산 자여 따르라
>
> [해설]
> 이 곡은 (가) 당시 계엄군에 맞서 시민군으로 활동하다 희생된 고(故) 윤상원과 광주에서 야학을 운영하다 사망한 고 박기순의 영혼결혼식에 헌정된 노래이다. 1997년 (가) 기념일이 정부 기념일로 지정된 이후 기념식에서 제창되었다.

① 3·1 민주 구국 선언이 발표되었다.
② 4·13 호헌 조치 철폐를 요구하였다.
③ 장면 내각이 출범하는 계기가 되었다.
④ 시위 도중 대학생 이한열이 희생되었다.
⑤ 신군부의 비상계엄 확대와 무력 진압에 저항하였다.

44 다음 성명이 발표된 이후에 있었던 사실로 옳지 <u>않은</u> 것은? [3점]

> 북위 38도 이남의 조선에는 오직 한 정부가 있을 뿐이다. …… 자천자임(自薦自任)한 관리라든가 경찰이라든가 국민 전체를 대표하였노라는 대소 회합이라든가 조선 인민 공화국이라든지 조선 인민 공화국 내각은 권위와 세력과 실재가 전혀 없는 것이다.
> — 미군정 장관 육군 소장 아놀드 —

① 조선 건국 동맹이 결성되었다.
② 좌우 합작 7원칙이 발표되었다.
③ 유엔 한국 임시 위원단이 설치되었다.
④ 반민족 행위 특별 조사 위원회가 출범하였다.
⑤ 귀속 재산 처리를 위해 신한 공사가 설립되었다.

45 교사의 질문에 대한 학생의 답변으로 옳은 것을 |보기|에서 고른 것은? [2점]

이것은 국군과 유엔군이 인천 상륙 작전 이후 10여 일 만에 서울을 수복한 사실을 알리는 전단지입니다. 뒷면에는 맥아더 장군이 서울을 탈환하여 적의 보급선을 끊었으며, 앞으로 힘을 합쳐 공산군을 끝까지 몰아내자는 내용이 있습니다. 이 서울 수복 이후에 있었던 사실을 말해 볼까요?

|보기|
ㄱ. 애치슨 선언이 발표됐어요.
ㄴ. 흥남 철수 작전이 전개됐어요.
ㄷ. 소련의 제안으로 정전 회담이 개최됐어요.
ㄹ. 국군이 다부동 전투에서 북한군의 공세를 방어했어요.

① ㄱ, ㄴ ② ㄱ, ㄷ ③ ㄴ, ㄷ ④ ㄴ, ㄹ ⑤ ㄷ, ㄹ

46 (가) 정부 시기에 볼 수 있는 모습으로 적절한 것은? [2점]

사진으로 보는 (가) 정부
프로야구 6개 구단 창단 | 언론 통제 보도 지침 | 호헌 철폐 국민 대회

① 7·4 남북 공동 성명 발표를 취재하는 기자
② 개성 공단 착공식에 참석하고 있는 정부 관료
③ 금강호를 타고 금강산 관광을 떠나는 단체 여행객
④ 한반도 비핵화 공동 선언문을 발표하는 외교부 당국자
⑤ 최초의 이산가족 상봉 행사에 참여하는 남북 고향 방문단

심화 기출 모의고사

40 (가) 군대에 대한 설명으로 옳은 것은? [1점]

이곳은 독립운동가 조성환이 태어난 여주의 보통리 고택입니다. 그는 1940년 대한민국 임시 정부 산하의 (가) 창설을 주도하고, 군무부장으로 활동하였습니다. 이 가옥은 그의 아버지가 독립운동 자금을 마련하기 위해 매각하였다고 전해지며, 국가 민속 문화재 제126호로 지정되었습니다.

① 숭무 학교를 설립하여 독립군을 양성하였다.
② 쌍성보 전투에서 한중 연합 작전을 전개하였다.
③ 중국 팔로군과 함께 호가장 전투에서 활약하였다.
④ 국내 정진군을 조직하여 국내 진공 작전을 추진하였다.
⑤ 중국 관내(關內)에서 결성된 최초의 한인 무장 부대였다.

41 (가), (나) 발표 사이의 시기에 있었던 사실로 옳은 것은? [2점]

(가) 제1조 조선에 있어 조선인의 교육은 본령에 의한다.
    제9조 보통학교의 수업 연한은 4년으로 한다. 단, 지방 실정에 따라 1년을 단축할 수 있다.

(나) 제2조 총장은 조선 총독의 감독을 받아 경성 제국 대학 일반 사무를 담당하며 소속 직원을 통독(統督)한다.
    제4조 경성 제국 대학에 예과를 둔다.

① 육영 공원이 설립되었다.
② 국문 연구소가 설치되었다.
③ 교육입국 조서가 반포되었다.
④ 국민 교육 헌장이 발표되었다.
⑤ 조선 민립 대학 기성회가 창립되었다.

42 다음 인물의 활동으로 옳은 것은? [3점]

이달의 독립운동가

민족을 이끌 초인을 염원한 ○○○

· 생몰년: 1904~1944
· 생애 및 활동
  본명은 이원록으로 경상북도 안동에서 태어났다. 1927년 조선은행 대구 지점 폭파 사건에 연루되어 옥고를 치른 그는 1932년 중국으로 건너가 김원봉이 세운 조선 혁명 군사 정치 간부 학교 제1기생으로 입교하여 독립운동에 힘썼다. 대한민국 정부는 그의 공훈을 기려 1990년 건국훈장 애국장을 추서하였다.

① 종로 경찰서에 폭탄을 투척하였다.
② 저항시 광야, 절정 등을 발표하였다.
③ 친일파 이완용을 습격하여 중상을 입혔다.
④ 영화 아리랑의 제작, 감독, 주연을 맡았다.
⑤ 조선 국혼을 강조하는 한국통사를 저술하였다.

43 (가) 단체에 대한 설명으로 옳은 것은? [2점]

이것은 (가) 이/가 1933년에 만든 한글 맞춤법 통일안의 총론입니다. (가) 은/는 기관지 한글을 간행하고 외래어 표기법 통일안을 마련하는 등 우리말을 지키기 위해 노력하였습니다. 그러나 일제가 1942년에 치안 유지법 위반 명목으로 회원들을 구속하면서 활동이 중단되었습니다.

총 론
1. 한글 마춤법(綴字法)은 표준말을 그 소리대로 적되, 어법에 맞도록 함으로써 원칙을 삼는다.
2. 표준말은 대체로 현재 중류 사회에서 쓰는 서울말로 한다.
3. 문장의 각 단어는 띄어 쓰되, 토는 그 웃 말에 붙여 쓴다.

① 우리말 큰사전 편찬을 시도하였다.
② 한글 신문인 제국신문을 간행하였다.
③ 최초로 한글에 띄어쓰기를 도입하였다.
④ 우리말 음운 연구서인 언문지를 저술하였다.
⑤ 한글 연구를 목적으로 학부 아래에 설립되었다.

37 밑줄 그은 '이 운동'에 대한 설명으로 옳은 것은? (1점)

이것은 '학생의 날' 기념우표이다. 학생의 날은 1929년 한일 학생 간 충돌을 계기로 광주에서 일어나 전국으로 확산된 이 운동을 기리기 위해 1953년에 제정되었다. 우표는 이 운동의 기념탑과 당시 학생들의 울분을 함께 형상화하여 도안되었다. 학생의 날은 2006년부터 '학생 독립 운동 기념일'로 명칭이 변경되었다.

① 조선 형평사를 중심으로 전개되었다.
② 순종의 인산일을 기회로 삼아 추진되었다.
③ 대한민국 임시 정부 수립에 영향을 주었다.
④ 국내에서 민족 유일당 운동이 시작되는 계기가 되었다.
⑤ 신간회 중앙 본부가 진상 조사단을 파견하여 지원하였다.

38 밑줄 그은 '의거'를 일으킨 단체에 대한 설명으로 옳은 것은? (1점)

이 사진은 1945년 9월 2일 일왕을 대신하여 일본의 외무 대신이 연합군 앞에서 항복 문서에 서명하는 장면입니다.

서명하는 인물은 시게미쓰 마모루인데, 그는 윤봉길의 상하이 훙커우 공원 의거 당시 폭탄에 맞아 다리를 다쳤습니다.

① 신채호의 조선 혁명 선언을 활동 지침으로 삼았다.
② 김구를 단장으로 하여 활발한 의열 활동을 펼쳤다.
③ 조선 총독을 저격한 강우규가 단원으로 활동하였다.
④ 이상재 등의 주도로 민립 대학 설립 운동을 전개하였다.
⑤ 진상 조사단을 파견하여 광주 학생 항일 운동을 지원하였다.

39 (가)의 활동으로 옳은 것을 |보기|에서 고른 것은? (2점)

△△ 박물관 스탬프 투어

[제4관] 국외 독립운동의 전개

이 전시관은 국권 피탈 이후 국외에서 전개된 독립운동을 주제로 구성되어 있습니다. 특히 3·1 운동의 영향으로 수립된 (가) 의 활동에 대한 자료가 전시되어 있습니다. 자료를 잘 살펴보고 스탬프를 찍어 보세요.

제4관 이번에 찍은 스탬프는?

 상하이에서 (가) 의 수립 초기에 청사로 사용한 건물 모양입니다. 이 청사에서는 임시 의정원의 회의가 개최되기도 하였습니다.

| 보기 |
ㄱ. 민족 교육을 위해 대성 학교를 설립하였다.
ㄴ. 광주 학생 항일 운동에 진상 조사단을 파견하였다.
ㄷ. 외교 독립 활동을 위해 구미 위원부를 설치하였다.
ㄹ. 임시 사료 편찬회를 두어 한일 관계 사료집을 간행하였다.

① ㄱ, ㄴ ② ㄱ, ㄷ ③ ㄴ, ㄷ ④ ㄴ, ㄹ ⑤ ㄷ, ㄹ

33 밑줄 그은 '특사'가 파견된 배경으로 가장 적절한 것은?

(1점)

전보 제○○○호

발신인: 하야시 외무대신(도쿄)
수신인: 이토 통감(한성)

  헤이그에서 발생된 평화 회의보는 한국 전 부총리대신 이상설 외 2명이 평화 회의에 특사로 파견되었다고 보도함. 기사에는 우선 그 한국인이 평화 회의 위원으로 한국 황제가 파견한 자라는 것이 기재되었고, 이어서 일본이 한국 황제의 뜻을 배반하고, 병력으로 한국의 법규 관례를 유린하고 동시에 한국의 외교권을 탈취한 점, 그 결과 자신들이 한국 황제가 파견한 위원임에도 불구하고 평화 회의에 참여할 수 없음이 유감이라는 점 등이 실렸음.

① 임오군란이 일어났다.
② 집강소가 설치되었다.
③ 을사늑약이 체결되었다.
④ 조선 태형령이 제정되었다.
⑤ 대한 제국의 군대가 해산되었다.

34 다음 자료를 활용한 탐구 주제로 가장 적절한 것은?

(1점)

송수만 등 체포 경위 보고

  송수만은 보안회라는 것을 설립하여 그 회장이 됨. 종로 백목전 도가에서 날마다 회원을 모집하여 집회·논의하고 있는 자임. 오늘 경부와 순사 두 사람이 출장하여 송수만에게 공사관으로 동행하기를 요구하였음. …… 이때 회원과 인민들 약 200명 정도가 떠들썩하게 모여들어 송수만의 동행을 막음.

① 시전 상인의 상권 수호 운동
② 급진 개화파의 정치 개혁 운동
③ 백정들의 사회적 차별 철폐 운동
④ 농촌 계몽을 위한 브나로드 운동
⑤ 일본의 황무지 개간권 요구에 대한 반대 운동

35 다음 기사가 나오게 된 배경으로 적절한 것은?

(1점)

총독의 임용 범위를 확장하고, 지방 자치 제도를 실시한다.
……
이로써 관민이 서로 협력 일치하여 조선에서 문화적 정치의 기초를 확립한다.

아무리 그럴듯하게 내세워도 이러한 통치 방식은 결국 우리 조선인을 기만하는 거야.

① 3·1 운동이 전국적으로 전개되었다.
② 조선 사상범 예방 구금령이 시행되었다.
③ 브나로드 운동이 동아일보를 중심으로 추진되었다.
④ 조선 노동 총동맹과 조선 농민 총동맹이 설립되었다.
⑤ 내선일체를 강조한 황국 신민 서사의 암송이 강요되었다.

36 (가) 지역에서 있었던 민족 운동으로 옳은 것은?

(2점)

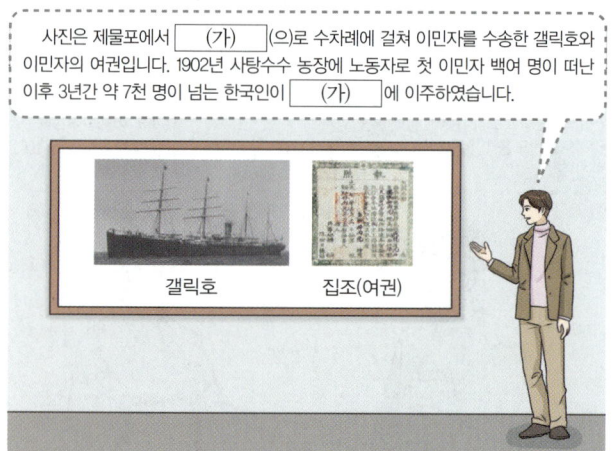

사진은 제물포에서 (가) (으)로 수차례에 걸쳐 이민자를 수송한 갤릭호와 이민자의 여권입니다. 1902년 사탕수수 농장에 노동자로 첫 이민자 백여 명이 떠난 이후 3년간 약 7천 명이 넘는 한국인이 (가) 에 이주하였습니다.

갤릭호   집조(여권)

① 일왕이 탄 마차에 폭탄을 투척하였다.
② 한인 자치 단체인 권업회를 조직하였다.
③ 민족 교육을 위해 서전서숙을 설립하였다.
④ 독립군 양성을 위해 신흥 강습소를 세웠다.
⑤ 대조선 국민군단을 조직하여 무장 투쟁을 준비하였다.

29 (가) 시기에 전개된 동학 농민군의 활동으로 옳은 것은?

백산 봉기 → (가) → 전주성 점령

① 황토현에서 관군에 승리하였다.
② 남접과 북접이 논산에서 연합하였다.
③ 우금치에서 일본군과 관군에 맞서 싸웠다.
④ 집강소를 중심으로 폐정 개혁안을 실천하였다.
⑤ 조병갑의 탐학에 저항하여 고부 관아를 습격하였다.

30 다음 대화에 나타난 상황 이후의 사실로 옳은 것은?

며칠 전 러시아, 프랑스, 독일의 압력으로 일본이 청에 랴오둥반도를 반환했다는 소식 들었는가?

들었네. 우리도 이 기회에 러시아를 이용하여 일본의 간섭에서 벗어날 방도를 찾아야 할 것이네.

① 조청 상민 수륙 무역 장정을 체결하였다.
② 건양이라는 독자적인 연호를 사용하였다.
③ 행정 기구를 6조에서 8아문으로 개편하였다.
④ 군국기무처를 설치하여 근대적 개혁을 추진하였다.
⑤ 영국이 러시아를 견제하기 위해 거문도를 점령하였다.

31 (가)~(다)를 발표된 순서대로 옳게 나열한 것은?

(가) 1. 문벌, 양반과 상인들의 등급을 없애고 귀천에 관계없이 인재를 선발하여 등용한다.
1. 공노비와 사노비에 관한 법을 일체 혁파하고 사람을 사고 파는 일을 금지한다.

(나) 1. 청나라에 의존하는 생각을 끊어 버리고 자주독립의 기초를 튼튼히 세운다.
1. 왕실 사무와 국정 사무는 반드시 분리시켜 서로 뒤섞지 않는다.

(다) 대군주 폐하께서 내리신 조칙에서 "짐이 신민(臣民)에 앞서 머리카락을 자르니, 너희들은 짐의 뜻을 잘 본받아 만국과 나란히 서는 대업을 이루라."라고 하셨다.

① (가) - (나) - (다) ② (가) - (다) - (나)
③ (나) - (가) - (다) ④ (나) - (다) - (가)
⑤ (다) - (나) - (가)

32 다음 대화 이후에 전개된 사실로 옳은 것은?

며칠 전 폐하께서 환구단에 나아가 황제로 즉위하셨다는 소식 들었는가?

들었네. 어제는 국호를 대한으로 선포하셨다고 하더군.

① 전환국이 설치되었다.
② 혜상공국이 설립되었다.
③ 보빙사가 미국에 파견되었다.
④ 조청 상민 수륙 무역 장정이 체결되었다.
⑤ 양전 사업이 실시되어 지계가 발급되었다.

심화 기출 모의고사

25 다음 왕에 대한 설명으로 옳은 것은? (1점)

① 나선 정벌에 조총 부대를 파견하였다.
② 왕의 친위 부대인 장용영을 설치하였다.
③ 청과의 국경을 정하는 백두산정계비를 세웠다.
④ 역대 문물을 정리한 동국문헌비고를 편찬하였다.
⑤ 수조권이 세습되던 수신전과 휼양전을 폐지하였다.

26 밑줄 그은 '사건'이 일어난 시기를 연표에서 옳게 고른 것은? (2점)

1866	1868	1876	1882	1884	1894
(가)	(나)	(다)	(라)	(마)	
병인박해	오페르트 도굴 사건	강화도 조약	조미 수호 통상 조약	한성 조약	청일 전쟁

① (가) ② (나) ③ (다) ④ (라) ⑤ (마)

27 다음 자료를 활용한 탐구 활동으로 가장 적절한 것은? (2점)

> 이달 20일, 함경도 관찰사로부터 보고를 받았는데, 그 내용은 다음과 같았습니다.
> "큰 수해를 당하여 조만간 여러 곡식의 피해가 클 듯한데, 콩 등은 더욱 심하여 모두 흉작이 될 것이라고 고하고 있으니, 궁핍하여 식량난을 겪을 것이 장차 불을 보듯 환합니다. 도내(道內)의 쌀과 콩 등의 곡물에 대해서는 내년 가을걷이할 때까지를 기한으로 삼아 잠정적으로 유출을 금지하여 백성들의 식량 사정을 넉넉하게 하는 것이 마땅할까 합니다. 바라건대 통촉하시어 유출 금지 시행 1개월 전까지 일본 공사에게 알리시어, 일본의 상민들이 일체 준수하게 해주십시오."

① 화폐 정리 사업의 결과를 분석한다.
② 산미 증식 계획의 실상을 조사한다.
③ 조일 통상 장정 체결의 영향을 살펴본다.
④ 토지 조사 사업의 추진 과정을 파악한다.
⑤ 양지아문과 지계아문을 설치한 목적을 알아본다.

28 다음 자료에 나타난 상황 이후 전개된 사실로 옳은 것은? (2점)

> 김옥균이 일본 공사 다케조에게 국왕의 호위를 위해 일본군이 필요하다고 요청하였다. 그는 호위를 요청하는 국왕의 친서가 있으면 투입하겠다고 약속하였다. 친서는 박영효가 전달하기로 합의하였다. 다케조에는 조선에 주둔한 청군 1천 명이 공격해 들어와도 일본군 1개 중대면 막을 수 있다고 장담하였다.

① 신식 군대인 별기군이 창설되었다.
② 김기수가 수신사로 일본에 파견되었다.
③ 일본 군함 운요호가 영종도를 공격하였다.
④ 이만손이 주도하여 영남 만인소를 올렸다.
⑤ 우정총국 개국 축하연에서 정변이 일어났다.

21 밑줄 그은 '이 전쟁' 중에 있었던 사실로 옳은 것은? ⟨2점⟩

이 비각에는 홍명구 충렬비와 유림 대첩비가 나란히 세워져 있습니다. 홍명구와 유림은 이 전쟁 당시 남한산성에 피란해 있던 국왕을 구하기 위해 근왕병을 이끌고 김화에서 적을 크게 물리쳤습니다.

① 훈련도감이 설치되었다.
② 외규장각 도서가 약탈되었다.
③ 곽재우가 의령에서 의병을 일으켰다.
④ 강홍립이 이끄는 부대가 참전하였다.
⑤ 김준룡이 광교산 전투에서 승리하였다.

22 (가) 인물의 활동으로 옳은 것은? ⟨2점⟩

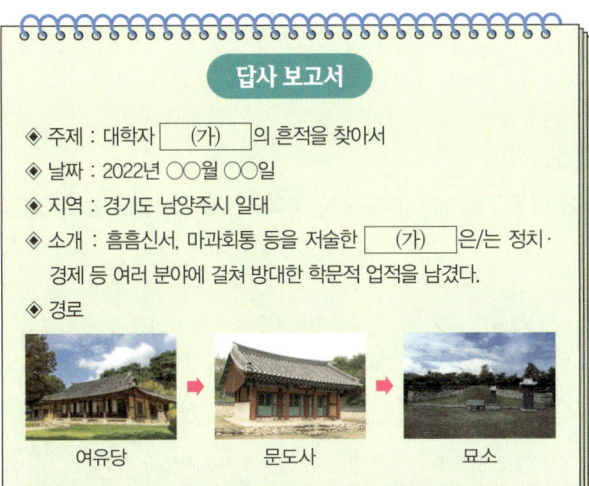

답사 보고서
◆ 주제 : 대학자 (가) 의 흔적을 찾아서
◆ 날짜 : 2022년 ○○월 ○○일
◆ 지역 : 경기도 남양주시 일대
◆ 소개 : 흠흠신서, 마과회통 등을 저술한 (가) 은/는 정치·경제 등 여러 분야에 걸쳐 방대한 학문적 업적을 남겼다.
◆ 경로 : 여유당 → 문도사 → 묘소

① 성호사설에서 한전론을 주장하였다.
② 양반전에서 양반의 허례와 무능을 지적하였다.
③ 의산문답에서 중국 중심의 세계관을 비판하였다.
④ 북학의에서 절약보다 적절한 소비를 권장하였다.
⑤ 경세유표에서 국가 제도의 개혁 방향을 제시하였다.

23 (가), (나) 사이의 시기에 있었던 사실로 옳은 것은? ⟨2점⟩

(가) 동북면병마사 간의대부 김보당이 동계(東界)에서 군대를 일으켜, 정중부와 이의방을 토벌하고 전왕(前王)을 복위시키려고 하였다. …… 동북면지병마사 한언국이 장순석 등에게 거제(巨濟)로 가서 전왕을 받들어 계림에 모시게 하였다.

(나) 만적 등이 노비들을 불러 모아서 말하기를, "장군과 재상에 어찌 타고난 씨가 있겠는가? 때가 되면 누구나 할 수 있는 것이다."라고 하였다. …… 만적 등 100여 명이 체포되어 강에 던져졌다.

① 웅천주 도독 김헌창이 반란을 일으켰다.
② 최우가 인사 행정 담당 기구로 정방을 설치하였다.
③ 이자겸과 척준경이 반란을 일으켜 궁궐을 불태웠다.
④ 최충헌이 봉사 10조를 올려 시정 개혁을 건의하였다.
⑤ 김부식이 서경의 반란군을 진압하기 위해 출정하였다.

24 (가) 궁궐에 대한 설명으로 옳은 것은? ⟨3점⟩

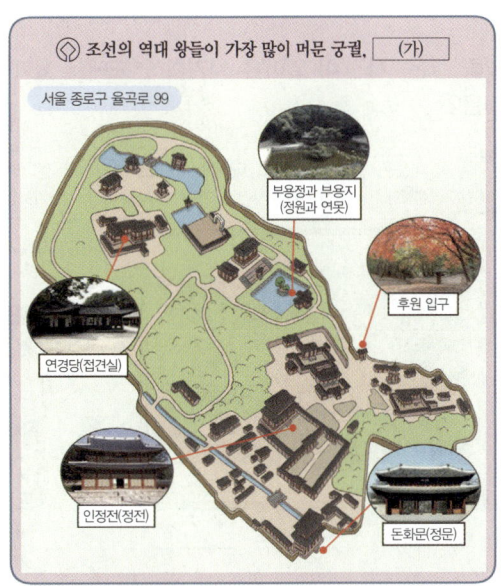

조선의 역대 왕들이 가장 많이 머문 궁궐, (가)
서울 종로구 율곡로 99

① 도성 내 서쪽에 있어 서궐로 불리었다.
② 제1차 미소 공동 위원회가 개최되었다.
③ 왕실 도서관인 규장각이 설치된 곳이다.
④ 조선 물산 공진회 개최 장소로 이용되었다.
⑤ 인목 대비가 광해군에 의해 유폐된 장소이다.

17 밑줄 그은 '이 사건'에 대한 설명으로 옳은 것은? (2점)

이것은 능주 목사 민여로가 건립한 정암 선생 적려 유허비 입니다. 정암 선생은 소격서 폐지, 현량과 실시 등을 추진하다가 이 사건으로 능주에 유배되었습니다.

① 김종직의 조의제문이 빌미가 되었다.
② 서인이 정권을 장악하는 계기가 되었다.
③ 윤임 일파가 제거되는 결과를 가져왔다.
④ 상왕의 복위를 목적으로 성삼문 등이 일으켰다.
⑤ 위훈 삭제에 대한 훈구 세력의 반발이 원인이었다.

18 (가) 왕이 재위한 시기의 경제 모습으로 옳은 것은? (2점)

이곳은 수원 화성 성역과 연계하여 축조된 축만제입니다. (가) 은/는 축만제 등의 수리 시설 축조와 둔전 경영을 통해 수원 화성의 수리, 장용영의 유지, 백성의 진휼을 위한 재원을 마련하였습니다.

① 금속 화폐인 건원중보가 주조되었다.
② 시장을 감독하는 동시전이 설치되었다.
③ 울산항, 당항성이 무역항으로 번성하였다.
④ 군역의 부담을 줄이기 위해 균역법이 제정되었다.
⑤ 육의전을 제외한 시전 상인의 금난전권이 폐지되었다.

19 (가) 기구에 대한 설명으로 옳은 것은? (2점)

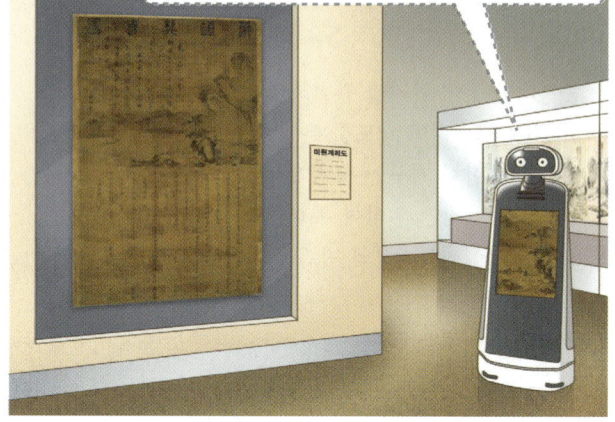

이 그림은 중종 때 그려진 미원계회도(薇垣契會圖)입니다. '미원'은 (가) 의 별칭으로 간쟁과 논박을 담당한 관청이었습니다. 소나무 아래에는 계회를 하고 있는 모습이 보이고, 하단에는 참석자들의 관직, 성명, 본관 등이 기록되어 있습니다.

① 왕명의 출납을 관장하였다.
② 수도의 행정과 치안을 담당하였다.
③ 사헌부, 홍문관과 함께 3사로 불렸다.
④ 실록을 보관하고 관리하는 업무를 맡았다.
⑤ 반역죄, 강상죄 등을 범한 중죄인을 다스렸다.

20 밑줄 그은 '이 전쟁' 중에 있었던 사실로 옳지 <u>않은</u> 것은? (2점)

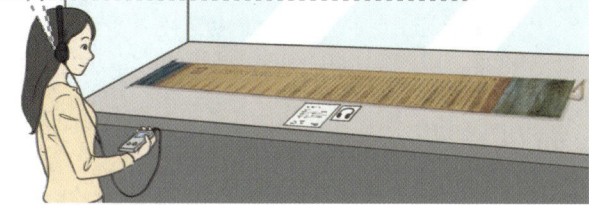

이 자료는 이 전쟁에서 공을 세운 김시민을 선무 2등 공신으로 책봉한 교서입니다. 그는 진주성 전투에서 대승을 거두어 왜군의 보급로를 끊었으며 전라도의 곡창 지대를 지키는 데 기여하였습니다.

① 임경업이 백마산성에서 항전하였다.
② 조명 연합군이 평양성을 탈환하였다.
③ 권율이 행주산성에서 크게 승리하였다.
④ 조헌이 금산에서 의병을 이끌고 활약하였다.
⑤ 이순신이 한산도 앞바다에서 학익진을 펼쳐 승리하였다.

13 다음 군사 제도를 운영한 국가에 대한 설명으로 옳은 것은? （2점）

> 목종 5년에 6위의 직원을 마련하여 두었는데, 뒤에 응양군(鷹揚軍)과 용호군(龍虎軍)의 2군을 설치하고, 6위의 위에 있게 하였다. 뒤에 또 중방을 설치하고, 2군·6위의 상장군과 대장군이 모두 회합하게 하였다.

① 중정대를 두어 관리를 감찰하였다.
② 9주 5소경의 지방 제도를 운영하였다.
③ 고관들의 합좌 기구인 도병마사를 설치하였다.
④ 인재를 등용하기 위하여 독서삼품과를 시행하였다.
⑤ 왕족인 부여씨와 8성의 귀족이 지배층을 이루었다.

14 (가) 기구에 대한 설명으로 옳은 것은? （3점）

> 시정(時政)을 논박하고 풍속을 교정하며 규찰과 탄핵 업무를 담당하였다. 국초에는 사헌대(司憲臺)라 불렸다. 성종 14년에 [(가)](으)로 고쳤으며 [관원으로] 대부, 중승, 시어사, 전중(殿中)시어사, 감찰어사가 있었다.
> － 「고려사」 －

① 국정을 총괄하는 중앙 관서였다.
② 무신 집권기 최고 권력 기구였다.
③ 사간원, 홍문관과 함께 삼사로 불렸다.
④ 원 간섭기에 도평의사사로 명칭이 바뀌었다.
⑤ 소속 관원이 낭사와 함께 서경권을 행사하였다.

15 다음 대화에 등장하는 왕에 대한 설명으로 옳은 것은? （2점）

일전에 좌정승 하륜이 나에게 국정의 처리를 육조에서 직계하자고 건의하였다. 지금까지는 겨를이 없어 논의하지 못했으나, 이제 경들이 의논하도록 하라.

전하의 뜻을 받들겠습니다.

① 금속 활자인 갑인자를 제작하였다.
② 삼수병으로 구성된 훈련도감을 창설하였다.
③ 인재 양성을 위해 초계문신제를 시행하였다.
④ 경국대전을 완성하여 통치 체제를 정비하였다.
⑤ 문하부를 폐지하고 낭사를 사간원으로 독립시켰다.

16 (가) 왕에 대한 설명으로 옳은 것은? （2점）

> **국악 콘서트**
> ### 선릉에서 만나는 조선의 예와 악
>
> [(가)]의 재위 기간에 예악 정비 사업의 일환으로 편찬된 국조오례의와 악학궤범의 의미를 살펴보는 무대를 준비하였습니다. 시민 여러분의 많은 관심과 참여 바랍니다.
>
> **1부 특별 강연**: 국조오례의를 통해 본 조선의 의례
> **2부 주제 공연**: 악학궤범을 바탕으로 재현한 처용무
>
> ■ 일시: 2021년 ○○월 ○○일 ○○시
> ■ 장소: 선릉 정자각 앞 특설 무대

① 상평통보를 발행하여 법화로 사용하였다.
② 법령을 정비하여 경국대전을 반포하였다.
③ 구황촬요를 간행하여 기근에 대비하였다.
④ 초계문신제를 시행하여 문신들을 재교육하였다.
⑤ 동국문헌비고를 편찬하여 역대 문물을 정리하였다.

09 (가) 국가에 대한 설명으로 옳은 것은? (2점)

① 각간 대공이 반란을 일으켰다.
② 광평성 등의 정치 기구를 두었다.
③ 후당과 오월에 사신을 파견하였다.
④ 고창 전투에서 후백제군과 싸워 승리하였다.
⑤ 5경 15부 62주의 지방 행정 제도를 갖추었다.

11 (가)~(라)를 일어난 순서대로 옳게 나열한 것은? (3점)

(가) 양규가 무로대에서 거란군을 습격하여 2천여 명을 죽이고, 포로가 되었던 남녀 3천여 명을 되찾았다.

(나) 거란이 장차 침입하려 하므로 군사 30만 명을 선발하여 광군이라 부르고 광군사를 설치하였다.

(다) 왕이 소손녕의 봉산군 공격 소식을 듣고 서희를 보내 화의를 요청하니 소손녕이 침공을 중지하였다.

(라) 강감찬 등이 귀주에서 거란군을 맞아 싸웠다. 고려군이 맹렬하게 공격하니 거란군이 북으로 도망쳤다.

① (가) - (나) - (다) - (라)
② (가) - (나) - (라) - (다)
③ (나) - (가) - (라) - (다)
④ (나) - (다) - (가) - (라)
⑤ (다) - (라) - (나) - (가)

10 다음 대화에 나타난 사건에 대한 설명으로 옳은 것은? (2점)

① 국왕이 나주까지 피란하였다.
② 초조대장경 간행의 계기가 되었다.
③ 김부식 등이 이끈 관군에 의해 진압되었다.
④ 이성계가 정권을 장악하는 결과를 가져왔다.
⑤ 여진 정벌을 위한 별무반 편성에 영향을 주었다.

12 밑줄 그은 '왕'에 대한 설명으로 옳은 것은? (2점)

왕이 지정(至正) 연호의 사용을 중지하고 교서를 내려 말하기를, "…… 기철 등이 군주의 위세를 빙자하여 나라의 법도를 뒤흔들었다. 자신의 기분에 따라 관리를 마음대로 임명하여 정령(政令)이 원칙 없이 바뀌었다. 남이 토지를 가지고 있으면 그것을 차지하고, 노비를 가지고 있으면 빼앗았다. …… 이제 다행히도 조종(祖宗)의 영령에 기대어 기철 등을 처단할 수 있었다."라고 하였다.

- 『고려사』 -

① 중서문하성과 상서성을 복구하였다.
② 원의 요청으로 일본 원정에 참여하였다.
③ 조준 등의 건의로 과전법을 제정하였다.
④ 이인임 일파를 축출하고 왕권을 회복하였다.
⑤ 쌍기의 건의를 받아들여 과거제를 실시하였다.

05 다음 검색창에 들어갈 왕에 대한 설명으로 옳은 것은? [2점]

① 불국사 삼층 석탑을 건립하였다.
② 첨성대를 세워 천체를 관측하였다.
③ 마운령, 황초령 등에 순수비를 세웠다.
④ 금관가야를 복속하여 영토를 확대하였다.
⑤ 시장을 감독하는 관청인 동시전을 설치하였다.

06 (가) 나라에 대한 설명으로 옳은 것은? [2점]

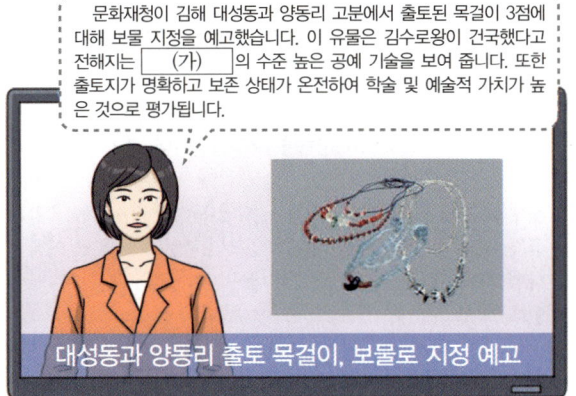

① 골품에 따라 관등 승진에 제한이 있었다.
② 만장일치제로 운영된 화백 회의가 있었다.
③ 여러 가(加)들이 별도로 사출도를 주관하였다.
④ 박, 석, 김의 3성이 교대로 왕위를 계승하였다.
⑤ 철이 많이 생산되어 낙랑과 왜 등에 수출하였다.

07 다음 정책을 실시한 왕의 재위 시기에 있었던 사실로 옳은 것은? [2점]

> ○ 완산주를 다시 설치하고 용원을 총관으로 삼았다. 거열주를 나누어 청주(菁州)를 두니 처음으로 9주가 되었다. 대아찬 복세를 총관으로 삼았다.
> ○ 서원소경을 설치하고 아찬 원태를 사신(仕臣)으로 삼았다. 남원소경을 설치하고 여러 주와 군의 주민들을 옮겨 그곳에 나누어 살게 하였다.

① 금관가야가 멸망하였다.
② 이사부가 우산국을 복속하였다.
③ 조세를 관장하는 품주가 설치되었다.
④ 관료전이 지급되고 녹읍이 폐지되었다.
⑤ 인재 등용을 위한 독서삼품과가 실시되었다.

08 (가) 국가에 대한 설명으로 옳은 것을 |보기|에서 고른 것은? [2점]

> 〈한국사 온라인 강좌〉
> 우리 연구소에서는 (가) 의 역사적 의미를 조명하기 위해 온라인 강좌를 마련하였습니다. 관심 있는 분들의 많은 참여 바랍니다.
>
> ■ 강좌 주제 ■
> 제1강 일본에 보낸 외교 문서에 나타난 역사의식
> 제2강 정혜 공주 무덤의 구조로 알 수 있는 고분 양식
> 제3강 장문휴의 등주 공격을 통해 본 대외 인식
> 제4강 인안, 대흥 연호 사용에 반영된 천하관
>
> ■ 일시: 2021년 6월 매주 목요일 19:00~21:00
> ■ 방식: 화상 회의 플랫폼 활용
> ■ 주관: △△연구소

| 보기 |
ㄱ. 철전인 건원중보를 발행하였다.
ㄴ. 솔빈부의 말이 특산물로 거래되었다.
ㄷ. 지방관을 감찰하고자 외사정을 파견하였다.
ㄹ. 거란도, 영주도 등을 통해 주변국과 교류하였다.

① ㄱ, ㄴ ② ㄱ, ㄷ ③ ㄴ, ㄷ ④ ㄴ, ㄹ ⑤ ㄷ, ㄹ

심화 기출 모의고사

01 (가) 시대의 생활 모습으로 옳은 것은? (1점)

> 이것은 제주 고산리 유적에서 발굴된 이른 민무늬 토기입니다. 이 토기의 출토로 우리나라의 (가) 시대가 기원전 8000년경부터 시작되었음을 알게 되었습니다. 고산리 유적에서는 화살촉, 갈돌, 갈판 등의 석기도 나왔습니다.
>
> 이른 민무늬 토기

① 고인돌, 돌널무덤 등을 만들었다.
② 거푸집을 이용하여 청동 검을 제작하였다.
③ 농경과 목축을 시작하여 식량을 생산하였다.
④ 주로 동굴에 살면서 사냥과 채집 생활을 하였다.
⑤ 쟁기, 쇠스랑 등의 철제 농기구를 써서 농사를 지었다.

02 (가) 인물에 대한 설명으로 옳은 것은? (2점)

> 연(燕)의 (가) 이/가 망명하여 오랑캐의 복장을 하고 동쪽으로 패수를 건너 준왕에게 항복하였다. …… (가) 이/가 망명자들을 꾀어내어 그 무리가 점점 많아지자, 준왕에게 사람을 보내 "한의 군대가 열 갈래로 쳐들어오니 [왕궁에] 들어가 숙위하기를 청합니다."라고 속이고 도리어 준왕을 공격하였다.
> - 『삼국지』 동이전 -

① 한 무제가 파견한 군대와 맞서 싸웠다.
② 진번과 임둔을 복속하여 세력을 확장하였다.
③ 빈민을 구제하기 위해 진대법을 실시하였다.
④ 지방의 여러 성에 욕살, 처려근지 등을 두었다.
⑤ 연의 장수 진개의 공격을 받아 영토를 빼앗겼다.

03 (가)~(다)를 일어난 순서대로 옳게 나열한 것은? (3점)

> (가) 온달이 왕에게 아뢰기를, "신라가 한강 이북 땅을 빼앗아 군현으로 삼았습니다. …… 저에게 군사를 주신다면 단번에 우리 땅을 반드시 되찾겠습니다."라고 하였다.
>
> (나) 10월에 백제 왕이 병력 3만 명을 거느리고 평양성을 공격해 왔다. 왕이 군대를 내어 막다가 날아온 화살에 맞아 이달 23일에 서거하였다.
>
> (다) 9월에 왕이 병력 3만 명을 거느리고 백제를 침략하여 도읍 한성을 함락하였다. 백제 왕 부여경을 죽이고 남녀 8천 명을 포로로 잡아 돌아왔다.

① (가) – (나) – (다)
② (가) – (다) – (나)
③ (나) – (가) – (다)
④ (나) – (다) – (가)
⑤ (다) – (나) – (가)

04 (가) 왕의 재위 기간에 있었던 사실로 옳은 것은? (2점)

> 백제 제25대 왕인 (가) 의 무덤 발굴 50주년을 기념하는 행사가 공주시에서 열립니다. (가) 은/는 백가의 난을 평정하고 22담로에 왕족을 파견하였습니다. 그의 무덤은 피장자와 축조 연대가 확인된 유일한 백제 왕릉입니다.

① 익산에 미륵사를 창건하였다.
② 중국 남조의 양과 교류하였다.
③ 고흥에게 서기를 편찬하게 하였다.
④ 마라난타를 통해 불교를 수용하였다.
⑤ 사비로 천도하고 행정 조직을 재정비하였다.